1000 PUZZLES
WORD SEARCH

PUZZLE BOOK FOR ADULTS

VOL 1

ISBN: 9798639249419

Imprint: Independently published

The words on the side of the puzzle are hidden in the letter grid. Find them! The terms can have the following directions:

1 Horizontally forwards and backwards:

2 Vertically forwards and backwards:

3 Diagonally forwards and backwards:

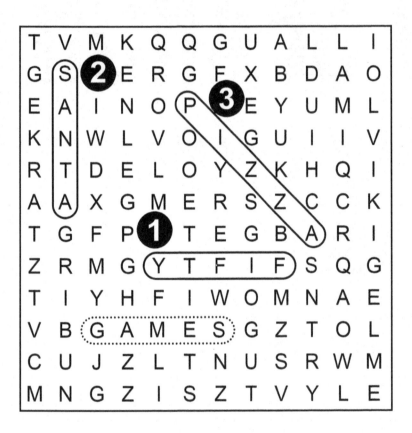

FIFTY ☑
SANTA ☑
PIZZA ☑
GAMES ☐

165

```
P H Q S B W Y W Z P K J Y R P V T Y L P
N I F A I T H F U L L Y K S F S Z G R G
H C A B Y S U P M H Y J U H U W T O O M
N E O Z S D N Z M U E S W O D P F N E G
I B B R Z M V O W U V M I B X F Q U L S
F A L G B A S Z X E T L O B E K O C U T
D G I N E Q I E X I I T D R E I R B N I
V B F I S R M G Y B A Y E S R U T E U N
S U O N O T O N O M D M L R L H C H L V
T I D O L A T R Y M W Z A H X S A T T E
A D E L I C A T E S S E N L E S P G S S
M S Z C L H V X X I P A N I G G F S E T
E K U M A M O T O N U L U Q K A A K L F
N A T T A R S E B O S Q A I V Y M H L A
O F F E R T O R Y M C T N Y M K Y V W N
```

AMALGAM ☐
BILIOUS ☐
BRIER ☐
CLONING ☐
DELICATESSEN ☐
DOWSE ☐
FAITHFULLY ☐
HEMORRHAGE ☐
IDOLATRY ☐
INVEST ☐
KUMAMOTO ☐
MONISM ☐
MONOTONOUS ☐
MUTTER ☐
OFFERTORY ☐
PIAZZA ☐
PROFFER ☐
QUIESCENT ☐
RATTAN ☐
STAMEN ☐

166

AVOCATION ☐
BABYSITTER ☐
BRAHMAPUR ☐
CANOLA ☐
CEDILLA ☐
CONSCIENCE ☐
FOUNTAIN ☐
LAMPLIGHTER ☐
OVERSIZE ☐
PERFUNCTORY ☐
PREEN ☐
PUCHEON ☐
REFINERY ☐
RESPITE ☐
RZESZOW ☐
SAUCER ☐
SMOOTH ☐
TALLY ☐
THERMOMETER ☐
TOQUE ☐

```
R F V N Y X H T O O M S F I T I Y L C F
V E O C R L S D T R V A S K L L Q A O I
E T S U E L O N H O Q U X J L V X M N G
H F L P N O E H C U P C B A D W T P S E
C N N O I T A C O V A E T X W U H L C L
K E S Z F T A Y Y I U R N B Q U E I I L
R Z D U E L E I U P Y T P V X M R G E M
K I R I R H P M N E E R P U H W M H N R
D S C O L P E R F U N C T O R Y O T C O
R R Z A A L B A B Y S I T T E R M E E J
F E Q R U P A M H A R B K Z U K E R I K
K V Y Y D F P N G M O H A F Q A T G J Y
U O O C A N O L A R Z E S Z O W E R X F
X Z S O L R V C L G Y E B W T I R S L N
P I C D S A U I Z H M E W Q N E A Z L Q
```

167

ANGLOPHOBE ☐
BACKBITE ☐
BOUQUET ☐
CIVIC ☐
COCKFIGHT ☐
CUDGEL ☐
EMBONPOINT ☐
EXTREMITY ☐
FULFILL ☐
GLACIER ☐
IMPOUND ☐
ODIUM ☐
PETTICOAT ☐
POKER ☐
PRAIRIE ☐
SCALLION ☐
SERENITY ☐
SIXTY ☐
TANTAMOUNT ☐
TREND ☐

```
Z A Z B M T T H G I F K C O C P K L B I
W U E B O H P O L G N A F M Q K B G O S
E F U L F I L L A F G P S G T K F S U N
K T F F U G X Q C F U W W R R G Y Z Q A
Q N Z A Z W H E I D T K G V S I K R U X
C U D G E L Y Q E T I B K C A B O L E F
I O N N S T V M R W I O P I U G T U T G
V M U S E I R I A R P S N O Y A Q N M K
I A O I K R B N M Z T E X T R E M I T Y
C T P X I I T N I O P N O B M E L P K G
G N M T E J L W O E P S E R E N I T Y C
L A I Y P Z O D Y N O I L L A C S K K S
O T U S G J L L I W K P V A M O D I U M
V E K Z M J E N D B E P E T T I C O A T
J K Y V C Z I A J Y R Q W U S A X T Y C
```

168

```
R C P W W G P Y N C E R P H Q Q T F M W
W B L Q W S O M N C A C A B V U C W E N
E J V U W F T D L O E D I S R E V I R A
E O W X H T R E N Y S H E T A F X I K T
P W M B W M C I K T M C S E M B A R K B
C E D B B T T E O A S S I G N A T I O N
Y L G N I S I R P R U S F W T R J X R S
D B E C H V K G J W U S D H H A K B A D
H A J A S O M R O F D O G T R O T G B I
H R C E N C E N S O R I O U S S I D U S
K U U F Q Q L I A B I L I T Y T W D C G
Y C D M F Y T M C M A F R Z R R S I S U
U N T C Q Z T W W P Q N D A E R H T Q I
T I G I P Q A B L A T H E R S K I T E S
T A R T Z U R C C Y Z V J B K F A L B E
```

ARTIGAS ☐
ASSIGNATION ☐
BLATHERSKITE ☐
CENSORIOUS ☐
CLEAN ☐
DISGUISE ☐
DOGTROT ☐
ECLECTIC ☐
EMBARK ☐
FORMOSA ☐
INCURABLE ☐
LIABILITY ☐
ONITSHA ☐
RATTLE ☐
RIVERSIDE ☐
SCUBA ☐
STORK ☐
STRUT ☐
SURPRISINGLY ☐
THREAD ☐

169

```
O F A P N L S G H P K S A L N Y N U K H
P P C A N A M L A R P J H V C E F V I A
I R I N D H G K H E E Y E O Z X Z V D N
N S S I M C G L O O K L I A R Q Z V N G
I G T T B O B J O P D L L E T T Z F A O
O X E A L L A Y D E K E E I M W E B P V
N A R L G A M E O R O B C V K I A N E E
A N N I X I S H R A W T E F R N R H R R
T A F V E S G U L T U O V M J O I C S H
E E W H E H B O H I U P P O L I V A H D
D G L L F N B R V V N W V O A R U F P C
E U B T U R N E R E H A U R L R P T T A
M N B I L A T E R A L C B A I A L Q G C
U O J P G A W Z P S T T Z E H C F W H Z
P L E D G E U C U N N J Z T S N D D E E
```

ALLAY
ALMANAC
BANJO
BILATERAL
CARRION
CISTERN
HANGOVER
KIDNAPER
LATINA
MULHEIM
OPINIONATED
PAINKILLER
PLEDGE
POTBELLY
PREOPERATIVE
SHORTEN
TEAROOM
TURNER
UNBLESSED
UVIRA

170

AFFABLE
BELFAST
CONTINUUM
DEXTEROUS
GUNPOINT
HAPPY
INFER
LIVINGSTONE
NESTLING
OFFICE
OVOID
PALERMO
PERPETRATOR
QUADRATICS
REINS
SACHET
SAVVY
SCRATCH
TOWPATH
WADER

```
B I D K R E H S O E K X U H C T A R C S
V Q X E U T D A A F C F B A X T R O Q N
M F D V A S N Y B V M Y K P Q D W T U I
S A G P U Z Z I N J V C H P K N T A A E
W H W A D C O V O I D Y Z Y S A F R D R
H O O F F I C E M P Q R E I W G J T R D
T K W L Z T X K R A N T L C F O N E A E
R J B R C L X X E F K U Z S Q Y O P T X
N E S T L I N G L F B P G I N F E R I T
P Q D G A R L Z A A O A J P K Q X E C E
M M S Q H P N G P B L I L A X S J P S R
V J J D W L C H M L C O N T I N U U M O
Z Y B E L F A S T E H C A S B D B C I U
N T L I V I N G S T O N E B F D G Y T S
Z C J S Y P Q O H E F Z F G U L J E F Q
```

171

AMEND
ASSUMPTION
AUXIN
BEDEVIL
CASTING
CATCHALL
CONVENT
CROCUS
ECSTASY
EXCITE
FORGE
HEADSTONE
HOSPITAL
NATIONAL
ONESELF
PHALANX
PREDICT
SILENT
SUBCONTINENT
TENANCY

```
C E C S L W S C E F W P O N E S E L F P
T L A V V L U H R L X B H J O P J T T L
N G O O R Q B G J O I W L A Y P E T P S
F I A N E C C R K K C G S N L N W S N P
L T Z A I O O Y Q H S U Y C A A F Q N Z
A M E N D N N A I I W E S N A E N L L R
T J G I G V T G L W W E C S H Y D X A E
I K R U G E I E R Z P Y S S L R E C N C
P X K Y I N N O E L J U Y W T X J O O A
S K A E I T E L S T M M C L C A T A I T
O Z Z U Z T N S I P I H S I I S S U T C
H P L W J Y T S T R K U T J D C U Y A H
A U X I N Z L I V E D E B A E Q P Y N A
G H V Y P Q O X L Z N O E G R O F K S L
C A S T I N G B P P Q H Q L P T M B T L
```

172

```
F K X S B Z D D D B B U T T E R F A T Q
G B Z R G E E A J A V B G A X C T U U R
V V M K G R I U E C Y B W H O V Z S N W
E U S P U J R A N K F S X R B M I Y R R
N S H N G E C A A S G K O D H D S C G Q
O O E S T V I E V E J N D A C C C Y V C
M T R S Y G J D E A E A E I T V Z G I I
O O E V E N K I R T K U H R A M C R O M
U T L L E X I F A Q D L U Y M G Y Q U S
S T L M B H K I G G L Q M M D L A Z U O
A O X D A U C C E C O O A A Q V T M B C
C S R V Q L G E L Z R S N I K E F Q E L
D B W Y T J I I Y C N Q I D E X O F J Y
W I I M J T Z Q H S P C Z C F U A M Y L
C A T A F A L Q U E P Q E U H R Q A R Q
```

AVERAGELY
BACKSEAT
BUTTERFAT
CATAFALQUE
CHEVRON
COLLEGIAN
CORONET
COSMIC
DAIRYMAID
DEHUMANIZE
DISUQ
EDIFICE
FOXED
GAMEY
LYRIC
MATCHBOX
OLMALIQ
TENURED
TESTER
VENOMOUS

173

```
M Q K C M C Y H T R O W E M A L B O Y B
L O U N Y S Z P T E E G C Y E A L Y L A
A G R E R Q A L K C C T S R C M L O E R
W S K N V W S Y O O E L T J Z L R G T D
M M Y I I E T S Q N S E E A X I A F A D
A E H A G N D U U S D I Z A P T T K R H
K F M T A N G O D I H J K J O S K A A A
E E O R B Y V A O D E C R L M Z N E P M
R R E U F K L U R E G G I R T U O D E A
C V X C G F S U O R E P S O R P L Q S N
P I P R E C E D I N G R E T I C E N T Y
Q D I O R E H P S U N D E R N E A T H Z
U M G I U M I R D B I A T H L O N I L U
Q G H O T W H V I T V G H L E U D L J W
J F I F F R S R W O G D R I H Z X X W S
```

BARDDHAMAN
BIATHLON
BLAMEWORTHY
CURTAIN
FERVID
LAWMAKER
MORNING
OUTRIGGER
PILOTAGE
PRECEDING
PROSPEROUS
QUEVEDO
RECONSIDER
RETICENT
SEPARATELY
SPATTER
SPHEROID
SYLPH
TEDIOUS
UNDERNEATH

174

AIRHEAD
ASCENDENCY
BACKWOODS
CACHET
CONSERVATION
CONTRAIL
CONTUSION
FIDGET
FOSSIL
GAINESVILLE
GRAMMAR
GRAVEYARD
GROCERY
JAYWALK
KUOPIO
RUDIMENT
SHEBANG
SMORGASBORD
VARIABLE
ZHAODONG

```
B V A R I A B L E K S U T E H C A C C C
I A Y D O L J M P U P H M S Y E N O O E
J X C M J U D F Q O Q U E I D U C N N N
U F N K Q R U X G P T L T B R M S T S N
M P E L W H D M H I O H N R A N H U E Q
T R D A W O R M U O D O E J Y N B S R V
H C N W G K O P X T P M M Z E Q G I V G
R P E Y I N L D A E H R I A V H B O A G
V W C A G I G Y S G N O D O A H Z N T Z
Y D S J S R B O H D Q J U D R E K T I A
B G A S X Z A J B I A H R Z G M Z G O I
Z M O B I O F M O F G R O C E R Y I N C
I F H O J I V P M S M O R G A S B O R D
E L L I V S E N I A G N C H W I L B D H
L V G Q A M D L I A R T N O C U F H E H
```

175

ABOARD
ATMOSPHERE
BENEFICENT
BORUJERD
CARBUNCLE
CHURCHMAN
FASCISM
FLOCK
FUNNEL
JABBER
MEGAPHONE
ODDBALL
PLAYACTING
PRURIENT
STRONTIUM
SUBSCRIPTION
TANGSHAN
TARNOW
UNIVERSE
UNLIMBER

```
O G W T E Z X H C K N Y R Z Y Y J V P K
R D C R M N E T Z N I E I L Y B F G A S
A J D I S S J D M A P K Y Q D I A Q Z P
S T K B F A F X T U F F N S X S S I D F
U N M B A A B O A R D T A N G S H A N Y
B E J O H L T N E C I F E N E B I B D E
S I P O S R L S G N I T C A Y A L P F J
C R A A L P R I A U N L I M B E R L B A
R U C Q W E H M U R E K Z Y E Y O Z O B
I R I S V R H E L C N U B R A C G F R B
P P H I A C C Y R R P H B E K X B U U E
T I N E R C E F B E T A R N O W J N J R
I U U U C F A S C I S M W N L A Q N E Z
O L H M E G A P H O N E D J B U L E R Y
N C I J A X M R S T R O N T I U M L D N
```

176

```
E L Y I Z F R U L W E L E R T N A T S A
R D E Z E R Z A B C S M Z E W A Q I K F
E Q F E F K O O N S X W I N P R U P D A
M O E P W M O A C N Q P R O K E A T K J
I N G C U A W B D M P T E T L E T O H Y
X A E I M O R U L O C J L S A H I P L T
M F X V L V D D M E V D D G C C C T U T
K O Q L Y G K Z V G N I W A R A S Y M O
D R A O B H C T I W S Z O L T E P K G N
E X P E N S I V E C Y C B F N R W A C K
T F M P I T U P O G W R C O Z R A S Y Y
T U U T O G C L J N T D H F K E X O T G
U B R F C B O Q N Q K O J Z W V N T W M
G H D I C R E C N U O B L V C O D B P P
O E J I Y V X I N V X E G D E S T J R G
```

ALLOWANCE
AQUATIC
BOUNCER
BOWDLERIZE
DISCOLOR
EXPENSIVE
FLAGSTONE
GUTTED
HONESTLY
HOTEL
KNOTTY
KOBLENZ
LEEWARD
OVERREACH
REMIX
SWITCHBOARD
TEPEE
TIPTOP
TRELEW
UROMI

177

```
C Y Z Z Z X L X O J W J E N E N P U T L
I S J M C E V I T A G E N R R I W S W I
N N N M V B X L Y T I N U M M O C Y J E
C X X R C U R S I V E T H A J C F P L N
T K A S F J H Q K S S C H A R G E I Y O
U M C W I H R D G O B O B W N O T J I T
R G B P F X V E P E S Z K X R A C X D S
E N M A X P D L T C V O L P L P ◆ C F E
U A Z U M B I G F C M L H O D U C A T V
O O G I D M L N E U I A V Z T P O D M A
T Q R F L M Z A C T N E M I D E P M I R
R P B D S E I T S A N Y O N E O W U Q G
J R Y D O F W N G Q U I C K S I L V E R
R C E X L U I E A N E S T H E T I C H K
G S T A L W A R T S H O W J U M P I N G
```

ANESTHETIC
ANYONE
CHARGE
CINCTURE
COMMUNITY
CURSIVE
ENTANGLE
GRAVESTONE
IMPEDIMENT
INSTILL
MAANA
MARVEL
NEGATIVE
ORPHANAGE
POSTURE
PRIMP
QUICKSILVER
SHOWJUMPING
STALWART
VOLATILE

178

ANGLE
APPLICATION
BELOW
CAROUSE
CATHETER
ENDEARMENT
GAIETY
GINGHAM
GLANCE
HEAVY
HIBERNATION
KITEBOARDING
NASSAU
OBSERVER
PANNIER
PECULIAR
SLING
TATTOO
TERNATE
VEXATIOUS

```
Y N C H N R C K Y N L G A H V G O Y C R
V P U X D R E I N N A P P E Q I P S A Z
R M Y E Q K Y T E I A G P A W M N G T Y
H P G P Q X P E A O J O L V E A N N H N
P A L T M Q Q B I N F N I Y S I P N E Z
P A J U V Z T O Q R R B C S L P G Z T E
Z O B O O T T A T C Y E A S A N I V E M
D X Y E T G W R Y F W U T Q B C N E R C
Q B Q H L P F D O S E T I X Y Y G X E A
W U I A Q O B I F G M C O B W S H A V R
B P N Y X U W N A P Y N Y X N A T R O
R C A N G L E G P E C U L I A R M I E U
E N D E A R M E N T Z X K I J S F O S S
Y Z H I B E R N A T I O N X C P O U B E
U K U Q O Z T P N P Q V K W X J Z S O Y
```

179

AIRFOIL
AIRLESS
CANKERWORM
CHERUBIC
CRANK
DUMBWAITER
FISTULA
FLATWARE
GADHDHOO
HANDICRAFT
HUSSAR
IMPOSSIBLE
INSTINCT
LAWRENCE
MALEFACTOR
OPALESCENT
PEREIRA
PHARMACY
UNTIDY
VOLTMETER

```
M W S M S S E L R I A L K G E L I C C U
Q A L U T S I F P E T X F K G A M H A T
S I L U M O W T I H B Y P U A W P E N Q
Z X X E F L N R K N A R C L Q R O R K W
F A Y R F E M B C Z H R K R A E S U E F
B M I E R A W T A L F U M Z L N S B R H
S A C T I J C K M U M A S A D C I I W A
D Y D I T N U T R H R W L S C E B C O N
S S U A C V S D O I U N S H A Y L G R D
Z Y F W C A K T E R X K X A U R E O M I
C F J B K O U R I O P A L E S C E N T C
A U U M F N E S Y N G A D H D H O O F R
D F J U F P X Z V C C L O P J D T T W A
Z L X D E S W M S R E T E M T L O V F F
T R M M T L N E U H R B R D U T Z U V T
```

180

```
M B X U N Q V W V J M R E T S I O R I H
L A V M D H G T R E P E G A S S E R D E
K Z W S L X B K K R N B D B Y N C T P M
L H D K P O A J A B K A M I L C E B M I
A I X Y I A U C J L N C T G E A R N V S
F O L D V S T K D S I U U I S V C B I P
G X C A Y I H E I F H Y F E O K A K A H
C J Q O C W A S H B O A R D C N O L I E
P Q T U I L G G M O O R I N G A I K T R
S G M W V O I C E L E S S E Q U W H N E
P A N H A N D L E R J X M T F X Z D D S
A N D G F L L R M O R R Y N I W X E N E
U D D E R R O A D I E D L O P U H O E K
C L W J H C N Z V G N I K C I L L O R G
S H E N J I A M E N N M V K Z H H Q V L
```

BLACK
CABER
CONTEND
DRESSAGE
HEMISPHERE
LILAC
MAWKISH
MEDIEVAL
MOORING
PANHANDLER
PRACTICUM
ROADIE
ROISTER
ROLLICKING
SHENJIAMEN
TEASER
UDDER
VENATION
VOICELESS
WASHBOARD

181

```
C A V B O T L Z L T N A L Q J G X Y P E
H P Q S Q M K Z E W M C Y V T G R N N L
I S K B Z N F J O I L E B G K O B O E H
C P A S M I T D D M E O I J V A T R H Y
O Q Y R T Y E S N H S F I A H O N J C K
U F E O P L H F O A Y W S N N M E Y A C
T H X T T I Z O C V S N P O S E I R A C
I N N S P B E E W D U K M I L E T R A C
M V I S H L T R O U B L E N O F N K N L
I H T O F A J R K C X O I A N Q E Z D J
T B U F M R V L A D E N W P G J S V F I
E K U P S W W E U I I F R M A O E H C G
S H E A E Q Y W N P G L T O N Y E J A S
S C H E L M S F O R D G L C A K Z B S G
S T A G G E R P R E P A R E D N E S S B
```

AACHEN
AMIDSHIPS
CARIES
CARTEL
CHELMSFORD
CHICOUTIMI
COMPANION
CONDO
DWEEB
HAVEN
LADEN
LONGANA
MONOTONE
PREPAREDNESS
SENTIENT
SHUFFLE
STAGGER
THISTLEDOWN
TROUBLE
UNSAVORY

182

DEMILITARIZE
DOLCE
EARMARK
INEDUCABLE
JAMBOREE
METAPHOR
MISCELLANY
MONOMANIA
NEPHRITIS
PASTIME
PERVERSE
PHLEGM
POSSE
POTENTIAL
SCREECH
SESSILE
SWARM
TOPPLE
UNSAFE
WELLINGTON

```
I A I G D V V I M P N A D E H G Q E X F
N G P D Y W D P F E F A S N U N Y M G A
A E O N P H W D G R P Q D P D U N X G G
N S P X M D G H U V I N E D U C A B L E
P C C H E E C M A E D N O Q H V L F N P
H R Z P R R T I S R Z L U B Q Q L Q L O
L E N V B I N A G S C J Y Z P D E T T T
E E T K M A T P P E J K F K Z S C Z I E
G C I R M J A I P H V A H T O O S O A N
M H A O D S B P S R O E M R O R I R H T
K W N X T D R I F C T R F B V P M G H I
S O T I W E L L I N G T O N O A P J B A
M X M Q H D E F G Y U K L S R R M L B L
S E S S I L E D B P T T S K Y Z E B E P
D E M I L I T A R I Z E H A C H W E P M
```

183

ACCIDENT ☐
ACCOMPLISHED ☐
BAPTIST ☐
COMMONALTY ☐
DERANGED ☐
DONETSK ☐
DRUDGE ☐
EFFUSION ☐
INGRATIATING ☐
JOHANNESBURG ☐
KUPANG ☐
LIFESAVER ☐
MAINLAND ☐
NAWABSHAH ☐
PLEBE ☐
PRINCIPALITY ☐
QUACK ☐
SISIMIUT ☐
TELECOMMUTE ☐
TWELVEMONTH ☐

```
P R I N C I P A L I T Y I J N A B G U H
D A D Y H Q T F I S K K N O A C I V N M
E E U T P H U Q O U P T G H W C F E L K
H D R L C N X A P U N T R A A O D N C G
J Q E A U P J A C U O H A N B M O W E X
B B V N N E N S V K I T T N S P V Q A L
E N A O O G D O S A S N I E H L P C V V
G P S M O S E Z K I U O A S A I Y K Q V
D Y E M G Z R D T I F M T B H S H N G Y
U J F O R B E P T R F E I U A H N C U Y
R U I C Z H A Z S G E V N R P E E B U U
D K L E U B B F N X V L G G H D E U R S
D O N E T S K D T L V E S I S I M I U T
T E L E C O M M U T E W A C C I D E N T
A Z W V Q S B Z Z A Y T M A I N L A N D
```

184

```
D E N G O T S F F Y G D E N T U R E K E
P R L S G N I R T S T R A E H G T P M Z
I E X V B E T A V O N E R I E V M I L L
W H Y F F C C N I W E C L P H Y T A H T
X R Z O N O J C N Z C A I M U R O B R A
C U X U W N C I C V K N I L E T D L R C
H T C Y L N K S E M L N I V E O T E K H
G H E R K I N T N H I O O B O A T E B I
X D X J J P H O D D N N L W A A C D R J
E E H L G T Q W I Z E N N Y W M Z H A V
A B L A Z E S N A N E O B A P A E E B M
Z R Y T M S D Z R V T I E F R U S N Q S
T H C A C Q R I Y T N K X C C Q V L D G
C W D E D S H U O R E C E I V A B L E A
H A D G K Z E C N A H N E E J C Y G B A
```

ABLAZE ☐
ARBOR ☐
BAMENDA ☐
CANNON ☐
COTTONWOOD ☐
DENTURE ☐
ENHANCE ☐
FRANCISTOWN ☐
GHERKIN ☐
HEARTSTRINGS ☐
INCENDIARY ☐
INNOCENT ☐
LEACH ☐
NECKLINE ☐
OVERTIME ☐
PUTTER ☐
RECEIVABLE ☐
RENOVATE ☐
SURFEIT ☐
WATER ☐

185

```
H D U O R H S N E T F X H G L Z C O Y O
L H B D K S B N O G R A J S A F R F U R
S P R U C E R L Q P K L B C P U S O S N
U M N Y S U L E O W Q R I I P X V R M I
L N X V O A A K K P W T O S E K Q D T T
U L G B B I M G O W I A E Y T Z T N E H
D K L S P R G D E L P E Z H I Z E Z P O
D E O Z I U X D O Z S R D P H M Z C M L
M O E P O C Z P O C A G U O A L I U U O
F K F Q U G M U R C L U F R U I D F R G
L T U K S I U H F A X F C T L Q I F C Y
A L A X A T I V E U N A C S M O S L K P
T O R T O I S E Z J S U O A I F B I J T
C H E V I O T E T S S F U N E I U N P Y
W B E S T C L A Z X I S C V F I S K C Z
```

ASTROPHYSICS ☐
CHEVIOT ☐
CRUMPET ☐
CUFFLINK ☐
CURIA ☐
ENSHROUD ☐
FOOSBALL ☐
FULCRUM ☐
GREAT ☐
IMPOLITIC ☐
JARGON ☐
LAPPET ☐
LAXATIVE ☐
MELBOURNE ☐
ORNITHOLOGY ☐
PIOUS ☐
SACRAMENT ☐
SPRUCE ☐
SUBSIDIZE ☐
TORTOISE ☐

186

ANTACID ☐
APHORISM ☐
BANFORA ☐
CHANCELLOR ☐
CONFLICT ☐
DIALECT ☐
DILIGENT ☐
ENFOLD ☐
EVIDENT ☐
GLASSES ☐
GUNTUR ☐
INVOLUTE ☐
LUNCH ☐
MUDDY ☐
PARLEY ☐
RIVERBED ☐
SONGNIM ☐
TOFFEE ☐
VIOLATION ☐
ZAANSTAD ☐

```
N L Y E W R U T N U G R I B C P S L C D
B U Q G I S M O S J L I V N F P B D I F
H N E P C I J F L L T V H M V D U C Y I
F C K M N S B F T P R E W Q F O A T O C
D H N G Y A G E K R O R L V Y T L O W N
M I N I N A Q E T H L B J U N E Y U U A
F O L F L S W C C I L E O A I Q Y W T N
S H O I T N E D I V E D E N F O L D Y E
P R N N G L W U L S C A A P H O R I S M
A Z Z U A E J X F Z N T G L A S S E S J
R T Y I O H N L N O A S Q I M S U R U D
L G D P X X Q T O Y H N O I T A L O I V
E B C C U M Z M C Z C A U G W O T M P Q
Y D D U M T J N I X Y A L V T F Z P S K
W L G A I R V U V L B Z R O F V G Y H N
```

187

ALLERGIC
BUREAU
CONTEMPTUOUS
DALIAN
FARMYARD
FELICITY
NAKED
NODULE
NOTABLY
OBLATE
REGIMEN
REQUITE
ROADSTER
SCREWDRIVER
SHRINK
SINKER
SLEDGE
TACIT
TONGREN
UMBRELLA

```
N D U E C N A K C E M V F U X E T U T J
E O F B P B Y L A O C K X M Y P O D B R
M L D E H Q D B L K N I R H S A W E T W
I Z R U V B M U S E E T R E T S D A O R
G W M R L F O R I N R N E E X M E T C R
E Q X E F E X E N H G G A M Q C S G T O
R M D V G E F A K L N I I K P U C A K P
W Z B I C I N U E O O O U C E T I C A T
U M B R E L L A R Y T Z N O L D U T K Y
Y V O D G X Z O I F E L I C I T Y O E H
Y K J W D Z J I L L F A R M Y A R D U E
C T R E E C U Y D U A O B L A T E Y N S
D M V R L O Z O U U G D N O T A B L Y M
M N C C S L A O B R T J F G I U X U W J
Q A U S B P K V C M J K U E P B Z R O Q
```

188

```
V D K V L P X R N G K K Z D N Q C G R W
G V Y U G V T P H C M A E W O Q N Y B X
F O U R T H N N O G B P O B R I T F E V
S R J I K H O C Y Y R D K Q Y K S I R F
K E T A K S A N A E N N O L R B E Z J U
I G O Z P E I A S R O E R M E E I M C W
E I P U P O B S U S Q E K L K A B L F Z
R O X B P G A T I N D V X Z C K A Y G R
C N C H A N G D E N G I D U O E R Q V V
V R D X T V M C U J P L B L R R H X E O
Y P O C R A C K E R O A C N C T U F R P
M E Q O Y N L H O C C A S I O N A L L Y
B V O P N A U R U S A P I H E L Z G Q G
C P C U R E Z I L A T I V E R S R O S D
B B P M I J R N E U R A L G I A I L K C
```

ALIVE
BEAKER
CHANGDE
CRACKER
CROCKERY
CROONER
DEPRESSANT
FOURTH
FRISKY
NEURALGIA
OCCASIONALLY
PASURUAN
PEACOCK
RABIES
REGION
REVITALIZE
SKATE
SKIER
TURNDOWN
UNDERLYING

189

```
H L L R W U F P G N J J W G H Y I S E A
E E C I O V E A I E O T U D X Y N S K P
X I X N Y E N A T B F M L C S N D N M U
T D J U T H L S A C I I W B O S E M J C
G E N S P B A I A U N Q J T H Z P W S A
I N W V L M A U W G A R R N U K E N D R
V Q V I I I A F E D A O G O W S N M I A
B E H T F T M R I O N G I E P E D M O N
R C V O I L A D K S G N V G N I E A S A
T U T O R I A L R E Q V S O T C N R S Y
N Q U S X O Z R R R T U T U P E C Q H E
I M P E C C A B L E I I I O Y P E U M X
I L A C I M E H C O R G A R A S Y E Y L
V A C A T I O N P A C A B P E O F E V N
V Y Z R H L W G B C U X X Q G R Y E S I
```

AGROCHEMICAL
APUCARANA
BARITONE
CHILBLAIN
DIDAO
IMPECCABLE
INDEPENDENCE
JETSAM
LEIDEN
LINGER
MARQUEE
PEIGNOIR
SPECIES
SQUIRE
STEEP
TUTORIAL
UPMARKET
VACATION
VOICE
VOILA

190

ABSOLUTISM
AMAZED
ARDUOUS
BUCKSKIN
CHALICE
CHIROPODY
CHOKE
CIVILIZE
DISCONCERT
GHOSTWRITER
GIJON
GREENS
GRUELING
HAWTHORN
ISKENDERUN
NONSENSE
RAGLAN
RECORD
THINE
WARLOCK

```
D M J Z R F Y U A D G N I L E U R G K A
U I W A R L O C K B R Y E N I H T B S R
R H S N A U B N X O S D Z K J B I W S D
W P N K F M I Z H T N O I V H F G V L U
T X Q S E K A T I V E P L T R Y Q I X O
U R K U S N W Z T Y E O I U E K O H C U
R G B K E A D M E H R R V U T P L P E S
Q E C Z H L U E N D G I I L I I L C B D
H U C R B G G O R E Y H C B R O S R S N
B P Y O C A I Y C U E C R Y W L D M A G
T R C Z R R W I U M N J P I T Q L G E U
P O G G X D L T B O S O X L S P G T D P
A G L I P A M Z E T F I J Y O H I Q C T
J B K F H N O N S E N S E I H W C N R C
K C L C D I S C O N C E R T G F F Q L S
```

191

ACROBATICS ☐
CASTLETOWN ☐
DERELICTION ☐
ELOCUTION ☐
GAMECOCK ☐
GRUMBLE ☐
INROAD ☐
JEQUIE ☐
MAGISTERIAL ☐
MARKKA ☐
MUNDANE ☐
NOUADHIBOU ☐
POZNAN ☐
PRINTOUT ☐
PURVEY ☐
ROUSE ☐
SIDEARM ☐
TAKORADI ☐
TOUCAN ☐
TYPESCRIPT ☐

```
G G B P S Y F K J A U A P X N L I S Y T
A P U R S Y C A K A S Y O O O A I E O A
M O B I Q Q I K G V N Q Z C I I V V O K
E M G N V N R K M R C D N Z T R W N H O
C I J T R A X Q J A U R A J U E X U A R
O P Z O M S T E S J O M N P C T D U C A
C T A U Z E E T N G B G B W O S B I R D
K D L T I S L C S N I W T L L I C E O I
A A G U U E F D Z G H E D S E G N I B F
O T Q O T O U C A N D M R B J A J F A X
Z E R O B C M W I X A O Q K D M X W T X
J R W S I D E A R M U T X N D Z V N I V
J N O X R M O Y L R O D U N N E A Y C D
T Y P E S C R I P T N M S H Q I P N S H
D E R E L I C T I O N K I R C T T X J N
```

192

```
O B S Y G A R K F E E D N E K T R D P O
R Y C A R E I S N N M U T Y M T A E A C
X I S L T B F O O J U A U M E O P M R A
U D Z T B P T I V P C Y P E L O K E A F
X M O P D S S I U I Y W O N F X L R M N
X L N W H N M L D R L E I E F J F P O X
P T C T A Y V N I X S A W H U H R G U D
R W R P X E I W E S R S A C R L E G N S
W I X Y R V E W L T Y H T R T N S G T R
B E N I R A M A R T L U C A I O C R G F
M F Z C K A F F R A Y D H E M K O F M L
U E N N E M I S S I O N H G E U Q Q S X
G L E N R O T H E S B N J F D P U L F V
N S I Y Z N K J B R F C A O J N S Z F G
S Q S O R F U F J Q B X Z R T X H Y B G
```

AFFRAY ☐
ARCHENEMY ☐
BIRTHSTONE ☐
EMISSION ☐
EXPANSION ☐
FRESCO ☐
GENIE ☐
GLENROTHES ☐
PARAMOUNT ☐
PLOTTER ☐
PREMED ☐
PULVERIZE ☐
SPEECH ☐
STROUD ☐
TRAINLOAD ☐
TRUFFLE ☐
ULTRAMARINE ☐
VINDICATE ☐
WATCH ☐
WEAKNESS ☐

193

```
M L B H X J C J Z E P Y T O R T C E L E
Y Y P E I Q E L B I T P M E T N O C U O
L T D J W N Z J E G C I J K P D F R C B
B B E Z D M K I K R P H W R U I A P O S
M D M M N G W U N A G L A E U G K C N E
A T O G E T H E R T W Y S R V C A F D R
T M X M I T D E S L U P M I Y X L X U V
T Q I S R Y I A E A G R S A O Y L M I A
G T N C F R E E B I E E V D N O E V T T
R P I G A U X P O F F W V Y E O Y L O I
F T Z W N B Y L N H N T S N Y I W V L O
X T N Y Y L L I Q Z T D K C V I A I N N
Z M A Y A A Z E L U C S U N I M Y P P J
E H M S T R U N G S D E B U T A N T E C
J Q F J T X F G Q Z F O U C K N I S Z F
```

ALLEYWAY
ALTAR
AMICABLE
CHARY
CLERGYMAN
CONDUIT
CONTEMPTIBLE
DEBUTANTE
ELECTROTYPE
FREEBIE
FRIEND
GARUE
IMPULSE
MANZINI
MINUSCULE
OBSERVATION
PSEUDO
STRUNG
TOGETHER
TWERP

194

BROUGHT
CARBOY
CLODHOPPER
COLLAR
CRAFT
ENAMEL
EUREKA
EXEGETE
FORESHADOW
GLOTTIS
GUARANTEE
INFILTRATE
INTERNIST
LIKASI
MAMOUDZOU
MISBELIEVER
NOISY
REACTIONARY
STRANGULATE
UTTERMOST

```
I N T E R N I S T M I C W T Y L U E M M
C L O D H O P P E R A L L O C I B Y B H
F O R E S H A D O W Y M N F A K X Y E B
R E A C T I O N A R Y Y O B R A C K S F
B S T R A N G U L A T E B U Y S I O N M
M R E V E I L E B S I M E Q D I W K F E
E C O D M O C E O E X V Y Y C Z F M T N
R N N U V Y T L E Y E U R E K A O A F U
Z V A X G E J T R R M I A W P Q R U A T
Z E L M G H N Z C M A D G C I T M S R N
V Y J E E A T S K L L C H P L E K W C L
M Y X C R L M O T O M C S I T T O L G V
V E Z A Y R T S P X Z D F Q J Q D E F I
W W U W V R P P Q H A N V X Y Y I W N X
L G N T J P A G L T I U T T E R M O S T
```

195

BUTEMBO
CITRON
DEATHRATE
DRYDOCK
EMOTIONALLY
EXCESS
HARBIN
INSULIN
KIROV
PRINTING
QUITTER
REFRESHMENT
SATAY
SUZERAIN
TASKMASTER
TINDERBOX
UNMORAL
UZHHOROD
WARDEN
WASHSTAND

```
D E O D S W X I N S U L I N T N C R G I
U E D E E U O E N A S V N O B M E T U B
I N A W C L Z N E B G I L R A E C W T Q
U U M T V H E E D F B Y A T A S V A A U
W S T O H I B C R R A F D I U O J S S I
O J I P R R E K A A P Y J C R V R H K T
C C N P V A A H W R I R I I N X P S M T
M O D H W A L T I J I N K H K U F T A E
S S E C X E T N E M H S E R F E R A S R
W X R I T R T S D R Y D O C K C K N T Z
R V B K A I U Z H H O R O D Q B C D E G
X R O T N P C Q Q F C R J G W C O P R P
U F X G T W D Y G C Y X Q D G G Y G B K
T A Q T H R N P A S E D O H V L V W J J
E M O T I O N A L L Y T S N M E S A C V
```

196

```
J U M B O Y L X S O P M A C P Q C M K U
X O T F O U X E T A C I D N Y S O B Q T
W L V O Z E X G A N W I B K G E N E R G
F O X R K U O O N W X H C N L D F A N X
Y P T E A P B M D I V B I W W I U C R L
L O P L O G R Z B H S D S N R A S H W D
F I I E U R E E Y W N O B P J K I C W Q
Q T X G S D A H C U I A P R W E O O J S
Y E P T A D D D O I R H H M S W N M D K
Z K F G Y T P T I R S W L E I B E B H M
X C A V U U S Q I A X E G X P W I E I H
H O K K R A W E N E T A T S E R B R E M
O R W N H L R R K U Z E S U T U R E Y R
M N V Z C F R Y P D I S T I N C T I V E
I I Q K L Y N O Q X R M F U Z O Q K Z P
```

AGADEZ
ASTOUNDING
BARRIER
BEACHCOMBER
CAMPOS
CONFUSION
DISTINCTIVE
FORELEG
IMPOSING
JUMBO
LETUP
NEWARK
PRECISE
RADIATE
RESTATE
ROCKET
SEXUALITY
STANDBY
SUTURE
SYNDICATE

197

```
W E Q P H M U Q Y W R M Q C H W J G O B
L T X U H V F L E F L A U G N I L I B A
I A N P P W I X R I K I Q H O P K T A L
M M M I R T J L S E D N A E L C N U Q L
M I I K P O R U S X M T B O D I C E A P
U C R M R K P G N U W A Y T E R J F L O
Z E E N I M O R B T H I U W O E U K I I
U D H M S U O M I N A N U T T B M B F N
W C T N O T R E V A E B A O T M M Z P T
N D E H U U C X Z M T B G C P I O P H J
Y S W R E D N A O X U E E H O L S O A E
J B L X T K G H S C E S T S H C S N W W
H E L S G W M E N I S I V A N O V O D C
M F E Y A X C I H I N B L U E B E R R Y
Y L B S T T Q K D I V O E I C P G K Y R
```

BALLPOINT
BEAVERTON
BELLWETHER
BILINGUAL
BLUEBERRY
BODICE
BROMINE
CASINO
CLIMBER
DECIMATE
DISSECT
EMPTILY
EXPROPRIATE
INCUBATOR
IVANOVO
JUNTA
MAINTAIN
NUDGE
UNANIMOUS
UNCLEAN

198

ABJECT
ACRIMONY
ARCHIVE
AUTHENTICATE
BASEBALL
CAMPINAS
CONVIVIAL
DEPOT
FURTHERMOST
GRAZE
HINTERLAND
LOVER
MOONSCAPE
PIASTER
PLOCK
PRIVY
PRONOUNCE
THROAT
TOBOLSK
TOPLOFTY

```
C U A O O M C K C P F O P E N T S O U A
W A R E Y T S O M R E H T R U F S K W R
K U M L F L N E C I P R O N O U N C E C
C P F P O V P G Y V M P U F I U I Z L H
O B Y B I D X G F Y N O M I R C A B J I
Z H O V Y N T H R O A T O P E D O X Q V
U T I D E A A P L O C K G X V C L A Z E
Y A M Z P L T S C F B L V D O J L K V Y
L T A M A R E T S A I P I Y L X A F T F
H R H J C E T A C I T N E H T U A F O Z
G A B C S T C B A S E B A L L W O F O L
P C L D N N E E A A X D D P D L M U B Q
Y Z F K O I J U T Q E J N F P B K T H D
X Z G Q O H B B E T X A H O C E S G C E
Z K D X M A A D Q V M G T T Q U Z N K W
```

199

BEARD
BUZZARD
CHECKROOM
ENTICE
HIGASHIOSAKA
INDULGE
LAUNDRY
LIMOGES
MILLINERY
NAUGHT
OBLIQUE
PHOTOGENIC
PRITHEE
RADAR
REGALIA
REPUTABLE
ROOTSTOCK
SUSTAIN
THYME
TIRASPOL

```
C B S Z B A E T Y Q B E H L D Y Y L J I
H Q J M E C K Y R D N U A L I P S R G B
H Z K J I E S U C I V X Z F Q M E R D Y
I R O T L W H O A H K L D Z M G O Z S H
G P N J K C O T S T O O R K A R R G M A
A E T Z A J S P I X K P E L I R B T E D
S O E G L U D N I R V S I R E J D Y R S
H B L U S A N A L W P A R A D A R A X N
I L B K T H Y M E Q L R E S L F E N D R
O I A K Y R F W Y D C I B C S B D A C G
S Q T H G U A N L P R T D M P W C N Y Y
A U U L F L C H E C K R O O M X V G S A
K E P T K H O D P W I M I L L I N E R Y
A U E P H O T O G E N I C V U H Q I Y H
V O R J R C N W D H X M X R E H M L A J
```

200

```
W D K P S A W A E C R E B M I T E E C E
F B H Z H A D D I J S R N B D Y S X C H
F C P C K D N T A P B C B L E E G A F A
M C S H A H E D Y T Y I H F C T L H S I
R S L Q Y L N L S L R O N Z X U I Z Y F
L X E D H C A U I T Q A U I P S B N P A
U T C T R C Z N P Z O Z H O T R A E P S
J S A K O O D R L C Y N P Y F I L P M A
M S G P O E U A S J O O E J O H A E D M
G X A P R C E K W V F O C L U C K T L A
C A L C U L A T E D P T J Y I S O T E M
S T O R E H O U S E P A R Z R O C V Z U
C J V N H L L W N A M L H E A R T E N D
G E S P X N M C W P M P Z V V X Z M D U
T I N C I N E R A T O R S V T F B S V X
```

AMPLIFY
APOCALYPSE
ATHLETIC
CALCULATED
CLUCK
CURVET
CYLINDER
HAIFA
HEARTEN
HIRSUTE
INCINERATOR
INITIATE
JIDDAH
KARNUL
PLATOON
POPULACE
SANDSTONE
SPEAR
STOREHOUSE
TIMBER

201

```
S U I H C I T A M O R H C E V A L S N E
G T E L I T A S R E V I X N M Y T X S Q
V U P L R G A O F D L Y Q S T S Y P V Y
N Q E I W Q H A M U Q Q S E A E Z D P F
P X N K G Q C C A I P T K M P G E J V F
Z G A S Z V A R H S S L U B O J V N U G
W H R A F C D M P A S C K L I P X J S A
T F R Z F Y E D O K I U U E N B K Y A R
J Q S E H L G S U G V R U E T D Q C Z L
Z P O I R H R K P B U B R O A D W A Y A
X G T E T S F Q D A O L H C A O C C G N
L Z U T N E G N I T N O C W Q Q P I J D
L M R V Y R O S S E C C A C P P O L R Z
Q Q V S D F U N D E R C O A T Q V E Z M
J Z A M N E P J D V D I Y Z Y G F D T T
```

ACCESSORY
BROADWAY
CHROMATIC
COACHLOAD
CONTINGENT
DACHA
DELICACY
ENSEMBLE
ENSLAVE
FRESHLY
GARLAND
HIGHCHAIR
HYDRAULIC
MISCUE
MOGUL
POINT
SKILL
TEENS
UNDERCOAT
VERSATILE

202

ADAPTOR
AFFECT
BEAUTICIAN
BREAKFAST
CARPETBAGGER
COJBALSAN
DEVILMENT
FALKIRK
FAMINE
HAYMOW
HOBBLE
INSTRUCT
MACROSCOPIC
PURPORT
RUSTIC
SCANDAL
SCHOOLKID
SCRUB
SPOKANE
VOGUISH

```
W M Y U G M C I T S U R Y A U B P F I N
Y E J Z Z G I A C X C G D D P R T K N O
P Q W K I A P H R D C B N A G E G Z S I
B Q R E O C O W K P U V X P I A T P T D
E R W G U O C G T R E N G T Q K W B R J
A G F K L V S R C C N T T O A F X H U L
U C O K N W O S A T I N B R S A H D C U
T E I R J G R W S A M E N A L S C A T U
I D C I E T C E F F A M V Q G T Z Z V F
C F Z K P F A K L E F L G S W G N N O X
I O X L P B M V D Z Y I C F O V E H G Q
A Z J A S P O K A N E V S T R O P R U P
N G A F T M C D F Z Z E L B B B O H V I R
S C A N D A L M H Q X D H A Y M O W S P
C G E P T C O J B A L S A N U W A H H C
```

203

ADIOS
ASTRIDE
CINCINNATI
COUNTRYMAN
GOSPORT
HICCUP
INSECTICIDE
KNUCKLEHEAD
LIONESS
MASTOID
NABLUS
PATHFINDER
ROAST
SALTWATER
SEQUESTER
SEWERAGE
UNLEADED
UNTWINE
UPSET
VESTRYMAN

```
A M O V X C X I L F K D M B K Z I U H N
U S A C E D I C I T C E S N I V J B I A
A N T S Q S Y H B N S S L I Z H F O C B
F I L R T F T L R F W R G O I V F I C L
Z O W E I O D R P A T H F I N D E R U U
S U C K A D I U Y X P Q A J P T T C P S
D A N E V D E D V M T A O R D E F I J J
A Y L T G I E K S D A E H E L K C U N K
D R G T W W M D V F V N T H S P K I P C
I O O Y W I C O U N T R Y M A N E K D Z
O A S I T A N N I C N I C J O Y Z E A T
S S P Y E M T E O F S E W E R A G E E R
T T O A F B X E L I O N E S S P H S Z A
B M R I Z G U O R D K E Y U H Z P W U W
H V T G Q H T M X R R E T S E U Q E S H
```

204

```
R B F B M E A E S L C V R M L F E O G M
I E O V L P R E F O N S E V A S N C L I
B O H K R U F W D C I U B I E L O K L S
R S C A S Q U A L I T Y U N C P L H X H
X A J A S H J O L P E Q S E O R V O N A
H S E N N H M I Z X L G J G B O N E W P
F M L I B M Y O J G T E T A A C N W O F
U V I D U C N D B P N B K R L E P U D H
V O T M F H F D R O U I V N T E K Z W B
I L S C E Q I S N W A C H E D D W J O C
Q H O Q L A R T S I G A M E W D H N L S
R N H G R C D G U Y S R N D C S D Y S G
Y M P I S E Q U A T O R K S B L V A A H
S Y H S N Q T O Y R A I T R E T Y Z G O
H B D C A I R O P R E D I G E S T I O N
```

CAIRO
COBALT
EQUATOR
GAUNTLET
HACKLE
HASTY
HOSTILE
MAGISTRAL
MALLOW
MEASURE
MISHAP
NEEDS
PREDIGESTION
PROCEED
QUALITY
REBUS
REHASH
SLOWDOWN
TERTIARY
VINEGAR

205

```
B E C N E D I V E S W U S M T X I W R F
F P O M T T O E F J U Q U I M P E R N B
O U M O I S C M L O A B Y J Z G E F M H
N L M R B C M A K A I N A M O R Y P T R
J A E P P T T R A M P L E N I Q D C L T
S N N H K X H E Q S D R D V G N E F B E
S D S O W K N P S Y A O I G I S D G Q E
Q I U L E G A P B D R I S N I T S I T U
U A R O K P E I E Q O R L B J W P A T O
I N A G U K E L V V E B L H D A C A E E
D R T Y A Q T C A D C X I E D I N E D W
F N E T B U E M N R G U H G L F W D P A
E Z E L C U J A E S D Y D P N R W Z S N
L R B D K M D R B S J O X R I V N W U I
N E O L O G I S M N B E R O D L O O P Y
```

ADAPTIVE
ARDOR
BISECT
CLIPPER
COMMENSURATE
DANDER
EVIDENCE
EXPLICATE
HILLSIDE
INDITE
LOOPY
MORPHOLOGY
NEOLOGISM
PULANDIAN
PYROMANIA
QUIMPER
RETAKE
SQUID
SUBANG
TRAMPLE

206

ALKALI
BAKERY
BLANDISHMENT
CABINETWORK
DERIVATIVE
EVENLY
HOTLINK
IDOLATER
INTESTATE
LIGHTNING
PUBLICATION
SILICATE
SUCCESS
SYRINGE
TERRAIN
TOULON
TRENTON
UNDOING
UNWITTING
VOLUME

```
T L I E W E U K G K T T D M B O A K R G
R Z J P F B X N A R E O U O U A N S N T
E T A C I L I S R A R U P W O I K I Q I
N J E R I N P U L E R L B S L C O E N G
T S Z M T K Z K P I A O T T F D O T R U
O P Y H G N A T R T I N O J N E E L C Y
N U G R N L N P V F N H V U A S V R T U
B I A E I F Y L U C K S D J T O E W R A
L W T T T N E M H S I D N A L B N Q X R
V L Z A T Q G P H S K Q T U E D L P Q Z
K M U L I J P E I W Q E M Z L H Y T Y W
P Z L O W E C A Y J B E S U C C E S S K
Q Q S D N P U B L I C A T I O N K M F P
O S X I U C A B I N E T W O R K G N C K
B P V F L N I V J W D E R I V A T I V E
```

207

ASSASSIN
BALDERDASH
CHARLESTOWN
CHIBA
CURIOUSLY
DANDELION
DUCHY
HELMSMAN
INVOLVE
MILITARIZE
PILLBOX
REHEARSE
REVEAL
RUBBERNECK
SECURITY
SPECTRUM
SUNDAY
SYNERGISM
TAXICAB
WATCHWORD

```
A I F F J U M P Y N V Z K W H I W C C U
B S D E L W G I W I J S Y A D N U S I Y
M F S B Q J E L S V P M V T A Q Z X H P
B I J A U H P L P N Q W L C I Z L C N U
A N L C S M Y B E J A K A H T R U Q K I
F Q G I M S S O C K G B E W D D U C C F
D P K X T N I X T M P L V O S W E C C Y
A C L A F A E N R V M J E R U N C R E L
N Z H T W R R P U S O D R D R Z S E V S
D E D I A D U I M S I G R E N Y S H L U
E G Q Y B H K A Z O L C B Z M T I E O O
L O R E D A N A V E W B R Q K K J A V I
I N N B Q R I J O O U B V V G W L R N R
O U J Z A H S A D R E D L A B J Y S I U
N H A M V C H A R L E S T O W N P E D C
```

208

```
S R A F F O C A J M R S P W W K B T X X
B B A N M L A R T S E H C R O G S C O G
Q I Y W Y B S F C U E V K P H I Y D R T
P F T G S S E L M O T T O B O D O U T M
O K I G W E H L R L N J R H K W B S Y S
M K L W X P A E A I U W V Q N S Y S F C
L X A R O G R W H R L D L W R R T K N H
M A T A L U D O C R O T A E R I Z E L O
W T I J D T E L X U V R T E C L D Y V O
M C P E P V N G Z C D E B A U K W B B L
B Y S D S I I W E S I E L D D A R T S B
J G O R Q W T S E P S Z I C G L O L N O
Q K H Q J F X G E O B R K R W Y C K X O
S U R V I V A L O R Q R K A D H U R D K
W F L L G X N G P R I N C I P A L Y I P
```

ADVISER
BOTTOMLESS
CASEHARDEN
CHARM
DOWNWARDS
DRIED
GOOSEBERRY
HOIST
HOSPITALITY
LOWELL
MYSTICAL
OKIGWE
ORCHESTRAL
PIETERSBURG
PRINCIPAL
SCHOOLBOOK
SCURRILOUS
STRADDLE
SURVIVAL
VOLUNTEER

209

```
G Y Y A D Y E H B E W G H W C O T G Q V
J Q S D X V N S X E U L Q B U R J Q U O
L B E V I L J H J Y E D V A O B Q U A L
N T H I Y D V T U X T F Z K J I M U D U
F E D S A H U G U F R T S I X T B H R M
T X T O Z T O L L A B M D T H A Z B I I
D P X R W U A T W G U S H H E L O P L N
E E L Y Z M Y V X E Y R G I V A O W L O
L N Z Z A S C G A M E S T E R S K O E U
E D Z A X I G V D R J O X D E L M G O S
T A L C Y B K E W X G N I L L E F O C J
E B I M P A L P A B L E P V B I G V C L
K L B X T V D G T H J I Q W B O I G M K
K E V I Z I E R S W T Q L U O D D Z E K
W A T E R B O R N E E P A H C R A T S A
```

ADVISORY
BALLOT
BEEFSTEAK
BISMUTH
BOARD
COBBLER
DELETE
EXPENDABLE
FELLING
GAMESTER
GRAVATAI
HEYDAY
IMPALPABLE
ORBITAL
QUADRILLE
SMOCK
STARCH
VIZIER
VOLUMINOUS
WATERBORNE

210

APPOINT
ASSURANCE
BERYLLIUM
BETHLEHEM
CANGZHOU
COFFERS
CONTIGUOUS
DIRECTIVE
EMULATE
HEARTLESS
HINDQUARTER
MONOSYLLABLE
NEARSIGHTED
RUMBLE
SIGNPOST
SLOWPOKE
STOPPER
SWITCHMAN
VLADIMIR
WASABI

```
D H I N D Q U A R T E R A P P O I N T N
C I E B U P K F D G M T P F Q D N G Z E
N R R E P P O T S T Y W C B S R E L N A
N E U E K O P W O L S O Y F W D C M X R
C L O M C V I B A S U O U G I T N O C S
V B H C B T S O P N G I S W T K A F H I
X A Z T O L I L B Y A S C A C Q R X E G
V L G Z I F E V G E W F C S H Z U D A H
E L N W R P F H E G T P C A M I S E R T
N Y A H F F Y E S J T H Z B A J S M T E
Q S C D S K V L R X B G L I N U A U L D
G O A X I T I X W S Y S P E Q M V L E W
R N E U L M U I L L Y R E B H S A A S Q
W O D G S I I L T B G S F A U E V T S I
Q M O W H C T R Q D I W V V T Q M E Q L
```

211

ASTROLOGY
BIOFUEL
CAGEY
CHARMLESS
DISPERSE
EMBLEM
FERMENT
FIDGETY
FOOTLOCKER
INSURRECTION
ISOLATE
JACKKNIFED
LULLABY
PLANTATION
POTPIE
REORDER
SPLUTTER
TEETOTAL
TOECAPS
VARIANT

```
R C N N O N H R I S F U N F V L A L C L
N M I A Y O P O L V I D A E L D T F Q Y
O H Y E F I D G E T Y V A R E D R O E R
I L G I T T F V B L Y A T M J M B E F G
T A O P N A W M E Y A S B E O C R J O F
C T L T A T L D Q X P L P N X W E A O S
E O O O I N T O E C A P S T E K X C T P
R T R P R A Q K S S E L M R A H C K L L
R E T W A L C P U I B I O F U E L K O U
U E S C V P L U L L A B Y J H Y U N C T
S T A O Q P G D I S P E R S E P G I K T
N F H Y N P X V B L H T P E A B M F E E
I P N N E Q M T Z I Y E W I Z W J E R R
H Q Y X M K B E M B L E M N B A E D N I
U C Y S C A B S L Q T N Y F Q T Y T L L
```

212

```
F H M W G D X H S L E E P Y H E A D H X
E F G Y F S J A J Z N P Z S E U O C A N
D A S H E R A U K W W E S E A Z O U Z F
E B I U L L O G G A R A P A N I K P I P
P A J O I R A H U P X C C D N D W J A H
U L L A N O I T N E T N I C N C R H A B
R S G Q E W X Y S B I B I O U E T N C R
D A O K S R A Z O R T D E U K I D Q U O
A M C U L Q O X L A E R O P R O C H F U
U E X A L T E A S N S H I D U M W D F H
Q R Z S X R H D T S E W H T R O N F L A
Q F U S J O S J I C R P P E L O N U I H
A Z Q I P T F Q R C A W L T U L W T N A
A K M O R Y N T A I T K P T O I L O K D
F S Y A Z Q W A D A N C E Z P F S V S E
```

BALSAM
BROUHAHA
COINCIDENT
CORPOREAL
CUFFLINKS
DASHER
EDICT
EXALT
GARAPAN
HANDOUT
HAUGHTY
INTENTIONAL
NORTHWEST
OATCAKE
PIPKIN
QUADRUPED
RAZOR
SENILE
SLEEPYHEAD
STALE

213

```
B G T J J K Z D E L I A M B Y L B S D E
P O A H M P F Z Z R E S P E C T F E R L
A H X M E E L B I C S A R I C H U A F N
S J G E I S U Q L G N I X O B G P S P P
A G Q D R N I G A V A L I C F U D I G G
D A S T T S D S E Y M B L U Y A A C K X
E J R F V A H E R C H O I C E R I K F N
N K T J W M W O L O S E R N J F S I H U
A K N U X P F E R O B E L L E H Y A B M
W U N U R P D W O T E U R W T T R P Q S
Q H X A V B W D F W S F T P R N X X I K
E V N X R A O K B I W F C V E A U P T U
U X P R F F Z T Q H X J J S H W G X I L
R X G R Y P X W R O O T S R Y Q B K V L
L E V X Z H R Z Q N H J D A R A Z Y E M
```

BOXERSHORTS
BOXING
CHOICE
DAISY
FRAUGHT
GAMIN
HARNESS
HELLEBORE
IRASCIBLE
LOSER
MAILED
MANSE
NUMSKULL
PASADENA
REALIZE
RESPECT
ROOTS
SEASICK
THESIS
TURBOT

214

ALPENSTOCK
CONCURRENT
CORTEX
DEROGATE
DOGMATISM
FEATHER
FOUNDATION
FREEHANDED
FUSTY
GORGAN
GORGE
HUMBUG
LEGMAN
MANLIKE
PARBHANI
PLACEMENT
PONTOON
STEPPARENT
SUBSIDIARY
TEPIC

```
F D O G M A T I S M Q B T T S C X S O F
D Y T S U F B C I C Y Z M U I J N L O M
G W N A M G E L O X D G B P M V T U I O
Y Q E I O S E R K G A S E G A P N H D S
H X M N O O T N O P I T H B N D E O H D
F C E T C E A R Y D O U P P A E R I M A
U E C H X X G P I D M P N T T D A N P L
N G A Y F A O A J B X E I J N N P O A P
C R L T N E R R U C N O C S X A P O E E
M O P F H Y E G N J N A D V S H E U F N
I G J O O E D P A R B H A N I E T S J S
H Z Z T F W R K E U F C A H K E S C J T
M A N L I K E J K R K Z K N L R S F L O
D P U U Y W Q U T X U Z P V I F O V B C
U K J D Y Z E X H K W M N B Z K G P Z K
```

215

ADUMBRATE ☐
AMBITIOUS ☐
BOISTEROUS ☐
BRIQUETTE ☐
CHANGSHA ☐
CLINCH ☐
FIROZABAD ☐
GRIMY ☐
HARDLY ☐
INTAGLIO ☐
LOGJAM ☐
MUSICAL ☐
NAIAD ☐
NEWBORN ☐
ORDINANCE ☐
PODIATRY ☐
PRONOUN ☐
REFLECTION ☐
SCRIPTWRITER ☐
SUPERPOSE ☐

```
R I E S V T V B N P U X D Q L B Y Y Z A
E N T Q O K A U S C R I P T W R I T E R
F T Q C S H O E L O F G M Q N B F B W O
L A Q P U N Q T E Y L R L R C H K E E A
E G Y V O G Z A B X H A O H G S E S B T
C L M R I J M R K O C B A K N P O F A C
T I P K T I L B D I W N M P Y P Y I J R
I O D L I A S M S E G Y H L R L M S T Y
O J R M B X I U N S D G R E D A I A N N
N X G T M V M D H Y Z T P R V Q R Q U V
Q T V S A B J A O Y T U A M G Y G U V H
O R D I N A N C E P S H C N I L C Q K Y
L O G J A M K H B O I S T E R O U S X U
B R I Q U E T T E C B C P V E L Z C Q V
Y Y H Q F I R O Z A B A D W T W T I Y B
```

216

```
N Q P P A Y T I R O J A M A S E H Y B M
Y T I N A F O R P G M D V F H N T T U F
L N T G G X Y U O O X Y T F E G I M A N
I A F I A B H E U P C T L O R A C K N P
S L X E A X M S S N I O N T B G F D V H
I U B R L D S L S P K C N U E I H T S E
O T R W S E A U N H L W A C T N L E V A
N E C I Q M L V J S E J X L E G A I F D
L P F C J A Z N L E P T O N     R F L T W
I M X L R R B O S A B O T A G E N K T O
Q W J S L F U C P H I L A T E L Y I Q R
D A B O U H R C O M P A R T M E N T N K
J R D U E R G T N F N G L N G R P D C G
A C D R Y Q Q G G Q B H Z E P R X C O Z P
A U A U G K E G X N Z H G Q L O E R T M
```

COMPARTMENT ☐
CONCERNING ☐
CONVULSE ☐
CUTOFF ☐
DABOU ☐
ENGAGING ☐
FRAMED ☐
HEADWORK ☐
LEPTON ☐
MAJORITY ☐
MOUSSE ☐
NOISILY ☐
PETULANT ☐
PHILATELY ☐
PROFANITY ☐
REIGN ☐
SABOTAGE ☐
SALZBURG ☐
SHERBET ☐
TROPICAL ☐

217

```
K Z Q K F N K G D C M S D E E L N H V M
G V S S O A D L P M U L C S I Z S M A O
Y C S B H A L V O O X E F V J I Z L G N
M X N G C F Y L N B L O T Y F B S P H O
B O P G Y B L I U B E E Y T D C X S A T
B O W F S W M A I J L L A O K M T N R H
T F J S P U Y S T F A L I V M F K O S E
U Y C N L A N O O B F H A A J O T I H I
E F P Q U E Q R K X O B O R S C H T A S
R A T E S R D A X S Z A N Z E D X A P M
C L N S S V D C A F F J T E M Z X N A D
T J Y R Z E F U X Z O B E Y D N E R T Z
B C M R K P T L Y D X Y B B I F L A K A
S F B V T Z Q A P H E X Z D W L O C W Z
D T S T E T I R O H C N A W A U F U H X
```

ANCHORITE
BOJNURD
BONBON
BORSCHT
CARNATION
CLUMP
FALLUJAH
FLATBOAT
FLATFISH
LEEDS
LOBELIA
LUMINOUS
MONOTHEISM
ORACULAR
PSYCHO
SENSIBLE
TELFORD
TRENDY
TYPESET
VAGHARSHAPAT

218

ANGEL
AWAKE
BACKSEATS
BASEL
BELLYBUTTON
CONNIPTION
DEMUR
DOORYARD
EXPANSE
HISTORICITY
IMMENSE
INFIDEL
MACAE
MAGNIFICO
OUTLAST
POISON
PRINTABLE
PURIFY
RUPEE
SCAMP

```
A Z N O T T U B Y L L E B P A F L V D I
N Y O U R I P P T J Z S A X U E X R I N
G G S T A E S K C A B N M F S R A O A F
E E I L E Y H K Z U U E F A A Y I B W I
L L O A H T M M D F I M B L R R E F G D
W D P S Y I V A J B E M X O T N Z G Y E
A U V T X C L Y C X N I O R U M E D O L
J P R N N I T K U A D D Y B U O J C T H
B J O P S R P I G O E K A W A P I X F G
R H I W N O I T P I N N O C M F E U R W
H M L I Q T Q K U V M L W G I M U E O X
E X P A N S E J E X B I C N P I M S M U
B O T S X I A P X G Z C G F N L C L I Z
E N T Z D H P U V Y J A V Z S C A M P D
X Y Z U Y R E J M E M P R I N T A B L E
```

219

ALDERMAN
CHORISTER
CHUMMINESS
CORUSCATE
COTILLION
EXODUS
FOREST
FORMALITY
GABORONE
LEAST
MALAKAL
MORTICIAN
NOONDAY
ORANGEADE
PREVARICATE
REPRODUCE
ROUGHLY
SHRIFT
TABLE
TRIBESMAN

```
C O P N A I C I T R O M H V K T F R C A
M H W C O N C O T I L L I O N R O E T O
Y A U A Q O W S T T F R A C E I R P G R
L S L M Q Q N U W A Y Q A Y N B M R L D
H U H A M M P D J W B W T A M E A O Q T
G K S R K I W O A C O L M I C S L D Z X
U A C W I A N X C Y X R E H T M I U I X
O Q B E N F L E D K E V O D B A T C Q U
R O B O N W T I S D X R L N M N Y E K W
F Z U O R I P Q L S I E D A E G N A R O
D O W P A O W A S S A G L F R F J F Y G
R G R I Z H N L T S A T Y O L I M Y W Q
F N T E R H M E T A C S U R O C Q X W V
B Q R R S P R E V A R I C A T E E H M Q
H N F I I T E D C Q L L K U N J B A W L
```

220

```
B D Z F U E T I R W E P Y T Z O G C H J
J V N A T H A L I T O S I S N J A J H C
W Z M U H G R O S M F Y W T Y A R A I V
E V F N O I T A U L A V E M M O I U Q E
R E Q A B B G C X P P L C G M H Q G N D
R D E M M Q E S E R A G L I O R Z I P I
W U B D A J A R M A R G A T E A R X M C
G T T E M L F Y O Y R I N U F O S A P I
M I P E W P T P C U I A L R U R R F S G
R T R R O I D A E M W S K L T G H R P E
J P W F N D M L D K W T F S O S R B Y R
O E D I B I D A G S Y J J R I S N C U Q
K N C V R R C M L Y W G P Z L B L Y O X
Y I O P Q T C K C J V L A I H G R J B J
V T M X A B A R E H E A D E D O P N Q H
```

BAREHEADED
BISKARA
EVALUATION
FLUORINE
FREEDMAN
GIANT
GRUEL
HALITOSIS
INEPTITUDE
MAMBO
MARGATE
PRIMACY
PROGRAM
REBOUND
REFUTE
REGICIDE
SERAGLIO
SORGHUM
TYPEWRITE
VICINITY

221

```
F D H U Q G G Z K H I F T Q B M O C X O C
E E E N L V I F H A N G Q K U X A F N H
T T R D Y T E I U K T T N E D I R T S I
T R E E L L I V E H S A O L I F A B X N
L I O R F F N E H T I S I L T L N I N A
E T N P Z S D E T P N Y T H E U B E I N
A U U L Q Z R C O E O D A O D R H G G D
Z S L A J S G P L D G V N M B P A H V E
C B G Y Y I B J C A A Y I O C D L N J G
O B V I A T E D N O T F T G V B O P T A
D E V I A N T D U H N C S R O N I K X I
P E D I A T R I C Z A A E A P B F R O T
S U P R O G N O S I S B D P U H H D V Z
P R E D I C A T E Z P R K H Z Z A R R V
Z S K Z R L R Z C O K E L Z M D H N V W
```

ANTAGONIST
ASHEVILLE
BAFILO
CHINANDEGA
COXCOMB
DEPTH
DESTINATION
DETRITUS
DEVIANT
FETTLE
HEREON
HOMOGRAPH
INTOLERANT
OBVIATE
PEDIATRIC
PREDICATE
PROGNOSIS
STRIDENT
UNCLOTHE
UNDERPLAY

222

ALIEN
BRONCHIAL
CANNERY
CARRIAGE
COLLOID
COMMONWEALTH
DISPENSER
DOSSIER
FORTALEZA
GLOCKENSPIEL
HEREDITARY
INNATE
JUBAIL
MELON
PERISTALSIS
PREHENSILE
PROMISE
SATRAP
SPOUSE
UNHALLOWED

```
U N H A L L O W E D F H S O Z P N L C P
S Z R I R B Q T M E T U S A R L K N A E
S P O U S E Z Q J L I E L O T U V G R R
I T G Y W E N U A I D I M S V R L W R I
N L D G K E B E D S E I D R I O A D I S
N A I M D A W R W N S Z E O C K E P A T
A I R I I N M G X E G S W K S K F S G A
T H R L O M A U E H N D E X X S Y Q E L
E C R M L L B F N E C N J R M Z I S D S
Y N M U L V T O P R S A F W A X U E O I
Z O T B O S L S N P R H N J E I T Y R S
C R B U C E I N I G G H W N G T W S C T
X B Q G M D P E H D A D J Q E Y J J S R
J D V A Z E L A T R O F J J A R T B G Y
P T A O U H E R E D I T A R Y D Y A Z Y
```

223

ACCENT
ASHQELON
BREEZE
CORUNDUM
ELIMINATE
ERRATIC
ETHICAL
GULFPORT
HAVANT
INDUCTION
LOGISTICS
MAGNESIA
NEWSWORTHY
PITPROP
POPINJAY
PROJECTILE
REVERIE
RIGOR
SENSITIVITY
VILIFY

```
B G K R W M X Y D E X I L F C N Z L N R
Z E U X U A A H M Q T Y F I L I V L M Q
P F I Y D J C T P F D H T R O P F L U G
J V K T N H O R E T K A I S E N G A M Q
I R N I O S R O T H R K N C R G R M G G
X A P V I L U W L R Z H N S A Z I P I W
C O O I T O N S E O S H S Z A L M D R E
P B R T C G D W V G R E V E R I E C T T
T R P I U I U E L I T C E J O R P A J F
R E T S D S M N R R N H W Y T W N C X J
W E I N N T F M W Y E I A J Y I K X E R
G Z P E I I Y H Q Z C C O V M C Y R F Y
I E A S I C M R O Z C A U I A Y W U O Q
F J L E I S W E N L A S L P I N T T N V
A S H Q E L O N L E Z E N O Y A T X G V
```

224

```
Q F H X A H D B H S T I N T N V M L D L
L Q S X Y C O P I P E R B ◆ E P Z F H E
Q G M X Z P R U W J A D I K V N S H B I
W S R L Q K M G A B A C U Z C D U Q R T
S Y E G F L A U B R P P A C Z H N R T M
U E L J V W N E H E Q G U A A U E L B O
V S B C K Y T E C C L E S R E T V I N T
C R A C K E D N A I D W G H R N E R Z I
B O R Q A W O R O L L A U D A N U M K V
X H I Q H C A P R P R H I N O C E R O S
K E S J S W B I P M C O M P A R A B L E
F C E V L Q N I P O B A P Z W R T P Y D
O A D I F C P B A C T U V F A B O D P I
U R H T O M B O U C T O U Q M U R K Q D
F B P Y L R E F Q A H R G A M B L I N G
```

ACCOMPLICE
APPROACH
BHILWARA
BIJAPUR
BRUNET
COMPARABLE
CONCEPCIN
CRACKED
DESIRABLE
DORMANT
EDUCATE
GAMBLING
LAUDANUM
LEITMOTIV
RABBET
RACEHORSE
RHINOCEROS
STINT
TOMBOUCTOU
VENUS

225

```
N E C E N P E S J A C I Z P O U L S H A
R C X U F T I N H L K Y Z E P L W U G T
X A N G I N A N S R X X M B I A O B C T
W R X Y I N L A C F I A M M F T R C H R
X T G M W O O U Z U C N W M H R G U O A
B R A N D I S H M L S A E S P O N T R C
E E X V B T D H I B S H E O D M I A N T
P T H G Q A D E H X E R I T W M T N P I
J I I X O R S O Q F H R S O Y I N E I O
B B K P U T M D T T A F J P N A U O P N
S R Q P U S W Q F Y G C H A R P H U E R
G O P C H U H J D N N B K N C A S S Z M
U N K D B L M I S D I R E C T K I X A G
T O A X M L P J D Q L T I E K W L N R C
M F O E V I S S I M R E P F H E Q T E T
```

ANGINA
ATTRACTION
BRANDISH
CAMEO
GROWL
HORNPIPE
HUNTING
ILLUSTRATION
IMMORTAL
LUMBERJACK
MISDIRECT
ORBITER
PERMISSIVE
PINCUSHION
SAWMILL
SHRINE
SPRAIN
SUBCUTANEOUS
THRESH
TRACE

226

BANGLE
BESEEM
CEREMONIOUS
DIVORCEE
ELECTIONEER
EXPLOSIVE
FEMINISM
FOURSCORE
HAILUN
INGRESS
INGROWING
MUSKMELON
OBJURGATE
RAVAGE
RELAPSE
SCREW
SHROUD
SILICA
TESSAOUA
TRUSTWORTHY

```
C I A F O W P R E X X W E L G N A B E U
E N N O L E M K S U M G C S Y L R Q M S
R G V U X R Q X B M A V A F Y P Q E Q K
E R Y R H C P A E V I S O L P X E G T E
M O E S E S T E A E D I M S Q E D N E T
O W F C K E S R H A I L U N I R A C D A
N I Q O F E N T E S S A O U A L R D M G
I N T R B Q Y O Z H F Z E R T O I R W R
O G Q E J T M S I N I M E F V O B C E U
U S M O P E W S S T C K K I G M P L A J
S G H B M N N E H D C F D U W Y A I I B
Y K L R O A Y R R M B E Y T O P X O U O
W O X Y M O K G O M Q J L C S W P I G V
O G H F L Q T N U V G O C E F J I X Q Y
I J G Z Z V T I D T R U S T W O R T H Y
```

227

ANXIOUSLY
AUCTION
AWARD
COCKEREL
DEPREDATION
EDGEWISE
FALLEN
HERAT
INTUIT
KETTLEDRUM
OBSTETRICS
PEACH
PEEWEE
PEPPERMINT
PICKY
PLUCK
QUIETLY
ROSEAU
TRAITOR
VILLAIN

```
Y F V T I C H S N P K H Q H V Q A D P K
H L K Y R R W I J B E L B X P H P I V Y
I O P B I A A D B R T E U K A G Q W K A
I X J A K L I N A A T X W W U R U C I B
N W T X L B J T D H L A A E O Z I A I L
T N N I C D K Q O N E R K S E P F M B N
U S V W F T P K B R D O E F O P F O G A
I A U C T I O N K H R A N X I O U S L Y
T G Y Q X Z P F C X U C O C K E R E L Q
N W L W N E A A G X M V J S J J M X O U
K O Z U F L E O B S T E T R I C S Z I I
N K C U L P P E P P E R M I N T X K F E
E D G E W I S E H M P P B Y U J I I S T
X X N O I T A D E R P E D H I S V W W L
R Y I K F I A U R N O X Z D Z Z L G U Y
```

228

```
C X V X V N E M V D T A Q B C J W D F F
U E R B Q A V L G I P U R S T M N S S F
S U H K I C C N Z T N A V R E S B O Z X
T T R Z A W U U M I A D T R W H I K Y B
O J H T M T T J O G M N A Y X I W S W O
M P T X I D E E F U E E R L I A R U O B
H E X A S D V E M M S G P E O Y E O L J
O T T U A I R V E T R A K V K O V N L V
U F I V E A U V B S J H M O G N M I I E
S T N C B R O Z Y I T G U L T C Q M P G
E I E B W M M X R Y U H J N P L V R M Y
B R T J C H A M P A I G N U S V T E T L
Q K Z K X D N U O S E R Z G Q N A T Y I
T R A D U C E T O S C O U T T J C O J P
E W X A J O T Y E E K O Z Z I F Q C Q W
```

AMOUR
BOURAIL
CHAMPAIGN
COTERMINOUS
CUSTOMHOUSE
ESSAYIST
HAGEN
INVADE
MOVEMENT
OBSERVANT
PILLOW
RECEIVE
RESOUND
SCOUT
SUITE
TAITUNG
TRADUCE
UNLOVELY
VACUOUS
VINDALOO

229

```
A H T U N Q G O C N H U G F K R L M H T
E D B K P N Z A E V I T U C E S N O C L
V C D B W P V H J Z I Y G S D G S Y A O
O L P I V I G I T N A C I N U M M O C L
L E E R T U H R F X I K E L G S F V R O
V A Q Y O I B L F Z I T A H T I P R A M
E R M T R W O P J O R I O B D N E Y N O
M A U S E W X N T O T G X G H O R N T U
L N N L N C U C F N P C C B T I S P S C
V C I E E H H L E C Y D J G G T E F S T
D E C U W X E D N A M I B I A A C U I T
A U I Z A B E I L L U S I V E L U F P U
V G P Z L R L A N G F A N G M O T Z C F
X T A W C R E A R W A R D S L S E Z U I
D D L C A T A L E P S Y M F F I J A Z U
```

ADDITION
BELFORT
CATALEPSY
CAVITY
CLEARANCE
COMMUNICANT
CONSECUTIVE
CREDENTIAL
EVOLVE
ILLUSIVE
INFLOW
ISOLATIONISM
LANGFANG
MUNICIPAL
NAMIBIA
OLOMOUC
PERSECUTE
REARWARD
RENEWAL
TOUGHEN

230

ABORIGINE
ACCURACY
ANTHILL
ARMHOLE
DOWNPOUR
FACADE
GIVEAWAY
GRISLY
ICILY
KURUME
LONGEVITY
MODERATE
PLAINTIFF
SCOUR
SETTING
SPOOF
STABILIZE
SUBSTRUCTURE
TSUMEB
VISUALIZE

```
R Q Y M H Q G Q E M U R U K F Q E Y M A
C O M F R S Z R Z P L A I N T I F F O R
E K Q U Z Z E N I G I R O B A G S N D M
S C O U R O R K L S S A F I Y O P W E H
C H G B K Y U U I D L K U A H M O Z R O
Q P B G C C T L B K W Y L I C I O R A L
A C C U R A C Y A Z G T S U C A F F T E
M P W A U N U A T S S I K E X L D A E R
O G P N O K R W S U E V S T T O N E X V
R U F V P C T A M L F E Q H U T Q W P Q
V Y G Z N H S E F R P G P O H W I W X M
M G N G W E B V J V V N Q I E K G N F H
E W X J O A U I X P F O L L T H S E G B
E R Z G D O S G T E A L G K R F U Z I C
O A A K L S Q V I S U A L I Z E M V A X
```

231

ABHORRENCE
ABSTRUSE
BOATER
CANNELLONI
CANNES
CLOSEMOUTHED
CORRECT
DAYTIME
DRONE
FARSEEING
FELLOWSHIP
FIREDOG
MACADAM
PATOIS
SHOWBOAT
SPINAL
UNAWARE
UNBEATABLE
UNEVENTFUL
UNRAVEL

```
P A T O I S Y B A D U Q B H I S B O H M
G S A M V Z K U B Z Q W X P U P V K M C
J Y O Z Q E O L S E G O D E R I F V R I
K P B N F X P M T B D T R F R N Z U U C
B E W N Z U A Q R E T A O B U A F S Q H
W B O D B D R E U T M P B D J L W R S F
T H H S A K D Y S F V C N H R Q V A G U
W R S C P J T C E R R O C U C O P P N T
Z Z A S U N E V E N T F U L A A N R I U
B M C L O S E M O U T H E D N F A E E H
D A Y T I M E F B S M V U B N V I B E U
A B H O R R E N C E P R C A E Z Q U S A
I F E L L O W S H I P X U L S Z R P R C
U N B E A T A B L E C M U I A K B S A X
Q A V U U C A N N E L L O N I B V J F O
```

232

```
A M L N G R Y M Y Y W X P T C Q L D K S
O I I S O U T R A S U O U T I R I P S T
M D W M D J I E M E O T T E H G K E X M
O G U X L U S G S L L S H O R T L I S T
R E U X Q L R N S U F S T S B B X H M D
I C G N U O E E T K U T T X J G H D T H
U A I I Z L V V Z E E F S R E C I F F O
J L M O G N I A N S B R E V O R P V C N
S F Y R O S N E S U O V X J D M J J O S
J S C G S V U O K Q E R L L X B Q T Y C
H K K X I H R E P E E K K C O L S F X Z
Q I E P S C I T I H P E M L G G K D L P
S N P C A N W Y V C W B J E I Q D P T P
Y F B L A N O I T C I F B W N M C B Q V
Y S K B H M L Y I A U N Y M F I V Q M O
```

AOMORI
AVENGER
CALFSKIN
FICTIONAL
GHETTO
GROIN
INQUIRY
LACROSSE
LOCKKEEPER
MAELSTROM
MEPHITIC
MIDGE
OFFICER
PROVERB
SENSORY
SHORTLIST
SLOOP
SPIRITUOUS
UNIVERSITY
WIGSTON

233

```
M I M A R A T D H E S Y L R K S H G U X
Q W B S H N R S L W Z S O A R Z H D H T
S A E R E A Z D E T A L U M I T S A U E
E K Q R K F N T B V C Y A Q A X V N S C
P U R N J I V R E S I M L G N Q I S T N
U O A M K Q E L I H L D F T N R F K I A
T T B E I K L Q M Z Q I T R F O X J N T
R Q R F C I C E X S S E L T O P S X G S
Z O T I V E I V Q E N O K T R S X T S M
J H T N E T R Y G O L O R O E T E M I U
T S I H E X V B Y F D T H T Z C V K G C
C O N I T C M A S L W Z I M P I N G E R
J U V V B X B Y T U O E L I Y M U A A I
B Y O P T I O N N F K Z W P W N I D D C
Q E I G U A N A A F K D G F W H J B A Z
```

AGNOSTIC
ANTSY
BAYONET
CIRCUMSTANCE
DIVEST
FLUFF
GDANSK
HUSTINGS
IGUANA
IMPINGE
JOINVILLE
METEOROLOGY
OPTION
REKINDLE
SPOTLESS
STICKER
STIMULATE
TANKARD
TENTH
TORRENT

234

BITCH
BULRUSH
CARPETING
CAUTERIZE
CHENILLE
COLUMNIST
CRINOLINE
DEGRADE
DESCENT
DRAWN
ENDOW
FERRY
MARVELOUS
MELEKEOK
PALING
PARCH
SUNFLOWER
THREATEN
TRUCKER
VISALIA

```
W C B O E W L L E X K A R E K C U R T Y
V I S A L I A C I L O W J V M H V N F L
M Y L F A X D Y H P Y K J S O E C E X O
D E S C E N T D I H Y C W O D N E T Z Q
D R A W N E E Z I R E T U A C I X A I H
A J H Q I G Z A R X Q B F L F L L E C B
H U S M T G S E D E G R A D E L J R D M
Y C U U N W F U H L H J M X I E A H M E
H H R I O T S I N M U L O C I P A T N L
N P L A Q L X N S F C A R P E T I N G E
Q A U I M J E S B N L Q G H A Z X N I K
P X B Y Q O Z V I P Y O E X K U H X S E
S F L J F Y Y Y R R L K W R G Z G I C O
C R I N O L I N E A Z E S E C Z J N K K
B K I L H G F T O O M V O O R H K Y A Z
```

235

BLUENOSE
CURATIVE
CURITIBA
DRIVEWAY
DUCKBOARD
EASTERN
FRACTAL
GOTTEN
HABITUAL
HANOI
IMPOSTURE
NYLON
PALMAS
PEACEKEEPER
RACER
SACRIFICIAL
SEDENTARY
STREET
TARDY
WATERFRONT

```
P Z R Q D M H K A N S W M C U W I D D J
L R G A V R Z N Q T A G R U Q V M R V G
F F C E C L I C W T M Y E R F J P K G W
U F J A F E C V E V L W P A S N O C Y C
N C O S V W R R E S A Z E T Q Q S P U H
Y H S T E K F F A W P G E I K F T H W P
L D L E S R S R D K A K K V A O U A U D
O S A R O C G A U Z J Y E E S N R A C M
N J U N N T P C C H A X C H B T E M R U
G O T T E N P T K H H T A R D Y R V C N
Z W I L U L S A B L Q N E V L B F E A T
B N B F L I S L O X O C P Z V R M I E N
W G A E B V K H A I S E D E N T A R Y T
D L H J R P R U R S A C R I F I C I A L
C U R I T I B A D Y D T V Z S B T Q H J
```

236

```
S C A P P U C C I N O P S S O A C R J I
J T K V U G O A U H F R A I N N Y B Q W
U S R I Z T F W N G C O B D Q D K N O Z
D R M A S O E B Q N A P R E S U C C A W
G Q W A T B D U U I N I A L N U F M I A
M T P S Y O A Y O Y D T T I W A N G L E
E Z T M Z M S J T A I I A N O V F B F X
N X G U P N I P E L D O H E T E Q W B A
T V J S T A L K H P L U Y C N X V W L M
O E V I S N A P X E Y S P G E M C R H V
R A P P W Z P R T L R T R I N I D A D M
D I E T A R Y A O O H E C X S R Q O H B
X J E U L J H S U R B E G A S R O K B Q
N J A K A G T B D V E I V W E M R N N W
N T O O L S H E D E R E T T E L N U J G
```

ACCUSER
CANDIDLY
CAPPUCCINO
DIETARY
EXPANSIVE
JUDGMENT
PALISADE
PASTO
PROPITIOUS
ROLEPLAYING
SABRATAH
SAGEBRUSH
SIDELINE
STALK
STRATOSPHERE
TOOLSHED
TRINIDAD
UNLETTERED
UNQUOTE
WANGLE

237

```
L O W H Y N C T E S S U G J H G S T S I
U J N Z R L O R A R J H U G O Y C R T M
H F X K Y J N A U Y I T W P L G Y I R P
S L O Y W Q V C B S C A D K Y N J A A O
L O A S E Z O E M Y F Q I L N I W N T R
H I A L F G C R I V W O M U Y N Y G A T
S W K Y F Z A Y L W O L S H H I B U G A
A L M M P Y T T C G X P I G O O W L E N
N Q Y G C C I E D B O H P N S J R A M T
Y C V M W P O I G B U M A O D D P T H L
W W O U P A N R S D G J C H A A G E Y Y
I K S U K H T P N P A S S P E L I C A N
S Y F I R W V O P U V G E R H M H C M E
E X K U L S Q R Q T T W Y A E T W E E Q
W W Y E F E E P Q V M Q T S B B Z L J F
```

ADJOINING
ANYWISE
BEHEAD
CLIMB
CONVOCATION
COURSE
ESCAPISM
GADGET
GUSSET
HONGHU
IMPORTANTLY
LECCE
LOWLY
LYMPH
PELICAN
PROPRIETY
STRATAGEM
SUNNY
TRACERY
TRIANGULATE

238

BEGONIA
BIFOCAL
CASUAL
CUSCO
FORSWEAR
FOULARD
FUNCTIONARY
GADGETRY
HEADWORD
HEREIN
IRREDEEMABLE
LADYLIKE
PARALYSIS
PENUMBRA
PLATFORM
POETICAL
POLICE
TEARJERKER
TOOLMAKER
UNAFFECTED

```
F I Q T I P P L V F P J D Q H Q W N E M
F U R Z O I R A E W S R O F A O U I G E
O H N R D O N B R L G H E A D W O R D C
U E C C E P L Z I A R B M U N E P L V I
L R U I T D L M G F L A C I T E O P K L
A E S Z C I E A A A O Y K C A Z U U A O
R I C W E W O E T K D C S D A J J D H P
D N O M F E J N M F E G A I B S Y V A F
C V A I F I I B A A O R E L S L U B A O
F E N U A F I G W R B R N T I J S A C L
W E L A N U J B F E Y L M K R K Q G L O
Z B S R U B E G O N I A E S S Y W I Y F
T E A R J E R K E R W M G W C E H R N Z
K D D W H H S Y J A T W O R J E D V R Z
G D Y Z P N N N Z A X T D G E W Y V K K
```

239

ACADEMIC ☐
APPLICANT ☐
BEFIT ☐
BERBERA ☐
CARDIFF ☐
CHAPBOOK ☐
CLUNG ☐
CURDLE ☐
FIXER ☐
FURNITURE ☐
GLUTINOUS ☐
INFIRMITY ☐
KADHOLHUDHOO ☐
LINGUISTICS ☐
NICKEL ☐
NOGGIN ☐
REEVALUATION ☐
SPECULATE ☐
UPPER ☐
VOWEL ☐

```
A C A D E M I C Q S U F W J Q T Y E B N
A Q W D R L E U U M I V N P M M T D E I
P H Y N G F D O K X C O R D R A I Y F C
P J E C J N N R E L I J F M L M M W I K
L T O D O I E R U T I N R U F X R J T E
I N P G T N T A C O N C N F M I O C L
C Q G U R W G U J K P E M R I N F C R C
A I L E N Y L P U L P G J D D Q N T H P
N G P D A A A E S S P W X P R D I A L W
T P Q A V R T M V C X J B B A B P G V O
U A S E E V O W E L H H E K C B W V N M
W F E B K A D H O L H U D H O O R Z P T
X R R Z F Q I P A Z L G G O G R O C T J
E E O E Q I Y B A V M H K Q Q L X U H D
B B B F G L R L I N G U I S T I C S I W
```

240

```
V O W G D C R O S S H A T C H S C C A Y
X Y D V E D A L B K D I G Y T T U Q P A
K R S L T R O S S E C C U S V R T K C H
A T V Q R E R V Z D G E E K M O B E R C
D D O F A P Y Y L Z R F R C N L A I A P
D C B S E P Y Q M X E I R O E L C O E K
E A U P H U E K U A I H E T N E K O C X
P T L E M S L R I H N I T T U R O A D E
T O H S R A E D D M Y D S U N N J D E B
C U G A A E Z V O J Q U E B G K H S Z W
P N D Z W S C O P F L G H R C H R U J O
P E A C F Q S P I N E W C A T E M K R D
I C N S N Z R K H M Y P L A V M G L O T
V A L I A N T W R N Z B O O R Q J Q I O
O K L U A N G Q C D D D C R A P I E R Z
```

BLACKJACK ☐
BLADE ☐
BUTTOCKS ☐
COLCHESTER ☐
CROSSHATCH ☐
CUTBACK ☐
EARSHOT ☐
GERRYMANDER ☐
KLUANG ☐
OVERSEE ☐
PODIUM ☐
RAPIER ☐
SMELT ☐
SPINE ☐
STROLLER ☐
SUCCESSOR ☐
SUPPER ☐
UNHURT ☐
VALIANT ☐
WARMHEARTED ☐

241

```
G S Q S G I E N I L R I A B I K Z D S N
L U O F F I N G M U Y C N R A D I Z Q G
S B N E H H L G L D I U T L F S L A Q I
G Z A F T D D D W H H D I B Q A I S M G
V E M Y Y N E O B I J L P U E V B N X B
E R G A H A T M L A H T A K D N U X C O
K O I Z T I D U K N O L T Z C Z I N H Y
V M C G C A F X R A I O H K R G C S N Z
P A U I D D M E O F L S Y V E N A L O V
R E L R A B T O Y I G N I T I O N L I N
Q E T E R E J I R K N R W A K E N Y T Z
E S R Z M A C Q E O T N N O J F V M I K
S D Z O Z V I D G U S H H J F M E Y B M
N G D Z E I D N E I M O H N O B U W M A
B O M I G R A I N E X G E H D U V P A E
```

AIRLINE
AMBITION
ANTIPATHY
BASIN
BENISON
BONHOMIE
DISQUALIFY
DREADFUL
IGNITION
LICIT
LUDHIANA
MATAMOROS
MIGRAINE
MURRAIN
ODOMETER
OFFING
SUBZERO
VENAL
VIRTUE
WAKEN

242

ACQUISITION
ANISE
AWBARI
CESENA
COCKLESHELL
COULEE
DENOTE
DEPRECATORY
EVENS
GENERALSHIP
GENETIC
HOMELAND
LUCERNE
NEBULA
OBBLIGATO
OSHAKATI
REJOIN
SKYWRITING
SUCKLING
TWOFOLD

```
G E N E R A L S H I P H H R X X S L C Z
Z L F K Z P Y T Q V O V L N A O U A O F
B L U W W I R B M M C D M Q S G C C C S
I M D L H H O W E O E M G H X F K Q K S
O V R P J N T L L N O P A Q V W L U L K
O B B L I G A T O A B K C C Y N I I E Y
E S I N A N C T J T A T O T X L N S S W
N V D S D G E N E T I C U K E F G I H R
R E E Q O E R X I C R D L O F O W T E I
E I M N K W P S Y E F R E C S R H I L T
C L G F S Y E B C S N D E M R K N O L I
U X Z J G K D Z B E Q Z I S P N Q N R N
L U O B U S L L Z N X Z F O L R T F Q G
C W Z S P Z H C Q A B H C N A W B A R I
R E J O I N N E B U L A Q K L L S P K W
```

243

ANGLER
BACKSLASH
CHOLUTECA
CORPORATE
CUPCAKES
FERTILE
INTERNEE
MARKETPLACE
MOSUL
NEPOTISM
OCTAGON
PASTILLE
POLITICK
PRASEODYMIUM
SAWBUCK
SIEVE
SIGHTED
SUZHOU
TIDBIT
TROOPS

```
T B C P F O I K R O Y J R F Z I P O O A
P O L I T I C K U J J U S B X N C C M D
H W K R C S A W B U C K U Z Z T T L Y A
P J E B E P D Y Z Y A T Z S A E W W P Y
S A V Y Z F N S K A I N H G G R W W D F
J M S I T O P E N B M R O L E N N R E C
C B N T Q Q I F D O F N U V Y E Y R T H
C O A C I O D I S P Z O E B D E T H H O
A U R C D L T U V L T I N Q T I A R G L
I N P P K G L B Q G S P E F L J Z I I U
J Q G C O S T E C A L P T E K R A M S T
B G L L A R L P R A S E O D Y M I U M E
E H L N E K A A S V S C N O P C X Z Z C
W I N W R R E T S X M H N K R T E C V A
X N C K M C M S E H L P D P L T J N T Z
```

244

```
H S C S W O F L U Z Y T O N X C M F B S
H S P J S F W O R R O S X F I X E E O E
Y U U L A N X N Z F S B Z R D L I S K Z
H C K G X N K G A W D H C V J W H T A N
J C A M W G C I U Y T U C C F H E I R B
Z E L T T I T N B N M N U G I H K V O Y
L E T H K H H G U C B A R Y B E O A Z N
Z D F A F E O T I H U M D R U M U L B R
C A M U I N S S I N E B R I A T E D I E
S H L I G C E C O M P E N S A T I O N J
X C U T N H I O P I N E P P F C C A P W
H T Y T C U D F F I R E B R E A K B A H
N A V I N U T S F C O N F E S S I O N P
H T Q H O E D E L O D X X Q L O U L W F
P W U Y C L Y R A S S E C E N F C R Z W
```

BOKARO
CHUTNEY
CIRCUMCISE
COMPENSATION
CONFESSION
FAITHFUL
FESTIVAL
FIREBREAK
HUMDRUM
INEBRIATED
LONGING
MEIHEKOU
MINUTE
NECESSARY
OFFICIATE
OPINE
SORROW
SUCCEED
THOSE
TITTLE

245

```
Y U J V C T L G S H X G N E A H G N O T
H L N K B I L L A B O N G V T F L S B R
T G K R D U J H X W X J A U H M H A Y O
O N R F U K T W E O Z L A R U T L U C O
M I E M A L T A R K S L F C R T C J X M
I N K M E W Y Y U I Y I K G K J I I N E
T O A L A E A N T F W T N M L B N V Q T
G S R O F N A A L Z I S W S Q E O M A T
M A K Z J S R A U Z W D W F X R H O K E
I E C T F B T U C I J N D X T F P Y T H
S S U T R P Q X O Y C A E P I T O M E C
N K M D I A R Y N T R T R J Z D N A E O
A E N L I V E N O M V S O Q P P O S O I
M D L U G Z N P M T L G C G R D M K B R
E X T V G Z B U C S E W H I D P J A D B
```

BILLABONG
BRATISLAVA
BRIOCHE
CULTURAL
DIARY
ENLIVEN
EPITOME
JACKBOOT
MISNAME
MONOCULTURE
MONOPHONIC
MUCKRAKER
RATLAM
ROOMETTE
SEASONING
STANDSTILL
TIMOTHY
TONGHAE
TOURNAMENT
UNRULY

246

ANAHEIM
ANNUITY
AUGUR
COMPENDIUM
DRAMATIC
ELECTRICITY
HERBICIDE
JUNIPER
RANDOM
SLICE
SPANIEL
SPECIALIZED
SUGGESTIVE
TALCAHUANO
TONSIL
TRAIL
TRAILER
UNDUE
VENIAL
VISIBILITY

```
N C T C U A P O V R P F S H N L A K S A
J W R X L G P L E I N A P S N N N T P U
M T S G T O Q L U Y S E F R Z X A R E G
N E R C M N I E D I C I B R E H H A C U
T M L K V A J H N C R Z B Y G M E I I R
Y M A Y R U E Y U O O A G I Q A I L A H
I V Y T N H H O B T V M N M L N M W L S
A V C I T A M A R D O Y P D N I C B I D
Q M P U T C I N E Z S N F E O N T B Z V
I E H N N L Q V D X N D S W N M U Y E L
R M L N J A T X R C Q V M I E D D N D Z
O O A A I T U I V W H L E C L P I E K Z
E L E C T R I C I T Y U I P O A Y U G W
A G X D K C A D X F V L D N L C G D M P
T V A Y E B E V I T S E G G U S G U P N
```

247

ABALONE
ALLEY
AMATEUR
ANIMADVERT
BARBARISM
CENTIME
EXHAUSTION
IMPART
INCREASE
LEGALISM
LIONIZE
LIVELY
MATRIMONY
NATURALIST
PASSBOOK
PERSON
POMEGRANATE
REFRAIN
VALUATION
VIETNAMESE

```
V Q O G F B A R B A R I S M E A I L M A
L U I U O L X C N A X Y C S M B M E Z O
G I A M A T E U R M L L A Q K A P G S C
F K O O B S S A P E N E V Z W L A A F E
G R D N L K Y E V B R W A U C O R L D N
Z K T X I I G I F C M A L R S N T I L T
L O E D Q Z L V N T U N U A E E H S Y I
J Y J E G Z E I C Q Y I A Y L F K M N M
N A T U R A L I S T C M T U E L R J O E
E X H A U S T I O N M A I F R V E A M X
G T K M U G P G H I I D O H B N T Y I E
P E R S O N Q F M Y F V N Q H N I J R N
V I E T N A M E S E Q E K V R K E Y T X
B P O W K A E T A N A R G E M O P J A V
J P P C B H K E V A E T W R P M W E M L
```

248

```
Q O R U X T K W J H H I Z V D Z C J S H
O R E G A N O Q L C A L R I G H T U D O
S O N S U D G K U Q Q G G C I E X S B L
A Q V N D E P S K I N E S H M A R E A L
P E Y I I E E K C R I D C S G R X V O A
A V I R R N G A E A E H O L G U I N S N
N I C T O N P Z F I S T B B W S N K A D
Z T B N F T K R R I A U B V H Y C Q S E
O O W I O J I R E Y C V A S O A Y Z C P
P M E Z K X U S X C O Z W L B I N Y O P
V O Q C L C R L N Q I S J H T F W Z S I
R C D V S U R H R A V N S B M Y S N B L
P O R T E N T O U S R A C E W I E M L S
R L B U L L Y S F F L T Y T H K C V O U
S E H F T S H B R F G H A O Q S D J L W
```

ALRIGHT
BULLY
CASEIN
CASUALTY
CURRIED
FLASHBACK
HOLGUIN
HOLLAND
KINESHMA
KOFORIDUA
LAVISH
LOCOMOTIVE
NAPASOQ
NONESUCH
OREGANO
OSASCO
PORTENTOUS
PRECINCT
SLIPPED
TRANSITORY

249

```
D D S V N W O E X N M D D E T R O S S A
X N U U M W A M F Q J E S X Z W T D D M
Z O O A N S W M R E D U T C T V M D X K
W V E I P I Y E K A O K A E V J G Q X E
Y L T P V L M N E I N I C O T T A G E N
G Z N A I M O H R I W T A K V H J V U E
A N E M Y L L U F W A S B S I C N C R M
G V L O A L F T D I D C E M A B G U G A
E G P H U N H N D P H H M N M P B C D Q
J I A B F J T S Y L A N A T O F L U N E
A E S F G W A L U N G R A C I O U S T K
E K I U B B E P E M D H A R D T A C K Z
T L A Y C F P E R S Q M Y C V S S P U R
C I T S I T R A C D P G G P X I C V B B
L T O P S Q C G X Z M A Q K B H J R C M
```

ANALYST
ARTISTIC
ASSORTED
AWFULLY
BULLHEADED
CANARD
CLIFF
COTTAGE
EMMEN
FURIOUS
GLEAM
HARDTACK
KENEMA
KIBBUTZ
KITSCH
MANTLE
MINUS
MYOPIA
PLENTEOUS
UNGRACIOUS

250

CODEBREAKER
CORNEA
EMBALM
ESTRANGED
FRONTAGE
HIGHLIGHT
HOLDING
JOURNEY
KANPUR
NECKLACE
OUTSET
PENNON
PROOF
PUTATIVE
SEASHORE
SIRJAN
THWACK
TURNOVER
TWOPENNY
VERNACULAR

```
T R K A P F R H F R Z T D E T E S T U O
R B D Q R A K V O G U G W H M A Y I Q I
E E W V K R A K G L N U G O M B F Y J V
V V K L L N N W R Z D I L W P F A S X E
O V P A A A P F S F L I S U I E T L S R
N T K G E J U N G H T Q N H R L N T M N
R Q A N G R R U G J J I Z G X E U N D A
U D R Y A I B I O C T H W A C K K B Y C
T O U O T S H E T K P F Q K D S A Q E U
C E T S N G X A D L O C L Y A K J W N L
J V L Z O O P M R O K A P E N N O N R A
W R V T R X A D R A C W C I T D G F U R
O G D M F M D P K E V I T A T U P Q O K
E S T R A N G E D S K P E R O D O Y J U
S E A S H O R E W A K D D K Z Y D I A C
```

251

ADJUDGE
COSMOGONY
ESPOUSE
FIREBRICK
FOOTBRIDGE
GRAPPA
HEADLAND
IVORY
JOYOUS
LEADING
LINHAI
MOLDER
ONWARDS
PLEASE
POLEMIC
PROPOSITION
STREPTOMYCIN
SUSPEND
TRIPLET
TYPIFY

```
A J G Q R O Y L X T Y P I F Y E F S F V
S D O R M T K T P Y R H C J O I H U K R
D T J Y A N O I T I S O P O R P R S T T
R D R U O P P S Z E S P L E A S E P Z R
A W D E D U P N F M P P B T S Y D E M I
W F X E P G S A O T O R C D V U L N B P
N D O T E T E G I L I A H N I L O D O L
O B M O Q Q O X E C V M L A Z Y M P L E
I T Y A T N F M K Z O J G L F D V A S T
E J F V Y B I F Y O R P P D J K J K D E
N F M P S C R E T C Y A B A O L V B P B
T N Z F S A H I G N I D A E L H L C G W
J J C Y J N X S D U W N Q H M Z B A D U
T A E Y O V W L E G R C G X B N M H K Q
Y Q B H E X G X W M E F R Z D M R B C Y
```

252

```
H S I M R I K S Z L N A E I H A U X W I
G U N Q T F G P E C C L E R I C A L T N
T P M Y Q R B B A E G S E J F B J P E W
F O B A C J R G C W S H E F F I E L D A
S A R P N U Z N K L S U T G R H L G J R
B L X J O I A D G H A A S I Q N Q E D D
B L P I A V T N R N R A A J N T F Y B S
C O D P E M I A V X A X T N E E D L E R
Y Y Q I P M I D R F H H O N O R A B L E
D H R F A A Y S U I F L A S H I N G I X
F G F G B L R V C J A W U C L O A K O E
G B S Q V Z H E B O G N O S E L D A R C
R F K T V S O Z N W U L S M O G B P N A
F O R T I T U D E T X N Q G G Y D I N R
P K O H I X X C C N R E T P O C I L E H
```

ALLOY
CLERICAL
CLOAK
CRADLESONG
DIOURBEL
FLASHING
FORTITUDE
GAMING
GRIEVANCE
HARASS
HELICOPTER
HONORABLE
HUMANITARIAN
INWARDS
MISCOUNT
NEEDLE
PARENT
SHEFFIELD
SKIRMISH
TASTE

253

```
Q O Q G V U L W U X B X S X D M B G D F
N M X F E P Z D M O H R C T D A E Q V C
K U K K B Y T Q A L N E E R U L N L J E
E X P L A N A T I O N W D A G F Y A D I
R W H I R O H Y X D X S U E D S F O N D
U R A M I C R D K D R N P N M S B S H G
S G Z P S L U U N D T A C U R E T J O M
O B J R T A N N D I P A L E R S Z I U F
P T R E N B E D E G D C J O S J M I C Y
M V J G A F J A J V T F F D I V I D E K
O Q O N I R W L S U P E R A N N U A T E
C U D A W B J K I M P R O P E R Z Z U O
X C N B S C U L P T U R E H P H Z S O Y
A C D L C O D Y G R I Z T E R K A H L L
A M G E I R K Z T I L B R Z M J J X C H
```

ANSWER
ANTSIRABE
AUNTIE
BALCONY
BLITZKRIEG
BREADSTICK
CLOUT
CLUMSY
COMPOSURE
DANANG
DIVIDE
DUNDALK
EXPLANATION
FOREBODE
IMPREGNABLE
IMPROPER
PEGLEG
SCULPTURE
STUFF
SUPERANNUATE

254

ALLOW
ANATOMY
APOSTOLIC
BARON
CHANCE
COURTROOM
DISCONNECTED
DURRES
HORNED
JANITOR
LAUDATORY
LEVIATHAN
LOGARITHM
MALMSEY
MAMOU
MERIDEN
OLIGARCHY
SOCIALLY
STOVEPIPE
VERITY

```
D E T C E N N O C S I D U T O S L I H W
E U O C M Z R D L E V I A T H A N E O Q
N B R Z V O W L B O C M W O U T C L G T
R J Q R T F L M I M L X E D E N L M X C
O I W I E D C E O H F I A R A A L L L K
H K N M L S U O P T A T G H I A R O R R
G A L K M O R A M I O N C A P D U J S B
J D P D M T C Y D R P E A O R X E M Z I
Z X K A R C I W Y A J E S T W C E N O W
V V M U Q R T C K G B T V W O C H U J D
E I O B A R O N W O O H I O L M I Y G U
R C B S J G N Z K L S Q K M T N Y M G U
I M K F B U V Q I X O P U Y E S M L A M
T C G A N X N C Y U U D H K F C A J F R
Y L L A I C O S H W Q C B V X G H M Y L
```

255

AFLUTTER
AMMAN
AMPLE
CYCLING
ETIOLOGY
GENIALITY
ICONIC
INVITATION
JEWELER
LIGHTEN
LOUDMOUTH
PARCEL
PATCHWORK
POSTDOCTORAL
RUINOUS
SALAMANCA
SHAWL
SYMMETRY
UNDERPASS
WATERPOWER

```
P H W L O U D M O U T H U T P V U P X G
K A K A L W G K R E L E W E J C N A A E
O G R W T N U E L P M A J I V I D T D N
B R A C I E T U L M P B E Z C V E C H I
F H U L E T R X A K B N W O B K R H R A
S I C I U L C P R Y H E N R K X P W A L
A Y J L N M Y G O L O I T E E W A O T I
C K F K A O Q K T W C U F S K W S R B T
N A D F M Z U A C L E B M R E K S K R Y
A Z T E M U P S O V I R S Y M M E T R Y
M E E E A Q I C D I D G A Q X M G E Z Y
A G W E Z S K V T N R I H T E U Q F W U
L Z A N G F T A S W N O I T A T I V N I
A V Z L P F Y F O S B N I P E Q C U I Q
S Y A I D I J K P B R G D L S N A D D D
```

256

```
A T K F I W A V O D D E E T S M F Q C Y
O P Y V Q R I R V U I E I O B C A D Y C
P E U Q T T C R D O B S T R A T S P U W
C Z W V R B M E R A L L S A N O T V Y D
E O B I Z A T C V N G O I O C E E Y Q M
C S F S G A K A S O V W G E L H N Z H K
S Y Z F L Y S S A P M O C D T U E V Q F
S R O U E G N E L N H Z Z L A T T D D U
P H C Q N E L H U S O P R A N O E E D X
R S A I B B G J T N O N C H A L A N T Y
O T G V A Y U R A R W R S L B B F M Q W
S A R N E K I M T D H P L G G S E N B X
R L E R L R S U I W W L I G Z B T K E Q
H M E A Y E N R O T T A R Y W V M J I L
A L D N F K E J N A M O W S E L A S T U
```

AGING
AMENABLE
ATTORNEY
COFFEE
COMPASS
DETACHED
DISSOLUTE
FASTEN
NONCHALANT
OSAKA
OSCULATE
OUBLIETTE
SALESWOMAN
SALUTATION
SHAVER
SOPRANO
STEED
UPSTART
VITRIFY
VOLOGDA

257

```
M V I E F Y K V Y H S M U I N I T C A E
W P M K P X C L W V O L I P G J R R M X
P K P U W J U P A Z B U V J A A K J E P
W R O X T D U E Z I L A R T U E N O L E
T A R E N A B A H L C K A G H W N U E R
U W T U P J R E C E C A Y P L U D N C T
R L P C A E T T A G E L E S S A G C T I
R U V T L A I E S O O B A L A C S E I S
A B P L U H W R A Y Q S P E E Y R S V E
K P A Q S B C S H A N T Y T O W N T E F
Y X E O C O N S T I T U E N T T I B L P
S D M F F R L V P S F N V X X Y I E N N
A W U Q D T C P N A G A T X A S O L C I
S L Y T I G Y T S U M M W T E E V W U K
G M H V M Y D R R E U Z H M D J M W A L
```

ACTINIUM
ADEQUATE
AGELESS
BULWARK
CALABOOSE
CONSTITUENT
ELECTIVE
EXPERTISE
HABANERA
HOURGLASS
IMPORT
JOUNCE
MOSHI
MOZZARELLA
MUSTY
NEUTRALIZE
SHANTYTOWN
SNIPPY
STRATUM
UNDULY

258

ASUNCION
BACKWARD
BUTTERCUP
COMPLEXITY
DIGRAPH
DOORNAIL
IMAGINE
INTERSTELLAR
JELLYFISH
JOIST
MAHACKALA
MIXOLOGIST
MOTHERHOOD
PERENNIAL
PRIVATELY
SANTANDER
SIKANDARABAD
SUHAR
SYMBOL
VAULT

```
Y S I N T E R S T E L L A R G Y B N M W
H P A R G I D R T M X J O I S T Z P X W
H B Y N O I C N U S A A M R T I L L Z B
S R A Q T W E L V D O A A S V X H U Y Z
M I Q C F A I K O X G H I C A E C F A F
B K K N K A N O Y I U G X L P L M W E V
J B V A N W H D N S O T A I F P V E I K
X S U R N R A E E L X K A J L M V N K J
J N O T E D Y R O R C E W V F O Y Q E R
Z O P H T J A X D A S R X C G C B E L K
D F T O S E I R H S I F Y L L E J M E N
I O A A R M R A A K M F C J F F Z Y Y C
M H E A Q K M C I B I F J L T H G Y Z S
H J M R H X X P U L A I N N E R E P M G
P R I V A T E L Y P M D J G I L S D H B
```

259

ADVENT
BLONDE
BUSAN
CAUCAIA
CITIFY
DEMOGRAPHY
FREEBORN
GAOMI
GLORIOUS
HASSLE
INGENUOUS
KEROSENE
KITCHENETTE
MOSCOW
RHETORICAL
ROANOKE
TOOTHPICK
TRUSTFUL
ULTRAVIOLET
VULPINE

```
G K W G U N L P T T O O T H P I C K H R
V A F O A O Z R G F C K R C T J C N J H
I T Z S C E U A R O A N O K E B S D L E
N J D W I S O S V M S A K A U Y S N C T
G F D B T M O Z L Z J D A S X F U E X O
E W B F I N S M K P K R A P V W O S H R
N K U Q F R Q E T T E N E H C T I K B I
U L S T Y K O K E P R Y S T S U R L H C
O J G Q O H Y P R M O R P A J V O M J A
U H J S B J A R M I S E V D I N L P M L
S S M O A R W S W H E M Q V D A G B T L
F R E E B O R N S A N A D E A D C B T X
V U L P I N E U H L E P Z N R J D U V A
D E M O G R A P H Y E B V T Y M X E A Y
U L T R A V I O L E T R X N Y F X Q H C
```

260

```
U N P S V E I D J R K Y M T A R A E M K
R F V R D P T M G Q G S O O K R Q I H V
B U Y A O V G O M O T R N S C A T W H R
A G H N J P R R L W P V T H K P E Z R E
N S Q L S C A O N O I T A U N I T N O C
I R K R Z C T G R M B I U I O N S P S N
T T C S S N R N A L C Z B H B E F T H E
Y A W T O A N X U T W C A I E R J O U T
L V I E B G U T V A E Q N H Y C Y Q P S
C E L T S I P E Y T D P T D R U H G C I
R A E E Q L W X C R E N D I Y S E M O X
P M K L F L F Q W E I U N R I P E K M E
Q Q F H M U L H L S V R X Y A K F O I O
W R F T Y M P S B X F K R L W L L M N C
G X S A C G H A Q P L R E O C L T E G I
```

ABSINTHE
ARCHAIC
ATHLETE
COEXISTENCE
CONTINUATION
DAUNT
EPISTLE
MONTAUBAN
MULLIGAN
PALEONTOLOGY
PROPAGATE
RAPINE
SHADE
SLEEP
SNEAK
SUCRE
TORPOR
UNRIPE
UPCOMING
URBANITY

261

```
T B E D E C K Y G M R Y V H B U O E W X
R E U T R H G N K E O V H K L U Y Q J S
E I R Y E O I C T G Z R H L E G W U P H
S F I C L T A R D Y K A A K E O P A V S
P U E O N B U T H N L W K L D G T L M Y
A V E A W F S L I P P E R Y E U D I F U
S G W O K C W T C N P K N I L O U Z A W
S I R N Q X E Z I N O M R A H H S E R E
P H A B D S G E N R O U Z J M S B T R J
T R H Z Y S A Q Y N L E B G E I H U V E
F N M V P N L T J E G G H L C B Z P O E
H O A F X M L P F N B D P C S A R J V P
J E T W I J I E I J W A S S N O C A X R
H A K J E N V B K V H G Z Z K U M V C Z
V A N A D I U M R E S T L E S S P J Q W
```

AZURE
BEDECK
BLEED
EQUALIZE
EYRIE
FRANKFURTER
GEOLOGY
HAPLESS
HARMONIZE
HEAVYSET
MORALE
PUNCHEON
RESTLESS
SLIPPERY
SPATULA
THROWBACK
TRESPASS
VANADIUM
VILLAGE
WANTING

262

CANON
CUTTING
DISPLACEMENT
DISTRUST
DUCTILE
FORGIVING
HIJACK
JELLO
PESTO
PHARISEE
PODCASTING
REVELATION
RUMMY
SCRIBBLE
SPHINX
SPOON
STRONGHOLD
SYSTOLE
TWEED
WENZHOU

```
J I G B O L Z K D S Y S T O L E N X T Z
C X V Y D B I D P H M K Y Q U O N A N K
P G N V O G I F O U T H T G N I T T U C
O X E L D J N T E E S I R A H P Q S S S
R M J K X U O H Z N E W C P Y I L T K P
R U L Z N K C A J I H N S M D H J P P O
E X M M O S J T N E M E C A L P S I D O
V I O M X C M S I T E L T N O U T X N N
E B M D Y R I U K L X W C A H I V T B J
L S E A X I D R P T E F O R G I V I N G
A F E C A B W T Z E L O H I N X R G P O
T A K U F B H S D F S A K O O B M V L W
I C A A K L P I R A S T J Y R L H L J Y
O I V R K E E D N L J H O J T V E Q Y S
N U Q B P O D C A S T I N G S J N B D I
```

263

AFTERMATH
BIRTH
CANINE
CHARISMA
CHINK
COMPOST
FROLIC
GENEROUS
HENDERSON
HOROSCOPE
KEENLY
MIGHTY
PARQUET
PHOTO
POLITICS
POMADE
PYLON
SWERVE
TURTLEDOVE
UNHITCH

```
M E P G H E M S E F Z U E C H E V E W I
U I U H N D U P O M A D E O E V K Q G Z
E U G I O O P A R Q U E T M N A S P A H
I H N H R T T N N U C G K P D F W X J L
Q A G E T W O Z N I B M F O E T E E K V
C Z N P F Y L N E E K R J S R E R Z E C
N E C H I N K P X E O X R T S R V N L R
G I J T C K O X T L J U K J O M E A Q L
O N C X S C I T I L O P M T N A X H K C
B H J M S H S C H C T I H N U T O J O V
A E V O D E L T R U T R S C O H Z X G F
L Z R Q D L R B J Q V U B R T L A Y Q A
C O N G B I B V Z M V K W U Z X Y O M S
H W L M B C H A R I S M A Y W I D P R W
U I W B Z S C C X K Z D J D Q R Q Q M V
```

264

```
F N T E A P G C X Z P D P R V I I X J N
P O L C M D E I F I R T N U O C N X T A
L I R Q P R L R E H C T I P I T E N B E
E T O E A R U J S Y Y D K D D G X K M C
W A U G F I O E L K E U S U H V P K A N
D N P L T I C N O O N E R O F L L Q V A
Q O N M L G N R E H O L A R O R I I Z R
J D R H I J O G O O W D E K H W C J I A
G K G F U Y R U E W I N B Y H T A P M E
S R M L B T U Y K R N I N Z P H B U V P
N M U Y N E C B M P S W B E U G L L H P
G C A C I Q Z H A R I S A N T U E I P A
I B U A R I K I L A U R E L L O T I O N
X F O P E I L R C O V U Q I A F W F F P
R M S Z M R H N W Z V B E W L A Y M W K
```

APPEARANCE
BEARSKIN
BUARIKI
COUNTRIFIED
CROWN
DONATION
EMPATHY
FOREFINGER
FORENOON
FOUGHT
FRUIT
HUTCH
INBUILT
INEXPLICABLE
LAUREL
LOTION
NASIRAH
PITCHER
PRONE
SWINDLE

265

```
R N N R G N A M Y L B M E S S A L T N F
E A A U J E K W A A I R G G R P H T G I
L N I H E A C A B I F G A Z B T A R D X
I J L Y J R V K P V U X T P P T E Q Z A
V I O E U U A I H I R A S Y T B S X E T
E N M O N G K L H N C A I S E U I L K I
H G T O E B O L G Z A L T C W T R O J V
T U B E R C U L A R T M I D M W A O O E
W C O W P O K E O F E R A T L Z E O U N
O C O M P L A C E N C E R I U E G E O S
R F K P O A O F P U Q S T L T X A C I P
G C E Q D C L U N W B J R Z A I I K O A
T H K F O B R E V I T Y O C U H L B G E
U N E N E R L A N G E N P R O G V I U U
O F O O T C A N D L E S C B K C J E M B
```

ARISE
ASSEMBLYMAN
BIFURCATE
BOHICON
BREVITY
COMPLACENCE
COWPOKE
ERLANGEN
FIXATIVE
FOOTCANDLE
ICEBERG
JEJUNE
MILITIAMAN
NANJING
OUTGROWTH
PORTRAITIST
RAPTUROUS
RELIVE
ROCOCO
TUBERCULAR

266

BLOODSHED
BREASTSTROKE
COMPENSATE
CRAVENLY
DECREPIT
DESPATCH
DISCOURTEOUS
DISPORT
FORMALIZE
FREAK
INCREMENT
LAYMAN
MALINGER
OINTMENT
PLACE
PLIABLE
PROVIDED
STRONG
SUFFICIENTLY
TRAPEZOID

```
S P V H C I B Q D D E C R E P I T S B M
U T L V X R K R J I S I Y P T B E P L U
P I R A Z O A W E X S L G N W T Z L O E
V J K O C T E V L A T P E P A L R I O K
R R T U N E R T E N S M O S D B S A D T
M S P N O G F R E N T T N R J Q C B S R
U P K Q O L H I J N L E S M T X D L H A
J C L U G Q C F I J P Y D T V N G E E P
K V E U E I T O J M Q G S A R D I U D E
W G T D F G A J O L A Y M A N O I W A Z
R Q A F X I P C P R O V I D E D K X J O
H G U U P O S F O R M A L I Z E E E P I
M S U H T N E M E R C N I Z V Q L I Z D
D Z J J M G D M A L I N G E R W L E K K
D D I S C O U R T E O U S O T G A S W K
```

267

ABUSER
ANNEAL
CHESAPEAKE
CONNUBIAL
CROSSWISE
DEMESNE
ILULISSAT
IMMUTABLE
INVESTITURE
LLAMA
MARTINI
OUTFACE
PONTEFRACT
RANGEFINDER
RETREAT
SARASOTA
SCRAPPY
SENTIMENT
THEMSELVES
THONG

```
P J A A N G S I B T L L W L E K B C O B
O R V B N Y N E I A G K H D Z T M R Z V
N N O O U I A L N X Z Y X T L U G O L X
T H H G T S U N K T I U N W Z T Y S L U
E T N R G L E A L A I B U N N O C S A F
F R A O I A T R V E K M R H B B X W M X
R M X S L O W N K F L E E D V P W I A O
A A S Y S D W A V E T F P N A C P S U D
C A M A Q U E H J R X B N F T V K E I E
T N R L H P T H E M S E L V E S H K V M
Y A I X A Z F A S C R A P P Y G N S A E
S F B S O U T F A C E L B A T U M M I S
M B E R U T I T S E V N I V I D K W L N
E H R A N G E F I N D E R U X N J J F E
C O V J J W Y E F D G W N K N T Q W V M
```

268

```
L R O M A N T I C I S M L P S E S R V B
B A O P P R E S S E D V F M E I E F I L
O X V K S T O M A C H K J Z K B G B B A
L C C A I Y K M R X V M Z T B R D T R C
G L H Z L T S I N A G R O U D S I A A K
A O Y M T I U S W A L D L B C S R U T T
T Y C Q U R E D G Y S D V Z Q L B W I H
A I X D O E G R F H N Y X V I A F W O O
N N L U N P A K E A B F T R K M L M N R
G G G Z S S R E L R A Q P J B P T P D N
A N G X R A R D L C O A N B A A R U R V
G G Z R P L U X M H I F K M J N W W A N
P P W B E T M R P O D H E Q D G T D F I
L V M N D U E J P R M W C B G X N E T T
O F N X M E D S Y N C H R O N I Z E Y Q
```

ASPERITY
BEFORE
BLACKTHORN
BOLGATANGA
BRIDGE
CLOYING
DEMURRAGE
DRAFTY
HEERLEN
LAMPANG
LANDLUBBER
LAVALIERE
LAWSUIT
OPPRESSED
ORGANIST
ROMANTICISM
SNOUT
STOMACH
SYNCHRONIZE
VIBRATION

269

```
L O R O B S N E E R G D S I M Z A Z G Q
T S O V O R P P T C S W G E B L Q J E N
E E R U S A E R T I C J R D I Q M K Q T
T X L A R O M L A B Q I Z N K C Z A M E
R K C E W R E R J B D U A A Z H J U B O
A U L I P X N T O I Z M E L G U A Q M Y
U L T C P A H C A A V S N T Q C C F B S
Q W I Z U G T N S T H M E R T A K J A I
S J C K I Z L H Q U S N P O K E S A B F
J U D M E C P C I H B A D P T E O Y A I
B O J C V B V M G C K H R G J A N Q N Q
J I Y F C Z O I C V N O I T A R A P E R
R D K X Z G N E F I H C G P N N K U X W
H K T I O M E R C A N T I L E I E Z Z M
X T P U M Q R B O S S A N G O A V U Z W
```

ALIKE
BALMORAL
BOSSANGOA
CHIFENG
ETIQUETTE
GREENSBORO
INTRASTATE
JACKSON
MANILA
MBABANE
MERCANTILE
MERIDIAN
MIGHT
PORTLAND
PROVOST
QUARTET
REPARATION
SHUIMOGOU
TELEPATHIC
TREASURE

270

ANGELICA
ARRAIJAN
BAHRAIN
BANKER
CAPTION
CURSORY
DEMISE
DISTEMPER
EAGLET
FORLORN
HARDWARE
HSINCHUANG
INSOFAR
MARTIN
MASSEUR
MISHAWAKA
REGIME
STIFFEN
UNDERBRUSH
VOLUPTUOUS

```
F C J B Q Y F S D U W E S J X P G R D H
Z S T K O G N A U H C N I S H P Z P Y A
V I T H D I E M I G E R L U S H R M A R
U W O V A R F S C D W D L O U M A N E D
P X I R L J F M I S V L Q U R I J H X W
V N H B P B I S G M C F D T B S G X G A
L A W B H R T M O P E L Q P R H C A T R
B J V Y R E S Y B V Z D R U E A A C O E
E I N H M Y R E A G L E T L D W P I W B
H A C P E O E U Y H B I A O N A T L C A
N R E K S L K D E Y C T W V U K I E G B
G R Q R J F N G G S M R T S D A O G X E
G A U K J K A R D P S L U W R O N N K N
N C Q B T L B S V U Q A I N S O F A R S
Z F O R L O R N R B O Q M M A R T I N H
```

271

ANNOYANCE
APPLICATOR
BATHINDA
BUCKET
DEBRIS
DRUMMER
FETID
FIRST
FURNISH
GROWER
LIMITED
MANURE
MIDRIFF
NINNY
PAPERWEIGHT
PARTICLE
PLANT
SHODDY
SMASH
TEMPERATE

```
D Z X Z Y B M I H Y W Y W P M N Y O A H
W R L T U K V Z W L Z D N A R A Y E S Z
P T U R S S H O D D Y S Q A H F N I S P
N H C M E Y R U J W H P U K O C N U A C
P M A F M E T A R E P M E T T R I X R F
T S X A W E U P H V J W D L U O N B U E
H I R O T G R L A I E T D F C J L P F E
E O R S N K V A Z Y S S A D N I H T A B
H G O F E E N N R I M L L M F T J U U
M I D R I F F T I I R I J I L W P R T V
E R W P S C W F L I B O T D C A D O A C
A P P L I C A T O R E E V U Q R Y D Z P
V K U J F B F E T I D B U C K E T J C J
Y M K N I P A P E R W E I G H T O V K Q
A N N O Y A N C E Z D Q G R U F U H P C
```

272

```
I P A R A P I R A C A V P T W N U L Q K
C K E T A N I M L U F G N O A N A R F T
P T Z R O T C E L L O C L R R Z S B Q E
I R A H C R J A T I Y L W E L C O M E A
P I B B A E L A N N A D E B E N T U R E
B Q M B O E P A R M B L I F I O U U A E
P R O P U N R T H F S G N I T S A H L K
S S I G A B T S I H M T V W K M P T Q T
I T N D M S R E Y B P E A T J E T A A I
C E A W G A S I B N L K R Y Q I N T S C
B X C N M W X I M I R E I E R G A N V D
T M W B D G A P V B K N A B Z F L G E O
B M H V H A F T S E M E B N A E G T P L
K V Y A X M R M E C L L L B G M Y B N H
Z L N K D B L D Q R Q J E Y O J P O G C
```

ARAPIRACA
BAFATA
BENGUELA
BRIDGWATER
BRITTLE
COLLECTOR
CWMBRAN
DEBENTURE
FULMINATE
HASTINGS
IMPASSIVE
INVARIABLE
ISOBAR
KENNEL
MARSHMALLOW
PERCEPTIBLE
STANDARD
TABONTEBIKE
UNREEL
WELCOME

273

```
U T C G W B K S C F F W A G O Z Z R F G
A P F E T T E H C O R B E U D N O F A W
D T S E M J G A P A M W R E G Q T G I I
V U P W N G S H F O P B N A N U Q A D I
E R O U I E N R O D S S X T B C S Y M D
R N R L W N E U I T N T T J G B S T R E
T B C I A I G D J F F N G A L M I O A X
I U U M R T N Y O X E E A R N T C G M P
S C P A E N I E S K S V J V A S B E U A
E K I N V A L D O O C N C S I D G K Z N
P L N G E R O T A W M I M D B D U H L D
O E E R R A S K Z F X A V L H E P A K E
R I C Y S U B A C T E R I O L O G Y T D
X V C D E Q T F N O I A W U A D O L X E
G K U U X R B G G Y G K E I O J O D H E
```

ADVERTISE
AUGUSTA
BACTERIOLOGY
BROCHETTE
CAPSTAN
DISCORD
EXPANDED
FONDUE
INVENT
PORCUPINE
POSTGRADUATE
QUARANTINE
RABBI
REVERSE
SHAHRUD
SOLINGEN
STOKE
TURNBUCKLE
ULIMANG
UPSWING

274

ABSCOND
BLOWGUN
CHAMBERMAID
CIGAR
COASTER
COMMAND
CREEL
DARNED
DOVISH
FRAUD
HARDBALL
HARRY
HEMLOCK
INDAIATUBA
MANTEL
POLLEN
PURLOIN
SAINTLY
SNAPDRAGON
UNDERBELLY

```
P S A I N T L Y M S A Y Q J L X X Y H H
B U Q U V P M C K K J B J P C L L D E A
L Y R R A H R H S I V O D T W L U A M R
O R Q L N P L A H U O U B X E A F A L D
W O M C O K B M Y K J A K B R C B T O B
G F Z C G I H B L C S A R F B U R G C A
U B P S A U N E I C L E D A T J A E K L
N A H V R K M R O F D A U A G O B G E L
E B N G D K V M P N R X I C L I S P I L
Z J L B P B M A U N W A Y O N W C P K P
T M B J A A T I E O D J S A U I O S E Y
R M V W N G Z D U N J T D S J L N Q V U
I Q H D S H S V I O I B F T L B D B B O
S U A H F N J O A B G W Q E M A N T E L
G A J R S X U A C N B A N R I J J K P V
```

275

ANGLOPHILE
BARRATRY
BIKINI
CHATTER
DOOMSDAY
FLACON
FORSOOTH
GIBRALTAR
HABERDASHER
INDENTATION
INQUIRE
INTELLIGIBLE
MODIFY
OFFENBACH
SADNESS
SATEEN
TIMPHU
TOADY
UMPIRE
UNCOUNTED

```
N G S L S N T G A C D Y A D S M O O D U
Y D I E O O H I D M F X E F C U T W M N
W K R C S I U R M I B A R R A T R Y K C
B C A N T T G M D P K Y B H Y E I Q M O
X L G Z U A A O P F H V F I L L Z X L U
F A Y U J T M G P I H U O A K B O I K N
T H C A B N E F F O R X R N A I U L A T
T N P F W E M I V Q M E S G B G N J L E
R E H S A D R E B A H R O L W I G I S D
K D R M U N M A S S Q I O O T L I C A D
T O A D Y I E J Z A P U T P E L C X D J
C H A T T E R E S O N Q H H Q E Y T N T
N Y G I B R A L T A R N D I L T E I E T
J H Q O S V X O D A E I G L R N H M S B
U G U I B L D Y E N S G Y E E I S Q S W
```

276

```
H F S S S F B G L G N I T O O H S V R Y
A J V K U H I T N A M S T F A R C P K F
N E W K E C U I Y F E I E U A O J Y E I
D P J N I P K D K I B R D F D D Y L Z T
S A G S T N T P D A Q R I R C A I H W A
P C F S I E Q I G E S O B H Y C K R R E
I S S H H L B H C J R M Z O I M S D Q B
K D T L M L I B E R A L T T X D J F L Q
E N D D J I M I Q N I A A B N O R M A L
U A P T B V J X E S R T G I O L R I I R
R L E J X S Q K T B E D I G I T A L C V
N X M R V L H I I C A M A R A D E R I E
F J Q O Y L T V M A N S E R V A N T D G
L J F M T U F O P Y N H M M E C L Z U C
O R O B S D L O G P T F E W G J L Y J D
```

ABNORMAL
BEATIFY
BIDET
CAMARADERIE
CRAFTSMAN
DIGITAL
DULLSVILLE
FELICITATE
GOLDSBORO
HANDSPIKE
JUDICIAL
LANDSCAPE
LIBERAL
MANSERVANT
MORRIS
SHOOTING
SHUDDER
SKEPTIC
UNTHINKING
VIBRATO

277

```
D U N S X D V N E S A K L L B C N R T L
C H U M M Y E G G O L A U N C E S T O N
U C V N Q P A F O U T S I Z E N J P S N
D G Y T K M C U A N A M U C Z V N D Q M
I D A K A B F H W L A T E M W G V E A Z
Z C I D H I D C H W C N B I Z A R R E I
U N R E A S O N I N G A F E D I C P Y M
I T E L A Q M F J F N L T N E K M I H C
N R T F L D I L W Q A P W I L T T L D S
J A S C A L P A S G M S J B O I Q Z Y G
U N Y S C R Y T S K U N V O O N P T P C
R Q H W Z T K T F M T A J P R M F T Y R
Y U O D T G A E O Y T R A Q Y N E R V E
G I B P F F E R V J D T A G G R I E V E
Q L Q J F M E T A B O L I S M H X K N F
```

AGGRIEVE
BIZARRE
CHIMKENT
CHUMMY
CUMANA
DAMAGE
DEFALCATION
FLAGSTAFF
FLATTER
HYSTERIA
INJURY
LAUNCESTON
METABOLISM
METAL
NERVE
OUTSIZE
SCALP
TRANQUIL
TRANSPLANT
UNREASONING

278

AFTERGLOW
ATROPINE
CANDLEWICK
DETERMINER
ENCINITAS
ENZYME
INTERSECT
MARIBOR
MOROCCO
ORTHODONTIA
PHILIPPIC
PLAGUE
PROSTATE
ROUNDHOUSE
SHADOWBOXING
SHUTTER
STARTER
STEAMROLLER
SURCHARGE
UNDERWEIGHT

```
P S R E L L O R M A E T S P U I Q R Z W
L H D O U N D E R W E I G H T N E G O P
A A E C U J B S M A R I B O R T X L I Z
G D T C F N T L L D O U C H T J G X A H
U O E O V V D V O D Y Q D U V R F C K J
E W R R L F Z H X O C M H O E E R S M P
Q B M O C E J E O N M S Y T S M Y G R K
U O I M I N N G M U O Z F S V K Y O O J
B X N T P I D R O C S A J V V O S Z S R
E I E C P B N A U T C E S R E T N I N H
Q N R O I I G H J L D B L M A L Z D T E
S G R U L C J C L W B U S T A R T E R K
D T D X I K N R K C I W E L D N A C T Q
A K K B H E K U F C H E N C I N I T A S
Z P Q C P D Q S O R T H O D O N T I A Y
```

279

ADMIRATION ☐
AMBATO ☐
CLINKER ☐
CONSIDERING ☐
DIVAGATE ☐
FEUDALISM ☐
GOALIE ☐
IMPETUS ☐
IMPORTANT ☐
MONSIEUR ☐
NOMINEE ☐
PEDANT ☐
RETRIBUTION ☐
SHOPKEEPER ☐
SPEAKEASY ☐
TRAVELOG ☐
UNHARNESS ☐
UNRIVALED ☐
UNWHOLESOME ☐
UNWRAP ☐

```
C O N S I D E R I N G I F A U C K P W D
D S F U Y A C E J S K M E D C N E K P D
L Z I T X I C U S N R P U M S G W E I V
N U I E S Y D E L E Q O D I H L D R N L
P O D P Y J N W P I U R A R S A O E A K
R L M M M R C E F L B T L A N N C P L P
L W D I A F E U S A M A I T L G Q O C R
T X O H N K S R P O R N S I T K T Y T Z
S R N D P E U K E G E T M O T A B M A C
W U A O F E E W A Y K K C N F W B A S A
S O H V I J I M K U N W H O L E S O M E
X S Q S E I A O E D I V A G A T E Y J L
R U N D W L M T A S L U N R I V A L E D
S O D Y G P O H S G C L X V W O A S R E
M P K M U N C G Y R E T R I B U T I O N
```

280

```
E W V E U E T A R E P U C E R Z G C M X
B J Y J D W W V E H A S L H F O V H M Q
C O V Q F M Q M X N U U I F I D T E O Q
V N G S B K S T U D Y G A R R M Q C R A
A F H R A E W S N E M A S N Y H P K S A
O P N R K L W A R T R R P C S M M B E U
P L P C N P A C N T O C K P O R I O L N
C O D R S O D R Y I T O O M L O E O J C
O M E E O I R E M N S A J E Z V T K R T
A P N X N V K V P K D T O I L E D E A U
Z R N X Y B A O K I T T Y G Z Y Z Y R O
W H A X C C U L E V E B G H C B P F Y U
O E M F P W R R S A L I N A S B Y U D S
O V N N M U G L G H E F F E C T U A T E
N J U R N M X C S O T H V J Z Y C L M R
```

APPROVAL ☐
BEVEL ☐
CHECKBOOK ☐
CHIMP ☐
EFFECTUATE ☐
KITTY ☐
KNITTED ☐
MENSWEAR ☐
MORSEL ☐
OILED ☐
OLDENBURG ☐
OVERCAST ☐
RECUPERATE ☐
SALINAS ☐
SCOOTER ☐
STORM ☐
STUDY ☐
SUGARCOAT ☐
UNCTUOUS ☐
UNMANNED ☐

281

```
C H E L W W W O D A V J D E C O R O U S
O M X H S N D O V G A T P N T M U B T U
R U V A J N A H T V S I E A Q E C G R M
R E T S U L T C E C B A Y I Y T N H I S
E Q H W K C P L B D C H L U L A G Z B C
L U B W U V I U R E T I L I L L I M U V
A I R V I N E V E D I L E B F L S U L U
T B S L T G V K E G O L T D U I E L A Y
I H G K P X N N D U U S I D A T D A T H
V Y C O O I H D E N W S C O R N E T I U
E G R Q L P A O R D J W M E F I R N O Z
F Y A B D O J O W G X I B G M C L A N Y
B A R R A G E E L D M I S S K S Y T X J
O S C I A T I C A G Y R F L N R H P M I
F R I G H T E N E D X B G U O Z W P O T
```

BARRAGE
BLINK
BREEDER
CORRELATIVE
DECOROUS
ELIDE
FRIGHTENED
HOWDY
IRVINE
JAVELIN
LUSTER
MILLILITER
REDESIGN
SCIATICA
SCINTILLATE
SCORN
SKOPJE
TANTALUM
THANJAVUR
TRIBULATION

282

ARROGANT
ATAVISM
BAMBARI
BLIZZARD
BLOOPER
CATACLYSM
CLOUD
FREESTANDING
GOLDFINCH
GUEST
GUSHY
HARDHEADED
HAUNTING
MONIKER
OBLATION
PEOPLE
SNATCH
SPINACH
UNICELLULAR
VALUABLE

```
O G P L A L E W G Z C T J K E H B C M T
G U S H Y O L N P D I L A C C Q L A O H
A X A F T F I R E M O T O T M P O T N Y
Z U K B R T M D Q D A B A U V M O A I X
C P T S N E A V R V X N L H D K P C K Y
J F E U U E E A I C S X H A P O E L E I
P R A O H V Z S U S K K U J T Q R Y R T
S H C D P Z M U T U V H C A N I P S F O
O I R C I L C L U A G U E S T S O M D G
V A W L C N E U N D N A D R D J I N I A
H O B R R G G L Z G R D S B F G N G A B
U N I C E L L U L A R P I R A B M A B E
A R R O G A N T O Y G D Z N F Z U Q D C
G O L D F I N C H E F A B N G U D L W U
V P K U V A L U A B L E T H W N X Q B U
```

283

ADHESION
BASKETBALL
COMBINE
CURRENCY
DEALER
GLYCEROL
GRIEVE
HANZHONG
HISTRIONICS
LINGUAL
PERCEPTIVE
POLITICO
REPAYMENT
ROUTEMARCH
SALARY
SCHEDULE
STATIONERY
STROVOLOS
SUICIDE
VICARAGE

```
G L Y C E R O L O R S E Y S G M P N K M
N W V R Q U Y C Y C D R S A D E A L E R
O J D E P S I H I I E W J L J L C B V V
H Z B E U T V N C N C C W A H U U A I J
Z C L B I J O I O L O X V R O D R S T W
N W O L X I U I Z A S I I Y I E R K P M
A H O M R S T V F H V W S D U H E E E G
H P O T B A L I N G U A L E J C N T C R
I C S A T I P N Y R O G H T H S C B R I
T I S S X S N Z N M V Z I V L D Y A E E
H I H C R A M E T U O R U G Q A A L P V
N P Y P W R E P A Y M E N T O M L L W E
H J B I D B S T R O V O L O S A S O D I
O V I C A R A G E V J Q Y P A N R R U H
I R B R J E W E K G D F C U Q E T K Q G
```

284

```
O N J R R E E Q X E L P R E P Z N B C F
E M A B N S X R Q P Z H Y Z Y O K J R L
I C A I P G K F E S D X X G I O F L F U
S S C I N G T R E T S U O T M R K I H C
K A A R V Z S M Z Y S X U Y K Y C Y W T
R R D F H I I R L F U B Y E H X U P R U
T Y G I S N U S E S I Y O I A R I L R A
L F F T S A Y D C R E M Y L O P N J I T
M L V V O T X M T B O O M E R A N G D E
E A N W F I A S U O I L I T C N U P A B
R C G G J Z I N N E P I Z T T O S E H E
I T S C H D M V C Y W P V M E R T A E L
H E A D B O A R D E G C E N X S U S X S
N H Y S T E R E C T O M Y V A H V M M W
U I T M I N E R A L O G Y W Z S T E P D
```

BOOMERANG
DISTANCE
DISTRIBUTION
FLUCTUATE
HEADBOARD
HYSTERECTOMY
LOBSTER
MINERALOGY
NIMES
OUSTER
PERPLEX
PERSIST
POLYMER
PUNCTILIOUS
PYGMY
RACINE
RIDAH
TRAIPSE
TRUMP
WASTE

285

```
P X M N S B V T U O R C A I G E L E I I
I E W B R M N A Y Z S R H S C N P Z N E
A M R U K E F T A P R O N E Y O L I C D
W W B T N F T A N D G W Q M E X A D O O
K U M A I Q L N K F Z G G U L K U N M R
S X M X E N Q T V I E K T H X L S A P M
J M P I W A A A C T S N H X Y R I G A I
I Y V E Q D F C W A E S O E F A B A R T
H X N Y E U B M I T U Y O A S I L P A O
P R X R G F I B N O K J X G E G E O B R
I I A L G E H I Z U U U Q E R X E R L Y
L C B K B E Y Q Y J X S Z P F A M P E S
S Z N Z D L L E O T A R D W C D M Q F P
I V E V D E B R E A D W I N N E R F C E
S N M E Y R Z M S E R S A T Z Y U J J S
```

AFFIX
APRON
BREADWINNER
CHEEK
DORMITORY
ELEGIAC
ERSATZ
EXHUME
FEELER
IMMANENT
INCOMPARABLE
INTENT
KISSOGRAM
LEOTARD
PERTINACIOUS
PLAUSIBLE
PROPAGANDIZE
SCARED
SUBURB
TANTA

286

APTLY
BABYSIT
BEATIFIC
CORDON
FIXED
JACKANAPES
JANUARY
MERGUI
MICRO
OUTLET
PIQUED
POSTMASTER
ROCKFALL
SAILOR
SENTENCE
TITTER
TOECAP
TOLLGATE
UNSCREW
VITALIZE

```
T F I X E D I L P M N I M Y X J Q U P R
I O R C I M L G O V I T A L I Z E N I Y
S K E L Z A I Q S D M D N T M C J S Q V
Y J C C F C A F T M P E U P O S K C U D
B G L K A Y K U M T W Q R A W P N R E B
A B C S E P A N A K C A J G A G O E D C
B O J B Q N Y Q S E F K X D U D J W B L
R J R B O V C E T A G L L O T I A E E S
O T T D G S Y T E C N E T N E S N P A Y
F U R G A S F Q R T E P H S A A U X P S
O O T L G V Z F Y B J J Q I K I A G S K
C Q J L Y Y W B S E A H R M X L R M S V
D N D R E T T I T N M T A T G O Y F R J
O C I F I T A E B H J Y X W C R Q Y R W
N T C V S O L E X R U F W C F X W J F S
```

287

ARMOR
BALIUAG
BEDFORD
BITTERN
DAIRY
DETERGENT
DOUSE
EDUCATOR
EXCEPTION
GOOSE
LOGICAL
ORATION
PLOIESTI
PREDATORY
PROMULGATE
QUONDAM
SEMIFLUID
SLUMP
SORROWFUL
VIGNETTE

```
M L B S V R D E T N R E T T I B G W E R
Q X O Q L R D N U T H F Q T A A O N P E
T K D G O U E O N Q J D S G R L O B R R
U S X F I G M O H O A E D X M I S I Y H
Q J D X R C I P M Q I T F O O U E T A D
U E C E E T A A J O J T D N R A B X I P
B H T S P A D L L V T E A Y Q G Z U F R
W E U E L N W P L G B N S R F Q L W D O
D O C B O G X L U K F G H O O F I L O M
D X K U F C W W N F I I A J I R U U S U
E H Q T S K D S G D K V A M R K P A I L
S O R R O W F U L A T I E K X L W L G G
E F V S L O D R O I D S Q C C L P E E A
S H A F K L H M W R O T A C U D E O R T
Z T J X G B P M O Y R O T A D E R P K E
```

288

```
W G N O V D E K R A M D S E C A R X J S
M X I S I A N O L E C R A B C D T C J U
D A F E H W S P O I L S P O R T J P G C
T R G E O E B O O K S E L L E R X J U T
A O G E U I C U X Q J J D D S I S T E R
N P O W N N J A P U W T E P U Z Z L E E
K P Y K U T N W R U O D F C S N J K S S
O B J E C T A A I B O B I O E M I O M S
F E C U N D A T E E T V N B U S P U A A
F L A G S T A F F J O K I B K P I R E Z
E C E L H D B G Q P D E T F O I M U U C
L K P Q U P L A S M A W E Q A M L A M S
Q C S G J K Z K A B J C N F L Q Q U A C
T E M P O P Y Y G C A M E L O P A R D O
I K F N L U R B N A N L X W X N J B K B
```

ASSERT
BARCELONA
BOOKSELLER
BRACE
CAMELOPARD
CESIUM
DAWEI
DEFINITE
FECUNDATE
FLAGSTAFF
MAGENTA
MARKED
OBJECT
OPPOSE
PLASMA
PUZZLE
SISTER
SPOILSPORT
TAWAU
TEMPO

289

```
S S Y M K L E O P V D I P T E R O U S V
W P O S C G D B V W A D S V M F L C D R
H H M S N U E P F E T N I P H S U P U V
C O K E S I L B L K R B C T W K I H P F
Z O G R T Q L V K B A T I O H L C U B A
N D G T P E I Q Z P W Z A W U I A U I C
E O K S Y Z R T H O U G H K A V E K G T
T O R M C Q H T V C N D B R E M E W O O
S Y H A M P T O N E D S M V I V Y R T I
X E U E U W T B C O C O A T D E Z F E D
L L M S P F C G X K C R I H R R F R D U
Z K T I L P C R R W E R N Z F D M O D F
N Z Q Y N Q K Q X Y A W E S U A C T Y Y
Q B T L K A V Q D M Y J A L D N Y H M I
O H B F W T L L A P I D A R Y T U F E I
```

BIGOTED
CAUSEWAY
COCOA
CONTRETEMPS
DIPTEROUS
FACTOID
FROTH
HAMPTON
HOODOO
LAPIDARY
MARITIME
OVERTAKE
PUSHPIN
RAICHUR
SEAMSTRESS
SEMINAL
THOUGH
THRILLED
VANCOUVER
VERDANT

290

BESOTTED
BOOTLEGGER
BUCKWHEAT
COMPLIANCE
DIVAN
ENDWISE
FURRING
GUILE
INTERRACIAL
MOCKINGBIRD
MONKSHOOD
PERDITION
PRESENTATION
RANGHULU
RECEPTIVE
RELAY
SAMSUN
SWIMMING
TRANSFIGURE
VESTIGE

```
D F B H Y I B I H E G V Q B B D A I T B
J Y J I Y D P F L V D N E D E O C A T O
R Z N H S F E I J I M R V N M O E J R O
C O Y L I Y U J V T U Z P W C H G A A T
P U L U H G N A R P W U T E W S I X N L
N O I T A T N E S E R P G K R K T S S E
P D R I B G N I K C O M C G E N S A F G
B E S O T T E D R E E U I I L O E M I G
P E R D I T I O N R B N I V A M V S G E
W Z X H O V L T N Q U P D T Y V F U U R
I N T E R R A C I A L F S W W Z X N R K
Q E O N R X Q P G T V G P D I M C K E X
S B B R H B F E A J S O S G K S Y S R H
L F C O M P L I A N C E J X F E E Z R K
S W I M M I N G A Q I C H Z H W J Y W M
```

291

ARTIFICER
AURICLE
BASIS
CARIACICA
CITATION
CLEANSE
COMPEL
ENDIVE
EVANGELISM
HUNTSMAN
ICONOCLAST
IMPROPRIETY
INCUBUS
MASVINGO
MOCUBA
MOLYBDENUM
MONROVIA
PIFFLE
UNFOLD
WIESBADEN

```
M G D M N I R F O M S B M E E P S R W V
A I V O R N O M U N G C M V N I M L J C
S I S A B Z O N Q H L A W A D F F W G I
V K L L J Z E S N A E L C N I F V A N K
I G X G W D W V A W D X M G V L P C U F
N Y X W B C I T A T I O N E E E U I N A
G M Z Y R J T N A V V Q L L H B K C F K
O D L C O M P E L U H H C I U F N A O D
F O H U N T S M A N R C T S Q L I I L D
M W I E S B A D E N J I Q M R I N R D O
I M P R O P R I E T Y K C W A D A A N K
I C O N O C L A S T K A F L J T L C T T
A R T I F I C E R F I C T J E S V K G B
Y K K L F Z D T V Z M O C U B A G G D C
R D T F W J W Z P J D I O P E W P M U B
```

292

```
J O I J L X K F K R N P A N N X N X Z C
M V R H Z C L T E A L O R Y W N T V G P
N X A X H E Y W C A U D N E I V S W Y A
N O T Y S Y O W N M B U K S C W X F Z R
Y U E Y H T W O K E K O E R M L L J R A
W R M W H B I E E R M U C E C O U F P D
V T T C G S Q R P E G A M J R U K D Y I
J M T E I N Y R N T P U D A C D X E E S
Y A G V Z T A A C R A B L R S F Z Y R E
W D O V A T W H I I F W I L V I R F P D
D R I E F N R C C A I N Y K J G P T T
P T M A A D E L P I C N I R P N U D E Y
N A L U F N D N U O S D Y T N D T M Y M
X L Q O U U X H C U R O S V P S P O C L
S K X V L S L P J S S E L E H T E N O N
```

BEERY
CAPRICE
CHANGWEON
FLORAL
IRATE
JERSEY
KUMASI
MEATY
MERETRICIOUS
MYSELF
NONETHELESS
NONSMOKER
PARADISE
PRATFALL
PRECLUDE
PROVISIONAL
QUANWAN
TEMPT
UNPRINCIPLED
WATCHTOWER

293

```
P A T E R N A L T J R E G M Y U M N K G
U M C R T H S W S Y N T T C I A O M P X
A Z F X J G A Y X O P N B B B H W R R X
G H A Q J K Z L D A E O O I T B P P K D
P A R A S O L N J B E Q G E G P Y V H N
D R L A W N O M M E U R L R F N R Z A C
R A A E D C B A Z W F E E M A B O O F J
A M N H R A L K N T T U M R W P E R K H
G A O T W Q Z T D C A G A X G D H E E L
O T I U N I Q U E U O O C W U B P E A N
N F S W E E K E N D B L B R J I L B R C
P L A Y A C T E D X E A P G B E U P V B
R B C A J H S G F O F C I V T T H G W U
K M C F C W H S H N I E Z E E V P O O O
R O O S E N D A A L L D H S V P D T K P
```

AMARAH
CAMEL
CONDONE
DECALOGUE
DRAGON
IGNORE
LAMBENT
LIFEBOAT
OCCASIONAL
PARASOL
PATERNAL
PLAYACTED
PRUDE
ROOSENDAAL
SETUBAL
TELETHON
TYPOGRAPHER
UNIQUE
WEEKEND
ZADAR

294

BUZZER
CATFISH
CINCH
CLEVER
CLOCKWISE
DARING
DRAPERY
EXURBANITE
FIDUCIARY
FLARE
GIMMICK
HAFNIUM
HINGED
INGENUITY
OPPOSITION
RATTRAP
SEAMANSHIP
SIZABLE
SOCCER
WUZHOU

```
Q V Y V B A H J D E W I Y Q V Q U B G S
R U F O Y E H E T V C R N N U U W O I I
G V Y I R A G I Y B E L N G Q V C O M Z
D F R V F N N Q S P J M O R E G P I M A
N I A N I A C S A I O Q I C A N Y D I B
U C I H B R B R E H Y N T U K T U L C L
B U C R E E D R T S Z Y I D Z W T I K E
M C U O H Z U W Q N A S S S A H I R T L
R X D L C Z A F O A F O O A X R H S A Y
E T I P N U D H L M D C P N B S I Z E P
V N F Y I B G I V A C G P I I H O N V I
E O J Z C B O X Q E R R O F J B N Z G K
L M W S L B K Q R S M E T X Z P R T K L
C E D S Z K F L O T O A O J M V S X Z Z
W V Y O W G E E W R C K J J U N F N F J
```

295

ADAPTATION
AFFECTION
BAGMAN
BELLBOY
BEVERAGE
BICYCLE
BLOWHARD
CORPULENT
DEDICATE
DEMOCRAT
DILATE
DISHWATER
DRIFT
DUTCH
GRIND
HARDLINERS
MAJIE
RESCUE
TAPIOCA
VISOR

```
M A J I E B T N N C R B X P P Q W D F M
C W Y Y J F L O X U X H W P H L Y I C Y
A Z A Q I H D K X D S T T S D F S Q E
U K B R Y T M I T G H D N I R G R H X G
J T D Q C N J L A Q Z N E B E Q P W W E
W U M E B V V A D R S T L D N P G A D B
C E F F I M L T A I S O U T I A I T E A
C F J S Y Q Y E P G W Q P I L C T E G G
A C O E R O A O T H X F R F D O A R A M
E R A D B S L Q A Z D Q O C R I R T R A
P O E L U I E R T E O E C Y A P C V E N
N C L S M T D W I V U E I P H A O P V X
G E P E C Z C A O I L Q H C J T M Y E T
B V B S I U E H N Y P N B S K C E S B H
E Y G I J N E L C Y C I B S W A D J I E
```

296

```
H O B B Y Q F U J D V E Q T K C G K P H
A N T I P A S T O O T S P K A I O X P Y
N U C V I G F S F U H E L U P Y I V Y P
S A O W W S M D B J O O S Q U P W K Q E
I G U A L A E I W Q R Z M N T W D Y A R
R G W U P X R N Q M T A S S I M A H K S
E S O M P T H T U W A K S T R B W B R P
F C S D S P Y N O I T C E L I D E R P A
U R H I T E E S R J O H L O G X H I I C
N O D B S H P R B N R Z E G V Y M X C E
D L I S V B A O C G Y L F D F P C L F L
R L Y I F G P B Z A K O I E U Y K T H I
F D H E T A U D A S S U L B C N E U F J
O V H T H Y D U T S R E D N U V C S S F
X V D K F U A C U R R A N T F Y C E I X
```

ANTIPASTO
CURRANT
DISTRIBUTE
DUNCE
GODTHAB
HETAUDA
HOBBY
HORTATORY
HYPERSPACE
IGUALA
INSET
KAPUT
KHAMISSAT
LIFELESS
ODYSSEY
PREDILECTION
REFUND
SCROLL
UNDERSTUDY
UPPERCASE

297

```
D O C A M U S D P T A R I Y B H U D L A
E R G F E R E H W Y N A A T Y C F E O Y
S B M N T Q N W Q K B Z T I V X D P Z X
I V M O A W O V I D J W S P N M K O E B
G N I Z P M I B M A S T I F F S O C N M
N Z Q P H U T H Y I Z I F F J Q T S G G
I F F Q Y F I R T C E L E H T I T O E W
N D U C S O S E U T A J F I R N R R R T
G U J R I X O H E W U N L O A D D O U M
C I F I C E P S N O N O W Z N O D U B R
N N F V S M E L B I S I R E N W H L R C
E Y U J I L R L V T X T A K I L R F L K
X A Z H I A P I W I G B E D S P R E A D
U U T Y N N G U O A M Y G Z R V P I M T
S B A Q D Z R J F C F W W V Z V U R Z K
```

ANYWHERE
BEDSPREAD
DESIGNING
DONKEY
ELECTRIFY
FLUOROSCOPE
LOZENGE
MANGO
MASTIFF
METAPHYSICS
NEXUS
NONSPECIFIC
PREPOSITION
RAINSTORM
RISIBLE
SINNAR
SUMAC
THIMPHU
TITHE
UNLOAD

298

AIRMAIL
AVALANCHE
CAUCUS
COVERT
DISJOINTED
DOMAIN
ENTWINE
ETHNIC
GREENWICH
ORGANIC
PAPOOSE
PARTICIPATE
PIETY
POLLSTER
PRINCIPLED
SHRUG
UNIFORMITY
USAGE
VOLTAIC
WATERLOO

```
C O A D P V A J H R P Q M P K A B A U V
D O N S H C P K M G R E E N W I C H N O
B Y V F X D I S J O I N T E D W Z K I L
J Y E E U A F H X K S X V S I A R Q F T
F I T G R E T S L L O P O O Y T J M O A
F U A A X T U M L S C U C O C E D J R I
R E P S D E L P I C N I R P G R N U M C
J U I U T C I T U U N L T A Y L T H I S
E H C N A L A V A H K H O P N O F N T P
A N I A O U M O T C A U C U S O I V Y P
Q T T P M Q R E O R G A N I C A M K R O
F D R W I P I J L Z U C J S M N Y U C S
W V A E I E A Y R M R U U O A F H D E B
Z C P L J N T P E E H D D Y E U P X Q W
H P A M Y W E Y Q M S N S F T K C K B H
```

299

ARBOREAL
BELLEVUE
CHLORINATE
CONCERTANTE
DECEASED
EARTHQUAKE
GEWGAW
HAIRY
HORSE
IDEALIZE
MISPLAY
NONENTITY
POPLIN
PRIMOGENITOR
PUNCTUAL
RETRENCH
SETUP
SWEDEN
TOASTER
VASSALAGE

```
N O N E N T I T Y E S K A W A I S I Z E
E L S Y U G I A G M X H Z Y R E P D F U
A R W N B M H A D T R H V F B T U E X H
R J E P W T L J W P U O C T O A Y A U J
T D D J Y A L P S I M R L N R N I L H E
H N E S S X S N U V L S W K E I P I U D
Q O N S L K T D I K F E P S A R U Z Q A
U X A P B E L L E V U E H D L O T E D T
A V G C O N C E R T A N T E A L E E Y O
K D T E I I O B G F J I Q S U H S C R A
E C Y X W A E A Q J I L Z A T C K G I S
D Y C P U G B X U X M P S E C H D C A T
L P N E F K A N G H G O R C N S M A H E
G F Z D T N E W J L L P M E U D M V E R
P R I M O G E N I T O R P D P G Q W B O
```

300

```
O O L C U E V D Y J H A Q B T J Z W T F
E Q J O R K Z J S R H B K V P O B L H I
A Y G M D K J U S Z V E C L E I K M I P
E T I P J M E H D L L W S U N O E I R P
S B B U N U T N K B C O S T U M E A T C
T U T T P Q A L A C O R N E R T L O E S
H S U I U I Y T I V I T A E R C W W E Q
E W U N G F I B I E E T W Y D K T V N H
T Y U G U F R C I W A P S B O U R G E S
I Z S U O Z T T A T P T O Y T B X X W R
C J J R U L U B A R I A A C O T I X P S
S A P Y I E Y E G L A S S R H J R R A Q
L N O I S S I M M O C Y V R E Z G H P E
U T Y P E W R I T I N G C O N T E M N D
O R R X J B C K U N G E N E R O U S I B
```

AESTHETICS
BOURGES
COMMISSION
COMPUTING
CONTEMN
CORNER
COSTUME
CREATIVITY
EPOCH
EYEGLASS
GIANDZHA
JOYSTICK
KIELCE
MIAOW
THIRTEEN
TRYST
TYPEWRITING
ULUBARIA
UNGENEROUS
UNPROFITABLE

301

```
A N A C H R O N I S M L G E C U O D L P
B J T O R L N P N U N P U R U L E N T R
T Y E D U C E E M W N X K H S O O A C O
M F O N X I V W O O F L T S L E B B O L
J I M I X A O U T U Y C O X F L G S J O
G R S K R L L K H C T C D C P I X U T N
T R S E L Q Z G B A A O O A K T T H U G
O O N I R V Y Z A R M N B D D R H E O A
L H B Q N T M Q L T X T I D R E Y S C V
E N G E N D E R L L Z A D O H F L U W T
C O R O N A L M E O C G S W G N B O E O
O C G G X E G E D A W I T N Z I K H S A
G Z C Y X X U R S D V O V L E E F K V L
E J L P X O Q B F M S U Y Z F E E D G P
B A L L I S T I C U J S E Y J G R M W G
```

ANACHRONISM
BALLISTIC
BILLOW
CARTLOAD
CONTAGIOUS
CORONAL
EDUCE
ENGENDER
HORRIFY
HOUSEHUSBAND
INFERTILE
MISER
MOTHBALLED
OCELOT
PROLONG
PURULENT
RAVEN
SNEER
SOLEDAD
UNLOCK

302

AGONY
AGRARIAN
BORDERLAND
BRAID
BURGLARY
CHEETAH
CONFIRM
FOOTLIGHTS
HARRISONBURG
HUANUCO
ICEPICKS
OIKUL
PALENESS
PARAMOUNT
PEDESTAL
RAUCOUS
SOGAMOSO
SYSTEMIC
TRIAL
UPSTANDING

```
Q N V Y P K G G G R U B N O S I R R A H
T H U N B E U R Z J S O H I Y Q A N I L
N Q Z L V C O C A H J S V E R M U K F F
G E M O T U T I F K Y O S D A D C H X I
S P D W P H N I L S T H G I L T O O F R
Z S Z D N H U D T K U F F A G D U S B D
K I E W W U O E W C R P F R R K S O O V
Z T J N B G M B C I L N S B U P V M Y X
U N M P E I A Q H P A A H T B A B A F I
P B E N C L R Z E E T I S G A Y C G T Q
C A D E U A A K E C S R D G X N D O P I
D G P K V K P P T I E A I H E O D S P Q
M R I F N O C D A F D R F A F G X I O W
B O C U N A U H H O E G V N L A B I N U
B O R D E R L A N D P A U K I P G D U G
```

303

ACCLIMATIZE
ATROPHY
CATBIRD
CHESTER
DARKEN
ELEGANT
ESCUDO
EXPEND
FOCUSED
GUPPY
IMPLAUSIBLE
INTOLERABLE
LASHIO
MANSFIELD
MULTIPLICITY
RETRIEVER
SHANWEI
SHOAL
SIRACUSA
UNDATED

```
A A C A C J L B D M S I R A C U S A R M
Y C T H M A R A V G A Z S W C F M S E U
N V C R E P T E S Y S N S H O A L T T L
Q H A L O S X B W H F O S D N B V B R T
B H C U I P T T I G I W D F E E W Y I I
J M F W E M H E A R S O O A I D L G E P
G U H N W H A Y R T D C T D R E C G V L
U D D R N D T T Y W U V B Y K K L X E I
P T P S A E L B I S U A L P M I E D R C
P U O W H T R Y E Z E L E G A N T N N I
Y R J N S A K D K P E O H T Z J A Q E T
P E S C U D O I N T O L E R A B L E A Y
N C A M R N D X Q U J W O Z T K B V P K
W P G J J U H O H Y B X D L D T A U R L
W N L W P A T A H A O H F A T S K G S Q
```

304

```
C I Y U Y S K V Z Q J U J S H T Q G X Q
F M G O M B I M E H U T E L Q R H J M N
A P D Q E Y L F O H M E U U Z A L W I Y
G E R U Z D Y G U I D U S O A N P H T L
L N A I R O T N E T S G J T K S T I B K
A D O L E O I H O A R S E X E C R H A B
R N B A N W L A C I P Y T Y F R O Z R V
E O L R I H I H A V A C A N T I P N G A
L P L Y A C B J A I D Y F R R B P B K L
B L A N T U A P E J A G P O Q E A S U L
M L W G N O P P E A C E T I M E R I X E
A I D I O T A T O O I S B Y S A A U R Y
G M V T C U C T G G C L M A S R Z U T U
A K N I H M E I J W N U M Q X H Y Q A U
M O M S W I K H I I F M T T V X A N F T
```

CAPABILITY
CICADA
CONTAINER
GAMBLE
GLARE
HOARSE
IMPEND
KNOCKOUT
LARYNGITIS
MILLPOND
PEACETIME
QUEST
RAPPORT
STENTORIAN
TOUCHWOOD
TRANSCRIBE
TYPICAL
VACANT
VALLEY
WALLBOARD

305

```
P G M H A C A A B Q W U M H P O I A W S
A L I Q C F R X Q W S N Y Y W U P V E Z
S E S F H N O E C U L T U N X H E O O A
S N S M I K I L A G I R D A M C V X E D
A D T B E Q N H A M Q E D T W J E F M V
G A E E V L E W T R E A E M E R I T U S
E L P M E C S C L R P T V A R G I N H A
W E N O M B F S O T Y E T C I R M O U Y
A R R B E Y O S E F C D E R Y E T B S R
Y S W N N K E R E C O N O M I C A L E G
I R I I T Y D E P R I V A T I O N H C U
X I S N E Y I B J U J H U E P O T N W J
J I W A T T I T U D E D B Z X A B J L R
T R E P I D A T I O N E C G F D Q I O A
E P W S T R E N G T H S D W Q O J J T T
```

ACHIEVEMENT
ADAPTER
ATTITUDE
CREAM
DEPRIVATION
ECONOMICAL
EMERITUS
EYESORE
FATHER
GLENDALE
GUJRAT
MADRIGAL
MISSTEP
PASSAGEWAY
SENIOR
STRENGTH
TREPIDATION
TWELVE
UNTREATED
VARGINHA

306

ADULTERATE
AFFLATUS
ANAPOLIS
BLINKER
BRINK
CLASSROOM
EPIGLOTTIS
FLOWERED
HANFORD
HEADGEAR
HEARTSICK
MOLEST
NONSTARTER
PROFESS
REALISTIC
SADDLEBOW
SLOPE
TRIGONOMETRY
UNTAUGHT
WATERCRESS

```
E E G V O S A D D L E B O W U A T W K U
C A N A P O L I S K H T C G F S Y H N G
E L Z O K T Z F W A R K R F E X N T X T
R P A P G C K E N I W E L L J C A A X R
X E I S W P S F G J A A O W B U K K J N
A W Z G S G O O V L T M P S G N C U H S
Y D U C L R N H I U E D H H S B I P F F
F C U X D O O S S N R E T R A T S N O N
O L C L M P T O Q E C E A A L M T K D S
H W O E T I R T M P R O K Q P G R Q Y Y
J T T W C E E O I H E O N N C E A Z U E
I R U B E P R S F S S G I N I B E I T G
Y G L K O R Z A P E S W R L D L H N Y P
Z M Y L O E E J T J S Q B Y W L B S G V
X F S D I B P D G E M S H E A D G E A R
```

307

ANALOGOUS
BOYCOTT
CARIBOU
CONFLUENCE
CYCLONE
DHAMAR
ENCODE
ENTENTE
FLOWN
FOOTER
IMPERFECT
INALIENABLE
METHANE
PESETA
QUIET
RESOLUTION
SHOWJUMPER
THATCH
TWEAK
UNDERTONE

```
R N V D J R R C N N G H C V C H T N C Z
E Y N A J Z C R R P Y I P X O C L J L Y
S K P I U K K A E W T D T K N N S Q X S
O F S H X V N N R V D V L P F S C S U Y
L P E W S K O I J I X T E E L O K G Z M
U Z A S F T D E X P B S E P U V P V O E
T Q S R R J D T V U E O I W E X M J W T
I V N E T O E G D T O E U E N O L C Y C
O I D M C I D H A M A R R N C J N Q N E
N N B N U B O Y C O T T A T E A G W X F
U U E Q N U T D M T X A R E T O O F L R
S H O W J U M P E R A F D N D L C F V E
A N A L O G O U S H B H B T F K J R B P
I N A L I E N A B L E Q T E N A H T E M
G R Z I E S T T I Q A S W B B K H J D I
```

308

```
U T Z M Z N K C L I P E Q G W B I X T H
P D C F I B Y E M S I X O R K I R M E X
Y B Y U U R W C Q P N C R C E B R T G B
T R I C E E R N T A G U Q H W L I U U Q
N E W A J H R O Z R C S L R G I T X C L
E A J H C B M M R T H E I W E O A F I F
M E L J D B S H E A E I F S T G B W G U
U C H O A Y T H U M N I L K O R L U A Q
C H M H O L S T E R O D J L R A E T L L
O E S D V O Y M Z R V T O W I P U H P X
D C T F L Y P A P E R N E J N H G Y A S
T K D O A C D S F N E N S V O Y R L O H
A E E L A G N I T H G I N O T W A L H H
P R E K D Y I I P I C X Z W P B L B W A
U S T J P L P A K T D G H O H Q M U U I
```

ARGUE
BIBLIOGRAPHY
CHECKERS
DOCUMENT
DOMED
EMOTE
EXCUSE
FLYPAPER
HOLSTER
IRRITABLE
ISPARTA
JEWEL
LAWTON
MIRROR
NIGHTINGALE
PHENOL
PINGCHEN
TEGUCIGALPA
TORINO
TRICE

309

```
Y L S S E L E R A C E R E Q D E P M V S
Q Z U P O N G E E C R N H A X O I E E A
Q W B B C O G L I U I W U I U A N S G C
U B D I R A I T C L E X F S N W P D E K
Q R E K C I L F M B G A B T B O R A T C
R S I P A U C I K A N J I A M A I M A L
B E M C O U L A K F H X L A A W C E T O
R S E P Z S V Q N R O S R G R K K S I T
Z L L B H F K S E T B E A U H U A C O H
T E A R D R O P E X O R Y U P H D K N L
Q E K P H B G B B A H V P N B T B A A M
E V O T K V W I N T R O D U C E J E M S
X V A L D O S T A R S C W T B D P P U W
E P I C U R E S Y I M D A E S E M K A K
W B N D B N A V I G P D O J R Y E N U M
```

CARELESSLY
EPICURE
FLICKER
INTRODUCE
KALEMIE
KANJI
LUBRICANT
MADURAI
MESDAMES
NUUGAATSIAQ
PINPRICK
PONGEE
POULTICE
REPEAL
RHINO
SACKCLOTH
SLIMLINE
TEARDROP
VALDOSTA
VEGETATION

310

ABLOOM
AGRICULTURE
ANYHOW
BAHAWALPUR
CABARET
COLONIA
CONNOTATION
CUPOLA
FECUND
GLOBE
IMPEDE
INFERIOR
JOURNALISM
LIQUEUR
MACHAKOS
ORLANDO
REGRET
SPLASH
UPTOWN
VOUCHSAFE

```
L S F P B E P R U P L A W A H A B J J F
N F S I A G A J H Z G U V S O W C K Q N
C O N N O T A T I O N Y A L W J Q E O T
H M O T Z G X H Q A I L V I S D H R R U
C M A A T X V Q W R P T O Q Z U Y V L P
I O K C U P O L A S I D U U O N O T A T
N O L U M Q I S T I M F C E B O L G N O
F L N O N J O R G I W A H U Y W P T D W
E B J C N K K E U U B U S R F I B X O N
R A I W A I U G E A O O A W N J L E M E
I W O H Y N A R R E R D F F P N P Z D L
O M C D N U C E F N V E E L I Z R E W C
R A L G P W T T R T E S U Z K M P E O X
M A G R I C U L T U R E Y T R M P E S S
J O U R N A L I S M C L W I I Z A C F X
```

311

BLOCKHOUSE ☐
BREED ☐
BRUNCH ☐
CANTLE ☐
COMIC ☐
DISSERVICE ☐
FABLE ☐
GINSENG ☐
LIKEN ☐
LONGSTANDING ☐
MEMORABLE ☐
OFFSET ☐
PEDAGOGY ☐
PONTIAC ☐
SCHERZO ☐
SEAWAY ☐
SYPHILIS ☐
UNDERLIE ☐
VICARIOUS ☐
ZHENGZHOU ☐

```
C X Q J M X O P T K V C O W B S U S J E
K A D R D O U O H Z G N E H Z T U V C L
R D N K X O D N E K I L U D C O Z I Y B
D L U T C G Z T Y V D T U N I N V N D A
B Y I X L Z Y I P A M E O R D R U D U R
F S S J M E G A R F G R A C E E P R S O
A C P Y R C O C W K E C W S Z V R Z B M
B H I O B L G P Q A I E S O Z L Z L X E
L E B Q H O A Q L V E I D Y M C L N I M
E R J R I J D G X F D S G I N S E N G E
V Z Q E E T E L O N G S T A N D I N G E
M O E I A E P C P C D O F F S E T D E T
S H J O U T D S B I W W A R D F J H I E
B L O C K H O U S E S Y P H I L I S U U
C O M I C E L V J H K B I K Y I J Q Q B
```

312

```
E T C U Q G A L M T N Y T S S T K R S Z
J H U F R S D B G Z O V C U E M O I B F
S O C O N C J T S T R K L I M J U I C Y
R C E D R Z W X U E U R O C A G X R Z C
A U D I T O R N J Q N A N J N H W R Y T
I G E S U O R O N O S T E F T Q E W H A
M A S T E R P I E C E S E P I J F G P M
P M R O N E N T O O L N H E C D I R A B
A D E M A P O A R K P O L S I R S J M U
V Q P S M S R T T X M R J R F S A F L S
W Q U H I A T S F L N K V F E C M D F C
R Y S F L C H B U O F E A F O R E G O A
P L W Q E V E U D T V L V U R Z X L Q D
V O G V U J R S M O T O R C Y C L E F E
E Y X O Q H N I N H U M A N I Q Z T O D
```

ABSENTEEISM ☐
AFFRIGHT ☐
AMBUSCADE ☐
AUDITOR ☐
BIOME ☐
CASPER ☐
CLONE ☐
FOREGO ☐
INHUMAN ☐
JUICY ☐
MASTERPIECE ☐
MOTORCYCLE ☐
NORTHERN ☐
QUELIMANE ☐
SEMANTIC ☐
SNORKEL ☐
SONOROUS ☐
STARK ☐
SUBSTATION ☐
SUPERSEDE ☐

313

```
P E D L E T S R N V J O N K F X N L T P
C I Y L L A I C I F F O Y L O E K L R K
T Z A Y V X U I K W I D G U R S B H I D
L E A R M Z H B L T B R T T E T E X N E
H Q D D T J E G A R E V A Z T R L N I M
D U X U T N Y N E S O H C Y E A O O D R
U H K H Z W I L O U E S Z K L P Q I A M
X G P W D M B D X I E C F Z L P U T D C
H A Y R O M E O R P S I J D X E E A E T
M R J B U J R T H L X S H N M D N L Q L
E D A F J X E C N E R R U C C O T U O N
Y E T Q I N C U B A T E W C I B A D A N
J N H O R S E W H I P V M U N V E A D J
I I P R A G M A T I C N L A E O V G Y C
O A Y C W R Z W P T O Y Y R B D C V L K
```

ABOMINATION
ADULATION
AVERAGE
CHOSEN
CONCUSSION
ELOQUENT
FORETELL
FUMBLE
GARDENIA
HORSEWHIP
IBADAN
INCUBATE
KLUTZY
OCCURRENCE
OFFICIALLY
PRAGMATIC
PROEM
QUAVER
STRAPPED
TRINIDADE

314

AISLE
CHANCY
CUPIDITY
DUCHESS
EXCERPT
LIMESTONE
LOOSEN
NARSARSUAQ
OUTPUT
PLAYHOUSE
REPROOF
RERUN
RESTAURANT
REVAMP
SEISMOGRAPH
SLICKER
TEMPORIZE
TRANSFORM
TRICUSPID
TWICE

```
N B Z Z B P S R S T O T Z O C K U Y Y C
U A X F M I H F M E U N W M P V G C B U
R N R A T Q A R X M T A R I Y F N P R P
E M V S P D M C Q P P R E R C A K Z J I
R E N P A W E X Q O U U P L H E R P D D
R L L T L R N C A R T A R C O K Q I K I
F S T I P A S Y N I Z T O D A O P S I T
Q I X T M V Y U D Z L S O I U S S C W Y
R A N C N E G H A E I E F J U C D E X C
B G D V F E S A O Q C R J C J N H C N S
J G B X Y C N T F U G Q I R L M I E D D
X J V Q X Z L E O U S R S R C J Z T S I
T R A N S F O R M N T E O V S G F K K S
A K W U P M K S V X E Y L Z S M V K V W
S E I S M O G R A P H C S L I C K E R G
```

315

BEGET
BONFIRE
HARDLINE
HAUBERK
INVESTOR
IODIDE
ITALICS
OVERHEAD
OVERSIGHT
PERCENT
PERPETUATE
PRESTO
PRIGGISH
RESIDUE
RETREAD
SPLAT
STOCKHOLDER
TURLOCK
VERDICT
WULANHAOTE

```
I Y I T T J G Q P E K J F Z F O I O H Q
P T X S N R E D L O H K C O T S N V A A
E T A A V E M Y C H S F E S H K V E U V
R U G L T L H Q S R Q X E Z D G E R B E
P R K P I S P L A T V R P W B E S H E R
E L E S V C D B K U P T W V T R T E R D
T O C O K A S K W Z D M O O X A O A K I
U C E B E N I L D R A H A W C B R D R C
A K Y R R B I H R W E H S I G G I R P T
T Z T P I O F J Q N N U W A O O I E O S
E E J K F M I B Y A A A R Y D Y R I C V
R U N K N K S G L L H K Y I D C X K F H
B I U M O Z O U R E S I D U E B E G E T
R V Y Q B X W D Y Y Q E H N A O R Z J P
E O V E R S I G H T Q I T H C Z O F D O
```

316

```
D I E W J B R Z T Q A F H R Y A Z V W O
J E L B B U R N I P E R F E C T L Y B J
V N S Y Y B A E T D T B X F O X D F K O
Y A N K J R B C T L T C I N S I E C N T
U M U S T O Y H D N E X P O S U R E P X
D O Y W H O I X L P A A X C W A O M H B
N W O O M B P H T M M C U R E T I R E D
Y R T L U T E T A B E R L I G H T I N G
K A R L Q W H R K I S D E S P E R A D O
H H Z A I G E U U I G U A N T A N A M O
L C I G I T I H V P P P Y B O W H E S U
L F I L O T Q E J E R U S A L E M U Q Q
D J S O H R B A R X O G T A Y T F W L S
N A L K K X L M Y B Y C R P D A U R F X
G H X N Y K Q I B K R V S Z L H Y G F G
```

ARTWORK
CANTER
CHARWOMAN
CONFER
DESKTOP
DESPERADO
DISCURSIVE
EXCEPT
EXPOSURE
GALLOWS
GASLIGHT
GUANTANAMO
HATOHOBEI
JERUSALEM
LIGHTING
LOOTER
PERFECTLY
REBATE
RETIRED
RUBBLE

317

```
M D Q B Q H H G U I Y C L I V J H C M G
A P J M A B I X B R P B M E I E L B I B
V E X G G V U X A K N U R T A I H G Z A
S O U S E A E S P E G T S H M K R X Z D
G F U T E R O D L E W J Z B O G A U E E
N R L S C R S S L P U S I H K Z G G N P
I O B F N I V K P S L N V E A B R A E T
D N O J E A N A L A G T G I M H A I T L
N D B A D H S A R K M P J D O M F O U Y
U O D I A D N A C E D J K E T J F C H W
O C S W C V P G U L A Z L L C A T C R
R S I O F A E L E S O O L B J U Z G A Y
R G M X F G M Z H K V V Y E F E U Y R O
U W W W J P L P C R G J V R I U M U A B
S O W X V F Z P J T U S O G S T R I P Q
```

ADEPTLY
BIBLE
CADENCE
CLIMBING
ELDORET
FROND
HEIDELBERG
KEEPSAKE
LEAKAGE
LOOSELEAF
MIZZEN
MUZAFFARGARH
PARACHUTE
ROSARY
SOUSE
STRIP
SURROUNDINGS
TOMAKOMAI
TRUNK
VOLCANIC

318

ANIMAL
BESTRIDE
BIELEFELD
BRAZE
CABBY
CALCUTTA
CHANCEL
DISASSEMBLE
ISTANBUL
LATTER
LODESTAR
METEOROID
MUFFLER
RECORDING
SAATTUT
SIRLOIN
SPECIFICALLY
TUNJA
UNSTABLE
VIRAGO

```
G E Q I N R H M R L P B A P L C Z O I O
P G U G V Q W U I D I J B U Z B S E D N
C A B B Y L T F E C D T B Y E P A R I L
V E A L Y U T F H Z A N L S E Y A O O O
Q I R E T T A L B F A H T C U L L Z R D
J A R T M E N E Y T I R I K P R E X O E
O N A A Y F P R S H I F B X I L C G E S
J A I B G I V I X D I F I S S Z N U T T
S W Q R D O K R E C O R D I N G A X E A
O E L B M E S S A S I D N Q C C H N M R
D K L X Z V A L U A N I M A L I C W O C
R H S Q H E L B A T S N U H Q P L V A X
W V V S S Y K U C A L C U T T A D G U Y
X K Z G N S F T U N J A L A C O M C F X
B I E L E F E L D F I M N B I K N A E Z
```

319

ABOTTABAD
ANANINDEUA
ANYTIME
APOLOGY
CASHMERE
COOPERATIVE
GRENVILLE
GUJRANWALA
MODIFICATION
PATRIARCH
PILFER
PLENARY
PRESCHOOL
SHELTERED
SIDELINED
STOREROOM
TAPER
TRAGEDIENNE
TRIPLE
WEATHERBOARD

```
A U E D N I N A N A C N P Y V B K E P S
A N X D D W E A T H E R B O A R D T C T
B Y Y Z E T R A G E D I E N N E Z O M G
O S G T N W D S A L V E X B H H O Y F A
T C O M I G M A I D D J E S J P F D L Z
T P L B L M R S H E L T E R E D Q A B W
A I O T E V E E L P I R T R R Y W Y S V
B L P O D M P C N A A X A M C N H L T Z
A F A Y I R A G L V Y T Q I A D I R O L
D E I U S S T I V C I H R R A L N C R N
D R N R H L W D F V W L J I C K Y F E F
H U E M C F L S E I G U L M A M U E R F
P L E N A R Y U E C G V X E X R K O O T
U R M O D I F I C A T I O N N U C F O X
E M P P R E S C H O O L A K P C N H M H
```

320

```
M S A H F I P J S H C J H Q Z V U F T E
L O A D V A Y F A Q U M E H N R A S T Y
D C V O O Q I J I Z T C A T O S I A Q C
A S U Q Z M Z N N E L O R M U N M O T N
X N E S Z L A R T U E N T J O L S G A A
R J G I N D O O R L T D S D A G I I U P
V E R O Z H Z E T L Y G E P N U R D W E
G N W L R G M X L A L H P Q E A G U R R
M R J P J A H T A R L G O S T O W D I C
W A L L O P H R O H A X E I O S I F R S
U N H O R S E E C T D H L H M M N H E I
A E Y O P N A M M E T A I X K K Y M C D
O H R Q S C Y E Y N T C R A B B Y A A X
Y O O E E X C L C O H V I A Y J D W L D
F Z D H J S O Y T Z U V U E B G K N L S
```

ANGORA
ARNHEM
CRABBY
CUTLET
DALLY
DILUTE
DISCREPANCY
EXTREMELY
FAINTLY
HEARTS
HEDONIST
INDOOR
NEUTRAL
PALMATE
RECALL
THESE
THRALL
TOTALITARIAN
UNHORSE
WALLOP

321

```
Q I W Z J D A Z O D G B F T K G B M D Y
B R A I L L E X D B Q D L I P R G A R Z
E V A N E S C E N T L U Z L D I K E L J
Z U X E C P V H E V D I I T Z H I Q U B
I L L U S T R A T I V E G H L D B I I S
D E I M P I O U S D B R O A L Y F D R K
R A Y N B R Q Z U P E U D O T X D P A A
A Q V S X G I G S N D T S L Q E P L T T
D F L E S M I H I Y U X Y P R A H U T E
N Z D P N A M T M X L I U A H X K S L B
A P Z Q A P N Y A F H M P R G R H H E O
T T O T C A O A R R K D Y A K Y K M T A
S R D B L D J R I W J A U M R I P D R R
N L H G J D S L T H G Y E J U I W Y A D
K E E C H R O N O G R A P H B G O H P B
```

ADMIXTURE
BIDDER
BRAILLE
CHRONOGRAPH
DAKHLA
DAVENPORT
EGLANTINE
EVANESCENT
HARPY
HIMSELF
ILLUSTRATIVE
IMPIOUS
OBLIGATE
PLUSH
RATTLETRAP
SKATEBOARD
SOLDIERY
STANDARDIZE
TILTH
TIRAMISU

322

AFFIANCE
BROIL
CRACKPOT
DISTAFF
DOWAGER
FIASCO
INEGOL
JERKIN
KETTERING
LAYER
MADRID
OMNIBUS
PANACEA
PHLOEM
PHONOGRAPH
PRUNE
SERRAVALLE
SPECTROSCOPE
TONGLING
TRAINMAN

```
B Q E N D O S I T F B T Z P X E U D S P
P Q L X C D S O O Q P U M V A U S M T H
K L L S M Z P B M B C V Z J K N U K F R
S F A X F K Q R N E N U R P L I A B L B
Z I V L C B S O I P H L O E M N Q C W N
F N A A O A R I B O N T I E R E M P E T
T Q R N L S X L U C M F J D U G H T C A
R C R E P A X N S S A V H G Y O K O N M
A N E Z G J Y F E O D C V X N L G N A K
I O S E Z A F E W R R S N O I E R G I K
N Y I C G A W S R T I P G W K G Q L F Z
M T S L T O J O W C D R R S R D O I F N
A R U S R U U Y D E A U T E E Z R N A Q
N V I A C K H G P I W F Y J M S G D Q
Q D A B V A C X H S K E T T E R I N G G
```

323

ABHORRENT
ARBORETUM
BACKHAND
BANKBOOK
BREAM
DEBACLE
DOWNWARD
FLAIL
HEADPHONE
LABORER
LEVITATE
MAYONNAISE
MONOXIDE
NEFTEKAMSK
PARKWAY
SPLOTCH
UNDERSTATE
UNIONIST
VENTRICLE
VERMICELLI

```
D F N T H V E T A T I V E L Q S A P B V
V T L Z L L Z E V R E F Q W K M Q M A D
N S D A C E D T J J L P E B M N Z A N O
P Z Z A I I D W N H C T O L P S J Y K W
U Z B S X L O J T E I B M U L Z S O B N
L E Z O C K Q R W F R P R L J R Z N O W
D A N R T S G L B E T R L K V R B N O A
U O B M Q M M X A U N I O N I S T A K R
M Z J O K A S M C O E X Q H L C K I W D
I S U K R K M K K A V D A B B U C S H B
K Q I Q F E N O H P D A E H P A Z E E Z
F G G T U T R T A A R B O R E T U M J F
R W O C R F B H N P J M P A R K W A Y N
M W E H D E R E D U N D E R S T A T E H
I V W V X N V E R M I C E L L I E T O D
```

324

```
Y S P A R Z G O J Y D O E L D A E R T A
F R M Z O U Y T S Z L L L S E M N K B M
C Q P L A X P E M H B B V C W T W D P P
G E D W D T K G S A O K A J O C K E Y H
O E R S W C G U C I L G R G H B F C I I
Q L X E A S I U R O T U B R S Q O N L B
R B N A Y Y D Z T W P C Z O E C R A L I
E A A I V E M S Z R J R O R D R E L U O
T V N P V G I G A B L I A M I O S A S U
T O X G O P G F W B F H O B S D H B I S
O L Y Y Y S F X X N L G G K I K O R O E
O P J H U A T U N D A U N T E D R E N U
X K Z G Z J M A U T K T L U R K E V I U
W D K U Y O L X S S C A R C E L Y O S K
K G M N V J J R M Y U K M R R D R P T K
```

AMPHIBIOUS
APOSTASY
EDUCABLE
FORESHORE
ILLUSIONIST
JOCKEY
LOVABLE
MAILBAG
MUZAFFARPUR
OSHOGBO
OTTER
OVERBALANCE
PISTOL
RANGY
ROADWAY
SCARCELY
SIDESHOW
SITCOM
TREADLE
UNDAUNTED

325

```
M E K E J H I U O K U M Y M T R U N D U
W E Q I C U K V Y Z L G Z H E D D C E V
W T N R F U L T F T I V G N L U A O T Q
W A I T S I R O L F L I I E I A Y N A I
X M N M O P U R A M R H A X F A D S U N
S O X Q C U Y L D B S A N T E L R I Q T
M E D I A L G N A N J Q J I D B E S I E
T S T O U O A O U E N V M N Y I A T T R
N S N O B L U S U E S S T C L S M E N M
E I C F G X H J P I O K R T G Q E N A I
S U S N E S N O C S X A D F Y U V C M N
T K A S O F U X N E T W O R K E M Y M G
G G H Q W X D B L E S S I N G O J Q I L
V I N E G A R Y X E P E G B G G O U Q E
A B N U X Y L Y K R S L D W H C B K G E
```

ANTIQUATED
BISQUE
BLESSING
BRIGHT
CONSENSUS
CONSISTENCY
DAYDREAM
DEFILE
DUNHUA
EXTINCT
FLORIST
GANGLAND
INTERMINGLE
MEDIAL
MENTOUGOU
NETWORK
RUNDU
SMIRCH
SUNSHINE
VINEGARY

326

APRIL
BIGOT
BREATHER
CARLTONVILLE
CHERISH
CHOCOLATIER
COLLIE
COLORADO
DROOP
EVENTUALLY
FILIBUSTER
FLORA
FOLLOWING
HESITATE
INTRINSIC
NECKPIECE
ROUSTABOUT
SUBTROPICAL
TARNISH
VISITATION

```
R C A R L T O N V I L L E D I X X J S B
E H U W Q U G J T V F Q I P R E K U R R
T V E I L L O C Z G H U N Y C O B L O E
S F E S I P Z D E F S B H V Z T O E U A
U U J N I N E C K P I E C E R I Y P S T
B L S C T T I L V G R U A O E N M F T H
I E C P L U A L O H E Y P U I T T Y A E
L V X I O N A T A V H I D E T R A O B R
I N R J Q E R L E V C U L O A I R N O R
F P F N G R O F L A V J U A L N N O U T
A A X F F Y L M L Y K X S H O S I F T H
G H Q V B I F H E X T H P L C I S O G J
S R A C P U M C O L O R A D O C H M L Y
F O L L O W I N G W I A R V H K A G Z K
V I S I T A T I O N O Z H M C T J W H P
```

327

ARDENTLY
BENUMB
CODLING
EFFICIENT
FEALTY
FLORIN
FLUSH
FRAZZLE
GEJIU
GRUBBY
HAARLEM
IMPLICATION
IMPORTUNATE
MEMBRANE
NAILFILE
PUBLIC
RESTRING
RESURRECT
SLAPHAPPY
TRUCULENT

```
B B J F L U S H B M E L R A A H R T G R
W H R G W I S Y E E L I F L I A N N M E
B F T N S J H Q N M N R Y R I E I O S S
S M Q S A E B D U B I F S J I L Y I M U
A A H J V G Z Z M R R W Z C D T U T G R
A R D E N T L Y B A O S I O L P B A F R
R O N A N Y G W Z N L F C A W U J C T E
R E Y J B Q Y Z F E F U E P G B D I P C
E S S B F J L L Q E R F C S N L M L Z T
K K U T N E L U C U R T E M B I P P L M
Q R Q G R S L A P H A P P Y Q C K M L J
G B Q E F I Z P M A V H R B Q F T I R F
E Z Y E T A N U T R O P M I G U T T A U
Q Y O L P Y Z G H Q M O I M J Y J I F J
N V H X Z B L K N C H X K F F Z O M J S
```

328

```
S R H K V P Y Y H E M L S U V V O A R O
K F U V T D G L N Z T A Q S D H B U B X
Y D A U X L R O O Y K O T V E I S S A L
L A I C V G T C G L S Y V U M S E A N W
I G N U I S J M A A K C N T R Q S N V Q
G A P S L L H O R T V B U B U A S M O G
H D O I H L I A A A S V O I K O T R N T
T B A R E U U T P C T U O L P E G E A Z
O H R K A V N K Y G L U O Y D O F E H F
Z O X X S T S F A D S F L H S V U N Q Q
W I M I B A O I E B N W K L A O V E M C
C T H Z M W T R U E K P O F D H B V N E
W O F N U E E X M S M O K E R A N M M V
N I U P R O H I B I T W U Z A B K P D S
Z T Y Z C F B I D I A Z J G O M I Q O C
```

ANSHUN
BOULDER
CATALYZE
CRUMB
FACILITY
GAITER
HAILSTONE
LASSIE
MATURATE
MENFOLK
OBSEQUIOUS
OBSESS
ORATOR
OUTVOTE
PARAGON
PROHIBIT
SKYLIGHT
SMOKER
UNMASK
VENEER

329

```
A R K S Q O I G G O V A R V S O M G Y R
N N L A D S R N L P A J Q I A K O Q E E
C L D M Z O Q T C O C T S N D K O I J E
H J U I T U J I H O F H O C D R Z M T J
O P G P Q T B C B O M B I V D A R A X S
R N Q O O R I I T V D P S E L V O U U S
M E W S B I F F G A E O A G W H Z O F P
A O H O B V Z E T X D L X T C T I B E X
N P L B R K H D Y K N A H N I R T T L T
F L A R O P M E T U A N I K B B N Q J P
G A B I T N O X E J L E K U A A L F J Q
K S R S D N A L D E R P G J I P P E U L
Z M E T A U U D H O Z U Q Z M A G L J V
R H H U S F G A O S L N A M I R A C L E
A M G B R J B E Q Z Y G Q Q U M F M Y X
```

ANCHORMAN ☐
BONAO ☐
DEFICIT ☐
GAZIANTEP ☐
GLAZIER ☐
GUANO ☐
HANKY ☐
HERBAL ☐
INCHOATE ☐
INCOMPATIBLE ☐
LANDED ☐
LUGUBRIOUS ☐
MIRACLE ☐
NEOPLASM ☐
ORDEAL ☐
ORTHODOX ☐
PENAL ☐
REDLANDS ☐
TEMPORAL ☐
VIRTUOSO ☐

330

ANGER ☐
DENTATE ☐
EXUDE ☐
EYESHADOW ☐
FLATFEET ☐
FLEETING ☐
FOREHANDED ☐
FRITZ ☐
HELMET ☐
INATTENTION ☐
INDORE ☐
JALGAON ☐
LARIAT ☐
LORGNETTE ☐
PAELLA ☐
PIGNUT ☐
PINHOLE ☐
SEMARANG ☐
SPENDTHRIFT ☐
SPIRITS ☐

```
J S S T I R I P S B S I Q J G E C P F I
G A M U Q O A L E U E R O D N I H A R N
H V L N E T R Y A L Z W J B P E M E I A
F T F G A I E O O R E B P Z L L X L T T
G M K I A S U H E Z W T U M J U F L Z T
U H R P H O N V L S H S E F D J G A F E
B A W A A I N L X Y E T T E N G R O L N
L Y D Y P F L A T F E E T K Z N V U E T
F O R E H A N D E D V T O S H A F V E I
W X M I U G C A Y X M C A Z W R I J T O
Q E F P E J J H A Y V K K T J A Z L I N
T F I R H T D N E P S G T K N M C X N I
W Y H U A M Z L V Z O Q M D R E J C G Y
W N W O N K S Q Y M F I O U L S D B U G
Y V I X H O C V V T X V U X Q M F J M H
```

331

```
H P Z T T S I U G N I L O Q Q I Y E V E
P H A R Y N X S L K U J V Z K Z U S O N
P H T O L C E S E E H C F R V Q S G P C
P A P Y R U S M R S X M O I I J N T K I
C O E K O M S O U Q X W B T H G I L S R
P O C S A D E W H N E E U P M C B J R C
R H N Y M C C T H F O O F O R M U L A L
O M E T Z Y C X I L B M M N I X R M R E
P J D U R H A L G O S L I N G I P C A R
H W N O B I Y K C Z F Q W D R E C O M G
E I E U H D T X C U P R J Z C G Y D A H
T T P A P Q C E Y A V W K H Z T H O S J
V G E C N A H C R E P J E L A Z A F E O
B Z D K P L V B B I V I C E G E R E N T
C D B L L I I Z K S Y J N A I N S X N D
```

ACCESS
BOUTIQUE
CAMPECHE
CHEESECLOTH
CONTRITE
DEPENDENCE
ENCIRCLE
FORMULA
GOSLING
LIFEWORK
LINGUIST
MONUMENT
PAPYRUS
PERCHANCE
PHARYNX
PROPHET
SAMARA
SLIGHT
SMOKE
VICEGERENT

332

```
M I Z J C H M L V I D N G T K G S T Y K
A G D A I D R U P K A N A J L L S Y C U
L D M Q F W Y C I P I C Y M A U G E L U
I E P L Y E C S A T N P F N R O B R P U
G B Q F I X D U I I N J N T L U T T J V
N A J E F I R R K C S A K U L Q Y I Q Q
N R I Y X U W P Q W O V E A K G P S T L
Z P Z B A D D E L P H I N I U M H G P O
A X K D N I T U L A F H G I H M U N H Y
L Z P A B E D W O R T H V P E L S Y T W
U A H T N A L P G G E J U Z Q Q I Q S V
B E L L H O P N O I T O P R H P N K X U
Y A E M T R I H S R E D N U J B U N B Y
H D X W V W D A C H A S U B L E T I D L
O E G X S U M V V M H E J E X U F K T G
```

ANNALS
BEDWORTH
BELLHOP
CHASUBLE
DEBAR
DELPHINIUM
EGGPLANT
EULOGY
HANDWRITING
HIGHFALUTIN
JANAKPUR
LUBECK
MALIGN
POTION
SWING
TRUST
TUNIS
TYPHUS
UNDERSHIRT
URUAPAN

333

```
G N F V M O Y S N A F F L E Q L O B B P
Y Q M N T A T S O M R E H T G U O L X X
A P Y Q D I O P O R H T N A J B F B Q D
G B C S I U R D A A Y Y B I R L Q M R R
N M E N C Z K D Y B Q Z T Q P I O A E R
M U G O N Z P Q I Z Y G E Z I N C G T A
T N G I Q N V A U O I Z L D X E D R E T
B E D S T E A D T I C A C G R E A C U T
D A R S U Y N K L E N M N O L L R O G L
I J Q E N H I D Q X N T C O O X H O A E
V K K C O L T N I L F S U E D L R D M S
L P E N C O C K P I T L V P T E F V U N
Y D R O W N A O L O J L A V L C U D D A
W H K C A B D R A H A F Y I X E W P Z K
E U T H E N I C S L I F V M W K T N V E
```

ALVEOLAR
ANODE
ANTHROPOID
BEDSTEAD
COCKPIT
CONCESSION
DUMAGUETE
EUTHENICS
FLINTLOCK
HARDBACK
LEDGER
LOANWORD
LUBLIN
PATEN
QUINTUPLET
RATTLESNAKE
SCORECARD
SNAFFLE
THERMOSTAT
TUESDAY

334

ALOOF
BANDSTAND
BUDGE
CAFTAN
CASHBACK
CHACABUCO
CLOSELY
DOGFISH
DOORKNOB
DRIBBLE
FARSIGHTED
IRRELIGIOUS
MAJOLICA
MOISTEN
POLYMATH
PRAIA
REPORTER
SLUICE
SOMEDAY
THEREFROM

```
P J V Z R H B D T Y F C P D Q V Y W B Y
P O Y A G F L O L U M G A L F Q Q O S A
P C L E D L L G W D W P X F D C N L C D
P U F Y E N S F L O I R L M T K P I M E
J B B A M W X I A N K A W M R A L W D M
C A H A R A M S A Z M I K O O O N N Z O
L C M B N S T H C D C A O A J I V P Y S
O A O A Q D I H H F F D Z A R U S O N W
S H Q M B E S G H Y D C M E A O F T A B
E C J Z C G L T H M J G W C K L O W E V
L F V I C D H A A T H R V A D V O O B N
Y V U E W U S L K N E L B B I R D O I Z
O L Y G U B N H O R D D K L B P G C F D
S U O I G I L E R R I T H E R E F R O M
B V E C A S H B A C K R E P O R T E R H
```

335

ABOLITIONIST
ANALGESIC
ASHORE
ATYPICAL
BEDRAGGLED
CLEANSER
CLOUDSCAPE
COMMUNISM
DISPLEASE
FEARLESS
HOUSE
OASIS
PHOTOGRAPH
POCATELLO
QINGDAO
ROBIN
SETUPS
SHEPHERD
SWARD
TROUBLED

```
X O C F A N A L G E S I C D R S O J F D
M T U G E E S U O H C K D Y K C W A H R
D M U O R A W F A O Y O T R P L J A Z K
N I B O R D R E H P E H S K O E M E R E
D A H X X G P L A C I P Y T A A V V W D
W S I S A O T D E Z J T C H E N O V I D
A J R F Y Z E D Q S T K T P N S V N C I
N A L X Q L P P E S S B A R A E S F P S
X D W T B S E T U P S C E V N R Y B X P
U Q W U K C J A F M S I N U M M O C W L
W S O A D G N I Q D E L G G A R D E B E
Q R J X F S E Y U E G Z K K D M P R C A
T J H P A R G O T O H P G Z C J A W Z S
T U P R R U L A B O L I T I O N I S T E
V J X H T C Y N L R O P O C A T E L L O
```

336

```
P O Q T Y F C L U B H O U S E M L E N W
H U C K S T E R S H F S S T O H S O M T
P A T R I M O N Y M K I W Y W R I K S G
Q S U D I M Y W C B H D B E U T E A S B
E X P R E S S C B N X E L N A B V A E L
Y T N I O P D N A T S A A L P E Z Y N Z
G H S R C X O Z W L B S E T G C L O T Y
S T W I Q N E L O O A R I A E T K G I V
L Y L I K P H V R O R M N J N D N R W R
O E K J G M E A I O H O A E Z M O F E S
R H Z J Y U T D C K R R R W B X G P Y E
Y F P G L O G A O A E R C H G D E Y E T
Y K Z C R H I A B M U K W T B E K F I I
P O L Y P H O N Y C B K Y W K V N M C F
C O U R T S H I P K A N G A A T S I A Q
```

BARONAGE
CALAMA
CLUBHOUSE
CORRELATION
COURTSHIP
CURRENTLY
EXPRESS
EYEWITNESS
HEATED
HUCKSTER
KANGAATSIAQ
KEEPER
KUMBA
LABORATORY
NURSE
PATRIMONY
POLYPHONY
RELIC
SETIF
STANDPOINT

337

```
I P N K Q W C D O N R O V I L O O B Q P
C N R H M N O E F U E C V Y I D D L B W
T O C V D N R F G G P A D I F V Y U L W
F A A E C V P E N F A L W R E W A R D J
E H Y R N Q S C S O S U Z W S N F X Y L
L G U I S T E T Y U T M O Y A W R I A F
I R R M U E I T A R H N U N V G W I S B
C I T S E D N V Q T H I B C I F A W I G
I A B J F R W P E E Q A W W N F I H N C
T M O P L D U K W E Q T E L G U W D A F
O I Q A W L O S L N Q E Y M A F S L N H
U J G S E L Y T S E F I L W E C L O E L
S N E B B I S H H H A R B I N G E R B A
E S M R U E F C O A C O L L O Q U I U M
E F Z N Z P Z L U S N J P M I D D A P Y
```

BOSUN
CALUMNIATE
COARSEN
COLLOQUIUM
CORPSE
DEFECT
DOTHAN
DRAWER
FAIRWAY
FELICITOUS
FOURTEEN
HARBINGER
HUMERUS
INANE
INCENTIVE
LIFESAVING
LIFESTYLE
LIVORNO
NEBBISH
REPAST

338

AFTERBIRTH
BEWAIL
BRASOV
CONTINUOUS
CORBEL
DEHYDRATE
DELUDE
DUNFERMLINE
FUCHSIA
GAROUA
GUZZLE
MOTIVATE
NECROPOLIS
PEAKED
RESIDE
RESIDENCY
SAILBOAT
TANDEM
TERMEZ
VERONA

```
G F D M Z Q E I H G Q M G P H Z L M F F
P A N O R E V S I L O P O R C E N X F S
M K R Z L Q N A P S M Q M I B Z G E A V
P A V O S A R B Q N E K L R Y M Z M Y J
K E G C U M N Q B A T A O B L I A S E O
V N A H R A Y Z P C A C Z A F B E T X B
O I E K M C Y A Z Z R E S I D E N C Y E
Q L B B E D U L E D D D F H G O Z V J W
E M D V D D H M F I Y I W L M J K A L A
S R I G N M R F U C H S I A F X J N D I
A E F Y A E T F L Q E E G U Z Z L E T L
A F D D T R B Y I L D R R G H Q M Q O P
P N A F T E R B I R T H J X B T J B L V
S U O U N I T N O C B D Q J L D L V T I
G D X U R J X B N R C M O T I V A T E W
```

339

APOLOGETIC
BERTOUA
BURGER
CLOTHING
COPASETIC
DOCUMENTARY
ELECTROLYSIS
EQUIVOCAL
FETTER
FRESHET
IDIOCY
MALODOROUS
MINIMAL
MONEYMAKER
PARLAY
PERPIGNAN
PITCHMAN
PLATEFUL
TRANSMIT
UNPLUMBED

```
P U Q D L O N B Q M C I T E G O L O P A
I N V C I P Y A L R A P D U C A O H M V
T P L E B T R S C Z A L Y I M D E W T B
C L N W Z T A I V X L X O I O Q C O M B
H U A L H E T S O V N B N D U C X X M A
M M N A I E N Y D Q K I R I O D Y M K Q
A B G I S F E L O Z M D V P A R U W R Q
N E I A E R M O Y I K O S T U O O L E L
B D P Y V E U R O V C Y K S O H B U G Z
C O R B K S C T R A N S M I T D T F S L
C G E T F H O C L E G H I C R S X K W V
G Y P A J E D E S M T Z D E E E B P P J
F L U F E T A L P V G T A P B U R G E R
A J A X S W R E K A M Y E N O M R O G S
C L O T H I N G G N H K F F A A C S R Q
```

340

```
V E Z X C Y M G Q N T U E Y G B A B V V
A U P H J T A I N L V F I S M O B H K Y
W T L Y K T E H S A U Q S O E I I I B T
H L S G G K D R O F R E T A W S G G B O
M G E A A F P C O V E N X I S O E H R N
M I R I C R W Q Y Y E A R J U T F F B M
C E D Q S P O O L M A K S R Q O Q L R O
O C L D B U C J H Y C D M A M P M Y P A
O B T O A T R Q C L K E V J N E A I B V
N U D Z D Y L E M E T R I C X C D N I U
Q D O D U I Y O L U L F T F M L E G I W
D E A L T Z C O G Y S T R A I G H T E N
S C R U T I N I Z E L B I R R O H D S S
C O N T I N U E A A O U E Z E A O L R U
K P F M H N E X E G E S I S W A X U H Q
```

CONTINUE
DEALT
ENTOMB
EXEGESIS
GOURMET
HIGHFLYING
HORRIBLE
ISOTOPE
KAMLOOPS
LEISURELY
MELODIC
METRIC
MIDDAY
MISFEASANCE
RAGTAG
SCRUTINIZE
SQUASH
STRAIGHTEN
VULGAR
WATERFORD

341

```
G V T F Y H B U F A L H S O L S J K S I
W I R S B S F L N Q M J U N Y B U A Y N
Z E S M W P O Z U C D P R R X T E R M F
C U Z N F P R Y H N L H A D R G E M P L
H U N E V E N P I I T A R R D A L I H A
B D Q C Z P O R L T N S S U A B H E O T
G H E E H R B J L S E W R P P I S L N I
G H R Z D U O P O U M G B E Z B R P Y O
Q X P N R H N S C T P T E L E G R A M N
K T I Z A O J K K M I Z V N V V J E F V
J A O X C W Z M Y N H O O U Q Q A M P J
R O W I S Z C P E W S V S D B T G U V V
W F B Z I C L O U D B U R S T T H G X F
L U T W D C H A L K B O A R D Z J X M H
N V G S U K B B H I L U I A U U D H O J
```

AMPARAI
BLUNT
CHALKBOARD
CHUNKY
CLOUDBURST
DISCARD
GRUDGE
HILLOCK
HURRAH
HUSSY
INFLATION
KARMIEL
RAINDROP
SHIPMENT
SLOSH
SYMPHONY
TELEGRAM
TUSTIN
UNCLASP
UNEVEN

342

APPRECIATE
AUBURN
AWHILE
BULLHORN
DEADBEAT
DECIBEL
DISHEVEL
ENTRAILS
EYEFUL
FORSAKE
GADABOUT
KENNEWICK
MAKEREADY
NIGHTCRAWLER
OUTPATIENT
PANJANDRUM
PHAETON
SALAD
STEREOTYPED
VASTERAS

```
S T S R P I A L F N Q N C Z X S D D B S
A T U O B A D A G O V K B U Q J I G U E
A P E E L O Y H X T R X E R H S J H L S
A B P R V J G P D E B S T N H B R Z L T
A W N R E N K I J A J Y A E N L E T H X
P U H P E O S M E H T C V K E E L N O S
D M B I A C T P L P S E O L E S W E R L
E A Q U L N I Y S A L A D Z L R A I N O
C K B F R E J A P F K Z E I R L R T C B
I E K X P N N A T E H I A Y U J C A D K
B R I I F M N Z N E D R I F D P T P G F
E E B C T J S V X D T F E R E T H T I N
L A R R G D B D K N R Y Q C H H G U Q M
B D T A E B D A E D E U N G W H I O J X
L Y V A S T E R A S A H M D F V N M K S
```

343

ANTEDATE
ATTIC
BEANPOLE
BEHINDHAND
BOATHOUSE
CANONICAL
CLIENTELE
DAYBREAK
FICTION
GOBBET
HECTOR
HOSPICE
IWAKI
JINGZHOU
NUMEROUS
PARATROOPS
RANGPUR
SHARPEN
TOTALITY
TRAGEDIAN

```
C H M A Q S P O O R T A R A P H B I F G
V A S H A R P E N O U Z B X U C B W I O
M X N L Z C Z C T N Q D N Y L M K A C B
R S G O Q E E A A Y N F Z I Y N R K T B
I Z X D N A L I D A Z P E M E A B I I E
C D B O F I D Z H C S N C Q N C E T O T
B N A O T E C D F P T I I G O E A V N W
Y O P Y G B N A N E S J P C A F N V B M
N I A A B I A A L G P U S R S K P E C G
O X R T H R R E T E R Z O U T H O V L Z
D T T E H O E N O T A O H R E D L Y X X
O P B F T O E A N Z I A Q V E T E R T S
A E I C J H U H K X A C Q N K M P M R P
D O E H F F I S A N T E D A T E U Z H Z
U H H T H E P G E J I N G Z H O U N M Z
```

344

```
A M F T S J X R K N C L H Q N J B G X U
K S L O D O P E O D O U J O R V A E U T
T A S D T F V H L C L U B S M M R Y N R
R B G I P G K E B T Y L G O B C R O D E
M X M D S Q O A T D E I L H T O I Z E L
P S P Q R T J T V M I X X T T Z G O R L
D M T E E K A R A P N W X F C G A N S I
U K V L O B R N S Y A D R A K E D E T S
T Z Y U M D S J C P E F I S L Z A S O O
V R K J C Q E I N E B T Z G L L I M O M
J Y A P L E A S U R A B L E Q V A H D M
Y Z Q P D I F F I C U L T Y A R L R B U
E K J X E L A T C H K E Y D E E G N A K
J A S N O Z A L B M E V X I F E A R J P
Q G Z R P A E F B O F S Y B W A X E W V
```

ASSISTANCE
BARRIGADA
BEANIE
DAVIS
DIFFICULTY
DRAKE
EMBLAZON
LATCHKEY
MOERS
NOBLEMAN
NOUGHT
OZONE
PARAKEET
PARALLAX
PLEASURABLE
PODOLSK
REHEAT
TRAPEZE
TRELLIS
UNDERSTOOD

345

```
V W D B S U A T H A V N A J B Z C G I U
S E Y N Z T U S I M D C O T Q Q W M N N
G C R H S I O R N L C M O V A L T N E D
S N O T O R O I E U B P V U A G E I X E
N A M M E T C I C B A L D M R R R F P R
N I R F E B F K O S Z A L I N T A H E C
T G A R M D R E T Y B S E R P O I N R L
N E P H L L D A F A S C I N A T E E T O
O L Z O R E T I M G A L A T S Q M E R T
U L G U R K D X L E V K R E E L B O W H
T A F U V Q G M G E O P O L I T I C S E
Q N S J N U O Z N G X O U T S H I N E S
U N I N C I Z P I X A X H Q I F B N J D
I N D A R X G A Q F L W X F H D F P Y B
S E R M I L I G A A Q M K B V W U T Z W
```

ALLEGIANCE
ARMORY
COURTIER
ELBOW
FASCINATE
GEOPOLITICS
GOLDFIELD
INEXPERT
INSURED
KOSZALIN
NOVARA
OUTSHINE
PRESBYTER
PRETORIA
SERMILIGAAQ
STALAGMITE
STOIC
UNDERCLOTHES
UNFURL
VERTEBRA

346

ALMIGHTY
ARABICA
ARSENIC
BEDIZEN
BLOCKADE
CANTO
CARNIVORE
COHORT
ESTEEM
FANFARE
FLIMSY
FOREHAND
HEARSE
MBOUR
MONUMENTAL
ORGANIZER
RHOMBOID
SUBSTRATUM
SUPERCARGO
USURIOUS

```
E U W Z V N C E Z L P P S T N J T J M X
C S O R X W O P B A X Q U T V H A Z A A
A L T O P E H L H T Y F B E N T F L C B
R G N E C W O S F N W N S K L A M I K N
N F A Y E C R H Q E R V T D N I B C D O
I O C M K M T F N M A B R F G A Z O G F
V L O A E Z E P Q U R T A H R S F R K S
O X D B E D I Z E N S R T A I X A U U H
R E P O Y J I Q W O E Y U R H C J O B E
E K P N T X I O Q M N F M F R H I B H A
F O R E H A N D B Z I X L E F R O M A R
O R G A N I Z E R M C J P I U Q X Z Q S
S F U Q X Q P S J S O U O S M D E D P E
O C X V K P F P B Y S H U S J S J I H G
T H T I E U W W G S Y W R P S V Y S C Z
```

347

ALTERCATION
ANGRY
BAREBACK
BEDDING
COGNAC
COPPERAS
DICTIONARY
EAVESDROP
EQUANIMITY
EXPOUND
GOALPOST
IRAPUATO
LISTENER
PARTNERSHIP
PAUCITY
REPUTED
RIPSAW
SERENGETI
STERNUM
VULGARIAN

```
Z S X Y E S P A U C I T Y G F S A H P I
Z W T F A C T S O P L A O G R I Y O T W
X Z I V V P O E R E P U T E D F T E A V
G D Z Y E A V P R E N E T S I L G S I U
Z D D F S D C L P N I U J M Y N P H T L
I K E O D B V H G E U J Y E E I D S F G
B R C A R S B G U R M R R R X P B M A
A E A E O W D P F Z I A E R Y Z V Z A R
R X N P P K X F N C P S S E Y B L X N I
E P G K U P A R T N E R S H I P G B G A
B O O H F A D I C T I O N A R Y D P R N
A U C W U C T C E Q U A N I M I T Y Y W
C N Z E Q E N O I T A C R E T L A Y V M
K D T F E B H D B G P I L D K T Y S I D
S D B E D D I N G N I D B X I B F J L K
```

348

```
C W C P O T W P M C J P A H Y I K W L N
A E E F O H M I N O I T C E L L O C E R
T Z S N A U E R O N E G A H N E P O C E
A F I T S U J D A C O P E R A B L E U V
L C N A B G E S U O S L V Q A L R K K A
Y Y G L A N T T T R E V L G W Z O J T P
S N E B I A A L O D U V K A V N D I J E
I P S A N D L S P A O D U P G B Y Y C B
S J P A D I L Y I N J J Y X V L R N M C
H O P Q V R E A L T E L C R I C A P N V
C Q D M D R S U O R C I D U L R S S F Y
H V Q L S A S H T W M A W P E H X R D P
K Z O D U H E L A N I D U T I G N O L B
I L G G M U T X G G F P T O R I F I C E
M K R M V W H U J A S U X S H U C K S N
```

ADJUST
ASTANA
AUTOPILOT
CATALYSIS
CIRCLET
CONCORDANT
COPENHAGEN
GALLON
HARRIDAN
LONGITUDINAL
LUDICROUS
OPERABLE
ORIFICE
PAINED
RECOLLECTION
SHUCKS
SINGE
TESSELLATE
TONIC
UTTERANCE

349

```
A N A E R O B I C T N S U A X A J Z O H
X Y G G E O F L D I D E I U I B F A E A
F R D Z F D B Z S O Q N E K C I S V E N
A O E X T R E M I S T S B I R C V X X G
Y X R F L A T T E R Y E T T P Q O B H E
H I E E W N T B Y E T T H Z U S J F A R
Z J F D N A G E K U A W S I T X G N U Q
Y J F I L A I N O L O C S E L B Z A S M
X K U L E D M H P D C L R W D G N G T Q
P L D S D C A E J D I Z X W O O F Z M B
X C X K O X V N D N A P X E S P M B U P
S D F C M D H M G I N E S C A P A B L E
M K Z A X B M H K K N A N C H A N G S A
D Q I B F E U N F N Z T Z L A O B N R M
I G T T O C S P M U E W Q Q M C M O Y T
```

ANAEROBIC
BACKSLIDE
COLONIAL
DUFFER
EXHAUST
EXPAND
EXTREMIST
FIRTH
FLATTERY
FORENAMED
HANGER
INESCAPABLE
MODEL
MODESTY
NANCHANG
QUISLING
SENSE
SICKEN
UNKIND
WAUKEGAN

350

BILLINGS
BORISOV
CROAK
CURIO
EARDRUM
GARRULOUS
GONDAR
HOBOKEN
LEECH
MISMATCH
MOLLIFY
PRIMATE
SPEARMINT
SUBSONIC
SUPERMAN
TALENTED
TILLER
TOURMALINE
TURBOPROP
UNSEGREGATED

```
L S B I L L I N G S W A J K D S L H U D
D U U F H O H X V E H S G E M F D O A N
E O X P Y H T R H W B K T Z V H E B A X
G L M J E E N E N I L A M R U O T O D B
Q U I O U R I O E Z G O I R U C G K T B
F R S Z W R M F V E M R N M V J F E P T
L R P R E D R A R K L C A U C H B N U E
Z A Z L W V A G N W I E S D C M I R A Q
I G L X Q O E O E E R L Z T N W B R R H
I I S L T S P D F X B O A U Z O D Z C E
T T A Z N I S J E T A M I R P R G E M I
U A M U S R X R U A S M Y R U S E Z U F
J R G L C O F Y F I L L O M Z L V L U W
I X M V D B E I M Y R P T A L E N T E D
C R V A S U B S O N I C N B I E K C V U
```

351

BIGMOUTH
BOMBAST
CANTOR
CHAOS
CHILL
CONSTITUTIVE
COOLANT
CROSSROAD
DALOA
EMERGENT
FLOTILLA
FORCEPS
HAPPEN
IMPORTATION
LOMPOC
NOTARIZE
SCRAPHEAP
SPREAD
UNSIGHTLY
WELKOM

```
H Z Z B S H C Q B H K K D Z J L N V P I
C A M L D Z A D U I J F F F L R O I Z Z
O O P W J O N U O Q G R U I I X T N O M
N L A P H U T F N Y F M H W X L A M U F
S A E Z E J O R C M L C O P U W R M Q H
T D H H K N R O O N O T T U K P I G Z C
I R P S C F P K L O T N H I T C Z K R H
T A A S V M L K O N I A C G E H E O P A
U L R W O E B W Y W L L H F I H S B S O
T T C L W A U Y P Y L O T U R S Z N P S
I U S P E C R O F J A O N J R V N U R V
V E M E R G E N T X T C X O L O V U E E
E B O M B A S T J X V U A G X F H H A I
I M P O R T A T I O N D J F T F L U D S
L F C Q N N M C B M I N D H M Z U G A Y
```

352

```
H Q X F E K V C G Z C P Q D V T I N J G
G A D D D N O D K H O R R A M S H A H R
A G L S C R E E K N Y Q D B Z I J C C S
L R O I D D R V T H T H S A Z M L P P K
O Y Y O B R J I N I E E N H M A H V Z D
R Z B M F U F J R S R A Z A V R R G F U
E A H T N I T I I H I Z Z L A E A U A K
U N N S C O N V E R M T P L D C V W B V
H S O A D G E E O E E M I A W I H P A E
J V T C F L J B S K B N D M M M L K O E
P E C O P Y I S T S M T U U C A C D K J
X M L P R O C E E D I N G U N N T V O V
N S Y D P D S E Z I L L A T S Y R C R Q
O V E R A L L S I T J F E P R D K J O W
N Y R L R N U E B A X R Q T Q P O S Q T
```

ABAOKORO
ADHESIVE
ALLAHABAD
BEMIRE
CERAMIST
COPYIST
CORDOBA
CRYSTALLIZE
DYNAMIC
GALORE
GOOFINESS
HALIBUT
KHORRAMSHAHR
NAIROBI
OVERALLS
PLANTER
PONTIFICATE
PROCEEDING
SCREE
TIRING

353

```
V Y O Y S H I R A N O H G R A F T T O B
N A G P U R K B O E D V N W R R J R V E
D W L M Q X R I X W N N E H I W V T K U
T H D C Z D T T U K N M W C V I D A Q G
Q T F M H I E F S E D L K A B J Q V A L
G A A W N M D F G I B S C D C X F R P A
F P P G P V T A M O T U A C B I I B A I
U I O O P N T W W E U X Y V I S O P B T
H C R F N E V E R M O R E I H V S T L N
E E X S L D G E N U I N E I U N I J R E
A C X O T A E S Z W L D S J B L H C U S
C Y J C Y B P R I Q S H Z V T F M D S S
R D N O Q C O P O O O C E R T I T U D E
L Z H F Z Y C R E U L E G A T I O N L R
F X L Y I F N R N R S P B B I D B V N N
```

AUTOMAT
CERTITUDE
CIVICS
COGNITION
ESSENTIAL
EVERMORE
EXTEMPORE
FARGHONA
FIRSTBORN
FLAPPER
GARISH
GENUINE
LEGATION
NAGPUR
NEGATE
PATHWAY
PONDEROUS
SHISHOU
TRICKSTER
VACUUM

354

ADJUTANT
AORTA
BOATLOAD
BOONDOGGLING
DANVILLE
DAUGAVPILS
DISTURBING
EFFLUVIUM
FOLDING
GARGOYLE
INFLUENZA
JAGUAR
LORDLY
MORELIA
OVERRUN
PARSNIP
REVERSAL
SUMTER
TONNE
TRAIT

```
P I N S R A P D H K H T G F V E N N O T
T D A B T B A G S F F D N L W F F V I S
O O A R R O R P E K T B I A O F Y O L I
Y Q O U L A S R E V E R L N T L Q M E N
G A I T G T C Y H N Y E G A H U R H S F
N N A N I A L G U H G T G M X V J X T L
I O I A S D V R P P Q M O I G I Z D N U
B I R D R D R P U H G U D M Y U F T A E
R T Q O L E A J I A Q S N H P M Q K X N
U W L R V O G A R L U G O R C O A X U Z
T B W O N Z F G V H S K O S D X A F P A
S B O Q M H O U P D C F B M O R E L I A
I S T Q A Y F A H Q B F G P E E W C A U
D A E Y L G Z R W L Q T S B P G L T S V
E U J E L L I V N A D V C D B C R T Q L
```

355

ACCORDING
AFTERWARD
BANANA
BINAURAL
CHOLESTEROL
CLOWN
COMELY
DEBONAIR
DEZFUL
ESSAY
EXCISE
EXTREME
INDEFINABLE
MICROMETER
PREPARE
ROMPER
RUDNI
SAQQEZ
SUBJUGATE
TUCUMAN

```
R E Y E M E R T X E L B A N I F E D N I
U B G R X S A Q Q E Z A I N C P E R O E
D A N A Y C S C N W M L I N Y L V B C I
N N K P V Z I U H P V P T A A L O S O W
I A M E S D G S B O U T V M S U I W O K
D N R R Q Q K F E J L G U U S F R O N W
L A T P O G T D H K U E R C E Z E A Y D
M I C R O M E T E R A G S U L E P Z L E
A H A G J Q S R N N M S A T E D M S E B
F J F Q I Z E S K T D W M T E R O M M O
A F T E R W A R D K Q O Z E E R R R O N
I P E V Q C X J Y H W G N I D R O C C A
B A Y X F B S L V H W H C M D B E L C I
X Y T Z B W T B U S W H I M M G U M S R
P F O W N J J M I B J N B S H A I D B Z
```

356

```
B T T J K F O J T K N M I L L I G R A M
E H D A Y Q B P M V O C B F T I C W R E
C Z O C H E R Z E V I T A R E P O G G H
A S Z P P R E A S N T H G I F E Z I R P
U A U A A A D K P S I Y E D P I D Y O R
S P O V R W N T I A N C T E E N A G E R
E P X G G E A J R N U I I S J E R O L R
X O R F O B G G I I M P D L L M D L C H
O R A V C B N B T M M D E K L T W O I B
E O Z Z I H A A U A A P C Q D I G H T J
A X R W X R R D A T I A A N A M N C R S
Y O L W E A E H L S R D O C Z I S Y A V
C E M R L F S R I C S P R P T L C S I T
L F Q S I S S O S D L Y M S D E Z P A W
C E O O Y T E E M M L Q X I C D D V F R
```

AMMUNITION
ARTICLE
BECAUSE
BEWARE
CRACKLE
DELIMIT
GANDER
IMPACTED
LEXICOGRAPHY
MILLIGRAM
OCHER
OPERATIVE
PENICILLIN
PRIZEFIGHT
PSYCHOLOGY
SAPPORO
SERANG
SPIRITUALISM
STAMINA
TEENAGER

357

```
A O D S A B C P Q H S I Y X F E F B P M
C F X S U O R O V I N M O C S J B Y R I
K Q V K P E T A R E L O T C A T N I E L
X Y I X S K M C A U T I O N A R Y T D I
K J I I S A P B D F P C O E S U D Q I T
W P Z L L G A X W U A Q I H C R L U C A
F E S A U K P P A U G L V T R G D T A R
N U N H B A O D M L O G Q G O R N N B I
F G N Z T M S I A Z D O Y N T A A H L S
P A T R I O T S R G A V V E L P H K E M
E E O D U J I F B X S T T L V E K C I R
E L T P I R C S U N A M W A Y S C P R S
I R H A A G T N E M I L I B A H O M B K
B G L B G C T H G L O B U L E O D C W D
Z M C T Z O E F H P L Q H G D T T B N V
```

BARISAL
CAUTIONARY
CHAOTIC
DOCKHAND
GLOBULE
GRAPESHOT
HABILIMENT
INTACT
LEAGUE
LENGTHEN
MALANG
MANUSCRIPT
MILITARISM
OMNIVOROUS
PAGODA
PATRIOT
PATROL
PREDICABLE
RESIZE
TOLERATE

358

ARCHITRAVE
CONDEMNATION
CURVED
EXCELLENCE
HIDALGO
HOUSETOP
LAUREATE
MANHATTAN
MOUND
NOZZLE
ORLANS
PAUNCH
PEELER
PICKLE
PIGEON
QUASH
TATTER
TAWNY
TIELI
TWILL

```
U A M T A T T E R E X C E L L E N C E P
T G A S S Q A A I K N O Z Z L E Y N H I
E D N U O M U L S X R W D X M C O I C C
S V H L L I E A E S P X T M J I D D N K
W E A P S I O R S E V X C B T A Y K U L
H H T C T Q S P E H X V T A L B N V A E
I Q T A T J O L K B Z U N G G N W B P V
H D A F E C E F H A J M O R L ◆ A N S A
H O N D J R R M D A E H O U S E T O P Y
S I I O Z Z U E C D K V D G D T L E G H
J P J U Q M A A N L E H I E F L E G T P
W T I V S N T O L D G V X C I W E I G T
D V X B I W C T G H G H R W W G Q P U Z
A R C H I T R A V E X R T U G H N V Y N
U Q L D W O P W F O F J I D C L T C N B
```

359

ADAMANT
AUTOCRATIC
BRITAIN
CULPABLE
DEIFY
ECONOMY
FATHERHOOD
FLIPPER
GASOLENE
MANFUL
MEDICO
MINATORY
MINERAL
MISFILE
OPPOSITE
PROVINCE
PURSUANCE
REPLACE
SQUIRT
WILSON

```
B A S M E Q K F R R C L P U I F D J S G
U R W S T V M L E D R U A R J Y P L O C
W O I D Y Z Z I P V Z F L J O Y F I E D
G T T T C N W P L M A N Y P R V L V B J
F A N B A N O P A C J A S O A D I G B Y
A D S R L I R E C A L M T C A B S N G Z
T W J O A B N R E K Q A U I D N L I C Z
H E P M L T J E M Q N J X D A Q A E D E
E V D R U E T Y Y I V L V E M A R N T L
R O C M E I N A M L D L O M A E E V G I
H W J R S Y B E O E K B U Q N W N A F F
O I G O L V I R N H M L B J T R I U Q S
O H P F L E F L O B Y A X V L H M X K I
D P R Q L Y Y G C A U T O C R A T I C M
O W I L S O N L E C N A U S R U P Y S F
```

360

```
P M T P U J N O I T U A C L J M E E T Z
D F C A M E L L I A Z R Y P T E M O E Z
G M P M Y V A J K O Z M Y R Y A C E D L
C L A S S M A T E D Z A N A F H O R U G
P I E B A L D N S Y Y D P E W C W T A M
Y W G S W O D E I X G I D R Y I A C Y Y
C R A S S I T M R B L L R B W M R M T A
Y A W H C R A E P X H L M E F R D O B T
G J X P D T R C M Y H O A O P W L H P Y
P V I E E I W A O B E N D E R A Y K A X
N A E Y W V J L C K K X F S P F Y C T A
I Q K M T W Y P Q L L P A I G N T O N Y
S Q X N R Q S E E N V I R O N M E N T I
V X K H H N X R C I E S J W W V Z O M Y
I N T E G R A L A S A R H P G A O J S K
```

ARCHWAY
ARMADILLO
BENDER
CAMELLIA
CAUTION
CLASSMATE
COMPRISE
COWARDLY
CRASS
DEFAME
ENVIRONMENT
INTEGRAL
MATEY
PAIGNTON
PAYEE
PHRASAL
PIEBALD
REPAY
REPLACEMENT
VITRIOL

361

```
Y  R  C  F  C  V  A  K  W  N  Q  O  T  M  S  A  T  C  B  M
Y  E  Z  A  R  E  H  C  U  O  D  F  C  C  T  X  L  G  R  U
Z  S  A  Q  E  I  N  K  I  I  J  U  D  S  I  E  T  K  E  S
J  P  R  O  A  R  T  S  M  E  M  V  K  I  F  G  J  B  P  O
A  E  I  P  V  F  I  T  U  M  K  B  U  X  F  A  L  H  U  L
U  C  N  W  W  E  Z  E  E  S  E  F  W  X  L  L  C  O  D  I
T  T  A  E  E  W  R  R  K  R  A  P  N  F  Y  I  G  L  I  C
O  I  B  S  Q  A  B  P  J  B  L  P  H  D  W  T  V  U  A  I
P  V  N  J  Q  U  K  P  O  U  O  O  T  R  Q  R  L  W  T  T
S  E  N  E  N  N  N  F  R  W  N  M  O  U  G  A  L  I  E  O
Y  I  K  D  J  U  E  A  I  V  E  N  E  D  N  C  S  L  K  U
V  W  O  W  I  L  L  J  N  S  Y  R  P  H  I  E  V  K  C  S
I  T  H  O  F  I  C  X  P  G  H  Z  S  L  L  Z  F  I  O  L
L  W  D  F  Z  Q  C  A  M  P  A  I  G  N  I  A  Y  U  H  E
F  A  C  E  T  I  O  U  S  B  E  Y  N  T  A  A  P  Z  L  S
```

AERIE
AILING
AUTOPSY
CAMPAIGN
CARTILAGE
CENSUS
CUMMERBUND
CZARINA
DOUCHE
FACETIOUS
FRITTER
NORWICH
OVERPOWER
PLURALIZE
REPUDIATE
RESPECTIVE
SOLICITOUS
STIFFLY
TUNEFUL
WEAKFISH

362

ACCREDITED
BAIRIKI
BEGONE
BOOGIE
BUKHARA
CHANTEUSE
DAUGHTER
FEUDAL
FOREVER
HOVERFLY
IMMOBILIZE
INTERJECT
PACHUCA
PANTHEON
POWERFUL
SIGNATURE
SLEEK
SPARSE
STINGRAY
TIRANE

```
O  C  T  P  Y  N  T  X  R  L  B  F  E  U  D  A  L  C  N  M
T  H  K  Q  A  W  H  T  Y  T  C  E  J  R  E  T  N  I  Z  V
G  A  Y  I  R  N  P  D  K  H  E  P  G  I  H  C  M  K  S  F
S  N  A  E  G  F  T  N  O  S  K  O  S  O  C  E  D  D  V  K
I  T  J  R  N  I  Z  H  R  C  E  W  V  N  N  S  D  R  K  G
G  E  E  J  I  J  P  A  E  Z  K  E  E  L  S  E  J  J  P  D
N  U  T  O  T  K  P  M  I  O  R  R  E  T  H  G  U  A  D  Q
A  S  U  F  S  S  O  L  P  F  N  F  H  S  C  V  E  T  T  B
T  E  A  Q  A  C  I  K  L  A  W  U  A  B  I  T  Z  I  E  O
U  A  C  S  V  B  O  Y  A  R  C  L  C  V  Y  E  R  F  X  O
R  Y  L  K  O  P  P  B  L  A  Q  H  I  Z  I  G  F  G  S  G
E  M  C  M  T  R  L  A  N  H  E  Z  U  T  I  R  A  N  E  I
H  H  M  E  Q  X  B  L  I  K  W  M  X  C  P  R  S  D  X  E
X  I  F  O  R  E  V  E  R  U  O  R  D  J  A  O  I  U  J  J
B  A  I  R  I  K  I  W  L  B  A  C  C  R  E  D  I  T  E  D
```

363

AFORESAID ☐
AMBIVALENTLY ☐
BUDDY ☐
CLOSED ☐
COTTER ☐
DEMOCRACY ☐
DROPOUT ☐
HELICAL ☐
MANAMAH ☐
MATSUDO ☐
MEIZHOU ☐
NARRATE ☐
RECOVER ☐
RELOAD ☐
REPROACH ☐
RUSTLE ☐
SHAVING ☐
SPITTOON ☐
THRUST ☐
ZHUZHOU ☐

```
S R L S K E T A R R A N X F Z W R L U I
P X J E R H H U H R J A N N K F T A U A
I G R Y C A R C O M E D Y V O H U C C Z
T T L E H M U P I P A F O R E S A I D E
T A L S O A S P P G O D U S T A M L E K
O D P X Y N T O G F Z R E T T O C E S P
O G N I V A H S X Z H Y D Z H U Z H O U
N W F A C M R U S T L E H M R E Y W L N
C K F I J T B E F K Q K N E E S Z K C W
R E L O A D O T V N M O J I P Q A G E F
R L I K I O P M M O T F W Z R L X K M I
X K D G P G S L K J C Y S H O U E C E O
J T B G B Y C M Y D J E W O A B O E X I
A M B I V A L E N T L Y R U C B U D D Y
D V B Y B F P Z X E Q T S O H C R X O Q
```

364

```
B S G L U V E K D D S K I M M E R V Q P
Q K C I P E C I I O F U R A N I U M W E
W P W L G O F Y S A J J I B D G R A G A
U S D G P O G H U B W U Q K F D W S Y C
H U D D L E L F N L D I S C R E E T R E
S G T U L C A O I E Z I D O S P A H R N
A O J T N U Z P T S R P I O D D D B X I
W L M Y E D T G Y Q A H Z R X V T G M K
E Q I C T L E X O R A D M I S S I B L E
Y L H C O U U R A V S E T M V R P F L C
E H B Z N F Q P B V U L G L Q G L L K Q
O A N C Y E E C O I K Z R W I J U S T L
K R O S E T T E Z S D U F V O R H I R V
Q R D V K A V S K H O E L H O N Q B L D
P E Q L B F S V A Q T R E V A J G K G D
```

ADMISSIBLE ☐
DISCREET ☐
DISUNITY ☐
DOABLE ☐
EYEWASH ☐
FATEFUL ☐
GIGOLO ☐
GUILD ☐
HUDDLE ☐
ICEPICK ☐
KEYNOTE ☐
PARAPET ☐
PEACENIK ☐
QUETZAL ☐
RHAPSODIZE ☐
ROSETTE ☐
SKIMMER ☐
STENCIL ☐
UNDERBID ☐
URANIUM ☐

365

```
P A I N T W Q R R U Q S F L P W W H G J
D F R U C T I F Y R U R P X E C B S J R
L E T B Z B C M F O H N J R R K U U H L
B Q L S I Q W E I T K C E N M T W E V E
B H A F J V G T S G B C Z Y U J U B Q K
A X E P T R I I T N E Z D P T M J U N Q
T W S P W D R W F I I O A G A J A S B N
H S N W E U F T K K D S S T T T S Q Z E
O G U P P L K I O L T U I S I B S J T O
S M X I C Y Z N H A D S A O O Q T A K J
F E A K T U O Z A W M A N L N N R V P G
H R O S B G R J T Z A O A W I E Y C X V
X M R C R H K T O L U H M A N S H Y R Y
T P V A M T E Q L N C Z Y E P Q M W M H
I P W M J K N F R Y W U V L O J R B W B
```

ARGON
BATHOS
CURTLY
DELFT
DUALISM
EQUATION
EXPEDITIOUS
FRUCTIFY
INSECT
KOHAT
NECKTIE
NITWIT
PAINT
PASTA
PERMUTATION
RAIPUR
RHEUMATISM
UNSEAL
VENERATE
WALKING

366

ADAMSTOWN
ANTITRADE
APIECE
APPELLANT
BARENTSBURG
BASSO
BIOMASS
BORING
CAFETERIA
DEMOCRATIC
ENQUIRY
FIERCE
GAZEBO
JAILBIRD
LIEGE
MERCY
MONTAGE
SEAGOING
TEMPE
TETANUS

```
A C T G F R D U V S N Y B G M I T X O F
A D R I B L I A J U Y N A A I E O N T I
E N A A P P E L L A N T R Z Z P R A H E
N Z T M W E J P W B E R E E L M Y C H R
Q J J I S J A P I E C E N B S E S T Y C
U E Z E T T J E B C I G T O N T Q M T E
I Y G N I R O B Q A T A S U N A T E T I
R T G Y S B A W H F A T B P L C R X D C
Y M P N O I E D N E R N U Y W V A V B C
L P S C W O Z J E T C O R I G B C F A L
B I R C D M G R N E O M G N I O G A E S
C A E B H A R L Z R M C I U C V I Y E V
C O S G N S P D H I E O W B K K M D M V
T O J S E S I Z B A D I A R W X B N E F
T H V Q O P N Q R N G N E G H A M Y V V
```

367

ACETATE
ASTRAY
BEACON
BELLYLAUGHS
CRUISER
CRYPTIC
DYNAMITE
ESBJERG
EXAGGERATE
FADER
FOOTSTEP
HABIT
JAZZY
JOINT
KAKINADA
MEMOIR
PERGOLA
SAIGON
SPINMEISTER
STUPID

```
E P F O O T S T E P K F P G W M C G J S
C S E T I M A N Y D F D E I F K E B Y P
Q C B R L S Q A D E N U M A D M X D K I
Q E C J G F W S A I G O N P R H O B B N
D S X K E O I E M R T E S Y M S Y F S M
Y Z Z A J R L I O M W C H B R T G F V E
K T C V G R G A B A L D G D P U Z A M I
C A M I I G R N M S T F U B X P R W N S
O A K O E E E T A T E C A E L I M Z T T
K W M I S N D R P O I B L A A D Q N Q E
S E S I N U A I A T J G Y C S S I W M R
M A U O P A F P P T Y N L O Z O T X C F
I R N Z H S D Y R P E P L N J D Y R N X
C G W V A A R A K P H Q E H A B I T A U
R O E W W C J L I N R M B W I C S L C Y
```

368

```
K I G O T F R Q U F Z S C M A O W Q E M
B E L L I G E R E N T H E G A V L A S E
O N E G D S R E T D V B I D J T Y O T C
Y I G C O H L T I J I R H L I N X O M H
T F R F M D J I S L Y S E U I M Z W F A
B N U M D W R D I Q K M G K M N E S C N
A O B A G Z X E U T S F E N J R A N E I
R C S Q U J N P Q P F M Q K I P D O T C
X N K T B C L X E R B D E H S R E T A W
U W C A M C T E R T O R S I O N R E U F
J N A F Y Q D O V E R W R O U G H T N Q
E N L K S W N E K Y W Z H T O M E H E B
W O B N E L B A R E L O T D N Y V I T O
D M Q L F O A D U N G A R E E R I A T C
C F L Q R E T A I L I N G N X S F Q A K
```

ATTENUATE
BEHEMOTH
BELLIGERENT
BLACKSBURG
CONFINE
DUNGAREE
EXPEDITER
MECHANIC
OVERWROUGHT
REQUISITE
RETAILING
RINGSIDE
SALVAGE
SEDIMENT
SPEEDWELL
TOLERABLE
TORSION
UNSADDLE
WATERSHED
ZHILINA

369

```
F K U X K D I B L C I N O I B T Y M E B
V K Q Y E H I L A O I L A J M A T F T E
I W V R S L F E R N V S S T Q A I A L X
S R A A C U X A N S D O Z S V N C R K J
B E K W J E Y T A U F R P R O D I G A L
I T L E B T B G C M X U O U S V L A S X
T S F E T O H H A P T B A P D J P K F H
T A E E C E M J E T H H C J S L M N U O
E B X H L T Y A E I H J Q C H Y I B B N
R A H O X I M R W O C C B W G V S O Z X
S L W O O P X A T N A N T A G O N I S M
W A N C P M N K N B A N J A R M A S I N
E P E H D D Q N L U N C H E O N E T T E
E D I A I Q M A B U R G H E R G C D F R
T X O A B E B M F R G P O C S U T I U L
```

ALABASTER
ANKARA
ANTAGONISM
BANJARMASIN
BHIWANDI
BIONIC
BITTERSWEET
BLEAT
BURGHER
CONSUMPTION
DROPSY
HOOCH
KASHI
LARNACA
LUNCHEONETTE
PRODIGAL
SELECTMAN
SIMPLICITY
SPUTTER
TEXAS

370

AFTERSHOCK
ASSURE
BASELESS
CHUKKA
COSMOS
CURLICUE
DECLIVITY
DELVE
EXPECTANT
EXTRAVAGANZA
FILLING
INCULPATE
INFERNO
LIMERICK
MEMORIZE
TOILET
TRAFFIC
TURNING
USABLE
VALIDITY

```
Y T I D I L A V O A F T E R S H O C K E
I B O T O B H N F U S A B L E T J T U L
N O X I Q V R N I F Y H O M C T Q C W I
C U T A L E I K L P A G U Y Z Y I V B M
U S Z Z F E Y V L C K Q Q E S L U A K E
L F F N N R T R I J P V F Y R U S X X R
P E I A S U I N N U Y Z R U X R D P M I
A F I G S S Q Q G Z T I C Z G Q E E B C
T N K A E S O F V A I G H Q I C M Z W K
E T E V L A F M Y Y V B C V T O F B X I
G Z L A E K W W S C I F F A R T B J G W
Y E I R S K T F N O L G N I N R U T Y N
D M N T A U S A O S C T Z H M E K S B H
X K K X B H Z Q C Y E E V E K G H C D X
L L A E L C A N Q H D N A I Q Z N S L I
```

371

ACTUARY
ADEPT
ANCHOVY
CITIZENRY
CONCERT
DASKA
ELECTOR
FRANC
HIKER
HYDROSTATIC
KINSHIP
LUXURY
OBTRUDE
PLASTIC
SAMARINDA
SHALLOT
SHEETING
STROLL
VORACIOUS
ZARIA

```
N J S F M O O Z S K M W R K G V J N S P
Y V T U S B C B A Z D O H I Z G J H A L
R Y R A U T C A A R T X L N X R E V M A
Q F O L O R T F H C I L V S C E Z P A S
B B L Y I U I I E N V A B H T V C A R T
U F L E C D K L D A M E O I D V D V I I
O V Z O A E E E L R E E N P C E E P N C
I G Y S R Z N F Y F I G B V P Y B I D D
M R K M O T Y H Y D R O S T A T I C A T
G A F C V V C O N C E R T Q A O E Q O N
W M D R O C I T I Z E N R Y Y Q N L M Y
F D Y H Z Q V T Z P T Q L S U R L L V Z
N R C G K V X R B V X E A K V A R N L J
U N L U X U R Y H P G X A Y H K A C E S
A L G C R Z U S V H B H P S A V V P J U
```

372

```
N Z S E V E L P F Q E E A Q L O M V I H
B Z Q Z Y F D N V L A S U C C A D H C R
L U S R J P W Y L L A R E V E S R U V J
A S P T K Z E F I J S M U Q R R R E Y B
C M O K C C O A N E N A I E I I A J I T
K H O S P E C T A T O R S N O Y L K M O
G Q K B P X T S H Q D I L U G Q E O J R
U P Y Q U S H I G T G I S V R O V J I E
A X D Z I E M O F N J Q S H H P G N L A
R H Q L L B I O A J K J C G S F R V I D
D X L L L D P T V I H A R I O B G I N O
H E P E W V I T K H E D I V E R N M S R
C T H S R O L A F J Y I C E K N G H G E
I C F F N N Y T O Y Y F H B S C A E L M
T B N J Q R Z D T T X S S T B T A Y M Q
```

ACCUSAL
AFGHANI
BLACKGUARD
CELLIST
CURIOUS
DISGORGE
FLAMINGO
JILIN
KHEDIVE
RESIGNATION
SEASHELL
SEVERALLY
SPECTATOR
SPOOKY
SURPRISE
TATTOOIST
THIMBLE
TOREADOR
VELAR
VIHARI

373

```
T J V V Z Q D R A P U Y E S A E A L A I
O B O N T P T V J X J N S H R A P L T H
N O Z S Z M S B E I L X E U L E O A A C
G B Z M L B M E A T C A S P S T H T D A
S H I T M E K A H S D N A H U R E W G R
G Y R O S C O P E Q E S A I A B Z I Z A
J E F I S O J V W I N W F M V Z M Z K K
T D Z Y X L D I Y K A E A D O A L Y Y H
H I E C I T S I M R A K T Y G N D B C Y
G C C S R B N Q T W A C A D E M Y L Q C
I I I K T M U N F S J V E D N E R Z A E
R M K D L I D L X P P B O P R S X W L H
P O S W J I N V J L U Z C A M B E R O B
U H A B Q K S E S R S A N D P I P E R O
J U N A Y K D H G U N H E A L T H I L Y
```

ACADEMY
ARMISTICE
CAMBER
DESTINE
ENSURE
GWERU
GYROSCOPE
HANDSHAKE
HOMICIDE
IKSAN
KAMARHATI
KARACHI
MAGDEBURG
OVARY
PESHAWAR
SANDPIPER
TICKLISH
TONGS
UNHEALTHILY
UPRIGHT

374

CAPABLE
DERISION
DETERMINATE
FLACK
HELLHOLE
IMMUNE
INHERIT
MISCHIEVOUS
MIXER
NAMANGAN
NONSKID
PAPAL
PIRATE
PLAYTHING
POLITICALLY
POSTDOC
SIDEKICK
TAILOR
VIOLINIST
VISCOUNT

```
W P S U O V E I H C S I M E O M H L N X
E E L O H L L E H S M J T B V F L A C K
K J V A B U R G V W S Y U I I R B U D P
I V T A Y O D P S N O I S I R E D Z G O
Z I P Z L T E W K D I C D I K S N O N L
H A S I A I H R X I O U U E T A I X A I
C W A Y P R P I J U G V G S K R K O G T
I T Y J A E T O N B C E I J N I U C N I
Z L V M P H B T S G Y N J W V I C P A C
N B T V S N V A W T I T N T M M I K M A
L W U J Y I Z Q V L D D L M H R F F A L
Y L C X E W W U O P A O U H A E F N N L
B F B H P Z B I P N P N C T A X C C Z Y
S B R C T N V P U D E T E R M I N A T E
K X Z P Q W S W W W M D L X L T M V V I E
```

375

ADJURE
ATTRITION
BLOTCH
BROACH
BROKER
CALENDAR
CARPORT
CORPUS
FORMIDABLE
INDOCHINA
INFECTED
INTERCHANGE
LOCKSTEP
MAYHEM
MEANWHILE
MIDDELBURG
SHOCKING
STOREKEEPER
SYMBOLIZE
THUNDEROUS

```
S S U P R O C S B R O A C H C W T W L I
T L Y J R E C S H P E Z U G B T V T B N
O E S M M L U K K O H G A Y L G Z R C D
R J H E B F V G T R C Q K J O T R E I O
E V B H C O F Z C D K K J I T B A A A C
K C C Y L E L E L E Q N I W C K Y E T H
E A N A A M H I L T P N B N H C R C T I
E L A M T F Y I Z C E K Z V G U A Z R N
P E E G N A H C R E T N I O J S A Y I A
E N D U F W R F E F S M F D X C E I T Y
R D X O N B T R K N K P A I G G B H I V
D A B A E J K Q O I C C A R P O R T O Y
E R E K A J F G R Q O H P W E X O X N A
N M K T H H Z K B E L B A D I M R O F T
T H U N D E R O U S M I D D E L B U R G
```

376

```
P O A C H R T I A N G J I A A N H L J H
W G Q V J F E W P R E Y L I I A J P B M
Y F G W N Q K V F S G I N F B H B S C O
A P P L A U S E I Y K S I U F H H E M L
D R A C O N I A N E P C Q C B I R G X D
A G M B O V W L A I W A T N Z E F P V I
J Q M B X O D B R X B E O V B W S V A N
T U B U B B L E J E T A R R C L C Y S G
V D R Y Q E P P S T D T A P I Z N U U R
A T S I N O I H S A F T T B S K L P N F
Z C P L D Q A B F L E L E A V E M E D I
C D O Q H I N T T S N R R V H Z F B E I
H G W T M F C R T T E D C O L C W P R R
T H N L P C J A E C Q R C E N D U Q G P
R U Z P L W X M L U X E Z H D R Q C D O
```

APPLAUSE
ASUNDER
BAQUBAH
BUBBLEJET
CEREBRATE
DECREASE
DRACONIAN
FASHIONISTA
INSPIRE
JURIDICAL
LEAVE
LIBEREC
LIKEABLE
MOLDING
POACH
REVIEWER
SLATE
TAROT
TIANGJIAAN
UNZIP

377

```
Z D I O K H T P S H A I A E W Y X U I U
P J K A C E S S O A I T Y P A X H J N K
Q R Y C L B E D E L G V R H R H H S E W
R H E R O L F Z R B M M W T S L T A A J
Z D A P E F I P U E O Q O K Z R S R C X
F C K R A M T R K R Y C D V A E A Q M Z
S A I B O I E E F D E K L P W T J M I Q
G T D N E K D V N I K G Y Y A S M S R J
S F O X A M A S T H E A D P N U U I Z T
B C V M S I T A V R E S N O C L H L A N
E J R C O N F E C T I O N E R K X A P U
B A A S P E R S I O N Z I T Z C E D U I
C F U R R Y F Z D P M G O V D A L N R A
Q L Y T D M R J R J N J S T G L A A G K
Y F Y H A N F T Z E C N E M E H E V B N
```

ASPERSION
CARMAKER
CONFECTIONER
CONSERVATISM
DOWRY
ECONOMIZE
FURRY
HALBERD
LACKLUSTER
MARSHY
MASTHEAD
MIRZAPUR
OFTEN
PREPAID
SCARLET
TIRELESS
UNSTRAP
VANDALISM
VEHEMENCE
WARSZAWA

378

ABRACADABRA
ABUNDANT
AFTERCARE
AILERON
BEDROLL
BREATHE
BUNTING
CHERT
CORNCOB
DEPARTED
FARMLAND
FERRIC
FRACAS
MACHINERY
MACHINIST
MISGOVERN
PERSONAL
POLKA
PORTENT
STAGE

```
O J F T P F R W G O W Y G X V S O U F W
F U A I N R E V O G S I M E Y T A X K H
U A N B O A C Y U A D T A O I A N H Z P
P G R W P C D W Z E I M I U S G W R X C
B O Y M T A Q N T I I L A F K E B T M I
V I R R L S C R U B N Y E C F X J M A S
X F E T B A A K B B R B H R H L Y Z U L
E H E W E P N O F E A V T T O I V K L G
C A I R E N C D N X K X A W U N N O O G
T O W D R N T I H G L N E Z I K R I N C
I B O X R I H L A N O S R E P D G I S U
L C Z O H C C L Q M P J B F E D T Y W T
B P C C A R B A D A C A R B A N W C N Q
N O R M A F T E R C A R E T U G E N U T
K T V I U O L V X M C D B B M B C P D H
```

379

BEANBAG
CONVECTION
EXPECTORANT
FEIGN
FOOTSIE
HUMANKIND
INTENDED
MARROWBONE
NUZZLE
ORISON
PALATABLE
PAPAYA
PLACENTA
RIALTO
SABARA
SHEKHUPURA
TEBESSA
TWOSOME
UNDERDONE
UNSPARING

```
O F P E S F U T W Q Y I T J E P T E N C
D R H F L I E N W B S W O P K L V X U O
B N I H C B N I S O T L A I R A Q P Z N
D S N S E S J O G P S P V T V C F E Z V
M F T S O X Q O F N A O T F E E I C L E
F A S I K N D W R Y R R M U U N D T E C
B A R E L B A T A L A P I E E T P O O T
K E R R P R R A T S B K R N M A W R M I
C I A R O U G V T C A X F O G L V A I O
J S W N S W T B Q Q S D E D N E T N I N
Q T R I B F B A X N S L M R X N V T O R
T O Z A N A H O K N Q F G E U J H E B Y
J O A W F V G U N M T J I D B Q L H X A
U F S D S T N J F E D A D N Y G N F O K
H U M A N K I N D A R U P U H K E H S N
```

380

```
S P H D D L B G V K I N O R M A L C Y V
C H A M P I O N E V I T P Q G R A E B G
J N P T K V W I F X Q C S O B W F U G O
U K T S B H T L P D I V K E F W N G N U
V R K R A X C I W S W I G Y L C G R E F
L E N G T H H A A C Y J T R O F E C L D
R E D H E A D F K M H S A M G L L O A E
C O N G R U E N C Y E N M Z A Y P M N P
X M K O P L Z U Y G O I A S C V W P C O
Q E F I Y R O W N S T K V K A P K A E R
V F X W M U N I O T G K S K A A Q D T T
R E V I L E C N E I R E P X E D M R I S
G I B J L M T D E B V T K A E Y N E A N
R E R T N D P G Q G M U I B B O S A O S
N A K T D S L Z T E G O A T S K I N S G
```

CHAMPION
COMPADRE
CONGRUENCY
DEPORT
EXPERIENCE
GOATSKIN
INGEST
ITSELF
KICKY
LANCET
LENGTH
NORMALCY
REDHEAD
REVILE
SAFELY
SALERNO
SANDAKAN
SONAR
UNCOMMITTED
UNFAILING

381

```
S Q Y D H L S K F J Z Q E H V K G W A C
V F I K L G S H I E V O H S I D S C G T
R B O I A F N W O L D Q G Y K H D W G P
Y C R M I A M I R R O E H U V W Y C L G
T H K O I Z O R N J T I R M I U K F U Q
S U O I C S N O C N U A U A R T J Y T B
A D C Z Z Q X T R N U T G C L O A L I V
N Q R T W W U A F V A C O E C I U R N E
Y L W X Y C X L G D Q Q W U X F S X A D
D P K E T W L A C I G O L O I B X T T H
E P W R I M W C D Y S A O Y O Z V C E E
X S O F M C B S K H R E C O N O M I S T
B H R E I G Y E F U V A H M U L A H M B
S J R A D I O K F I Z I G N O R A M U S
T R A N S I E N T A T Z N B R I Y K V Z
```

AGGLUTINATE
BIOLOGICAL
CUNNING
DATUM
DIMITY
DYNASTY
ECONOMIST
ESCALATOR
FEDERALIST
FUVAHMULAH
GUITAR
IGNORAMUS
JOCULAR
MIAMI
SHORTAGE
SHORTCUT
SHOVE
SHRILL
TRANSIENT
UNCONSCIOUS

382

ANTIBODY
BRAZIER
CHARIOTEER
COMMUTATOR
CONNECTIVE
CORDWOOD
CURDS
EARTHWORM
FINIS
GEISHA
HANDIWORK
LAFIA
MOPTI
NORSUP
PERIPATETIC
POSTAL
SHORN
THUMBNAIL
TOEHOLD
TOUGH

```
P U S R O N C N J Q C V Q R E I Z A R B
A E J H I T H V W D E I N L A S B K M K
O E R T O K H H Y T P A M V R H G U O T
S C P I N R A U C U R D S G T D S T W F
T O X C P L N H M R K K P F H U U I L Z
M E D Y S A Z E E B R F U W W W C C E L
J V Z E B T T E R O N I L G O O H O V G
Y E E S N S T E W M X A A S R S Z M I V
O M R P E O V I T B F B I D M Y Y M T Z
I I O G I P D I F I N O W L M N D U C B
Z Y F R E N N H A F C O S O C D X T E P
U J A H A P X W G F O I J H Z F W A N J
Y H F H P U E E N D N I L E K S Q T N Y
C A N T I B O D Y I Q O U O T W W O O L
T T X A Q Q S F F H T B U T C V G R C H
```

383

ALARMED
AQUAPLANE
BEARER
CARDBOARD
CONCOMITANT
CONFRONT
DRAWING
ESTELI
GLAMOUR
GRANTHAM
HARVEST
MINIVAN
PHILODENDRON
REMINDER
REMUNERATE
SLUMGULLION
STORE
TRANSLATION
TUGBOAT
WARNING

```
U I M V Y L N R C E P H J X Y U S R B C
E N A L P A U Q A H A R V E S T T H G O
Q O H R V M R W R E R A E B W O G E F N
F T T I J T P P D U A T Z E W A X U E F
L I N L P U H R B E O R G J D D W R T R
D I A C O D X K O B D M E R O B O E A O
M C R C N O I T A L S N A R T T A D R N
Z H G B U N T S R G W W A L S N K N E T
E S T E L I Z M D W I A O L G A B I N T
C O N C O M I T A N T D R J A M S M U U
X R N O I L L U G M U L S N K R B E M G
Y P H I L O D E N D R O N P I V M R E B
Q G U K N S G R W P L V J E W N P E R O
D E L O N D C L R P J D I W A W G Y D A
X B A S A L U P W D L R N C O A C H W T
```

384

```
H X J Q K E A B O H P E D Q S F O C O I
N M W N Y R F L E B U H X U T A U G C X
R T Y K I G Y L L T T S O T D Y A J O N
P P U E B R I Y A H A N H H R I X F N C
J Q M Q E O N A C T I R E F T A Z J J A
U I J L T B K N S V N S O N W P C S E M
L S L R K N C U P D O J A G K M G T C I
E A O P A T M Y U H S S R U I P N Z T S
G P L T D A P N C B S D S K X V Y U U O
E X L R O W B O A T E A Z Z S A N C R L
I U N E D Y M S D L L M B M B R Z I E E
S U O K B T Z E R H J U T L M S J E P A
X P M C I W N Q X K P S C O B W E B B G
I G Y Z J P Y Z B X R E N O H P E L E T
F V K N Z Z T G M M E C N R F N O C C T
```

AMUSE
BELFRY
CAMISOLE
CANOE
CHOSE
COBWEB
CONJECTURE
EXTRACT
GALLERY
HELIOTROPE
INVIGORATE
LESSON
LIMEIRA
ROWBOAT
SANTIAGO
SATSUMA
SULTAN
TELEPHONE
UPSCALE
VINOUS

385

```
K S F Y V T S F G A E L O H E Y E N M W
G V H J P I P E S R A J A P U J R E S A
O G L A M R X O U C R I T G J I R C T S
Q R W O E L L I V H S A N I O L W R R H
A S S O N A N C E I P B A X P O M O A I
V A J B O O D L E T L T A F H W N S T N
A D I C E V L M Y E I Z S N T H P I I G
R D X E W E N C C T X D R K A S S F N
A L A L X R U O J T T V N C G R X S Y G
N E Y Z A Q F M G R I R D P S V O A O R
A D C T A B K L Q O N O O I Q I Q L H B
S W N P D E Q K E Y G T Y X U W X K L X
I A I N A C T I V E S Z A J E F L I C M
S D I F F E R E N C E J T D A Q G E R Q
A C Q U A I N T A N C E R A L Y L J C O
```

ACQUAINTANCE
ADDLED
ARCHITECT
ASSONANCE
BANKROLL
BOODLE
DIFFERENCE
EARSPLITTING
EYEHOLE
INACTIVE
LAGOON
NASHVILLE
NECROSIS
PIPES
SANTAREM
SQUEAL
STOPGAP
STRATIFY
VARANASI
WASHING

386

CRUDDY
DEATHBLOW
EPISCOPALIAN
FANDANGO
FREEWILL
IKARE
INDOCTRINATE
IRREVOCABLE
LIGHTER
MAGADAN
MAGNETO
NURNBERG
PERIOD
PHYSIOLOGY
PORCELAIN
PROVISION
QUAGMIRE
QUINTET
RETELL
TAKAOKA

```
B E L B C D V D P D E A T H B L O W Q L
D F H I O R K P P H I G G R E B N R U N
H C A I G A U O R T Y U W V M N R I A E
D B R N P H R D W O Q S F W M W R M G W
K E W K D C T U D Z V L I A J R R V M M
P R I G E A N E D Y H I G O E M K H I U
Y A I L K A N Z R J J N S V L X A A R G
G K A A D V X G L N E V O I K O X F E P
Y I O A U K L V O T S C E W O X G X H K
N K G E P I S C O P A L I A N N G Y L Y
A A Q U I N T E T B B X E X A M N U L Z
M F C V X B U K L L I W E E R F T J E G
V I Z O W D Q E I N D O C T R I N A T E
F A C C Y W P Y J Q R N W S B E V F E I
Z U D B M E Y D K Q B J H T J H M R R X
```

387

AMASS
BOUNTIFUL
COLERAINE
DISHARMONY
GENIAL
GLOBAL
ICHTHYOLOGY
INDIGO
JEALOUSY
KARABK
MALADJUSTED
PUSHCART
RAMBLE
SPECIALTY
SPRITZ
SUPERSTAR
TACTLESS
TRIESTE
UNCTION
WEWAK

```
S S B K K T A P K V T P C J G I I L R R
U P Z O L R J G J G U R J Q E M N W O O
P E U V U Y J A I S A K I B D A D Y K N
E C W T S N E W H R F W I E T U I V X O
R I N K P O T C A T P D O S S V G H I L
S A O ◆ R M A I W H D E R H Y T O I A S
T L R B I R K W F W K T J T Q L E I S H
A T V A T A G R S U E S E A F B N A A O
R Y D R Z H T L M J L U A C H E M N M G
W E W A K S O G O O B J L T G A E H P O
O O K K L I D K B B M D O L S C K I I S
A D B H O D I E J E A A U E Y Q U F E H
U N C T I O N Q W L R L S S D S G D D U
I C H T H Y O L O G Y A Y S P X D B B K
C O L E R A I N E Y Z M F T F L E G Q Y
```

388

```
R X V I N E A Y F Y M A W Z B F P R F T
T E C U N S P V U L E L K T E O E Z Y H
R X F C D Y Z Q H L E L N W O D E K A T
A M J E T U E Z R I R E G R E M B R N S
D O L H C S E W Y R S V Y E J O J G S F
I O O O B T M Y A F C I F B Y A D A Q A
N N T O O G O G S B H A C S A U L W N U
G S G C B D W R Z H A T U Q O C V U G F
L H P A R E O R Y B U E F H T K H U V A
H I T T E H G A P S M N C U I R G S C T
G N Y D M A H A B A D I O O A A R O A D
M E R E M A I N S J Y L U T H L U I K O
I N Q U I S I T I O N T D Q S J O H B Z
P L Z L B T A T O O V O P I Q T A A O B
I D K C I M Q T Z P A H S F E Z Z F P P
```

ALLEVIATE
FEEDER
FRILLY
HOTLINE
HUAIHUA
INQUISITION
MAHABAD
MEERSCHAUM
MERGE
MOONSHINE
OBSEQUY
OUTCLASS
PYTHON
RAGWEED
REFECTORY
REMAINS
SPAGHETTI
TAKEDOWN
TARHUNA
TRADING

389

```
A O G D L S X F M M A U S N N Y W C G Z
J K M D H K M U K C R L O M M O S O A H
P I F C N O I N T M O I T F T A H K R A
C O T U B L D V B W T R D H Z S Y S A N
W E H M E N U M S A A O R R O B I B N G
R C U K O O O S G P D F H O K U X H H D
F F R C U L L E R I A I E D B N G B U I
A E O X J V L T L I T R O R Z O O H N A
B E Q X M E T A C Y T E E H B K R L S N
N X S G D D A D D Y E I S R E R Z A L H
E O V Y F H H I J N D L J L I A N U T S
S E N A T O R U M P N F M Z T B T N J E
L N D G S A T Q Q C E K J B Q F H H P J
I R J O Y J R I K H V S L C U T Y M E X
T A S R N H N L F O R E V E R M O R E N
```

ALTHOUGH
BERKELIUM
CHUNK
CORROBORATE
DADDY
DELEGATION
FLIER
FOREVERMORE
GARANHUNS
HEATHEN
KNOLL
LIQUIDATE
LOUDI
NEOCON
RETCH
SENATOR
SPARERIB
VENDETTA
WAFER
ZHANGDIAN

390

ANGERS
BELATED
CAREER
DENTITION
DIFFERENT
FEAST
FOREGOING
KANANGA
LECTURE
LLANELLI
MYSTICISM
NOVOKUZNETSK
RAJKOT
SEALANT
SERVICEMAN
TORQUE
TOWNSFOLK
TWELFTH
UNEARTH
UTOPIAN

```
M N T Q B R X P F N I N T S A E F K S N
K L O O R E U Q R O T A E W R L U K A X
Z V U V W J L I B K R M O U E Z X I Z U
Q P N A O N V A I S C E T Z V L P N J V
R A G T J K S F T U Q C G W S O F R N K
E O H I P Q U F J E E I Q O T B U T X Q
S E A L A N T Z O L D V I U I D C H H D
C X E K H L O N N L Q R B E U N Q S E E
D A T X A W K M L E K E E E V Q G G X N
Z F R Q F N J I D A T S C S J Z O J C T
W S R E G N A N N D M S I C I T S Y M I
O Y Y E E M R N H X B E K X Z Y L H Y T
K L I A V R V R G L L A N E L L I Q P I
M U U I M J H T R A E N U O R Q S C H O
Z V S I D I F F E R E N T H G Y C D T N
```

391

BAGUIO
BASED
BOGGY
CAPRICCIO
CASCARA
DURGAPUR
GRASS
HEMSTITCH
LIANRAN
MASTERSTROKE
MILITATE
OFFSIDE
PACEMAKER
PHILIPSBURG
ROADWORKS
ROCHESTER
SAMBA
SARAVAN
SPRINKLE
STUPENDOUS

```
K P U J D G F R G B Q W K S X O F M Y C
F J L N E M U O S R D U X T L C D S S W
Y L X A S P N D O I A T J U R D P A R Q
N B R N A R N A I L P S X P H R M Y X S
X Q B G B A G U I O W W S E I B Q P J T
Y G R U B S P I L I H P M N A V A R A S
N U A M L R A E R C A S K D B F Y U O K
D W P B V R J E D C T L W O C P S F W R
F E Z F A N T G E I E Y G U R G X T K O
Q T P C R S D M T R S G C S J M Q C K W
A D S W E U A C S P Y F Z U A W D W T D
I A A H H K H X K A G H F O Q C E L C A
C T C E E Y N I S C F D U O Y C R M G O
R O L R M A S T E R S T R O K E W W H R
R T A H R W E Z F I O M I L I T A T E T
```

392

```
C Q W A T D C E S C D Y F K D E B U B G
Z Z V D Q E B E K E M Y L I M O H J N N
E F X R A Q N V T S N N S G N W J I J U
R Z Z O X S R S M O D G N I K C S I F T
U E B I I L I H I R C P Z B I I H G I B
K I S T W F S T D T N P Y E R E M C X R
L A I E E Y A P E X L R Z P A X Y V W O
P Z T S N R L R X E W C R S A L O O N W
E I O S O D L E A D O U H O R I Z O N N
M L H T U J E J Y A S Q B A R A S A T O
C G S M K T V U Z N A P P E N D A G E P
N E D S R D A D U H E R O I S M A J X T
R D I B I I R I K M Z C R P S V V E X I
Q Q B Z E U G C L N P Y L S D X H W N C
E E S N D Z Z E L A O O W S E R Y U B N
```

ADROIT
APPENDAGE
BARASAT
CLOSEFISTED
DEXTROSE
FINCH
GRAVEL
HEROISM
HOMILY
HORIZON
KATSUTA
KINGDOM
NUTBROWN
OPTIC
PREJUDICE
RESENDE
RESTORATION
SALOON
SENSITIZE
UNSURPRISING

393

```
V H P Y R O T E C H N I C S J J K R F A
L P U J E Z E I Z R M V G W O C E J D T
O S O M X W Z C S V A R S S O G K C J B
E P B S A E N V I G A D O L N F C M R A
G W R L E N G B E J V T D A A E B E L R
R E N X T N E C E V M A M J M N C L M A
E T R I I O I Y T N E T U A N O R E A H
T S P G N T T L N H H J C L V R U U I G
Q E S B O S S D E R U H Q E G Y Q Z O F
O V E N C E U A S D A O R A D M I T D J
S I U Q A R K V B L I I N S X Q V C L I
N E H C Y P X M A L N U T R I T I O N F
A N T I P O D E S G A R G U P V F S S Z
H B C T J W O B O Q V E J F A Z N V Q D
R D Q H I Z W I C Y K D V T P P S J C L
```

ABSENTEE
ACONITE
ADMIT
AERONAUT
ANTIPODES
ATBARAH
EGRET
ENVIGADO
GUIDELINES
HEADLOCK
HUMANE
JOURNAL
KUSTI
MACHALA
MALNUTRITION
MANGER
PRESTON
PYROTECHNICS
RECOVERING
TSEVIE

394

APPEND
APPREHEND
COLLARD
CUTICLE
DOGFIGHT
GEELONG
HOKUM
HORRENDOUS
LEARNER
PORTICO
POWWOW
QIANGUO
QUIRK
RATIONALIZE
RHEOSTAT
RHYME
SNEAKY
STRONGLY
UNCIVIL
UPEND

```
D B I J Q J N E I C S U J Z K V P Q W F
P F F O W A Q A H U O N P S T F W O X Y
O Q W R F N S I O G N L F M E B W G K V
T Q F O R E G D A S J I L V X W M A O H
P N B V F T N Y A B M X H A O I E U O D
Q U I R K E Q I A N G U O P R N E K V O
G H U Z R D Z H F G J J V Y S D U V E G
W K U R R A T I O N A L I Z E M Y H R F
Z Q O Y C F A B B O U D P D C U L U L I
X H Y G N N T C O L N C M L P F G N E G
W M V Y A F S W P E L C I T U C N C A H
M M J E F T O B P E G T F N W F O I R T
A P P E N D E U L G L L P K I C R V N I
I I N A T G H A P P R E H E N D T I E S
F C T K H N R P O R T I C O H L S L R O
```

395

APPAREL
ARCHED
CHIEFTAIN
CORNET
DISABLED
EMOLUMENT
FEROCITY
HEADMASTER
HYPOTENUSE
MOOSE
PIANIST
PRODUCT
PTERODACTYL
RAVISHING
RESERVATION
SALAMI
SENIORITY
STALL
STERN
VINCIBLE

```
B G W Y X G M R E S E R V A T I O N K A
Q L Y T C A D O R E T P N L W G W D Y Z
U Y U I T S S X O H E A D M A S T E R V
X P Y C L E E T J S Q W S T A L L U B H
I M Y O H H A N E F E S U N E T O P Y H
C N J R S J P E I R N W S R S Y F F X C
R O I E G I P J M O N H Y U G Q Z Q Q H
U A Y F M O A Q A O R D I S A B L E D I
R M V A T S R F O P L I P C D N B C E E
T N L I R S E Q P I E U T R O S Z G H F
P A A J S K L W X A K B M Y O R S T C T
S X D A R H G T L N E J U E C D N V R A
G V A E L B I C N I V S Z G N A U E A I
B Q F O K L Q N C S I W I D C T U C T N
I F P M A L X D G T A J F D T U N K T D
```

396

```
S W H O R R C Y E A D K E L C R I C L M
B T O Y K J J L L Q R V X B R H L N A O
G R A V U K B M U S I H I D M Y S M A P
S F O M P A S T G T R A T N G G O F P P
U V P G R H G K C I R B D L O G D C P R
P V G I O C O N I I R S B G A A A L I O
H A M U Q G U W N Q P O U F D H Y A L B
S D S M F J S R O H W O F M I S P T A R
A E R S N H I N D E W A Y B P O X E T I
M S W O E G P R R M T C T M A T V R T U
N M C G K R J R A S M R I Q K H U C O M
J J O O W F I O S V G E V E S C V O Q X
J S I S Y L A N A P A M E M Q L K E U F
B F I U Q W M H E V D J L I S T L Y G S
C H R O M O S O M E W A T E R F O W L T
```

AAPPILATTOQ
ADMIRABLE
ALMSHOUSE
ANALYSIS
BIHAC
CHROMOSOME
CIRCLE
CONJUNCTIVE
GOLDBRICK
LATER
LEVITY
MYOPIC
OPPROBRIUM
OWERRI
PASSERINE
SARDONIC
SHAGGY
STAFF
SUMPTUOUS
WATERFOWL

397

```
V F X M P Z U G I N N E F P B M K M H P
A B K Z E N N N A E G A Y O V U S S A R
N N A I U A D I L T X Q X P Y U O B C O
I M Z C G I E N O B I C B S B R T R K S
S H K P O F R R C U J N U J O I S O N T
H P E R L S S E A J N Z E R K Z R T E H
C A R S O N I C L N K C I A S H G H Y E
D W X G N K Z S L M T T M Q U U Z E E S
L R S U O A E I Y I Y K H Z E S S R D I
P L L G M X D D V A R I O R U M P H Z S
I N N A R D S E A R T I F I C E A O S I
J S U R M I S E N H M B G S H N Z O V F
Y F F A Q T Y A R R J S R V S P Z D Q K
L A T T I C E W O R K L U I P X K G T U
R A M F W J M G A X Z G C R Q S E P U F
```

ARTIFICE
BROTHERHOOD
CARSON
DISCERNING
EXCURSUS
GATINEAU
HACKNEYED
INNARDS
LATTICEWORK
LOCALLY
MONOLOGUE
PFENNIG
PROSTHESIS
SORORITY
SUBJECTIVE
SURMISE
UNDERSIZED
VANISH
VARIORUM
VOYAGE

398

ACHENG
BREAKDOWN
CORDITE
COSTS
CRITICAL
DOWNHILL
DREAMLAND
ETERNAL
FOOTWORK
HEILBRONN
INCIDENT
MONODY
MOTEL
NILOPOLIS
QUERETARO
SANTOS
TARAKAN
TERSE
TROPE
UNWIND

```
C H T H V E V G N E H C A X J L C N Q H
O A K Z V L U T I I I O O K S O V A C F
R C C L B A G N B O L G E O M O T E L K
D S C O A C C N R U U O T J B X Z P R H
I Z D T S I X O E S N N P O I F K O I G
T W O S D T J R A M A W S O A D W R S S
E H W E N I S B K S O Z I N L T B T E H
C A N V A R R L D X V N A N O I A J T H
R T H P L C C I O O B K O O D D S J E R
T G I Q M Y I E W K A M F D J K A E R Q
Q I L Q A Z G H N R S R X X Y W S L N K
K Y L Y E F D H A D Y A J B N R T K A J
T Q J I R N U T K T Y B P V E W J F L M
U I W G D Z J E I B G B P T H H C G W J
Q U E R E T A R O X G N O Y P A F Z E O
```

399

BINARY
CROSIER
DEVITALIZE
DISSERTATION
ENDWAYS
GRASSY
HEAVYWEIGHT
LEATHERNECK
LITTERBUG
MALAPROPISM
MOUSETRAP
PERORATION
RELATION
REPLICA
SCRATCHY
SENDUPS
UNUSUAL
UPHOLSTERY
WASHROOM
WEASEL

```
H N Y O H E T S P N E Y Y R B Q T W Y L
D F V H E P Y A O Z L R R E P L I C A J
U D K Z C A R I I H E A V Y W E I G H T
G N D K W T T L K G F N W B U A F C T G
G G M D E A A I N E V I O N O S B Q D Q
Q E N S R T N R J D Y B U O W H Y G V C
G E U O I Q J N C Z W S L I Y E D B R X
J O R V E X L Q F S U E S T R Y A O K J
M E E U D S P G X A M V Y A L I S S Z L
P D F Y R E T S L O H P U L R I R E E Q
V R D T Y N O F G L H C T E E G X D G L
H K X V G D Y S Z Z G U B R E T T I L C
F Q P J T U D I S S E R T A T I O N R T
L P M S I P O R P A L A M O O R H S A W
I A V Q L S L E A T H E R N E C K G X I
```

400

```
S U P E R F L U O U S T T N B R E M R D
L U P W O V F T L H X H J M A R W F E S
E P I G R A P H Y P P S U S Q F U F G T
Q A J X Q S F D Z Y D H I Y V Q E I U R
F G N I L K A E W B T H R K K R Q Q R E
C E T G V L F I U U J D E V M N G R G A
L O E D E G Y T S I L K C E H C X D I K
I A M Q M L T I U I O A N N S Z X E T E
C H O P Z E E P P X N T L B L A K K A R
E A R O R U A S T V U H L O O Z E F T Z
N S D Y M O H Q Z C S L B C Q L H P E H
S J R E T E M I L L I M G A O N E R P C
E G I T N E Z I H P O R T S O P A R M A
E S A P X Q N N S N X A B I A E R Z O J
P W M L I K U C D E J P U T X W X Y F F
```

AIRDROME
ANGELES
APOSTROPHIZE
APPEASE
AURORA
BOLERO
BUTTERY
CHECKLIST
CLINK
COMPROMISE
DEFERMENT
EPIGRAPHY
HISAR
LICENSEE
MILLIMETER
REGURGITATE
STREAKER
SUPERFLUOUS
THUMB
WEAKLING

401

```
J M O J R K X T O B I B Z B E E F L R X
L I R J E J Q D U B A C O C A X F Y X N
N S C L L E H S G G E S E S S R X F D V
O P H I W O E R F W N E R S K Y J C P O
I R E T F V K Z O G L P Q E J Y U S R W
T I S E J C N L R F M T U N R H I O I V
A N T R L N O I T A C U D E L T Y O J E
R T R A R U P K U S R H T L L L I P U B
T A A T D W H Q N I H T Z D F A L P I Y
S G M I R M U O E P O U Q I C E A D P B
I X G I Z E J W O N A R R O W W E D T I
G L B N E C U R T E L B I R D B M F Y C
E D E N P D T C L R Y D A E M S E Q S N
R S T R U C T U R A L L Y I U L C Z C I
K C C R R E S I D U A L G X W T E H R L
```

BOSKY
DRIBLET
EDUCATION
EGGSHELL
FLEECE
FORTUNE
HOOEY
IDLENESS
IMBED
LITERATI
MISPRINT
NARROW
ORCHESTRA
QUEEN
RAMIE
REGISTRATION
RESIDUAL
STRUCTURALLY
TRUCE
WEALTHY

402

CHRISTEN
DEFINITIVE
DESPERATELY
HOLLYHOCK
INCESSANT
JAFFNA
LADIES
MANIFEST
NONPAYMENT
OPTIMISM
PARSLEY
PERAMBULATE
PERFUME
PHILHARMONIC
PITCHFORK
RAFFIA
REFORMER
RESTITUTION
SNARE
TROMBONE

```
P X R C M S I M I T P O N L C T R P U G
M A A A E H O T N X I G Y E Z K E E H S
A D R P Z Y L E T A R E P S E D F R N R
N D I S B B M V I P E N W S O U O A F E
I M P R L Y Q I R N I U E O F T R M L S
F M R V A E C T S R C T P M A E M B J T
E Y X P L M Y I Z K K E C T I F E U W I
S N N H O U A N Y T C R S H F V R L J T
T O Q G N F I I Q R O D E S F P J A A U
N G S V J R F F B O H V I E A O D T F T
B K H O D E S E G M Y X D P R N R E F I
H A X E L P O D A B L A A M L E T K N O
C H R I S T E N H O L V L G I O F H A N
O K Z U S D L C I N O M R A H L I H P Y
N K G N O H K B V E H P L B G H I F P J
```

403

ANTIQUITY
AUGER
BELEM
BURNER
CHINGOLA
DECANT
DULCIMER
EMISSARY
HALVES
INTERPOLATE
KOMILLA
MISGUIDANCE
NANKEEN
POINTILLISM
PRELIMINARY
SENSATIONAL
STICKBALL
TRIDENT
UNCHAIN
WARRANTY

```
X R J G J J Y U X M L J S J X B S D Y D L
S L E R W Z E N I I E B O X Y E U T A H
D U L C I M E R C M S E V L A H L N N W
A B A K O N O I I H F G E I T H O E F W
L U U Q O I A S O Y A T U M Y I M Y M T
O A G R U M S N T Z A I J I T X Y M B R
G F U E N A I N K L B S N A D Y R P K I
N W A R R E A L O E T O S K U A N C L D
I K Q Y C R R P L I E N O Z N C N Y M E
H W T M R N R N C A E N D Q B H A C O N
C T N A C E D K R S I O G F M N U K E T
C D W N T R B P O I N T I L L I S M O Z
G V Y N C A R S D M U W Y I N N X I N N
O T I B L B W I M Z H O K T G U Z O W V
P R E L I M I N A R Y T I U Q I T N A C
```

404

```
O S G H H X S J O H N J V X J V H E I E
S T A T E S M A N U T G E A Y C Q H R L
M N B N I N T E R P R E T L H R O C G G
C R E D I T C T L D E P R A L U C E S E
O R M A J C U U E M V E O W Q Y V B R Q
Y G Y L O R V V K R B W B E T H R E P D
I N O P E R A B L E U G O R V A H O E D
P E T E P R H P Q Y S E T U M W C R L E
P R I B W W L Q Y D L A L B O I A E S L
I R W I U E Z Q T T U D I N V R L R T Y
U N B E L I E F N A E X K Z F X E A R M
Y R Q H N Z E E M N I U E N Z M V Y N I
S C G N W W G V N N H Z I W B D T S H O
Q O S T I I N A M E X Z U U S T O C K Y
D Z M J A D C X D H V F S Q X V N G Y Q
```

BUREWALA
CANNED
CREDIT
GENTLE
INFRARED
INOPERABLE
INTERPRET
JELLYROLL
MANIITSOQ
MILANO
NOWHERE
NURTURE
ROBOTLIKE
SECULAR
STATESMAN
STOCKY
SUBMERSE
SUBVERT
TACET
UNBELIEF

405

```
N C Q Z D F V T B Y E W Q G L A B L X E
E F Y T E A Z I V E R U S A R E Q D Q Y
T S E T H B C M Y R A U D I S E R Z L Q
T U S X Y A T E J E S U O L E D P C G U
I C U V M A H S M Y V E V I T E L P X E
N X O E K W L C R D N B F A P R O V E N
G A R M L A T E M N O N G N I D N I B I
S A O W M R O T S N R A B B Y S K R H A
L P C R E K A H S T L A S V E D U S G G
E J E T A F L U S P Y T B N I D A P Q F
G H D X K Q D J Z R K W O J D B O C J J
T V N R U L M J R P S A G Y A D X U C Z
E M I T E F I L T Q J G M N Z N U X I G
V M W J Q A M O K F W O U D D V O H S N
P X F C O K D X Z W W F J H X X F R X V
```

BARNSTORM
BEAUVAIS
BEDOUIN
BICAMERAL
BINDING
DELOUSE
ERASURE
EXPLETIVE
FUNABASHI
INDECOROUS
LIFETIME
NETTING
NONMETAL
PROVEN
RESIDUARY
RUDDY
SALTSHAKER
SULFATE
THERMAL
TIMES

406

AIRBORNE
ASYLUM
DEMEAN
ENTRANT
GENTLY
GODLIKE
HAMHUNG
HUCKLEBERRY
INDUCTIVE
JISHU
LADYSHIP
LEAVEN
LINCOLN
LUBUMBASHI
MAINSAIL
MIANDOAB
MONDAY
NAWABGANJ
PHOTOCOPY
TERMS

```
R M G V B D I E J L I A S N I A M X L N
N O K D S M Y N P F A C H L X C P I W H
G N U H M A H T V T A D F E Z K G Y S D
A D U P O U J R S J I Z Y L E A V E N A
S A X K H Q G A C O O S R S T E E F A G
Y Y S B A O D N A I M G R B H V N E E O
L L L I I L T T S L O F E L L I N J M D
U N B T F N L O C N I L B S H T P I E L
M I W K N K D U C C Q K E R N C U S D I
M L N N G E F G B O Z N L H L U W H K K
T E R M S U G R A B P R K N L D X U J E
K N A W A B G A N J Q Y C C A N R F S B
L U B U M B A S H I B Y U T T I A X Z G
V Z A I R B O R N E R I H V O Y O T Z L
P I A A J O B D X E F P V G M G N D R U
```

407

AMELIORATE
ASPIRIN
BLOODSHOT
BOLUS
BROADSWORD
COMMISSARY
CRUCIAL
DISFIGURE
EXCAVATE
FILER
INSULATE
MALDIVES
NGERKEAI
PALANQUIN
PIMPLE
PUBLICAN
SALVATION
SENTIMENTAL
SMITE
SOFTY

```
S P B F R O Z Z N A C I L B U P R D W I
A H O I T Y R A G L M M M M I P N L Q T
L I Z L I P O E E C Y T H V Z H Y U O R
V A A E K V T L R B R P G L V V S H O F
A X T R I A W P K H L U D C A I S R R U
T G T N V J U M E L C S C S T D N R U S
I L B A E M O I A Y F B P I O E M E E I
O Q C B J M A P I L L I O O A O N V S N
N X C O M M I S S A R Y L L D L I V O S
E L A J Q P H T G I L B Z T U D D Y F U
A N C X U U X F N X D E N D L S S F T L
P A L A N Q U I N E K I J A A N M E Y A
B R O A D S W O R D S P M S F U I C L T
X G S T E T A R B V Y N Q U P Y T X I E
D I S F I G U R E E T A R O I L E M A V
```

408

```
K Z A N F N J G P I P O Z T C U P Y C E
P J N O K S W I U A U E J B P Y R C O X
B H N C Z Y D O S O R P I Q E T H M N C
B E T A T I L I B E D E V B S O U M V R
O L K C K C X E I D D A L A M K E Z I U
A G E E K D N A N D P C P E L R G H N C
Z N Q W I S T U E I H N S U P A B W C I
J I G L N E A T H S U P K I M M I T E A
H Q O L L M A A Y I U N B A J K X P V T
B T C O I C V Y C N E T E P M O C X W I
S L G P R C W R D H P V B G A O U Q T N
D X B A A H I I R E T A B E D B Y Q M G
P Y M Q T X P Z Z R O L O C R E T A W G
V E H M Q E W S E I C H A S T I T Y Q R
D Q S V L Z N O I T C I D E N E B E K H
```

ANGLICIZE
BENEDICTION
BOOKMARK
CHASTITY
COMPETENCY
CONVINCE
DEBATER
DEBILITATE
DEMARCATE
DISINHERIT
EXCRUCIATING
GENUINELY
GOLETA
HOMESPUN
LADDIE
MUKLUK
PASTRY
PROSODY
STOLID
WATERCOLOR

409

```
S S P A S M Z C W G A H Y V F F J F S F
A E A E U D W Q Y L P H T X X C H X C Q
M I B G Y Q S Y A O P L M H K F W Z R Y
Y L B A F F A F I U Y M L E Y M G B I N
A L S S C B F T A C B F T Y D K O N P B
A E O I V E M K B E L B I G N A T P V S
P G D U L R O Z A S B U F F E T B W C S
M I G I N F O U K T S I G G U R D A D L
U T Q G Z U T L S E R U N W A Y K L D E
T I J D K P C Z C R E G E T N I W I Q M
A M Q F Q O T Y O O B A R G E L U V S U
N A H S O A B B D M H C H K I V Y V S R
T T E X E R T K N A I R T S E D E P Z I
W E P H A S D L F L M O B S T E R P X F
N C N B F H Q O S G I A C M V P T B K U
```

AFFABLY ☐
AHMEDABAD ☐
BAOSHAN ☐
BARGE ☐
BUFFET ☐
DRUGGIST ☐
EXERT ☐
GLAMOR ☐
GLOUCESTER ☐
ILLEGITIMATE ☐
INTEGER ☐
LEMUR ☐
MOBSTER ☐
MUTANT ☐
PEDESTRIAN ☐
RUNWAY ☐
SCRIP ☐
SEBACEOUS ☐
SPASM ☐
TANGIBLE ☐

410

CONTINENTAL ☐
COUNSELOR ☐
CREVASSE ☐
ESTABLISH ☐
ESTRANGE ☐
FILLIP ☐
FORMAL ☐
GAMBIT ☐
GRIDDLE ☐
IMMEDIATELY ☐
IRRESOLUTE ☐
NARCISSUS ☐
PEARL ☐
PEREMPTORY ☐
PONTIFF ☐
RHYTHM ☐
STEEPLY ☐
SYCOPHANT ☐
TINSMITH ☐
TOTALLY ☐

```
C I M M E D I A T E L Y S Z T H G V I J
R O F N A R C I S S U S C C Q H R B I X
H S N S Y C O P H A N T L S F T I T G U
Y Q C T L O Y H S I L B A T S E D K T D
T H Y V I L P E R E M P T O R Y D G J R
H N O N L N K R W P D S N L I L L J O C
M W D A C H E B Y J B T T M E D E L E R
J T T Z L S F N P Z V E S I M U E Y J E
D O Y H O F I I T L D E P T N S J H Q V
T B S L I H L R I A V P G Z N S M E X A
I L U T J L A C B M L L Q U S N M P Q S
Z T N O I X T Y M R R Y O I T Q F I M S
E O S F V V N I A O A C B S U D P T T E
P A P B A S P H G F E G N A R T S E F H
N X F T R Q M U N S P N M J G S F N Q V
```

411

BACKSPLASH
CIRCUMSPECT
CLOCHE
COUNTY
CRAZE
DRENCH
EPISCOPAL
EXCLUDING
GLUCOSE
HOUSECOAT
INSCRIBE
JACKPOT
MENOPAUSE
NECKERCHIEF
RADIOISOTOPE
RALEIGH
REVERB
SUDOKU
TABLEWARE
UNDRESS

```
P E C X Z D D L C C Y C E P G G N R A J
Z X S T V D Q R N E T L G C Z L E A P A
X C D U K O D U S C N O N W U U C D C C
C L G B D C G U E K U C S J L C K I U K
W U B W G E A P F C O H I X R O E O N P
S D R W Z P S H E E C E I A Y S R I D O
J I E F O M G I N S C R I B E E C S R T
Z N V N U I C Y F I B M Z Y W P H O E A
M G E C E K L R D R E N C H G F I T S O
Q M R L K V U L A P O C S I P E E O S C
K I A V V P E C F Z D C W U C I F P A E
C R M J N Q N E R F E D M I E H L E S S
Y O Y E T A B L E W A R E D Z K E I A U
F V J X C C N E K B A C K S P L A S H O
Y W S Z W Q D E S I H A U U K D I W X H
```

412

```
G R X C X V Q I E J W Z E L Q N Y N Q V
G M Y Y Q S F H Z T S B T D A R P P Y I
S R E V I D I C E M A N K U O I X Y V C
B L I K A H K T Q D Y X S I D P O H I T
L E I N Q D R A P C J E R D Z S E P K O
C I L X G R D U O L A P L A G A T A M R
A L Z L Y O J Q E U A Y W E O D K R L I
I S C A I I A S A K R C O J N K I G B O
S J U P R C W A B Q R T A E L L N O I U
S M F J S D O S X E E O M T T V R T G S
O D U F I R P S T J Z M I I E M B P H W
N O H V F A W C E H O O C F D T L Y T D
X Z W Q C W T F C C V O S O E P I R J E
M W H U D Y R U E Y X X S R H C N C H E
S O K Q I R S R N D G C C P J A D A P Q
```

BELLICOSE
BIGHT
BLIND
CAISSON
CRYPTOGRAPHY
DIVERS
GRINGO
ICEMAN
KHAKI
LIZARD
MATAGALPA
NAUSEA
PIDDLY
PLACATE
PRIORY
PROFIT
RECOMMEND
SASQUATCH
SUJIATUN
VICTORIOUS

413

```
L K P F Q H E G E R C L I N D S V G D R
I O U U F P N D G E L T T A T J J N E S
C H O A X I U V A V P I L L A G E M M H
Z M U F L T R N T I H C A T I H M U A R
H Q Y K E E U O S S U K U N M I K I N E
X C R U A L L I P I L E M F H A R D E W
H A S M R E A S U O A S Z S V F S I R R
D E X V A Y G S A N F R O Z Q B N R O N
D N R X I E N I L D A E D Q Y M K I F C
J X D K N J A M P R E F A B R I C A T E
S F P H O W M R B B P H V X J G L H Y L
G A R M H E Q E O K T M E N C R Y P T L
D I T U L Q N T L Y S U A L X F W A G R
B D D Y Q C S N W O P A W C O Q M Z B D
Y Q Y V Z T M I A F P Y U O E B L I Z K
```

DARKLING
DEADLINE
DESUETUDE
ENCRYPT
EYELET
FORENAME
HITACHI
HONIARA
INTERMISSION
IRIDIUM
MANGALURU
MELIPILLA
NUKUS
PILLAGE
PREFABRICATE
REVISION
SHIMMER
SHREW
TATTLE
UPSTAGE

414

BARLEY
BRINKMANSHIP
CHATTY
COLORFAST
CONVERTIBLE
DUBROVNIK
HONEYTRAP
JOLIET
LUCERNE
MOSSENDJO
OVERDOSE
PARODY
PINGTUNG
RANCOR
STRIVE
SUFFUSE
SUMBAWANGA
TAIPO
TUREEN
ULCER

```
V G X S U M B A W A N G A C R Y U Q S C
N C O L O R F A S T L S C R V N T H U O
L K A P G Q X U J U E L J J H R R N F N
V V C J I K P F C N P I S T R I V E F V
D U T N A E Y E L R A B L O Y B K M U E
P U V C F V R G F I R D S O F P L J S R
M A B W B N P N V A T K K Y J A U V E T
C O R R E C L U L X Y C H A T T Y K E I
T E S O O W L T H W E E V L Q Z X A S B
F S J S D V P G B L N W M L J O N R O L
L L B G E Y N N D K O I Y T J N J E D E
E M S F D N F I P I H S N A M K N I R B
R A N C O R D P K B N J T I T U R E E N
I K F A Z B X J H V I X P P L S U F V M
P P C V E A L X O Z E G I O D N Z H O S
```

415

ABSTAIN
AGENCY
AMIENS
BATHROBE
BEREZNIKI
CAVALCADE
CHURCH
CLOAKROOM
CONTINENT
DEADLOCK
DOWDY
DWELL
LEWDNESS
LIEGE
LOVAGE
MORDANT
REFINED
SHAOWU
SUCCOTASH
TRIESEN

```
F B B F D M E D G J P S H A E I U P B Z
L K E F E O O B F E G C B B G O J V Z S
S M R Q A O K R I D R S O R A E M O L U
L L E W D R K T D U T R D Z T G N T F C
L U Z V L K F D H A H X O I L A G C Z C
I R N R O A K C I T N C E L T V S E Y O
J F I C C O O N A O A T L Z Z O L Y D T
F K K M K L I B Y V L N A D L L D M W A
I S I W Z C R K A E B E E E I W U A O S
S H A O W U O L W S F N A P E W G S D H
G R S Y P X C D N A I I P V G I T K B Y
K A H K O A N S N F K T O F E Y X G A J
X M R H D E X V E Q U N H C D J M I O B
T R I E S E N R Q N T O V A H L S A T G
D S Q S N E I M A A H C A F Y V B C D C
```

416

```
J P E Y U S A F E G U A R D P H H L Y M
D O D A N K A Y W E H M U A I C N A W M
G A I D R O V E R B O A R D C M O V U A
V J T N O R E P A H C V K F F W B M J M
X R E E T W S D T I E Z C H E N B J F D
K I B G L L A I T N E D I V O R P V S E
M J N A P I Y F U Y O J W S Q T J E T S
E L D N A H N A M V R I I G O A K A W E
F Q I T T Y S E E U I B L C U R D K V U
S V K D O Y U R G Y M B I J O N R I J D
W A I T E R P G P W G A A Z U N E Y J Y
I N E F F A C E A B L E B N U C Q M Z T
O X K Q S I W J P M X H I F R S C U Q Q
G D G S G Y M K H A N A J E J U L E E L
V T L L U A X D V J X W P H E F A T R R
```

AGENDA
BAILIWICK
BETIDE
CHAPERON
CONQUER
DATELINE
GYMKHANA
INEFFACEABLE
INUNDATE
JIRJA
JOINTLY
MANHANDLE
OVERBOARD
OVERPASS
PARVENU
PERCEIVE
PROVIDENTIAL
SAFEGUARD
SORRY
WAITER

417

```
R K S U R E V I V I F Y L O M F D X A R
X U W P M E R I S A W Y D O B M E S I D
B W B Z E S J O Z Y E S B I D Z E J H E
L W F B R C E A M V P H N Z I S B S O N
T T C M I D I H M U L G O L U R S U L T
R R U X I S Q M S K I B A O C E O N O E
N A I V K V H S E D O N H N L K Q H C R
Z Z I P W K P B N N O E A I V F Q A A T
W S L S L L W O C S R D T T K R J P U A
M V D U P E C Y R A G I B G I P F P S I
B N Y W W L X E W O P I U J I T O Y T N
F L A T L Y P P H U N T S H O L I N G E
X E L F W M A R I N E C I G L A E B P R
M E K J P J J M A R Q U E T R Y M P E C
X V O H P I M M I S C I B L E B W A D G
```

CONDIGN
DISEMBODY
ENTERTAINER
FLATLY
HOLOCAUST
IMMISCIBLE
MARINE
MARQUETRY
PERSONALIZE
PHUNTSHOLING
PITILESS
REVIVIFY
RUBBISH
SCOWL
SPECIMEN
TITANIUM
TRIPLEX
UNHAPPY
VIDEO
WAREHOUSE

418

AWESOME
BOTHERATION
BYGONE
DATIVE
EMBODY
GNASH
HADDOCK
HYDRANT
HYDROPONICS
INNERSOLE
KINFOLK
MILWAUKEE
MOLTEN
OPPOSED
POLITESSE
RUIAN
SEMANTICS
TRINE
UNBOWED
ZARAGOZA

```
T O G T Q E X E F Y H O V B H G Z N Z I
Z R G Y U M M U D Y C N H S M U E M S N
A W I U B B W Q D I M J A B Y T H H Q N
F O L N O N X R P K T N I I L N K B M E
I Z M D E W O B N U G M Y O U A H O D R
W R Y F N P S C I T N A M E S R P T A S
A W E S O M E E D C K Z U E T D O H T O
F P R N G M Q E F C Z O N K F Y L E I L
E Y I N Y W S Y O X X G H U H H I R V E
N C K O B O N D R W A A L A T B T A E P
S C L D P U D R I H X R X W D D E T K Z
C V N P Y A B I Z U X A X L O J S I F R
X V O M H F L Y Y D S Z U I T F S O Q P
K I N F O L K Z J D K A O M K W E N I B
J L C U E O O K L Q J C L Y R L B Z C T
```

419

ASPHODEL
AVOIRDUPOIS
BUTTONHOLE
CHIMNEYPOT
CHITTERLINGS
COCHABAMBA
CONSUMMATE
DAGGER
DECELERATE
DEMONIZATION
EIGHTY
FINGERPRINT
GILDED
METAIRIE
QUALIFY
RATIFICATION
RESTRICT
SHIFT
UNINTERESTED
UPPITY

```
N O I T A Z I N O M E D E C R A U F A H
C Z S Z W R U P X T Q I N D A S N I V M
G H M H P C K P A C R Z E E T P I N O M
X U I Z I Y O M A I M C L T I H N G I T
P J E M T F M H A K E U O H F O T E R S
Q L R H N U T T Y L D X H F I D E R D A
U K G E S E E N E U A Z N E C E R P U X
I I H N S M Y R A O G Q O J A L E R P E
E Z O H R T A P H V G D T B T Q S I O D
H C Z C U T R U O R E Y T Q I U T N I A
G I L D E D H I G T R W U Z O A E T S P
U P P I T Y B F C M O W B H N L D C E S
U K C T I U R B B T Z Q C N S I E J F J
C H I T T E R L I N G S Q Z H F J N F J
C O C H A B A M B A G L U H H Y U B C G
```

420

```
B U K N O V E L R J A T P K S H E A F E
Q Z O D K X Q V O E M R A D N E G C Q Z
P Y L P E R S Z H U W Q T C M J R T R J
B Q O E G P T J T Q D O W T A B N I N H
A R M F X Z N T A R U C L L L B K N G M
R Y N O L O C D K W H A J G L P N G A V
E E A H A N G Z H O U D N Z E V W D V G
H T S I T E N I R A L C D T T H S S N W
T I A E U I L L O G I C A L I T G I O A
A C F V M M M P C X M S E Q O T S K O S
F I T F O B F N F G O K L P A U Y R E T
E L A V I U L C V F A W V W F W X T N E
R P U K X X C E I F T L C N Q Q Q B L F
O M F V D E U H I O G O O J X Y P N S U
F I W J H T S M E N O C R L L P T S L L
```

ACTING
AVOUCH
CLARINETIST
COLONY
CONFUSING
FOREFATHER
GENDARME
GLOWER
HANGZHOU
ILLOGICAL
IMPLICIT
KOLOMNA
MALLET
NOVEL
POTSDAM
QUANTITY
REPLY
RESEMBLE
ROHTAK
WASTEFUL

421

```
I N S H T N A L U M I T S E P T M S K K
H N A S O H O O V E R U G D V Y V T S O
S F F B B A P T I S M Y X A C N T A P U
K G S L V L H V M W H T P R U W Z S Y X
F I E E U L S U G E A U D M M E D H T G
L Q I F V X I Q P O A E E O Y C D C P W
E V R N M D L G C V N R T C T Q N T B S
N Q F X N S Y V R G A O I X B R S U P Y
G B M I Y Z T R I T H P D H L Y Z L C N
A V U J Z F S E E S H A U Q G C H C Z A
P C D E I Z R R I K V G R E B H E C Y G
E P O M O O G F V K C N E U R O K B R O
H Y N O F A L R Y J S I A D W Q W A P G
Q U R X X E X F K Q V S R C Z H X E E U
E P A H S S I M Y S D Q S T T I Q G L E
```

BAPTISM
BOWEL
CLUTCH
COMRADE
DUMFRIES
ERUDITE
FOREIGN
HOOVER
INDIUM
INFLUX
LISBON
MISSHAPE
NUMERATE
SELFISH
SINGAPORE
STASH
STIMULANT
STYLISH
SYNAGOGUE
TRICKERY

422

ADVISEMENT
CATARRH
CREATION
CZECH
DOORMAN
DOWNTRODDEN
INQUIETUDE
JINCHANG
JOUST
LANDFALL
MELODEON
NONAGENARIAN
NOXIOUS
PHYLUM
POISONOUS
REMUNERATION
REPRESS
SEQUIN
SOURCE
STITCH

```
C R L H B S A W L S U O I X O N E D D I
E A E D A O E B A N E D D O R T N W O D
E G T L A M E Q N B C Q M I Q N H R P R
R B O A S X Z P D P R T U V U O T E O E
L H N Y R R X L F R U C L I B N Y P I M
A I I R Y R D K A Q O R Y F N A D R S U
X L C T M H H D L L S Z H K H G O E O N
F K M A T Y G Z L E X Z P C H E O S N E
E Q C C R E A T I O N O T C J N R S O R
I N Q U I E T U D E P I E I T A M Q U A
A D V I S E M E N T T Z M S I R A F S T
M E L O D E O N C S C N U O V I N L E I
J I N C H A N G E P H O F D R A S Q V O
H Y A W L L U G S V J Z F C R N V V N N
B A H Z M X M B U P P T B Z J X N H J Q
```

423

APOGEE
ARROWROOT
ASTRONAUT
CARACAS
CRAWL
DEFEAT
FAIRYLAND
FATIGUE
INTOXICANT
KAMPALA
KIZILTEPE
MOCCASIN
NICKER
PARITY
PELLUCID
SICKROOM
STRAGGLE
TROUGH
UNFORMED
WALLOW

```
I A P Z C S W T O B A V O K O L C M S V
C O P J O E P T U B S J Q K A I S N N Y
S T R A G G L E W M T R W A O M T X T S
U D E F F O Z F O W R R X P J F P I B Y
L L E K A J X C V T O O R W O R R A F T
J X G F R T C N V A N N Y G V A V A L N
U O O V E A I S R U A I Y A P T I P W A
F S P T S A V G Y N U C L O K R F M A C
R R A I Y N T U U D T K R T Y Y G Q R I
W U N F O R M E D E P E T L I Z I K C X
M O O R K C I S A C A R A C V B U U J O
P E L L U C I D J H O N R M J P H P R T
E V O L H P K W P U D I D W X F W R H N
H V I O A W R A G D D C G S T C B J I I
V Q H C L W J H W U F S Q Y M E L A F C
```

424

```
B T B A M U E V N F H C E Z T O U I J S
F S N S M E Y H P O R T C T N N M U D C
Z T O I I F Y S E R H A N D S O M E E O
R A R E L O H C W E V I T A C O V V B U
C S W K Y F N R G G K B E L L I O G O N
J L A V E U J A N R V I A K L L G B G D
K V L W O A Z E Y O G A L Y C G R A E R
N E K P O I R U Z U A A N L W X F R Y E
U U E A L V K L A N R I H G J D B Z M L
Q S Y L O Y X W O D V Y V T U O D H A Q
N P I U U Q L F I B O X D J P A Y M N A
L O S V G N S Y A W E G D E Y R R C P B
N L X V W A G G I R L F R I E N D D D E
Y B Z J X R M J X K B W C V N B M J I L
W L Z R X C A R P P U U K C E N Y T L X
```

BOGEYMAN
CHOLERA
CLOVE
DEVIL
EARLOBE
EDGEWAYS
FLINT
FOREGROUND
GAZILLION
GIRLFRIEND
HANDSOME
KEELUNG
KILLJOY
NERVOUSLY
NORWALK
POUNCE
SCOUNDREL
TROPHY
VANGUARD
VOCATIVE

425

```
R V P E K B Y T X J R N G A B Y K U K N
W F I H P H V R O G F O O B N G E R O M
Z J U H O M B D P W U Q S B S O L L P E
O X N B H O D I D Y T A K E W G L D O D
K G A T N W W J S J C J R P B I B S R I
D R D H J S Q L Q O C D D D R U R R K O
T H I N K N F S H K V Y O A S N S Z C C
T R A N S L A T A B L E C M F M H H H R
F E O D I O U S G Y I Y K A J V A U O E
K A E D Q N R T T F I L R I A H C N P S
S R E R O F A N I P K S F Z P S E D K O
C F F M I T P Q I E L K H E K N P T E P
T V L X T M E Z Z A N I N E D F R N E O
T A D F A M E M E N T O V W O M B U N R
S Z D N P B U T T E R S C O T C H G T P
```

BUTTERSCOTCH
CARILLON
CHAIRLIFT
GUARDSMAN
HOBART
KATYDID
MAIZE
MEDIOCRE
MEMENTO
MEZZANINE
ODIOUS
PATIO
PINAFORE
PORKCHOP
PROPOSE
ROSEBUSH
SALMON
THINK
TRANSLATABLE
TURNPIKE

426

BASEMENT
BLASPHEMY
CHICHESTER
EMPHASIZE
HAZARD
HEADDRESS
HILLY
IMAGO
INTEGRATED
LANDHOLDER
LINSHUI
MIMOSA
OUTLANDISH
PLOWSHARE
SAMARKAND
SHIBBOLETH
SYNERGY
TIGHTROPE
UNAVAILING
WASHINGTON

```
L I F W I N T E G R A T E D R H P I H I
U I G H H J T D N C V U L U C P Y V I M
N W N B E P O R T H G I T Y J M H A L A
A W S S A A Z Q S R E D L O H D N A L G
V F P M H C D R A Z A H O P W Z A X Y O
A U F D S U H D O L W Q U B D E M T M M
I M J U S Y I I R U D A B G L Q N T E I
L E W J Q F Y G C E T M S S Z E V Y H M
I S G S F T V J B H S L Q H M X U E P O
N Y F W U U P M V S E S A E I P G B S S
G N P L O W S H A R E S S N B N G I A A
V E Z I S A H P M E L A T W D U G Q L M
M R R K O Z S J G X B J A E W I K T B S
D G S H I B B O L E T H T K R E S R O A
W Y G F S S A M A R K A N D F R Z H K N
```

427

CROATIA
FLABBERGAST
GHOST
HAPPENING
JIMMY
LANDMASS
LETHBRIDGE
MARRIED
MODERATOR
MOTLEY
PHILANTHROPY
QUARTZ
REFRIGERATOR
REPUBLIC
STRIKE
SUNROOF
SURVIVE
TARRAGONA
TEASEL
TUNNY

```
V W E P S P C X H S L D T T O E X A V Z
X Y N N U T I R U A E A S K D V N V V K
F M E N R D L B O I P O N A O O H S P A
V M P C V B Z Y R A H P X D G P I A H Z
W I V P I J F R N G T O E A M N T K I F
H J Y L V L A R A C E I R N L A L Q L L
M S A W E M B F U K D R A I I G S U A A
L O G F M V K U I I A J Y T F N O S N B
M B T N H T X R P T E K Z W L D G S T B
H Z Z L R O T A R E D O M Q U G L X H E
G T C N E S R O T A R E G I R F E R R R
F V C A I Y L E T H B R I D G E S Q O G
D R G C G Y J X B G D W V O U C A U P A
Q U A R T Z N L I T E N I H T Y E Z Y S
S U N R O O F C X U D C I T U X T P B T
```

428

```
E T A N O T E D C A T N A M H C N E H A
C R T E L N D A H Z P E E L I B U J R N
C O Z S G N T M A A D U H X J S A A Q H
O L N U W E K B M L T R L K D P F G V Y
R C W S R Y C Z P E N O U Q H S U B F D
B O W I I U A N I A E T N E I T A P C R
O N Q D K D M P O T M I X S F C C A I O
O S P I T Z E D N H N C Y Q K I H L N U
K P Q M L Z H R S T O F K P S I V A R S
W I Q H J N I U H T T A E A L I D C M N
O C I T G U M A I T N D B D X J J K B R
R U R C W N M J P C A T A N Z A R O J Q
K O Z B J M U N F L C Q W E N A X Q O N
K U A N D A N T E X I B F A C T O R Y O
S S X Z M Q C Q D Y V T C X J S W I R N
```

ALACK
ANDANTE
ANHYDROUS
AZALEA
BACKPEDAL
BASIC
BOOKWORK
CANTONMENT
CATANZARO
CHAMPIONSHIP
CONSIDER
CONSPICUOUS
DETONATE
DISUSE
ERZURUM
FACTORY
HENCHMAN
JUBILEE
NEUROTIC
PATIENT

429

```
E D T A V S B S N I D L G Q I O Z X E C
A E R D N O T S O B N N Y R N Q Q T X R
S Z J A E D H C X U E S E I K U A K S I
T C T V M C R D F W P B A R A N T A M M
B M S W L A A O D Q I M E N G S I A A I
O W E S V J U M I R N T T A I R S M Q N
U C K T N Q K Y E D S I T V E T T U B O
R M V O E E V B E A T S V B E B Y X R L
N F O V T O E M C A Y F I R O V J W X O
E N B R Q P R Z T H G T W O U T L A Y G
E Z T P B M U I E W O O D R Z H B Q O Y
F V X S O I V Q C T R A D D F B P P Y W
G Z F Z P E D Z V K I I R F L Y Q V Y X
N C H E E R L E A D E R E D V R B P J B
Y P R O M E T H I U M N A V O N W E Y G
```

ANDROID
BERIBERI
BOSTON
CASTER
CHEERLEADER
CRIMINOLOGY
DRAMA
EASTBOURNE
HOARD
INSANITY
MASTERWORK
METEORIC
MORBID
OUTLAY
PROMETHIUM
QUANTITATIVE
SNEEZE
SNIPE
STAGNATE
TIBERIAS

430

AMERCE
AMPHITHEATER
ANNUL
ASSIDUOUS
CHARLATAN
COMPLAINT
CROSSING
GERONTOLOGY
KISUMU
MARABA
MOTHERLY
NACRE
ONETIME
PERTURB
PRECISELY
PROFOUND
PURSER
REPETITIOUS
RIGGING
UNADORNED

```
O V M C Q M W H X L U K A P V X E V S G
O D Y O N T Y J F Q N R F M V M B P E K
Q N R R T L R R C K A C A A E T H R W F
M U E E E H X E I K D L C V G R O R V G
A O R T C L E S E Z O N H I E N C L L Q
R F C A I O U R J G R H A A T T Y E J F
A O A E S M M U L C N T R O R X U L B E
B R N H U B E P S Y E Y L E S I C E R P
A P G T O T Z G L K D O A R I G G I N G
U E F I U M M D U A G T T X P P C Y Q Y
D E M H D B Q E N Y I Y A P E R T U R B
E I Q P I S X J N H L N N E R R C V N W
N L X M S B I V A B I S T N K F X O U R
J C M A S Q V O T O C R O S S I N G T M
L L X L A R E P E T I T I O U S V V L H
```

431

CENTER
CHORTLE
COTTONSEED
CURBING
DISPOSSESS
DIURETIC
EXEMPLIFY
GERUND
INDIVIDUAL
LANOLIN
LEGEND
LITHE
POOCH
PREMEDITATE
SCALAWAG
SEVERE
SHRIKE
SYMPATHY
TABLOID
TEAMMATE

```
R J L W P D A Y R L C C N A L E D X N F
H D C E X R H O A L E O Q Z Q J I Y R T
B Y I J G T E U X Y N N T H O G U G V I
X M R S A E D M U O T W C V U A R Z M T
R K R P P I N W E R E V E S E W E R T M
E J M X V O A D P D R E R O T A T F J T
X Y S I V C S G N N I L O N A L I E B Y
S F D B M V W S Y C I T L P M A C X F O
W N X P V T P R E T Z R A Z M C M E C D
I A R T B O X G H S Q O R T A S L M X P
C O T T O N S E E D S H X M E R A P I M
Y Y D C S H R I K E B C I R T N V L H X
C L H G N P C U R B I N G W B B B V I C U
T A B L O I D N U R E G B V U Y T F R G
A D E S I M A O Y B S Z F G Q J O Y G E
```

432

```
E M A N A T E L O I T E P F M B Z W L D
G N I D D E W E T E Z Z O L A J E K D G
N A C H S A P O V K N R S A H S F Y X K
E T H G I L D A E H E V B M A N W T L H
V S E H H L F W S M Y R U M J Z Z I A G
A H T N K Q H X T S G G N A A J F L I U
C G E A D C A L A M I T Y B N G F A C O
S G T O B R I T Y L S Y T L G T O N I R
X D S A S L I W I M W W L E A T Y O V O
T E P Z O S E L O D T P A F U Y A I O B
E B Q L F T K B J W N G N C K H L T N H
Y H F Y X Y U Q O M N K E B Q T P A A G
Z T U S C S C F N Y Y B P K P B N R R U
H E A V Y H E A R T E D A G M C F S A O
P A L E M B A N G P H Y W R L D L R B L
```

ASHCAN
BARANOVICI
CALAMITY
EMANATE
FLAMMABLE
HEADLIGHT
HEAVYHEARTED
LOUGHBOROUGH
MAHAJANGA
PALEMBANG
PENALTY
PETIOLE
PLAYOFF
RATIONALITY
SATISFY
SCAVENGE
STABLEBOY
TENDRIL
TYING
WEDDING

433

```
P J N O U R S W M Q C B O B M P N W H O
L A A U G Y A P B J Z A V H H K T P V S
E C R T N I N D Z W I L E P R E H E A T
T K R G K O D Q G U Y A R H X Y G P O I
H S A O U I B C P G D S A B E Y U O K S
O O T I E D A R U H Z H W T T R A C X O
R N I N O J G C A P U O E E A E R S D P
A V V G U X M S E M F V S G P L T I X E
A I E P E N A N C E D U R G I T S C N D
D L D I S C O U R A G E L H S U I R L G
K L M Z V J S Q D D Z H P E S C D A I Q
R E B W S X D U U X V W B A I Q J V M E
A A D O I K S E R R A P O D D T I I D A
Q X E C V V B V D K T A Q Q O D Y N H B
H Q Z Z G M U I G M I Z O A U E Z G R U
```

BALASHOV
CRAVING
CUPFUL
CUTLERY
DEPOSIT
DISCOURAGE
DISSIPATE
DISTRAUGHT
EGGHEAD
HERRING
JACKSONVILLE
NARRATIVE
OUTGOING
OVERAWE
PENANCE
PLETHORA
PREHEAT
SANDBAG
SCOPE
SERRA

434

ADJUDICATE
BREWPUB
BURGLARIZE
BUSHY
CHEAPO
DESOLATE
DIAPHANOUS
EUGENE
FOPPISH
FORTIFY
GRANDDAD
INCREDULOUS
MANTA
NUDNIK
OBUASI
PREARRANGE
PRECEDENT
QUESADILLA
STRICKEN
TONGI

```
B U N A G K L Z B S B I D P A J O Y Z I
N Y E T I B Q U U H G J I W V K Y P X S
E H C N D K P C N N N G P F V W E J Q U
J S D A N W P C O M Z S P V U L E K P P
U U L M E Q R T F S U O N A H P A I D B
N B W R T U E Y W T O H L O X V Z C G U
X M B L A E A Z F R L B F Y F A H A R R
K N K T C S R L N I E H U Q Q E S I A G
D Q A L I A R J Q C T U H A A N I J N L
J V P G D D A M B K G R G P S E P W D A
I G G E U I N O O E J Y O E V I P D D R
K T D Y J L G H M N W H M F N Z O P A I
V X K W D L E D E S O L A T E E F R D Z
F U G X A A I N C R E D U L O U S R F E
J L H K B Y B P R E C E D E N T L B L V
```

435

AIRTIME
BLOND
BRACKEN
CARTAGENA
CATKIN
CENTIPEDE
DELICATE
FEROCIOUS
FORFEITURE
HEADREST
INTERBREED
LACTIC
MASALA
MULLION
POWDER
SKITTISH
SOCIALISM
STOLEN
TUMBLEWEED
WEEPING

```
F C B S G K H E K P Z R E D W O P J M I
O A L F K F M D T I Z M D W H Q N U N B
R R O E D I P Q V X I G E Y E R I T Y F
F T N R E U T R S T H Y P L I E E Q L F
E A D O E N J T R E A S I H I R P F K X
I G C C W V V I I Q J T T W B P P I J Y
T E L I E X A Q L S E O N R G K V K N M
U N J O L O Y A B T H L E P O F L V Q G
R A X U B T H L A M W E C M U L L I O N
E K C S M Z A C I A D N I B R A C K E N
K J W A U Z I S A S H W T S E R D A E H
X X P M T L Y T A A J D C V T B V Q D T
S A S P E K F P W L L U A C C A S Y I B
H R H D N F I E Z A A H L C S P F Y M T
F C G S H R Q N S O C I A L I S M I B D
```

436

```
V C P G E X S D Y K E D P J F V X Q Y T
F O E V D F F A L R E K I H H C T I H F
R U T N I H O E L P R E O R G A N I Z E
I R P K V T N G A U F T B I T L Y G D T
G O F C I F B H U L T A V E N G E K J L
H U R V D N S A T N W A L Z U T O H S T
T L V L B N S C C D Z B R W H F H F P D
E B C L U R O K A L C M S Y H G I S E R
N D I O S A P P U R T E N A N C E P I H
K S E F E P H E M E R A L N O M P V E O
D G M S O R E M O U N T O R Y A M D D W
Y G Z P C C C D D P B M T O H U V H C B
F F A E O A A C J O E P I C I I V A D E
Z C K N O K N L N L W N D R E C E D N I
A C R E A G E T S Q E S T E C X A L N T
```

ACREAGE
ACTUALLY
APPURTENANCE
AVENGE
BIFOCALS
CHAPPED
DESCANT
EPHEMERAL
FRIGHTEN
HITCHHIKER
HOWBEIT
LEMON
REMOUNT
REORGANIZE
SALUTARY
SUBDIVIDE
TRIUMVIR
TUZLA
UNSHAPED
VOTKINSK

437

```
M C F T X U C U H Y X L U Z E H L B R F
X H Z V S O V N B F C U R L H Q Y Y Q F
D D B Q A V T I B C X C L G Y Q L R M S
O T O M Q N N W G N R E L U R A F A B E
S T U D I O U S A A G N X R Q E L T N E
P D B R C O B H T Y Y A P O E L H E W T
L G T U Q Q K H H O B R D R O R O I B H
T E L S H D S Z Q Y A I G K J D M R Q E
D A D B O K M T J S O I L D Q D E P U P
R Z P A E S O P S I D E H L N X G O A R
O R Z L I A N V V E Z U L C R A R R N E
H U L K I N G P P E S I D H C U O P T D
F E B E R B E R A T I D W A P A W N U A
R E R A E B H C R O T M O T O C N V M T
L S J J K V D P S Q U P G M M Q N V X E
```

ABSURD
BELAY
BERBERATI
BINOCULAR
DISPOSE
HOMEGROWN
HULKING
KOLLAM
LUCENA
PEDIGREE
POUCH
PREDATE
PROPRIETARY
QUANTUM
RATHSKELLER
RULER
SEETHE
STUDIOUS
TORCHBEARER
WAYBILL

438

ATOLL
BADINAGE
CAFFEINE
CHINO
CONDOR
COUNCILOR
DUNDEE
ERASE
FINERY
FOXHOLE
FUNTUA
HASAKAH
KADUNA
MADAM
PERIGEE
PICKPOCKET
REPARATIVE
SAVAVE
SEMICOLON
WARPLANE

```
F Q K R M Z K F U B S B G Q Y C E L O L
O N I H C I A D C X L L I J T B Z B R E
X F C I L R D A S E M I C O L O N Y N O
H P O P U O U A Z A H O T W D G U A G L
O J C P Z D N X S Z M A D A M U L F L D
L P L I T N A B Q J B N S P F P N O Q D
E N A C C O U N C I L O R A R U T D W T
O H X K L C K T P X V F V A K A N H E C
D K S P B S A L Z D V S W K P A Z T B E
D G C O H G N F I K Q V N E V J H Z U O
Y W U C B Y J F F X B U Y R E N I F O A
X Q T K O N V L S E V A V A S M Q S X P
U T T E E G I R E P I U X S N X B Z P W
E V I T A R A P E R W N P E O A R Y J B
B A D I N A G E M R Q S E R B H R J R N
```

439

ACCOUNTABLE
ACUITY
CANDOR
CONDESCEND
COURTEOUS
ENCAMP
GALVESTON
GRATING
HURRY
LIBRARIAN
MECHANICAL
MOTORCADE
NANDED
PANIC
RECREATE
SIALKOT
SUNDIAL
THENCE
TOOELE
VIEWER

```
V C I N A P G U G E C V U D S C I C G J
A C N P M C V R L S T P E K U A S Q I F
N H X A C V C E A Y N D I D N N N E Z N
Y D C E O U O O Z T N M F K D D U V A U
M N Y E I O D J U A I S N K I O C I M O
E E T T U Y R N N M N D T A R R A W T
O C I J P W N F U K T G G L L A X K H V
S S U O E T R U O C O A M K R Y N E V I
R E C R E A T E D P K Q B B D B N M K E
L D A T W H Z B R U L Y I L G C H D O W
L N O T S E V L A G A L P E E X U C E E
Q O O E B H N S Z I I P L G K H R D M R
C C L Y C H K G Q T S G H K B F R Z R N
M E C H A N I C A L Z K X F K L Y I P A
T B M O T O R C A D E I R V W K Z N S Z
```

440

```
L K Z Q U Z U P H V J K U J I A E T F B
W N D C I V F E C R E S I A R D N U F G
L D C O S N L G T G C P N E C M U U L X
T R A N S O C E A N I C N G R I N V Q L
F A P O S Z I Z N G R V G A N J C F C E
L Q S S E J T I L I E T S T V U I O S H
S X C I R U R T Q L D S E Q N P A R T A
T I Q R D K A U O O A R K N V P T E F D
O N O P L V H P F B C X A E Y I E S D X
N K C M I S T E D O K O S B C S N I N T
E J L I J Y A D M L M Q X S A H R G P B
C X D I G G C A R M A M E N T G G H M R
B R U N E T T E N I N I M E F E Q T R M
Q J X A Y P A R T I C U L A R I B W T M
U T O D Z E I F M J C U N Z A M V H B B
```

ARMAMENT
BASSAR
BRUNETTE
CATHARTIC
DEPUTIZE
DRESS
ENUNCIATE
ENVELOP
FEMININE
FORESIGHT
FUNDRAISER
GABARDINE
IMPRISON
INTERCOM
NATCH
PARTICULAR
SOKODE
STONE
TRANSOCEANIC
UPPISH

441

```
D A W U N W B I T F G G R T E P Q H E A
Q X A N A C R A C N R W T U Q V U O N P
S N T T W H X W L Q X D L F B N C M T P
T P E T S K C I U Q F N N N O C F E R R
S T R G L E I B H R O T E A R P K M A O
H A B W R A E H A Q E Z J Y I C N A P V
V I I N N E L R Q T N E E R A I A D M E
A P R O D N B G A D C I T T L G P E E N
D O D T M R B C D I P H T I C P E T N X
C K G P F R O E A A K A U S F O B K T E
D I S M A Y G T R D U G T T S O A A L F
K V E O F F B K I P M H A L L E R G E N
D N T C G B M D F C A L Y X G E V P P M
C A S H E W C M J F T Y M P A N U M V I
W M T W Q E W J N Z V J I Z O D B F K N
```

ALLERGEN
APPROVE
ARCANA
ATTACK
BATCH
BERGEN
CALYX
CASHEW
COMPTON
DISMAY
ENTRAPMENT
GOBBLE
GUILIN
HOMEMADE
PRAETOR
PROFITEER
QADARIF
QUICKSTEP
TYMPANUM
WATERBIRD

442

ACHROMATIC
AEGIS
BARRETTE
BUTLER
CLANDESTINE
CONCERTINA
CONFUSED
EGGBEATER
ENNOBLE
GREENWASH
HEREAFTER
ILLUSORY
IMPLY
INCIVILITY
INGRAIN
OFFCUT
TIDELAND
UNEASY
UNLIT
UNUTTERABLE

```
C O A N D E S U F N O C I H K B U P E T
L F W T R G U N E A S Y N E Z C N T F I
A F T S T G X Z Z X Z B C R C C L F G D
N C U Y E B N W A L R I I E B V I A P E
D U O D T E C G O P G Q V A R U T M B L
E T C I T A M O R H C A I F Q X T L E A
S H E D E T N Z N K H W L T I J J L Y N
T F V G R E Y R B C W X I E R M D I E D
I W I T R R I J U M E L T R S N P F E R
N S H S A W N E E R G R Y B I C R L S G
E N V W B Q H S T W Q J T A K R Z L Y E
I L L U S O R Y S F H W R I L L U D E X
U N U T T E R A B L E G W D N E F X D E
F K N A B B V P C W N S A K V A L H A L
E N N O B L E V U I U H V S S S S L P P
```

443

AFTERNOON
BAILIFF
BODACIOUS
BUSHCRAFT
CHRISTCHURCH
COWPEA
DONKEYWORK
FASTIDIOUS
GUERRILLA
INEFFECTIVE
ORNAMENTAL
PAROCHIAL
PIERRE
PUISSANCE
TARAZ
TREMOLO
UNSTRUNG
UPWARD
VLADIVOSTOK
ZALANTUN

```
H P V N S U M K F G U T B E T P A B I C
E P A Z M N J W Z A B D R A W P U N N H
Y T C T Z G W R A I S M I E M T D I E R
Z F F I L I A B J M L T T K M H Z G F I
V A E P W O C U Q C Y A I U U O G Y F S
L R L L E N R H O H M U N D V H L C E T
A C B A C P S O V D G S W D I E W O C C
D H O T N O O N R E T F A L G O R G T H
I S D N A T Z V E R Z J D Y R G U B I U
V U A E S N U V R V M O A W Z R S V R
O B C M S Q L N P A R O C H I A L I E C
S S I A I G G D O N K E Y W O R K S Z H
T M O N U V C W Q K N G I A A A O M M L
O R U R P J K I Q A Z H U P H T C H E U
K U S O I G U E R R I L L A O S D A W H
```

444

```
N I P P I P E V I T A M R O F N I A Y E
R A F T P N X K N S E R G D N M B R Z S
A T V A C T Z E F O C L I M Q I A K P T
R A L I G N M K O G S S D A X T V J X R
I T U G G I G R O V A R V E I F A H E O
T V E W L A F O R P L D E N R N R L K G
Y W I P Z M T M P E E H U P Z L B A N E
O F M Q W H H E R U F F L E S A Y S N N
S O P A S S A G E L Q U D K N E I O E G
C J W O R R U F T H V V X I K E K P Y A
B A G U E T T E A K U U A T N Q O O F N
S Q O A Y G Y K W C A T Q T Y R H R P G
A N T I S E P T I C B A N E N T U P X S
L E P E A R V X G O F I T T E P M T Z X
Z G Y X P O S J J P X M I D I G M D M N
```

ANENT
ANTISEPTIC
BAGUETTE
COMPLIMENT
DISAPPEAR
ELDERLY
ESTROGEN
FURROW
INFORMATIVE
NAVIGATE
OBTAINABLE
PASSAGE
PETTIFOG
PIPPIN
PROPOSAL
RARITY
RUFFLE
SPOKESPERSON
UNITARY
WATERPROOF

445

```
C W T S E M I N A R L U J P Y B F D R X
M L A S U O R A C C A P I R A G T I M E
E O O Q H X P X B E O B F M A R E S E M
E S N S B I Y Q Y N Y R N R F U X A F O
G M W E E C N A R T U I C X O B B I U S
D B P B Y T F C T E M N N B V S R L G H
L I F I K B G A W N F G D A Z N C B V T
N K S J R S A I A N G I M I Y E Y O K A
C R V B G E E G E I S N K W R G V A Z O
Y M Z V U Q U F S A S G N C R E I R G L
N U S B D R M U L L C H A R D R O D J J
I M V I P E D L Q A W O F E N M L W S M
K M G P K W O E E X I G U O U S A S W D
B N D A Y W C H N T H E R E I N Q P A E
N N U R S E M A I D N I G H T S H I R T
```

CAROUSAL
CENTENNIAL
CHARD
CLOSET
DISALLOW
DISBURDEN
EMPIRE
EXIGUOUS
LOATHSOME
MONEYBAGS
NIGHTSHIRT
NURSEMAID
RAGTIME
REGENSBURG
SAILBOARD
SEMINAR
THEREIN
TRANCE
UPBRINGING
VIOLA

446

ACARIGUA
ALIENABLE
AMRAVATI
ASAFETIDA
ASSIGN
BARINAS
BUGULMA
COMET
FREMONT
GLAZE
IRRITATE
JIMMA
OMISSION
PANEGYRIC
RECIPROCATE
RESIST
ROOKIE
SOLECISM
VOLLEYBALL
ZHALAINUOER

```
P Q Q K O O M Z L L A B Y E L L O V I C
S A M L U G U B A F M S A N I R A B H Z
O R N O I S S I M O R D A B Z O O Z P F
L E O E T A T I R R I E K F R E S I S T
E A I O G K S L U A O G M B E E N D F X
C J M V K Y T Q S U Z R X O Z T W C O X
I W I R Z I R I D G E L B A N E I L A C
S U N M A B E I R I L F L C E T V D B E
M T V Y M V Z E C R U G F F G Y W Z A Y
I I I T M A A Z H A L A I N U O E R A W
L L K E G Z E T A C O R P I C E R B S N
M Q Q M W Y M D I A A D O S C U D X S D
Y N D J C X C O M E T I R Z P T J Q I S
Z D G T P P M Z B L E I E E T T R I G M
B H M X E J S I U X I T T J L P P V N A
```

447

ACCOUTER
AIKIDO
ASIDE
BRASSY
COPARTNER
CROSSTIE
CRUSE
ESPIONAGE
EXORCISE
HUIZHOU
INFINITY
NASTY
NEWSPAPER
OSTENTATION
PATENT
PLAYPEN
SWEATS
TUBULAR
VAGARIES
WAVELET

```
R C C Y I Z E G A N O I P S E B Z J K Q
T R R L N R X N C E N A V F M D J A T S
Z O U W C S O A C P K A Z P H V I E J G
D S S A E G R D X Y G X M R U K F S U Q
F S E V Z P C L D A I F E R I S U T A X
H T Z E T Y I G R L G P E D Z A X A Y L
B I X L G N S I E P A N O L H J X E G X
I E P E X N E Y J P T W T L O Y R W H Q
J D K T L S Z T S R A L U B U T D S G A
W X A N T T S W A Z U D B R A S S Y B G
B I K E A T E P B P O J N O F A R V R U
W S L F Q N O A C C O U T E R N G B K O
J U F R X C O S T E N T A T I O N Y H P
B O B S F L F C S Q I I U W Y B Y D C R
I N F I N I T Y W P V H A Q Q Z W W M P
```

448

```
E Z D X M Y K L R S W L V M S S M A L W
U X L G R N E J S B L Z C I C A H I Z H
J I T E M B K Y O P B I E N A W O H Y P
T C N E E M A A G I O A I U N D S U W F
O R T R N T T G Y M W R T T T U W O N D
O I D K U S J A X C K H E E L S S G H N
Z N R A W N I U H Z E Y V M I T Z I Q S
Z O P A R M F V G R L H W A N F I C T E
E S I S L H J E E B O P P N G U B Q O R
M N G L P Q A T I M P M S O F T L Y P E
R I S X Y M O N H G O N A X R G W O S N
E S Y D D S C P O P N B E P E P M X A E
T I P N S Z C C D O Z E G V V E R O I D
N R E V E R B E R A T E D E A B D N L C
I A T U I J E M B A R R A S S I N G T N
```

BOATSWAIN
DARHAN
EMBARRASSING
EXTENSIVE
INTERMEZZO
JIUTAI
MINUTEMAN
OPOLE
ORNERY
PROPHECY
REBEL
REVERBERATE
SAWDUST
SCANTLING
SERENE
SOFTLY
SPORE
THERETO
TOPSAIL
UNFEIGNED

449

```
P S T H J R D J T D J W G K H S N I F B
I A Q C G B I S X I U N C O Q E D Q V E
L R S E H W A N S K I I F A V G V X V T
L A N G I S P P X L U I C A S Y H I R E
O P U M J H A S U P O X E L M R T N E R
R U M G D S S F Q M O H E D G A U E S M
Y L A A V N O E L L I P S E E N O C U I
V M Z Q I H N W F U X Z N R A Y M E R N
S X U L I F N L E M U O C B L S S S R A
M R R I P G Y B C R M H Q R J O T S E T
J A L R T T E K C A R B M E H M R I C O
M F W B K M U A N Q X S P D Y E O T T R
X F F I C T R N U I N G F N R E P O I G
G U A V A E I U X E O R H U F L O U O T
G F H L V C A Z X R S O J D E E C S N K
```

BRACKET
CINNAMON
CREATIVE
DIAPASON
ELEEMOSYNARY
ELLIPSE
FULING
GUAVA
HEAVEN
MARLIN
NECESSITOUS
NUMAZU
PILLORY
PORTSMOUTH
RESURRECTION
SARAPUL
SIGNAL
TERMINATOR
UNDERBRED
VERACRUZ

450

BREATHLESS
CARREL
COMPARE
DALIANG
DOORJAMB
DREAMY
ENTRY
FACTION
GADFLY
GUADALAJARA
HEREUNDER
MINNEAPOLIS
MISGIVING
PEPPER
PORTABLE
RONDONOPOLIS
SPICE
STUPEFY
UNDERARM
VERSE

```
W P Q R S S Y I P L S O S R G H B U G S
D B J A D L Z S E I M H J O E D W N U T
M E R M F J B R L I N G K N Y A F D A U
M A C D I I R O B G Z G N D G M Q E D P
O D A K L A P P G M O W B O G D X R A E
C G O I C A E Z N X R K R N A X N A L F
S N J O E L B A T R O P E O Z B H R A Y
D I G N R W W F R E L Z A P T M E M J M
Y V N B A J R D M P L I T O G W R E A A
G I A Z P S A W H P L I H L V V E M R E
M G I S M E P M B E S B L I P F U I A R
S S L Z O N A I B P M M E S C P N R B D
M I A G C T N X C O O E S R E V D H V E
T M D B H R O L X E W Q S M A L E F A B
Y E T I F Y F A C T I O N K S D R K E G
```

451

ALOHA
ALONG
BATTLEFIELD
COMPREHEND
COUGH
CROWDED
DENIZEN
ELDER
FONDLE
HOMONYM
HYDROTHERAPY
IMPASSE
LATHE
LESSEE
OCALA
PANPIPES
QUININE
SHOPLIFTER
SIDESTROKE
VISIT

```
V H B V Z P O R X T L A W X T R O M K C
V Y A B L K C C P A K W H G O X M E D O
L D T G E P B I A T I D B F Z A O N U M
U R T I E V W M V L N E S S A P M I S P
A O L U S C W G U P A N T K S Q F N O R
O T E S S I M N B M E I Q I M D Z I G E
K H F B E B V G P A K Z D T E T J U U H
L E I A L O H A D Q D E L D N O F Q T E
A R E T F I L P O H S N W V O E A P R N
T A L O U M A C I T G O H V E L D E R D
H P D Z R W G B R O R U S H O M O N Y M
E Y U E O A S O Z C W M O N E T P V K I
Q Q M W H R K P P A D G G C T O U C M O
C B L Y Q E Z D X P A N P I P E S R R I
I G N M X N I A K J T X C F E K U Z L C
```

452

```
H K W S E Q N Y T P Y P T W N K Y C Z S
D O V X J G G A A R G L O F T N R I S J
A K O K Z O Y D S E V U D H D A A J H I
X G I D L F A K E C W T K I N S T A T E
F J I O L Z T E R O O O P K F D I E V Y
D Y I I L U N E L O G N I R R E N U H S
D B W K A V M W O K C I Y E S J A H W L
N A B I R D H O U S E U M I A H S M I E
E Q V C L G J G S B Z M V N N I A E Y E
X W R I O O N U J N K Q E O P F C H I P
P G N I D L E I Y N U O S F I Q Z H E W
G A G B B D I A L A P A T F O C E A N A
U K K Z W X Y E L B A V E I L E B N U L
U T N E C S E I U Q C A K H H P A P T K
A Q T K D F S S G F R Q W C L M N K L J
```

ACQUIESCENT
BIOLOGY
BIRDHOUSE
CHIFFONIER
DAVID
GULLY
HOODLUM
INSTATE
OCEAN
PLUTONIUM
PRECOOK
SANITARY
SHAHE
SLEEPWALK
SUBPOENA
TASER
UNBELIEVABLE
UNERRING
UNYIELDING
WEEKDAY

453

```
B N B A E B L A N O I T P O Q T I P E Q
J P M K B Y V I N X B J J J N H N D A U
A Y U H T H S G M I N W A L S A A P E R
S U A S H N Y R A G A B I A S C P D N G
X U G S P K E E L R H U B S R A F J C O
D I L A G E M T I B O E G A R T S M E N
P K E L N U E T A S A D I A X P S T P T
I R B G Y U U E N M H A T Q R T K P H E
G O I X Q D A F A D U U B X A A L Q A P
U W D O O W E K A L S L K N N J V F L P
I X R C H A L L E N G E D E Q H M O I A
X A C O N T R A R Y Y O T K C C P U T X
B W U F W P D L E I F S E L C C A M I L
T E R R O R I S T F H Q Y B L L Z Z S X
O H X E L B L P B K O C H K J Z U V V X
```

AIGRETTE
APPARATUS
ARAGUAINA
ARCADE
BAROQUE
BELGAUM
CHALLENGED
CONTRARY
ENCEPHALITIS
GLASS
LAKEWOOD
MACCLESFIELD
MAEBASHI
MALIANA
OPTIONAL
PIGSTY
QURGONTEPPA
STANDOFF
TERRORIST
WAXWORK

454

ANDONG
BELLOWS
BRAND
CALUMNY
CONFORMATION
EMBARGO
FRYER
HAEJU
KHUJAND
LINING
MAGNIFY
MAGNOLIA
MERSIN
MINING
MORPHEME
OLONGAPO
OPENER
TRIOLET
URBANITE
USUFRUCT

```
T W U U M W C T O D N A J U H K V B L R
J Y P S H A I L O N G A M D S Z H O W B
C G H U Q M G E Y A F E Z K W H A E J U
P T Y F J F N N P R E N E P O F R Y E R
Y K C R L X I U I B E E E Y L E W U S F
W T C U Q Q N M G F M Q P Q L P W M H T
F R X C L Y I K J E Y G E T E Q F E M D
M O Z T C I M L H M U N N V B R H T T S
J H U E M V N P B H W O M M E R S I N L
S N Y L V I R I V S Z D L U L D J N U C
P O E O K O R T N Y O N J E L F B A C J
H V D I M E G A O G R A B M E A V B M D
P E Z R O L O N G A P O U W F W C R P I
N O I T A M R O F N O C P F F X Q U Q Q
D M E E U Q G S J R Q H Y D T H D K O G
```

455

BIWEEKLY
COMMISSIONER
DEMITASSE
DESPONDENCY
DISILLUSION
DOVER
DUNGAREES
FIGMENT
GOLDENROD
JACKLIGHT
MACAROON
PILSNER
PIXILATED
RELIGION
ROCKER
SEPAL
SPACESHIP
SUBTERFUGE
TOWNSMAN
WALRUS

```
P Q U I L N H R E N O I S S I M M O C N
D E M I T A S S E D Q P X D U Z Y O O R
O G R D N M R F X K I C I Z H P U O C E
R U Z L E S U B H E C S Y W H A R P Q L
N F X J M N Z Y E T W O I I B A W M G I
E R J W G W T K P G B Q R L C A I E R G
D E O I I O I I E U W W P A L B B E H I
L T Q O F T H B H O D J M R U U N O S O
O B L B N S E E R A G N U D E S S L F N
G U N U E S R V Q S K S C O L D A I U D
I S X C D E T A L I X I P I G H O Z O E
Q V A V L P V D R V U L P C G V Z V J N
Q P I V K A D E S P O N D E N C Y F E R
S T H G I L K C A J X B I W E E K L Y R
D Y S N I G L Q L E B I O Q K C Y O E U
```

456

```
B C R L H J M S T E A L T H M J N N F B
D C M S M N U S E D U L O U S E O S R R
C B L C I G R E P A P L S O T I S G I A
L O D I I Z Z Q H J I I G R T M Q V X S
I D I G N T U F X T C G O A Y J F V J S
E P G F U T Q I H I V H Z B I C E P S E
J A T G B L O O A F S I N E I G B P C R
W F S Z I A G N A E L A T U M I C R M I
A F Y C M R P M R I G A N T L E T E R E
D M N A A U R O V H Z N A H J C F O N S
T E I P X T F I S H C Z L D L Q G C F A
P W H T N T C H N N H O A Q B M F C F K
U Y W R Y U W E I G H T H K P Y V U G T
P E U X V G N L A B W U N Q L M G P U W
H Y P E R B O R E A N A I L G N A Y U Q
```

AMITY
ANGLIAN
BICEPS
BRASSERIE
CIVILIZATION
CLINTON
FORESHORTEN
GANTLET
GUTTURAL
HYPERBOREAN
INHALANT
LITHOGRAPHY
MURZUQ
MUSICIAN
PAPER
PENCIL
PREOCCUPY
SEDULOUS
STEALTH
WEIGHT

457

```
H M N K C A G G A R I N D E C I S I V E
I U Y P T L U F E C R U O S E R A V C N
T S V B X E Q V L Z J W S S L U Q K C O
C T V E J E I T B V Q O R T D R R A H H
H A T D X R D A T J K U J I F D R G R F
H C U S D A H I N R E D B R E A S T I E
I H Q I E W T L K N F L Y F I S H S R A
K E X W D E G I D L E C T G A U S A G F
E A X N A R N H O F K H Z U Z A W C O F
T Z P I O A E P W N R A C S M N U L D E
P J P Y L H L O T I Z D H V O R W V E R
N D I M F S E D C M X O Z R G O I R D E
C U D H F N V E V K R R I C K B K R Y N
T G H R O Z A P U O C E R D H E J M L T
Z J O U F M W X H R L V Y W V R T Z L D
```

AFFERENT
AUDIBLE
CHENNAI
FLYFISH
HITCHHIKE
INDECISIVE
IRONWARE
MASSIF
MUSTACHE
OFFLOADED
PEDOPHILIA
REBORN
RECOUP
REDBREAST
RESOURCEFUL
SHAREWARE
TAXIDRIVER
THRICE
VEXATION
WAVELENGTH

458

ADVERSARY
AUDITORIUM
CHOLERIC
CLEVERLY
DAVIE
DEUTERIUM
EMBANK
GLOOMY
GRADUAL
HAYRICK
HOMESTEAD
LANGUID
PARDON
PERSONALLY
RAREBIT
SHAKY
TABOR
TECHNICIAN
TYPEWRITER
UPLAND

```
Z J W B C Y K P C A X S N T U N L Y V M
H M J E M C N B H Q A H H R A A S K H G
A H X O I P A Z O I P G A A U B E P W Z
I D O R A C B X L E P R K D K D O L H I
T L Y G E I M X E A E N A Y R Y Q R M T
G A W P T A E U R B Y R U R D N A L P U
H E J P H R Q D I J G W Y A Q Y J O Z D
V S Z D J V O T C R A R V S S N Y K F M
P E R S O N A L L Y O I N R H C Z K F U
C L E V E R L Y D A E T S E M O H V A Q
T Y P E W R I T E R D W I V H J H P I C
M P A W T M U I R E T U E D I U G N A L
T E C H N I C I A N W P Y A U E R W U S
F E K K J W K E U I A S I A M A O Q K D
E W Y P L R N F J L B D Y G X X S X Z X
```

459

ACTIONABLE
ADRENAL
BLATANT
COLLAGE
DOCTORATE
ELECTORATE
ENTERITIS
FATTEN
INERT
JINGMEN
MINNOW
MISERY
MOSSY
NORMALIZE
OVERMATCH
PAYOLA
PUSSYCAT
TENDER
TURRET
VACANCY

```
Z F X N Y X J E O E T E E K J C D P O M
N N L J E W Z K X N T L P V C S Z K M I
T E N D E R B I A A B I A Q Z U F P D S
J I N G M E N T R A L N Y S S O M S F E
U B R M I E A O N L F E O Y V L W O C R
F N P D U L T O E R F R L D R I B M E Y
U J Y K B C I Z Z H C T A M R E V O Q Y
B X S L E T I M Y G F V P U S S Y C A T
T M T L C L R Q L B W A A C O L L A G E
O S E A A A Z E T A R O T C O D R B A R
K J R M E N T E R I T I S T A K V A Q V
Z K R A D R E N A L L F Q B E N I U D Q
W O U M I N N O W K M R Z R P N C K H G
N R T Y K I P Y K N J A Q X Q Y M Y G E
F L V G X W I V Q N Z L R V L S J D B A
```

460

```
M V P K S Y K A L L W Q A E L I V R E S
N E I E C K Z Q V Y P M Q Y M K T R S U
G O R B T N R O R E B M E V O N E C I M
W C M I R U F N P M N D E C E C Q T W G
Q N G I T A N M N U H E L A N V E A R A
A U R J N O T I A L G D Z I S G E E E I
R M K S L A R E A L J E S U G O R T H T
K M M H U O T I T E Y D V U E U C F T R
A W L U N W O E O T O U N B J L C A O L
R E L I Q U A R Y U V C N B I K A L A K
R F X B T W X T W Y S T A N N F M S A S
M I L L S T R E A M O I X O R H G I R X
W X I H M I P Z D X U O D B T X A T U D
D V P V Z T C U R T S N O C E D I Y I P
E B T H P U S S E S P O O K A H B E P K
```

ABJURE
DECONSTRUCT
DEDUCTION
FALSITY
MERITORIOUS
MILLSTREAM
MULLET
NOMINATE
NOVEMBER
NUGGET
OTHERWISE
OUTLIVE
PETUNIA
RELIQUARY
SERVILE
SINCERE
SPOOK
SUMGAIT
VENEZUELA
VIBRATE

461

```
D C O L L A P S E E M Y P K V Z D L S I
U O G B L S B H L S A C Y J D Y Q D U E
N Y R P S U V B B M D K N I C E T Y R I
L R S T M K A V S C C M F D N I B T P Z
O J Y I M R I Q X Y A B U N R C D G A N
O Y T A U U O Z C E P H J E W V T E S D
S U I S Z T N W F O O R P L O O F O S E
E Q N M A N A D E M Y E L A H C L R Y P
N E A F K A M F E L E N I R N P O G W E
M X M R C T K A F K G Z G K E X F E P N
J R U D W C Y P R W R N W A L N B T U D
R S H B F U I A N G E K A T U P J O Y E
C X F I X L B B U G B E A R N G S W P N
B U C H P E T S O L I C I T O R E N R C
Y S L J Q R U F F I A N A M H C T A W Y
```

ANGLEWORM
BARKEEPER
BUGBEAR
COLLAPSE
DEPENDENCY
DORTMUND
FOOLPROOF
GAUGE
GEORGETOWN
HUMANITY
KRALENDIJK
MADCAP
MENSURABLE
NICETY
RELUCTANT
RUFFIAN
SOLICITOR
SURPASS
UNLOOSEN
WATCHMAN

462

DECADENT
DISROBE
DIVERGE
FAIRFIELD
FASHIR
FORETOKEN
GLIMMER
HYDROXIDE
ILORIN
LAIWU
LHOKSEUMAWE
NAMELESS
PERHAPS
PHILOLOGY
SLAPSTICK
SOLUTION
SOPORIFIC
STRINGER
SWADDLE
VENOM

```
H Y J D D Z K Q F X H Q L T V E A Q N B
S U Y A Z I U G G U R I G E B O R S I D
F E A N Q O V J L D G B N S U U S Y I T
O M L X J V E E A I E O W H R U J G G Z
R O X F T H Y T R H M A C F V F U O X J
E S T R I N G E R G D M L H A Y C L P S
T S O L U T I O N D E H E M J S I O K L
O V E G Z S S D L V W E C R D S H L E A
K O A K J P Z E D I X O R D Y H F I I P
E C E B A G Q C I F I R O P O S T H R S
N A T H R E W A M U E S K O H L U P Z T
M E R O U Y D D S U O H Z A S T A R H I
S E X R F H H E N A M E L E S S A I G C
P G U X P F S N I R O L I B E K C R W K
N P U C G Q F T F A I R F I E L D Q A U
```

463

ANEHO
CAVORT
CELEBRATED
CLEMENCY
CORNBREAD
CURTAIL
GUSTO
LUCENT
MESSENGER
MISTAKEN
MULLIGATAWNY
OUTCOME
PICARESQUE
PORTERVILLE
PROCESS
QARSI
SAMOSA
THEREAT
TREMENDOUS
WAMPUM

```
M Q Q A D M F P O V C J T L G P N G C I
A X O A S O M A S D P N R V M R A R U A
K X Y W R X K W I O E T O M Q O Q C R B
V O N F Z S T C G C A T V O T C L X T Z
J P W D W J I D U E G A A P J E D B A P
H S A N E H O L R R L G C R M S A X I U
X Q T E H F I E I P C O J E B S U C L D
H N A K Y N H H H Z R Y N G K E A F P A
S S G A N T X G C N Q C U N W R L Z N V
D B I T T I Y N B A Y S O E E A E E R V
F V L S O J F R J E T G C S N P M H C P
E L L I V R E T R O P O Q S M V L P I Z
S V U M Q A L J W U Z U J E M O C T U O
M X M W D A Y F N W E Y O M B T M S L M
H O U D T L S P F E T R E M E N D O U S
```

464

```
T X P G W R U I N D I C A T E D S B B M
J M P M E V A E W R E T N I Y M N O H F
A Y U P N S K X X P Y K A S W N M S C E
J S E R U T C N U P F F C N M M A U R N
K E C E I P R A T L A X N N G J U E I I
B G K T M A N H U N T Y U T D L I K M M
S K U L L C A P F I N F I R M R E V P R
M I S C O N D U C T E F L D F C Q Q R E
D I A M O N D B A C K C L U A F J E E T
V B Z Y L H M X Z A O J O Y C O Q L S E
K I T C H E N E R M T S T L W N Y J A D
F H A J Q J K J E I X I E T E H Y F R E
S I M P L I F Y K U M M H S G K E E I R
M J O W O R C E S T E R M O F D I E O P
M G A Z O B Q H C X C S Q M C B Y J L R
```

ALTARPIECE
BEEPER
DIAMONDBACK
FLYWHEEL
IMPRESARIO
INDICATE
INFIRM
INTERWEAVE
KITCHENER
MANHUNT
MISCONDUCT
MOSTLY
PREDETERMINE
PUNCTURE
SIMPLIFY
SKULLCAP
SOUFRIERE
TANGLE
TOKEN
WORCESTER

465

```
E S Y E U O E N L I K E M I L V M T N N
M E H V Z U O A N O C N A D R O V E O Q
P N M I W N F N P O L Y G O N R E T E U
T T Z T F R X N G R U M P B A H A Q J B
Y K J A V T I I E W U W P E C G E L V S
K T C R N L Y N M N V F M A E R N U G B
K T W O O O D G L V K S N M T A T J F D
L C X C B O T T L E E A F A A P N O Y V
D S T E Z U H G D B P M Q K R G C H Z A
Q Y U D C E R E B R U M A I E K X N A S
F O O T L O O S E J I I B K P X A N Y G
I G G A D U C K L I N G C O S U V Y E R
Y Q M C D L L Y K O F N Y D A A J R M G
V F L M A U T T Q W F F M F X F C B X G
E Q Z Z P J A U H D Z S X I E P J M M E
```

ANCONA
BESMEAR
BOTTLE
CEREBRUM
DECORATIVE
DROVE
DUCKLING
EMPTY
EXASPERATE
FOOTLOOSE
GRUMP
JOHNNY
LIMEKILN
MEGATON
NANNING
PANACHE
POLYGON
QEQERTAQ
SHIFTY
WUWEI

466

ALMOND
AUTHORSHIP
BROADCAST
CONSIDERABLE
FOREMAN
FURBELOW
GABLE
GROVE
MAHARAJAH
MARIHUANA
MILESTONE
PIGMY
PROROGUE
QUIXOTIC
SPADE
STEAL
STRASBOURG
SUBORDINATE
TIRADE
TRINITY

```
M J O K Y E Z N A I A Y B E X P W S V G
F A B U V O A W S J T D U U V O S L U N
M R R D S M N Q P I T Y C G T I W I U K
Q W T I E R E X N A U T H O R S H I P L
U Z U R H L M I S T E A L R V B V K E M
I P O O B U R H W K G R U O B S A R T S
X F C A F T A O P S U B O R D I N A T E
O G G C T O L N M A X M C P K M V A S D
T K R R Z E U T A M A H A R A J A H A A
I W B O B M X I M I L E S T O N E A C P
C Q X R V M U R F O L M F B M F O L D S
V U U A C E L A K C I J L O A J U M A V
Q F P I G M Y D U K I Q I Y F H U O O G
M M Z X J Z P E M O X Z R K Q K O N R G
M X T W C O N S I D E R A B L E U D B P
```

467

BLACKLIST
CONUNDRUM
EFFECTIVE
ENJOY
EVACUATE
GOVERNOR
GRESHAM
HANDCLASP
HOMESTRETCH
HONEYMOON
HYPERBOLE
IMPOSTOR
INVITING
LAWGIVER
MONTPELLIER
MOTION
MYSTERIOUS
POLARIZE
TERRORIZE
UNEASE

```
H L H I O M I N M K T X M C E L A W X Y
O A A N A U O W Q Y E A S O T C B B O X
M W N V E R H N E F S Z I Y M Z L J F L
E G D I U D Y Q T N B T S T Y E N P D B
S I C T M N P A Y P R H E D D E G L H M
T V L I N U E O U T E Z I R O R R E T G
R E A N D N R V M N O L R X I M U L V N
E R S G M O B Q P W E O L Z N O I T O M
T G P E W C O L T O T A D I R F U B R R
C R I V E U L D I S L D S Z E H L S Q C
H E R O N R E V O G R A B E G R O S P C
D S U M H G H P K A U L R B B C E V F C
I H Z H N K M N I K J E V I T C E F F E
B A F T S I L K C A L B K N Z O Z P Y N
W M E V A C U A T E N O O M Y E N O H V
```

468

```
R K M P V H C N I T X H L W P L A G A O
I L B J C T H S P D E P R E C I A T E A
F U H O I O D D I P L O M A T I C X N O
A T A G J C L O C D M V V Z E H F L U I
C Z C I N Z T R O P S R O T O M A T V P
O R M I V E N O O T X G B L B J E E V I
T E O L D E I F S I T A S T T R R J L G
D V I S I O G O G A D E P S M A X K V M
F J X M S M H U C G U O U O N U G C H E
V N S N S W Q W E B R B S D O L X E O N
T N T E L V A L Y L E T A L K J H E L T
B A N Q U E T L R G P K Y Z A F R Y M H
P H Q U V C B I K D D H V M O T T J I P
D Y J R M G C O U N T E R M A N D N U W
G E N E A L O G Y M F X C Q W W M Q M D
```

BADGE
BANQUET
COUNTERMAND
CROSSWALK
DEMIJOHN
DEPRECIATE
DIPLOMATIC
GENEALOGY
GUELPH
HOLMIUM
JALNA
KLUTZ
LATELY
MOTORSPORT
OUTERMOST
PEDAGOG
PIGMENT
SATISFIED
VERANDA
VOLTAGE

469

```
C A N T J C P I P H O T O E L O H T O P
N A U P C W L U L R Q D D G A Z E T T E
V O L Q M S S H N K A U Z C G I O Z C E
D W H L E N J M C T L Y G T Z E E C L E
E Y Q U U A P W T L A S E J D W F B L D
F H M F I S D J A A A R F R U R A E A P
O D E B A S E K X H O M E N F K A M Z D
R N X C O M L I Q D L R F N A U O N A J
M B R L V G O T Z C C I A E A N L D K B
I H U B L O O D B A T H P V W S O S Z Y
T A N U A I H L C X G S V H I O I T C R
Y C W A Y J C U I I N Q Y F D S M L R T
A J P N I C S T I U S R O L L I H I L A
P P O P L M N R I B O F L A V I N R I Z
K F X W U P U B R U S C H E T T A E R E
```

ALLUDE
BLOODBATH
BRUSCHETTA
CALLUS
DEBASE
DEFORMITY
DOODAD
DRANK
GAZETTE
ILLORSUIT
MUESLI
NOMAD
POTHOLE
PRAYERFUL
PUNTARENAS
RAVISH
RIBOFLAVIN
UNFIT
UNSCHOOLED
UNSPEAKABLE

470

ABATTOIR
ANDOVER
ARRANGEMENT
ASYMMETRIC
BEHALF
CONSCRIPT
DELIQUESCE
DEMON
DUMPSTER
EMIRATE
FLUTTER
LOGICIAN
MISCONSTRUE
POLONIUM
PREDOMINATE
PRIMROSE
RATION
TARPON
VILLAINY
WARHEAD

```
V M I S C O N S T R U E X R R V R S D G
Y B T A R P O N A H C C D H Z E Q G U P
O E P G C R N K D W V P L J V S Q M M N
F H R S N P K O P J Q F I O A O K H P N
N A E C S E U Q I L E D D N R R V C S H
O L D L E Y F C D T N N O N R M C U T A
D F O V P K U P X L A M T K A I O G E Q
F Y M A V U H C Q B E R J Z N R N F R M
D U I E I H P Z A D Q J C W G P S L V J
N K N S L A N T X Q K I X I E U C U Z Z
F H A W L L T E M I R A T E M X R T K A
Q R T V A O P O L O N I U M E F I T M A
Y U E C I R T E M M Y S A J N H P E J V
W L P R N A I C I G O L C G T P T R S T
P E F L Y J I P T W A R H E A D I M R Z
```

471

BARTENDER
BATED
BUGLE
CAJAMARCA
CARNAL
CERTAINLY
CIRCUMFLEX
COUNTRYSIDE
DISPENSE
INTERSTICE
JOBSWORTH
KAMIKAZE
MELANGE
MIGNONETTE
MUNCHKIN
NAZRET
SIDELONG
SUBSTANDARD
TECHNICALITY
TRAVERTINE

```
I C B A R T E N D E R U E E P G T W Q H
R I A E G D T I B J V T G J G H R G N V
C Y E J L V E R R U T H D Y T P A W S D
Q V D B A N N G H E Q L U R T D V M K W
J U I A O M B G N I N I O K V E E D Z Q
C K S T Z Z A O V S E W R R P O R T T H
S A Y E N M N R M R S R R H V K T Z M P
I W R D I G I N C B F V E Z A K I M A K
D F T N I A K J O A N G P X Q M N Z K N
E H N M A T H J E U N B U G L E E G U I
L Z U V B L C W T A C I R C U M F L E X
O D O M S V N Y L N I A T R E C Z N K Y
N K C R L W U E S U B S T A N D A R D J
G N K F R Q M T E C H N I C A L I T Y V
I N T E R S T I C E S N E P S I D Z R H
```

472

```
C P P O D N M P V D C D B I M J W P B X
D I A M E T E R S K E H Z D D X I B A G
W H O H H E T B I G E X E M K G A C R Q
W S E G X V O F E K A Y K A S Q E O N T
E R N I A I Z L A D V R C K P E L N A F
H E R O A R L T O N I D I A P E A T U S
J V R W F A R O T N O N M A M G N E L S
P I Y M S E H A S Z T U C V W E T X D O
T E G I D T C U F J Y S I X P D R T P R
U C V N H U R Z D W E V F S Z H W P D C
M E U G J A J A B O A T A O O P W G U S
V R I N B R J L Y L H G S G H X X V Y S
J N I L B U D R U C M Y T I R G E T N I
K H E P D Y P D T V W C V N U C B B Y R
C T D W J R W E O X V C L X U V U M J C
```

ALLEGED
BARNAUL
CHEAPEN
CHINJU
CONTEXT
CRISSCROSS
DIAMETER
DUBLIN
ESCAPEE
FARRAGO
INSURABLE
INTEGRITY
JABOATAO
KNIGHTHOOD
PIGSKIN
RECEIVERSHIP
RIVET
SUNDRY
SUPREMACY
UNDERTAKE

473

```
M A K P M J P G L D K S Y Z U M L E B S
Y I K Q U F Y E E Y F Z J K N X P K A U
K U D J I L A L A I T A P Q S H M O C B
J K G W M S E T A L O M M I T C X U K S
O A H H E V A A G T X D X H E B N X D T
P M F O E S D I S A S T E R A B R Z R I
S T E H R E T L V C P O Z I D W N M O T
J F S R F R E E Y Z Q L I P Y D A N P U
I I D K M X A A R F S L C I K R M T V T
D N H X I A N M H N Y A A S R G E M E E
S H K P D I N P A S K Z R O R B L U H N
T O F T D F A J I B P A T Y R O D S A N
W A T E R T I G H T A R S N T D D W W D
E V E R Y T H I N G E D O N R U I S U S
Q B F T D T T Y M F D J R J F Y M E S Y
```

ALLOT
BACKDROP
CYANIDE
DISASTER
DISHEVELED
ETAWAH
EVERYTHING
FREEMIUM
IMMOLATE
KHORRAMABAD
LEASE
MERMAN
MIDDLEMAN
MIDWESTERN
OSTRACIZE
PATIALA
PIXEL
SUBSTITUTE
UNSTEADY
WATERTIGHT

474

ANNOUNCE
AWOKE
BHOPAL
BREAKWATER
CABLE
CHAINSAW
CINEMA
DONGLING
EVENTUAL
INDIO
OUTBID
PERFORCE
QUAFF
REFORM
REPRINT
RETAIL
SEKONDI
SIMILE
SKILLET
TOUCHSTONE

```
H H W O N Q T X W D U E E Q N D U E H S
I E O L F R R S K Q C L F L I A T E R Y
A X R P V T B R H R I O X B J M M O Y S
G N I L G N O D O M R E T A W K A E R B
P N N S Q P J F I R E U E E P Q J B S C
Q E V O C U R S A E O N L A P O H B E H
Y Z L F U E A V U F T M L Z E L U E K A
B Y R T P N Z F C O X Y I P O T T V O I
A M E N I C C M F R Z E K J Z N A E N N
D W C A B L E E S M U J S Y I N P N D S
M N O T O U C H S T O N E R O U T T I A
Y C J K A T U P K J X F P I T F B U Y W
K F Z G E R K U L W L E D Q L D K A C G
M I D Z N E T T E O R N Z P D X Z L P H
A D J N H D J D R M I O C J L A H Q T K
```

475

ADJUSTMENT
AQTOBE
ARMENIA
ASTRONOMICAL
CATERER
CHIMNEYSWEEP
COUNTERSINK
COYOTE
DISTANT
DOLMEN
EXPOSITION
IKAMIUT
INJURE
KAILI
PACIFISM
PASTE
PLATEN
PLUNDER
TORTURE
WAYSIDE

```
U O J I I B G Z W M L S N I M N P A A Z
E K S N D K N I S R E T N U O C L Q S E
W D J J T E A U H K X A E I J N A T T H
F N Y U N I Y M S U I V T H G I T O R D
A W I R O W E U I N B I O Q G W E B O I
D I L E V R F H E U S Z Y O Z D N E N S
Y P K H U U N M M O T D O L M E N W O T
L Z A T J J R O P X A T C I I L T O M A
C H R S W A B X I J P C N L C T K U I N
G O I C T K E P M S I F I C A P O O C T
T A J Y R E D N U L P A Q R T W N P A L
K C X W F A X W B J K Y K X E K I S L O
O C G W A Y S I D E U P D T R W T E D R
E E V U E R L W P E E W S Y E N M I H C
O P A D J U S T M E N T F K R G I G P E
```

476

```
V Y Z U S N U D I C M C G R J U P Q J K
I N N O V A T I O N O N A U S G C R O P
H D C I N H A B I T I N V D B E M M I O
A K H I R S Z K L H S D S A A Q P H L H
I D A F S A K Y S N C I D I K V J Q X M
R L N Q R W E A D O Z M X X S K E Z I E
D A N C B C D B U Z H S T O Y T Y R T D
R L E X I P W N A O I P H U O G N J U I
E K L E R L T V F H I A G C Y K R G B A
S L I C D A X J N R E S I W T E E R T S
S X Z K B G N C L I P P R V N F M U U H
E P E L R S H G O L K C A B U O M E C E
R H E S A S U N B A T H E R R S I R H E
K K V R I E N R O L L E E M G U S M X T
M W F S N V L J D R I J X R N V I D V N
```

ARIGHT
BACKLOG
BIRDBRAIN
CADAVER
CHANNELIZE
CONSIST
COUNTABLE
DASHING
ENROLLEE
GRAPE
GRUNT
HAIRDRESSER
INHABIT
INNOVATION
MEDIA
SHEET
SIMMER
STREETWISE
SUNBATHE
THEME

477

```
T A C I T U R N D N C M A D Q Y A X E A
J Y A R V I W H B E A C A R E E Q Y N C
O T R Z M U R S I C S H H N S I F Y L Q
W C U M O X S S E E H O P C N C V H A U
X E F E U Z B O O S B W E G L H R E R I
L G F Q P S Y H R S O D S M D X E V G R
M A T A D I S A S I O E K K Z X S I E E
Q S F W P O E A O T K R Y W R M U R M M
O D C X M W R I D A J Q L Q D A I H S E
C C L O T I A D P T S Y E N D N O T E N
J M B I C F L H M E R D I N A J P U R T
D G N E H V U S Q E D E T A C H M E N T
O K G W U U G T B S P E C I A L I S T L
C L M I N T E R L O C U T O R P A E Z N
A U I T R I R Z D T D K G Z C I I V Q T
```

ACQUIREMENT
ALGECIRAS
BERYL
CASHBOOK
CHOWDER
DETACHMENT
DINAJPUR
ENDNOTE
ENLARGE
INTERLOCUTOR
KNITWEAR
MANNHEIM
MATADI
NECESSITATE
OGBOMOSHO
PESKY
REGULAR
SPECIALIST
TACITURN
THRIVE

478

BENGHAZI
BUTTER
CHEAP
CIPHER
COMPLICIT
DISJOINT
EARTH
ELLIPSIS
GRUDZIADZ
HOURLY
INADVERTENT
MAINLY
MARILIA
OTHERWORLD
REFILL
REVOCABLE
ROTHERHAM
TEASE
TREMOR
TWILIGHT

```
T W I L I G H T K P V R I A F E T B B I
Y O L P B Y D M V H E X I A L G O I O N
W Z S H S T D R Y T J Q Z B R R C W M A
H R E P I B K A T H N Q A K T U Y D X D
O O E A S B U U X W H C H I Y D H L A V
T M U F P M B I Y H O Q G B L Z Z K W E
H G A R I R S V P V N A N B N I G P Z R
E I P F L L Q W E P S C E U I A R U P T
R A D D L Y L R P C I C B A A D W A O E
W L I B E W X O J P A E H C M Z J Y M N
O H I G F F E M H R O T H E R H A M K T
R M D S E S A E T C O M P L I C I T S Q
L U L G Q C R R R Z O P F N L A E R E Q
D H S H H M T T N I O J S I D Q L L N J
V S Q M K J H J C C E S Z F Y U T T T X
```

479

ALAGOINHAS
AMBIDEXTROUS
AMOROUS
CONCORDIA
DENTIFRICE
DOUBTLESS
EMBASSY
FORKED
GALVANISM
IMPERSONATE
INFLAMMABLE
LAPBOARD
MARACAIBO
PICAYUNE
PORTION
PORTOVIEJO
PROSPERITY
ROTTEN
SHIPYARD
TINCTURE

```
L G O Q Z E N G S S E L T B U O D J P M
C Q H C Z M M U N H C F P V J D N G O A
L F G E S B H T B H I Z Y B K Y G L R R
O X N D R A O B P A L P D R H J W G T A
B W M K L S K H S H F T Y H C Q U X I C
F V A N T S D D Y E H M P A K O D C O A
V J X R K Y G T R V O Q I C R T A O N I
P O R T O V I E J O N D L G S D M N G B
R O T T E N A L A G O I N H A S O C L O
L J J M C F G A L V A N I S M Y R O T O
F E Y T O I M P E R S O N A T E O R S I
S B U R I N F L A M M A B L E X U D Y E
Z R K A M B I D E X T R O U S K S I R O
E E P R O S P E R I T Y A L W K A A J L
D E N T I F R I C E P I C A Y U N E B V
```

480

```
Y H I I P H Y J J S P N G J E C E J P K
M Y F L Q T N V I V U N F C S T Y N K S
P G E N T R O P Y U I K O O X J Z K S N
R A P M S T N B V P V L L N E G O L A H
T H C N U E N Z I C O E Z S V K H O W C
T K X K H P N P F W O P G U E H E G B R
A D T R E S U O H L L O D M J A A B D E
M R O E Y R C C I Z K S O P Z I D X E O
O O V B U U K W Y L V L V T C R H U C S
M E W M Y G V E B M L U J I G P U T I O
L I V E L O N G N I S I I V X U N L S T
U U Z M F P I H E T V M P E V R T F I E
B I Y E H G T N E M R E T T E B H V V A
W G U R J G T E N I B A L U M N U S E H
R E G U L A T E M U D D L E H E A D E D
```

ALUMNUS
BETTERMENT
CONSUMPTIVE
CREOSOTE
DECISIVE
DOLLHOUSE
EMOLLIENT
ENTROPY
HALOGEN
HEADHUNT
KHAIRPUR
LIVELONG
MOORHEN
MUDDLEHEADED
PACKER
PILLION
PIPING
PLEAT
REGULATE
REMEMBER

481

```
X W K X T O U V Q K C D U K U K E C F P
V G Y C V S O L F J S O Y V T Y Q H A H
B N E F I N K K C A J X U H S M Z K N Z
C L D I V O T U I N K T D P B T C Y T J
E L O N D R I N A T U T I H L A E H A Z
R F B X V Q D E E S D J N T B E I R S F
H C U Y W I P D N U X V A P I G T R I E
O C T O G E N A R I A N M M W V J F Z W
N A W E G Y K O P N K U B D E L A P E J
G Q N S H E C R T C H Q Z U L S O T M B
W T Y S B K T L Y G Z H P M M L T H E S
O J A I W G N I T O O H S P A R T O S D
F L T O O P Z A B E N C H M A R K C W D
C E G A W S H R P R I M O R D I A L O N
W S K U L K S E P A R A T I S T T O H T
```

BENCHMARK
CLASH
COUPLET
DIVOT
ELECT
FANTASIZE
HUMPBACK
INDIGENT
JACKKNIFE
JAMESTOWN
LONDRINA
OCTOGENARIAN
PRIMORDIAL
RAILROAD
SEPARATIST
SKULK
SNAKEBITE
SWAGE
TITIVATE
TRAPSHOOTING

482

ASTATINE
BUTCHER
DISSIDENT
FAKAOFO
GLIDE
GUTTY
HABITANT
HYACINTH
MANIC
MONASTICISM
PLUMB
PLUTOCRACY
REPULSION
ROUGHEN
STORIED
TACOMA
VARIOUS
VISCOSITY
WEARY
WILMINGTON

```
P Q E S Y H B D D I Y H T N I C A Y H M
Z L G U T T Y E C R U N A M O C A T B Z
B O U K I M A X A P H O M B D S N O V B
B T G T S S Q E Y T V I C V I W Y B A V
N B N N O I W R J N H S L R I T H K V T
J S O E C C I N A M P L O G N P A A I G
K F Y D S I R E H C T U B M L W R N H D
Y S N I I T B A W P G P L Z B I E W T E
I T Q S V S K Y C H G E F J O D D N G I
J S U S K A H D E Y B R V U C J J E S U
G N E I Y N E N I T A T S A P L U M B S
N K R D K O S T O R I E D Z M U U A F R
X A K M F M W I L M I N G T O N S E V A
R Y C B B Y K Y Q S S A L L A V R Y S I
Q N C W E F J Y F P N J I F A K A O F O
```

483

ABLUTION
ALIGN
ASLEEP
CANCER
CHAMELEON
EARPHONE
EXHAUSTIVE
GENETICALLY
GONAIVES
INABILITY
LIBELOUS
MALTREAT
NOTTINGHAM
PERSUASION
SAHIWAL
SAUCEPAN
SEESAW
SERVANT
SHRED
STARLING

```
A S L D S A S Q M N I R M B L K U P U E
B S E I N A U T Z A Y E N Y E C L C V N
L D H R B I H Q A E L D B M T C X I Y O
U Y Q R V E Y I E R X T A R A L T P T H
T O S W E A L Y W O L I R K H S W Z I P
I K B P N D N O J A Z I B E U H Y K L R
O X B N X P E T U A L T N A A H M G I A
N D Q W O L L R Q S U Q H G F T X S B E
N O T T I N G H A M C X S A U C E P A N
M W B K V X Z J C P E E L S A E B R N M
C H A M E L E O N E Z I J J S I Q Z I J
P E R S U A S I O N G O N A I V E S S H
K S Z Y O J R E C N A C W R E T S D K K
S D P Y J N X A P F C G L I G L A F N K
F M I L X J P S G E N E T I C A L L Y Y
```

484

```
J O M E L L N L Q J I F T P X A R S P H
B R A O F U L C G S H T L F I G E L M N
O E E N O I S N E S S I D N I M G A E O
L P D C H K V A G V T S M F F W U K R H
T O H T I L A W L H M O T S U C L E C F
O T O A N P B M I H S E R F E R A D E A
N O F C Z E R U G N G D V E K G T E D L
F A I E X T M O I C J U X I L H O J A C
X V Y L G H W I C T B L W J I D R D O O
X K Q O I Y A W R A G R A D U A T E Y H
K R Y P N R I T A T L W W Z I L E P X O
P A L I K I R N N D E R I F P M A C P L
G R E E N H O U S E M D O K Y F F Z X U
I N C R E A S I N G L Y Z K Z B W O O I
J C S S V M M E V C T V T U L X H M W G
```

ALCOHOL
BOLTON
CAMPFIRE
CUSTOM
DETRIMENT
DISSENSION
FOOTHILL
GRADUATE
GREENHOUSE
INCREASINGLY
INSOMNIA
LITHIUM
MERCED
PALIKIR
POLECAT
RECIPROCAL
REFRESH
REGULATOR
SLAKE
TOPER

485

```
I  O  K  P  A  A  O  Q  R  E  H  T  E  G  O  T  L  A  N  W
H  Y  I  B  U  S  B  S  U  H  G  I  B  K  X  W  N  V  I  L
L  U  G  P  O  L  U  G  W  Y  J  J  I  Q  R  X  C  X  Y  Q
I  D  L  U  H  D  O  U  N  G  T  R  U  G  R  N  B  E  R  C
P  E  S  P  S  L  K  X  E  G  A  R  X  T  S  J  Q  J  H  F
A  D  Y  F  I  T  B  E  Z  K  A  R  W  R  E  B  R  A  L  B
R  O  H  P  R  A  D  M  I  N  P  N  F  K  U  P  T  H  E  Z
N  F  E  U  L  C  X  R  R  H  F  I  Y  C  E  T  Y  G  E  W
A  F  N  L  L  Y  A  K  O  X  X  N  K  R  I  C  D  S  H  X
I  I  S  M  U  P  L  T  D  C  A  S  S  E  L  T  N  U  O  C
B  S  B  E  O  O  O  Q  O  C  A  P  S  F  T  S  I  A  K  F
A  H  Q  C  O  C  I  C  E  W  I  B  Y  Q  H  G  L  S  U  V
Q  F  N  A  E  E  H  K  D  R  U  E  K  M  D  K  S  E  J  N
X  U  E  L  D  I  N  N  E  R  T  I  M  E  E  I  V  A  L  D
J  F  L  B  N  F  H  I  G  C  O  N  J  U  G  A  T  I  O  N
```

ADMIN ☐
ALTOGETHER ☐
BALLS ☐
BUCKSAW ☐
COCHIN ☐
CONJUGATION ☐
COPYCAT ☐
COUNTLESS ☐
DEODORIZE ☐
DINNERTIME ☐
EPILOGUE ☐
HATTIESBURG ☐
JUNCO ☐
KIRAKIRA ☐
NUANCE ☐
OFFISH ☐
PARNAIBA ☐
PERSPIRE ☐
PHOTOCELL ☐
QURAN ☐

486

AMISS ☐
DAFFY ☐
DELECTABLE ☐
DREADLOCKS ☐
GUARAPUAVA ☐
HEROIN ☐
INTOXICATE ☐
MOONSTRUCK ☐
PARTRIDGE ☐
PEACEFUL ☐
POLAR ☐
PRECIOUS ☐
PRORATE ☐
QUADRENNIAL ☐
QUIRT ☐
REVENGE ☐
SESAME ☐
SPINET ☐
STUDDING ☐
TETOVO ☐

```
P  S  K  H  Z  U  X  T  R  K  C  U  R  T  S  N  O  O  M  P
R  T  X  H  Y  H  G  I  P  T  T  A  J  T  K  U  T  D  Y  Q
E  I  G  S  E  G  N  E  V  E  R  I  U  B  C  S  N  H  G  N
C  V  A  B  Q  R  S  E  T  L  A  D  D  R  O  Q  A  U  C  C
I  J  R  I  U  A  O  O  Q  A  D  R  A  O  L  M  A  A  Y  M
O  S  A  P  I  L  V  I  L  I  R  R  F  O  D  R  E  K  Q  E
U  S  P  X  R  O  G  Q  N  N  K  M  F  G  A  P  G  X  L  G
S  I  P  I  T  P  Z  G  R  N  D  S  Y  P  E  A  W  B  G  D
Q  M  Y  C  N  E  R  M  F  E  N  I  U  A  R  B  A  U  K  I
Q  A  B  N  M  E  M  N  G  R  K  A  C  F  D  T  V  T  H  R
V  K  K  A  R  X  T  A  H  D  V  E  I  H  C  O  O  K  A  T
P  B  S  T  D  R  T  H  J  A  F  R  V  E  Q  V  B  M  D  R
X  E  P  R  O  R  A  T  E  U  I  V  L  A  N  J  D  S  G  A
S  V  I  M  B  T  M  W  L  Q  C  E  R  M  X  L  N  H  N  P
I  N  T  O  X  I  C  A  T  E  D  C  L  X  D  O  U  W  V  N
```

487

ALPHABETICAL
ARGYLE
CAPITAL
CORRIDOR
FLATTEN
HOTFOOT
HYGIENE
IGUANODON
JUNCTURE
KIGOMA
KRASNODAR
MANIFESTO
MARATHON
MARINER
MECHANIZE
MUNICH
NAMELY
SAFARI
SHIKARPUR
SPOONFEED

```
F J D V Q M T S J B R R E N I R A M H S
C R E G F O H A X U B N R C X R T O P L
Z A L I O B E S P E E L R K W O K O A I
X K P F M Q N R O I B S M P G E O C M G
I Z T I I C A A G F L A T T E N I D O U
T O N Q T K O Y W E R D Q E F T J C G A
H G M W I A H I T A Q M A E E R N F I N
L K D H R W L J T E D T E B F A J C K O
K N S Q I Y W H B F I D A C M A I E Z D
C O R R I D O R S L C H K E H W O I I O
L V S J K N Y R M A P A L A X A Z Z A N
M U N I C H W Y G L F Y Z U U Z N L W L
B O T S E F I N A M G A Y R L G U I H E
W B R A D O N S A R K Q R O V G Y Z Z E
J U N C T U R E A O F I D I I F Z P E E
```

488

```
Z F L W T P F T Q Y N E N X V S Q D R F
Q W W P F E C N A C Z Z L E A I T E G F
R T S S N S A O U B H A V T B A Z T Q R
T I L U Q T K K Z U I I I A S C U E F G
X E L G S L D Z O Y C D Y L S Q I R C O
N A M P O E O Z E T N E B A N B M M H D
E R S X Z S H Q V I U L H C T J J I V P
X M T P A O E V F B P K T S G M A N P A
R V E V U J T F D M H C P E I I W A R R
U H N R V R U Q M A N I F O G H L N E E
Q A X W Y P G R P J P P W O G N A T M N
C S O M J J L A U U Z Q L W I E V I I T
M L Y B N D H I D L R O W M A E R D E H
B Z O E C J T S O P P M A L P L F T R W
C O M P A C T E K A S V M L W A W Q E W
```

APOLOGIA
CANVAS
COMPACT
DETERMINANT
DREAMWORLD
EMERY
ESCALATE
EVICT
GODPARENT
JAMBI
LAMPPOST
NAMPO
OTUKPO
PESTLE
PICKLED
PREMIERE
PUFFIN
RAISE
TANGO
ZHUOZHOU

489

```
C U P N Q N V O P W E P U Q Q D R I Y I
L Y R R E V L O S B A U E H Y Z G S B T
Y G C V O L W X C A N O E A V L S E O A
M B J L I S J U A T R I M E T O M F G F
J U C R E P P W F K O I B D B A J F V O
O J A M B R R E P I H T E X N C Y E R R
F M N W W E Q H C D N S X R P N A R E M
A O R Z W S K P M T E A T V R Z N V Q A
V E R H C E C Z V M E A L A Q A O E U L
S H V W K N I I N L R V X T N M B S A I
G A I U A T B U F T G G C O R D O C B S
D M G U U R B O A R D W A L K U I E L M
C R I N G E D M E S S I E U R S I N E R
M R W Y Y C N E I C I F F U S Z I S G K
D L C H Y K D P R J S E L A Z I N A M Y
```

ABSOLVE ☐
ALTRUISM ☐
AMARILLO ☐
BARREIRAS ☐
BOARDWALK ☐
BOSSY ☐
CRINGE ☐
CYCLE ☐
EFFERVESCE ☐
EQUABLE ☐
FORMALISM ☐
FORWARDER ☐
GREENHORN ☐
MANIZALES ☐
MESSIEURS ☐
PRESENT ☐
PROSPECT ☐
STANDING ☐
SUFFICIENCY ☐
TEMIRTAU ☐

490

BIRTHDAY ☐
BLEND ☐
BOWMAN ☐
CAPSULATE ☐
DURATION ☐
EDGING ☐
GARTER ☐
HERETO ☐
HOVEL ☐
INARTICULATE ☐
KORAN ☐
MONETARY ☐
MURMANSK ☐
PRETTY ☐
SACHEM ☐
SCREAM ☐
SIESTA ☐
SOLIDARITY ☐
TITILLATE ☐
VERGE ☐

```
U Y A E T A L U C I T R A N I U E E A Y
O S W T N O Y R A T E N O M B G T U U F
W N Z J S M T A P P L Y P F R A L Z W R
K U M T F C I Z S K O S D E L E V O H Z
O V L E R F R S U U X I V L T S I X K S
J C K J I G A W L X W E I G I C B B Z A
U O S P V Z D Y A D H T R I B R L I B C
A P N M K O I F T H I B U B A E E W U H
S W A B F L L G E T C S Q E N A R O K E
W Q M F X G O E I N E T Z D A M V T J M
G A R T E R S T D P Y R U B M T P E V B
D G U E E F C R N G P O P B W Z S R I Y
I N M Y Z J U L O H I E A K O Z H E C L
K R G Q N Y S L A V P N U Y B F Y H I W
D U R A T I O N B U G K G W B G A P O S
```

491

BARBICAN
BEHAVE
BINNACLE
DIOCESE
EFFICIENCY
EYEPIECE
FREESIA
GASKET
INSPIRIT
MISCONCEIVE
NATIONALISM
NIGHTTIME
NORMAN
RADIOGRAPH
SEAWALL
TOPIC
TRANSLATE
UNDERFOOT
VAINGLORIOUS
WACKY

```
F P Y J C C N X A Y U T B I N N A C L E
K I G C X Y D J C N I N A C I B R A B Q
N R E T A L S N A R T G D M O I E T F M
G A S K E T E M I W A I S E E R F J I I
W K V W P I R P T Q O E Y A R X L R G S
E Q O A C O S Z X C A E E E U F I J A C
S S T I N N B W E W P Q V E J X O Q N O
S O F X I L G S A I I A F N J T C O A N
A F H Y T D E L E C H T H R P Z N J T C
E C E V S A L C V E K T O P I C N O A E
T M B Q P T E P B Z H Y Y Q Y S S L C I
N A T I O N A L I S M W A Q Q Z X S B V
R A D I O G R A P H N I G H T T I M E E
V A I N G L O R I O U S O I C M M N O F
N Z G V W C O Z R S I A W L J L K P D U
```

492

```
F N Y Z T T A Y A I M Z T Q Q W T J P E
P A R E N T A G E L N P J N P T H J R H
P N R Z D Y Z N B A E T U O L F E W O E
N M A D N A T V A P J R R S A F I R G U
J E M M U Z R X B R U T T I E L R N N Z
B S S N M K R A Z A G A E R G T S F O A
Z B I L P Q W V H C W T E A A U E K S M
R U J X O I R X E C A D N P G I E P T O
O I E L K K F L J L E Z J M T F Y P I R
K U K R A M K X I C H Y I O L J P K C P
Y E T N W I H T E O S J V C N W J T D H
A G Q P S J U R U M I Q L F T F Z M Q O
F M G I O M P A E Y M U I R I L E D O U
B L B Y A S C K J L A S A Q N L E G O S
W U Y K R T T E A S F H I N D R A N C E
```

ALERT
AMORPHOUS
CARPAL
CHARADE
COMPARISON
DELIRIUM
FAMISH
FLOUT
GANZHOU
HINDRANCE
INTRIGUE
MARRY
MUTILATE
OUTPOST
PARENTAGE
PRECEDE
PROGNOSTIC
SEMNAN
SWAKOPMUND
THEIRS

493

```
B Q J A L N L L X A C Z T Q B D T J D B
Q U Y Y R B A O N F Q L D U R E I A T T
H P R F P V X S R Z R R O D E S T I U L
L L X L O T S U O T E T X S X P A L Q B
W K S M Y E T A P I C N A M E I N E W D
R W E R D U D S J O G A A E L T I R A S
K R Q U G B H N W T U C B U F E C R G E
B W C F Z M C S I Y L I W V G G G V A E
M E G M Q I S B X W D D P J D O F D X D
R E K C A R C T U N E N Q J G T A H V L
Q N D P Q A M E Q R N E E L F C C H Q I
D N O I T A I L O P S M O F J L T H H N
K D I S C H K L M B W V E B A Y O E P G
E R S T W H I L E Z P S F J G E R A M C
G A N G S T E R J R T H T Z T M D I C J
```

BURLY
CLOSE
DEAFEN
DESPITE
EMANCIPATE
ERSTWHILE
FACTOR
GANGSTER
GULDEN
IMBUE
JAILER
MEDIC
MENDICANT
NUTCRACKER
REMOVAL
SEDUCER
SEEDLING
SPOLIATION
TITANIC
VOLGOGRAD

494

BICKER
BUDGERIGAR
CAROLINA
COWARD
DOMESTICATE
FATBACK
GREETING
HOLLOW
LENTIL
MASONRY
ORCHESTRATE
PARABOLA
PECUNIARY
PERSONAGE
PUCALLPA
SCRIVENER
SWEPT
TANBARK
TEMUCO
TOXIN

```
K Y T S R C S I C B Q T F M L E E O H F
G E B J J T A I B Z I L A C A T A G D B
C O W A R D F R J O X C K N A S T P L V
F A T B A C K B O F Q L K C B X O Q O T
T B H V N N J Q K L I C I E X A U N H O
O U R C Z O Z C G N I T E E R G R P R E
X D P U C A L L P A S N R W M Q S K G Y
I G F L E N T I L E H E A C W D J A W J
N E S K P N W W M T D O I L W V N E H J
C R R W Y N Y O C T E M U C O O L J X V
D I I G G G D L S W E P T T S B K K E Y
S G K B C J M L C O P U O R Y X A B L Z
F A V Y H H A O S S S R E N E V I R C S
L R X I C C L H T C L P K H V V E M A Z
O R C H E S T R A T E Y R A I N U C E P
```

495

ABADAN
AFTEREFFECT
BLACKTOP
DEFAULT
ENERGY
FIREMAN
HORMONAL
INFAMY
LIFEBLOOD
MENTALLY
MOTORCAR
POIGNANT
RONGCHENG
SELLER
STARTERS
TECHNICAL
TELLING
THORNTON
TOUCHPAPER
TRAINEE

```
P H Y F S K T H G Z G L M Y V K T X A U
T A Z B P Z U N N A S S G X J C Q B X Z
X O Q L M S E I I J F R Q Y E J A B E H
X C U E P H M N L R E U F F P D R G A U
H G M C C V B F L N D J F A A J V A J R
N O J G H A S A E N U E E N I A R T N B
D Q N O I P W M T Y R A C R O T O M Y L
D O O U H Z A Y F E T E C H N I C A L A
R L T Y C Z D P T D S E L L E R T H L C
Y V N G N H D F E G U E F V O L Y S A K
G S R E T R A T S R G E P Y U N E E T T
F G O F I R E M A N B V V A X T L P N O
F X H H O R M O N A L L F P Z H P J E P
K C T N A N G I O P B E U X Y T A M M F
R Y J F Q D T P A L D O O L B E F I L L
```

496

```
L D B B D K E D G S S E L E M I T I W R
E D T S R G Z N O D T I C O Q U E T T E
G X V D A C E L U H A W S V L B L N L H
C C X E U A E O I T E K K Y O D Z U A C
Z G L H G T R B T C V L M N X C Z H L T
H I P S T C F A W A E Z P K A O I S A A
M I H I S H C V L B O E M I H R R G P C
G Q I R A I A E B O B L I H N W D T A Y
V E J U O N P E W I D Y R R D G L I L L
O R O O C G T F R P N N C B S B J F O F
A P J N G N M C S O A K O U M J M U O L
W A V L E B S L M R Q D K G G T Z R Z A
B G I A C E C E B V E M X X W V G J A Z
Y B W M D D L D E L I N Q U E N C Y I O
G Q Q R P W E C M M A A J N D G K S P S
```

CATCHING
CATTAIL
COASTGUARD
COQUETTE
CRIMP
DELINQUENCY
DESCRIBE
DRIZZLE
ENTEBBE
FLYCATCHER
FREEZE
GONDOLA
HELPING
LALAPALOOZA
LEMONY
MALNOURISHED
MILEAGE
MOSKVA
SHUNT
TIMELESS

497

```
M P U T U R E Y X P N G U J U S C H O E
B I T P A L A W Y A R J L A Y W I D P K
K Q D P S W J C T L G E W A R A A V V K
G B A L H V A F P I Y Z A L D N B C S S
R L K C I L S U T M V V V D A I O I D K
S E T I A F T F Q P L U X M J A A X M A
Q A B T N D E Y X S B C A L S U K T U F
H N Z A R E T F A E R E H T R K S I O N
B W E R A U O B M S S A L N X A C T T R
E C N E G I L L E T N I A E D C O B R C
R D H P V X U S H R N Z M Q A B U C A H
V A D O O R B I D E A L I S T I C V H D
M A N S L A U G H T E R I N B E T A K E
P C Y C L O T R O N B X Y C W H I R M X
P O L Y G L O T A G A R D C L F A A A G
```

BETAKE
BOUAR
BROOD
COASTLINE
CYCLOTRON
GLADIATOR
HATCHWAY
IDEALISTIC
INTELLIGENCE
KHARTOUM
MANADO
MANSLAUGHTER
MIDLIFE
OPERATIC
PALIMPSEST
POLYGLOT
READJUST
SLICK
SQUAW
THEREAFTER

498

ANGRILY
ARPEGGIO
BAGGY
DEMOCRATIZE
DYSPEPSIA
EXACT
FAILLE
FIREPOWER
FLESH
HOMOLOGOUS
HUMMINGBIRD
JEDDAH
KLOULKLUBED
MASON
MATURE
PUBERTY
QUADRANGLE
RATTLING
UNSETTLED
VIRTUALLY

```
F W D F O H A D D E J O Z L G D D V M Q
D S F K K I O W Y J P M G I N R E I A U
E F A I L L E M Y B R N C D I N L R T A
B B O N K T B L O E B Y E B L W T T U D
U A Z H D G I P W L D M G K T Z T U R R
L I G M Q R E O E Q O N A Z T G E A E A
K S R G G B P U M C I G A E A J S L A N
L P S N Y E N A R M M B O J R Q N L E G
U E A L R O J A M O V C A U J V U Y J L
O P O I X X T U I L N N E B S A G T L E
L S F V U I H A R P E G G I O Y M R C O
K Y C D Z E X A C T Y Y C Z Z T A E C R
K D K E P A L Q R Q L D J B N Z S B W I
Q Y Z S P Q S N Y G X K M X Y P O U J W
C T F L E S H L Z U V D D M Z F N P A P
```

499

ANNAPOLIS
CONCEAL
COUNTERCLAIM
DOSAGE
ELEGANTLY
EXCITING
FORECLOSE
KHARKIV
KRAAL
LACUNA
MERIDA
METEOR
MODENA
MONOGAMY
NOUGAT
QUITE
SEWING
SILKSCREEN
SOBRIETY
SURGERY

```
Z S C P Q G B N E M L Y M Z D N Z A M L
A G U O L R O U Y A S O D I G G H R L X
T N T R N U B Q P O D N A X L S G S F H
Y I N V G C M R R E I D A D V L Y H M I
M W A A U E E W N U Z B F J A D I R E M
A E T M P I R A L N E E R C S K L I S X
G S T Y L O U Y L X I F U U S F R Z Y B
O K U E P A L C C T T N P F O O R A H C
N F Z C O P V I K R A H K X B R G R A Z
O X J D G R T T S K S G V Q R E E I N L
M G P Z G I D O S A G E U Q I C X H M T
G C O U N T E R C L A I M U E L Q D V S
L R T G E L E G A N T L Y I T O H N I Z
E B R J G R B N U P N Z O T Y S Z K D I
D J J M D D M D Y S G O B E I E Q A O C
```

500

```
P C R W O H W S Q I U V L S K H P C M K
L S W P Z I Q R C N L E N M P S R Y E A
S E E D S D D A V E P L J K V P I N T A
O J S I C I D Y C O E C I O G Y Z O H B
L Q I J G N M P R C D D A B J Y R S O B
D R Y P R G P P E S E E P R E G E U D R
N I A R B R E T T A C S T I L R N R I E
E M E D I U M L S Y R S S U J I A E S V
M C H J H F K J A L E Q E I T T S L T I
G Y R O S N E S A R T X E M O T O L U A
N I E W A I P G T A N B W A M N X L E T
A D G Q R N K O U E I Y A G P Z V Z H E
I Y I D H K O S Z N I Z Y P E W C V J H
J H T R T F C K X X E W G I O X Z W G T
E U S V B Y E E N B O M Y E H H N S B M
```

ABBREVIATE
ACCESSION
ASTER
CARLISLE
CYNOSURE
EXTRASENSORY
FOOTREST
HIDING
ILLIBERAL
INTERCEDE
JIANGMEN
MAGPIE
MEDIUM
METHODIST
NEARLY
PRIZREN
PROPEL
SCATTERBRAIN
THRASH
TIGER

501

```
C O E X T E N S I V E A R N D M V E K F
C F F E C U Y Y I P J H E Y D R G D S I
B C I L M F Z D R A R T Z O T A N W E S
F E T D B B Z U N V S Z Y G E R I Q O H
F L L E D R O I Q A T W F N S O T F K W
O E O I V L R U F Q E W I I N T E J Z I
R B G P Y A E N C M S L T M U A K L G F
M R N U M X U S T H T P N O S I R K E E
L A M C D E R A T O U G J C U D A G R L
E T D C X L C G L I T R G L A E M J Z J
S E C O T W C I G X C D E E F M D T I Z
S D P N R A A B R L D K I W D P M M N I
V H F U R E S E A R C H E R V U Q T C K
E V O L U T I O N A R Y G L R Q U X A C
D I S C I P L I N E K A F B L Z H T N F
```

ACCRUE
CELEBRATE
COEXTENSIVE
DISCIPLINE
EMBOUCHURE
ERZINCAN
EVOLUTIONARY
FIDDLESTICK
FISHWIFE
FORMLESS
GRANNY
LINEAGE
MARINA
MARKETING
MEDIATOR
RESEARCHER
SUNSET
UNFASTEN
UNOCCUPIED
WELCOMING

502

ALBUMIN
BENGBU
DURABLE
EXPERT
FERROUS
FLOOD
FURRIER
HOMING
INSULAR
MARQUIS
MISSIVE
PENURIOUS
PROMISSORY
RIGOUT
ROGER
SADIQABAD
STANCH
SUPPLEMENT
TAXATION
VIVISECTION

```
F G I P G G I K M A Q D P A N I Y D L B
U S F Y R G O V M B H F R O L G B D W E
R Z B T D T A Z E X P I O M P B M Q W N
R A L U S N I T X V L X M B R W U M V G
I V G O S E M D E S I Z I D E W G M Z B
E M H G O M A R Q U I S S G G V C L I U
R L U I P E P F R O B E S H O M I N G N
P I B R F L O O D R S U O I R U N E P J
T R E A T P E R A R E V R K M N O W T Q
F P I N R P E P F E Q Q Y U P C I W S F
Q O Q I E U N W P F J F B U V G T T J L
K P P B P S D A B A Q I D A S Z A J P J
O A A D X V I V I S E C T I O N X S D W
O C U U E N G U E I W A V K C G A S I I
V F F E A A W W B F B I N H S W T G I M
```

503

APROPOS
BENCH
CALCIMINE
CARESS
CONSTANT
DISAGREE
DROWSE
FERNDOWN
FOOTPRINT
GARROTE
GIANTISM
GUNWALE
MALAGA
MELAKA
REJOINDER
RELAX
SEAMY
TREBLE
UNCENSORED
WEIGHTLESS

```
X S W H Q G D I S A G R E E W R F N J G
D Q N P X X U S S J O Y N E R E O Q V T
C Y K A A B U N U E I U C W S J O U N P
Q Q L G X V B M W V H O M S H O T V B A
N E L I W J G C B A N A E O O I P Y D J
R E J A V J H C V S L L X V U N R Z I X
C H W N P J X U T A T E R N O D I Z A F
A H E T O R R A G H I H C Y O E N U E S
L Z A I S N N A G N Q E S Q M R T R A F
C S A S D T P I F O N D Z B K N N A S R
I T S M R R E G O S K D B N B D K I O A
M F W E O W Z P O J T F X S O A L U M N
I V B P R V S R E I X D H W L A I G L Y
N L O D N A E Q D K H C N E B R Q Z X J
E S W O R D C P O P I Y M A E S F Q Z F
```

504

```
B O R A T O R Y E N D Z F N G C H I T S
K T E S L S V L H E I I B C E Y A T M E
L P M I J B B W N R H R C C Y O Q E Q R
V C O Z C A Z R B V L O R G U V P B T E
X P A T S Y E A T C R Q Y L A M I N A N
S H W I R C T C C K R A M E D A R T C A
C P V A N U V L O E H E L P M A T E H D
Q D E O E L G I A L C Z X T R A A L U E
A L C D G B S S E Y O P I F X U X M B Y
C N F E R G S X S W O M I Y X Z D R R E
U V R Y D U Z B C Q P R B W V A V A J N
U K W M M S C M A X H O N O I S A V N I
R W Y E P Y T E H C R A I G E L D I N G
R C W D C K D E S S E R D N U N U R H U
U W Z N A G A S A K I H J J T R K N F O
```

ADVISABLE
ARCHETYPE
ARMLET
CLEAR
COLOMBO
GELDING
HELPMATE
INVASION
LAMINA
NAGASAKI
ORATORY
REASSUME
ROYALTY
SERENADE
SPOIL
TABRIZ
TRADEMARK
UNCONCERNED
UNDRESSED
VIEWPOINT

505

```
I P W H S D X A S O L E K I L S I D Z Q
N K Q H U C T E E B C S D N Z T J D M N
T S O A A V N Q C O G R U D N T V O T Y
U F Z R N N O G C X M U J O V X E K U A
I K X G Q D N S Y E O O R L V A G S Q G
T J I E N Y J O T R O T D E X R U Y O A
I O A G Y C M L V O H M H N A O E L R L
O H A R E B E L L E K D S T E B A N O L
N D G M G E A D A S R Q I N S T E H V I
B H R N A I T S Y F Y F A F A P W T T A
E U L V U F T Q Q X Y R N C R U E A H N
A N A E P E N L C J T C U G Y V Y N C C
C G L Z R K E O T X X T I H M S U J D E
H R G N X C Z H E C I T C A R P L A M T
E Y X M T W Q O D D Z Y Y U I J V U L C
```

ALLIANCE
BEACH
BORAX
BOXER
CATALOG
DISLIKE
EXTRANEOUS
GRATIFY
HANNOVER
HAREBELL
HUNGRY
INDOLENT
INTUITION
MALPRACTICE
NEPEAN
NERVOUS
NORTHEASTERN
SPEND
TOURS
VOSTOK

506

ANTHEM
BEEFY
CALCIFY
CORNCRIB
CRAZY
CREEPY
ETYMOLOGY
GAMBOL
HEADQUARTERS
ICHIKAWA
INSURANCE
MEGACYCLE
METHODIZE
MOSTA
PRINCESS
PROMO
SECULARISM
SLOUGH
TUCKER
UNNATURAL

```
I R J S Y Q V A E E M L B F N P W I W U
X I I C X Q W Z C S T L C B R Z R B E K
V A W E T A I N I V Y B A I Y K Q F P Y
E S B G K D A R M G A A N R Z W E S F S
N Q P I O R A P O K B C X C U M L Q B R
I J H H U L L L C M E V V N M T R C B E
D C T S U O O N Y S M A S R E A A E S T
I E N C B M M O S T A L E O L L E N A R
M I E M Y O E A K Z O W D C C F Z F N A
F S A T L R I N A U O I D I Y N O R S U
X G E J N P E T G D J M F P C S P E O Q
C R A Z Y P R H W W H Y A R A F F J W D
H J N M C U K E L X J I U V G N Z G P A
J O H Q B W T M I S L V C R E E P Y M E
T U C K E R X L N N N G V Q M X J U H H
```

507

ACIDOSIS
ARTERY
BANISH
ENIGMATIC
ENSIGN
GONGZHULING
GREASEWOOD
IMPOST
LIBERATE
PAINFUL
PAPACY
POSITRON
REHABILITATE
SEABED
SEABIRD
SOOTHSAYER
SUMMIT
TOMFOOLERY
TURPITUDE
UNAMUSING

```
S Y R E T R A N X I V P E G L D I T O L
P U D E B A E S H G D K T N X P X L S I
I A M D Y C A P A P I Z V I S T T K C B
M X I M B A N I S H O N C S Z I A X J E
P R M N I F S T U R P I T U D E G D P R
O I I P F T S H Y Y M I E M O S T N O A
S B G O Y U H O T E Y M N A O E C V S T
T B A L F A L F H O D N I N W A J F I E
T O M F O O L E R Y O C G U E B S H T J
A C I D O S I S U S G S M X S I V H R B
J W H Z E S M S K F K J A C A R I X O K
G O N G Z H U L I N G S T T E D R J N U
R E H A B I L I T A T E I J R V D W Q Y
T M S P G O Z R O X B A C P G R V Y A S
I E A X H N E D Y H A A D D N U S F S Q
```

508

```
Z G H P U L V F M D L K V I I J C G G D
C J Y K L Z R F F C Q M Z Z F I C C X E
F K S A L I C E N T I O U S T M B E F U
C G F E X D C X N A G W P N S D M V I C
Q E R L P A E R U I O G E A S U N I S E
B F Z B U C E R C R L H H U I V E T U D
A J A O E L Y Q G G T C E B S D L A R A
F H B E Y D N T M U D I M I E R U R O P
X K C Z I E U S A H B A L D Q E C O H C
E H X S Q O G A Z W C A K L U W I J C B
R A B P R O T O P L A S M O O I D E Z E
V U R V H I B A C H I R E Z I R A P M N
S K L W P L F H X Z C S X C A E T A E N
S M N G A I X E W T N Z Z X L K E G D Q
U N F Q P X T P C L I I T M Z A H C F R
```

AUTHENTIC
BEFALL
BLEAK
CADIZ
CAMBIUM
CHASM
CHORUS
DEUCED
EARWAX
ELUCIDATE
HIBACHI
LICENTIOUS
LINER
OUTGROW
PEJORATIVE
PROTOPLASM
REWIRE
SEQUOIA
SINUS
SUBSIDY

509

```
M Q G D A E S C B X S L T D K H F T A F
A U W S I P C U R T S E M P E A E O Q S
E O T W Q P L A S O B T Q H N W E O T O
C Z Z A J F L B B T O D P M C T B T I C
X O P E T S R O O D E N R C H H L H I N
C P N W C I Y E M Q K N M W A O E S I O
V O V T G N O T N A W I A C N R M O I I
H P L A R S C N D Q C C J N T N I M M T
R C D O J A T A D K C Y R E C E N E N C
U E C L N N C A B S T R A C T E D E R I
D R D C E I E T M D B J G V M D E A N R
E E O M Y R S S I S E R A P N N D P W T
L V L P G C U T Q L H A N D L E B A R S
Y I R H F R D Q Y P E Z Y E Z H C V N E
A B R I L L I A N T O A J O N Q O K Y R
```

ABSTRACT
AILMENT
BRIGADE
BRILLIANT
COLONIST
CONTRACTILE
CROON
DIPLOMACY
DOORSTEP
ENCHANT
FEEBLEMINDED
HANDLEBARS
HAWTHORNE
MUTATION
PARESIS
RESTRICTION
RUDELY
SUSTENANCE
TOOTHSOME
WANTON

510

ABASHED
CHATTEL
CHICKPEA
CLIME
COOKERY
CRANNY
GENERATION
GRIFTER
INCOGNITO
MODEST
NORMAL
PLUME
SERPUHOV
SLAUGHTER
SORCERY
SPOOL
SRINAGAR
STARGAZER
STEPFATHER
TONER

```
T F K N C M S T E P F A T H E R C S M H
C X T W O L D Q L C W Q N R M B O A C V
A M W U P R I U K F O V E G R E O T Z J
L S P O O L M M P Q U T D C K A K F M C
P C O H W E C A E A F T X H E Y E P Y W
W W J X P L L J L I X H B A X L R F T Y
C H I C K P E A R L Z H K T S Z Y S H R
G Z D R K V S G U K N O I T A R E N E G
W Q T Y V O H U P R E S G E B D C P A Q
G F G F R E T H G U A L S L O Y R U V M
E R R C S T A R G A Z E R M E G X O F C
Y M E I N C O G N I T O U B O C W F G S
S R I N A G A R H R J X R J B T C K B A
Y M W P O I Q T R K V J B Y C R A N N Y
E D G P R T A B A S H E D C K A R Y N D
```

511

ABSORPTION
BANJUL
BUMPER
COYNESS
DOZEN
EIGHTH
FACTITIOUS
FLINCH
GRANDMASTER
JUICE
MIRTH
OFFENSE
PHYSIC
PREDICAMENT
PREJUDGE
RECRUIT
REPORTED
RIDDLE
SCRAMBLE
VIXEN

```
O Y R R G V R V J D S Q S T D C N W G Q
F H T H G I E L U C A C J T F O Q N F L
F I N U K X T N I O S R R S C J B P I T
E R E D R E S M C S F Z F A P U U T I E
N D M V F N A D E P H K A E M A K U U N
S V A I A O M B A N J U L P G B R P E J
E V C E C I D E T R O P E R H C L Z E H
V T I I T T N G R B T R V L E Y O E N Z
V O D B I P A G J I S O C R K D S S I L
I H E I T R R V E M D P P J L Q L I I K
M N R X I O G N O O P D Q A O G U B C W
W I P V O S F L I N C H L C O Y N E S S
T T R M U B Z K K B X F P E J V X P K X
P Y Y T S A P R E J U D G E F R O W D S
U H S B H A C P S U Q R E M X A L A H Z
```

512

```
G F O R E D O O M D F V H G O Q D C B L
L I K E L Y G T U F Y U E T U N F Y L A
X V A W O H C O T S E Z C S O E R Q O A
A Z M K T G Z D U K M I Z P S E S B W P
M D E T I V N I N U G P S O P E Q S P A
E D R L L A P W I N G E C M L Q L S I E
N F I L B I C U D A D K U B G E U N P I
I Q C Y R M V H M F W R E N P L H U E E
A M I Y P I A S P B T O V R Q I I P G Z
L Y U J B V A R B E L E A G U E R A S I
J K M E L P J G B Z I G V N I W U U F X
G A B B L E D Q W C Y G C D Z G O E Y D
Q E G A T N A V D A S I D W N M V L U L
Y R K H M Z Z L Q S H Z E A A I M C S W
K C O L R E T N I S F S L F B B H B M L
```

AMERICIUM
BELEAGUER
BLOWPIPE
BRAMBLE
CREAKY
CZESTOCHOWA
DESPOND
DISADVANTAGE
FAMOUS
FOREDOOM
GABBLE
GUESS
INTERLOCK
LANGUAGE
LAPWING
LIKELY
MENIAL
TRUMPERY
UNINVITED
VESSEL

513

```
C I X W K N Q U R T L D D H O B N C W B
A D M I N I S T E R P F Y L D I C A D L
M E O Z X E C L A L W X N K K N Q O N U
O F W E L K N I W I R E P A L F S Q L N
R I E G N E T E F A M T M Q E A C E J D
T P O A R S M A N U U I O F U Z H O U E
A O N T S L M U N J E N T Z S H C P I R
L I U R V X Q Q Z N C I S X Z K N M S F
I N U O M G A A H R Y F E M P L O Y E R
T T R P J A F B A V L N A E G E Y Q B C
Y S N I S N L L E E V I T A N I M O N V
X N I Y A C H M O S R G U X R L Q W P U
Y J Q V M X L P O S L O M O C W U W W D
A T T P N M R V L A B O R I O U S D L C
S W Y R F B E N Z O A T E L G R V B O M
```

ACIDLY
ADMINISTER
ALKYD
BENZOATE
BLUNDER
EMPLOYER
FUZHOU
INFINITE
LABORIOUS
LYCEUM
MAFETENG
MAKIN
MALMO
MORTALITY
NOMINATIVE
OARSMAN
PERIWINKLE
POINTS
PORTAGE
STOMP

514

ALCOVE
ARSUK
AWFUL
BATTY
COINCIDE
COLLEAGUE
COMMANDEER
ETHNOLOGY
HONEYSUCKLE
JACKHAMMER
ODESSA
PERESTROIKA
PIRACY
POSTPONE
PROCEEDS
STAIR
SUBDUED
TALCA
UNBOUNDED
VALET

```
C O M M A N D E E R S E H A O Q Q B C A
W K C V M B U P D T U I K U S R A B I X
A V P V G D Q M O R J I O C S Z P E X S
W Y G O L O N H T E O U N B O U N D E D
F T A A S S E D O R I A T S R N P E L E
U T M R E T Z G T T A L C A J N I U K E
L A B E O V P S A E J Q W J A C R D C C
T B V K X M E O N L H S T H C O A B U O
J I U Z Z R D W N T C T Q O K L C U S R
V G Q W E A I Q O E E O I A H L Y S Y P
W E E P M W C Q W L I M V D A E F Z E F
Y L S W E H N E A O Y K S E M A C A N D
C Z K H X F I V G W O C X L M G E D O Q
J Q L O Q I O F D D L H D M E U X T H M
J W N T J C C V H U Z B W Q R E Z T D B
```

515

AWESTRICKEN
CHAPECO
COMPOSITOR
CORKER
COVERED
DEFOREST
FOOTBALL
HIDDEN
HOOPLA
INQUISITIVE
MARAGHEH
PAPAW
PARLIAMENT
PORTERHOUSE
PROBE
RESONATOR
RESTRAIN
SPECIAL
TARGET
VERBALIZE

```
P B W Y A D Q D E R E V O C M H Q J N E
O A V H K D S E Z I L A B R E V D S M N
L Z P C Y N P F B H S I M E V I S X A L
V Y N A E I E O F O C E P A H C L Y P R
Q V G D W A C R E K R O C S N D S Q O Y
X M D R P R I E X W B P W X D V M T N R
F I M R U T A S W O E Q N A O W I N F E
H J G S P S L T E G R A T E F S M E O S
T O X K F E F K O Z W R L H O I A M O O
D C C Q T R B T H D L I K P L C R A T N
P O R T E R H O U S E T M N O P A I B A
A W E S T R I C K E N O I G T O G L A T
Y B Y Q U G L J I P C I Y F S L H R L O
T H Q Z N L X Q D O Z U D R A J E A L R
I N Q U I S I T I V E N K O K C H P E L
```

516

```
E E A P B F Z L Y Q N Z A U P N R I R G
C O M M I S S A R I A T P M W A S I R R
R J N T W U A R E X I I R A N Y N O P A
M I N Z Q D S O T Q P H J I G E C T U N
X S O S D E A T T F M S D Z V E D I E D
I Z T N M L L C O A Y I H U R I R R O C
C X O U V A E O L C L M O N S H K R D H
X H D P C N S D A I O S M P B E Y U E I
R O P I Z K M M E E O O L N U L G B X L
M O T O R H A X R G R E E N S W A R D D
F P E Q O W N M E N A B A C O L O D L V
B P M W W Y I N N S W T Z U X I V O Z T
M E R M A I D Q U R R F I P C W W N J H
B B X E K O B R F R R V D T B N Y L R V
V A X S X T E D V H W U Z C U D O R X W
```

BACOLOD
BURRITO
COMMISSARIAT
DINAR
DISPLEASURE
DOCTORAL
FUNEREAL
GRANDCHILD
GREENSWARD
GROCER
LOTTERY
MERMAID
MISHIT
MOTOR
OLYMPIAN
PAGER
RHONDDA
SALESMAN
SOUVENIR
STUCK

517

```
P O N A N I O N I B T N E C E R Q R F S
D I D Z Y A L P S I D E R J H Z E J D O
B V N A A M J X E Q R T N H J D C S A U
G R I S T M I L L R I E C S L U A T S T
T W K O F C P C I W A O G O I E C D H H
B N N U K R O A T I V T H A O L C W K B
A M A N A G D U O E T Y I Y L B E D O O
M Y M N K A O C R P P D D O E E E F V U
K H T R E Y X L L O O N Z T N W J U U N
D R E R S T E J C A E W B I O K C Q Z D
F Q N O I T A N I L L O P L S V N L V D
E U C O R V A L L I S V L U N F R O C K
D J O Q O R A U D E T A R O P R O C N I
E R R U S Y W U C A H I J Y I O I R V W
R L I O R Z W A J U K P E A N F K Y K X
```

BINOINANO
COPYHOLDER
CORVALLIS
COVERLET
DASHKOVUZ
DISPLAY
GRISTMILL
HALLOWED
INCORPORATED
MANKIND
OPERATION
OUTWIT
POLLINATION
RECENT
REGALE
SOUTHBOUND
TENANT
TENSILE
UNFROCK
UNREAD

518

APPARENTLY
ATTAIN
ELATION
EXPLOIT
FENESTRATION
FLUNKY
HANGDOG
IDENTICAL
INTERROGATE
JINING
LUXURIANT
MAGICIAN
NIRVANA
OUTHOUSE
PREDACIOUS
PROPELLER
SMITTEN
SPITTLE
STAVANGER
VASOMOTOR

```
K Z J V P N H S N O I T A R T S E N E F
G L W I I R N A I C I G A M I T L T D Z
A P P A N P E V N V E T B D O A T E S J
Z F T S E I O D A G N U M K L V T N O N
V T Z K T U N S A D D P S Y P A I B L A
A K X Z A G O G O C Y O K Y X N P P D Y
L B Z B G M A Q A S I N G T E G S Y L C
G S L N O I T A L E U O N M E E C T U Q
L J P T R L K C H L I A U S O R N I T H
Y W O N R V K C F L I V U S Y E K E D X
P R O P E L L E R R U O Z E R H Y K W M
Y N P Z T R B Z U S H T L A N A V R I N
H G L Z N F T X X T A K P S M I T T E N
R Y R A I F U M U O P P D D A P X W V A
J Y W T A L L O D E A I D E N T I C A L
```

519

ABOVEBOARD ☐
CHENZHOU ☐
CONSULTANT ☐
CONTEMPORARY ☐
CONTENTMENT ☐
FALTER ☐
FORWARDS ☐
GUSTATORY ☐
HORSERADISH ☐
KAMOKE ☐
OBSCURE ☐
SERUM ☐
TEETHE ☐
THROB ☐
TONALITY ☐
TSUNAMI ☐
TWINGE ☐
UNSUBSCRIBE ☐
VALENCE ☐
WEAKEN ☐

```
C O N T E M P O R A R Y O P J X G E B D
N X E C H E N Z H O U I F W I J C O X B
O H K H O R S E R A D I S H G N W T O Z
L P A G C M B K L T T N Y O E A P R H Y
E R E D I J X O I L W W P L Z M H U C D
T I W P I Z P M D T I Q A D U T P O B B
A B O V E B O A R D N V D R V G N Y I I
O B S C U R E K E U G G E Y J T T R F Q
C N J B C D J M T N E S G H E I A O T E
I G B Z D E O N L O H G I N L T R T S N
F O G F O F J S A N T U T A Q W O A U B
Q G R C V U D Q F X E M N C A H U T N C
U N S U B S C R I B E O T R V D O S A G
B H P Y V F H R C N T R D M V L K U M L
C O H V M T N A T L U S N O C L N G I Q
```

520

```
D D D C L N N C N J Q J V G D L C B A S
I N P W O E Z I N A M U H Y W V O E N T
Z R Q S A T C T W G D N R O E D C A A O
A W C C T W E M Y Q R A F D S N O U L R
E H B Y H O P Z O C D A A N C Z O T Y Y
P N M N K R E B J U E R W E A K N I Z T
V Z F V K K B Y G P S J Q O P G H F E E
V W E M K I A A E U H Y G L E A K U Q L
D L I Q O N T R X S G A E O S R E L C L
G C O N T G T M M E I U S G T Q H L A E
Z H C U A B E D T A A G M Y N O N Y S R
P I J P J K I A B K D B H A L R P T Z G
Q N D N H I R T F T N A H T R Y W L R S
J T O T W C D I S C O U R S E S R R O J
G Z D R A C U L A V A W N C B D H S U M
```

ANALYZE ☐
ARMADA ☐
BEAUTIFULLY ☐
CHINTZ ☐
COCOON ☐
CRATE ☐
DEBAUCH ☐
DISCOURSE ☐
DRACULA ☐
ESCAPE ☐
EYESIGHT ☐
HUMANIZE ☐
LOATH ☐
MARSH ☐
MOUSY ☐
NEOLOGY ☐
NETWORKING ☐
PEAFOWL ☐
STORYTELLER ☐
SYNONYM ☐

521

```
I W T F Z Y K P E N L W L G E Z X R B V
K S V G E X A J H N O I T O M O C O L G
U N L O C I U U S I Y A N W L C U O J R
L I Y A N F Y G J V U G R N P E D K U P
T Q H T M U Z Z K R Y I C T O A K P V C
I T I L L A B T A E M T Q I E C N D D I
I N N V W N B N M N H A Y L R A E N Z D
G I F T E D G A C X K L P N R E R N N W
Y Y J F B A A D D W L A E A R E B A C N
D I M E N S I O N W V S H Y T M B O O E
W M H D G N I B I O S A C L E K U I N N
H E A D F I R S T E S A A A C H S A I O
T R A N S L U C E N T B W E E A J L B C
E M C D Z S N B L M U R N Z V R X N W P
E I T H E R V D X S G Q V E L K W M K P
```

CIREBON
DIMENSION
EITHER
ESSEN
EVASION
GIFTED
HEADFIRST
INNOCENCE
ISLAMABAD
KULTI
LOCOMOTION
MEATBALL
NECKBAND
PAINTING
PLEAD
SAHARANPUR
SALATIGA
SUBALTERN
TAURANGA
TRANSLUCENT

522

BALLAD
BESIEGE
CAMERAMAN
COLLATE
CONSTANTLY
DARTER
FLOPHOUSE
GRANDFATHER
INEXCUSABLE
INSURGENT
ITAGUI
JUNKET
MANIFOLD
MIDDLEWEIGHT
PETROPAVL
POUGHKEEPSIE
PREWAR
STARE
TEMPERANCE
UNMOVED

```
X Z C H O K I N B R U N R K J Q T G I I
D I R A W E R P A S Y P T M X E T R N N
D E V O M N U W L A Z F A N K U E A E S
J Z Y Z Y E P X L I L E D N T F M N X U
X M N V M F R Q A D Q D U F I O P D C R
N Z C R E T R A D H O J F H U Z E F U G
L X L N T K L A M B G Z H U G M R A S E
V L A H A K M D S A E V X Q A E A T A N
A F L O P H O U S E N S S N T V N H B T
P O U G H K E E P S I E I A I S C E L L
O C O N S T A N T L Y F L E S L E R E Q
R U A W Z W T I L Y O L U K G T B E K D
T J J T O G Z S V L O L M M C E A H S R
E A Z Z K M Z K D C V P G Y O L S R S R
P M I D D L E W E I G H T Q N M I M E Y
```

523

ADVANTAGE
APPLE
BADMINTON
CAPARISON
CONGENIAL
HAMADAN
HIBISCUS
INSECURE
INSISTENT
JAMAME
JOCUND
MISCALL
MOPBOARD
POTENT
QUADRUPLET
SEXUAL
STEAMBOAT
THUNDERHEAD
TONSURE
VOLGODONSK

```
M C J Q A D V A N T A G E Z S F E M V Y
W O P O U T S E X U A L L U S R M O A S
H N Y E X A O Z K A Y Y C F U I P P H M
G G K N A O D H T V B S O C S F V B A Q
B E Z Y J B A R R D I P E C O V Y O M V
W N D X A M E F U B J S A N L U P A A I
R I L C O A H E I P N L Y F Q T T R D J
H A N Z L E R H Q I L J O C U N D D A G
J L U P A T E L P P A E P O T E N T N R
H A P R W S D J T Q N O T N I M D A B R
A T M A A S N I I N S I S T E N T N H C
Z R J A E F U T O N S U R E B M W·K A T
T H Q F M O H R C A P A R I S O N J V L
S U F O Z E T T Z I G U R Y I D V Y R M
V O L G O D O N S K C N E A Z S X Y S D
```

524

```
P R O F U S E Y A I Y H V J G W D N A K
M C P N W A E W R S N H I F L S L O R E
M E D I A T E A T U I U P S G N S B R Y
T E S T I F Y A I Z U D C D T J Q O I H
D G S O Z C Y E C A R B M E L O B M V O
M A R E W M G P U M G I A L L O R J A L
T R Y G G R O S L X M V P L B K S Y L E
P O D Q E E T R A I Z X O O C I R R U S
P F U S Y H L W T W S C C R T V O F N J
H X U L G Y C A E E E M R T C Z C Q D K
R T X I O N N F T E Q P Y N R A J P R Q
V M L S J U H H R O D V P O U F N O M D
N X M H T M S B J D R A H C L I P Y W H
A Z J T R F K E J K O J A N O L O S O Z
G T J V P U G I L I S M L U S O Y C I N
```

APOCRYPHAL
ARRIVAL
ARTICULATE
CANYON
CIRRUS
EMBRACE
FORAGE
GELATO
HISTORY
KEYHOLE
LIGHTS
MEDIATE
PILCHARD
PROFUSE
PUGILISM
SERGE
SOLON
TESTIFY
TOULOUSE
UNCONTROLLED

525

```
M W E G B T B L G C N L I B Q P R I D T
Y E G Y O Q C R P D C I N O C A L M R T
J J G R J M N A I R O T I V D I T P A Z
V Q A A B U B B U H R T E V E N X E I Q
R E M D L U B E D G T S E Z E P I R N C
T E J N O O X H A U I H A M H O W A A H
J S B O S Z P B M F S S O L F T T T G A
M N L C Q W D O M X O F T P Z T E I E R
Y E U E B E G P L R N F K U Y A B V Y T
L X I S E A F M D I E O V Y P G L E N E
O P P F D H O C H G S P Y Y J E P M Z R
S R M I Q Y A G I N D E P E N D E N T B
D E S P E R A T I O N B L I T H E Q D K
J H H A L F P E N N Y I J Y Q J M R G M
U Z K Q H M R I M Y Y Q A E V D L Y N M
```

BETWIXT
BLITHE
CHARTER
CORTISONE
DESPERATION
DRAINAGE
FEEDBAG
FLOSS
FOMENT
GOMBE
HALFPENNY
HUBBUB
IMPERATIVE
INDEPENDENT
LACONIC
MEGALOPOLIS
MOGADISHU
POTTAGE
SECONDARY
VITORIA

526

AGROUND
ANNUNCIATE
BERSERK
BRUISE
CHECKMATE
COMFY
CONQUISTADOR
CURSED
ENDGAME
ENTHRONE
FORTUITY
GARLIC
GRAFFITO
KERNEL
NEWSHOUND
SLAVISH
SUKKUR
TANNER
TRACING
ZHONGSHAN

```
E S Z H C G T H E T A M K C E H C C X T
H I V M A W M M W Y W R G I H E C Q O A M
X Q U R P L E N R E K T R B S E Q N N K
N V L U Q M W V M E H U U O I Z N Q N B
H I I V A A Y D V C D H K B U E H U U N
C F C G E N T H R O N E K R R N Y I N I
E U D N W D I S S T K Z U A B F D S C S
F N R C B F U I D I Z I S E M Q K T I P
E I Y S P Q T V G F B N R O D L N A A G
L U E E E A R A T F X S C W J W I D T V
I X S B Y D O L D A E C Z W U M J O E J
O X Q C E H F S O R M L U I W A C R F K
U B T Z D G S N K G N E W S H O U N D Z
Z H O N G S H A N O Z J O K R H V U L W
H U E O T R A C I N G U I W D K E X A W
```

527

ALEHOUSE
CARTWHEEL
COATTAILS
CONGEAL
CONNECTIVITY
DEBATE
DREGS
EGOTISM
FIXTURE
FRENZY
GIRDLE
HEADHUNTER
INIMICAL
JUNGLE
KINSHASA
OVERFLOW
TEACH
UNVOICED
VICUNA
VIGILANT

```
G B A O E S U O H E L A N U C I V J Z T
N I C J G B R X U G F J K L A E G N O C
S W R E M X D E W O L F R E V O C O O L
V C R D C U A J H T M A F E L G U I V Y
I D X C L F D X L I O Y N H U G S V T U
G Q H S J E I A S S C W X W Z V N I N N
I R L I J S C X K M L T Z T D Q V U A V
L J B O U I Z G T O Q A R R K I G S J O
A D S R M X U X J U S L I A T T A O C I
N I U I T E A C H N R H G C Y H R V O C
T W N O C A S S A X R E E Z S U X C P E
J I J V W G F E Q B M N N N Q W Q V V D
W T H D E B A T E D N E I E S R B X Q R
N D V A D W V T Y O R K L R L Z L Q Y U
C M E C X E B X C F H E A D H U N T E R
```

528

```
T Y F I R W C G E Z L U T K O S E P A O
E A Q I Y E F O R U D P E K P U L O L S
T M T W R F I Q A A M L Y W P I B I I D
K F I T I E M M C L N A F H O N A N M M
F P T R L I A E B T I T O E N I S D E A
I Y E H L E C R X U J T C B E N A I N R
B H J J P B T R M K R I I K N G N M T R
S S B P R I F A G S P S O O T T Y I A I
R E A L T O R P L S W J E O N H P E R A
R K N O S S I I U E N D M B A E T G Y G
A D M H C E S A L E Q U X P R O R T N E
K J U B G T X N N A A L J A R R Y V W S
I X L O O V K T I B Z P V R A E M K G O
S Z A R B I Z H O H K Y G C W M F A R X
O V E R N I G H T N E X O S L H X I D X
```

ALIMENTARY
ALUMNA
AUSPICE
COALITION
ELBASAN
FIREARM
GRANT
MARRIAGE
OPPONENT
OVERNIGHT
POINDIMIE
REALTOR
REIMBURSE
SCRAPBOOK
SEXTON
SHERIFF
SUINING
TATTLETALE
THEOREM
WARRANT

529

```
U Z C B D D E T T L G B X L L S K T S C
R J F G W Q I R U L E E Y X W L T H G O
L A Z D U Q P S B K Y T T A F D O B N O
F Y R I S H S S G L V H O V B E R A I K
K T N E K C I U Q R G E M O M B B B N D I
A O I R E L I E V E U L O A O R Z D I N
X S U N E K O R B N U N K O O U X L T G
C F T R G W H R U X M E T H R T G E C U
R H E I O E S A E C R U S L B S E A H O
D J B S R U T I D J A K C F E I N D N K
C B Q N M E G A T N E C R E P D T E C S
U L Q Y V Z O U M A J J C F Z Y I R F Y
V E Z W W X O H P J B F A E E U A B O T
S S C W U P W S A B S C I K D W N R R I
D V Y N B J M U X I L V E P B Q F G M V
```

ASTIR
BANDLEADER
BETHEL
BROOM
COOKING
DISGRUNTLED
DISTURBED
EQUINOX
FATTY
GENTIAN
KOUROU
PERCENTAGE
QUICKEN
RELIEVE
SHOEMAKER
SURCEASE
TIDINGS
TINGE
UNBROKEN
USHUAIA

530

BACKACHE
BANTAM
BATNAH
BLATHER
CLOTHE
CREMATE
ENUGU
ETHER
FREELANCER
INFANTRY
IRRATIONAL
MORASS
NETTLESOME
PEPPERCORN
RICHARDSON
SENSIBILITY
SMALLPOX
STALLION
UNITY
VAPORIZE

```
S M T I R D R S R Q X D P A E E N O C S
B S O E F E H E Z I R O P A V N M Q P Q
S L H R H S V N C S C S O A F U X S M Y
G T A T A U R S G N T H C Y I G N R R M
E P O T S S E I T D A A A R U U D B V J
O L I U H O S B A B L L L R E M K B X X
C S N I A E R I O H A U E L D M H B L G
Z Z F Y N X R L D C N A X E I S A Q Z L
F B A V T W D I J I O L O G R O O T Q F
M X N L A U U T T U I H P A Q F N N E M
L V T S B S U Y N E T T L E S O M E A W
K Q R X K Y B W K Q A S L V W M O T F W
B K Y G U B N E D I R U A Z A O N P M J
B A C K A C H E A Z R S M T O A V S E P
P E P P E R C O R N I M S V B C Y Y U M
```

531

CHECHON
CORRIVERTON
FASCINATING
GENTILE
HEIGHTEN
IBIDEM
LIMBO
MITTEN
OPHTHALMIC
PERNICIOUS
POTHOOK
PRODUCE
REVOLT
SCATTER
SKYLARK
STRIFE
SUPPOSED
TELEGENIC
THULHAADHOO
TRAINER

```
S L S B B E H T E G M W Q P V L M F H A
K T I F A S C I N A T I N G A I I S D N
Y L R M E D I B I F G L I H K G Y G E I
L O S A B X S C A T T E R N E L U T J C
A V P U I O O H D A A H L U H T H N J P
R E P O P N B M A G S B O M K G O M O E
K R E G T P E C H E C H O N I T V I P G
S A R Y W H O R Y W K W V E R F Y T H E
J H N X Y H O S U N R X H E Z S Q T T N
Q E I Z T H S O E Y W T V Z N F M E H T
G O C V M S M U K D V I O Q Z U C N A I
H S I W N J W A J H R P R O D U C E L L
R Y O S T R I F E R D C D X J E K U M E
S L U B F R E F O M Y V B N A Y F L I G
Z F S Q R E D C I N E G E L E T Y W C X
```

532

```
A D J L Y L T N A S A E L P D E H L T A
L Q G F A I V I R T O Z R E L X I K Y T
J H D R A O B P I H S O P H Z S B H T T
G P R H H H O D A H R P H H S K I H F R
N O S F I E W G D Z I F B O A D A V A A
C F A T D I D E L L A R M D D I U S Z C
R Q L N Z B C I T J K E K H S I B M U T
E U Q C A I Q H A B B S A O T T D W A R
S A M N P P G I G I H H S C U O N Y E I
C X G P H I E C K K D E V I T P A C G R
R U O R T T W S W J I N Z J T Z F E K P
I C A O I Z R V T C S X U J E V G R Y S
P U Y P E L N B K Z D D Z J G X Z C P J
T C J E J H L C H I C K E N P O X K P H
N U K S B C R E C N E S B A B Q Z A P A
```

ABSENCE
ANAPEST
ATTRACT
BANGUI
BISHKEK
CAPTIVE
CHICKENPOX
COPPICE
CORRAL
DUMAI
FRESHEN
GRILLE
JUNDIAI
KASUR
LISSOME
PLEASANTLY
RESCRIPT
SHIPBOARD
TIGHTLIPPED
TRIVIA

533

```
I D U R B A N I O O A P P A L O O S A E
N Y S X D Q T U R R G I O V D E Z G C S
D T D I H H B O E O P I G A O F V N X E
E X J D Y R B C F Y X H H K O W E L U P
F L W F S S T A R T G F A M D L Y R O A
I Y G U E I R N E I G W H N U K E K E R
N Q C N F C O A D L S N E B Y P I D H A
I L O Y I F D L L L S I R I E E A N U T
T J A U I J D M I O G U B E G L S T M E
E K B W G R E C U J T E L I G H O U I D
I T S S Z J N L B I S S N R L J T V L N
Q H O M I M M K Y A Z B E E R I R Y I U
L V R E J K A S D H C V I T S U T G T I
C T B J M E Z V O V E K G B K I U Y Y H
B O T R B Y O N B G Z H I C G O S Z T O
```

ABSORB
APPALOOSA
BODYBUILDER
CANAL
DURBAN
EVERGLADE
GENESIS
HUMILITY
INDEFINITE
JINGLE
JOLLITY
JONESBORO
ORPHAN
RECTIFY
RISIBILITY
SEPARATED
SLEEPER
TRODDEN
TURBULENCE
WEIGHTY

534

ACTIVATE
BLUNDERBUSS
BROOK
CIRCULARIZE
DECIDE
DINGHY
EDIFYING
FARMING
NECESSARILY
PISTON
PREMIX
RECEIVER
ROSTOV
ROUNDUP
SEATTLE
SECRETION
SEREMBAN
SHOWROOM
SUBJUNCTIVE
UNBIASED

```
S S D L T R E V I E C E R O S Z G M D S
E E N I Q K O O R B D U U S Y N C E X H
R C A E B A V S C I B I U R I I S V D O
E R C G X M Y E T V E B F M I A Q I I W
M E T P I S T O N O R C R Y I D B T N R
B T I D M B U W R E V A X B I N P C G O
A I V E E X T A D E F J N U B N M N H O
N O A C R J C N Y R R U Q O L D G U Y M
N N T I P C U B H R D O H D S V A J W K
F I E D E L T T A E S X U P S E Y B I B
D E C E B J U G S K M N Q N Q J P U W F
C I R C U L A R I Z E X U L D W M S N T
N E C E S S A R I L Y F B E T U A C X K
N V L Z W E H I B L H I N F T V P S B J
V J N L P P K X H P N R I P C C V X Q Z
```

535

AFFECTATION
BLANK
CLEAVE
DISCOURTESY
DISMISS
DRAIN
DRYER
EFFECTUAL
ERELONG
HARLEQUIN
HUNKER
INDISCREET
JACKAL
KINETIC
KOKOMO
MOCKUMENTARY
PROPMAN
REDOUBT
SYSTEM
TALAS

```
A M C L E A V E F L Y Y C D F T N O W Q
F B U A W C V W A I R S W O R C X F Z K
F W E K T S H U E A P E R N R Y B D C I
E M I C J B T M T Y R T Z R K M R W K N
C K Y A K C N N E J I R T D G Y B A U E
T G R J E A E J E H F U E U E U W O T T
A F Q F Q M Z O R Z E O D R A I N H A I
T R F U U H V X C U R C G Z H P A H L C
I E E K Y F G J S G F S G Q B R M Q A K
O E C D H C P O I S K I F X L T P K S J
N O F D O C H T D Y I D J E A W O O I D
M H X O M U V R N H V M Q J N K R K S X
S Y S T E M B J I T P U S Z K T P O I G
E R E L O N G T H B I C O I G C V M C Z
H U N K E R P H W N J H M D D G T O Q T
```

536

```
I O O M K C R E G T D C G C G X S T O B
N N D O L L Y E J B I P N O A L Q O M W
S Q L R F L K R N P R B I U F L B P U H
T C U D E U Q A O H U S Z Z V E O Y T R
I Y F O A L O C I E L M A C X W R R A Q
T M Q Z B O S I T K H S G A Y S E E I B
U S X G T E I F I Y F T R R I L N P M E
T I N I L K N K N Q K A A A W E R M W F
E H U E X K S V O Z A Y T M W A A E B U
F U T S M J I B M G F A S E L H G T Z I
O R X Y K V N T E N P L V L U D F H M P
I M O F Q Y C F O R E S T R Y Y Q V Y R
E W N Y C G E L I T N E C R E P I D A M
E H Q R E G R Q O Y B Y O V Z M T I A Y
P I L L A R E I N E S T I M A B L E Z U
```

AQUEDUCT
CALORIE
CARAMEL
DOLLY
FORESTRY
GARNER
GOFER
INESTIMABLE
INSINCERE
INSTITUTE
LURID
MONITION
OMUTA
PERCENTILE
PILLAR
STARGAZING
SWELL
TELESCOPIC
TEMPER
THEORY

537

```
S D E E L Y M E B B F M W S C N Y B F P
L V T V A Y T T J I J S O F A N U A S R
K N I C K K N A C K O A D G B S G M E I
P A T T E R P J O Q S G R U T U L O X V
K I D N A P T D C M P U R H Q X E T R I
E D O G G O N E L K K K B A O T Q I W L
F J V Z W N U E L V W E A B P G E V T E
C E L L O O X C H W P F Q C P H S A H G
S I T I C I D N E P P A N E O O Y T R E
Z E Z M P C F O O R P E R I F B Y I O D
D X P A C I C P C E L E B R I T Y O U T
G I G O P P O R T U N I S M A T K N G L
W E C L Z S D O D E S I G N E R M J H D
M O H M W U Q L H O R S E B A C K I U H
W K D C X S J P F T W Y H B V H C H L D
```

APPENDICITIS
BIOGRAPHY
CELEBRITY
CELLO
DESIGNER
DOGGONE
FIREPROOF
HORSEBACK
KIDNAP
KNICKKNACK
KURGAN
MEGAPIXEL
MOTIVATION
OPPORTUNISM
PATTER
PONCE
PRIVILEGED
SAUNA
SUSPICION
THROUGH

538

BREWER
CHOPSOCKY
CONVENTION
EFFECT
ENORMITY
FOREBEAR
GOODY
IMPERIAL
INTRANSITIVE
ISTHMIAN
MUMBAI
NIORT
OCCULT
RESISTOR
RUINATION
SORCERER
STUNNED
STYMIE
SUCHLIKE
SUGAR

```
I Y N C Z M B V P C N O I T N E V N O C
A N Q X T T E S Y C I F F T J S H R G N
B B T X J F U K K V O U M O F R E Z O L
M A L R F G C I A B R G Q U R R H I L C
U W U E A O L S P A T I C H E E T Y S H
M F C R S N A I M H T S I C O A B M B D
S T C P D R S P Y T I M R O N E S E Q X
D F O R O T S I S E R O X I K T T S A B
Z H D O K W E F T L S Q U U U V L U K R
C I M P E R I A L I X R T N H D U C U E
N A C Y R Q V M Y I V N N R P P B H I W
U D X J K H Q M X I F E I M Y T S L E E
S E V B C Q F A W Y D O O G F X T I A R
S G C C C F W I P Y D F L J F K Q K A B
I K R T U N M O Z K A M P G D I R E B N
```

539

BROADSIDE
CLANG
CONFORM
DERMATOLOGY
DETAIN
EAGER
EXPLICIT
FATHOMLESS
FRETFUL
HEADSET
ILLEGAL
INEFFECTUAL
MACKINTOSH
MOWER
NOONTIDE
PRIVET
REQUISITION
SHAFT
SUCHENG
TIMETABLE

```
S A C P B J D V J M D M R E I G J B B B
I L L E G A L A U T C E F F E N I S L F
N T R M K X N S V F T J W E D E Q G V R
L G O T O G M S S A H H L C X H E M Q P
U U M M N J X O Z H G B O I R C Q K C U
F A T H O M L E S S A N A S C U F K U E
T S R G I G Z T D T F P P O J S D U C R
E D W Y T C H P E O M A C K I N T O S H
R I K X I P C M R E G A E D E T A I N Q
F Y H P S U I M Y I G N O O N T I D E B
V L B V I T G C M N V B R O A D S I D E
Y V V Q U S D O A H G E H E A D S E T I
S J O G Q G W L I N V H T T Q D J V V Z
U P I H E E C J D E R M A T O L O G Y A
W X T A R E X P L I C I T H L R R U I V
```

540

```
W T N E M E C N E M M O C C U J B S V G
A P S K S A T A D P O L E S A G S C P P
S R P L I O L L G S M S E F T S A G P L
H E A L R B M A D T L Z T D Y U Q N A Y
C C W N U K R X B S C T H N X L T L D C
L A N M T J N E S O N R K C L G K T U A
O U P E U Y X G D P C A N A S T A R E V
T T T L F L N X K D H E B A G D L Y U R
H I B U A Z B N A E Q Z U Y K I U B N P
H O G R T I Y M H B A M Z F N C N D C S
M N X N I E N C S H O W Y G O L O E H T
B I C R H N L T N A C A L A O L D T A K
T J O Y C H E A I J T W G Q M U X B S O
G X L V J B C C R V X S P R K I T V T U
C N Q Y B C F U Y Y E P Q W P H L A E D
```

ALACANT
BEDPOST
BRINE
CANASTA
COMMENCEMENT
CURLING
FUTURISM
MALABO
PLAINTIVE
PRECAUTION
SHOWY
SPAWN
STOCK
STUTTER
TADPOLE
THEOLOGY
TUTELARY
UGANDA
UNCHASTE
WASHCLOTH

541

```
C A B O I N G C M F N U B I S O N M B V
F D P M U U W A O O L M A L W H C E O L
P D K K R T G I K O L O X K N L R C U O
B I S R D U O X N B H C T C I X U E R X
V C A U Z I T Y K B E D H G A V E L G M
J T N A D N A M M O C A E D R N F D E J
I E H D D Z K L F U R O R E B U F D O J
T N E Q Z K X R W G E L I O M C U E I A
H R I K P L T X E C I T R E D L A M S L
G A I Z N F U R Q E R E O G X E H Y A T
I G N P S P L I N T R K L L W U C S E A
E Y W G E O S P M A A C T U X S U N G B
L I F I K Q L E U S C U D P L F P G V Z
S E P P W E V Y P H Y B T T E W K R S R
X L H D B F T V E E D Y H R A F F U P I
```

ADDICT
BISON
BOING
BOURGEOIS
BRAIN
BUCKETLOAD
CARRIER
CHARGER
CHAUFFEUR
COMMANDANT
FUROR
GARNET
GAVEL
MEDDLE
MEEDHOO
NUCLEUS
REFUSAL
SLEIGHT
SPLINT
TRIPE

542

ABLATIVE
BATUMI
BILGES
CABLEGRAM
DICTATORIAL
DIGNITY
GALAXY
GERMINATE
IMBROGLIO
LIUZHOU
MACARONI
OUTDISTANCE
PASSWORD
PIONEER
QUARTERBACK
RESIDENT
STATUTORY
THANE
TIPSY
WEALTH

```
J U S A A K V O I M B R O G L I O C M H
N A T G E R M I N A T E I J R N K B T K
B A A F E A N P Q V N K R S S J C L V N
P C T V G F D H L M E I E V I T A L B A
K L U V K A X X T H D T G Q I E A T F U
M K T U A C L D L U I U R F W I N I D Y
H F O E Y S A A T R S R C D R U Y P N X
M L R Z D L S B X N E I U O Q K L S D E
A A Y S O E T R R Y R G T I T Z M Y B P
C H X P G N E D K E M A R G E L B A C H
A Z C L E E Q N I Y T I N G I D V N T A
R U I D N R U T V C D R O W S S A P O S
O B Z O A C I W I M U T A B M E N L J K
N V I N H X U D R F D L A U O H Z U I L
I P O U T D I S T A N C E N Q M J T F M
```

543

ACERBIC
ALBACETE
AMPUTATE
AUBURN
CHAOZHOU
COGWHEEL
CORPORAL
CRAPSHOOTER
DROPS
ENIGMA
EPIGRAM
FUNGUS
GANGWAY
HYPOTHECATE
OVULE
RESOLVE
SWASHBUCKLER
TAVERN
THEATER
TURBOJET

```
S U G N U F E F Z T O N G X L A T L H A
W H D S U L N F E R S F L D R O P S V C
A F C W U R E T O O H S P A R C E T O E
S A H V E T A T U P M A Q M R H M G B R
H G O V N Q R R D A C O L G D O W U E B
B Y A W G N A G E E L E W I S H P T J I
U T Q R Y R M Q M S W B J N E T A R U C
C R R J N U X D K M O Z A E G C A Q O B
K E T U R B O J E T C L L C E B C D H C
L G P C A U A Y A L J J V H E P R U Z W
E O K I D A X A M S A O T E Z T K S O F
R P S T G O O W K M G O T J T T E Q A Y
D N O S R R C R Q N P E C P K C R C H Q
H S K S Q U A A U Y K J I Q U D H V C T
W B L R B C Y M H T H E A T E R B F K M
```

544

```
K U H R G Y L U H F Z U P A S A J R R A
V J H L A O T J A T X B A C R L L E Z Q
M E T W N V K L G N B R L X Q S N C P S
R V B O S H O N E D L X L G N I T I U S
K U R B L H X I K S Y T I R A L C V I Q
S U N H V J S F W Q E E D R K X B E N B
R R C S D F I L K Z P I T S D N T D C C
M H F A Y T N C B N W S P E X H E C L H
M T B W S A E N Q T O O E W I Z T E I T
C Y I U Q M C E F H L L L Q D J I Y N G
H V R O D R U K N C B A W L T S I M A Y
P C Z W T O R N Y E L L E T A G A B T O
B E Z D E O E C S H C Z U Q J S K S I P
K L T D E D O O L B S T I R L I N G O I
E P G D X J N O K C E R S I S A L G N A
```

BAGATELLE
BLOODED
CLARITY
CRUST
CYCLOPS
DEVICE
DOORMAT
INCLINATION
NOSEBLEED
PALLID
RECKON
SALLOW
SHONE
SINECURE
SISAL
STIRLING
STRAINER
SUBWAY
SUITING
WASHBOWL

545

```
E Y B U W N T P V Q A C K B H O B O F R
Y N K Z E L N O I L L U C S V R D L C Y
I L D N O W Q S B I M H O E S A B L A D
O Y I U P Y J T W A Q U R S S G A G O R
X L I L E M Y U S V L D N I G A U J M T
U Y T T J N T L R I R U C H O N G J I N
V W B W F C F A A I L I S O T M W M T O
V K U V J F H T V C L I P T M I O E C I
Y R E T Y B S E R P I Q C G R R U I S
O P X W C A U S A L O T A O O A J E V S
R E S O L U T E G P B T I U N K D V W I
V O L U P T U A R Y R M S R G E K E S M
N Y P K Z Z Z D K N A C Y H C M F P K E
B Q M H L N J R P V P A Z O D N A W O R
O F F S H O R E N T A E T Q R R U G V P
```

BALUSTRADE
CAUSAL
CHONGJIN
ENDUE
KARIMNAGAR
LINEN
OFFSHORE
OVERDRIVE
OWANDO
PARBOIL
POSTULATE
PRESBYTERY
REMISSION
RESOLUTE
SCULLION
SILICONE
TIMOROUS
UNCRITICAL
VICTIM
VOLUPTUARY

546

ANCHORAGE
ARMCHAIR
BLITZ
COMMERCE
CONCRETE
COSMOPOLITAN
DJENNE
FLOURISH
MAISONETTE
MULTITUDE
NESTLE
PARDONER
PRATE
PREDECESSOR
PURSE
REVERT
SAWHORSE
SCALD
SEMICIRCLE
UNCLE

```
X U C W R Z D R W S W V H Q E M U S A Z
M I W P O Z E J D R E T A R P P N G Q C
H R H I E N L Y E U W M Z D W U C X Y O
N U S H O G D N P N P P I J M R L D J S
U H I D L A C S D R N G X C R S E K E M
P A R S F N R W S J E E Q B I E A D T O
X A U C O K J V G T Z D L D R R U B X P
P C O C O N C R E T E I E E M T C F U O
R O L M A I S O N E T T E C I R R L P L
B M F L L I X V O Z U O H T E H V F E I
Z M P P A V J X I A E A L R R S G X Z T
U E S R O H W A S B I U I E L T S E N A
W R E B S A R L R R M F N V O H M O E N
S C I M C H P E Z H T I P E X U E K R X
A E G A R O H C N A N L S R C U M Y Y D
```

547

ANTONYM
BRIGANTINE
COLLUDE
DEBATABLE
DENSITY
EMINENCE
GISMO
GOBLET
GONORRHEA
GUIDEBOOK
HARMONY
LATENESS
LICORICE
MOTTO
PORTMANTEAU
REINSTATE
RESIDENCE
ROTUNDA
SEMESTER
SYNTHETIC

```
V S U H S U O T O F G N F E V N Y J L G
S Y P F Q T Q Y I T I U P W C Z X Y A D
L N E D T N Z U D Z S I M K D D R R T Y
I T G O U A E T N A M T R O P C R H E Z
C H M C O E T X M B O H A R M O N Y N N
O E Y F X K A M G P R S G G A Q K K E J
R T L O Q O T X D R G I E O U E B C S Q
I I P E Z O S H E Q Z B G M B Q Y Q S A
C C N M G B N S F U L A D A E L O X R N
E B N I W E I D E N S I T Y N S E T F T
S I F N K D E L B A T A B E D T T T X O
C H L E E I R G O N O R R H E A I E W N
O H M N Y U Y G Z A L T W E J V L N R Y
D C C C G G H K B D T C O L L U D E E M
G E B E Y Q W R O T U N D A F B O G U I
```

548

```
C B I N O I T A N G I D N I B Z U L B P
O C A C E Q R R A K R C U E K O A I L Q
N O L L M K P A N S Y O D H G T L N Y P
T N E P A D Z S X C E R R O A L M A P Y
E C A Z W N Q I H Z O E Y F B A I L M S
N U S X R G C I M O O Q L V O I C G R A
T R H E S Y N E H H J U Y R U Z H N E W
I R S T N A P D D D T I C D I A A L M E
O E H E S J N X F T Z R B O L W R N M L
N N T J C A E T N W J E V N L L C S U C
A C H V V U O U T W E A R G O A O Y S X
E E V A B C R V D N X R T L N I A Z D M
M N H M H S Y E P C Q E R E N I L B I A
K I Z W I Z I O E A L Q P S W H B T M N
J J F P O A C B I U O R J O N C N N R W
```

AIZAWL
BALANCED
BOLAMA
BOUILLON
CHARCOAL
CHINA
CONCURRENCE
CONTENTION
DONGLES
DRYLY
FATAL
IHAVANDHOO
INDIGNATION
LEASH
MIDSUMMER
NEGLIGEE
OUTWEAR
PANTS
REQUIRE
SECURE

549

```
Y T E B R O S S N Y A Y C C G W X F O S
A E R Q T A M O D E E R F U O B H E H H
B S Q A M A S V E T C O S S V R E R D I
U L S E N N O O M A Z T K T X E D M V R
R P H A A S Z R R N D A N A S W G E D T
R L A H S P M P O G E M S R W N E N Y S
O B C F E S N I V A P E I D O F R T X L
G X R E T C I H S M L R O I I U O A S E
O E Y I A E T N I S Z C T J N D W T M E
F P J H T C R O A G I A L D R N R I Y V
X C P C N N J S K T U O T E T M K O K E
L O Q S E W A Z H T E U N V D Q B N S S
D I C I T C Q N I A E M U I R U L L E T
J K Q M O Q X S Q X V Q Z S Q O J O F X
C C U A P T F O H R O E X E W T T M L T
```

AFTERSHAVE
ASSASSINATE
BURRO
CHANSON
CREMATORY
CUSTARD
DEVISE
FERMENTATION
FREEDOM
HEDGEROW
MAGNATE
MISCHIEF
POTENTATE
PROVO
SHIRTSLEEVES
SITUATION
SORBET
SORDID
TELLURIUM
TRANSMISSION

550

AIRLIFT
ASSURED
AVUNCULAR
CAMOMILE
DECLARE
EARNEST
FORBIDDING
HINDMOST
HONGGANG
HOSPITABLE
HUADIAN
IGNORANT
INCORPORATE
MUMMY
RANCAGUA
RETENTION
RUMPUS
SPELUNKER
SUFFICIENT
TIMEPIECE

```
E L B A T I P S O H D T N T X J G E X U
A O I D V C U R O S S A F P X N T G V H
T O P U M P Y Q O O A I N J A A N C U R
T C X I M F I V M K L X W G R I D Z P C
Q L Z U U J O D O R O X G O D C W Z E L
S A R O U T N T I I A N P D V P C G R N
L U S I R I T A Q M O R I D Y I N X P N
P G F S H T G C F H O B E L I M O M A C
H A E F U V M G D C R C J W C D M K R E
U C P H I R A I N O L R A L U C N U V A
A N T D V C E I F A C F W E L J Q Q M R
D A O Z H E I D R E K N U L E P S A C N
I R X Q K H U E C E I P E M I T K J C E
A M O P G V T G N O I T N E T E R X G S
N T L X E W I A J T N A R O N G I C P T
```

551

ACCOLADE
CHARACTERIZE
CIENFUEGOS
COMPTROLLER
CONCH
CONTINGENCY
CRIMINAL
DELIGHTFUL
DISENCUMBER
FOREMOST
GOOFY
GRANDSTAND
HIDEBOUND
KENITRA
NEGOTIATION
PARDNER
PRIVATEER
PROTUBERANCE
SALESPERSON
SKETCHY

```
P K H E S H A T Y Z S B M Q G A A G Y S
C R O I M A S O G E U F N E I C C K N E
X G I O D O L A A P M D L K I R C K H C
S R L V M E R E B N O I T A I T O G E N
Z J A E A T B S S R H L Q M B O L C F A
X U R I I T F O O P C T I Z D P A O H R
L O M N W H E Q U R E N D R A P D N E E
F F E Z I O M E Q N A R D E L S E C V B
Q K U Y Z B G F R L D Q S C C W E H S U
C O M P T R O L L E R Z S O I M S K G T
C H A R A C T E R I Z E Y O N V E K O O
C O N T I N G E N C Y R H K B T G R O R
D I S E N C U M B E R K E F C A C J F P
X J I Q I J F Q D E L I G H T F U L Y Q
G R A N D S T A N D O C Y J U I V E D L
```

552

```
S W P F M D L O J W R Y T G H S H V T N
D A X R B O G N T N E M N I A T T A I N
A U L W G O P D N K P S A M I O U Z D Z
F D R Z R Z I V E W O Z L T N M R Z D V
S U D E G Y J K G S S I P U I G R K L X
H T X I S I Y Z E I S Q P C G T E C Y V
B Z G B T S T S R T E E U B R Z S Z W R
Y X O P N I U T S S S D S M I G O Z I K
R H K B R L O E E L S T J S V V N N N J
Q T P E P T R N T R E H T O O S A O K H
I J U N P C L N A M D O O G Z P T S S E
K F O W R E V E I L E B N U W J E C I K
N N R R E N A L D E F L A T E X O Q I P
S A S H A Y E D P H V A I Y K Y Z R B W
S Y B Z H J D Z R Z O K E R C V Z Q A T
```

ADDITIONAL
ATTAINMENT
CREST
DEFLATE
DOOZY
DURESS
GOODMAN
NONPLUS
POSSESSED
REGENT
RENAL
REPOSSESSED
RESONATE
SALZGITTER
SASHAY
SOOTHE
SUPPLANT
TIDDLYWINKS
UNBELIEVER
VIRGINIA

553

```
W V Z A G O R A P H O B I A T B M H T I
E N N W R R T T R E G M M M B N V X R T N
E V R P I J Q P T A T N E M E L P M I F
Q G F E C R R Y N A I L R E M N X M A L
R D N G M O Q X E M C S E G E Y W Z D E
U S U A L L Y W M G F V I D L R N K U X
W X G R L L S O H C B F M N E O A U U I
I D J E A F X Z C P I A D Y I K M X D B
O K J K B H G S I N C R G L W M R M O L
R D U O K X B Z R N O I L L E B E R D E
O W G R C H K Y N U M I C E Q W K R G S
A E L B A I V N E X R E A R F U L I E M
W E I K R N O O X T N E V E V Q R T R F
R H E K T N R G A K M T P J B J F U M U
R E A S O N A B L Y V H B W R E I S S M
```

AGORAPHOBIA
BROKERAGE
CAMDEN
DODGER
EARFUL
ELEMENT
ENRICHMENT
ENVIABLE
EVENT
FLANGE
IMPLEMENT
INFLEXIBLE
KERMAN
RAISIN
REASONABLY
REBELLION
SWEAT
TRACKBALL
TRILLION
USUALLY

554

ACIDITY
ASSEMBLY
BACTERIA
BEADLE
BESTOW
CAMSHAFT
CHARLEROI
DECEPTION
DILAPIDATED
FECKLESS
INCORPOREAL
KORBA
LIPETSK
OLEAGINOUS
PLAYBILL
STREAMLINED
TRAGICOMEDY
TURTLE
VAPID
WEDNESDAY

```
R B A M B M D B A Q J Q O Q U P C M T B
V T C C L G P R D V A P I D E B S E V L
X P Q Y I T B X F E O L E A G I N O U S
G G S T A D R M W O T S E B V L O F N W
U T L P S D I P O Q C A M S H A F T O E
P G L U S E L T R U T Z D B Z H L O I D
L F Q A E N D R Y I K W W I E O M K T N
A S P D M I B A C T E R I A P A W T P E
Y N M K B L B Z I Z B H N P D A D G E S
B H Y G L M I N C O R P O R E A L L C D
I F L V Y A F E C K L E S S V H W I E A
L W J Y D E M O C I G A R T X P A C D Y
L E Y K O R B A C H A R L E R O I R I Y
F L V A M T G I A B J V V S P H O D N D
H A L Q K S T E P I L Q B E J H W W J W
```

555

AUDACITY
AUGURY
BROOMSTICK
CENTILITER
FROSTY
GIGAFLOP
GOITER
INVOLVED
JEANS
KNELL
MISTRIAL
MUSCAT
PASSABLE
PROLIFERATE
RECITATION
SWINDON
TANGERINE
THROMBOSIS
TOWERING
WUHAN

```
T V Y T M A R F J F D S U G Y S N B V P
A A U Z U G U T O M W Z D I O O O F V M
N P K C S C A G O P N N N H D I O U N B
G A X V C Y R X U A H K G N H N T I C K
E U H N A W E T A R E F I L O R P E V C
R Z D U T G T R I F Y W E O Q Z V A R I
I L E H W Y I M E S S I S O B M O R H T
N M V A T T L G J C S T J X G N Q I L S
E U L S E I I F A E I D O V P S M A L M
U Z O R S C T I F F A T O W I N I H E O
W R V C W A N P Z Y L N A O E R U M N O
F P N T W D E H J F R O S T T R N B K R
Z K I V J U C C N Q I V P S I A I E U B
E A K Z R A N L F F H P I A C O C N T Y
P A S S A B L E S H N M Q S N J N C G L
```

556

```
M D E U Y C M S A V Z N Q T Q J S Q J K
A S U X Z C H F W G A I I I A V G Q O B
P L P T U A U R E F C D P F B F R X K S
U U L T I Y E P K I A E I B O S U B P C
T P E R S F I W L Q T H W E Z F B N N W
O S Z E O N U A D J E D U N E D L A A W
Y K Z P N P T L Y D C Y A Q H A I G M E
M X O I C O D A G G A R B Z Y E T R O D
N L W T U L Q N N M S L S O R O J O A L
H O M O P H O N E T B L L I B A N X T O
S N Q Q P S N T C O N T E N T E D I O C
R L Q D G J H I N T E R R U P T I O N K
Y I C B I Y R E S P I R A T O R U F M J
R Q O L S B O X E A P R A H V A L Y V Y
K C I T S A L O H C S D W X K Q F U B K
```

AMETHYST
BRAGGADOCIO
CONTENTED
CUTESY
DENUDE
DUTIFUL
FLUID
HOMOPHONE
INTERRUPTION
LOYAL
MAPUTO
ORGAN
RESPIRATOR
SCHOLASTIC
SLUPSK
TAFUNA
TILBURG
WEDLOCK
WINNIPEG
ZACATECAS

557

```
M W T J C C A D C K E Y S T R O K E T C
A H D O N J M I D O D U M P S X O A G R
G H K A V P R V I M S K E J Y O U V L U
A D O N S T O G M T Y R K Z C G I U M S
Z X U O A N F O I B L O O M H L C V D T
I W X I R E N V N O R A Q T F K E V K A
N J R E T D I D I M I E O S N B V A D C
E E E P V R S I S S U F F O C A T E T E
G C O X V A I H H Y N O W M B N O B W A
A O X N B A M I X N R B V R P I I L M N
K Z U I S T P B Z G A P L E S K N O M U
D G C P H M P R O U P C G H C U I N M G
M I X Y A T S U I V B I H T B I H P I B
H S I T G V E N E M U H C E T A C U I G
O P E D E M O N O L O G Y N M Z E T C F
```

ARDENT
BLOOM
CATECHUMEN
CHINIOT
CLEAT
CRUSTACEAN
DEMONOLOGY
DIMINISH
DUMPS
GERIATRIC
KEYSTROKE
LUCKNOW
MAGAZINE
MISINFORM
NETHERMOST
PARNU
SHIPMATE
SUFFOCATE
TAUGHT
TORSO

558

BHUBANESWAR
BUMBLEBEE
CADAVEROUS
CHICANO
CRYING
DEISM
FOREWORD
GENIUS
GNOME
LINKOPING
NATTY
PENDULOUS
PLAINT
REPLAY
RHAPSODY
SPECIOUS
STONEWALL
SUPPORT
TRAGEDY
TRAMP

```
L W F E R A W S E N A B U H B I D N Z C
P A G O O S U O B A D L Y K X G H K T G
A C I Y R O N A C I H C M U F P H A N I
O J C A I E S U P P O R T I E E O I W E
M B K C B X W S N G S M J N E P P U Y O
C K E Q D G T O D F A G D S G O N D R A
K P Q L G N I K R D X U S Q K B O L G Z
S N N L I I U D Q D L D T N Z S P O N Y
U Y N A L Y S E M O N G I R P Y M U A S
I V L W J R B I U M W L C A A G A U T M
N P X E W C M S I F X D H R N M M B T C
E N B N M M R M S X R R E K X X P F Y B
G F N O R R E P L A Y D E G A R T K O Q
I M S T C A D A V E R O U S R L P I N O
G Z I S B U M B L E B E E Q S W Z Z K K
```

559

ALUMINA
ANALGESIA
APPLIED
BEGOTTEN
CABINDA
CHICO
CONURBATION
DAMASK
ELECTRON
ENSCONCE
FIGHT
FINICKY
INTAKE
PRESET
PROPULSION
RELIABLE
SUNSTROKE
TIGHTEN
VOCALIZE
ZAPOPAN

```
W L S F T E Y K C I N I F O Q M V N B T
S E N S C O N C E O H I R H C J M W R W
I U J X K S A M A D N L F T H G I F B V
F I N J O B O Q Y O O U U E I K N Z O Z
V X D S I T V Z I U I U R Q C T T C N F
Y A D N T E S E R P S I I B O H A Z N A
K D D L Z R M D A I L U X C A L K R Z N
N A X V Z E O Q I C U M X H I T E K E I
R Q A J S Y K K S M P W D Z A L I T M M
Z A P O P A N K E T O S E U I I H O V U
E L E C T R O N G Z R Z X A O G T A N L
H C A Z R F U C L F P Z B M I V Y D L A
K K K F W M L K A F M L W T U Q X H N D
B E G O T T E N N W E A B P X L U R I Y
G K G X V F K P A P N I A P P L I E D X
```

560

```
B C Y G J I C X C Y L E V I T C A E I L
I H A C W I T I O U R M K O E F R V M S
L L G T Y W R G N Q G O A N L W K E P A
Q J O V N N Y P N N A O T K E N N R E T
A S R H D I B Y I E F R M Q P T G Y R I
S F N V J Q P Z V K O L S B R L E D T S
K F Q L U F M Y E P F O M A O G N A I F
S U G U R N E Y W V A O P E M G U Y N Y
X R U N G P N E N F S H C U P S S B E I
G D W M O F N E N W O C W M T P H T N N
C N Y M I V F W L X O S M Q E P J A T G
O A L C S U U E W T N D Q S R Z P K M Z
H D S E Y O T T E A H O U S E P N V P E
G E N T L E W O M A N I M B A L A N C E
U U I I H F I L Q N Z T C U T S P V F M
```

ACTIVELY
BILQAS
CATNIP
CONNIVE
DANDRUFF
DOWNY
ENTRAP
EVERYDAY
GENTLEWOMAN
GENUS
GURNEY
IMBALANCE
IMPERTINENT
KUUMIUT
NEWPORT
SATISFYING
SCHOOLROOM
SHAME
TEAHOUSE
TELEPROMPTER

561

```
A I T H Y I Y J E C N A Z I N G O C C W
B S N Q I R Q L R F A P G J Q H W Y A X
L E R S A Y B C I B A D A K L J Z Y S S
H D N N T I T R L C R B S C J J R Y H H
J T A E L A B P P Z A K O O B K O O C S
T C I E F R L N A M D K S N A H U L A I
S T D N I I R M C H I C D P H I L P R U
E N R O G S C Z E X U O A X T Y A E D G
I N V A Y R L E O N M S I V I T A G E N
R N O M N F A A N Q T S O Y M H Z A C I
E Y X V T S A T P C F A B U D H A P J T
S U L T F I A L E D E H Y A I G D I B X
B M N A Y B Z C K D A F R B B G X U O E
W G J Q O F R U T W J S P B I Y U Q S T
T S N R A V B H P F P T H R D C O E K D
```

BENEFICENCE
CANARY
CASHCARD
CIBADAK
COGNIZANCE
COOKBOOK
DPHIL
ENVOI
EQUIPAGE
EXTINGUISH
HASSOCK
INDELIBLE
INGRATE
INSTALMENT
LUHANSK
NEGATIVISM
RADIUM
SERIES
SLAPDASH
TRANSACT

562

ASHEN
ASTEROID
BREEZEWAY
CATAMARAN
CITRONELLA
CONFETTI
CORONER
DETECTOR
DETERRENCE
FOREGATHER
HOPPER
KIBITZER
MOSAIC
OVERMUCH
PERVERSION
PIXIE
POWDERPUFFS
PROXIMATE
SANCTUARY
TERMITE

```
D R A L L E N O R T I C F J I Q S C R C
L E E S F F U P R E D W O P B D P E Y A
W Z T A H W R E H T A G E R O F P Z A T
J T L E E E O U W R N P Z V O P O E W A
R I R I R L N D B O K Y E L O N A I E M
I B X G Y R J W I B B R I H Y O E T Z A
D I S R F K E S T I M K V P M Q A R E R
P K J A U M R N A U K A A A T M A O E A
R L Z O N E R C C I A S O M I N S T R N
F Y U P V C G H B E Z B A X M B T C B K
T Z C R W E T I M R E T O N S Y E E L M
I L E B A I F U X S R R R T Q V R T F X
V P W J I U K A A Y P Z Q G T O O E O L
C O N F E T T I V R T Q A W M T I D O X
W C J J U I T X U F Y B R I P Q D B I N
```

563

AIRSTRIP
BRUSQUE
CHINCH
CONCOCT
CONGRUITY
FAMED
HIDALGO
JALINGO
PLIGHT
QUILPU
ROEBUCK
ROGUE
SACRISTY
SCAFFOLD
STEPMOTHER
SUBSTANTIAL
TAUPE
TLALNEPANTLA
TORSHAVN
ZHOUCUN

```
A I R S T R I P R O G U E G O S W H N N
X T J O M Q V N M M N F B G N U Z D B R
J T C E V O Z J D Z K H N C V B T R H T
B D C A U H E R Y T S I R C A S P F G Z
S H O R O E B U C K L I A A H T Y E U P
N O N U Y K I B Q A E A L N S A G O K T
U G C M T A V D J S G Z T N R N W E C H
A U O C I Y L C I E U E T I O T S C E V
N U C Q U I L P U ◆ G R C Z T I F R P O
Z N T C R O Z C B N P T B A O A D L U Z
X A I O G H I D A L G O U L M L I C A O
T L A L N E P A N T L A P E N G E I T T
H M D L O F F A C S T R D C H I N C H O
E P D U C Y N Y J B R E H T O M P E T S
U O L T T P C Y U X N E G M K X P K R J
```

564

```
D P S A V A N N A K H E T S X W U O Y S
R N U B O C G B P L G H T F W H H L Y L
E F B B D H K Y D H W A R K V K L G C I
A L N N L O I G N N U V I P F A O W J V
D O A Q P I U N K N B V H K I L Z E G E
N O S T D Y S B C Y T M R C O V Q T R N
O S D O H F U H T T U J E H N R B J X T
U E I P X U O S E W D P T R C K L Y G P
G L D O O N R E S R S N C I E V X K F Q
H Y Z M E Y E L I E A C N W C F M A L M
T E J M F E G V R Q D C P W Y M L J F F
I S U C E G N A N H I S T R E G U E W R
U H Y U R J A G U P A M M I C O U D C B
F X K Y Z G D E S I N T R A N E T B L T
E S T H E T I C S H T G H U M O R O U S
```

ANTHOLOGY
DANGEROUS
DOUBT
DREADNOUGHT
ESPECIALLY
ESTHETIC
HUMEN
HUMOROUS
INTRANET
LOOSELY
MICOUD
PICNIC
PUBLISHER
REFLECT
SANBU
SAVANNAKHET
SELVAGE
SLIVEN
STAUNCH
SUNRISE

565

```
V G J B E G K I S Y O O L X S T Y I P G
P E B P X S F B E I X X X T P Q L I W X
Q D E D J I L V D H O S R D T U E A T A
V I S C O S E K A G I U Q W C X M K B Y
O S X S A O X Y T I C A C I P S R E P K
I O B S O L B U I K S O U F F L E M R T
L N V S D L C R O C I V E T V L R A R I
C A F E I D G B N T P X K I Y Q M O U O
A T Z N H B F A W K K X G J N H P E A F
N A E R C S Y N H F R I C F T E Y E S E
T A R I H I I I A P L Q H R R M M S O E
R E S H A P E Z A A G Y I U E S F C N D
T H R I L L E E N Z M B B N A R Q F I G
A P P L I A N C E N J V E C H O O Q D C
O I Y O X F E K T H R E A T E N I N G O
```

APPLIANCE
BIRTHMARK
CIVET
DINOSAUR
ENEMY
GLOSS
LINEAR
OILCAN
PERSPICACITY
REPORT
RESHAPE
SEDATION
SONATA
SOUFFLE
STRUCK
THREATENING
THRILL
URBANIZE
VIGILANCE
VISCOSE

566

ALEPPO
ARARAQUARA
BIRDBRAINED
CARAVAN
CLAIRVOYANT
CONCUR
EASEL
GRANOLA
INEXACT
INVESTMENT
KAESONG
NATATORIAL
PAROXYSM
PETROLINA
PINHAIS
QUAKE
SMELLY
SYLLABUS
VIOLENCE
WESTON

```
P T R K Y F Y T T J Y Q P S T I U G O A
G A Q I M G V G X Q D I Y R M L W X M A
M R R C E G B B J S N W O N Y E F O R P
B K A O Q H S R A H W K O P P E L A W E
I X L N X M I B A A C O N C U R U L C T
R H M O O Y B I E H E G Q Z N Q N Z Y R
D H P T Q L S U B A L L Y S A R A I H O
B S B S T H A M S J Q T F R X K T P B L
R T N E M T S E V N I U A F G A A V O I
A S I W S T L H B X B R A H E E T A H N
I E T N A Y O V R I A L C K S S O S H A
N A V A R A C U F P D U H H E O R S S O
E G E O F A K E Z G T C A X E N I Z X W
D K H J V I O L E N C E Q U P G A H B O
N E I G A Q R U L A Z B S U T M L B D P
```

567

ANCESTRY
CAPSULE
CATSUP
DEARLY
DECAPITATE
DISUNITE
FLANKER
GONDOLIER
HEARER
INSIGHT
JONQUIRE
LABYRINTH
LUOHE
MAGNANIMOUS
NETHERWORLD
PELAGE
SIDEBOARD
STRUCTURAL
TUBERCULOSIS
UNWILLING

```
J T N E T H E R W O R L D Z V A O M U T
L K U J O N Q U I ◆ R E T I N U S I D P
X A E B C U F C N M O Z R P H O S V N Q
A P B E E T A T I P A C E D B U H O B Q
G E B Y L R A E D S C J H I X L Y O U F
I S V T R D C P S A T S H S H T Y E T V
K V K V L I G U P T G N I L L I W N U I
D L H I U M N S L H R D H I I Y R G W N
Z V U G O M U T G O E U B E D U J J Y S
L D N Q H L L A H B S X C B A B D E I I
R T A K E J M C O V L I T T Q R G A X G
Z S U O M I N A N G A M S I U A E Y O H
F L A N K E R Y P I R L U C L R I R W T
I T S W B D P F S Y R T S E C N A Q E A
G O N D O L I E R F C X P P I J P L S X
```

568

```
E F A R T S T Z H S S O B M E S L L B I
N C T S J N M L C S R V D O M Z O G A N
O C L A N A B I G J L O G O O G J P K D
R T Q I H J N R E V A C S T T V Y R S E
T K A A P E P K D U W H W S Z S C F H M
S B T K G T N A L L A G M W I T V O E N
E J N U N O I T A T P M E T T C M O E I
N P E X I D R C S P I K E U M J S L S T
I P M U O R N B K C N W O K L F Y E H Y
M N P K G W R P W W X Z Z P X Y L R C L
T J R I N I A R T S N S C H F B Q Y I Z
Z F A L A U N N A I B L X O O B N H A E
P N C S E U R Y D M R L L V A D R G K C
R P S Y C T E R M I N O L O G Y O X X U
O S E I O J J O E S F T A A H Q H X E Q
```

BAKSHEESH
BANAL
BIANNUAL
CAVERN
ECLIPTIC
EMBOSS
ESCARPMENT
EUGENICS
FOOLERY
GALLANT
GOOGOL
INDEMNITY
MINESTRONE
OCEANGOING
SCISSORS
SPIKE
STRAFE
STRAIN
TEMPTATION
TERMINOLOGY

569

```
T T N U R B I H S I K N C N L A K I Y K
V R R X S P T S T Q Y V R B P Z I W B K
O K F O N M E Z Z E T Y E C H O I R B G
C R D B C L D F M U I D A L L A P C D Z
E R D M P H A R S Q U F K E A R P L U G
C K K E R H E M M B C O C K C R O W B N
L A E C O L X E B W A S S S T O N R E I
Y L S R A L U F S I V C G A X G T V L L
S I N D I G N A N T E U I T F C O Q I S
N E C R O L O G Y P Q N Q S B F A T E R
T H A N S O M F H H L Y C P Z A R U V U
Y F Q P E T A K A S A K I E Y J V O E N
O T J P C N S P I G O T Y Q F X X A N I
A Z K A A L U U Z Q U U Z K O L Y M Q G
V E H R E C T J U S S B Z M Y G F P E N
```

AMBIENCE
BELIEVE
BRUNT
CHOIR
COCKCROW
CREAK
EARPLUG
HANSOM
HORNET
INDIGNANT
KISHI
NECROLOGY
NURSLING
PALLADIUM
SAFFRON
SLEEPLESS
SPIGOT
TAKASAKI
TROCHEE
VACUITY

570

CERECLOTH
CERIUM
DETROIT
HANGING
HOWEVER
HUALIAN
IRUNA
MITIGATE
MULCH
MUNIFICENT
MUSCATEL
PITCH
PRINCIPALLY
REARRANGE
RESPONDENT
RIPPLE
SHAVEN
SUBJOIN
ULAANGOM
WAIVER

```
M S W C D I C Y M D W M F P U U T X V M
M U Z S P M J G S U F S B L L P Z I M U
C I S Y D J K S J L L Q P V A C P A O N
L E T C C K G L A E Z C K Y A M E W K I
G Q R I A H A N G I N G H Y N I E N A F
H L L E G T S H A V E N L I G E L N C I
Z Q G G C A E R N R Q L H Y O B I N I C
H Y T N L L T L U Y A O M B M W H J Z E
M Y B A Z H O E R P A R B C A A U M B N
Z T S R V M F T I O R T E D C I A P I T
P C E R I U M C H R I P P L E V L I Z Q
E S I A R Z N I O J B U S K P E I T Y L
T A D E H I T N E D N O P S E R A C P R
J H G R R E V E W O H Z G N W G N H Z Z
S D C P H Y A J N H X G Y I R R M B A H
```

571

BOMBPROOF
CERTAIN
COPIAP
DISBAR
DRAMMEN
FAKIR
HARROGATE
IMMATERIAL
INTEGRATE
JACMEL
JIUPU
KOOKY
LACERATE
LOONY
MISERABLE
OBSTRUCTION
PROLETARIAT
PROMPTITUDE
SENSUAL
UNFRIENDLY

```
P F I B C S S K F L G C Y D T A R P F Z
I R N Y X X W X W O K L Z M R Y K O O K
F I O Y G P R T D S Z X B E H A O I W C
A N I L A I R E T A M M I Q U R M B Q X
K T T D E P L A C E R A T E P B I M L J
I E C N T T R F A C Q N I B U L E N E I
R G U E A S A O G K S E M R I C L E M N
P R R I G E I R M S S O X E J E R O C A
U A T R O N G V I P B Y M K R R R D A B
O T S F R S O D P A T J N A S T N W J A
Y E B N R U E X Z Q T I B ◆ P A I P O C
L I O U A A S P Q H W S T L B I N N F J
P W W S H L O C C W I B Z U Y N O O L Y
E Z J I Q Q V X G D E M E R D B N U R C
B C W I J X A D F Q E L B A R E S I M V
```

572

```
H P I M P E R N E L N E P G Y L N P S D
S I Z V E A I J H O J G V R G I C T E G
F I E S T A A T D W O R U C Z L I F M S
O P E N M O U T H E D V A Z I C E Q U E
N F C L D Z A G S J J D V S K R E L C A
E R M W Y H D R L U R L A U E V T H A E
P H I L I S T I N E D B P N O P N I X I
I P C P O U E I D Z E L C A T S B O G N
R N T A U M A T R I N E F E R R A R A J
D N F Q U I O V Z N I J K U H R W Y W U
S C V O L B X L P N M U I L E B O N W R
H D D U R A K R U A Q I A Q X Q Y V Z E
M Y A F S M S S E R T C A F E N E B V D
H I D I E K A B X Y R A G G E B Z L W G
S O R I Q K U L O T S P D Y R F B F T H
```

BASIL
BEGGARY
BENEFACTRESS
CADRE
CLERK
DEFERENCE
DENIM
FERRARA
FIESTA
INFORMAL
INJURED
NOBELIUM
OBSTACLE
OPENMOUTHED
PHILISTINE
PIMPERNEL
RIPEN
SIAULIAI
STICKUP
TYRANNIZE

573

```
C F N J A K D Q B O D C E F L V Q Z G Y
A H U K L O R V H O O W B N O U B G S X
C E E G A M I R G L I P O O R Z Q C X R
L C R E Q L G H U G U T F W I S O L E A
A O W O S I D M K C I O F O E H O B T L
R M S C B E B M N O C G B W N Z I I M U
I P K G R I C W N A O N W P T R N N E C
N A C E A U C A M Y P I P Z C K F M S R
E S X W Q S L S K A I R C S D K O Z U I
T S M A N N I S H E E S B G R K V M W C
L I T W A D D L E L R U X P Y V P L N W
O O R O O S T E R C S J N B N L T N M D
W N J B M U E L B A N I M R E T E D O Q
E Y M B D U O D E N U M O V S W T Z P N
D B V J A K Z B P Q E A Q A S M P J A T
```

AEROBICS
CHEESECAKE
CIRCULAR
CLARINET
COLUMBIA
COMPASSION
COPIER
DETERMINABLE
DRYNESS
DUODENUM
INGOT
LORIENT
MANNISH
NOTIONAL
PILGRIMAGE
ROOSTER
RUMPLE
SEMTEX
SUBSCRIBER
TWADDLE

574

ADVERSE
BRIDGEND
BRONZE
CABIMAS
CALLER
CUBIC
DISCOMMODE
FREELOAD
LOGGERHEAD
MISFORTUNE
PAGEANT
PANTYWAIST
PEASANT
PREVENT
RETINA
RHUBARB
SEVER
SMARTS
TREATMENT
UPSTREAM

```
S V K A K G E C L S P H P T N N K D R A
A B O O Q S X A Z M Q A P G K O I V E Q
A R U T R B V L J A C T G O G S A H T I
K H V E Q Y F L S R W T J E C W G F I R
C G V D P W L E B T U H Y O A Z T L N T
M D O R Y H V R R S A I M P Q N Q F A R
A H A L U E Q B I S A M I B A C T P U E
E Z N O R B R H D I O Y N W E H V Q Z A
R K P N L A B M G D I B C U B I C E J T
T O X M B E J O E M I S F O R T U N E M
S Q P U B W E Y N R V G V Z A Q A G P E
P K H J C Q A R D A E H R E G G O L Y N
U R A D P T Y K F P G B W V Y K X H C T
K X Z E D U N B W H V P Z P E A S A N T
P R E V E N T S I A W Y T N A P E V V I
```

575

ADDICTION
ALLUVIUM
ANIME
APPEAR
DIAPER
DZAOUDZI
FINGER
FINISH
GAMER
ILLIMITABLE
INAUGURAL
LAPDOG
LUTSK
OMNISCIENT
REACTIVE
SIDESADDLE
SILICEOUS
SURTAX
TRACKBALLS
UPSIDE

```
E L D D A S E D I S U A L S R V D T E A
W N H I Q D X L Z F L D H U T A J N W B
H K M U I V U L L A W D Y R T U N E P D
A X V S L Z K U P Z H I V N S S M I J L
D P P X X C X D U U S C R I S M K C M Y
H U P D Z A O U D Z I T L N I V W S L E
J L T E Q G X M H L X I R E A C T I V E
Q M Q Z A A Y S A M C O E E F G W N N P
D M Y W T R I R T E A N P U M I K M G C
Z B D R H N U R O L Y B A D X A N O S N
L Z U M I G K U D U U F I M P L G G R K
V S W F U A S S J Q I J D J Y P J J E I
M N F A I L L I M I T A B L E T P W Q R
A Z N T R A C K B A L L S K I W Z P B Q
J I Q M X V P Y I T H K D C B X B U M I
```

576

```
J A Q W C B E P O C S O B O R T S Q G P
K D Y O F E S A C T I U S A E E D O J K
W O B L U G L L O S N A S A S L T R M L
N T X P T I N O P L W Z O I O E C I F W
L L A W M N H F C K O U L Z P M K H M H
N P M O Q N E X P R D B I R M E O F P N
W I C N V I N R O T N R K B O T G E O T
N K C S B N I T E D U O A P C E B I S M
C L K F B G A Z Z F S S M E S R T A K N
I K I L A K A B A I F F S V D C C O D F
K O Q H A A R E Z Z O I K J E E M B I T
C M L L S T A P L E R I D T P K T B B N
D A Y L I G H T T M K X E Y O W O U O U
Z W N Q F E G X E Y E D T T B K F P S K
C L Y M O K L Q L V M J T G I P A W S H
```

ABAKALIKI
AREZZO
ASANSOL
BEGINNING
BUZAU
COMPOSER
DAYLIGHT
DETECTION
DIFFERENTLY
LAKATORO
SNOWPLOW
SOLIKAMSK
SPOKE
STAPLER
STROBOSCOPE
SUITCASE
SUNDOWN
TELEMETER
TOKMOK
TYPECAST

577

```
A M R S T P W P S W B W M V Z I R D D I
W M I O P L A N O G A T C O I E E U W M
T J E S N L B R E D R O B U B M Q R E P
B A R R F Z J Y N Q E X M M E T I S L O
S U N V I I H K O A O G O H U N S F L T
A H U Q G C R A I A M B T I P E F R I E
R Y F X Y R A E T V K I W C N T X I N N
R E P U L S E N C I D Z R I C N H A G T
P A G O I G B N A P N V S I Q O U R G A
T J Y I O O R V N J O U M W M C V Z W N
L J M W D R H R I J B R Q Z U S T J E D
K K G W A P K D T E V I T A N I G A M I
Z A P D F L U K E H G X C L D D K O J O
B E E A S S O R T M E N T J Y U M O R C
J C D O E N R Y C P Z K M K S K L H A L
```

AMERICANA
ASSORTMENT
BOMBER
BORDER
BUSINESS
CEDAR
DISCONTENT
DOILY
DWELLING
FLUKE
FRIAR
IMAGINATIVE
IMPOTENT
INACTION
MISFIRE
OCTAGONAL
PARNAMIRIM
PORTLY
REPULSE
THEMED

578

APPORTION
BIOTIC
DISCREDIT
DISLOYAL
EFFICACIOUS
ETHICS
FISHING
FLOUNCE
FRAILTY
GANGRENE
IRONY
KANAZAWA
KARBALA
MEALTIME
MURDER
NOTION
SARSAPARILLA
SPECTACLE
TAMBOURINE
THICKET

```
F X B V Y E B U Y I J S C I H T E R L G
A L C E F L I M O K R T P Y E O E V P A
D P O H G F O X G C A O T E I P E R R N
I T P U Z D T N Q R V R N O C Y N P B G
S R S O N I I T Q B K S B Y C T M N R R
L Y X R R C C H Y C M A O A T T A P P E
O K O X I T E F R A I L T Y L G Q C T N
Y R E F N T I K A N A Z A W A A Z M L E
A S O U Y P H O D I S C R E D I T U L E
L L P S A O P G N I H S I F V N A R P M
X Z S A R S A P A R I L L A O T E D G M
M E A L T I M E N J V V U T A U R E D N
Y K Y G P D L D D V T H I C K E T R V X
E F F I C A C I O U S O U R U S C R I O
A V L B H O U M R E N I R U O B M A T L
```

579

APOSTLE
ARLIT
COLANDER
CONCERNED
CONVERSION
CRISP
DARWEN
KALEIDOSCOPE
KHULNA
NEEDLESS
NINETEEN
NOTHINGNESS
OCTET
OVERBOOK
PERPLEXING
PIACENZA
POSTBOX
ROOFLINE
SUPPORTER
USURP

```
S O D K E I O S P E R P L E X I N G N R
Z U H P B V S O B W P N R J D L P K E D
S V P V K E O C T E T I R A V R C D U A
M P B P L H X K H P I N F O U Z N C P R
Q L K D O O T A Z O W E Z S O A D O S W
X G E Q B R Q Z T C B T U Y L F S G I E
W E H T O O T N T S I E T O L T L F R N
N U S A Z V N E E O U E C O L J R I C H
M O A A Z E V C R D E N R E C N O C N Z
P K W X V R D A W I W A I D K A R F T E
X Z E Y T B Z I N E C O N V E R S I O N
W L Z I D O S P H L Z L O Y G W L P J L
V P L C Y O E Z F A U A J O S L N P A V
A R W C Y K X U D K W H W K L K X O O B
A N O T H I N G N E S S K W H C K C A U
```

580

```
I Q I A I M Q I R S F I Q G X Y H M P K
J E R M O R Z E K T E I B N I G T A A V
N E U P P H Y I S R H D R O F X O Y N A
L V P B R O Q A E E T Y V E T M R P C F
B E G Z R E R D H T D P M Z T L J O H P
T E R I P X E T T C V U M L A R Q L R Z
U Z L S C E E N E H F W X G M U A E O D
O N I L M P A N N R E G U D D I Y P M V
K P S U F V B O R O V F L A O J A V A N
C L M C E L O T N E I M I P W V O H T H
A V T L A U O P B R G A C P U S M Z I H
L W E M W T I W T S R M N E Q B F X C D
B R K P T L H N E K O Q Y R P B I R T M
O H X T U B E E O R F M O D E R N I S M
O K R Z O C E D D D E F E A T I S M J A
```

BELLFLOWER
BLACKOUT
CENTRIFUGAL
DAPPER
DEFEATISM
EXPIRE
FIRETRAP
FORGIVE
IMPORTER
MAYPOLE
MODERNISM
MOPPET
NAVAJOA
OXFORD
PANCHROMATIC
PIMIENTO
REDEEM
RELEVANT
STRETCH
UNSCATHED

581

```
P Q M J F O O J S M I C V F J S B A X L
C R S Y R E N N U G T W O G Q G N N S F
D J C R E T A L L E P P A P W G K T E R
H F Z A I W Z M K K T O G C S L M E Z Y
H T R D B S H P T A J A V D A E V L D P
D F Z N U Y S Z O C J P C F D E U O S Z
G M S A R R I O B A M B A I C K E P C H
G F E U G E T B I E E N L N L V L E N A
I M C Q Y L T A W T W G A O I P H D E O
M Y Q J B U E Q W A I R T I G Q P L D Q
Z Y P X L A P B X U P L U S D C B U H I
D D F U W H J F K S E R R I U Q I S S N
D A P D O M I N A T E I B V P V A S U G
H N M F R A D Z L Y L F K M S I V O R F
R E L A T E D Y R E L E G A T E K C D Y
```

ANTELOPE
APPELLATE
BRUTAL
COPSE
DOMINATE
FREIBURG
GUNNERY
HAULER
PETTISH
PRANCE
QUANDARY
RELATED
RELEGATE
RIOBAMBA
RUSHDEN
SIQUIRRES
SUPPLICATE
TEACAKE
VISION
ZHAOQING

582

AEROBIC
ANSHAN
ANTWERP
AUDACIOUS
BLEARY
BURST
CONSISTENTLY
CORRODE
CYGNET
DEPLORE
DOWNSTAIRS
EMPOWER
ENTRANCE
FLORENCIA
GROTTO
IMPACT
IMPAIR
NEATH
SHUTDOWN
VICENZA

```
Y A T V S D Y F S H U T D O W N I F T W
J E E X W M I P L K A E J H U M M I I L
N M N R W A M P E O V Y J D P X Q U I V
G P G A O N I C A D R I D A T I U O P R
R O Y A B B O Z U O U E C N A R T N E H
J W C P U R I N D W D T N E I G Q C F H
H E F Z R M I C A N B E L C N M Z Q S I
D R G O S G N D C S E L P O I Z P D T H
K A D U T E Y E I T Y P E L W A A A N A
G E N C A T E D O A V G B A O Y U V I L
D Q A T A Y O R U I W N A G R R L Z C R
X U H V W M J R S R B A X M X Y E Y J Q
E Z S L A E B G G S T I H E U T Z M C B
V H N O H Z R C O N S I S T E N T L Y H
J A A T R X T P Y Z G R Q I N W C A E F
```

583

BREASTBONE
CHARMER
CONCLAVE
FLUTE
GLASSWORKER
HEARING
IGLOO
JOGGLE
KWANGJU
LANTERN
LINDEN
LINHE
NIGHTGOWN
REFORMATION
SECRET
SEOUL
SMOKED
UNDOUBTEDLY
UTICA
VAUDEVILLE

```
F L U Z K G H K Z F A A L M Z J L Q V W
O N B C V W B E L W C I G I U I Y X S T
R O O L G I A U A I R N Z C N A A J S R
V I Y V V K T N T R S Z H D W H F L E Z
X T A Q Y E J U G T I A E E O F E Q O L
S A T Z L N R S V J R N C K G N L R U I
J M Z G D O A E J M U Q G O T M L F L S
C R G H E B A C E R L E J M H A I I Z Z
S O C H T T Y R H A I P H S G P V S E D
J F S I B S T E N K P G L Q I G E N L R
Q E X Q U A U T O K Y J W C N U D P A K
R R R T O E E C O N C L A V E I U X M O
Z O S X D R E K R O W S S A L G A T T U
X J T F N B Q P H K S V T F U U V H Q N
E K E O U T W X Q Z D Q J Y W U Q D L M
```

584

```
G O Z Z N V N C O W N O O N T I M E Q B
Z X Y L H A F R S E T A R O B A L L O C
P U H S U R B Y C N A H A F S E E U E O
Y B G L I N Z T E Z S E R R J D D Q Q D
S S Q J S A S R A M D C V C I G A K U E
V A R J E I A T H I R T Y E M B T L I C
Z A X G L P B U P P W X K C N I I N P I
S T R A P A V H V P M A I G A I C B M D
I U R A M L T N A T I U N N A T N W E U
T O C A A H A U T O M O T I V E E G N O
M B M S O Z H J M E H R Q R U K H R T U
X L S N A Q E S A S O A K F I V G A D S
N I G E E M F A H Q P O X D F D E X S Q
M B I Q S H A E S I M C R I P P L E M O
C A Q Y H O C D N Q F G Q V A P U X M L
```

ANNUITANT
APART
APPARENT
AUTOMOTIVE
BRUSHUP
CATER
CITADEL
COLLABORATE
CRIPPLE
DAMASCUS
DECIDUOUS
DIPHTHONG
EQUIPMENT
ESFAHAN
EVENING
MISSAL
MORALIST
NOONTIME
THIRTY
VARNA

585

```
D H I N S J O A E M Y D O F F H A N D H
P E Y F C Y N B S R E E H E P E U R S H
W O T H E N C D D F E O J K E C W I I E
M U U H A P R A F V W L H O T D L D A A
X L L D R A V U M L K M B O S P P A Z R
Y Z N O C O T Y E O G Y P A M P O G Z T
D A J H A S N R D Z R M P O T D R A H F
B J S B R G E E L L A E C I L S V X P E
L A D E X T T V L S V C C L U R T Q U L
C F V E A W A O T N A I L P P U S I U T
G O V E E B D C W D R S L A M M E R H E
D X T X C K E S O Y T B J D D A K C C W
B N E M N J S I S J S I T F E M F P E K
A Z U K I G Z D I S O W V Q G Q C D M S
D T Z O R E P E A T E D I T M T O D X F
```

ACCOMPLISH
AGADIR
ANTEATER
BANDANNA
CASHCARDS
DETHRONE
DISCOVERY
HARDTOP
HEARTFELT
HOWLER
OFFHAND
OSTRAVA
OVERSTUFFED
REPEATED
SEDATE
SLAMMER
SUPPLIANT
SYCAMORE
TOPMAST
WHITSTABLE

586

BECALM
BERCEUSE
BUREAUCRAT
CHALCEDONY
COMPOTE
DAMATURU
GASTROPOD
HEAVILY
HOOKUP
IMPROBABLE
IMPULSIVE
ISSUE
PHYSICIAN
PLUMBER
PONCHO
PRECISION
SHALL
SOCIALIZE
TIRUPPUR
VOTER

```
E S U E C R E B H X T V R Q Y B M T G C
P I O I G W M O L F Q I A D E A R T P H
R M H C J G O E H V U O R X K H M H H A
E P C I I K O E M N J Y V U L P F L Y L
C R N M U A A M O R M G D I P M U H S C
I O O P B V L L A H S O S E L P A I I E
S B P U I U C I W X P S T A V D U M C D
I A L L D L R C Z O U O C G P O X R I O
O B Y S V A V E R E P E A U L P T X A N
N L Y I S G M T A M B B I S U L L E N Y
I E W V R N S A O U J O T Q M K Y J R K
Q J A E X A N C T S C F R J B P L U B O
H C A Z G A J L M U U R P T E Y T S E F
L C K F G P R J O P R N A T R B T L X L
U G R P L X A Z E O L U D T P Z N N E D
```

587

BUZZWORD
CAPER
CHUNGHO
COMPRESS
CONVENE
EBULLIENT
EXCEED
FIVER
GAFFE
GLOAMING
INFANTILE
LARISSA
MINUET
NUTHATCH
PETTY
POPCORN
REVOCATION
SEQUESTRATE
SHAGAMU
STOPPAGE

```
N Z G C S E H Z J A M M R T W I I P L L
G K L O H G N U H C G I D Y N H R E A O
Q I O M A A J L R C E M R F V P U T R R
S N A P P P R E N U T H A T C H S T I Y
E M M R Y P O F X M S N K E X H L Y S J
Q W I E I O I F C C T U V L A B Y Z S A
U P N S V T J A M I E H E G M V L S A T
E T G S L S P G L A U E A T Z E Q P E O
S M F N T E H E E J A M D R O W Z Z U B
T U I I R P O Q E B U L L I E N T R I R
R O B N N O I T A C O V E R F V N X J L
A S Q D U W C H A B L X H J W A I P Q F
T C V M B E C P D E D U S D F Y Z F D S
E U D M C E T C O N V E N E H B A S X S
G H V H B X W C S P K H I P M Z C P W W
```

588

```
I T O J F M M T O D Y B F M R L I H L U
H Z W F H Q N E T F O N T O A O N Y L P
C N U J Y A F V T P F G G N N S J P R K
U R K I R P M I P A J A Q T K N S O E E
G N X I J R E A M M S P L H I R C T M E
A N P E P L F W X I B T D L N E H H U P
W S Z T I D B Z O L R Y A Y G I A E N V
A Z T Y B U P D A O L P U S F U R S E X
K G R E C R J A W C V W W T I Q B I R E
A I Q G F A K E W A D D I N G S R S A X
E R O I L N L C O P I L O T I J O N T W
E L O P E C S L O J R H R K Y C I Q I S
M E D U H E E U Q C S V F I P G L S V I
T T Z M Z E K F G M S R G I D U E E E S
M K N D E P X T A Q J B B B B Z B D E I Q
```

ASPIRANT
CHARBROILED
COLIMA
COPILOT
DURANCE
ELOPE
GRUFF
HYPOTHESIS
KAWAGUCHI
METASTASIS
MONTHLY
OFFAL
PIMPRI
RANKING
REMUNERATIVE
TROWEL
UPKEEP
UPLOAD
WADDING
WAIVE

589

```
P S J H W B D F S Z O N U I T H H S M S
I R Z R T Q O K J P R P D I U G Q P G R
A N E M A L C Y C E T E M V Z Y M U T D
I W H G Q Q M N D A S R M F Z D C O D Y
Y G M Z N E L O M E E J E A T C P G N Q
S K N X C A M Z R P A N G T N E L U P O
O B Y A Y A N E R S M G F L E A P D P M
A X V B R R H T E P A U I R I H C T A H
Z I Y T R W F G A B K Y X I P U L L G D
V A L W E J G L M O I E T Y I W I N E I
E U P M G U R X O Y A U M T C R S N C Q
W H O X R E S P L A T T E R E G N I S V
X S N B V G O L D M I N E O R S J W Q E
X M A O L D N E E P H E M E R A J M L D
K B P B L O O D T H I R S T Y C H B P L
```

BLOODTHIRSTY
BRUGGES
CYCLAMEN
EPHEMERA
GOLDMINE
HATCH
MAESTRO
MANACLE
MOIETY
OPULENT
OVERLAP
PANOPLY
PERMIT
PREGNANT
RECIPIENT
SINGER
SOMEWHERE
SPLATTER
ULTRAMODERN
VIVACE

590

ASCENSION
ASPEN
BREAST
CAJOLE
COIMBRA
CYCLIST
EARLDOM
FIRENZE
MINARET
MONEYGRUBBER
MORONI
NOSEPIECE
ORGANIZE
OVATION
PERSPICUOUS
RIVNE
SCARECROW
SEONGNAM
SHOULD
TODDY

```
A V R U M Q A U N O R G A N I Z E Y J D
F R P G K R V O T Q C H E C X V H O L S
U X D C B T I I E L Y O P A F Y K U S E
R R S M O S E A R L D O M J E U O T C O
P O I Z N B H Z A P D A J O H H S A A N
D O P E F L T G N W O X J L S I O A R G
C P C Y R B J I I E T B A E L E Z K E N
T S A D F S P S M P R N C C N K A K C A
A N O S E P I E C E K I Y Z A V M Q R M
O V A T I O N K A U V C F E P T I Z O Q
H A Y H A F I S Q S K P C F B Q D R W H
V M Q P N H T B I V P J T F O O O K J F
P E R S P I C U O U S E C I S N R G C F
S U A K Y H P U Q N I D N C I K C A Y P
M Q M M O N E Y G R U B B E R D B V F S
```

591

ARNICA
ATONE
BECOMING
COBBLESTONE
DEPORTMENT
EXPLOSION
FREEBOOTER
HOMINY
IMPRESS
KITSCHY
LEVELING
LIBIDINOUS
NEURASTHENIA
OUTAGE
PHARMACOLOGY
PURCHASER
RECTAL
SIDEBURN
STEPSISTER
SWALLOWTAIL

```
R L K O B Y Z G D A I M P R E S S R L S
I W M H W N N M R H S E O B D G E A X L
R T F X X P G N I L E V E L B T T M Y R
S S P J G N I M O C E B N T S C A N P Y
N W C P Q C Y N I M O H K I E Z H C K G
N E U R A S T H E N I A S R H E M H M Y
U L G L E V X V C U T P S I D E B U R N
R J Q N V A Q R Y S E E X P L O S I O N
Y U O O U T A G E T T N E M T R O P E D
R T Q H M P T J S O K I L O C B A U F C
A F R E E B O O T E R I K N R Y G V W S
Q P H A R M A C O L O G Y R H K Q Q F O
C O B B L E S T O N E M V I N Y R R M J
L I F P H P A U L I B I D I N O U S N I
S W A L L O W T A I L P U R C H A S E R
```

592

```
Q Z M A Y M F V G M E Q K T I F P Z I H
X K W M Q B D N X C T R C G E O R R H F
B C T E C A I P A A A E G N A U O Y B O
A X R L S L V L G M F P O I O R B B B D R
I U U Z C T P U D Z B D B T C S L E P T
S N R Y T N M N E E R A C A L O E R X H
I E C E O I A I C Q L D M R O M M R C R
J E A M A L Q D N E T A N T W E A Y H I
R I M N V T N V E S R F O E L C T F X G
H O N P C O E Z F I T H I N I I I C U H
C B W O O E S G L B T E T E F F C O A T
A S D G Y K Z L P M R D R P E F O I W K
P M J S U P O P E Y E D O R D U B H I T
P R O G R E S S I V E P B P A S B G B Y
U E N U B P F O J U K Q A N O R E C U S
```

ABORTION
AUREATE
BERRY
CAMARILLO
CAREEN
COMMONPLACE
FENCE
FORTHRIGHT
FOURSOME
LANDMARK
LOWLIFE
PENETRATING
POPEYED
PROBLEMATIC
PROGRESSIVE
RECYCLING
SEANCE
SUFFICE
TAGUM
WESTMINSTER

593

```
M E B M D V B G S R B P B G L S E S D M
V B M Z J J F Y U P L H J A Y F U W I B
Z L A J R E R Z B O A F I Y D I F G A T
T X K N V Y A Q S L H T V I N E O V S H
U X P Q D E M T E X R V K L Q C T D T E
R P O E X A E T T A S U I G A C E A O N
D D F S B M K N M L A V I U O U X F L C
Q X O W G K X A V L P B K V D R T V E E
A P O S T R O P H E E G E I B S E G J F
A B N R R S X M P S L I P B V E N K L O
G C T H T A Z A V Y E T H C W U T I D R
G N E E O K W R N O V O U R A L S K E T
O P R E M E D I C A L S T A M P E D E H
S C I E N C E W E A T H E R P R O O F N
P I L A S T E R B O B O L I N K H C D M
```

APOSTROPHE
BOBOLINK
CURSE
DIASTOLE
ELATED
EXTENT
FRAME
MARTIAL
MBANDAKA
NOVOURALSK
PILASTER
PREMEDICAL
RAMPANT
SAPELE
SCIENCE
STAMPEDE
SUBSET
THENCEFORTH
VILNIUS
WEATHERPROOF

594

ABRADE
AGAPE
ARRANGE
BIBULOUS
BIRTHRIGHT
BLANCH
CASING
CHANDLER
HANDCUFF
INCORRIGIBLE
LANDLORD
OUTPLAY
POULTRY
PULLOVER
QITAIHE
REGINA
SANCHUNG
UNSPOTTED
VANQUISH
VIBURNUM

```
O B M L O S C Q I T A I H E B R B M R S
U N S P O T T E D O V X C P I F X O K A
X X C P K B G F W I O L N F B U Z A U N
D P I A M S T H B A A K A A U B C O L C
V C Y S S L Z U Q N N O L S L I I U X H
D Z F F F I R S D D I W B E O R W T C U
M X L H F N N L H T G F D P U T V P U N
D W M P U I O G Q Y E A U L S H A L D G
X W U M C R V A I M R L B U S R N A E M
M N P X D N D G A B L T Z Y R I Q Y R K
A R R A N G E A A O S T L W L G U W V H
V J U C A V H P V C B T A U V H I Q P C
H T G N H Z R E L D N A H C O T S Z L H
Q M M G L C R C M A F Z K J D P H R L U
P I N C O R R I G I B L E L C G Z D A B
```

595

AMENDS
BALIKPAPAN
CESAREAN
COURTESY
DURING
FLYLEAF
HAIKOU
HSINCHU
INDENTION
INTIMATE
KANKAN
LONGBOW
MEEKNESS
NAZRAN
OPTIMAL
OUTSMART
PRESERVE
RINGLET
SHARJAH
SWEATSHOP

```
C G S A H S T N A K N A K P I A I G B H
X P O H S T A E W S R N C S N Z N Y A J
Z B E I R E V R E S E R P S T H D M L U
W C A S R L D U R I N G W V I S E W I E
L Y C A Y G K B O P O R W G M I N I K B
J Z S S E N K E E M P F H U A N T A P A
J E H E J I X Y A I T U L Y T C I W A M
C N Z O T R K C U I I Q Q Y E H O A P E
N H H L L R N L K J M K K X L U N V A N
T R A M S T U O F R A N N N M E H N N D
B Q I P D R C O R I L W A G G A A I R S
U N K B V Y J N C P Y R K N Z R T F X W
O W O B G N O L I B Z S H A R J A H D O
K X U E U I V D O A D E J O D L E M R N
X Z M R F P R L N Y K Z R Y Z F D J P W
```

596

```
C O L C D H M N O Z A M A Y E W V Z T M
H V F F I K V Q A C Y C J E F X G S N O
A E G Y V F L S Y R L E T S O H I S C D
P R N X E S D Y L K W E Q M Q L R E E A
T T U A R D H G I W R H W K A A M U T K
E O L A U N H U D Y R F A B P I G G N E
R N A F L G D T O X G C R L H A Q T Z K
P E U H U N H K B F A E V R E S Y U R E
K V Q C U N V T K G H I L E V E L O X E
V D A O M M I L Y X H L R S M N J P P P
K K R N E S D C C U Z A U T G I L C E K
A A C G D O D N U R A E N O P N R O C Z
O H L H V G N K A L S E E B T J M G M Q
E B Z O N C I N J L A W G Z M S D N M O
M A L A D Y S Z N O B R A C O R D Y H N
```

AMAZON
AQUALUNG
AROUND
BODILY
CHAPTER
CORNPONE
DIVER
FUNICULAR
GRIME
HERBALIST
HOSTELRY
HYDROCARBON
LEVEL
MALADY
MODAKEKE
NARWHAL
NAUGHTY
OUTGUESS
OVERTONE
SERVE

597

```
I  L  D  K  S  Y  Q  O  U  L  L  L  O  F  O  R  R  C  Q  E
I  T  I  N  E  R  A  R  Y  E  Y  B  O  Q  A  O  I  P  Y  X
N  X  T  E  J  J  S  K  Y  G  L  P  Q  N  P  T  B  E  V  A
J  S  P  D  K  N  U  L  E  E  E  R  R  O  N  N  W  N  C  U
W  F  U  D  J  X  I  I  W  R  A  F  N  A  H  K  E  S  H  B
A  C  N  O  U  N  S  F  E  D  W  V  M  E  Z  T  F  I  A  E
S  K  G  S  U  A  A  T  M  E  C  O  P  I  I  A  A  V  I  R
T  B  E  P  U  C  T  E  O  M  R  Q  C  P  S  Y  B  E  S  E
R  P  N  J  G  A  S  G  Z  A  K  W  S  E  S  I  O  I  E  A
E  E  T  B  A  D  T  I  L  I  U  N  P  T  D  O  R  W  D  V
L  G  I  A  D  E  O  Y  M  N  M  U  A  A  F  K  O  O  E  E
J  R  T  N  K  H  Z  X  K  O  H  P  R  N  G  B  Z  M  Z  V
P  H  B  E  A  A  K  U  O  G  R  C  R  G  X  A  X  C  J  U
W  Q  L  A  Y  J  G  Q  G  D  Y  P  R  O  U  D  R  O  C  X
U  N  R  E  M  I  T  T  I  N  G  N  D  C  F  E  I  H  Y  Y
```

BEREAVE
CHAISE
COGNATE
ISIRO
ITINERARY
KHANFAR
LEGERDEMAIN
OPERETTA
OXBOW
PATSY
PENSIVE
PROMISCUOUS
PUNGENT
ROMANTIC
SODDEN
SPITE
TASIUSAQ
UNREMITTING
WASTREL
ZABID

598

APTITUDE
ARCHERY
BEHOLD
CASTLE
CAULK
CHIMERA
CIVIL
COMEDOWN
DOCTOR
ENTERPRISE
INCAPABLE
LUNETTE
MALAMUTE
MATTING
MIRAMAR
MUDDLE
NONFAT
PALLIATE
POLTROON
UNRESTRAINED

```
P  C  L  K  P  D  E  N  I  A  R  T  S  E  R  N  U  W  D  A
A  Q  U  A  Q  J  P  R  Q  H  W  A  N  E  V  L  G  K  I  P
L  R  N  R  V  G  J  K  S  V  R  T  T  E  V  R  G  Z  D  T
L  U  E  C  A  Z  I  E  V  E  E  U  O  N  J  W  D  O  Z  I
I  T  T  H  C  M  K  M  M  R  M  U  N  S  R  S  C  L  A  T
A  H  T  E  A  B  A  I  P  A  N  O  N  F  A  T  R  L  T  U
T  A  E  R  S  W  H  R  L  P  O  L  T  R  O  O  N  B  Z  D
E  U  Y  Y  T  C  I  A  I  C  Q  G  X  R  R  Y  R  A  X  E
T  A  L  N  L  S  M  V  N  M  I  N  C  A  P  A  B  L  E  K
N  W  O  D  E  M  O  C  D  Z  Y  I  X  H  L  E  Z  V  L  Y
M  X  R  S  C  O  Q  L  I  X  J  T  B  R  T  O  D  U  D  P
A  Q  U  S  Z  W  O  N  W  Y  U  T  B  Y  T  N  A  Q  D  Y
G  R  K  T  G  H  Y  X  J  C  S  A  N  E  T  C  V  F  U  K
U  S  L  N  E  E  D  Z  Q  K  V  M  U  I  M  R  O  J  M  S
D  K  B  B  D  J  I  B  C  I  V  I  L  T  L  P  G  I  I  C
```

599

AVIARY
BEDPAN
BUDGIE
DEDUCT
DOWNSTROKE
EXCRETE
FLICK
GNARL
INDECENCY
INGOLSTADT
JULIACA
KOROR
PREREQUISITE
RESTRAINT
SKELETON
STOVE
TIMBUKTU
TRIAD
TRIPLICATE
VIENNA

```
E T A C I L P I R T A X C J C U J Z W B
X Q Z T N D N R C I D F L Y U A A I J Z
C B Q C K B Y P Z H R B A Q U L R S M P
R U E U M W Y H M S H X A H X Z I Z W T
E A T D U T O S K E L E T O N U D A B Z
T V F E P M L B Q M T I M B U K T U C N
E I M D N A Z U T R I A D I G O M K S A
E A S T B P N D R K D O W N S T R O K E
R R B E X B W G Z V X V R L W S U A B S
V Y J N U Y Q I I T H K C I L F G I G T
C O W B C L I E V U K M O O M P N B N O
I N D E C E N C Y T N I A R T S E R A V
N O D P S N Y E Q X R B X M O A I W R E
Q S U L A I N G O L S T A D T R B T L P
Z O X Z Q O G P R E R E Q U I S I T E X
```

600

```
A H W D Y G W P B C J K M C L I L W N C
T C B O J U R G O H L D R G R V C O G O
T T C P R U S A S L S A M G O E I A F R
E A J U Y L Q W S E I E N C U T T A K R
L P C E M P F E E S C C A G C A T B A E
R S Q L V U Q L L R H L E N O P T B J C
A I Y C G V L V E E I O U M L R S J P T
B D L Y M M X A H S C J P V A E N N F L
N A N C H O N G T S N N K P N N F L L Y
B U N G H O L E R E Z P Y T E N N A G C
U F E S E M I T E M O S O L K R U C X D
H I L U U M P U V I N A N C H A O I E O
S U Y E K G V D E T S A L B O W V G V G
F I O K I A H G N E H C G J B B D A F S
F E T S T Y Q Q K B L K K A G Z E M E O
```

ABSENT
ACCUMULATE
BARLETTA
BETIMES
BLASTED
BUNGHOLE
CHENGHAI
CLANGOR
CORRECTLY
DISPATCH
GANNET
GRASSHOPPER
JUNCTION
MAGICAL
NANCHA
NANCHONG
NEVERTHELESS
POLICEMAN
SOMETIMES
VOCALIST

601

```
X D N Q H P I E G D E F K B O D E I T N
Y G I O H T H R I H J R Y A O O L R C O
G H A B R X O S O T A H T S Z V A U N N
E C P T F O X B F V I X V H W U M L I E
R E S O R T B R D B O V W F Q H A R T V
J R E M E D Y R E B A T T U A C E E S E
V C H T Z K A P S D O R Y L I H T P I N
M I X N H A M G U N E D B L T A M I D T
J D J L E R L Z N X A Q E A G Z X N A J
Y C B D G P O R U E X G L I X Q Q S E T
F I O O E L P N R I N I L M D I O T K P
R K Y V B A U L E A Q F Q E Q C O J V L
J A W G D I A W V T O J D N D M P X T B
R P X B J T S E L R M W S A E C V V Z D
P F F T S F I L P W E R R D G N H I Y I
```

AARDVARK
ALREADY
ANEMIA
BASHFUL
BORON
DEMOTE
DISTINCT
EVANGELICAL
LATHER
NONEVENT
PLAIT
PROFLIGATE
QUART
REMEDY
RESORT
SNIPER
SPAIN
THRONE
UNUSED
VADUZ

602

BACKREST
BUTTON
CABOOSE
CLARIFY
CUSTOMER
DEDICATED
DIAGONAL
ENGELS
KAPOK
LEASTWISE
LUNCHROOM
MOBILE
MORIBUND
MUTED
NOMINAL
PAGEBOY
POSTULANT
REMAINDER
SUNLIT
TWINE

```
K E L T G S P C L I G F A X V T D S L R
G A S K N U A A U N O M I N A L B L E E
D R P F A N G B N M O R I B U N D C A M
E E T O M L E O C M O B I L E L E L S A
D M N B K I B O H Y P K B O A G T A T I
I O A G U T O S R Z E X O N P X U R W N
C T L B E T Y E O B Z X O D C U M I I D
A S U A U L T H O V T G T Q H V R F S E
T U T C F V S O M L A T W I N E G Y E R
E C S K P X S N N I D V H S Y B S X F N
D U O R F T M J D Y Q L S Q F V T U T O
U I P E L I Z A J L U H V C V G C V O D
M Q Y S T M M P E E C I I C M Z J G K L
W O U T W I R B D N P M N J H Q H C Q B
W Z S U W G D M F I D M Z S J R O S U P
```

603

AMRITSAR
CONCAVE
CURRY
DETRACT
DISHONEST
DREAM
EQUIVALENT
FLAGRANT
FRISK
GRAVITAS
HILVERSUM
KELOWNA
LEOPARD
MINCEMEAT
MINISTRY
NIGEL
NOTATION
PERISH
REDUCTION
SEXTANT

```
C T R O G L Z N B X R J B M P L N V R Q
H O T I H J U B N N R D M I A E N W E G
I M N F L A G R A N T K V N N E R V G F
L E C C M N S F J F W Y N I W N R I T E
V O A S A T I V A R G O T S O P N D S Z
E Z Q B T V F V B I O N T L A N D E H
R P B S Z K E K R T O O E R E F U W N B
S W L E G I N D A I I H L Y K V E Y O J
U H E E Q Y L T V T S T A E R F M L H G
M K O Z R R O G C P N K V V G R N U S D
L J P T C N X U R A S T I R M A U U I X
T C A R T E D L T Y R C U F T J M C D R
P W R U F E Y X D Z J X Q K E X S Z Y K
O E D S R G E F I X K H E B M P I U Y H
T Y F J S S M I N C E M E A T P F I K J
```

604

```
Y Y D L A D M H B W P F A I E I J F M D
H F R E I G H T C A U M L S N V Q D L X
Q E P U L L E Y E T R E C O A M D E X Q
X R C B X E L T A C L A H L Y G I F C D
S I G T R P T R N H I Q E A K H N R I N
I U C U A E V E T M E P M T S A I Z L O
Z Q P R L R E W E A U D Y E N E W E L H
E C Y E L E E O D K N V G D L R Y W G A
O A V R A Q Z L I E N O I L L I M L P C
O O Y U F C I F L R V U N E O N A T A L
N Z P G W E S I U Q R A M H U O D D P M
M J F I O O N L V U S C R B C X S T I L
U P O F N Z P U I P F E V C E E X N M X
N U H T S O E A A K K Y V J M R G Z L C
F H W Z Y P E C N O I T C A E R A X G E
```

ACQUIRE
ALCHEMY
ANTEDILUVIAN
CAULIFLOWER
FIGURE
FREIGHT
HECTARE
ISOLATED
MARQUISE
MILLION
NEONATAL
NEWEL
NOVELETTE
NUMBER
PULLEY
PURLIEU
REACTION
SHIELD
SNOWFALL
WATCHMAKER

605

```
I  I  D  P  V  B  Z  U  T  O  U  D  Q  U  N  I  V  L  H  B
P  L  I  F  D  R  E  N  I  T  N  A  T  S  N  O  C  O  O  R
R  W  A  Z  K  X  N  N  M  B  I  R  D  C  A  G  E  G  R  I
Y  O  Q  Y  P  R  I  L  E  C  U  D  E  S  R  X  V  G  E  C
L  L  B  E  U  I  L  B  R  O  M  F  T  I  V  Q  P  I  H  K
N  F  C  B  A  D  T  E  H  S  Z  I  B  P  B  S  L  A  O  B
T  T  Q  I  E  D  A  F  S  M  I  D  U  I  V  X  I  N  U  A
M  U  S  Z  B  R  R  O  R  O  N  N  O  Z  C  X  E  E  N  T
I  O  B  L  L  J  Y  O  J  S  P  R  D  R  Q  D  B  D  D  K
Y  M  C  V  K  M  T  E  W  I  E  P  N  C  R  Z  Z  I  S  H
B  I  E  C  F  A  L  V  B  S  C  Q  U  A  N  K  O  T  X  R
V  Y  O  L  M  R  F  W  Y  O  G  X  G  S  G  B  I  I  R  V
Z  L  X  I  I  N  P  A  T  I  E  N  T  J  J  E  K  O  B  F
B  L  N  G  U  T  I  T  M  O  U  S  E  Z  H  H  Y  N  R  G
P  A  N  A  F  R  I  U  W  I  M  B  H  Z  J  N  K  H  R  P
```

ANIMATOR
BIRDCAGE
BLOCK
BRICKBAT
CONSTANTINE
EDITION
EXPECT
GARDEN
HOREHOUND
INPATIENT
LOGGIA
OSMOSIS
OUTFLOW
RATLINE
ROBBERY
SEDUCE
SUPPOSE
TIMER
TITMOUSE
UNDOUBTED

606

ADEQUATELY
AMENITY
APERITIF
BIRDSONG
CARPENTER
COMPORT
DECIMAL
DIGESTIF
DISSEMINATE
ELEKTROSTAL
FAMILIARIZE
FLAME
HOUSTON
IMPORTANCE
MILLDAM
MOUNTAIN
PUTTEE
SILICOSIS
THAILAND
UNASHAMED

```
K  C  N  A  M  E  N  I  T  Y  C  G  X  K  M  F  P  S  J  K
R  O  W  E  O  E  O  E  Z  I  R  A  I  L  I  M  A  F  X  Z
L  J  F  F  N  T  T  K  S  X  F  U  R  T  X  C  L  J  I  K
Y  A  C  T  O  T  S  C  N  C  D  T  S  P  X  J  E  G  L  C
H  N  T  Y  O  U  U  L  Z  O  W  E  S  U  E  C  I  S  Q  O
N  G  A  S  B  P  O  H  Q  T  G  L  Z  V  O  N  M  H  C  B
M  Q  B  N  O  R  H  U  R  I  Q  P  M  M  U  W  T  L  J  I
L  G  B  T  T  R  V  M  D  O  G  M  P  Q  I  C  Z  E  V  R
A  D  E  Q  U  A  T  E  L  Y  I  O  W  N  D  C  E  W  R  D
M  I  L  L  D  A  M  K  C  G  R  U  Q  G  R  X  Z  Y  Y  S
I  U  F  F  F  L  A  M  E  T  A  N  I  M  E  S  S  I  D  O
C  A  P  E  R  I  T  I  F  L  V  T  G  N  K  F  B  Q  V  N
E  C  N  A  T  R  O  P  M  I  E  A  O  F  Z  T  K  S  Z  G
D  N  A  L  I  A  H  T  I  U  S  I  S  O  C  I  L  I  S  B
U  N  A  S  H  A  M  E  D  J  S  N  R  O  H  Z  K  M  C  X
```

607

ABLATE
BANQUETTE
BOONDOGGLE
CHAPARRAL
CHECKUP
DEPRIVED
ENTAIL
FILCH
LESHAN
PAUPER
PURPOSE
RANSOM
REFEREE
SCHTICK
SHRIEK
STATEHOUSE
TABBY
TRIPOLI
TURNOUT
VASCULAR

```
U Y X A Y V R A N S O M U W M F H M Q S
I S K B L A R R A P A H C Q K Z Q C C T
V R B E C S A B L A T E Y W P P G W E A
U A D Z U C D D E G J B O G K Y T X B T
T B F P K U U W N Q E T K C I T H C S E
D T O V B L Y G X T Z R E P U A P K H H
V F S O Q A N H T V J I I T A H K C U O
E F Y N N R T E J Q L P R K E Y P H P U
I Q J I C D U I C E P O H V E U D E C S
N F L R I Q O O K D N L S J R T Z C R E
V Z S N N F N G D E V I R P E D I K Z W
X P J A A I R E G Y S B O Q F W S U P R
B R B T C L U S I L W S A U E C Z P X J
R H J K Q C T H V G E E Y V R L M J W J
N Q R D H H L E S H A N E N T A I L P E
```

608

```
T H G G S A I L H A D Y J N I J V Z I Y
M E T J I Y F B C X I E A F A V N P G T
N O A B M V G T E B L K U R B B H T H U
S G O B H D M S L X D U N C I Z A G T T
H H P O B L T C I S R V T V V E I R M N
P S T R C H Z Y B X W X Y W H N B C I P
X X R N A X R J A K T E O X B M B N M M
M J Z E H T E Y T B Z D E U R E B U K E
X U L V E Q L U E Z A U K T V V E C L R
R R E O E T T S F H I A K B I X Z L E G
Q Y P Z S A P S S G V C S L C E B G X O
P Y T A Z K P R R U N N E R W U U F F O
Z T L O V I E T A U T N E C C A O V E P
S E X U O V N J R E S P O N S I V E F O
Z F B R O D E A T H L E S S E N N A V M
```

ACCENTUATE
BEIRA
BORNE
BUKAVU
CELIBATE
DAHLIA
DEATHLESS
JAUNTY
LASTLY
MUEZZIN
NABARI
NIGHT
OVERSHADOW
PHOBIA
POETRY
REBUKE
RESPONSIVE
RUNNER
SWEETIE
VANNES

609

```
A  X  T  B  R  U  N  E  I  L  R  T  D  H  E  A  A  I  Z  Y
Z  B  H  A  V  A  N  A  P  Q  U  Z  I  G  W  X  L  M  K  Y
R  X  O  S  D  L  B  V  B  C  N  V  S  P  K  I  A  P  E  C
Y  A  R  L  A  R  V  J  R  S  E  C  T  E  L  Y  M  E  I  O
Y  A  B  N  I  E  V  E  E  H  M  G  I  O  D  M  E  C  N  F
H  J  E  T  H  S  P  R  H  A  J  V  L  U  J  K  D  U  S  O
S  Y  R  P  V  P  H  A  T  N  N  R  L  Y  P  B  A  N  O  O
H  U  O  N  U  G  V  W  O  T  E  M  A  M  T  C  O  I  L  V
S  M  M  B  R  R  I  N  P  Y  J  Z  T  W  T  F  R  O  V  E
X  C  R  M  R  X  O  E  Z  J  H  V  I  I  A  K  Y  U  A  R
D  M  H  N  O  W  X  H  E  A  X  R  O  G  S  V  Q  S  B  S
E  U  I  N  E  N  C  C  A  A  R  N  N  K  R  D  Q  Z  L  L
H  R  N  O  O  X  S  T  O  R  L  C  L  A  R  E  T  J  E  E
P  J  O  D  V  O  L  I  E  V  H  A  E  V  A  T  N  T  Q  E
E  F  V  A  S  O  K  K  R  E  M  S  C  H  E  I  D  E  A  P
```

ABOLISH
ACTION
ALAMEDA
BRUNEI
CLARET
DISTILLATION
ENERGIZE
HAVANA
HYENA
IMPECUNIOUS
INSOLVABLE
KITCHENWARE
OREBRO
OVERSLEEP
POTHERB
REMSCHEID
SCHNOOK
SHANTY
SUMMONS
UPPERCUT

610

ACQUAINT
ANYMORE
ATTAINDER
BANSHEE
CATACOMB
CIRCA
DAWUKOU
KANSK
LATECOMER
LINED
MHLUME
MULBERRY
PITON
PRESCIENCE
PYRAMID
QIONGGUANOU
RECEPTION
SUNGLASSES
TEASPOON
TROUNCE

```
T  R  O  U  N  C  E  M  Q  A  P  O  W  O  Z  L  K  W  H  D
N  R  B  O  O  L  J  J  U  Y  T  R  L  N  G  A  Z  H  E  I
I  E  A  K  O  V  A  X  Z  L  R  T  E  T  N  O  U  N  V  M
A  C  N  U  P  Q  L  T  W  W  B  F  A  S  C  Q  I  O  P  A
U  E  S  W  S  W  I  S  E  E  Y  E  K  I  C  L  U  T  R  R
Q  P  H  A  A  N  K  O  R  C  S  M  R  E  N  I  B  I  I  Y
C  T  E  D  E  G  E  O  N  E  O  C  I  R  J  D  E  P  Q  P
A  I  E  W  T  M  M  T  S  G  A  M  Q  Y  Y  B  E  N  X  O
C  O  S  Z  U  Y  C  S  T  A  G  D  E  C  P  R  R  R  C  U
M  N  G  L  N  N  A  T  P  M  W  U  J  R  T  Y  J  M  F  E
L  F  H  A  O  L  D  G  G  P  R  I  A  Q  F  U  O  U  J  I
B  M  M  Q  G  P  O  W  K  J  A  A  M  N  E  O  U  D  J  N
W  H  V  N  P  Z  I  L  C  C  D  P  B  M  O  C  A  T  A  C
I  Y  U  A  R  M  A  S  L  S  W  R  P  V  F  U  C  F  U  K
D  S  O  M  V  G  S  N  O  T  B  E  F  N  L  S  U  B  B  A
```

611

CRUCIFIX
DEJECTION
DHARAN
EARWIG
EFFRONTERY
ENCOMPASS
FALLACY
FLARED
FUKUI
LOAFER
MANAGEMENT
NIIGATA
OCCLUDE
SHIRK
SLIDE
SYMPATHIZE
VORTEX
VULCANIZE
WAGON
WAGTAIL

```
V E D U L C C O I C F E M G H L S X E L
I U N P H G T G N P S L I B I H I W F G
M I L C L B A W K B F W A A I F S C F M
R A F C O G B K I U R N T R I P H B R M
D Z N H A M S J K A U G K C E B Q F O L
D H Y A S N P U E V A E U V R D A W N R
E B A F G H I A G W O R U E L L O J T V
J X B R Z E R Z S V C R F F L C C U E U
E T I D A I M Q E S B A T A G I I N R I
C L G E T N M E K K O W C E K J C F Y J
T S L I D E N Q N L X Y A Q X M U I V K
I V G W P K A C J T X X R G E L Z H E B
O S Y M P A T H I Z E L R O O H L C W T
N H E W R R N I G Y Q A I E B N J I A L
F O F B R P L K J R G C J D Z W D W F R
```

612

```
S F G P T Z K T W J A K V I I Z V E W O
F W U R Y Z N K O J Q I U N Z S X L N R
O J W E U E B B N C U C K V J B L S E C
J W P D C L T V C L E H I O Y V V W R H
Q O W E H B C A A Z O A S I Z X X O E E
D K D M H A L P I R U C M C D J S H R R
P N P J D U I A N T S Q E E K S C E A P
I C A F S G N T O T O N P D P E F M E U
O B K K D R C I M O O G T I L G X O B P
A I H S Y A H N E H F F E Y A R N S L F
C O X O C X E A D X R C L N U E R Y L R
Y H J R S K R O W R E T A W T S U P A F
E F P R R A Z O R B L A D E O S B L P N
N O T E G A R U O T N E T G K L N H R Q
Z R Z L A C I D O I R E P E A H N G W D
```

AQUEOUS
ARGUABLE
CLINCHER
CROSSPIECE
DEMONIAC
DOPEY
EGRESS
ENTOURAGE
INDECENT
INKHORN
INVOICE
LAUTOKA
NEGOTIATE
PALLBEARER
PATINA
PERIODICAL
RAZORBLADE
SOMEHOW
SORREL
WATERWORKS

613

```
R K M G P Y W M H H J S V J K M L A E V
E A K P R I U Z V Z E K T O Q A V N X E
T T D I T A B V I M I N O E N Q B K O A
A E A O C H C W Y K E B Z O E L O L N K
W F C G N I R A C K T E I A U P L E E R
E S E R G E A N T P T S R W D N L T R I
D I Y U P W B Q M A S F S E M A N E A B
I D V A E I M O L E Q H N D M X B K T U
T Y B L C J R P C B Y Q E Y U E D A E R
H L D L W P M E U E E L X E D H D S J X
A B I U J E R A K K G L N N Z Q Z I F D
V I N W T X J S A M R B C O A N V R A T
E Q N N R Q J B F I Q A W H U U S T D L
R H O B I L L F O L D U M D G S V X A G
T C U N A S S A I L A B L E Y A J K Z H
```

ANKLET
AVERT
BELCH
BILLFOLD
CARING
CONTEMPLATE
EXONERATE
FAIRY
HENZADA
HONEYDEW
MARKUP
PROMPTBOOK
RADON
RECESSIONAL
REMEDIAL
SERGEANT
STEEPLE
TIDEWATER
UNASSAILABLE
WEIHAI

614

ALESSANDRIA
ANTEBELLUM
BRACELET
BRACKISH
BURLESQUE
COPPER
DISORDERLY
INBOARD
JUSTIFIED
LEPER
LOYALIST
MULTITASK
PACKET
PURISM
ROSEATE
SUPPRESS
TATTERED
TICKET
TUTELAGE
WARLORD

```
B A I R D N A S S E L A X L D T I D W R
U Y N E C R V N P T D W E S E E N I N S
R D X T J B Y I P D L P Q K R L B S B U
L H G A E Q F E K U E N C Q E E O O H P
E H E E C B O G L R R I P O T C A R R P
S O I S K G E A J A T I F B T A R D O R
Q B P O D R O L R A W Z S I A R D E P E
U T C R P N V E L G U T K M T B S R A S
E M L L A Z M T W U S S Q Z R S S L C S
I V J J Z A K U S I M G F A B E U Y K U
O W K S A T I T L U M E C S R G H J E Q
E W F C X K G A X E J K Y B X R X T T F
N V W C D N Y K H R I C O P P E R L C I
D B K R B O D Z D S G C P D U C W D C W
X Z K N L D L L H N B J U V F Y E P A I
```

615

BHAVNAGAR
COCKTAIL
COMPANIONWAY
COOKER
EMULSION
EPISODIC
EXPONENT
IMPUDENT
INTEREST
LILLE
LONDON
MANHOOD
MISPRISION
OUTER
PITUFFIK
REDOUBTABLE
SANDBANK
SHORTHAND
SNEAKER
TRANSMITTER

```
E L I A T K C O C S Z I S V E A P R L H
S M S X D R E K O O C I H B E I E I O C
E H U B Z T A M A N H O O D T K I M N U
M P O L I C C N E S S Z P U A B N P D C
B X I R S F P C S W E H F E Q I T U O Z
H J V S T I C Y M M V F N C T F E D N Y
A R E H O H O Z U J I S X N G N R E D S
V L A S Q D A N U K F T E D R S E N Z A
N H X U J L I N V D M N T E A D S T S N
A X Q T R K X C D Q O F T E U S T Z L D
G Y T M X Y R F H P S U I C R C X A I B
A X V V D R W X X C O V G V H A G W L A
R P X X H I Z E L B A T B U O D E R L N
A W C O M P A N I O N W A Y N W M H E K
M I S P R I S I O N S L J U N V Q N C U
```

616

```
R P P O P C T E S T V T H M N D V G O H
E R D L T J P P B O N B O H J O P E R P
I E G P A Z R N B E W X A M H W O O M Y
S V E L C S O A M R E Q U I R E M E N T
S A G E Z T H I S K E P T I C I S M D A
U L Y A N P R E D I O R B M E V O A E L
E E F A A E N R O C N M O D M E F H V U
L N C H P X E E G E R C I T Z R P F I W
G T R X L T X W M O A E X L S M P G A Q
Z A E C N N V O M V L R A U D K Z A T J
L Z G I E H P P Z G T Y T T Y E O K E J
R J O G H I N N A V A R U H O A W O H O
Y P R A L N G A O I R X M L E R K R B F
Q F N G L E T M E Z X G W H R N O T V M
S T R A I T L N W W H A V F K V Q R N U
```

BOOKSTORE
CANTON
CREATOR
DEVIATE
EARTHEN
EMBROIDER
EXPERIMENT
GAGGLE
HINNAVARU
HOBNOB
MANPOWER
MILDEW
PLASH
POINTER
PREVALENT
REISSUE
REQUIREMENT
REVIEW
SKEPTICISM
STRAIT

617

```
B P J P K A L Y C U C R M N G J F P V N
E D E C E S I R E V U E B A M N P B O U
F X O A L S V S J O Q I L W R H E I I N
O E I D U U I E T U Y L F A W T T I E N
G M S X N M D E D M X A E D R A I D S F
C U K Q A E D M E S T V T V C V D N A S
A L B E R D S V M T P A R U E A A P E M
Y U F E G F X M O I R C D S S R X G S T
E R E F R E T N I L Q E F E Y C Y I I W
L Q W N G I G F S E O U O A K H S O D A
B C Q E Y A F U E C D G R M F T L N N K
W I J N A R A K L A H C I A N V Y C H E
H E S E I F S A L Q V Q U N R V D A A A
C N T E Z R T V E S V X B O J P S U Y Y
A P U C C P W P Z U R G W N U V O O C F
```

ASSUMED
BEFOG
CAVALIER
COEDUCATION
DEMOISELLE
DETOUR
DISEASE
EVERYONE
FIREBUG
GNEISS
GRANULE
ICHALKARANJI
INTERFERE
LARVA
LIVID
MARTINET
SADDEN
SEAMAN
SECEDE
STILE

618

ABILENE
BARREN
CASUISTRY
CONTAIN
DEATH
FAILING
FLECK
GORSE
HANDAN
LALITPUR
MAYFLY
PALAVER
PINKEYE
PRODIGIOUS
ROSTER
STORYLINES
SUPERVENE
SWORN
TERRIBLY
VERDURE

```
V S P R M A Y F L Y J S Z A X T K O F N
E W W R O K A Y X B A Z U M B C G M M Z
R O Z O O S M O G Q V N U P E I U P Y U
D W D S R D T P T O L R H L E D L F W R
U Q Q J U N I E A X R T F N Q R O E L C
R I R O P E R G R L A S A G G D V L N S
E K M I T R D S I E A D E N S Y S E E E
B U B E I R B Y D O N V I H R N V N N C
H Q I B L A Y I D A U L E T R A I H I E
B S L M A B Y K H N I S S R S L R I A Y
I Y A M L D Z P V A H I S P Y P E O T M
O H Q V M B J R F C U L R R A P W R N R
J G Y O N C V N J S J N O V Y K R X O D
P I N K E Y E Z A J C T X W E H O Q C X
A L Y Z Z Q B C G J S F Z Z M M C M D O
```

619

BRANCH
BRIGHTON
BUNCH
CALMLY
CAPITOL
CEREMONIAL
CRESCENDO
DEPICT
EXCEPTIONAL
GOODWIFE
GUNFIGHT
PHRENOLOGY
POULTRYMAN
PUBLISH
SHREDDER
STYLISTIC
TAMPICO
THREEFOLD
VIRULENT
ZAMORA

```
R N P A B Y W R Z T X S C G G C U D S B
Z D J M L R Y B C R U H R I O A X W C Q
A I T M Y M A I J W A R E J O P M W E T
N N L M X G T N B G M E S Q D I C G S H
S A W U T S N H C A W D C F W T S E U R
C M T C I P E D G H A D E Y I O K D H E
H Y T L T W L B A I Q E N R F L N I K E
O R Y T A O U G U R F R D J E L O T P F
H T B C M S R Q W N D N O T H G I R B O
S L E U P R I J N N C M U Z A M O R A L
I U C T I Y V S U B Q H B G F O J F G D
L O I Y C A U J L E X C E P T I O N A L
B P F V O C E R E M O N I A L C F P D Z
U W L W V Y X B H L M S R Q M C O V O I
P P H R E N O L O G Y L P V G U W A B H
```

620

```
S E V M C I E K K H F D N S U C O V T P
L S P O R A I Y C I L O P M B D I N N R
O J U B W G K B P U I B T E E O E O A E
V P E I A B E A N S N C D R L T V E N S
E I U C R K Z C S R S W E O E A O H G U
N O A E D H H E I J H I N P O O R C A M
M I V R Z E S G Y T T C M C V B H N T P
I O A A O N I E C E E O Z R S G T U S T
A L O N G S I D E L C H X O F N N H O I
R O V Q A J E N L N N M T O X O L C V O
W M P W B F N O I V E G Y A I L W Y S N
A D Q M S G L E N D O R A X P T U P A R
R L V S A L P H K D F C F D B M J S S K
L P M U G L M N J V B A R A G M Y X E U
B U F F O O N S C T Q Q X T T P V S A P
```

ALONGSIDE
ARECIBO
BUFFOON
CHUNCHEON
COUPE
GASBAG
GLENDORA
INCOMPETENT
LONGBOAT
LUNCHEON
NIECE
POLICY
PRESUMPTION
SESSION
SLOVEN
STAGNANT
SYMPATHETIC
THROVE
TIERED
VIOLONCELLO

621

```
F R I C J C G N I H S I F R E V O T N Y
U T W T K E R E N R U O M M A W A A M L
U S T Q E I T Q X P J Q O G Q M L X L G
W S U S K D N A T T E L L A V A P Q O N
V N E B J D L V M P K W F Y V J C A C I
D E Y Q O A T S A I E R A N S N E T G D
G S O N R C X L J D L V K O H C U A G E
W U B M P N R O E M E C D M X C P O T E
Y U I J K U R P G I V I Y E B F Q U G C
X S A H B I I O S H A W A G P S N L O X
T C D F E C W Q X Z B N Z E S C U R F E
F Z V Z O Y F D R A A B X H S W Y S F G
D P A L R E D U N D A N C Y N W B I J R
F U E Z I N I D U T I T T A E K S X J X
J V O F L V L Z U E Y S N J Q K G G D L
```

ALARMIST
ATTITUDINIZE
BURLAP
CADDIE
CLIMATE
ENSNARE
EXCEEDINGLY
GAUCHO
GEESE
HEGEMONY
JUAZEIRO
KEREN
MOURN
OSHAWA
OVERFISHING
RAMPAGE
REDUNDANCY
SCURF
VALLETTA
VELOCIPEDE

622

ACQUIT
ACROSS
BLESS
CHRONOLOGY
FILLET
FIREWORK
HEARTBEAT
KHUZDAR
LIKENESS
LILONGWE
LUMBERYARD
MISSING
NAGANO
NARSINGDI
PROSY
REFLEX
REMINISCE
SWATH
TAKEOFF
TOTTER

```
I N G Y C K T J G V C W P B S K A T C S
J L A W Q E R N C K X D T R M G N A H R
I R E G L I I A E K H S E P O R E K R I
D D Y L A S Q G P E T M D K B S X E O Q
G T I V S N R R A D Z U H K U K Y O N C
N F F I Q E O R E M I N I S C E E F O V
I D M L T S T F I R E W O R K T L F L R
S F Q T A B F V E L M J A Z L H I X O E
R W O S E U J G Q I H S C G J P L H G B
A T A A C R O S S K K A Q Z M Z O N Y Y
N M T T D R A Y R E B M U L X S N O W C
F F T D H K V I D N F A I X S K G L X V
K B K W A S E L D E M X T E A Y W J K H
E Y G B K N O W N S G E L V K D E P A C
R E F L E X R N L S M B R V K B U P R M
```

623

ACTIVITY
ASSETS
CHAMPAGNE
CONSEQUENT
DAMNATION
DROOL
GAZELLE
HOSTESS
LAPTOP
MAJUSCULE
NOTEBOOK
POLYSYLLABLE
POSER
PROPERTIED
REFORMATORY
SALTCELLAR
SANITARIUM
TENSE
TOXICOLOGY
VERMEIL

```
S T V Z Y E I C R V T A D B P R M M T N
A O D A S L J O D E I T R E P O R P Y M
L X Q E A B I N N U F N H V V Y X B T L
T I F K P A T S J C K O O B E T O N I A
C C I Q B L E E M T H C R S L G E E V D
E O A A T L H Q L M S A D M P L M W I A
L L U Q E Y S U O U U O M A A R F H T M
L O D S P S H E O I C C S P E T E T C N
A G U Z E Y E N R R J S T V A S O L A A
R Y E T L L Y T D A E O U P Q G I R H T
D U S V L O E P I T P B U J O S N Y Y I
S O W E O P C V S I E Q J C A S E E D O
H Z Z H G T X A R N L L W A V M E M K N
L A M Y C G F H L A U B D V Q Q A R V O
G N E E D N O K S S I J J H C S A C R K
```

624

```
O U S M N P B H A B Q B P O R T T O B Y
D N E Q Q Z F Y O V N E I E S X V I J I
G K Y R Y A P R L E P C Y U R E P S E V
P D U C W C D K W P D S L A X U C N V N
P H V S F E U O H Z U L S S T E G M J E
G E D P R W C P M M Y Z X C N S C I N B
M F D L A C O I F F U R E E B L T U A Z
S F I I P J X C E I S T T R Y O X U G P
I N T E R N E C I N E N F T Z E C N O X
E T N T Z Q G Y P S U M D A A M C H L S
H L T T E O X H A G L U W I R P S T U A
A E Z I R O P M E T X E M N O E V N R M
G S G F T P J B K I K S E Q S R A L N E
W B K P P S C Z C X M Y O G E O Q Q K M
E S T I M A B L E O E N A O F R N Z Q S
```

AROSE
ASCERTAIN
BEGUN
BOCHUM
BORDERLINE
BOTTROP
COIFFURE
EMPEROR
ENVOY
ESTIMABLE
EXTEMPORIZE
INTERNECINE
KUWAIT
LOGAN
LUZHOU
OUTSTAY
PERUGIA
SCENE
SULLY
VESPER

625

```
Q P Y S G S I Y X F E M Y R D G M K Z Y
G Z S I I A N R O B N I O D K V W X O N
G E P S B R D B E X C M O D Q C Z F J G
R U P Y C P E P M V A I S S A L G Y P S
W E A Q R A B E B L N N H T B L G P K M
S N W C J B T N C J S E A Y Z I X C I W
L E O H A L E S V Q Z S D A M G E Y N U
L L T G K R D I F R T D B W T R Q V G I
Q A G G X W A O R R H U B K U A Q L S X
R O S E H I P N O A K G X L R C H O P H
V A B D D P O P S I C L E A E R R D O A
V V C U I G H R L O K A C W T E Q H R N
C H A M B E R R K C N V M E A V G X T E
M C O M C H A N G E L I N G R N P Y D C
A C C I D E N T A L G S Q L D I Y Y W C
```

ACCIDENTAL
BARQA
CATASTROPHE
CERULEAN
CHAMBER
CHANGELING
CLAMOR
DENVER
GUACARA
INBORN
INDEBTED
INVERCARGILL
KINGSPORT
PENSION
POPSICLE
RETARD
ROSEHIP
SEPSIS
SPYGLASS
WALKWAY

626

AIRSPEED
ATHEIST
BEIHAI
BUSHING
CANVASBACK
COMPLIANCY
DEMOTIVATED
EDMONTON
PERKY
QIANJIANG
REFRIGERATE
RINSE
RUNOFF
SORONG
SUBSIDE
SWANSEA
TARIFF
TESTAMENT
UNGRATEFUL
WEBCAM

```
T T E C A P C K S X K F X C W G J K R U
S E A T Q I S W A N S E A G W X U C E N
Q U S R Y K R E P X E O I G U H P D F G
C S B T I A G S C P H E N A E F Q H R R
S G U S A F Z N P O E A G O Z U F O I A
B L S X I M F I V E I K N D C P U Z G T
E G D H D D E R I J E C O W S O L J E E
W E B C A M E N N F X D R N T I G D R F
A D H N L I E A T Q X K O I Q B D A A U
N S C O A W I H B F X T S I E H T A T L
Y M Z H Q Q C M Z C N B U S H I N G E C
X Z I R U N O F F O C A N V A S B A C K
D E T A V I T O M E D O Q S Q U Z Q F Y
B T F Q L K V D C O M P L I A N C Y M V
E M Y B V G E J A L N O K K G O E D M X
```

627

BONUS
CESSPOOL
CHORD
GESTATION
HAUNTED
HERBIVOROUS
HERETIC
IMBECILE
INFLICT
PROPORTION
SARFANNGUIT
SELFLESS
SMELTER
SOFTHEADED
SPLURGE
STAMFORD
TAXING
TENDON
TORTILLA
TRADER

```
G X F Z H O P N B P B K O H E C J M I K
R E G R U L P S O N S U S L C E F S N V
L U S E C T B X N O D N E T K S Z T F T
S U U T H T O J U R O V W E U S S R L A
H T K L A X I Y S W H A G L D P S A I X
E U A E O T I M B E C I L E T O E D C I
R S N M H J I R W E P S S C F O Y E T N
B Z C S F J C O T E Q S G T D L A R Y G
I C H A W O T O N V E F H P E J T J R N
V E O V E Z R A O L H E R E T I C N N X
O N R V F T F D F S A R F A N N G U I T
R A D W I X X L C D V W T Q U Q D V T L
O E B L M L E F E B P T E E A D D B T N
U A L P E S R D O V I R M Q H O U U O E
S A B D H C I L K P R O P O R T I O N C
```

628

```
P M S I R T Z K D B L R O M I Y B S B A
I O S E P C Z A T A E O S I M Z M A Q F
C S B C M K V S O B R V U N M U W V X F
T R F S U I I S M D G A R U I E U A S R
O C Y F T V N U V H G S R E G O Z N N O
R R X Y I I N A D L F R O N R J K N K N
I Y D H C T N F R O E N U D A S T A J T
A E C I U P Y A L Y O K N H T G P H Y D
L R B O H E U K T I V W D V E P D A L C
A I R E T N O M L E Z I I Y O U P O N A
T W U W P I Z L T Q R C N O X K G Q O K
F E L B A L I A V A M H G Q X I M D J S
P Z O D O U Y C P F E I P O R I F P Q M
L R Y I Q R D V Y K Y T O A X M I R H O
L R E S W G S B B Q A A M M J H V I J T
```

AFFRONT
ARCHIVIST
AVAILABLE
DAVIT
IMMIGRATE
INEPT
MARIGOLD
MINUEND
MONTERIA
OBSTINATE
OUTNUMBER
PICTORIAL
SAVANNAH
SAVOR
SEMINARY
SPANK
SQUILLION
SURROUNDING
TOMSK
WICHITA

629

```
L Q Q S M K J S W V T O U C K L A I N F
B Q L M G P F H W R I Y J K G T L O H I
Z Z M U S T L K M A A S Q Q V G I W C N
T Z O D V U O G G Z L L U J F T Z K A D
L O T G S G A B P E P L L A A M P U R E
B Q M E E E T R O P E D O T L S R Q P R
W I A A S Z E V S L J L I W S K O Q E Z
M M R U H S R U V P U M M I I Q U T T B
O M O T S A O G U K I J O T E C P Q B E
C L L I H I W J K O N E H C S O R G A L
B R N A T P Z K C R E D E N C E B I G I
S G E C L E L C Y Q Z A D J I A Z C N E
G K A A J E T A M I T I G E L F B O A F
B F I Q L J O J C W J K G K Y H J O W P
M B D H D M W U K E T A S H R A E Y T A
```

BELIEF
BIRTHPLACE
BLOUSE
CARPETBAG
CREDENCE
DEPORTEE
FACTIOUS
FINDER
FLOATER
GROSCHEN
IMITATION
LEGITIMATE
PRESSING
REALM
SMUDGE
SWALLOW
TOBACCO
TOMAHAWK
TWANG
VISUAL

630

AREQUIPA
BOOTEE
BRASSIERE
CHARISMATIC
CONGEST
DOWEL
HEATER
HYPERACIDITY
INCOMPLETE
JACKET
KUDOS
MUDSLINGER
MULTIMEDIA
NELSPRUIT
ORCHARD
ORNAMENT
PICTURESQUE
POWER
SNAPSHOT
SPIEL

```
Q X W N S T T K J V F F E O A K E Y A P
N E G W E E T F B G G U Q I R T O P R O
H F K O K L E W O D Q C D C E C I E D N
Y A O C B H S C L S G E W L C U H D T K
P T A M U S U P E J M H P H Q W H A Z I
E J K G H B N R R I F M A E F Y P H R C
R O D G U C U A T U O R R N S O P F O D
A R Q U V T J L P C I A C P W T X D X B
C N L Q C F U V N S G T I E S X E F P I
I A T I G M X I M O H E R E I S S A R B
D M P G I O A A Q D L O G T E Z K H E E
I E T G N E T Y I U J N T O E D D T H C
T N H W J I Q W X K O H L O I S N M U B
Y T G Z C Y Q E M C B C A B J Z H H Y P
C H E A T E R M U D S L I N G E R T M A
```

631

ADENOID
BLUING
BOOKWORM
BORROWER
CHASTEN
CHROME
COMMUNE
DENATURE
HYDROMETER
INCLEMENT
MAMMARY
MINHANG
NECTAR
PLEASED
PUREE
PURGATORY
QUEASY
SEROV
STUNT
ZANZIBAR

```
B X U V H O O T B G N D X M M Y J M A B
P O E T L K N Y V O R E S G I H H L I O
S L R A S U I G G K A R T Y N X S B N O
P E E R T N K N J S T U B S H R V J N K
K O T S O P U R E E C T Z A A V N S Q W
M N E W G W V P F K E A O E N H F P R O
Y O M I N R E E H W N N N U G S C L Y R
P J O Q X C N R I Z U E L Q N T S E H M
F O R R I I X F I D U D C M I J S A G A
Z S D J O Q E B X O Y I H M U P Y S N S
C U Y R O T A G R U P O R U L Y G E H D
Z A H V Y R Y H P E D N O Z B X Q D B N
M A M M A R Y P K X C E M N J R P E S J
I N C L E M E N T K N D E N U M M O C A
A S L M Z X A S N P S A X H J V M S I L
```

632

```
L L H P M S Q R X E E H T A W S C V X A
O D O H I R F P L T R A I N F O R E S T
B R Y J W W X I A G G E X D S D L Y Y R
A T Q S R T B L V H G C Y S E Y X K E Z
M Q B Q Q O U E C L T P Q M J I M A K S
B L B E M N W O R I Y U O V S W C R D E
A T Y W A Z I W A O A X B T B U I E T L
U P O R H X D F K D E L E W E J G A R P
I N G G V K M W S I O A Q N I N U R N U
S U U M Z S V P E N M N M C A L I Q R O
T K H G U O R T S E V A E L A M G H T C
H O L I S T I C R V J L S V N K K H J N
C O L L A R B O N E L D E P I J O L J U
C O M P E T I T O R O Z N H Q P C N I B
W B R O K E H E A R T H S T O N E V E M
```

BROKE
COLLARBONE
COMPETITOR
DEICER
EAVESTROUGH
EVALUATE
GRANULATE
HEARTHSTONE
HOLISTIC
IODINE
JEWELED
LOBAMBA
MILKMAN
RAINFOREST
SLANG
SNOWMOBILE
SQUAD
STEAMER
SWATHE
UNCOUPLE

633

```
A D B E O W H Y I E N K O K H L Q F T I
V C T Q K P T B P C L D X T E Y S O I R
B G R E H T R A F A P K E X U I N F D M
A A R O N D D B W H O Y V I T M I K I M
P H G E S A V T L L J Q S S O L I D S T
I S D H E T A E V I S C E R A T E Y L A
U Y E L D C I Y Q W V C B M H B B X O M
R P S Z V A M C Q A X G E Y I O F W D P
A I C C Z C D J X E W N G L I Z K F G A
M D C P H A Y M R L T G I P D L J P E V
E Q Z S K P U L O T U T U O K C O L C B
T V Q E U M E X L B Y S X P K I M O N O
O F J S T I G M A T I Z E L U R J A T Y
T I R E T E R P T X T T Q A S K G S Y L
R G O O V M B B T Q E A M R N S T M J A
```

ACROSTIC
BAGHDAD
BUGGY
CATWALK
DEBILITY
DISLODGE
EVISCERATE
FARTHER
FILAMENT
KIMONO
LOCKOUT
MISLEAD
PIURA
POPLAR
PRETERIT
RIJEKA
SOLID
STIGMATIZE
TAMPA
TOTEM

634

ADHERENT
ANIMISM
BOOTH
CHEAPSKATE
CLAUSE
CONTEST
DAIQUIRI
EQUITY
FURBISH
INDISPOSED
LUZIANIA
MZUZU
PROBABILITY
QUITS
SALESGIRL
SHAVE
SMACK
SOLUBLE
SUPERSTATE
SURMOUNT

```
L A I Y C N H S N E G H P C O N T E S T
V H G Z B S Y T T X W M R R V P Q V V M
Q J X P I D L A O D E S O P S I D N I Z
F V D B G Z K C U O L I B J Z Q N M R U
E T R Q I S I R H V B M A M E G W V E Z
M U H T P Y P D J V U I B C L A U S E U
F C A A T D A Z Z E L N I R I U Q I A D
O X E I N B H D Y Q O A L C A A O X V Q
T H U Q E X J E X I S T I U Q C F A J C
C Q W C R V S N H J S D T N U O M R U S
E G O C E Y A T W N J G Y S A A F K N F
I J G R H U B H W M S B Y B C I C N K N
T F F S D J E O S Y Q H J Y V A Z M Z D
O Q U I A S A L E S G I R L M G Q U O Q
S U P E R S T A T E H U W S B A R T L A
```

635

BACKSPIN
BRANNIGAN
CELLAR
DEPLOY
EJECT
EMCEE
FIGHTER
FLING
HOGSHEAD
IMAGE
MASSEUSE
MISPRONOUNCE
OVERSEAS
QUELUZ
REGISTRY
SKELETAL
SOUTHWESTERN
STEPCHILD
SUPINE
VENGEANCE

```
Y C U K Y M R D A O P Z I L M V Y O U Z
N L K T C E J E I O E G A M I C O O N G
H A H S T F Y P Z D J T R F S F Q L N X
P O N H T W I L U O E A U F P A O I C L
A S G W O F X O Q L L L S W R J L A Q I
R I E M C E E Y E L P I P J O F C U N N
F V U A I S F K E T T F C R N Q E W A O
C Q J R K N S C G E W R K W O L A C G N
Y M P Q M N R E T S E W H T U O S O I Q
R E G I S T R Y N G R N V Z N Z D P N X
F P E S T E P C H I L D T D C U S O N Y
O V E R S E A S Z Y P Y O G E K Q Y A J
Y V M A S S E U S E F U Q U C T M B R E
V E N G E A N C E I X W S A Y V V L B J
J H O G S H E A D Y G N B R S F O A N R
```

636

```
I G O T S L E T A R B E T R E V N I B Z
Q Q L S M L J Z O C S A L A C I O U S C
Y C O A C C I C E U E N F E E B L E P J
G R L A D H W U P T E I C K S G C S J Z
G U R O Z E H E C Q U H W M P A A J F P
D O G T U O R E L D I T Y P Y C R Y E I
C I E F F W W L D G O W V J O U S D R H
U D X N O I T A M M A L F N I T I N R T
L D N M L J C F K T P F J M D E C H Y U
B Q A Q I T K H R E T R A C T L K Q B M
N N M T Z Q F U E R L W Y V S Y L E O W
F T U G E O R G E A W A M S T A C K A W
Y X R C S O P N M G T N E I B M A Q T L
J M X G Y K L S Z I Q E E J K R L W P E
L X M T Y U O Q Q C H C R Q G Y F N L G
```

ACUTELY
AMBIENT
CARSICK
CHEATER
CIGARET
CORACLE
ENFEEBLE
FERRYBOAT
GEORGE
GLADE
GROSS
IDLER
INFLAMMATION
INVERTEBRATE
NAMUR
OUTGO
RETRACT
SALACIOUS
STACK
SUPERWOMAN

637

```
Y S C V J P C J R S U O I V E D S R F D
W O D I E F O E P F M N G N J S W X O E
E E J A B H R L A B E B M K E D M U L W
A E F M E A N I E H B R S L S D T E D F
F A P A S H E O Z A F L T S I D Q W E H
T O Y O S N H E A V X N R Q O Q Q L R K
B A N Y A N D C R J U D L G N G Z H O R
C R E F B G Z Z A A A S T E R I S K L O
O G E G N B N V D E D U P L I C I T Y L
R A R I L U F U M B B S M Q O H P H C L
N L J A S J B C M S U N R M C Y E S N I
B L I S C R P Y W O Q D U O T Y B V E C
A E W V Z G H X D C P G E Q P P K W G K
L P X Z E Y L P A I E D T Y H X Z W E M
L V P G Z Y K K O S W O R D P L A Y R Z
```

ASSEB
ASTERISK
BANYAN
BEACHHEAD
CORNBALL
DAUNTLESS
DEVIOUS
DUPLICITY
FOLDEROL
JINGDEZHEN
MUFULIRA
NEIAFU
NOISE
OUTDO
PELLAGRA
POLEAX
REGENCY
ROLLICK
SWORDPLAY
VIAMAO

638

BESPATTER
BONER
COMMINGLE
EATABLE
FOLKESTONE
GASEOUS
GROUSE
GUMPTION
HANDKERCHIEF
KAOLIN
KILLER
MURFREESBORO
NAPKIN
NEVERMORE
OBTAIN
SCIENTIST
SCONE
SPENT
STOLE
STORY

```
B H B V N A S S M D F R P S G J G H B E
N A C E G E E C T U R K U P Z R J J C R
D N L K S J V W I O R X S E M E O T K S
A D L P J P Z E N E L F F N Y L E U E A
L K Q T U F A I R Z N E R T U L L O S I
R E T I A C L T T M G T F E M I J O P E
Y R O T S O O K T C O S I J E K F S C A
U C U K A E Y M R E U R R S U S Q P Q X
Y H A K F B A H M O R D E O T Q B T Z M
N I A T B O U P E I E A T A B L E O K A
N E K O N W T S Q T N I K P A N Y M R U
R F I Y P Q A W L Q O G O F B J Y P N O
K B V Y K G J G R H B G L A D B E J L D
N G U M P T I O N M L G R E D I Q I Y W
V M A S C O N E N O T S E K L O F Q Y I
```

639

ALGAE
ALTERNATOR
APPOINTEE
BOOKPLATE
CAROTENE
COMFORTABLE
DANCE
DISTURB
FLAMING
GINGERBREAD
GREBE
HEADACHE
MEDIAN
MOMBASA
RECOIL
REFOREST
RUNNING
SEAWARD
TENON
WITBANK

```
D T E J M T L P D R Q D D I B R Z L R N
L V G Q K I H R D U T J I A M Z Q Z E C
C U O R O N A U N N V F C S N Z D P F Q
C V J C E W M A S N N O N E T C A I O U
I C E U A B I I E I Z M E T Q U E J R K
K R O E U D E H F N S N N A A A R Q E N
H W S M E T O X E G F L E L P M B B S F
A E H M F W I T B A N K T P M U R H T Q
A S A B M O M D E H E E O K T X E U C X
A L L D V H R S K X R I R O P E G W P Z
U L X E A P X T S N N U A O L I N X P C
E D G A K C I W A T P C C B R Q I M S J
D T V A C R H T E B H Y S R J H G D O W
F A Q O E N O E V S L F L A M I N G D O
K N H I H R N I D L L E F T Y Y J R Q R
```

640

```
U N S U R E A P I A R Y A N U M K L T B
H U E W A I N R A S B Q A P D T A E U Z
B R I D L I N G T O N M O S P Q K K Q D
S U B S E Q U E N T E K F L T L K D H W
U E S P K N F U E N F D O J Q R E M Y F
B N T V R U B M I P A Q E P N E I T S K
T C J N U W G L B N T Q X F I R W P O Z
T I B L A R O M M I H P N T I F A G E N
O P Y D R N L E C H O P N E Y C U M S I
C S W E E T M E A T M U A E L W I Y X M
K I D D I E W Z O H O J N M T L Y E K Q
C L E M A T I S I M Y T U G Q E T Y N L
I R C F D Q I W D R G C C T S Y P E V T
O U V S A K U R G E N C H E V J K F X V
R F Y B O I M C F X E W I G R D N P F V
```

APIARY
APPLETON
BRIDLINGTON
CLEMATIS
COTTBUS
DEFICIENT
FATHOM
IMMORAL
KIDDIE
LINEMAN
MOUNTIE
NANTES
RAURKELA
RECTO
SARNIA
STRIPE
SUBSEQUENT
SWEETMEAT
UNSURE
URGENCH

641

```
S S C I C I K G H S F I U G R M S N E S
A W T S R N Y O B M G Q C L I G G X E P
W D E M U I I N W P F O T X Q I Q X C I
Y P C V O T H D P L H B S G S D T Y A N
W T H T D I D F M M O F R N X R S L F D
A U N J A A R M C F I O O Y I P I D E L
D X O S B L I M A A P C N C O G R A R Y
Z C I C U X V K I G S Y A I V A A B P F
F P Z Q O S E O U K N T B S C O T G S P
D G Q Z R F P L K O E E I D A E I U K Q
S T A R T U P E H B E G S G W W U B U P
T F S J J M T N N R T J S I A Y G E R U
I T J Q Q C P V V D D D C Q U T Y E H K
U N F R U I T F U L E M O G W M E C V O
T R A N Q U I L I Z E R M K H W C H X U
```

BADLY
BEECH
BIOPSY
CASTIGATE
CONSIGN
DRIVE
EXTRICATE
GOMEL
GUITARIST
INITIAL
KOWLOON
MAGNESIUM
PREFACE
SPINDLY
STARTUP
SUSPENDER
TECHNO
TRANQUILIZE
TROUBADOUR
UNFRUITFUL

642

BRIEFCASE
BULBUL
CHALLENGE
COLORATION
COMBINATION
EPILEPSY
EXAMINE
EXTOL
GAUZE
GENTLEMAN
MEMORABILIA
NATAL
OCTOPUS
OUTSTRIP
PICTURE
SACCHARINE
SEASONED
SHINDIG
STATUS
UNFOLDED

```
M K A S A S U P O T C O N S J U W U V P
B X X F U Y V G C U H O U O C T L B G Q
S A C C H A R I N E T T L U B L U B G S
E P I L E P S Y L N A S F O Y E N K B Y
U N F O L D E D I T C B T L R C O R W J
B P X Y M L C G S L F E W R Y A I Y O S
L C E P B J S E A S O N E D I E T B H W
M E M O R A B I L I A Y T V F P A I W P
T F Q F S S R V P E I D U C P E N B O E
C H A L L E N G E I Z U A I L D I Z T N
G E N T L E M A N N C S R Z I H B M U I
A E X T O L Z T Z A E T F G R P M M N M
G P Z D F G S G T T A V U L E A O W E A
K J X W B G I S X A S S C R E D C L F X
D R V K U E F S B L K F G R E G A U Z E
```

643

APPRENTICE
BROWNIE
DEFRAUD
EPHEDRINE
FIRMLY
FRANKFURT
GIGANTIC
INDIANAPOLIS
JAUNT
NAVIGABLE
PULLOUT
SCIENTIFIC
SEALSKIN
SOVEREIGN
SQUANDER
STIMULUS
TIMISOARA
VEGETAL
VENEREAL
VENICE

```
O E U G Z N I X A V G K D J D P B D G U
K F P Y I F O R J E E Y G U O B R G Z F
P N E H A G A C R S J N A X Q I O E R N
S K Z U E O A E V E C R E B V T W A W A
J T J I S D D N C E F Q U R V T N C E V
P O I I L N R I T E G S L S E K I B Y I
Q W M M A Z N I D I C E O I F A E N K G
W I W U U E S U N I C V T U O L L U P A
T X Q U V L V E E E E P R A J A U N T B
O S B W K V U N A R E T X Y L M R I F L
P H X J E I T S E L P F H C W S I B D E
F C N F M I N I M O S T A A E N C T D Q
H E I J F Z G P E E V K R P S A B M O L
I N D I A N A P O L I S I V U X P S K D
S D C A P P R E N T I C E N J D E B C O
```

644

```
Y S J V O I Y K S A G R H D I T S Y N C
K D H P X H N N Y P C L Q W Z T C V I O
H Y V H S Q O V R T E O G E A J R U G R
T R S F U I K O O R C L U P E R J T H R
O I R D T S V E T L I T L S B J L C T I
K Y N A K I Z H A F V E U B T M L D S E
B T B K D M N Y D E B E Q S I I F F T N
W I M E L X E Y N F H P M P Y N C O I T
L M A Z D E L I A N B O H E X K D I C E
I R H I I O I V M V K D L I N R F E K S
G O A N S B E F N E D S N V M T N X R L
F F T U S R Q W L R E V E R E N T I A L
X N M M N S S E E P R O F I T A B L E E
J O A M W F S C E N T E R B O A R D U C
T C O I G S B O M B A Z I N E Z S M F K
```

ACOUSTIC
BOMBAZINE
CENTERBOARD
CONFORMITY
CORRIENTES
DITSY
HOBNAILED
IMMUNIZE
INVOLVEMENT
LIBATION
MAHATMA
MANDATORY
NIGHTSTICK
PROFITABLE
PROVIDE
REVERENTIAL
SMOKELESS
SPELLBINDER
STAPLE
TINKLE

645

```
D A S U R P L U S S C X W R S E A X G E
N U D S I N G L E N P B A B C X H P D U
O B S M E Z H O U K O U T L A E O A T V
B Z S H I D B X A P K I C U P R U O B J
A Q E Q A R E R V V A O H E E T P T Q B
G K L I O N A O E V D B S B G I A I Z C
A N R Y S Z B L I V T Z T I R O U Z Q R
V L O M Y L K E T N E Y R R A N N O S O
R Y D Y Y U E G D Y F T A D C Z C L A C
F X O S J F L T U H H A P U E G R B V H
R R L W V E K D C U T E N A L P O X E E
F C W W X R W E C T T F Z C C Y S T V T
G Q E R E A R Q S A M W A H Y N S C K S
W I F Z V C W M R O X D E A A C T S X Q
Q F F M X D P E T A L U P I N A M K K A
```

ADMIRALTY
BLUEBIRD
BREVET
CAREFUL
CROCHET
DUSHANBE
EXERTION
EXOPLANET
INFANCY
ISLET
MANIPULATE
ODORLESS
PETARE
SCAPEGRACE
SINGLE
SURPLUS
UNCROSS
VAGABOND
WATCHSTRAP
ZHOUKOU

646

BALEEN
CHEER
DRINK
ENVELOPE
EXOTIC
FERRULE
GALLE
IMPOVERISH
KEYPAD
MASTERMIND
MUDGUARD
NAZILLI
PARAMETER
PESTER
PHONETICS
PORTER
SEASIDE
UNDERSKIRT
UNWONTED
WELFARE

```
U Q W J Y H H K B R D D B G M F M L C B
V N W A G Q H L E F C R K A V M D B M G
U H D P O B W T F E Q I G D L U R R P N
L N R E T S E P O R T N D D H E Z C N R
E J W K R M G N L R V K H A R D E A F Q
X N K O A S G W E U G F Q W L I Z N Q V
P Y V R N H K X T L A A X E G S E C X R
L Y A E C T O I U E L W E L F A R E H M
K P Q E L T E A R P L H V Q I E W G C J
F E B H I O R D E T E T O Q P S E C H C
M T Y C A N P A T S U X N A Z I L L I C
V O Z P I Q G E R I M P O V E R I S H H
D R K D A Q B X O M A S T E R M I N D Y
A F Y X I D N Q P M U D G U A R D F F N
P H O N E T I C S N V H H P Q C J Z N Q
```

647

ALWAR
CERTIFICATE
COLORED
COMMISSAR
DEATHBED
DYESTUFF
ELIZABETH
IDIOSYNCRASY
INDULGENCE
MARITAL
MASCOT
NEEDFUL
OVERTLY
POSTILION
SAGINAW
SPACE
STIPULATE
SUAVE
TWIDDLE
UNBALANCED

```
W M O B S U N J B G O D I T U I J D Q N
V V V G R A Y S U A V E N W F D S B A A
Z E Z Y U Z G J L C K R D I K I F O Z K
M Q O O F G O I U Y Q O U D E O E G O A
O V E R T L Y E N P Q L L D T S L M A L
T N E B I T V T Z A S O G L M Y I O C W
C O M M I S S A R K W C E E A N Z P G A
S P A C E H H L L P D N N V R C A U L R
K A H Q T U V U U L Q X C E I R B V M F
L H V T F O A P S F O A E X T A E Y H D
B Q Z F Z B U I A A D C B F A S T W C L
E T A C I F I T R E C E N L L Y H L V B
M A S C O T A S H I U D E B H T A E D Q
F K U N B A L A N C E D R N M G T U N R
P O S T I L I O N D Y E S T U F F K A X
```

648

```
T H R C I A L G S N S F K B X M Q I T B
O T K K I O C O U D M F E A L V H U A R
X A S G G O G H E I G M P P M U H C I E
X P Q L V A R U X X L X L L V F E X C A
S T V T L S E H M X H D G F E D Z S H D
K O B L E R V I L L E N E T V E I M U C
E O Q X J M E R I T I E H R M E M X N R
V F K X R G N I G G O J D I H W I S G U
H G D K I V Z R D V O L R N U K N O X M
U P H R B M S O A H T C H Z E L I B H B
N I C H A X L C L O E R E V I I M T E S
R P E D R V H M I N T K Z H K M R O Y E
I O L J R R E E N A C T M E N T S F H N
S D T N A L U G A O C I Q X D W E Y E W
S U R P R I S I N G Q D D W G A A Z O B
```

BEFRIEND
BLUES
BREADCRUMBS
CHUMP
COAGULANT
CRIME
FOOTPATH
GUILDER
IBARRA
JOGGING
KOBLERVILLE
LAGOS
LODGING
MERIT
MILKWEED
MINIMIZE
NEVER
REENACTMENT
SURPRISING
TAICHUNG

649

```
F U V U P E N T A M E T E R C E G C P A
E A N O M S I L A R E T I L N N U R C N
B Y C F N I T E H M I S A U V M E E Y C
R W G B A O D Z Q R B T C G U E J W Z I
U I N E N U F U T W L I E A Q S K E N L
A V I E T Q C I G U G K H U P H A O Z L
R Q M E J R J O N Z C I J O W A R L M A
Y X U J Z U E U L A A V D Y L G D D A R
F X S K A T V T B L G R F B A Z G E N Y
K W S N V Y F S J J E E A N S U Z G T K
Q U A H O G S H O X H C I G K H Q K I X
C V N D P O C P U K O C T D W U O K S I
L O U C M K T V K R R J Y I W U Q A V Y
C O N C I S E M E Z G O P J O I A S T J
C T O T R C A P I T A T I O N N D L A Z
```

ALBACORE
ANCILLARY
CAPITATION
COLLECTION
CONCISE
CREWE
ENMESH
ESCAPADE
FEBRUARY
INORGANIC
LITERALISM
MANTIS
MOSSBACK
PENTAMETER
QUAHOG
SHOAT
TIJUANA
TURQUOISE
UMUAHIA
UNASSUMING

650

ABAKAN
ADAGIO
CANNIBALIZE
CENTAVO
CHEERS
CORAL
COXSWAIN
CRUMBS
FRIDAY
HOLIDAY
KASHAN
KUCHING
MUMMER
NEWSCAST
NUMERABLE
OUTGUN
PARTITION
PORRINGER
QUELL
TAKAEANG

```
E U Z L E T R C C U F C B G T K I G C C
D F P P Z E A Y Y C O V C S R U T H O A
P I W U M W A K H R F H A H S C G V X N
V Q X M F K D Q A T E C A V K H M P S N
V D U U J S A L F E S O Z V A I J O W I
D M G E B P G T R W A F U G A N I R A B
U A A M O L I S E W A N R T J G U R I A
Y C U C L T O N L N B O G I G L B I N L
Q R E E X W D A B M A I T Z D U N N C I
C G U N M S X H A S K T O M I A N G L Z
E Q Q L T F U S R J A I Y Y T A Y E L E
C F I O H A M A E J N T H L G N A R V S
U O V Z R F V K M L T R I I U Q K D M E
O Z Y B Z B D O U D Y A D I L O H P F F
F W E R P Q N A N V C P Z B V Z J W Z T
```

651

AMERICAS
CARAPACE
CASTANETS
COLUMBUS
DAPPLE
HALTER
LOFTY
MARROW
MORROW
MUSCULAR
PHILOSOPHY
PRISHTINA
SELAM
SERPENTINE
SHIZUISHAN
SPITBALL
SUPERBUG
UNDYING
UNINHIBITED
VESTRY

```
E S A C I R E M A M X T S V S A N J J W
M U E L O F T Y C M R C R U V Z Q X O O
N M R R S P I T B A L L M D P U H R K G
V C U M P G G Q E L C U B A T E R M V F
E A P S E E X Z Z E A G Y P T A R W Z M
S S R C C P N S F S V F H P M Y R B V L
T T I O A U Y T O H U A P L D C V P U A
R A S L P W L B I G Y J O E E L A P O G
Y N H U A R G A B N A H S I U Z I H S L
L E T M R T X N R I E W O R R O M A H V
Z T I B A D D F H Y O H L Y C Y W X A K
D S N U C V D L Q D J B I K F I C E L F
W C A S V B C P C N A Q H W S V Q U T X
M X R R T V Y P H U H G P D Y L U V E A
U N I N H I B I T E D B C R E C B V R G
```

652

```
E B D O K Y U C J S A K O R S D H S R P
C F I H L L P O G L M H U Q N V W E I O
K J L I G O R A T I O F Q K P V L C G P
T I R E I P E L A P R U G C X W D R Z G
S E I Z A O C V P O T J X G O R W O Q U
E G G F P G U I R V I Z K R O X E F A N
U M C T R I R L E E Z S P C H Y T P M Z
C Z U W O L S L A R E G N E T N Y E I I
S B L T S O O E L F D O L P E W G S D D
T E A E P M R C I E C B X L A D C Q S M
Q V F R E Z B B T K U Q E G U Y X M T Z
K M H R R W G I Y L M R Y J Q P R J P Y
D Y D I X X C R O G U D D C S Z K O V N
P U R F T T N V E F X O G E N D E R L Q
R W A Y L Q A Y C O M P L I C I T Y D L
```

AMIDST
AMORTIZE
COALVILLE
COMPLICITY
CONCORD
EERILY
FORCES
GENDER
JUDGE
OLIGOPOLY
PAYROLL
POPGUN
PRECURSOR
PROSPER
PROWLER
REALITY
RELENT
SLIPOVER
TERRIFY
VOLUBLE

653

```
N R I T S K C O R S E A M Y F S T R X C
V C I D E W N H O U Y V D L C P B J C Y
J R P N E S D I D W E E E R S E N Y G L
U W O G S D T I G A S H L A Y C E P H S
E K T U T U M A O H S P P L A I C N T B
H Q F R B W L P T K T A M U S A N E O E
U F R Y L L J T O O I L E G U L A H H A
I D Z W Z S E O I J R A T E L L M O J U
D A M P E N B A U N I T A R T Y R C T T
A H M A D A B A D J G I C H R R O K P E
S A R Q R F D Z R O O N Y U Y A F E A O
E Y V S C C K P N R A A U X G F N Y X U
O N O I T A S S E C P T V K D A O I S S
I N M I L L I O N T H E R R D A C Z F K
E P I Z P J E Q Y N E X R G T J Z G L C
```

AHMADABAD
ARSON
BEAUTEOUS
BOOKSHELF
CESSATION
CONFORMANCE
DAMPEN
HOCKEY
INSULTING
KNIGHT
MILLIONTH
PALATINATE
REGULARLY
ROUBLE
SCRAM
SPECIALLY
STEALTHY
SULTRY
TEMPLE
TESTATOR

654

AMBERGRIS
BEDAUB
BEDROCK
CALLOW
COMMA
DEFINITION
HIGHLANDER
IMITATIVE
KNOWLEDGE
NORTHER
PERTINENT
PINECONE
PROUD
RADIOCARBON
REPUTATION
SAUNTER
SOGGY
SPORTSMAN
THESSALONIKI
WATERMARK

```
T H T P H J G S F A H S K Q N B B I U F
H I M H E E C Z O O M C X O A E B C M W
E G D H G R J A X G O B I Q P D H S N R
S H E M D E T C L R G T E E Q A M M O C
S L G S E T B I D L I Y N R E U W A B S
A A R T L N I E N N O O K D G B C M R P
L N A J W U B Y I E C W U W Y R J A A O
O D Z G O A K F F E N O A Y W J I C C R
N E B T N S E Q N C R T R A A F N S O T
I R S W K D W I W P E F E C V D V W I S
K G L Q G J P T I R E M H V G B T E D M
I U T Z X D F J M I M I T A T I V E A A
C G M N O I T A T U P E R Q C C M V R N
X L H K B Q R Y M U K W O U W O J H R C
R B L D X K Z P N D E D N Q H Q V J O K
```

655

ADMAN
ANEMIC
BAZAAR
CANCAN
CLIMACTIC
FORCE
GRAPPLE
INNUENDO
INSENTIENT
INSTRUCTOR
MARLINESPIKE
ONEROUS
PREPOSSESS
RETORT
RUSTENBURG
SHIQIAO
SHOWER
STRANGER
SWEATER
THULIUM

```
R A A Z A B M I D F V E L P P A R G A R
D U W C V Y V N N A K X A A P R L Y E J
J G S I J N P M D I I P W S D F T T K F
T O A T M N R M P T H U L I U M O Z L T
O I N C E F A S S E S S O P E R P R U U
I R E A E N E S R Z N P F D T I B T C R
G N M M C N B E W U G Y F S T N C R H E
L D I I I N G U S E E U Y Y P S S B H U
S A C L Y N A R R H A T P D O E E C S V
V G R C A D E C E G O T U N I N Q M R C
A A F R B V T R H N I W E S J T L V U I
M H T I N N U E N D O R E R M I C P X O
P S I N S T R U C T O R Q R I E X Q U T
V K K V D P Z S Q U Y W M X P N J C L V
S H I Q I A O I S K W N V N W T U N L P
```

656

```
N O S M H N I V O J B E S E P X U S A N
V A M I E E D E U S L V T Q I B A M I O
Q J M T G R A R B D X K N U N S O A U T
U A T E I N K R D P D M V A S F C Y Y A
F I A E B B I A T S O O B T T K P F K B
B K I U J A W F C Y S D W E R V G L Y I
A U T O B A H N Y A U D V J I E C O A L
S S L W R R H G G V O G S E P Q M W A I
M U C H E G Z A K X R K G S E I F E X T
B G O G A Y M E I R D R A O B E E R F Y
E N D S A I O O W G Y Z G I G L I S B X
C A P V H I F E I B H I T Z D D R H R V
B Q D A B A H K U R R A F P O F L W B E
G M R D O C T R I N A I R E Z Y M S N N
F A V O R I T E N I R U G I F D V O N J
```

AMEBA
AUTOBAHN
BADGER
BITTEN
BOOST
DOCTRINAIRE
EQUATE
FARRUKHABAD
FAVORITE
FIGURINE
FREEBOARD
HEART
HYDROUS
MAYFLOWER
NOTABILITY
PINSTRIPE
SAGAMIHARA
SIGNIFY
SUEDE
WADDLE

657

```
M U J C H P F I Y K E Y G W M R S E C M
U A B O E N E N O N N Q N Y E R L T A C
I A N J D C T A G O R U I G L B B R H E
N N C U N H C C P S T N A C A L I E T W
I A A I A E H C Z P T B G T B S E H G V
M S T C B L I E L T G Q I T T R T K L P
O D H E S Q N S N A X V S O L A R I U M
D A O B I X G S R E E T C E B A T J R W
N Y L O D W E I U N C R S A N I B U H E
O I I U M U P B I T A S J Z G N P J I N
C N C N Z H N L O C O W A A I S D K M M
O T I D Y K U E Y Y P J T M K J D L E M
V Y S L I V E R M O R E R R A M L G J Q
W U M S O L I L O Q U Y A Q K D R K I G
C S V I B N Q Q A N L L J C V E Z P J X
```

ARISTOCRACY
CATHOLICISM
CHEERLESS
CONDOMINIUM
DAMASCENE
DISBAND
FETCHING
HIMEJI
ICEBOUND
INACCESSIBLE
INEVITABLE
LARKSPUR
LITIGATE
LIVERMORE
MANUAL
RAGBAG
SANAA
SOLARIUM
SOLILOQUY
UNPEG

658

BACHELORETTE
BATTING
BIOPIC
DINNERWARE
GOUGE
HAUNT
INVEIGLE
KALAMAZOO
KNIFE
LASCIVIOUS
MARGIN
NABOB
OVERSTATE
PARANOIA
PATERNITY
PHALAROPE
SIIRT
SPOKESMAN
THIES
THISTLE

```
T B B A C H E L O R E T T E S B K K T P
W H I C M Q B L Y D K H T E J O C N R A
P W I O O Z A M A L A K I T Y B U L I T
I A U S P Z K P H Z G H Y A R A W A I E
K T R Z T I J Q H S T G A T H N M S S R
C H Q A H L C Q K A O I K S F A Y C Q N
P V T M N L E Z K U L G Z R D K Q I D I
V U R R Y O U N G U P A S E X A P V H T
B E P E L G I E V N I B R V B W T I F Y
A A G O A F N A X Q L A M O A I R O R M
D I N N E R W A R E L T W A P S Q U M L
S P O K E S M A N G I T X S R E U S D E
J V R Y G R K D U N C I R L W G D E S O
I Y U P H W L J I Z S N D O U W I I O U
U C C A G J R J P Y B G O C E F D N M F
```

659

ANTEMORTEM
COMMODITY
CROISSANT
HARSH
KREMLIN
LITERATURE
MALANJE
MANUFACTURE
MOUNTAINTOP
OFFICIOUS
PESCARA
PLAYTIME
PRETZEL
PUNCTILIO
REDIRECT
SCHOOLBOY
TAKER
TEACUP
UNDERSCORE
UPDRAFT

```
Y N T N H U V U D Y Z F K A R L E X C W
Z K Z S B E R U T C A F U N A M O A I P
J M R Y O B L O O H C S U O I C I F F O
C A Z B C O M V V L N Z M T B O L R C T
H N Q I N Q E Y I A W P Y R N E I E R N
A M O Q W M T A K E R A K E H T T D O I
V E R U T A R E T I L A C W L J C I I A
O O E L F L O B H P M T C R K O N R S T
J J A Q A M M T E A C U P S R I U E S N
N X N J R G E V Q N C X G U E V P C A U
F R F O D Y T I D O M M O C M P T T N O
H L F C P D N T Z V Y I C A L D R G T M
N P Y X U A A I S O Y J D A I S Y L X E
U H J B C L T U J L X H E J N A L A M K
P R E T Z E L B T U N D E R S C O R E P
```

660

```
M P H E L P M E E T S A L O N I W N Z L
F L R T R A N S I T I V E F S A A F M M
Z R S O E S N E P M O C E R D M P T W Z
P F E R C J J E Y A J G F K O C E Y T O
O P Q E D L A P H I A X C S E I S N E N
H W A U S K I O D R Z A U R G P T D E F
X S X F N H V V E A J M Y H A O I K N N
Q G N R D E E V I Q C W J Z G C L D A M
O B B R R K O E N T J A K N T S E W G J
N U J L I C R W T S Y Y D M R O N Q E Z
X J A E L E C T R O N I C E O E C W H U
E N L W E N U A O R R V Q F M R E U A P
D X O W R H A R M O N I C A G E T S J M
T D P A P P O S I T I V E K M T N M Q R
E J Y S U B C O M M I T T E E S Q I N G
```

ACADEME
APPOSITIVE
COVERAGE
ELECTRONIC
FREESHEET
HARMONICA
HELPMEET
JACKDAW
JALOPY
MORTGAGE
MUSOMA
OVERLAND
PESTILENCE
PROCLIVITY
RECOMPENSE
SALON
STEREOSCOPIC
SUBCOMMITTEE
TEENAGE
TRANSITIVE

661

```
B U M R P H F K S H J G A I V I D L A V
U P X B A U E L I R E T S D P D Q Y F Z
G L I D E R L F Z O K I Q T A Y Q X B N
M L P J Y W O L P V J B M I N N L I U T
A F I C N V N B P M D E Z U S Y A J S J
R B S B L L Y R Y W H F J D R E T S I M
K R E E T E K C A R T R O P E E R F K P
S I P L A N G E N T A O E M G G Z Z W D
M B A R D A B I L P W T Z S N I V N A S
A E T A C O V D A P R J N Z I W V E R L
N U W A I D P J L X I I C E G J H B X D
K L L A W F A U Y Y Q K M N M L E J C L
V A P T P O P P V I R Q B L L O N X I G
Y K C R Y P T O G R A M I U Y X M O W Y
T R A N S M I G R A T E B M L W Y J Y P
```

ADANA
ADVOCATE
ARDABIL
BRIBE
BULLHEAD
CRYPTOGRAM
FELONY
FREEPORT
GINGERSNAP
GLIDER
MARKSMAN
MISTER
MOMENTARY
PLANGENT
PRIMLY
PULPWOOD
RACKETEER
STERILE
TRANSMIGRATE
VALDIVIA

662

ACETONE
ACETYLENE
BOFFO
CRUDE
DISEMBOWEL
FRIEZE
FROZE
INDISSOLUBLE
INTERFAITH
LINCHPIN
NAPHTHA
REMAIN
SCARF
STRIDE
SYMPOSIUM
TERSELY
TUMBREL
UPHOLD
VERTIGINOUS
VIRAL

```
N U G A F N L R X E L A C E T Y L E N E
A C A C R A S Q K E L R T D W C R C J Y
P E X E O J Y L E S R E T U V C O I C G
H V W T Z N O S D A D H M R X M Q P R I
T C J O E H C S I U N Q T C K S X P G N
H T O N I A M E R D I S E M B O W E L T
A L L E R B M U T J I N R X M U N Q X E
R A I F Q O Q U S U O N I G I T R E V R
Q R T N I N D I S S O L U B L E E J N F
U I A O C K U U L M F L U D Q Z Z T J A
T V D O Y H Y R E H F V Q P E V D X C I
D Q C E F T P Y N V O Y T I H X M Z J T
J A X X G U M I G R B U R S I O N F X H
P Q W I I V B M N T A F K G I P L F A F
S Y M P O S I U M E Y L Q X F R I D R J
```

663

BRIMSTONE
CREEPER
CRITICIZE
DUBBIN
GOODLANDS
INCLINE
INNER
KEMBOLCHA
KINDRED
LEGION
PROBLEM
SCOTTSDALE
SOLIDIFY
STAIN
STOAT
UNEQUALED
UNPOPULAR
UNQUIET
UPSTROKE
VILLAGER

```
D T P K N R W V B J Y U N P O P U L A R
C J S I P O G R M R F V I L L A G E R S
X M Q N M D A N C A I A O I R F J C K T
L X U D B K Q C L R D M J U U T Z S K N
R L Q R E P E E R C I T S C T V A C E I
S C N E Q S H M R W L T Z T P E U O M N
V U S D T Q M V N A O T I F O S H T B C
S D N A L D O O G B S B R C G N P T O L
Q A I Q X L P R O B L E M E I R E S L I
U N E Q U A L E D O U J Q T D Z S D C N
N V F O E R X N T Z G H G U U T E A H E
G N K F O G V N L G I P B N O X K L A P
B C S M X G G I K N S B X A J U N E Q K
T K C E R H U N Q U I E T I F C U I G M
U P S T R O K E P N O I G E L B H H H S
```

664

```
A P E R S I S T E N C E C J I B H S B H
V L P K R Z F R D M I K O Y F X A U R E
Y P F T K K Y E N T V D N Q Z L M P I U
Q F D R O C E R E R P U T I F Z A P G P
J S X Z E V I M N T N I A Z T W M O H H
O Z V U F S I J C O T L M D N S A S T O
M R Z K O Z C G S J Z X I R X M T I E R
P M T N E T N O C L A M N Z A Y S N N I
M A N E U V E R U U K W A R L B U G W A
O Y Z P Q E U E R Q L W N R R G I Y P K
N D I C M A H E R I B Y T B K I U D G P
R R C Z S T H Y Y M I N D I S T I N C T
C I G S A I N V O L U N T A R Y P X C F
G G I B Q X P K Q B U E H N N A O G V W
E B C A U T I O U S H A Z E Y H L A B A
```

ALFRESCO
BATHE
BISSAU
BRIGHTEN
CAUTIOUS
CONTAMINANT
EUPHORIA
HAMAMATSU
INDISTINCT
INVOLUNTARY
ITEMIZE
MALCONTENT
MANEUVER
PERSISTENCE
PRERECORD
RABID
SCURRY
SONNY
STINK
SUPPOSING

665

```
Y L R U T I S C T U C B P A C A W K U Q
M W U K I D C U P R D P H G O W U O U Q
S I D Q C G A A P U E L A U N I T N O C
I J E F K P L R F R N A Z V S O P V I C
C N G W I I L T E A E U D O I K E A T V
I X C H N B S J O D B M D K S U H R A A
R X N O G P O P A A E R E L T T M I B K
I U D B N C U A L Q D V I L E H G A U K
P E H G P S A R F I A S I C N Z E T N I
M N U I F G T D I H N S T L T V Z I A S
E I A A A U R A Z T L T V O A D V O P V
C L J M T Y Y X N O A M E R O A M N I X
J W Y A F T U E Q T E N P R S L V J Z P
Q A A R L I N G T O N E P G Z L L E P F
W J Y B H H F S F Y D G S D L T U S A Y
```

AARHUS
AMAIGBO
ARLINGTON
CONSISTENT
CONTINUAL
DAREDEVIL
DEPRAVE
EMPIRICISM
FABRIC
INCONSTANT
ITABUNA
JAWLINE
PALINODE
PURITAN
SPLINTER
SUPREME
TICKING
TOADSTOOL
TREAD
VARIATION

666

ADORABLE
AGAINST
BESPANGLE
BURGEON
CARYATID
CHIGGER
CLAMP
CUSHION
DARNAH
DISMAL
EDITOR
ETHOS
FULLBACK
KARATE
MEASLY
NELSON
ONLINE
TUITION
VOTARY
VOUCHER

```
T C G K P T N M H V Y C R U N N L N T T
A D O R A B L E O N L I N E O A S E A O
F U L L B A C K T A R L C E M O S L C T
S J E D I T O R M D R Y G S H O U S G T
S U O Z C O Q P E R Q R I T D D N O I T
C A R Y A T I D O G U D E T Z A R N R R
T V Y R Q J D Q E B G B X K U J R V I H
Y L S A E M E T K B U I E Z F I A N M E
A U M T P O A L Z N O I H S U C T V A E
Z H W O A R L U C K K J F C P E H I V H
I W J V A Y R U A L R E P U E A D U O O
F Y O K F V B K E A G A I N S T N Y H N
R O V R H Z T Y E S F M H A E O P G S K
R Q Z V O U C H E R P V E H P C Z H L L
F A K C L P A W Q B F Y B J S Q N A H E
```

667

ALGAL
ATTRACTIVE
BRATSK
CELEB
CHURCHYARD
COMPUNCTION
DINGZHOU
ENTITLE
FIGUREHEAD
INTENTION
KILTER
LIAOCHENG
MICROCOSM
NICKELODEON
ROCKFORD
SCOOP
SCRUPLE
SOLEGORSK
SOUGH
VENGEFUL

```
U A C K L O O D L H Q P R E K I J A Q H
K A N U W D O U X R X E C N T Q F X V E
I F Q A F A F N O I T N E T N I D G D Z
M A M I T E E M P L X P U I A N Y L F S
O L U N G H B S I T F A E T J P N B H U
J V K N N E K K I D Y H A L I O I A E U
G F E V D R O F K C O R M E E O V I M K
D V L I T U B D S Z C A W D C E L E B S
I I A Q H G R S O X M S O C O R C I M R
U K N G L I A M N M S L A L G A L K S O
B G U G X F T E T P E L I A O C H E N G
S O Z A Z I S Y F K R F K S C R U P L E
S Z E A M H K Z C C H U R C H Y A R D L
S C O O P A O I C O M P U N C T I O N O
N B S H B C N U A T T R A C T I V E D S
```

668

```
C H R I S T E N I N G A O U Q S E G T S
D X J T H M J O M G P U T V X I H C U T
T H P B O U B C O E Q T W C E M S N O U
P A L M Y S A L I V A O A Z G R M W E D
C Z K D L B S O Z E P M I T O E P A S I
O B Q P W S O A L V P A N I A D C L I O
N G E P C H Q B R L S T A N I I F D A F
F U V R Y O A F K C Q O I N D P R R N Y
U I A L A N Y H Z U O N Z L Z E H U O N
T P L J O G L T C H G P I Z L K T U L L
E A O S O I R A N E C S H M O Z I R O T
B E A L N L E L I T M U S A G I L Q P K
X E A M Y R T L E D H Q Q T G P I X I S
S N K K U C D H N S G Y N O T U G P M A
A V B L B T A W Y A R J R V L W S C W J
```

ANALOGY
AUTOMATON
BALLYHOO
CHRISTENING
CONFUTE
EPIDERMIS
LITMUS
MOZIR
MYRTLE
OVERPLAY
PALMY
POLONAISE
SALIVA
SARCOPHAGUS
SCENARIO
SCRAPE
SEASONABLE
STUDIO
TWAIN
UNMEANING

669

```
U T B T N E M R E T N I K E J W H K C T
F N Q A L H E G F S N U V Y R H M I O F
D K S T N L A V R O A O A E Y W Z L W P
N U T A D D W O I A S J N Z D Z C O G P
T A O D V W O T R D I I O V X C B G I L
C Y E V C E U L Z A L N F L L A E R R A
B P P F H L D L I R A X F K C G N A L I
X S G I O K A T I E M I V K R Y E M X N
I A V V C C A A D M R E S V X T D B Q S
V N N C I A Z G U S E T A N R E B I H O
I I J N F V L P M I O M A U N D E R J N
T E I N N H G L P R O L E T A R I A N G
T L F L A T S F Y T I L A R O M M I K P
C M I S I N T E R P R E T E P E U Y Z G
V L E L P Y U A L R D V C S F P U J B I
```

AIRLINER
BACKSTORY
BANDOLIER
CATTLE
CLINICAL
COWGIRL
GRAIN
HAORA
HIBERNATE
IMMORALITY
INTERMENT
INVOLUTION
KILOGRAM
MAUNDER
MISINTERPRET
PEDDLER
PLAINSONG
PROLETARIAN
TYPICALLY
UNSAVED

670

BASILISK
BLOWTORCH
CARBURETOR
CULINARY
DISPUTANT
ENDANGER
FERRET
INFLAMMATORY
INVITE
MACHO
MONTEVIDEO
OBSOLETE
OSPREY
PERFORATE
REQUIEM
SNAKE
SPINDLING
THERE
UNIFORM
VERTICAL

```
D V T B R T V D V G W E J S X D E R A E
U Z F U D C W N X Z A D T T R Q I S T Z
U N I F O R M M J Y T N A T U P S I D R
M A C H O C Z H C R O T W O L B V J Z M
S S Q Z U T V U J B Y B Q Z U N F X D V
C D L R H C L P L E F R V I I C U T C K
U F J E A I F Y C A R B U R E T O R I Y
V J R P N E R E G N A D N E R G B A R D
A E T A R O F R E P S P I N D L I N G N
H X R R G O V P P C F E V P E N S V H W
X Y E T E L O S B O K B A S I L I S K K
L T S U I Y R O T A M M A L F N I V T E
B B K I J C E N N M O N T E V I D E O O
U V U X M O A S P E C D R E Q U I E M E
T U W W V Z F L D H S I S M D B M T E U
```

671

ALIMONY
BESEECH
BRACER
CHOLER
DISCRIMINATE
ELITIST
GERIATRICS
INTEGUMENT
INTERLINE
INTERSTATE
PLATTER
PROPERLY
PROTECTION
READING
REMINISCENT
ROLLOVER
SOUND
STUCCO
TENPIN
VULTURE

```
P P C C B L T F E T A T S R E T N I H D
L G H O M U N X N T G Y F E V U B P N M
A B O J N C N E S D N Z Q C U H X U V P
T X L X F I M I N O R K X A L O O P B Y
T J E K P U T N M I Q Q P R T S L P L R
E G R N G I E I S S L G K B U M B R C E
R A E E L Y L L D Y J R K Z R P E X I M
G T T E V A S T U C C O E H E P G R M I
O N D R V W L N O I T C E T O R P E O N
I D I S C R I M I N A T E R N O A A A I
G E R I A T R I C S T D P W R I N D T S
R O L L O V E R P I X P D Y L A D I R C
B E S E E C H B R D J K X M F R G N V E
F F O K X D X Q H C Y J O R M J Q G J N
P S Q S F K W K R Q V Q Q Z G X J D J T
```

672

```
F J D F W Y N C E A I L L T N N U S W U
I M K U W O D W D V Q H A R D S U Y V H
M W E X S W G N O Q W C I C L P A R M A
Y H W I L A A G P I U N C E I W E Z P L
A P A H O G Z R J A D T O V O N T N S G
H I L F A M I G R I B X S R V Z A G O U
L H C P V C Y E R K F O I K E P N T B J
Z S O V E V M E J T K G T G G U I N O E
I R L Y R B C M I N A S N D D D B A F B
P O W R O T C F Y M U E A N U L B C I W
L S U P L K S N I N B O A B J C A C W J
K N Z Y P I D T D T L B L O S V R I B Z
X E O X M N A B R U F O M G I L V S X X
R C Y K I O U D I Z N M J E M Z Z E K U
P U N C H B A L L F G X U Y H W L D J K
```

ANTISOCIAL
BANDUNG
BOGEY
BOTANICAL
CENSORSHIP
DESICCANT
IMPLORE
INDIRECTLY
LIAISON
MISFIT
MISJUDGE
OBNINSK
ORIGAMI
PARMA
PRICE
PROPAGANDA
PUNCHBALL
RABBINATE
TACUAREMBO
WLOCLAWEK

673

```
S A X Y J B I X G C A T T Y M L R T W C
A J C M F J U N A V B I U I U N Q S R S
L F E R T A I Q F H T E L P A D L W E O
S U S E O G E F Q Y Y L L A R P H M N G
A I I C A B K S I Q W F G X R S F W C T
B U H K R O A Y W R U A P J E T L C T T
U D C T D R A T I K B F K C B F N Z I R
W A N O S D O G L A N D O W N E R E E L
P P A V L O H R A D Y I O E A X Y N C R
Y S R C I T S I U G N I L N C A N Q M I
M B F D O U B L O O N G G X G U L L T Z
C A V E A T C F B I Z O L E R E K C I P
P U B L I C I S T G M S S N X L D D L C
G L O W W O R M S N O O U W C F A Q A N
C P E E V I N W C M N G B R O K E N V D
```

ACROBAT
BROKEN
CANBERRA
CATTY
CAVEAT
CENTRAL
DOUBLOON
FRANCHISE
GLOWWORMS
GODSON
GUNRUNNER
LANDOWNER
LINGUISTIC
MILLWRIGHT
NOSEGAY
PACKAGING
PAVLOHRAD
PICKEREL
PUBLICIST
SALSA

674

AGHAST
ANNUALLY
ARTILLERY
BATMAN
BEZIERS
BOOKISH
DEATHTRAP
DECOY
EXTRADITE
KREFELD
LEGISLATIVE
MACHINE
MADRAS
MARADHOO
MIDWEEK
PORPHYRY
TACHOMETER
TUMOR
UPROOT
WATERWAY

```
K W U O T A C H O M E T E R E X O M G X
N R A P K X P W I L I T F N J J F L A R
S B E T R N D N Q G Q B I A G H A S T D
Q D C F E O K G J H N H U L T X R A P E
I T U P E R O B C D C Q Y O C E D N P A
T U M O R L W T N A X R R O E V N N Z T
C J X S A R D A M D E H Y H O I G U E H
B O O K I S H J Y L Y N H D M T W A C T
W L A B G T B M L F A K P A T A A L E R
O Y K E E W D I M M Z N R R O L M L B A
V I K K N Z T P T Q D I O A D S J Y W P
C F A G E R I A P H E D P M A I T S Q W
Z T P G A R B E V L L A T M A G M Q D Y
D B A X Y Z N S R U Y G I Y V E O S U R
E X T R A D I T E S Q W O C M L O K R E
```

675

BALMY
CARDIAC
CHUTE
COUNTERFOIL
GREYHOUND
IMPERMANENT
INNKEEPER
INTERWAR
MINTED
MUCKRAKING
MUSICALE
NARSAQ
NOTORIOUS
PLUNK
REGATTA
SOLDER
TAMBOV
UNREAL
UNTIMELY
WATCHBAND

```
N N P O U X O B L R F Q F C A R D I A C
L B N N O T O R I O U S A M T R L A I X
S F H R N I W L F X A L C Z F E I R H A
U O Y H H Y D L X P Z C L D N G O E Q J
N I L W A T C H B A N D G D L A E R N U
T M I D K F E A L H P U J C M T H S A V
I P O N E M K C A Q H E F Q U T S X R J
M E F U T R E P E E K N N I S A U U S M
E R R O U X T X J D N W B N I X U T A H
L M E H H V Q A E N U R N N C R J Q Q R
Y A T Y C C L T M D L Z C C A X T N G R
M N N E R N N D W B P L S L L R H O Q I
L E U R T I V Q Q O O C F G E Z E D K L
A N O G M U J T Y P D V I N T E R W A R
B T C H M P D D M U C K R A K I N G K U
```

676

```
Q G O R R S D X E Y F T N J D A U Y Q C
G W T O D A V A R B G D T R U G P M L C
L S P Y Q F Z F X E T H O O L U O A H J
T A E N O H T Q P R G U H O C B E G N Q
V C R F L U N G H E G A W C U R U Y Y X
O N C U U S W T C H T W O X O X Z H A G
U P A N P N U H T T O J T M H Z K D X W
J L U K O A F B C R S L R D U I R T W Y
Q V O H R E V A M S P A Y B A S B D V Y
A M V Z C O U Q M E M R L K M U S K E T
I C I V I T F A K I R P A P S O E F X D
T L B K N C E M U O L G K H H X I L S W
G T K R E V U K W C E I E N G N C Z N B
S A N D B L A S T U V H A C O J K O Y A
E A K J N O I S S E R G O R P T C Z Q F
```

BIVOUAC
BRAVADO
BUSHEHR
CREPT
DROUGHT
FLUNG
GLOWWORM
KETCHUP
MARMOREAL
MUSKET
OCCUPY
PAPRIKA
PORCINE
PROGRESSION
SANDBLAST
SUBMERGE
TAHOUA
THEREBY
UNFAMILIAR
VAPOR

677

```
T P X K C A N S T D T S E W I E H O O J
B B R Z G J B S N W Y A F L C T H A F L
Y K R U M R K E H A K Y R A K A V T C N
H C L K H E L A E O K X F T R N R H W D
R E Z I L I B O M E D E S Y U N K K N F
B X X C R Q W K Z T L T A Z D I I U E O
S T S A C N W O D A C U L V S P O D K R
E Q P L I E R S P N X B I H M R K M N E
Y G N M P T S N G E L I N L G J F P U A
F K U K T I M A A H F R A R S U V Y S R
D R B B C A Y N L P E T I M W A N Z A M
L C J U G R L X X Y H A U N N E R V E T
Q D Y T V T M N Z H F R O U N D E D J L
S N S R R S R E L A X A T I O N O W E J
I H E A D M A N L S E A Z R A Z F P D I
```

BELUGA
DEMOBILIZE
DOWNCAST
FAIRGROUND
FOREARM
HEADMAN
HYPHENATE
MWANZA
PALEFACE
PINNATE
PLIERS
RELAXATION
ROUNDED
SALINA
SNACK
STRAITEN
SUNKEN
TARTU
TRIBUTE
UNNERVE

678

BACILLUS
BREDA
CARAWAY
CHUCKLE
CLEARWATER
FLURRY
GRANARY
HANDLE
HARDIHOOD
IMPISH
KORAT
LOVING
OPENHANDED
SASSARI
SCRAPYARD
SLOWLY
SOCIETY
SPARING
TANNERY
VARSITY

```
Z B O I G S I P Y A W A R A C F X Z S U
C X V H Y H D T Q L M B Q Q V Q W A E F
G H S V M O I R A S S A S T W O D B L L
R S U X K S U L L I C A B A V Z U G O U
A O K C R M A H B R R P E N X O N Z V R
N C Y A K D S A O P E N H A N D E D I R
A I V Y E L L N C L P T B E E R F F N Y
R E D R Y S E D U F F F A K Q A C V G L
Y T B E K K D L V J P O H W P Y A G W W
Q Y L N Q V Z E L U U Q A F R P I C Z O
U Y I N K O R A T S D W X C H A A Y Q L
F M P A X H A R D I H O O D Q R E E X S
C B J T O I M P I S H J G Z V C H L F J
S P A R I N G E U S K U P Y X S W J C Z
N D P W I F I E S J A L A X K K Y L E A
```

679

ACRONYM
ASTUTELY
BARBARIAN
BASMATI
BRIGAND
CASTANHAL
COMEUPPANCE
CONSTRUCT
CRAGGY
ELECTROCUTE
FLABBY
FLEETWOOD
GROWNUP
IDIOTIC
MIDWIFE
NORTHAMPTON
PURCHASE
QUEBEC
REDOLENT
SEQUENCE

```
B R G Q C R O L L E N Z I C I F I S O P
A E N M R U S V X V L F Y D F T Y E S U
R D O O W T E E L F W E I G A D W Q M R
B O T C U R T S N O C O C M G O G U I C
A L P A G O G F J O T K S T F A K E D H
R E M K L Y O Q M I T A P K R T R N W A
I N A N O K H E C E B E U Q C O C C I S
A T H D F K U M A B R J N V A L C E F E
N O T X G P Z C R O Y I W C S H F U E P
H L R L P W R I P F I D O P T I L D T Y
X D O A I V G T I S V P R Y A W A B H E
Q R N W U A E L D S U S G T N N B U L M
A C R O N Y M A S V G U I B H Y B F C O
E T P D A S T U T E L Y T S A M Y P V K
Y N M I L W A F C K O I Z X L F V X D P
```

680

```
D K V I Z R C Q L U V G H L H Q R S Z S
F N O Z L D M J Z Q D R E O H T G T P D
I H A U R A L O T I B M K H U H H E L M
I P J L E E J Y H S P G O Q V W W P Z J
Z A B Y L H Z X M H K S V E H Z I B C Z
S G H I L E N N A H C Y N I X S Y R G Y
H N R O U R W S R W H I I Y D T Q O R G
F I K V R O I A C U A I N K S H J T O Y
V Q U G C S T J I O B K R L Z G P H S Q
C G C Z Y V O S X O I T I O A A G E S G
K N H N I A C I N U S O S H S N C R L L
A O I G N I D N A T S T U O A H D P Y Z
A H N E V A S I V E P K C L V S I F O Z
Z C O Y W D Z E G L Z M J N E S A M Y I
R O V Y R T M N G A R C J N S C K N A I
```

ASAHIKAWA
BITOLA
CHANNEL
CHINO
CHONGQING
CRULLER
EMPHASIS
EVASIVE
GROSSLY
HIROSHIMA
INLAND
INVOKE
IZHEVSK
NIACIN
OUTSTANDING
RUBTSOVSK
SOREHEAD
STEPBROTHER
VIRILE
WELLAND

681

```
J Z T C D Y J P E R F U M E R Y L Y P G
L V Y T L E P R I O R I T Y M F B C U R
Q A N E E S S E A X S N A M Y G H I N X
V T M A I P I S Z H X X O C D B T H O T
R A J S F R I O Z M K C A S N A R V I K
T H R S S E T A N E V U J E R V W T S J
X X D E T S W A I N W R I G H T M I L F
O Q W N T S Q L T J V T S M E O L O U C
E L W T I O R D J G V M N O T C M W V P
A A K T P X N A S H E L L C A L O M E L
D L A X P F E S V D Y V C T L S Y B R F
I N D E L I B L Y O Z Y Y T E D J C J G
A Q U A M A R I N E C D I L A T O R Y M
N A R S A R M I J I T E F T S B S Q P B
A V U O D C C J O S Z T T E R Y U K V Y
```

AQUAMARINE
ASSENT
AVOCET
CALOMEL
DILATORY
ELATE
ESPRESSO
INDELIBLY
KHARJ
NARSARMIJIT
PERFUMERY
PITTSFIELD
PRIORITY
RANSACK
REJUVENATE
REVULSION
SHELL
TAMELY
TOMTIT
WAINWRIGHT

682

ACQUISITIVE
COGNOMEN
DISARM
DROGUE
HANDICAP
HANGU
HARMONIC
HYPERTENSION
MORECAMBE
RENNES
SHEAR
TAFFETA
TELEPATHY
TIMID
TREATISE
TRUSS
UNCURL
UNQUALIFIED
VERMIFORM
WROCLAW

```
A B Y L R U C N U E I R V T B I G D N T
C G M G T T O O Q N Q B E O R S W H J E
Q Q W R H M G U N Z Q R B U H B B D L L
U T U G X E N T F W A U M E K Z S X P E
I S I T N Y O S N K B M A T E F F A T P
S W D M Z A M Y M P N R C L C S E S W A
I M K I I E E Q C K S O E S I T A E R T
T X U L S D N P A H Y F R Q N F E N K H
I W B A A A A Y G Q Z I O G O M I N F Y
V Y S D R C R D V O N M M H M S Z E Q D
E F V S I Y U M B P A R J U R C S R D M
S D X D F G T E K Q E E U W A L C O R W
E Q N U N D R O G U E V W L H J D W R X
K A W A H Y P E R T E N S I O N V C N S
H Y H Q L V E P L E L S Q I O N P A Y L
```

683

ADDUCE
AKUNNAAQ
APLOMB
AVIATOR
CABINET
CALAMINE
CONGREGATE
DEFORM
DOXOLOGY
FAMILIAL
IKERASAK
INGRATITUDE
IRREVERENCE
OMNIPRESENT
PARTAKE
PULSE
RAINWATER
RAMSGATE
SALESMANSHIP
UNDERPINNING

```
C Z Y N K M Q A Y D T E N I B A C C I I
Z G V T Q G P G B N O W A G G T O R T K
U R T K W L O R E L G K G R E N R E Q E
M C A Y O L C S V J U C H N G E T T A R
C F P M O C E D O N L K I R V M U A U A
B H B X S R Z H N G O M E E Q T A W J S
X H O P P G I A Q S A G R K F E F N F A
T D Z I M S A Q P L A E D H A T C I A K
V T N W W Q L T A T N U Y U M T P A U L
N M P U L S E C E C U D D A I T R R Q F
O D E F O R M X E Z U M W H L F H A B U
U N D E R P I N N I N G O P I J R C P G
X Q A O E L T A V I A T O R A W V T J P
S A L E S M A N S H I P K H L L T C K S
I N G R A T I T U D E E N G F S Q M V B
```

684

```
A H Z K I Z K M E C N E D I C N I L X H
A A E B S N R H E S U S A G J U I G L T
L X C X T I T W E W V K M V Q V C P N Y
H C N S O H J E Q V G E P I A O B R H N
U A E R U T C I R T S S N C U T C P S L
I N T E R V I E W N P D E O R N A V L N
R N S V E M R K X O M M S F Z R G A C B
R D I O K K U H R C Q E S P G Z W H O P
C F S H C H P A E U W J N O M E U W E R
P N N S E A D A M T S V I T R Z L I U O
T O I U H I L C W U O G S I F E G R J V
Q J I P C I Q M R Z A R F R G E F S H I
J X S N O O Z E K H U S I G C Q T R O D
V T W V T O T F F N B X E C L F Z U E E
D S O I V Y V A L L A D O L I D T O S R
```

BOWLEGGED
CAVIL
CHECKER
DAMPNESS
FETUS
FIREWALL
HAGIOGRAPHY
INCIDENCE
INSISTENCE
INTERNMENT
INTERVIEW
POINTY
PROVIDER
PUSHOVER
RHESUS
RHETORIC
SPORADIC
STRICTURE
SURETY
VALLADOLID

685

```
O T C N U J D A C Y G B X I V X I M Z Y
B E L U B U T P S S L N H P E Y D R T G
G T G N A K N A R E L U V I R N Z S C O
E R Y Q E O M R A O J M C U S B U B T L
K A J Q E N H C H P L I I D E L H X D O
D M O S N H H S K P T I R U D G E Q T E
X E E Y O L P M E S F O F S K T V V M A
G T I A I M O X A S F I P I E G G O A H
Y E R V T B U R C F L H B R C T S O K C
I R M D A X D U A R L V P U J Z G Q P R
R Z Z V T J N S P V G J E R P T J E E A
P I Y D U S T R A Y P G E R A C T A L F
R M P C P G P R E L B A R I S E D N U O
K F K L E M E T T L E S O M E U I G K E
V U M G D T F E Y B P E K Y S L S C T U
```

ADJUNCT
AFFORD
ANKANG
ARCHAEOLOGY
BLEACH
DEPUTATION
DRASTIC
EMPLOYEE
FLATCAR
LUSTY
METTLESOME
PRETEXT
PROLIFIC
SCRAP
STRAY
TETRAMETER
TUBULE
UNDESIRABLE
VERSED
VERSUS

686

ARRANT
ASPHALT
CHANDLER
CRENELATE
DOUALA
DUCKPIN
ESMERALDAS
FETLOCK
FOIST
HERETOFORE
INCISE
KERCHIEF
MARGINALIA
OBSCENE
ODESA
PHANTOM
SCRAWNY
SHOULDER
THICK
UNWILLINGLY

```
U M A R G I N A L I A P T D Q R M F D L
N E G U W D T S I O F R Z D P O Q C G M
W X Y H U E H H B C Q D Y W T S D W L Q
I A D Q R O I S E Q R I Y N W A R C S A
L F K K J V C I D R S E A D U C K P I N
L I M D T E K G O S E H N U W V M O A S
I N I N N R T A U R P T B E Y Z Z Z A O
N Q E E X L S W A S E D O J L V V D C V
G G N G A Z F D L F S Y F F H A L U H E
L Z P H U T E R A R I T K R O A T U A K
Y S P J N M T P C C C U C Z R R M E N R
T S E A H U L H R X N M C E T S E F D U
A P R A J F O B C Z I E M A L N D T L K
A R F E I H C R E K C S D D H H N F E K
A N X K C N K E R R E D L U O H S Q R A
```

687

AGITATED
ERASER
EUNUCH
FATUOUS
GENEVA
GREATLY
MANSARD
MELODIOUS
MYSTIQUE
ORATORIO
OVERWINTER
PROCEDURE
RECLINE
RECOGNITION
SECTIONAL
SKYLINE
TARRY
TEMARAIA
TWEEZERS
UNCERTAINTY

```
M A N S A R D Y C A F V M E E P N F Y E
R S I P P I P K M G S I E N U S T R D R
M Y S T I Q U E M I H G L I B N R U F A
U L U C G O I R O T A R O L L A U A F S
L T I P R K V Y Y A W C D Y T R T C I E
V A W B L Q C K U T Q Z I K V U R Q H R
X E P D V S K O L E W K O S O E D Z Z S
P R O C E D U R E D B W U U T K U W B U
Z G K E S N I D A W Q O S N M N Z T V S
D F L O F L I L N O I T I N G O C E R G
T B L X B N K L W C U W V Y E Y C K H E
T E M A R A I A C N R T W E E Z E R S N
O F V Q M A Y G D E S E C T I O N A L E
H O L M O N Z K V Q R X G Z I G S K T V
D V Q T A V E O U N C E R T A I N T Y A
```

688

```
K F M A R T Y R L D W O X Z H R M G Y Y
S E R E K U N D A I S N L C N U U O V S
Y I E H S F A I C S M F G L C V J P G F
R L U T E R M O I S W X X E Y R T A X E
M E Q A A M R A H I M I C K E S S N L S
B R C W M A U S T M Z C N V G B Y B R E
F I A M L G D D Y U R T O D U L A B R G
Y L L V E R M X M L E I P R H E W O C S
A V U F S E O V M A S T G V L O D S C C
O D V N S E B S L T R A Y L G A E L N T
U O L T K M N P V E S N A O X V Z K D R
D W L M Y E M T B P X M B A N G K O K X
L X D L N N Q P R F G B Q J S F G X O F
S E S L A T T I M M O C N O N J O O G M
I Y U S F R O H P M K U N M A N A G F I
```

ADORE
AGREEMENT
BANGKOK
BURGAS
CECUM
DISSIMULATE
FLUNK
LACQUER
MALLEABLE
MARTYR
MYTHICAL
NONCOMMITTAL
OMDURMAN
OVERJOY
RELIEF
SEAMLESS
SEREKUNDA
TITAN
UNMAN
WINDHOEK

689

```
A N T E N A T A L S Y Z I Z O G Z J B H
X G M N Y V M T E L P M A S T C O C F Y
Q E V S E A Y E G Q U G H F A X P D G Z
O E O B M Y J Y F R U E T H E O X G L G
T T I M V M G O J N O I T A R E D E F Y
T B O F V N C Q Y G Q M L A S F M T O T
O T Y Q W U R U X B U E A I E P W B F I
H A N D S T A N D E E I X B B Z E P G L
C P U T T E U D N I N G L E T R O C A A
K K R S B L R I E U C I I P C H I X K R
A Q A P I F M J R W H I T H S R I U X E
U D I A T S H G E L K S A K K V A I M N
O P U G A B W Q V I L V O K L Z S B J E
N O I J Y T E N E U G O Z N E L D D L G
H L H Q Y U T E R E B B R O O D E R Y E
```

ANTENATAL ☐
BERET ☐
BOOKSHOP ☐
BROODER ☐
EQUILIBRIUM ☐
EXECRABLE ☐
FEDERATION ☐
FOCUS ☐
GENERALITY ☐
GODLY ☐
HANDSTAND ☐
HOUAILU ☐
JASMINE ☐
MAMMOTH ☐
NOUAKCHOTT ☐
QUENCH ☐
REVEREND ☐
SAMPLE ☐
SPECK ☐
STAID ☐

690

ALBUMEN ☐
ASSUAGE ☐
BRAMPTON ☐
COMMUNAL ☐
COMPOSITION ☐
CRACKERS ☐
CRANKSHAFT ☐
DEMAGNETIZE ☐
FORECASTLE ☐
INCONSOLABLE ☐
LIGHTHOUSE ☐
MOGILEV ☐
MONROE ☐
OCARINA ☐
OTHER ☐
PLIANT ☐
ROCKETRY ☐
SALTA ☐
SETTER ☐
STROPHE ☐

```
I E U B T O S G H U K V N A I R I C D R
S N V N O T P M A R B O J L V F C R E O
R E C A R K X Y Q Q K D W B A F E A M C
C D T O O T H E R X V K L U C B L N A K
V O P T N C R A C K E R S M E V T K G E
F H M D E S H L A Y L E O E D B S S N T
E G K P A R O Z U D I K C N D U A H E R
Y P X R O O U L I F G T A X J L C A T Y
E I Z B A S H M A X O D R M X R E F I M
G G C T N A I L P B M P I P E D R T Z D
A G L B Z G W T O Y L A N U M M O C E N
U A O M C V E G I U P E A X L Z F S H G
S H R W H D Q P Y O L I G H T H O U S E
S E D B Q Q I M B C N M O N R O E M I Y
A I Q J C N G L M R E F L V A T H J P L
```

691

ADIPOSE
AUTOMATIC
BLEEDER
BUTARITARI
CARNELIAN
CASTRIES
CHACHAK
CROUPIER
FINAGLE
FONDANT
GUWAHATI
KITALE
LOCAL
MERRY
RIGMAROLE
SWEEPSTAKES
THERAPEUTIC
TRUJILLO
TWINSET
UPCHUCK

```
T H E R A P E U T I C A Q O O S L U Q L
O A N S N H W M Y O I O G R E N L L K P
J D S B F I N A G L E R E K C U H C P U
Z I C B A I S E I R T S A C U M L V W T
L P K M U J G I A R F T B T N A D N O F
U O N P D B N U U B S C L P I F E Z C C
O S G P L R T J M P Z H E B T R A M T R
N E F C Y O I Q E A I A E A A M A N H Q
J Z Z N M L G E F H G C D V H T E T Q X
K I T A L E W E X J R H E T A I D R U U
A V T O L S N H Z Q P A R L W D R C R B
R I G M A R O L E P H K A P U F M R Z Y
C S T W I N S E T W T C G Y G Y W I X B
H C R O U P I E R J O C A R N E L I A N
O S J N P O N L F L H P S C E R B Q O S
```

692

```
S O B T I D H E X W L D I C S I V P V M
P B I O K N T I T Y W E M A K W F U T H
R M I V A L G E S N A M P G H W U T G C
I D A L E S R R O T R S U V Q H K R U L
N S E V L U T T O I O E T X I I C Z Z A
T P S N T I L F C U H R E N A Z L A H M
K G R X O L N G U I P A I H U B C A P B
L Q E E O M A G D L M W T C B S C K X E
H T O R L U I T S I A A P E W W K Y K R
W M R Q E I I N T G U N D I S P L A C E
U A U Z O G A B A E A U D J J C E E G Q
C Z P C I O T N R T S T K H E K Z H V L
Y Z T R E V O R T N I T E Z K G Y H K J
A N Q Z F C S S D I K O H K H Q P D J N
I N F O R M A T I O N V N E H T H Y L C
```

AMPHORA
ATTEST
BILLINGSGATE
BOASTFUL
CARROLLTON
CLAMBER
DENOMINATION
DISPLACE
HISTORIC
HUBCAP
IMPUTE
INFORMATION
INGROUP
INTROVERT
RELIANT
SPRINT
SVELTE
TEXTURE
UNAWARES
VISCID

693

```
V I D N U O R G R E D N U S B P I K E E
I B S B G E D R V B D A I W F W V N M U
A G S P H D O J Q Q Y T E N I N I M S P
B N P T W A N W D U I K Z I B L I U S E
L S N B W E N N X L D B W L D G W E O R
E A B B F R S C L P L B Y A U L A L N S
P R G D Y D Y I E J Q M E W W U C O B P
F V B Q G O S U G S A H Q A V M R S K E
E Y X K H N H S N G T P H Y S I Q U E C
F G U E O E D M N V A O S G Y D N A T T
K L L T L S G E Q T X Q R L R G N M E I
R Y I B E X T R O V E R T E S P R I T V
M M R P V E N T U R E S O M E V J R Q E
U A V B P K H M E L I O R A T E L Q I O
G N O X K Y B B U T O M S B Q Z Q O V C
```

ANCESTOR
DREAD
ESPRIT
EXTROVERT
GARBLE
GIMME
HEADLINE
LIPPY
MAGNET
MAUSOLEUM
MELIORATE
NINETY
PANTHER
PERSPECTIVE
PHYSIQUE
TONSILLITIS
TUBBY
UNDERGROUND
VENTURESOME
VIABLE

694

AGGREGATOR
AHEAD
ANTHRACITE
AWKWARD
BENEFICIARY
CACOPHONY
CEILING
CUBBYHOLE
DECANTER
FRONTIER
GALLBLADDER
HEDGE
MORGUE
OPULENCE
PANDA
RESIDENTIAL
SCROUNGE
SPARTACUS
STRANGLE
UNDERLINE

```
H X M E H D M L T S R D C N U B R B V G
I E U O L E G N U O R C S R N E E K Q I
I L X J P G D C S S C J W M D N S H V C
K G F E T I A G N I L I E C E E I M C G
G N C O E T D O E R T U L V R F D U D R
O A E H R U N X C D F A O Z L I E A S Q
O R L A N E A K N E G K H J I C N G X A
B T P L U D P G E C C V Y V N I T K S W
B S Y G B D I O L A C J B P E A I H X K
D K R H A L O I U N M C B N L R A Z R W
D O K E I L A O P T W B U O I Y L C L A
M Y H N M Z A D O E T I C A R H T N A R
R A D O E Y D I D R O T A G E R G G A D
C A C O P H O N Y E F R O N T I E R G Y
Z J T Q E O K V S O R Q Q X Z F H B Z V
```

695

ARCTOWSKI
BYPLAY
CARNIVORA
CHECKPOINT
COFFER
COUNTRY
CUMBER
DONGOSARU
EVINCE
IMMURE
IMPUGN
INCREDIBLE
PINWHEEL
POTABLE
PROFICIENT
PROGRESS
REGULATORY
SIEGEN
THOROUGHBRED
UNDERCOVER

```
M N I U L D N W S C R C L Q Q C N E I C
P O T A B L E B O T A Y O J Y K T R N H
X E N F C C G V M G J R L F W S Q C C E
Y X E W D B E M D X N T N R F R P T R C
Y O I L R W I I M S P N W I L E Q Y E K
A R C T O W S K I D R U F B V V R R D P
L I I U X F F L R O O O G I E O G O I O
P M F V N Y E E Q N G C N V N C R T B I
Y M O V I E B H N G R C G Z Q R O A L N
B U R N H M J G A O E O U N D E J L E T
Z R P W U T Q H S S S U P I E D H U Y R
I E N C K T F P V A S W M I M N D G L I
M I Z Q O L Q E Q R T B I W V U U E I I
P D S M E A P I H U D T D Q F S E R Q G
T H O R O U G H B R E D O L D I B G X N
```

696

```
H Z M R C I L O I R T I V D P O E F C H
R O L T D A C T S K T J G W R T L J O A
W R N L J F R A C E D I S P U K I B N L
Y Q Y O Q S R D S S M I G T S E X Z T F
N Q O X L R Q N E S O P S B S O I Y R B
S D V G T U E K L N A A Z H V Q N C A A
E M A B R M L O R N A M I N S T E R B C
A W G Y B P U U I Z O S W D U V H X A K
T O X O B G S C M O R I O K A Q R A N N
X M W S H H L V O L I T I O N X H W D G
M E L M B E M O S I O N W Q Z M E Q S Z
R D H S L Y G I M M A C U L A T E C B B
C P B O U Z N D A U T O M A T I O N T O
D A I C H T H I E F J R I T K G T C S K
Y S W G F A U V F H U E X J X H W C F X
```

ASTUTE
AUTOMATION
CARDENAS
CONTRABAND
EMBOWER
HALFBACK
HEDGEHOG
HONOLULU
IMMACULATE
JIESHI
MINSTER
MORIOKA
NOISOME
ONRUSH
PANICLE
SIDECAR
SLOUGH
THIEF
VITRIOLIC
VOLITION

697

```
G N I W O N K N U E T M V Y R Z V B M N
J E D I S A P P O I N T E D A G Z X I U
P L O P E K A L O N G A N M S H D M O N
R E Z L L A B U N R I V E R A H A Y F F
B C R N O A X O X A C C U S E T Y Z W A
U A H I W G I G I K L H F T I I M H T I
Y E T O S T I A L N T A L V V X O X E R
R W V T O H J C V Z N J A B Z U L L Q E
X Z G M L I A I A O P A I N S S B H L F
V F M G Y E Z B I L A L R E I U K E Z F
B O W K E J D T L N A P M H O R K G M U
C H I G O T A O D E E A E D A C A P L B
W R O L W I Z Y R O T C E R I D Y F R V
M P A P V C Z V P E R E G U L A T I O N
K K X A D O M E S T I C I T Y E J Y Y R
```

ACCUSE
AVIATION
BATTLEDORE
BUFFER
COMMOTION
DIRECTORY
DISAPPOINTED
DOMESTICITY
DOUBLE
FARINA
FLAIR
GEOLOGICAL
HOUSEMATE
PEKALONGAN
PERISHABLE
REGULATION
RIVERA
UNFAIR
UNKNOWING
VITAMIN

698

BOTTLEFEED
DISTILL
ENCASE
FANLIGHT
HANDWOVEN
INTERDICT
ISANGEL
MISAPPLY
MONKFISH
NANAIMO
OMNIPOTENT
POSSIBLY
PROMOTE
RASHT
SERAPH
SIGNIFICANT
SPARK
SUITABLE
TRANSFERENCE
TYPHOON

```
A Y K U G M M H A A I S S R S W A B J O
V N E J T H S A R F N U I V E L L J M G
B U H A N D W O V E N I G P Z E D I U N
D E E F E L T T O B J T N A H G A I P F
T R L W T P Q Z C P C A I L L N U U A A
K V L O O K R A P S P B F U A A D N F F
G K J O P X Y O T J R L I N A S L B N Y
P O S S I B L Y M L S E C T Q I F H F I
T E Q I N V P E C O K S A X G L S P N L
N L E L M H P H L F T G N H E N C A S E
K L K G O W A P R B V E T J K M K R B P
Y P E O L N S I N T E R D I C T R E U O
I Z N M L L I T S I D M O N K F I S H X
G P E Y T D M M T E X O H N S Q B C I B
T R A N S F E R E N C E B M V G W C Z R
```

699

ANSAN
ASSESS
BETROTH
CORRESPOND
CRACK
DEVILRY
FLOSSY
GREENVILLE
HUTCHINSON
NAJRAN
OVERGROW
PAAMIUT
PISTE
PROUDLY
REASONED
SPEEDBOAT
STEADILY
TYRANT
VIOLENT
VIVID

```
P N D K D T I C P A V R R B F P P N D F
I E V Q X Q V O C Q S Z Y E E I M A P L
S B Y S Y R I R J H W S T P A T O J B O
T D C T L Y T R S P D H E H H S R Z A S
E H W D I M V E G H A T T S V S O O N S
P R O U D L S A Y G E V I S P D N T Y
H C A J A G T P Y N N G O Z N E E O E H
O T L L E T Q O K S S L I B A E V S L D
T G U H T B B N J J E A F A J D I N N O
T V F H S Y S D G N J I N W R B L I M G
O V E R G R O W T Y R A N T A O R H M W
G R E E N V I L L E O A D C N A Y C F Y
C K O V F B V I V I D E R P E T A T Z B
P A A M I U T E R P O I M Z B S C U W T
N U F N J C R A C K F D U O M J H H J B
```

700

```
B P O R D B N K V I D P F U B C V H I G
X Q W E R Z E E E W C R O O A T Z S X O
Y J N Y Q E N C C X Z E N D R H T G F B
T U K B V A M E O F Y S T E C G S X S B
X K H X I L R P P M A U H M A I I M L L
D L F V L P W Q E I E P I O B L R N V E
O C E A N S I D E T N P R R B A A M G D
A T W X U X L F J I T O D A A V H O N E
Y I G A C N W T A T Z S H L G F C N I G
M C R R R T D L T K I E A I E K U C T O
T U P W J R P E F P G P N Z N B E L R O
C E V Z A A E Z R B N R D E W I N O A K
Q S J L H Y A N D A E T S M R A F V P Z
M F W C L L L N D Q G Q A O F Z M A I R
Q V J M V A I A K U C E P G B O Z W D B
```

AIRWAY
ALIGHT
BECOME
BONSAI
CABBAGE
CHAPLAIN
DEMORALIZE
EUCHARIST
FARMSTEAD
FORGING
GOBBLEDEGOOK
MONCLOVA
NAIVETY
OCEANSIDE
PARTING
PRESUPPOSE
THIRDHAND
UNDERAGE
VAIAKU
WARREN

701

```
I  R  O  L  P  E  T  A  G  R  U  P  X  E  C  T  A  P  L  B
Z  N  G  U  I  A  R  Q  D  K  E  P  W  I  K  H  D  S  Y  A
K  S  G  B  M  E  E  G  M  Q  G  C  U  M  G  Y  V  Z  K  L
H  S  W  L  I  T  A  U  X  S  F  N  X  I  L  R  E  D  T  Z
G  E  O  U  S  E  C  R  O  F  N  E  E  S  L  T  R  W  C  E
N  R  U  Z  T  L  H  W  V  E  O  L  U  A  C  S  S  L  F  R
O  D  X  L  R  P  E  P  S  D  T  O  I  E  I  I  A  P  C  S
I  D  J  I  U  M  R  M  N  S  I  X  W  M  O  M  T  V  G  S
L  A  Z  S  S  O  Y  T  A  R  A  R  M  K  M  E  I  P  K  R
I  M  N  U  T  C  L  E  E  O  N  J  U  Y  M  H  V  W  E  V
V  C  T  N  W  H  A  S  C  K  X  B  H  Z  I  C  E  D  K  A
A  O  W  D  O  B  S  O  L  E  S  C  E  N  T  M  N  E  U  D
P  S  K  Y  R  O  C  K  E  T  I  O  U  W  C  I  I  X  U  C
A  R  T  I  S  A  N  S  J  Q  T  T  N  E  C  C  K  S  G  P
I  H  K  D  D  T  W  R  G  H  H  B  S  U  F  T  A  F  R  M
```

ADDRESS
ADVERSATIVE
ARTISAN
BALZERS
CHEMISTRY
CINDER
CLAMMY
COAXIAL
COMPLETE
EASTLEIGH
ENFORCE
ENNUI
EXPURGATE
MISTRUST
NEWBIE
OBSOLESCENT
PAVILION
SERIOUSLY
SKYROCKET
TREACHERY

702

BEMUSE
BEWILDER
BUNKER
CORNICHE
DOORPLATE
FESTIVITY
FOREHEAD
HOODIE
IMPERMEABLE
PABNA
PROMISING
QUIBBLE
REAMER
RELEVANCE
REPUGNANCE
SONNET
SPONSOR
SUZUKA
TUBER
UNBIND

```
F  P  F  O  P  X  I  N  C  O  R  N  I  C  H  E  A  R  R  J
F  E  S  T  I  V  I  T  Y  C  N  B  O  K  A  K  O  M  E  J
W  A  P  M  O  T  D  K  K  N  H  U  Y  I  U  S  Y  F  P  I
Q  X  N  Q  T  O  N  E  V  T  J  H  N  Z  N  A  L  C  U  X
G  D  L  O  R  E  D  L  I  W  E  B  U  O  I  G  Q  W  G  C
D  E  O  E  K  D  A  B  T  G  I  S  P  L  T  O  V  F  N  T
C  Y  B  O  N  S  D  B  N  M  D  S  B  E  M  U  S  E  A  B
Q  U  U  I  R  K  V  I  X  K  O  B  F  W  R  X  K  W  N  B
T  Z  B  B  L  P  S  U  M  P  O  B  U  N  K  E  R  D  C  M
C  N  I  P  S  I  L  Q  R  U  H  S  A  Y  O  H  E  C  E  G
U  Q  W  M  M  G  D  A  E  H  E  R  O  F  G  U  M  I  V  W
T  W  E  O  Y  E  T  N  T  E  N  N  O  S  A  N  A  G  N  I
P  N  R  L  U  D  F  B  Q  E  L  B  A  E  M  R  E  P  M  I
J  P  E  X  E  C  N  A  V  E  L  E  R  D  P  I  R  Q  L  D
O  F  G  U  V  R  G  P  O  S  N  S  P  Y  Z  L  I  U  T  R
```

703

ALLEGRO
BLEARILY
BRING
CHANCELLERY
CHISEL
COLOSSUS
CRESS
DECAGON
FATALISM
GLOAT
LIGHTPROOF
MASQUERADE
PHLEBOTOMY
SNOOT
SPONTANEOUS
STEVEDORE
THEFT
TROOPER
UMBEL
UNDEVIATING

```
C Y K R K G L I G H T P R O O F O D M S
F H Z A X L P H L E B O T O M Y T Q U S
Z A A L Z O X D Y U A L L E G R O S S K
B S T N V A N Q E R O D E V E T S E A L
U P O A C T D K P M Z D S Z Z O R X T M
M O O U L E P U V D B H I N L C N R A T
B N N N P I L R B Q J N H O S A O S H S
E T S Z C X S L A L K O C C Z O Q B J O
L A Y Q R A N M E E E G I I P U D R J T
I N A W M W M U G R T A Z E E V G A U W
O E K S D Z X G T Z Y C R R O D W P E L
A O J W Q J N F U H X E A I E Y G N G D
U U Y G N I T A I V E D N U L U K A S I
U S Y K R N J V I L E F S P G Y H J G K
C F W B U Z Z J L L P T T U F Q J L P L
```

704

```
C L A S S I F Y I Z D A V C S W D N U I
R T Q T N W I H A A D Q R C K H U F R D
U Q X R Q U S U A X K V R X L G P U U R
J U X O P F F H I N S Y L E M A G E G S
B H S H S A W J O B N Q E X A U V M V M
D L Y S T N E L U D U A R F D Y L I D J
D I U T I R B I D W A W S I E L T T E M
B Y P R O Z K H O P L P A C B M C D T R
S E F S B O M I T N E M E T I C X E P R
V U I J T U F E M C E M L U C C G B A G
V D P G I I K A R C L Z U B O Z M B D B
B V O D E S C U S G H Q P U R Y S G A M
F F A M I E U K Z M B A L G G X T F L J
S T V I A T I C U M A D E K Q F J H A O
S N E O P H Y T E A E N V K S S T T M H
```

AFOOT
BEDTIME
BEIGE
BLURB
CLASSIFY
CLAVIER
DIPSTICK
EXCITEMENT
FRAUDULENT
GAMELY
IJERO
IRBID
KIMCHAEK
MAIDUGURI
MALADAPTED
METTLE
NEOPHYTE
SHORTS
STADIUM
VIATICUM

705

```
Q G D K C R S E Q L G F K R O F L A M L
G D W F E Y P F X V Y I E A T M C S A I
U P E B R L S T O P R E B M A H C P N T
U R M O E K S G T K R Q F R B A E I G I
Q E A R W S X D U C U E X R I S J R R G
J T R E O I U K U T P K S S C D R A O I
P A Q H L R W V C K A D Z S W Z R T V O
B R P R F B X E E P L I B F W X G I E U
W E Q E R P K L X P O S O D R A T O D S
U C Z P E X Y V U B H C D O B A Y N M J
I R U U D X N D E G S L D Y Z T P U E Q
F A S S L F L U V G A O I Z G K P Y I K
C C X E E O Q A V E S S T F T L U A T S
K N R K H S D P J S G E Y P G T P U A M
D I S U P E R I M P O S E A N X I E T Y
```

ANXIETY
ASPIRATION
BARREL
BRISKLY
CHAMBERPOTS
DISCLOSE
DOTARD
ELDERFLOWER
EXPRESSWAY
HOLDUP
INCARCERATE
JEMBER
KIRKUK
LITIGIOUS
MANGROVE
ODDITY
PUPPY
SHOLAPUR
SUPERHERO
SUPERIMPOSE

706

BUCCANEER
CHILDHOOD
CONTROLS
DICTATORSHIP
DISPARAGE
EXPLICABLE
FISSURE
FLAVOR
GATEWAY
IMMEDIACY
MATERIALISM
PADDING
REUTLINGEN
SALES
SCARE
SOLVENT
TAILPIPE
TAPESTRY
TRANSPORT
TRITE

```
R T C N H A V E G N I D D A P F N M D D
E E R H L R G R S M N O I K T L E A I I
E L U A I S D F M V V W W A J A G T C S
N B H T N L E E F O G S P O A V R E T P
A A Y N L S D N E M C E H I L O Q R A A
C C W N S I P H Z C S H S U E R T I T R
C I S E A V N O O T Q L Q T P W A A O A
U L I C F T C G R O A Y I D M W I L R G
B P Y J X N Q Y E T D R O Q D N L I S E
M X G A T E W A Y N T S A L E S P S H L
F E M T P V F D H N Y W W V H C I M I X
O Q T C F L S C A R E K S S A V P P P E
R E E P Q O F I S S U R E I F G E D W G
D B U M A S H Q B B C O N T R O L S U S
Z Z J L H B N U S U P Y Q J T H F N C W
```

707

AVARUA
BURGH
COVET
ENSILE
FULFILLMENT
HANDSPRING
HERESY
INKSTAND
LUNCHTIME
MANDIBLE
OFFSHORING
OPTOMETRY
PALOMINO
SNOWBIRD
STARDOM
SULFIDE
THUMBSCREW
TORPID
UPSTAIRS
VISTA

```
D B Y K U X U A Y S E R E H E L I L Z A
S T A R D O M R D P L K U J B N A J W O
M P N L X J T F J K Q L B Q L F S D F D
A I D A L E Q Y U L U T I M X R R I M U
E K N X M D F J I L H C C Y A I I O L C
Z Z A O H I E R E G F V I S T A A X Z E
B V T M A F C V R Q P I C R E A T X S M
M P S A N L Z U Z H L A L B H Y S V N I
O V K N D U B Y G C K H L L D I P R O T
K J N D S S V T E V T T O M M U S W H
I H I I P A V A R U A E B O M E H R B C
Y B A B R N J O V N V Y W T J I N C I N
B U T L I S O G S O V L W C T G N T R U
M O D E N W E R C S B M U H T U G O D L
J N E Z G O F F S H O R I N G E C W Y V
```

708

```
L E B U G J M A G S T S P O O N F E D I
Z X B I K R V Z E S N A T U R A L I S M
D T Y B G F N N P A T H E T I C U B V M
S R U K M U T P M P L S D C I T A V W O
H A A Z T K P X Y M N T Q Z I C N E E I
T V C O Y K J B F O N G M N K D Z Z H Q
H A X G B X M W K C W F T E I D N I I S
M G T X U R I I K O V P R E V I O U S J
U A M I U V O I T R C S H W Q Q E Q A H
T N G W J B B O I Y Y A X W E B L O F J
T T T N U I R F L G R M L W U X O L L X
O A R T E R I A L F O D R I N Q P I E Y
N G H O U L F R A N C I U M P X A L S N
L O D G M E N T T A M X O T G E N O Z M
Y N H H O B V H Z J P R Y T M I R S L L
```

ARTERIAL
BACKER
CALIPER
EXTRAVAGANT
FLOORBOARD
FRANCIUM
GHOUL
GYROCOMPASS
JAUNDICE
LODGMENT
MONTH
MUTTON
NAPOLEON
NATURALISM
PATHETIC
PREVIOUS
SOLILOQUIZE
SPOONFED
TUMKUR
VATIC

709

```
C C U D K L P I H U S R T Q Y A V Q F L
F O E V M Z A S F H G I G I G Q I J I N
V S N R N C Z L A R E T A L L O C C O F
S H A V E Y X S X G B N D I Q Z I I K C
Y K I Z O B H N C Y O E E C J D T W M C
E L B A I L E R N U U I A B O A O A R R
D I J U I G U L M T G L Q C L R S R A A
Z M O K M B D T L V H A Z I R O S A L W
C A Q I V O J Z E U T S B U C N I P A F
S Z A B A P X A X D M U B H T O E T W I
O F F S H O O T J C J D I G T C W O M S
U N R I G H T E O U S S V W Y K L R G H
Y C C T S F P Y C O M P O R T M E N T K
P E R A D V E N T U R E G N N S D P Z X
C R O Q U E T Q L E J G C S Y M E B B L
```

ALARM
BOUGHT
BURROW
CEREBELLUM
CODICIL
COLLATERAL
COMPORTMENT
CONVOLUTED
CRAWFISH
CROQUET
EDELWEISS
JUBILATION
MASOCHISM
OFFSHOOT
PERADVENTURE
RAPTOR
SALIENT
SHASHLIK
UNRELIABLE
UNRIGHTEOUS

710

ANTECHAMBER
ASTROTURFING
ATTENDANCE
BARKER
BATON
CORONA
FERTILIZE
IMPERFECTION
MANTILLA
MOTORBIKE
NONSLIP
REPULSIVE
RIVAL
RODENT
SELECT
SLUGGARD
TABLECLOTH
TAZAH
TELEGRAPHY
VARIETY

```
F M A S V W S V D B D P U Y T E I R A V
E X N L U E V I S L U P E R C G U H X R
R R T H L A V I R P U E T N E D O R K C
T X E E P I L S N O N G A E S F Y Q I N
I U C I Q C T A Z F H D R A G G U L S V
L T H A Z A T N V T N U A O C W G B F S
I M A Y U H I T A E T E L E G R A P H Y
Z O M Y O Y J Y T M Q E P H M L R V Q R
E T B C B I Y T I M P E R F E C T I O N
J O E N O T A B T A B L E C L O T H Q H
W R R R C R A S T R O T U R F I N G W Y
X B K Q O Z O B I J B L H Y W E P F S C
Q I E L K N Q N Q W X R B A R K E R L C
W K W M A S T Z A T N K J M O G U K B F
B E C D P L R M M W Z X D D Q X Z O K L
```

711

AMAZE
BEHEST
CENTAUR
CIRCUMSCRIBE
DECASYLLABIC
DELIBERATE
DEPILATORY
DERRINGER
EXEMPT
FEBRILE
GOBBLER
GRAND
HOMEBODY
MEKNES
PASSPORT
REDNECK
REECHOED
SAKIKDAH
SCRATCHPAD
UNACCOUNTED

```
E F N E B I R C S M U C R I C B G Y E Y
R X R P V Y B A F C T I I C H S Y O R E
E J E U U R E G N I R R E D W V W O Y T
E I M M R P L X E B O A E Y I R T V C A
C A D M P B H L U A P L T W M A K F A R
H L C B D T I C L L S T E C L A M A Z E
O K B N G R I D E L S J P I H C A J A B
E M A K B L T P Y Y A K P W S P M B K I
D R E E Z S M Y H S P E Q E J V A C N L
G O F K E N K B H A D K I K A S U D V E
J X Y H N F I W C C J H O M E B O D Y D
K C E N D E R U P E C E N T A U R W D Q
F B S H C A S B T D E T N U O C C A N U
G O B B L E R J V O E G H X W L X A O D
P N V N W B D J P N B H F F X U H K K A
```

712

```
Z A X W K T H I F B D X T G W P Q G R R
P C C D S S L Q E E Q E U A A M P F Y O
Z R R X X I B W L T T X B L L B Z G W U
I A U T H G L R O E W Y W R V E T P I N
B M B C J R S A N L L E Y F E W N J U D
I Z W T Q E A J U H D U M T O C D T W E
R H S W X L I V T S K T E K J E E W N L
I J V U R L E R E Q U I P P M W D N B A
T C K H B A A B H T N A M L O R T A P Y
E W T J F E C Z A T N E M T U B A E B W
B R K U M J M B E W L Y R C J C N J K P
V U Y N Q I M B L U M E N A U W S O P V
Q K J R T O P O R T C U L L I S V D Y C
C Q R Q C G L Q D Q U N B E C O M I N G
T K V H Y P N O T I C C A R T R I D G E
```

ABUTMENT
ALLERGIST
BETEL
BLUMENAU
CARTRIDGE
CHILI
COMBAT
DEBRECEN
DEWLAP
EARTHLY
EQUIP
FELON
HYPNOTIC
IBIRITE
PATROLMAN
PORTCULLIS
ROUNDELAY
SCULPT
TALENT
UNBECOMING

713

```
D W F K B F Q P V H N W L D O K D R H W
V S O W G J E U U P V G N I R E E T S J
P B N M Z R Z S J E R Q S I S E B J O N
M L H J L F I B T O B G V S V F A O S I
C T B P L O S A U I U L A T A X E R N D
T P A Y B P O G U I V R O A J U M P Y E
A R I T H M E T I C R E Y N F J U A N C
T N A V P S Q E U A T A U N T T O C H L
G H G M G U H W B R S M R N S S N E K A
K Q R V B T M M K I L O M E T E R H A R
R H B U N R E I U N D E R C H A R G E A
W O J E S I O V C T R A P S L O K E S T
N Y P A K H C S Q E J T E D X V H R M I
Q E B N C P N S I M E L I P X O X Y A V
N C I I Y A U S A A I C Z M O V T L T E
```

AMBROSIA
ARITHMETIC
DECLARATIVE
DREARY
EMBARRASSED
FESTIVE
FLYING
HERALDIC
INPUT
KILOMETER
NEPENTHE
NOUMEA
PUEBLO
PUMICE
ROUGE
STEERING
TAUNT
THRUSH
TRAPS
UNDERCHARGE

714

BAZOOKA
BENEFICIAL
BINGE
CARBONATE
COSTLY
DELIBERATIVE
DREARILY
EVERETT
FATALITY
FILTER
GERMINATION
IRVING
IVITTUUT
LOWERCASE
NEFARIOUS
OCTAVE
OPERATOR
SCHISM
TEACHER
TEMPEST

```
L O C W E H V V I S R Z A C E J E S E Z
B A Z O O K A X U D K T U E T S G B U G
O A W H V N J O O W E S B J A K N H O H
S P J A Y E I P D M Y W C C N U I A I Y
C Q E A G R Z B P E H M R I O Q B D L D
H L O R A Z V E E H L E K E B K H T F R
I I U F A T S S I N W I V B R U S U A E
S F E V A T C O X O E E B H A O E U T A
M N G U N E O U L F S F O E C Q S T A R
U X N B R R K R W U A D I W R E U T L I
M F I L T E R U L G P H E C F A F I I L
B P V D I V T E A C H E R Z I R T V T Y
B F R P P E W O R N L S B X Z A G I Y T
N O I T A N I M R E G C A A M R L Z V B
O P K J K N T H Y I L F T V N H H G U E
```

715

ACROPOLIS
BALALAIKA
BAPTISTERY
CANDLELIGHT
DEEPEN
DIAERESIS
DISCIPLE
ENJOYMENT
GENTEEL
HANDCRAFTED
HARMLESS
KAKAMEGA
MATERIALIZE
NONSTOP
QUOTIENT
REDDING
REDIAL
TOMATO
UNSHEATHE
VANDAL

```
X I U I A B A L A L A I K A Y A Q E X V
O D F R Q C K Q J S D T D B F R U N W Z
S A W O J F R X E W V E W J E P O J W V
A B K E S O E O O B E H E D N W T O C A
V L E E T N E G P H D B I P G I I Y H N
Y A J A C I C P T O L A O P E G E M A D
Q Z M I V T O A A B L M S S T N N E N A
W O N R K T E Q S J R I G K T I T N D L
T C P M S H Y J F U R Z S Z Q D C T C O
P T L N S K A K A M E G A T W D B J R L
J M O N M A T E R I A L I Z E E L L A I
Y N U C A N D L E L I G H T M R P T F T
I F H A R M L E S S D I S C I P L E T W
X S I V R V R A B A P T I S T E R Y E T
U G L D V D I A E R E S I S W G P V D E
```

716

```
F W S Y L L C C O F O R G O I S Y H P U
N P R Q B O J A R V S R B H E U Y H F N
N N U L O T U S V R L H A C F D N K X T
C C K Y H W N U O E R U T A M R A O W U
Q F A P Q U W O U Y R E T N E S Y D S T
U X K U X K D S Y X H C S O L G B P T O
O K Y A S T Z T S G C Z U I L I B H R R
D T I W U T I F U M E I R S I L U F E E
C M N O J M I N E K A M T S E A T Z A D
T G F Z L R E C D Q X B N A S P S R M U
S M O L E N S K P A D U I P R Q K B E P
W I N C H E S T E R R C H U A K G Z R T
Y M F E V I T A T O N N O C M J U B A O
D I S P R A I S E A X T E X E D P X K O
Q Q P Z S W Z L L X L M U L T L Y G D R
```

ARMATURE
CAUSTIC
CAVER
CONNOTATIVE
DARNEL
DISPRAISE
DYSENTERY
FORGO
INTRUST
LOTUS
MAKENI
MARSEILLE
OUTDOORS
PASSION
PHYSIO
SMOLENSK
STREAMER
STUBBY
UNTUTORED
WINCHESTER

717

```
T B F O X G L O V E L P T V Y Y G L T O
O U A E D O W P A B S Q A X S D L H U C
N R N R G R X U Z R S V P S N A A D V T
U I B I E F A T U C U C A L I W M S K O
M G D I C L D M Y X X G C K A N O H B B
P X T W T N Y E A F S Z V H R T R R Y E
P N N T T O N O I T C A R E T N I G D R
P E R P E T R A T E I N S N N E Z H B N
Q H A Q K G H Z W X H C U F E N E A E N
L Z F B Y N D A T T O V A L F N C F N N
L N E D V I R A C T O B H L L K S F E U
Y E S C Y K Z O K Z B C N R L I I P F M
L H N Y L R T N A N G I L A M Y F N I L
W S W U T O B L P E L U S J Y J S Y C J
C A R Q F W G Y U M I H R L N B N R E G
```

BACKLASH
BARELY
BENEFICE
CUCUTA
DRAMATICALLY
DROWN
ENTRAIN
FOXGLOVE
GASSY
GLAMORIZE
GLAZOV
INTERACTION
MALIGNANT
NULLIFY
OCTOBER
ORBIT
PERPETRATE
SHENZHEN
TUNIC
WORKINGTON

718

BETTING
CHEVALIER
CLEARLY
COLLOCATION
EMULATOR
GALVANIZE
INCARNATION
INFAMOUS
MAINSPRING
MODEM
ONSET
PEWTER
PRIMITIVE
PRISTINE
SIMILITUDE
SPECIALIZE
SPILL
SWOON
TRESS
VLADIKAVKAZ

```
U S N R Q E R R E I N C A R N A T I O N
O E J A O Z O Z W W R H P R I S T I N E
S I E N Y T I S J C G T J H O H T E H C
P F D V A N P P P W X V Y U R N R O B O
X B C L A U R I I E Z I L A I C E P S L
C F U V S R V L J O K K R M X U S K U L
Z M L W W E T L P N Z T A T O A S C O O
E A S V O K I R E S T H E B V D O F M C
G V H E O U I P W E V E L J E N E H A A
M E F Z N M C L T T V U C J U T C M F T
E I B R I Z N S E X Y O O W E C T M N I
F F G T J O P F R E I L A V E H C I I O
M A I N S P R I N G L O Y N W H X X N N
M V M T V L A D I K A V K A Z D R Z C G
E S I M I L I T U D E C Q H M M O T X I
```

719

ANECDOTE
AUTHORIZE
AVATAR
BLOWSY
CANNONADE
CASSEROLE
DROID
DROSS
DUISBURG
ESCUTCHEON
INTRODUCTION
LEVERAGE
LINOLEUM
MISSION
NITROGEN
ORIZABA
PROZAC
SETTLE
SHRAPNEL
VIPER

```
L R L O M D D N N S S O R D Y E B K B E
V I N X X T I H T E C Q Y F T B P T L S
B O N O B Z N O I T C U D O R T N I O C
U S A O O N T J A T G E D Z A X H J W U
U X Q R L V B B Y L N C C C D J X S S T
F L M X K E A C Y E E A A A V Z W C Y C
P E C N J Z U K Z N G U N S Y I B P D H
Q N B G I Y R M A O O T N S U V P K W E
T P A R A T A V A I R H O E A R J E C O
D A O U V H H M W S T O N R C A A A R N
F R T B S K H H V S I R A O P R O Z A C
C H O S X O F G R I N I D L G U C O R C
G S V I B Y S K N M C Z E E S M F M D Q
A T X U D C L D O X Y E G A R E V E L D
C E V D D A M J H K Y U E D U A Z T F C
```

720

```
S Z R H W F N O I T C U R T S E D W N B
G I G T S E T O R P D R N K B I B C E O
W R M L D X A J U M B S A E J T N A V R
L K B O A M A K B O K Q K F A Y B P A O
B M C X N U H Y L I F G W S F R K N Z U
S N A F F I F V P Y D A W G K L T R A G
N U B B I N Z P Z H A I B P F O E H G H
N C H H H A E E H J L E C T F U I T L Z
A L I C M R Z D E L E L L A R A P N U Y
W J R L P C V O A J Q V G R S U M M O N
C A X Z X D Q R Q D M A Q R G S X W B S
L I S M L Q P E Q U S B F A G U R S B X
V I C T O R Y Q M T G G D G X E C I W Z
R O O F T O P R A G H Y M O J W M I X F
P A T H O G E N I C E N G N E W Y K W M
```

ANTOFAGASTA
BOROUGH
CRANIUM
DESTRUCTION
ERODE
LARCH
NUBBIN
PATHOGENIC
PROTEST
RAFFLE
ROOFTOP
SIMONIZE
SKIPPER
SUMMON
SWILL
TARRAGON
UNEARTHLY
UNPARALLELED
VICTORY
WEAKLY

721

```
I A I C L N L D W G P Y Z W O R F C X G
V W P M R Q A L N T E P Z E V D M O E R
Q L W F P E C I L N T X E A Y K M L W P
M N B I H U K A D T A L X T E H Z O F X
S L X G R S R W W D T V V H C L U R B O
A C U R U N L E S T I X R E O R G F E P
C J R H E C X O N C P J L R N T F U T D
R P K U W Z R F A P L F H C O B T L P C
A O H O N B A C K W A S H O M R K I U A
S P L I U C N Q N R P R Z C I N F Q D S
T P B I A T H H V T I A U K C M K F B E
X R R R I L I I S A F E K E E P I N G B
L E E S J P R A E M E H K Q K X O R M O
S S O N D E M I L B U S X W S U L Z H O
D S H F T O V Z F A G V U V B B P D X K
```

ADSORB
BACKWASH
CASEBOOK
COLORFUL
DITTO
ECONOMIC
FROWZY
HUSKING
IMPURE
JUGHEAD
KOUTIALA
OPPRESS
PALPITATE
PHIAL
SAFEKEEPING
SARCASM
SCRUNCHIE
SHEARS
SUBLIME
WEATHERCOCK

722

BUCHANAN
CHIZHOU
ERMINE
FLOPPY
FRIGHT
GOODWILL
HORSY
JAMNAGAR
KIGALI
MENACE
PIECEWORK
SATYR
SIMILAR
SLAVE
SPURN
STAGING
TARANTULA
THRONG
TRANSFUSE
VAUGHAN

```
I P V Q H E R G O S Q D C W N T R T S K
F C D Z T N M F Y L Y H Y P A G S H T I
M P N T A L V I S A P J R R N U R R A G
E S U F S N A R T V F E A U A Q D O G A
N M Q M R N F E W E Q N G F H L D N I L
A R X U I J P K N Z T D A K C C I G N I
C K P V X J N F K U U P N Z U W G M G B
E S D H D L Y R L O U F M V B J I F I Y
W J F S Q V O A H O G A A A E G R S E S
R G B B V W P Z D R P P J U X I T Z B R
O P F X E N I M R E Q P R G G Q I P U O
N S F C D H G O G P U Q Y H O W M B C H
K D E E C B R T Z Q G Q T A C F B D O P
K I G O O D W I L L P W A N S I W R I O
P K A D C L F B N C N M S M G X B O C Y
```

723

ANANTAPUR
ASSEVERATE
BARRICADE
BOTNET
CAULDRON
GRADUALISM
IDIOM
JAIPUR
KAMALIA
MARIONETTE
MIRAGE
OUTBOUND
QUAINT
REPLICATE
SHANGHAI
SIMONY
SWIVEL
TRAMMEL
UNDERTAKING
VICTOR

```
U Y Z X T D P R V Q V I A B R U R T J S
J N D C L R U P I A J D S R O E D S O H
U O D S H P A Y C G U I S E O T D B V A
D M K E I L D M P D R O E P E I N Y N N
P I O T R X W O M N M M V L B S U E M G
F S K F V T Z S E J V E I A D O G T H
R U P A T N A N A T L I R C W Q B A Z A
Q A R Y M L V K A L O C A A G W T R E I
S U A F E A E K I F B T T T O U U I L Y
D G A V I P L K Y N U O E E H U O M U T
Y T I I X E Q I R L G R P D G I A C Y N
N W Z U N C E B A M A R I O N E T T E E
S B W L P T G Q N C A U L D R O N U Y C
G R A D U A L I S M B A R R I C A D E K
Z C L H F P J C E H R V G F R W K U M R
```

724

```
D R A S S A C A M I T N A H D E U C E W
B O F E N E N S E B Z J H C P L J W I M
W U U O U N D E I R T N U G C A H R D I
Q B C G E W S A K A L X O G T H C E B N
D Y X T H E F Y N B M K F N H S G D B G
I S N U R N M B R O N C H I T I S U B R
W A H O B A U L D A U A W V F B R C T A
A U F C G O L T I P E B O I I G V E F T
L A P Y T H N Y S O M H I G E A U A K I
I W L A V V Z A A Q B C J S S I G W J A
U O B A S A L T F L H N S K R Z K N T T
P L N T X C F J F W B U Z N U R R K U E
C H L O R I N E E J O H I A H Y P E R E
D Q X L B R O U C A A J V H P X C P H B
B Y L R M Q J M T E S J R T Y C R F J C
```

ANTENNA
ANTIMACASSAR
BASALT
BRONCHITIS
BURGESS
CHLORINE
DEUCE
DISAFFECT
DIWALI
DOUGHNUT
FORESEE
HUNCHBACK
HYPER
INGRATIATE
POLYGAMY
REDUCE
SEDAN
SHALE
THANKSGIVING
UNTRIED

725

```
C R Y Q Q K Z G M B O O T Y H T L F L N
L E O T P I T A R A E W E C J A W F A R
X L Z H D Z Y I S K I S O J S R Q D C E
H A C Z L L Z R N S C I H S Q I A U H G
E X N N O E I E T I U Y A V G M M U A I
F E C H H F B E P Q M V V N A A P Q N O
C D X D E Y R V U S O I C N L F N Z D N
B O P D S L W A R T U U T T T L T K I A
H O B N A I L R K G P L I A X Q N U G L
J N W W E D T G N C Y U E P B M M P A T
A D C O L O S S A L Q C Q L J L G T R P
P P K W F F Q K B O Z N L Q I W E A H L
H S A P N P E C C V K L X M O X U K O Z
R D C N U Q H F Q E I G X Q I Z I E Q A
M A L O L O S M H D N C U D T F D R N K
```

ADAMANTLY
BANKRUPT
CHANDIGARH
COLOSSAL
COQUITLAM
CUPCAKE
ELIXIR
GRAVE
HOBNAIL
INIMITABLE
LEASEHOLD
MALOLOS
MIRAT
REGIONAL
RELAXED
TIPTOE
TRAWL
TWISTER
UPTAKE
VASSAL

726

ATROCIOUS
BEAUTIFUL
BOOZE
BREMERHAVEN
CALLOSITY
CASCAVEL
CHEONJU
COUNTERACT
IMPERIALISM
LADYBUG
LOCATE
OLATHE
PILEUP
POLITELY
QUIVER
RAYON
SHOOK
SLAVER
TAEGU
UNCLAD

```
U U A W D Y G H C A A Z E B A S W O L C
K N B W E L P P A U R Y Q V W Y G P A A
T C W O C D M M S I L A I R E P M I D L
V L Q M O V O Q C A S P O E T O X U Y L
C A P D E Z U Q A N L F F V A E F B B O
H D K K C T E G V J U L E I C X P R U S
C H E O N J U K E S F T K U O O A E G I
I X Z O B B J K L A I C Y Q L B T M W T
R A Y O N Q C O U N T E R A C T R E M Y
P I L E U P O O G P U Y T H R L O R F K
D S L A V E R H N G A H J E J Q C H I K
J V T W T N Q S D C E V F M J F I A D X
P O L I T E L Y W Y B H R D B I O V E X
T L I S X Z L Q R M U S S N B H U E D O
Q Z Y U I D L H L I Q H I N O Z S N Z C
```

727

AIRPARK
CORVETTE
DELIGHT
DISINTEGRATE
DISOBEY
ENGAGE
ENRAPTURE
FALSIFY
FUNGICIDE
GUMMED
JIGGLE
LABASA
LIVERPOOL
NUISANCE
NUMBERLESS
NURSERYMAN
RECTANGLE
STRUCTURE
TIRED
WALLABY

```
J N A D Q U N F R A S Q O A M E D J A L
D I A H P F A U B X N O H S G Y Z N O A
I I G C E L G N A T C E R A E B Q O E E
S T G G S R I R I O P N G B R W P R C D
I H V I L S Y R R C V N O A N R U N D I
N H F H B E E V P S E S O L E T A A K C
T Y S P N D E L A P I I V V P S Z M R I
E R P O Y T S W R D R R I A I I S Y B G
G O Y T T C Y T K E O L R U M L L R K N
R S B E A B H I B M B N N J N C V E B U
A G S R A G E P F M E M K D D R L S Q F
T Y J L I R A E R U T C U R T S L R Y M
E Z L L D W J P Z G Q P F N X J I U P W
H A E L J W T E W E I I U Y C D R N R B
W D X O P W X K I B F Y Q E G T I V T Q
```

728

```
S A S S A F R A S E R O H A L E A L S B
O U T B R E A K R H D A S A R B L G U T
T Y C D E T C Z R L Y T B I I I O X H C
R K I X W U O O A X B E A B R R Y K Z T
L P V Q O L C X U Y N N T D L H D Y F E
O V N M L O Y Q L P O I E U I E Q O O T
B S O Q F V J L H I K K N P R D A N R J
S V C I Y K I R L J B C N J K B E U E K
A E N V K F B L B Q J O I H U P G H I R
X B V C F J I R H Q M T S X T F I F G X
C G O H O M L O Z R R S M U S W L I N N
M R R H Y T H M I C R B N M K N R A E I
F S W E D E W D R S T I D X C Z E Q R E
R U T H L E S S Z J U B T V S S G J I J
Y I U D V W S V O M W T K D W S V V U O
```

CONVICT
DRILL
FILLY
FLOWER
FOREIGNER
FROCK
HAIRDO
IRKUTSK
LAHORE
MILLIONAIRE
NEPTUNIUM
OUTBREAK
RABBLE
RHYTHMIC
RUTHLESS
SASSAFRAS
STOCKINET
SWEDE
TENNIS
VOLUTE

729

```
C T P G X N U R R N L N I Z P O E A D C
P U L F P T D R E C Y Y L H I U F M O H
O L C F P J Y H D G L P G U G G E A T A
S C T U V V A A N A D A O H H D V W T N
B U V N M E N L E M S R L A E U Z S E G
K Y M S P B E I V W O E N I A U D O D C
N P W M R N E Y O A V H H D D V K N A H
O J G A A V J R R T K T O Q E P N G C U
T X J C Y R K Z P U K O U Y D X J Y E N
H D I C Z S I H G A P I H S D N E I R F
O Z K N B G Q Z L G T D P O P U L A T E
L T Y F Q I O P E O Y A C O I F F E U R
E T A V I T C A E D V R N T B M D Z I Q
A S S E S S M E N T F L I P I I N H S K
H W I I D B F Y E H V O S N A M T G Y Y
```

AFGHAN
ASSESSMENT
BYWAY
CHANGCHUN
COIFFEUR
CUCUMBER
DEACTIVATE
DOTTED
FRIENDSHIP
GASWORKS
KNOTHOLE
MAWSON
PEAHEN
PIGHEADED
POPULATE
PROVENDER
RADIOTHERAPY
SNUFF
SUMMARIZE
ZHUHAI

730

ACANTHUS
BARRISTER
BEARING
CASSAVA
CHANCRE
COCHINEAL
COMMANDMENT
HABBUSH
HALLOW
HOECAKE
INDUSTRIOUS
IRIDESCENCE
KUDUS
MAIDSERVANT
NIGHTCLOTHES
OPENWORK
PARADE
SALVER
TASTEFUL
TWITCH

```
W H J H C T I W T C H S U B B A H E F Z
E O K A A O M R W P U W X O Y U T D U J
M E L R L D M K R O W N E P O P G G I Q
E C M L C B A M I I R I D E S C E N C E
B A A H A V G R A C D X N O E M A I C D
G K R B A H T U N N L G A D H A H R H A
P E P S N S T R V P D D R K T I I A A F
U A S O U U X E G R R M Q G O D G E N U
M A R D N F K V M O L V E E L S Y B C L
C Y N A T U B L K T N H N N C E U W R E
S I X M D A C A N T H U S C T R G X E G
U O L U F E T S A T K X B G H V D A N J
B R S C O C H I N E A L W G G A J T V U
B A R R I S T E R T M M D K I N C L J Q
T P T J H O O J K B A S V H N T T Z X M
```

731

ARTICHOKE
BOWERY
CLOTHES
COMMIT
CONTEMPT
DISAGREEMENT
DISPUTATIOUS
DOGONDOUTCHI
FAVORITISM
GENTLEFOLK
IMMEMORIAL
LANGUOR
MAHEBOURG
NAUTICAL
OPPORTUNE
RUMINATE
SHIRTING
SINEW
STRESS
VERDIGRIS

```
C N I M M E M O R I A L R Z S U D Z L U
D I S A G R E E M E N T U F C L R J I R
M A H E B O U R G S B D M A W K L T Z Y
N O P P O R T U N E I S I R G I D R E V
A O P Y T T D J T S H D N T O F D I H Y
U L A N G U O R P E C U A I D W C K R F
T F H V S Y T U E U T P T C T X P E J A
I O S S E R T S B D U E E H E F W S Q V
C V I I H A C E F I O L X O B O H P R O
A O S H T C T A Z P D J U K B A F Y V R
L P H I O D Z Q X D N L O E X Z T U O I
V J O M L R R Q K L O F E L T N E G A T
S U M Z C I W L E G G S H I R T I N G I
S I N E W C G A H C O D I P B I Y L J S
T P M E T N O C L F D Z V I A F L T A M
```

732

```
T R A G G A R B N R W E P V S P Q Q M V
G U D Z R E W A F N C Z R S E I Y W H Q
A K S C U B I T H N T R E B L N T U X S
J E D S P M N Q A P B L D D B A I Q E U
U H J Z O E I T E F H V A S A Z N S N U
F B W F K C P I W C Y L E B L I G K O P
N B G C N E K E T P Y Y H E U W I Q B N
W F I D C X N A U I W O E C C P D A K O
K H J C X O M O Q L G E L E L R N P E I
C P A L Z J P S W X B R B Q A O I B E T
W U U O Y O E W A L I E U Q C V B R H A
K C R P O N N F K E D D O S N O X U C V
E U R T A H Z B K V L B D W I K G S F I
E X F F Q L A A N T E R O O M E J H J R
I N V I O L A T E C O N C E I T Z J V P
```

ACCEPTANCE
ANTEROOM
BRAGGART
BRUSH
CHEEKBONE
CHICKEN
CONCEIT
CUBIT
DOUBLEHEADER
EUROZONE
ILAWE
INCALCULABLE
INDIGNITY
INVIOLATE
MATCHLESS
PENZA
PRIVATION
PROVOKE
TUSSOCK
VENISON

733

```
F G A I Q B R T A S Y B A B F T U Z P M
L Q Q O P X N A U C I Q A T S U R P E E
U E P U R E L O D S L Y X J O V P S G S
E C D B M U U L I I E O V T I M R E H S
N H S A H T Z D N R A H I E V L L N J M
T F N T L A N V T T L N X S J J K I M A
P E O U J I E A T N K E T B T S N U N T
R O M T R T E T A T S A V E D E D G B E
F U W B E H X F I P V A P S U U R N W H
T I T R T T R I W H Y Z T P D D C A X W
Q L A T N E M U R T S N I Z X S F S B L
E T B W T O C H A N G Z H O U T A T P H
E X E R C I S E G A U N T T K U T X L H
U H W D P F M T C T C U X E C H H P P L
C S E Z A Z V J S D C S R E T I R I N G
```

BABYSAT
BAJIL
BRINDISI
CHANGZHOU
CLOISTER
DEVASTATE
EXERCISE
FLUENT
GAUNT
HERMIT
INSTRUMENTAL
INVETERATE
MESSMATE
RADIANT
RENAME
RETIRING
RUSTAQ
SANGUINE
THEATRE
TUMULTUOUS

734

CONFESS
ECCLESIASTIC
EMINENT
FISTFUL
FLAUNT
FORMALLY
FREEZER
HECATOMB
JABBERWOCKY
KATHMANDU
MATINEE
MILLING
PARALYMPICS
PLANTATION
PROMINENT
PUSSY
SLACKS
SNOBBERY
THORIUM
TSHIKAPA

```
T N E N I M O R P U F K H J U T E H E O
V H K C N E O U D K Y R E B B O N S S F
X U O G O D M N F Z S T C N R I D Z L E
M C I R G N A I B N S X A B M C G R A C
M R F U I M F N N L U F T S I F E N C C
I S N O H U T E A E P W O Q P Z N O K L
L Y F T F M M Q S W N D M L E A I S S E
L L A M O E A M A S W T B E I S U O O S
I K X L R L F T G U D U R K Y Q M T S I
N M O R M L L Q I Z U F Q X C C B O B A
G N W R A D A W B N O I T A T N A L P S
Z R N U L K U C Z R E T S H I K A P A T
Q J B Z L S N M A L F E X C U T Y A J I
J E F C Y G T J A B B E R W O C K Y N C
P A R A L Y M P I C S H N Q S T V B X B
```

735

AMBIVALENCE
ANTIKNOCK
AUTOCRACY
BEDRIDDEN
BOWSPRIT
BUTTE
CENOBITE
CODEINE
ECHELON
ENHANCED
FANCIFUL
HEREWITH
HERITAGE
HOOKAH
MUSCULATURE
NARVA
RESULT
RITUAL
SHABBY
TAUBATE

```
L Q P N Y C A R C O T U A A F H E R U Z
C N B C B X O X U E I W X A G E L I P D
F H E X B B M D E C N A H N E R T T J D
A A C G A Q R M E T A B U A T E A T E J
N B N N H Z F Z W I O O C R E W J Z U T
T E E C S N C J K K N D E V E I K B X B
I D L T I R P S W O B E N A T T S M I H
K R A E Y F W G G H D N O L E H C E A E
N I V N J B U A M M B O B C N C S K F G
O D I U W F N L E G A T I R E H O I P C
C D B M U G T Q A R Q S T X E O D R Q J
K E M P Z J K R S U J N E U H S F P T D
X N A D A B T Z N B T A P U G V U U L W
F K L C W R U M V V Q I G P S O R L A N
M U S C U L A T U R E U R M S W K S T C
```

736

```
H Q B Y I P R I X N N E W R W S S D S U
P A P W W Y T Y G M G W D K I O M I E N
M C R E I L F H G I H V E Z G Q O A G R
W A A M M I A Y E V I E F R Q F T M M E
E N U Q O R H J Q E I L U L M F S O E L
N O N K R N U M N C S B O Y A P U N N A
A R D K A X I T O O F B U L C S C D T T
B A E Z S D I C G V X A T U X I H B H E
Q K R E V A A R S E Q B Z H L F F Y E D
F A H G N H E X A M E T E R R I K R F G
Q U A E X T R A M U R A L E T A U Q I R
N B N Q H S N I T U N D E R E N S M N S
X X D L E I F K C A B V U A I L V H T N
D A E D E V E L O P N N O R S G C W E O
N J D E D A R T S W M V T V R I I U A R
```

ANORAK
BABBLE
BACKFIELD
BURGOS
CLUBFOOT
CUSTOMS
DEVELOP
DIAMOND
EXTRAMURAL
FLASHY
HARMONICS
HEXAMETER
HIGHFLIER
INURE
SEGMENT
THRASHER
UNDER
UNDERHANDED
UNRELATED
VIENTIANE

737

```
P C L V F E K B Z F P G O R L K Z W T N
O L I K I N G X Y K Z C L H I A F H N J
M X E R Y X D R W W E T A L U D O M T H
M S T A G E H A N D O K K T C A I B K B
E X Q P A L R C E V Y R E N H G M N Q L
L E V Z Y W A W Q H L D D K R P Q O G A
H I Z Z F R N Z G Z I L S A F P H R N N
M Y G Z F V C K P S R L T A R A S X U K
I N N A D U P M E T A E Z J F I S L T E
R Y R I N B M T F R W Y G I S E E J R T
K E N D A L A S O B L U F Y N Q T H I H
C G X Z M T C H E W T V Y I T E M Y T O
A D N X S O C K I N S W O M A N D E I U
U U R C O N T U M E L I O U S P I D O L
S F D S O K S K E P B I B Y H J E K N T
```

BLANKET
BYWORD
CARFARE
CHORAL
CONTUMELIOUS
CRYPT
DENIZLI
FUDGE
KENDAL
KINSWOMAN
LIKING
MIGRATE
MODULATE
NUTRITION
POMMEL
RIDING
SAFETY
STAGEHAND
STATESIDE
WARILY

738

AUTOFOCUS
BLUEFIELDS
DANGER
FUSHUN
IMMODERATE
INTENSIFY
LANDWARD
LIVERWORT
NEEDLEPOINT
POPULAR
POSTER
RELENTLESS
RESIGNED
ROWDY
SARDINE
SHOELACE
SOCHI
SPURGE
TRULY
UNIONIZE

```
P W J Y L S C G U E G R U P S D V Z U J
L O Q S M Z R B T R O W R E V I L C N U
I N S O O C A A S D L E I F E U L B I F
V A E T F C R A L U P O P A Z B Y I O D
Z U W W E E H M L S C T G T E F D N N T
Z N F O D R H I Z X V O R I U W R T I L
T N I O P E L D E E N U F N H G A E Z P
X U M A H N A M M E L V F O Q J W N E P
U M I X U N L V M Y Z R T A T D D S D U
I F Y K G I S A R D I N E F F U N I D W
S H O E L A C E M W E X G M B A A F S C
J O R F O L Y Q B O L T Q F B Z L Y D J
R E S I G N E D S R F U S H U N G G L W
K R E L E N T L E S S D M X V T X F J L
Y Y Q Q P Y F T Z T G U L M Q L E U X U
```

739

ANCIENT
CHUNCHENG
CRABGRASS
CROWFOOT
DIGRESS
DISAPPOINT
DOCENT
DUNEDIN
FEISTY
GUARANTY
IMPERATRIZ
LAGNIAPPE
MINCE
MISRATAH
RATIONAL
SENTENTIOUS
SHRANK
SILENCER
VOMIT
WENCHENG

```
L Z M J R T W K W T Y C I O P T L M S H
Q A J I N X N N N T N W A Q U Z U U I W
T R G E S A A I D V S T O O F W O R C R
C C C N R R O Y Y Y S Z I Q Y I F R P D
C O D H I P A T Z S M N S N T H Q X B U
D H S Y P A N T E T W X R N S I C P F N
P W U A P A P R A P Q T E Q I N M G Y E
O T S N R F G P F H V T C Y E F V O G D
U I V A C I I A E D N N N T F M X N V I
D R U S D H J F B E V E E K C B E I C N
Z G N G W Z E L S P S I L W S H V D U R
C I T X O T V N D S B C I X C M I N C E
R A T I O N A L G E A N S N X S J D E M
I M P E R A T R I Z V A E F I O Z I P O
C R A B G R A S S A Q W E W P O O Y N Q
```

740

```
E E U L F K W E O W M Q U D N Z C N W G
O F G Z G B S S S W U G B K K N O S D R
A B F L A I C R E M M O C J T F U F P A
D D G U V F I N H S Q K L C I L N X H S
F A A E L D A G L O W M D U T I T A V S
M O L P I G T H E R E O F O F B E C P L
L E R D A R E D A H E U U D M E R Y X A
T Q G E C Z E N F H R P Y C S R T B O N
L U Z F R J A D C H E R E B Y A E A Y D
Z T N C M U G R A E A N H D Q L N R R E
Z L B A I V N A I I Y C P Q B I O O A G
J K Y N O T G N I L R A D H A T R D M C
J C A B Q J M Q E P B Q Y D B Y U A I D
H A N C E M U T A R E D I S E D F M R A
T E B I N G T I N G G I F R X M K A P X
```

ADAPAZARI
AGLOW
AMADORA
COMMERCIAL
COUNTERTENOR
DARLINGTON
DESIDERATUM
EFFULGENCE
FORERUNNER
GRASSLAND
GRATEFUL
HADERA
HEREBY
LIBERALITY
PRIMARY
TEBINGTINGGI
TELEVISE
THEREOF
TOUPEE
ZUGDIDI

741

```
V O R L Z S L D S I E K N I Z E B M E Z
F R I U K M V Z I I E R I F L V R B P Z
V V L G A Z X Y C D R A D B P Q O Z U G
K S A T U R A T E O J E I Q C D W F U X
Y L Z T S C V I B C M S N Y N C N V O N
L O H T N E M N E B I M X A I N S H Q P
R V E Z A O E U X V H Z I O T Y T J E U
E S I W O N X T X J R O T S I L O I V S
N S X C R C T R Y F B O E G E T N F H S
N E T C G V E O D R A F T E E R E S M Y
A I G Q P S N P P L A T E L E T A O X F
M Z T C J T U P Y D M J P U K J C T F O
N U K J L T A O L B A C K L I G H T E O
U R P V H D T C O S V R C R S R T B V T
I E E J V V E I P E Q U I V O C A T E K
```

BACKLIGHT
BROWNSTONE
COMMISERATE
DRAFTEE
EQUIVOCATE
EXTENUATE
GROAN
MATZO
MENTHOL
NOWISE
OPPORTUNITY
PLATELET
POLYP
PUSSYFOOT
SATURATE
SEIZURE
SIREN
UNMANNERLY
VIOLIST
VISIBLE

742

ADJACENT
ARABESQUE
BATTALION
BEATITUDE
BIPED
CALDRON
CHETUMAL
CODFISH
COMPUTE
CRETACEOUS
DESCRY
FORFEIT
GENERATE
HAFIZABAD
HENCEFORTH
MONARCHIST
NADIR
UNWISE
VAULTING
VESTIBULE

```
J H U N Y Y K C O U C A M Z A E T E C B
B T I D B H U K G N Q O Q K D D L A R A
A R A B E S Q U E W T Y M U H U N L E T
M O S C L P C W Z I B H T P B L K H T T
H F C T O C I M M S J I H I U B K T A A
N E R A U D M B T E T K T J Y T T E C L
L C U D L B F P A A H S P R F S E E E I
I N Z E Z D I I E Z E Z I O I W I R O O
N E J S R G R B S V D S R H Y B R P U N
D H O C S J H O Y H N F C N A D I R S G
E B F R X S D S N K E R G E N E R A T E
T E R Y V D W C S I A H A F I Z A B A D
K V U O X W B F T N E C A J D A X C A T
H Q B A L C S G O L V A U L T I N G P Q
O N S Y T J W M C H E T U M A L L H M A
```

743

AMNESIA
BANTER
BRASS
BRAWL
BUGABOO
CHINTZY
CHORE
COHESION
CRUET
DEAREST
DIADEM
DUBIETY
HAMMERTOE
MISCREANT
OVERWEENING
PROBABLY
RELATIVELY
TIRANA
TYPEFACE
UNLESS

```
Y S S A D J N R D F S R W B E S P N B L
T V Y T S S E L N U G Y C R C R G F W Y
M D O L R T F T C O B H T A H A B A M L
G E Y U N J M O R V D I X S O R R P R E
W A L A L F H L X E C F E S R B A A C V
P R B A T E Y W O R M Y T T E A M A D I
X E A Z S P L O O W E I N A Y P F G A T
O S B I U F B A R E D N S P D E F N G A
H T O Q B A S A Y E A L L C P M A V M L
O N R Y G C T Z L N I N R Y R R R H Z E
Q X P U W E T N Y I D L T F I E K Z C R
L H B V U N N U E N M V H T P Z A D B F
C S Q R I R T M Z G A M N E S I A N V H
D O C H I L D C G U B L K K F T K I T H
A V C H A M M E R T O E K S A N W R L G
```

744

```
Y V K X H G K A H O U S E L I G H T S N
R H Z J W P G L O N G I T U D E D Y O R
S Q V T L A A I R A I R E Z P R L I S U
N C L H K I G I N O E S M H A T S Y S S
H M I I Z W O Y Q A C A M O I S U T L T
O I H B V N C M S I L I B J E R O A D I
K S N I H C A O J A N Y F R U N I C E C
A J A R V I N W D I E Q P Y Y R S L L A
O H C E D A B R S K M E C H T L L T I T
R S Z E B M O T A M D G E S Z E J H N E
X G O L W I R N N H U A U U W D M D E L
S P E C T A C U L A R D Q S R Q M O A D
K X J Y N N A R Y T N H O I X O Y L T D
D J J T V E U V E I Q R H R O K Q A E U
O I Q N E H R D E V I T C E T E D H N C
```

ACHINSK
AIRAI
ASHIKAGA
CUDDLE
DELINEATE
DEPRESSION
DETECTIVE
HOUSELIGHTS
INDUSTRIAL
KEYBOARD
LONGITUDE
MALADROIT
MINISTRANT
REASONABLE
ROSWELL
RUSTICATE
SPECTACULAR
STONYHEARTED
THIRD
TYRANNY

745

```
R O S F I D G K M O V R T V V X H F L L
Z Z O S G N I L E V R A T S E H I Z Y S
R W X D I H X S G N E T R C R O U R P Y
R U S L L B Q P G S I O T N S S K O S B
Y R E A U E S U Y N N M F C I P R V P D
C E F R L S R Q R S T B I F T X O G J
P B J O K D T I D T I E H N Y N L U A Z
L I H M W N A D M L P E G A T I M R E H
I S R A U U D F E A I L E I O O A X B C
S H Q O R R T S A D D N I K C P D B I R
H O C K O T O S L I F E R B T Y S H G E
U P X T R R P Q P W F K B A I A Y F A K
I R P W P D R U W R U V H U O W P B I K
J I T R Z T X A B Q D B C A S E W O R K
K C B B X V T T N E C R O M A N C Y L A
```

AMORAL
BHATPARA
BISHOPRIC
CASEWORK
COUNTRYSEAT
HERMITAGE
INSIPID
KERCH
LIFER
LISHUI
NECROMANCY
OODLES
PEELING
PROSE
SPORTY
SQUAT
STARVELING
TRUNDLE
VERSIFY
WAYPOINT

746

ABORIGINAL
BEIPIAO
BRASH
BROCCOLI
CHOPPY
DESCEND
EQUERRY
GESTICULATE
HANDLEBAR
HARBOR
INSIST
KAISER
LANDROVER
LAWYER
PASTERN
PLANNING
POMONA
UPBRAID
URSINE
WHITTIER

```
X Q O C E M U C R R D K A P P A W O B B
B E I P I A O P D T A W X P M O E G N Z
D N A Q H W A E B I G O W Y K N M R O Q
S I D H L E B S S R E Y W A L V T O S E
F S C L X I O E D A A J W Q N Z R B N B
W R D L T H R S C B Q I L O C C O R B A
P U E F F L I E T E B C D V D K I A M D
C H O P P Y G B U L S R J G S O O H X E
B R B C L H I S Y D N A A P N Q X F S S
W Z Q T V I N J O N R E T S A P J O U C
J G N I N N A L P A S K B A H N C S D E
O D J S T M L J W H E Q U E R R Y Q J N
W H I T T I E R G E S T I C U L A T E D
S S Y L W N Q J T Y U B R D S N Q X A N
T L A B L X T Q O L A N D R O V E R M F
```

747

ACRYLIC
AMBULATORY
APOPLEXY
ATHIRST
BUNKUM
CANNONBALL
CRUSH
CURRICULUM
DISAPPROVE
FOOTHOLD
GALLOP
GANGLION
IMPATIENCE
MACALLEN
NALCHIK
PLAIN
SCRIMMAGE
SERVITUDE
SHEEPFOLD
THIEVERY

```
S G O E R I F O K M C K F Q E N F E B Y
E T A C P H Y N R I X S V O I K V P X M
R H V N A S T Y L R B V C A O O M E G M
V I I E G I S Y K K D B L R R T L G A E
I E L I L L R L B N Q P V P I P H M W I
T V C T L C I H B L J I P D O M B O C B
U E W A A I H O M Q S A L P L U M O L E
D R M P B X T T N H S O A T L H X A N D
E Y A M N K A P S I F R G A L L O P G Q
Y E C I O L I U D P K X T M B I Y O K E
V C A A N F R I E O V O U O P L A X X P
W C L P N C L E O W R K I H C L A N L U
T J L Y A Q H O X Y N P O J M Z T C R T
B P E Z C S P A M U L U C I R R U C B E
Y G N O S N V L B X K R Z A I R H S A X
```

748

```
W P F U F H H O P U P E T T A M A U P R
H B F V C B X P J H E P Z E R B Q Y P F
F A S C I C L E O S H A N G U N C L M F
U U S J N G P E S R A F A H E G B I X E
P V W H D Q N A I R A N E T N E C R T R
L G F Q V I H A S P R I G U Q F Y A S O
I A O S X A J K U A B L N O N C R T I T
F I W G L F I G O V S I J P Z E D N R T
T K Z L S T G J Z P W L W S M A E U H E
O X A H L P S O T J E Y A O O N S L C R
U T C V O K A S O L W C L N I L S O I D
Z J H L B F W G F G F G K O T S E V T A
G R I E V O U S Y F N K R Z Q V L W N M
T O N G L I A O G O S E L X X U B O A X
P K I A V O Z L C A H E Q V K K I O C T
```

ANTICHRIST
ASLANT
BLESSED
CENTENARIAN
CONGLOMERATE
FASCICLE
GRIEVOUS
HEROINE
JIGSAW
KOPECK
MATTE
PHOENIX
RAFAH
ROTTERDAM
SPOUT
SPRIG
TALLAHASSEE
TONGLIAO
UPLIFT
VOLUNTARILY

749

```
X D O R B C B F W O P X P S W T X T Z D
H A R T L E P O O L N O N T A B G D Q B
D A S H E D C O M S J X L O F U Y G C W
V Q X J R P H B P H I T T D S K C J M K
X M Z C H Y L R A L U C I T R A P E I B
X E L B A L O I V N I O W E S K E N S U
S L A R T P W W R O H O A J Z V T G G T
Y Y F E H B E T O E J D R Q X I N S J W
M T D E W B W X G P I N A A M O T M Z N
N S T U V I A A C N Z G M I S B H Z I N
J I Z Z G J N S G K U A D T N Z F L S M
C O P I N G C G T S T A R E D D O F F S
S U S P E C T F N E T A R Y S A N X L I
E X A C T I T U D E P M A V E R I C K P
E I N D H O V E N E V E R Y B O D Y M U
```

BASTE
COPING
DASHED
EINDHOVEN
EVERYBODY
EXACTITUDE
FODDER
HARTLEPOOL
HEGANG
INTIMIDATE
INVIOLABLE
MARAWI
MAVERICK
PARTICULARLY
PARTSONG
PROPHETIC
READING
SAUCE
STYLE
SUSPECT

750

ASMARA
BALLAST
BRUTISH
DITCH
DIURNAL
ESPADRILLE
EXCLUSIVELY
HERALD
INTERLARD
MAILBOX
MONOLITH
ORIGINAL
PAROLE
PENURY
REFER
SCABBARD
SYMBOLISM
TONGCHUAN
TRUNCATE
VERBATIM

```
B P D K P G W G T K P H W D F S V L A I
D L N A F C R E S V Z I V R E F E R T N
X I V Q V M T T K N X J T A H F A Z M T
Y H T I L O N O M U P X E B H M S M R E
Z X P C Y E T A C N U R T B S R T G S R
O K Z E H S I T U R B M U A R B S Y Y L
C B X P N L A N I G I R O C R D M U M A
L F G X B U E S Y P Q C T S A L L A B R
P A R O L E R E E N V U S T Q A V I O D
H T X E U X C Y Q V C K D U N R F E L M
T L W C V M K W S N W E D R H E J D I Z
V E R B A T I M W D M S U A M H A C S B
C M G Z J Y I Y L E V I S U L C X E M J
B G X O Z E L L I R D A P S E V X W M G
A X N N T G D X B R U T O N G C H U A N
```

751

ANTSIRANANA
ANVIL
COWER
FOREORDAIN
GOURD
HORLIVKA
HYDRANGEA
INSPECTOR
JIGGER
MILKSHAKE
POLEAXE
POTASSIUM
PREMIUM
RELATE
SCOURGE
STEELYARD
STUMP
SWISH
THRUM
WEIFANG

```
W Y F I I H C I U M P X Z N M U R H T M
E V R N S T E E L Y A R D U Q E U U S I
I Z J S U F Z G S V E G I H G C L N W L
F H S P G O U R D X C M E R Y R F W I K
A N Y E F A Z D A G E B U R E W O C S S
N K J C N C N E R R M O D G C M R P H H
G U F T X Y L T P Y C Q G H U L E A W A
B S A O B O R P S S H I Y I K R O N T K
U G W R P T J E R I J D S Z Y V R V I E
H O R L I V K A L I R S D P Q I D I L R
X W G Z Y X N J Y A A A K F Z U A L C C
K Y R X G W L O N T T Y N A C H I D S L
B S Q Y J N L G O T W E I A I J N L G T
Y B F F T R E P M U T S Y K N F V M I H
Y V Q J R A M J N J W T P Z E A V P X M
```

752

```
D G D Q P B G T H U N D E R S T O R M E
E R C O U S Y F Z F C C Z J V G R J N Q
N E U L W I A O M Q V O J U B Q D P T Z
O E T D L N R Z X L F R N S S W D F R E
M T V R Q E S E T U N C L E A N L Y D I
I T K H U V E T M E H E M U O G E I G P
N S U O I C A P A R C E J C N J C N A A
A M F J I F K D I G W Y C O L O O T M U
T G A Y A X F S H F E V T O N M M P Z N
E Y D N W Z T R A N K L E E I N H E D W
N N A S G I I U K U L F G N D I Z C G I
K P B N A I C O P Y E D I T B Q F N G E
J X D N G U L U N G L O F I I E J O V L
O B K O Q G M A K W U A A S T I C C J D
Z H A O T O N G O S A N N U A L W P G Y
```

AMPHIBIAN
ANNUAL
AZTEC
CONCEPT
COPYEDIT
DENOMINATE
DOWNSTAGE
GENOCIDE
GREET
IGNOMINIOUS
MANGILAO
QUIRE
RANKLE
RAPACIOUS
THUNDERSTORM
TRUCK
UNCHRISTIAN
UNCLEANLY
UNWIELDY
ZHAOTONG

753

```
E B W G J V G O F E Q Z X Q C D C C M D
U D F R E N D R U J Z D J S O I U V P E
F E U E A R E N J C P K D N N V C U O K
X P W H J Y E E O P R F M D S I K R O U
C S C C W V R X G A S Z A B T S O K U D
Z A X N C A F T N S I O P C I I O R J C
D Z B E O N I O I W L B U P T V N Z H Z
Q P A R X O L R H K O M E V U E N Z D L
X L W T N J Y T C D P V R I T M V A D J
V I L L A C H U T I O E I C I R T S A G
Y L X U V Z R H E N S Z L I O E Q E O O
A Y C Q H T O B O H E R E X N Z N F P W
D I S A B L E L R D R R E S O U R C E T
S H A M E F A C E D E N I B M O C E R Z
T M A I D E N F C I T W B P R A T T L E
```

CONSTITUTION
CUCKOO
DACHANG
DISABLE
DIVISIVE
ETCHING
EXTORT
GASTRIC
MAIDEN
PRATTLE
PUERILE
RECOMBINE
REHOBOTH
RESOURCE
SHAMEFACED
TERESOPOLIS
TRENCHER
TRUCKLOAD
VENUE
VILLACH

754

AFFAIR
BARCAROLE
BOBBIN
CREATURE
DETERMINISM
DRAWERS
GREASEPROOF
HUMUS
JUVENILE
MERCERIZE
MULCT
NEIGHBOR
OCCUPANT
RECTUM
RODEO
ROOMER
ROWEL
TOMCAT
UNBRIDLED
VISCERA

```
R M W Y M Y H J W U T V V V X O C N P D
M D U B U L U M L N J A G Q B R N A Z R
P B E P T P M H Z B M E R C E R I Z E A
S G L T C L U M E R D R A A L I X M T W
W L O N E V S U O I V J T R I A C T V E
G H R A R R T O M D P U H X N F V V U R
F U A P G O M I G L R O X E E F G Q X S
T M C U M E N I X E G K I F V A F T F Q
Y Z R C R V T B N D B G R S U R F Q W G
V E A C D H R Z O I H P O D J E P G Y C
A T B O E Z O J S B S K D G E C C R C Q
E G U K O F W W O R B M E P T S R X H J
Q H U C Q N E R G N X I O V W I K I I Z
L U P T O Z L A F F P J N J G V N H N B
G R E A S E P R O O F B J U Z J Z A P J
```

755

ALOFT
ARTIFICIAL
BELLE
BESANCON
BONNET
CHEONGJU
DEVOTEE
ENGRAFT
HOARDER
IPATINGA
ITINERANT
KIDSGROVE
LAMBASTE
MAHOGANY
PARLANCE
PENNE
RACETRACK
RECLAIM
TULSA
VULGARISM

```
L E U Q Y B M I J S Q Y Z F Z B I D Q A
B L N Q X I K D T B I R R Y E K L E D J
H O N G A Q V M S I R A G L U V K V N I
M D N L R Z M W A R N T L U A C A O G T
K I C N A A U C E N N E P B C D Y T Z R
Y E P S E H F Q M K O L R A E Y C E R Z
R M L Y Y T G T C R A B R A R X W E I E
Y U I L X P X A E I N E V U N L S P V J
T L F N D I R D C O O H J S A T A O A H
A L O F T T R I G V C G D M X T R N O T
X K W V E A F Z L G N C B A I G I M C R
R T H C O I T L P O A A R N S M L I P E
K Z A H T I R P E Q S C G D E N I W Z U
Y R X R J Z Z H L T E A I D Z B P B G A
M K A N G C C I E O B K M A H O G A N Y
```

756

```
G P Y R A Z E G P Y Y N Y Y E T L O J U
H E A R T H N M R P D W W L N S Y B G T
Y Y M M S I V T N O N I B E L N Y J B E
O E D U M D N O U V P A I N O W F G L I
F N N E S A Y C B S N N B H A C F M G D
S K E K S X F Y W I E L P L D O U G A O
Z S I A S O H C G V O E T F D L S R S R
C X E T R E V A N T L U X Z P S E A M S
M L P C S F M O T E O H U R X A G D A A
P G L Y C I C E T W B X A C S B R I S L
D W Q Q R B R R M A M G Z G P Z E E K S
Y Z U D T T N A D N U D E R D E G N I F
P L A P S P W A I S O C I N L V A T Q Q
F R A N K F O R T D E J C G M A T G H K
P E R I S C O P E X Q E V V R R E R S Z
```

BLOTTER
CONVENIENT
DIARIST
DORSAL
FRANKFORT
GASMASK
GRADIENT
HEARTH
IMAGINABLE
NICOSIA
OUTLAW
PERISCOPE
PLEASANTRY
REDUNDANT
SABZEVAR
SEEMING
SEGREGATE
SUGARPLUM
TELEPHONY
VERTEX

757

```
M C I U J I F P Z X I H T U F E Q I G O
U O H C C M I S R U L E C B N T E S T Y
E E D I H M N E D T W S H A P Y V U O F
N D C I T H L N U A U W L B Q F U H Q A
N L L K S A B O L O P P O R D L I A M R
E K Y W Z H T L L G O S Q V G B I W A F
M M S H J U F A M R H C O O R B Y G B E
E I X S P L M R D E S T S M X H X Q A T
H S D D O O S Y J D O T Z I O B Y H A C
S W J W N F H A A R T E N M D X D N E H
A O E A Z B A E H O O P I G G I S H N E
H R G S O J K H T C H X T I O J Y W I D
S D U I N M R S I E P K U Z N N Y D Q I
P S S B V F S R Z R D I S S A T I S F Y
Y H D K E Y O F C A R B O H Y D R A T E
```

ANOMALOUS
BROOCH
CARBOHYDRATE
CHITA
DISCO
DISSATISFY
FARFETCHED
HYDROPLANE
ICICLE
MAILDROP
MISRULE
MODISH
PHOTOSHOP
PIGGISH
PUTOUT
RECORDER
SHASHEMENNE
SWORDS
TESTY
WALLFLOWER

758

BILLYO
CALLIGRAPHY
CAREFULLY
CHEONAN
COHERENT
GAINSAY
GANTRY
INSINUATE
INTERLINEAR
MISQUOTE
PRENATAL
PROCLAIM
REDDISH
SERVICEABLE
SHANGQIU
SIBIU
SURPLICE
TERRAPIN
UNUSUALLY
VESTURE

```
G G K V Y T N E R E H O C V E S T U R E
Z Z O K P V C R G T D E T A O Y B Y W Y
D Y F Y F I L Q H O B I L L Y O I A R H
Y U Q M L T G Y J U I B I S C Y A T Z P
D B C P M L A U I Q G N A H S H N H Z A
B A R X P S A Y H S I D D E R A I Z I R
K U C M N R Q U S I O I C T G H P B P G
S X W I Q R O K S M N Q A A M Z A A Y I
S C A V T Y E C Q U F H R U C A R U I L
B G Q T T J K R L S N B E N M E R Q Q L
P O O J K Y Y J R A A U F I Q W E U J A
R B U M X B H P U T I X U S D O T J G C
S E R V I C E A B L E M L N R P R D H O
I N T E R L I N E A R C L I R Y S B V Z
P R E N A T A L K Q D W Y C H E O N A N
```

759

ABSTINENCE
AIRILY
ARCHITECTURE
ASCENDANT
CARTHORSE
FOSHAN
HONCHO
HORNBOOK
IMMEDIATE
INVINCIBLE
MADEMOISELLE
MINUTIA
OUNCE
OVERLEAP
PIVOTAL
RIPARIAN
ROYALIST
STAKHANOV
TUNNEL
WARHORSE

```
P N O V E R L E A P R L O U I M T B H H
I U T K L E C N E N I T S B A A U L B A
M K J E B B U D V V P B U H D D N O K F
M J T S I L A Y O R A G A Z P E N V A T
E Y L R C Y H I T O R D D A F M E J I C
D I B O N R C Z T K I T L E R O L G Q A
I U R H I B X O S U A K C W T I G A I R
A Q L R V P V K V B N N H N Y S R R H T
T Y E A N C O X H P U I A Y A E I E B H
E O C W I O H C N O H D M R V L E Q S O
Q P K Q B I C H R Q N B H D Y L J L N R
A Z S N A H S O F E Q O E Q Y E T K S S
F L R O U U Q E C S T A K H A N O V J E
R O J G Q P B S A R C H I T E C T U R E
H U F R O L A T O V I P R W U P A C R D
```

760

```
S Z R D D E R O P A T P Q D J N W L K Y
O P N D E C N U O N O R P B O Q A P A R
G F T B J F R Q L I A P E L O Y E N P R
R P O V X P N E B Y B U I R O R O O I E
I Z E F S J U Z E K B S B R I I I F S C
B K X K C H I T Z K P O L P T P B F I E
B Z U H K T R X T E O P H C U S F I L I
O D O H S P I L S E L E I B O B E H L P
N I A R R A I G N A R V P X H C I C I T
P S N C F E R K U Y N O I E S C K Q T E
E Q P A J B Y I P O O I M N M Q F M J P
L U F L L I K S C R A C H B M D A O X P
P I C A S J X P T J M I P G L B U C O U
N E S T R A I G H T E D G E A C Z P P P
Y T F B T F W A X M D B C U V P G K X D
```

ARRAIGN
BLAST
CHIFFON
CONVICTION
CREEK
DISQUIET
EPSILON
KAPISILLIT
PERIPHERY
PRONOUNCED
PUPPET
RECEIPT
RIBBON
ROYAL
SHOUT
SKILLFUL
SLIPSHOD
STRAIGHTEDGE
TROOP
UTTER

761

```
A J J F G L T C O N C E N T R A T E A Y
W Q K R L E A A S Y T Q L X B P F E L T
Q S O A M E U M B D E C E D E N T D B U
V J H G D T I I I U B C Z K Z M A G O R
K G D I F S B H T N K W Z Z B O T Y O M
C U P L L I G O O O A I P M R W T O T E
L Q L E O T M B C Q D T N B W R U F B R
G M L L U I J B Z P L A E I E V Q V L O
V I H N O S B S X V N K W V B V N P A R
U N N Q O R E F F A G F O A R E F D C F
W H Q G U U S B E P Z P D R R G R T K P
I A L J E B E U B E N E F I T A V U I J
K Y W C P R N I A S P L A Y B G E K S Q
N O N P R O F I T Q S C U F F L E L G L
I M M E A S U R A B L E X V Q X L R V I
```

BENEFIT ☐
BOOTBLACK ☐
BROADLY ☐
BURSITIS ☐
CONCENTRATE ☐
DECEDENT ☐
FRAGILE ☐
GAFFER ☐
GINGER ☐
IMMEASURABLE ☐
KULLORSUAQ ☐
LAMINATE ☐
NONPROFIT ☐
ODAWARA ☐
POVERTY ☐
SCUFFLE ☐
SPLAY ☐
STEEL ☐
TABUKINIBERU ☐
TURMERO ☐

762

BALTIMORE ☐
CHAPLET ☐
DEFROSTER ☐
DENTAL ☐
DISSOLUTION ☐
DRIVEL ☐
ELEMENTARY ☐
FANCIER ☐
FICKLE ☐
GEITA ☐
GOOFBALL ☐
GORONTALO ☐
HEREOF ☐
MISSISSAUGA ☐
RELISH ☐
SUMMATION ☐
TIMON ☐
TRANSEPT ☐
UNWORLDLY ☐
WALNUT ☐

```
Y P C I Q Y H K V S H O C N B A E D U E
Y Q G Z R C V P L L L B O N D D L E N F
G E I T A T N B V A A I S K Y A E F W H
B L J R Y C C S T E T H Q T J O M R O E
E K G L O D Z N Q U N W O K D H E O R R
Q C Z T B G O I L T E A Q F P A N S L E
T I M O N R D O S N D T G U X K T T D O
T F Q O O H S B A L T I M O R E A E L F
Q G P G K S T S U M M A T I O N R R Y I
R D M Z I U C H A P L E T L N R Y M C Y
D E A D N I Z J Y Z T P E S N A R T R K
L K L L A B F O O G M V W P U N S N A K
M L A I Z T J R M S I P M L F K V D T O
L W J R S P Q F V R E X L F A N C I E R
O R M U E H M R D M I S S I S S A U G A
```

763

APPEAL
BEAUX
BONEHEAD
DISAPPROVING
EARTHENWARE
INDEX
INTERPOSE
KUKON
MONITORY
MORTIFY
MULETEER
PETAL
SIGNIFICANCE
SPRINGFIELD
STRESSED
SUPPLIER
THYROID
UDINE
UNPRINTABLE
VINTAGE

```
I E L D B C O C D H S S D Z U X I M A E
B N O K U K J P Z W K O J T R T D W G R
S B D A E H E N O B G I I C U H X A J A
G G T E D I S A P P R O V I N G T T D W
D L V I X V S P U J M H M R X N N E A N
F O T M T V K P J N E O E O I D S N P E
M U L E T E E R R S P I N V R S W I P H
Z P C S M O G R O I L R S I E T D D E T
Z I E S D R L P Y P N X I R T I I U A R
Y O N T K E R S P C U G T N B O J F L A
I O C Y A E X U C X T S F B T E R S Y E
I U P Y T L S Q E X F M K I B A A Y B V
Y E C N A C I F I N G I S C E L B U P I
P D I O R Y H T X Z K T X J E L B L X B
L P G X J F O O J P X G G N P J D H E H
```

764

```
Z N N W P B P U T L B E C P B G T B R H
Z Y D A Y Y F S C P B N S W O C C E O Y
D L E F Q E O W Z B P T A X E A N V T P
Q A O K S R X Y T G E V O J A I L E I O
S R A H F P T I K X E J B U L W M E U T
N Q A R X W D Y W R K U C D N J B L S H
C L A T N E I R O E S J R U X G K S D E
V O C A L I P H K S R A O N M J O U E S
H C S T M F J P C E H P R B O E E O T I
R E F R E S H E R R N X J E U B Z I E Z
J T Y B Q P R J F V Y Z G A U K D C N E
K Y H K R P H I N E T E H T S E S A T N
Y F N U U S U A Q K M L Q E Q P C R I P
D Q C P E A C E A B L E W N O Z K E O E
A N T I C L I M A X Q L T T A C Z V N C
```

ANTICLIMAX
CALIPH
DETENTION
EBBTIDE
ESTHETE
HARDLINER
HOARFROST
HYPOTHESIZE
NUUSUAQ
ORIENTAL
PEACEABLE
REFRESHER
RESERVE
SLEEVE
SUBJECT
SUITOR
TOUNGOO
UNBEATEN
VERACIOUS
WAVER

765

```
R B T R L T I S E L A G O N S M M U C C
E X O B G O F Z V Y V N K O O E I G S R
L E T J U D I H C R O E M M Y U E S G R
A D F V B G V A F V Z H L T G A H M F F
X X G M O U F J F A R C I T K I Q K L P
I H O L I O L J T S N I G O G G L E S Y
N T O A P O I L O A M H G E G B G B T Y
G P Y A T B P G P Y C Z P T S L E U R H
A M X L L C O A N E R T B A P I M J A X
E P W M S M L R E T N I I R S N I U C T
O A K U M M O R N M W Q D C Y D N M H W
W Z U S J A O N J S J V W E S S A B E Z
B K C P E L N N E Y L I R X K I T U A M
F B H C O U S C J R P B M E H D E R V D
B G E C U T Z M Q H R X H J D E Z A L O
```

ALMONER
APOLOGIZE
BLINDSIDE
BUJUMBURA
BULLPEN
COLOR
EXECRATE
GEMINATE
GOGGLES
INTER
JOYRIDE
NAPALM
NOGALES
OAKUM
ORCHID
RELAXING
SEEMLY
TACTICS
TRACHEA
ZHICHENG

766

CHEERFUL
COLLIERY
DONGGUAN
ENDORSE
GALLEY
IMPASSIONED
INANELY
KINDU
MAMMAL
PARTLY
PRODIGY
SECTOR
SEIZE
SIMPLE
SMITHEREENS
SPECKLE
SYNOD
TARSUS
TEMPESTUOUS
TINNY

```
O O U W I Y N N I T B S J S W I F Q C S
P V O R E P D C N S U D N Q N P S H B P
V A F L T D L A H O F E S A M N Y F P E
F W L O Z Q U T U E E T N P W S Q W A C
C A F D K G V T A R E E N D O R S E R K
G S H G G V S G E R L R S E C T O R T L
M T A N I E V H P Y S P F S T K K D L E
A I O P P E T R M K Y U H U E E Z W Y D
M D L M Z I O J F D R D S N L Z B K Z F
M G E I M D D Y M V E F D A A S Y N O D
A T E S I M P A S S I O N E D V L I N N
L S M G T T D Q O H L K S V J V E S C S
S A Y K X B S I M P L E K I N D U M N X
L Y A Y V H A B R P O R U G Y T L X W K
D C Z A L Y I D K X C P L Z F V R S N J
```

767

ANARCHISM
COLUMN
CREEPERS
DEMOB
EXTRACTION
FACILITATE
FLUSTER
GIMPY
HENHOUSE
INHIBIT
JOSTLE
LETHARGIC
LONELY
NAMIBE
ORIEL
PENNANT
QUESTION
SMITHY
THUMBTACK
WASHERWOMAN

```
G F X R Q D Z H C W V L F G T S K X N P
Y L R Y U E V L W P L M E N I C M O Y I
F U Y Q E M F F S L N X A T A M I C X X
P S R Z S O U A H E Z N I T H T P Q Y S
N T F N T B C C X R N F B N C A O Y X V
A E E T I Z J I U E I M M A H R R D T F
M R Z M O B T L P I U D R M B I I G G N
I V Z Q N Z L I N H I T A F C Y B A I G
B S D Q I F Y T T M X U N O W W T I S C
E T L J O H L A N E T N L O R I E L T P
O R Y A T S E T U W Z U J O S T L E I C
N G Z I F J N E N A M O W R E H S A W P
S V M H O N O H E N H O U S E T R Y F Y
G S A E T M L M L L R A N A R C H I S M
A F P Q K Q V C R E E P E R S E T I N S
```

768

```
V B Q F B X M F N A W O A T E K F E S F
N O I S S E F O R P C Y U I V O K L I A
G N I W T P E W S S W X O O R E D B L R
N E L A P M I N L F S Y H I I S L I A A
I M T C J Y D B N N D E Z Z A J P S G W
N E R B N Y D G E R U M I I I B R U A E A
O A D O U C N I I S A A U X L Y N E C Y
E L T Q T I O B S W M U S Y T H N F I E
G H Y F L S G C L T S I Q D S Z U E F S
R A W T Q N L I K Y R U R R V M M D I T
U C O Y O X I I K R Z A U C J S B N R B
B O I S P T T G A Z O O C B H P E I R K
F O K V H Z A V Q H U A W T E Z R L E A
S C R E E N W R I T E R C F J A E X T A
S V T A X J L D W C Z F Q H F C D F R C
```

AIRSPACE
BESMIRCH
BONEMEAL
BURGEONING
COCKROACH
DISTRACT
FARAWAY
FOOTLING
HAILSTORM
IMPALE
INDEFEASIBLE
JAZZED
PROFESSION
SCREENWRITER
SILAGE
SONGBIRD
SUIZHOU
SWEPTWING
TERRIFIC
UNNUMBERED

769

```
S D U T Y M R H V A Y G G T A S B F C L
S A Z J Y K E O B R X A A R T R R X P E
U H L A B P R D R S E L L E H C Y E S N
H Q I U T Y O E I E W O B S M D X T X G
C J G N T J C G T C U S L S I E T A E T
N K E L L E U R R S I H E A S R J D R H
O F Q R S E W N C A A N F E A M B O V Y
R E Q S K N A I L M P M A R D A C K B B
B H I U I W O F O A I H H L V T U A X I
E V B C B R A N U H W X Y S E I J H F Z
E N Y U E L G T V L S F D A N T G K L D
I S M H Z S W C E E X L U J T I B O T E
A N T I T R U S T R G O G L U S Y D G C
M I S A N T H R O P E N D M R J M W O R
X C U Q Y T C U Y V H B C B E P T W B G
```

AMONGST
ANTITRUST
BRONCHUS
DERMATITIS
ELBLAG
GALOSH
HAKODATE
HEROICS
JERKWATER
LENGTHY
MEDICINAL
MISADVENTURE
MISANTHROPE
REASSERT
RECESSIVE
SALUTE
SEYCHELLES
SHINLEAF
TYPOGRAPHY
UNLAWFUL

770

BALANCE
BRICKLAYER
CALCULATE
CATCHER
CHINCHILLA
CLOCK
DESELECT
ENJAMBMENT
FINALLY
HAWALLI
INDIVISIBLE
INFORMER
ISOMER
MAHARANI
MOLINE
NUNCIO
RAPIDS
SCHMALTZ
SUPERMARKET
TRICEPS

```
H O T F M I R E L B I S I V I D N I W U
I J E O I O O S A F B Z U J H Y K Z K L
M A K Z M N L L W I R N A R E W O E O W
K Z R X A I A I E J I N A R A H A M U T
N F A S R N S L N P C G O Y W Y F U O I
E A M P C F L U L E K C O L C J N X J V
Q U R E M O S I F Y L C A L C U L A T E
M X E C Y R S M Y F A B S G N M G E P D
X T P I C M F C Z Q Y Z U C I B U X E O
K A U R X E K R H P E X I N D I P S L X
S D S T B R I W X M R O V W W P E D U D
E N J A M B M E N T A H A W A L L I W A
C A T C H E R U L E W L E P E K V P B V
C H I N C H I L L A W U T C R H B A U K
M U B Y V S A E X B S N T Z K C G R V O
```

771

DIPPER
ENDEMIC
FRACTURE
GIRTH
INITIATIVE
KITESURFING
MILLENNIUM
NEWSLETTER
OVERT
PERSECUTOR
POLIO
PROOFREADER
QUICK
SCOFF
SENSATION
SIMPLETON
SKYBOX
SNUGGLE
TIMELY
UNCOIL

```
S K Y B O X S Z G N I F R U S E T I K I
U W M Y K G J T H I D N Y P Q B H J S N
Q V S V S X S U G Y R O A R F U C Z R I
G P E R S E C U T O R T U O T R I X G T
N I R T E V H D R O B E H O A S O C K I
V V U Z T T I J E W Z L C F B B F A K A
K B T H U P T P V W E P H R Q M L D M T
Y A C L P I Q E O U O M J E P J G Z X I
X E A E O X U P L V F I H A I J T A U V
L L R D L N H T I S T S J D K W G K V E
N G F T I K G I O R W Q U E R A U S Z G
M G B Q O F W M C E P E G R L O E Q A C
W U A W D Q M E N B G V N E N D E M I C
K N Y Q R O B L U S E N S A T I O N Z Z
T S C O F F E Y M I L L E N N I U M H U
```

772

```
N C C Z M M J E R E E I J P N K B C H J
C V O L O I Z E F Z Q G X R X A A W Q X
J C K D B V V K I F O X E C D S C K W Q
H N G N B O U M K X A F U O O S F G W G
E I A W P V O E B M R C Q N M A N K A M
K M D O X T H D X A V E E S I L S E P X
O O P R A D O A C W D P Y T N A V S C G
T D S N V D Y T M N S T B A A X F D W N
N U A H D A I N D U C T X N N W D A O Z
U O A E I O G O S R G Q T C C V I Y R W
E R R R N C S A X G A Y V Y E J C L A R
R G J T U V E P R F O R L I F Y G M D Y
E W S O H N M R V Y V A P O R O U S E T
H U N W R I T T E N D E C O R A T E A X
K D B E X P E C T A T I O N N M D P N X
```

ANATOMIZE
CONSTANCY
DECORATE
DODDER
DOMINANCE
EFFACE
EXPECTATION
FORLI
HEREUNTO
INDUCT
KASSALA
KOSHICE
MANBIJ
NORTH
ORADEA
POPOVER
REFRACTION
UNWRITTEN
VAGARY
VAPOROUS

773

```
I N Y I P R I D N A L B Y C H E A T R G
X G G C E B M R O Z X J B B G K Q O I A
J E T M E R M D Y N J D J V O B C L C N
X Z R R H E O C R E G G I U J D K X H G
E O I A C A R K Y H B L N S M T Q D M A
D F T T S T T E R W O G E E P P O Y O N
U C V I D H A U E R O X F F U A R C N A
T G Q O A T L M O U R N I N G R R U D G
I V W N W A I R U S S I A X E P F A Y A
N X S A E K T L I N G O V N K V P C T R
E U P L L I Y E V M G D T C J P O K I E
L N Q E M N N R R C T N H T R J X W F C
P A W N J G P T S X I L I V E R Y M A N
N U V N N R U E M V I B U Q J B R H S T
W U B X C X P P E N R I C H A B B N B E
```

BLAND
BREATHTAKING
CHEAT
CHEEP
DISPARATE
DONGLE
DORMER
ENRICH
GANGANAGAR
IMMORTALITY
KOUNGOU
LINGO
LIVERYMAN
MOURNING
PETREL
PLENITUDE
RATIONALE
RICHMOND
RUSSIA
VINTNER

774

ACTINIC
BATDAMBANG
CAIRN
DEPARTMENT
DISSONANCE
DOWNRIGHT
FRANCA
KAOLACK
KILOCYCLE
MUROM
NAIVE
PRINCE
PULMONARY
RUNLET
SEVILLA
SPIRIT
TOBRUK
ULTIMATE
UNCIAL
UNSCRUPULOUS

```
D R Z F U E L E O T A E I Y X P N M K B
M I Z R U J B A H E L E W A R B M D U A
S P S L K N V G M C M T I R I P S N R T
U E R S C R I O Y T N A I V E A S K B D
N U V W O R L C G R R M A U P C O A O A
C Z O I N N O F G N I I F R R T U O T M
I J U W L L A M R Y A T J U S I L L L B
A X O N I L K N R A C L P T A N A A V A
L D X K Z G A A C P N U G E T I Q C J N
P R I N C E N R H E L C W O P C W K E G
Z Q V R I O I F E O B J A L O T H G T P
T C P Z M Y Z M U B T L V B M U R O M W
W V A L J K D S D E P A R T M E N T F I
N O U R U N L E T U B N W S F W B K O G
V P N H E B Q I Q P X K D F N P N K X D
```

775

ARCHDIOCESE
BLEEP
CACAO
HAYWIRE
HERALDRY
HOMAGE
IPSWICH
JONKOPING
MACHINATION
MAENAD
PIKESTAFF
POSSESS
PREDECEASE
PRELUDE
RATIO
REMITTANCE
SINGING
STOMACHER
SUPERLATIVE
TUMBLER

```
I F F C A H D P H S L D Y C Q F P B L F
H U W N T W A C Z R A R E H C A M O T S
J O I H N M I H E N D F F S Z T B A S S
O M M R D W H M E L P M L S I K C C U E
T U P A S L I A A J A Z L E F N S A R S
A Q C P G T M R E L B M U T L F G C W S
J R I M T E E S E C O I D H C R A I N O
J O X A T H C S G P I K E S T A F F N P
E K N O I T A N I H C A M R B L E E P G
P C G K Y G M T R E V I T A L R E P U S
E R U V O H A Y W I R E Y T T Q N I U A
D Q M B F P W T Q H K X W I J R U V A O
Y T L N X L I T L A S S X O V O Y B P P
P R E L U D E N P R E D E C E A S E R J
K K F P F I T U G L E E Y P Z K A O P S
```

776

```
M B V B G G F C Q O V E V K D R Y L V L
X I Q G E R V O Q Q Z S O N Y T A M J U
C N S U N I P D R I M Y W W R Z B T U S
I H G T C P Y F L M Y E H A P O G C T C
D U I H L E T A E M A I C G D O H I C I
F E E E T E R I R I W T S I L A N I F O
D N C N L E T E M S Z D L Z A G O Q M U
B I H L D I L O T S Q E R N Q H I A V S
E U S E I T W C E U S K F A I J S I P P
H R F F T N A R Q S E O U M C B U R L T
U P F A A R E N O T S L L A G A L M V F
L V R S T V Q G H G A J W P X Q L F E D
X K T N Y V O K D T V P P P C J I P F R
Y J O C Y M A R O H P A N A X Z B K L P
U C R W K M G P X E M N A V H C W A Q S
```

ANAPHORA
BODILESS
CONTRACT
DECLINE
DISFAVOR
FEDERALIZE
FINALIST
FORMAT
FUGUE
GALLSTONE
GRIPE
ILLUSION
LUSCIOUS
MISSUS
MISTLETOE
PAMANZI
PLACARD
RATTLER
STING
TRACT

777

```
F Y X L T D V A C N A E S H G H Y A X W
O E J H O I D O A L L E N T O W N O H J
R U N S J A N R O Z N R C M E S S I N A
B M M U R S A E G R A L D A G Q M I E H
A Y Z O C A J T X U P B V V T E K R L L
D W V I W D R T K P G R E E N N U Q A A
E L O C B Y I E Q D E L Z B Q S A N G U
A U B A V U B S B E Y R O T A Q O P E Q
S O W R Z H P E H H A J I E F I M N N E
S U C G G P P C D S P S L E T V C H E A
B J F H Y F V A Z M X P H I N G L U R X
P E R T A I N P A A X V D T U C J R A T
D Y G G O U F E X J I A T R R I E O L V
E P I C U R E A N Q R B I I E A J N L Q
G R E E N R O O M T M J I J P R Y I Y V
```

ALLENTOWN
ALVORADA
ASHTRAY
BIRJAND
CATNAP
CONSCIOUS
EPICUREAN
EQUAL
FORBADE
GENERALLY
GRACIOUS
GREEN
GREENROOM
INEXPERIENCE
JAMSHEDPUR
MESSINA
PACESETTER
PERTAIN
PLEASURE
TRADITIONAL

778

APPENDIX
ATELIER
BETIM
BOVINE
DAGUPAN
EPAULET
GREASY
HOSPITALIZE
LENDER
LIABLE
MALEFIC
MEMBER
MILITIA
PICKET
PRACTICAL
REPRIMAND
SCRABBLE
SPARKS
TORRENTIAL
TURMOIL

```
S C R A B B L E Z A O V M T T Y R D M D
U R E E J V W D W D H E E F L S N P I Q
V H O E Z J Y S X U M K M S E A A R F V
F E M R N W H T Q B C H K P M E P A Z D
B E H X E T C O E I W R A I C R U C L M
M A L E F I C R P Q A U R J S G G T E O
E N N U V E L R Y P L P M X H K A I N X
P B X S L Q U E S E E I D I S J D C D W
D M Z B S L F N T R Q A R D L Z P A E M
N P A I A J N T U A U J S N T I E L R P
F I A B L M C I R U I Y A E V K T R N U
L I Q H I G S A M X Z P J P C I T I Y Q
X Z E T K I J L O M L E F P X W R R A L
R F E N I V O B I R N P E A E B L A G P
Q B Q Y D E Z I L A T I P S O H J V S B
```

779

CHLORAL
CLICK
CLIMAX
COLLOQUIAL
COOKIE
DANDONG
EXECUTIVE
FEINT
JACAREI
KLAKSVIK
KNOWING
LIVERIED
MARTAPURA
MITER
NUTRIA
PIDDLING
QUEIMADOS
SALTO
UNABLE
VALUE

```
F I C L G E I V N Q Z S V C L I C K B F
W M H N K H U V A D A N D O N G D R I E
N L L W X E M R A L B X Y J U E R F C I
I H O T X T M U T A U P B C I L Q O S N
Y H R F B I H O T L N E B R R B R N O T
A O A C K L A K S V I K E J X A R C D L
V R L C O O K I E H K V A I Y N N C A U
P A U R W I D K A N I C P M C U Q I M S
I L J P L R U G O L A B A I R T U N I G
G X R D A Y Z W R R H I F A D Q T D E G
E X E C U T I V E T G C O F O D X H U Q
B L L E I N R I T Q L W R L E H L A Q O
I C Z T G J E A I C R G L C W P B I S D
J C O I T C L I M A X O P F M G Y P N I
V M O W M D S L D C C U W T E Y U I O G
```

780

```
C E N C A E C N K J J A L I T K I E M I
M W P J W S R J N O J P R F O C E C I N
W H A O E E O C S E X P K R F L P J O M
A S R D H S G O F K G E U T E C Z I E A
L A U T P E C R E P U T H V W I T Q L H
E Z U S H U A J U V E I A T J A S D K O
S O L L M M R T E S W T S B M W N X X U
S P I N G L T F K I E E H R L I G Y F T
A X M B X H A I N N V W O G E S O O H V
H V O I G P G G E A Y F O U U H E L I X
U Y U C U R O E H D L J Z J A O R C F N
H V S C Y L T T I A T R A V E L S R B Q
U E I Z W N Y J M P L A S T I C I N E K
W N N M A K I C K B A C K A D C J Q E Y
N L E C V P T D P R E H I S T O R I C T
```

APPETITE
ASSELA
CANTEEN
CARTAGO
ELEVATE
HELIX
HOOSEGOW
KICKBACK
LIMOUSINE
MAHOUT
MALFORMATION
MEIKTILA
PERCEPTUAL
PLASTICINE
PREHISTORIC
SIERRA
SOUGHT
SOUTHERN
SURGE
TRAVEL

781

```
Q D D A A B R C A C M B P V O W J O D W
N E F I V Y W H F V J A J S G A S S O V
D P O P Q A W A F Z W N C N K R H E U L
R R G W Z Z I J L X L L I O F R A M G D
O K E Z V D I L I I A K U R N I M I L Q
I W Y N N C A F C T I S I J P O P P A A
T D E L P I C I T R A P Z T T R O R S R
G E Q L W T K E T A P V K A A D O E K Q
B T R W R C R S S E L E N O B N T C T D
U A T N T E J Z R E K K U H C T Q I N W
C C O R I L L Y D R A H I O N W L O J P
N U L X M A N E U T R O N J P O Q U M X
M D F Z Q I W N W C X Q S P L I T S J H
O E Y L M D Z I N J V C J E P I V G Z J
F A S P A D E W O R K B Y P I R U L B Q
```

AFFLICT
AVAIL
BONELESS
CHUKKER
CLATTER
DIALECTIC
DOUGLAS
EDUCATED
FRIPPERY
HARDY
MACON
NEUTRON
PARTICIPLE
SEMIPRECIOUS
SHAMPOO
SPADEWORK
SPLIT
STRIKING
TERNI
WARRIOR

782

AERONAUTICS
ALKALINIZE
ALMOST
CONVALESCE
CUMULUS
DUOPOLY
ECLIPSE
MADDING
MAYDAYS
MEMORANDUM
MOCKERY
ONGOING
ONSHORE
PEPSIN
SEAPLANE
SPRIGHTLY
SUPERIOR
THUNDERBOLT
THWART
TRABZON

```
P X H E O D F Q R B S N N P L F X E C E
N E Z I S N I B Y L O P O U D H C L R L
T Q P G O Y X L B E D M R G R S O O U A
A X X S W A C D D M O L X I E Y H U P S
M E S P I L C E G X D S M L G S A K N U
U A R P Q N O Z B A R T A D N H K B U P
D A Y O O N G O I N G V Q O H H T T Y E
N L N D N L E K K G N I D D A M J L P R
A M M T A A A M Z O S E A P L A N E Y I
R O M H P Y U W C A L K A L I N I Z E O
O S O C Y C S T T H U N D E R B O L T R
M T R A W H T T I C U M U L U S P K H F
E W S C J W G D D C M O C K E R Y A H D
M C M S J W O Q N C S Q R C L X B E I R
E X A W E O R N C X T J W M A L U B K P
```

783

ADMISSION
ASSESSOR
BRADENTON
BRAUNSCHWEIG
BRISBANE
CLOTHESBRUSH
EVERY
JEREZ
JIESHOU
NATIONALIST
OUTDOOR
PACIFY
PARALLEL
PORPOISE
RAGOUT
RENOUNCE
SCORPION
SIEGE
STABLEMATE
TRANSPARENT

```
H S U G R H E R X B Y L M K U V Y J A W
I S E A A B F E P Z R X L E L F J C D C
A L P K G O P N U O Y I S I I M N I M L
S H N E O M Z O N K R S S C E O M P I O
L I X U U D A U I U J P A B I C V A S T
V U E Y T A X N A G F P O P A P Y R S H
Q K S G R U S C U K M E R I Q N Z A I E
B Q X N E Z R E Q K O O V L S D E L O S
S T A B L E M A T E C J G E Q E R L N B
O U T D O O R O S S E S S A R N E E M R
T R A N S P A R E N T P E P Y Y J L G U
B R A U N S C H W E I G E D G W B E C S
J I N J W L U E X B R A D E N T O N K H
A N A T I O N A L I S T F J W Q D U H D
J I E S H O U C D H C P V N K W M Q R Y
```

784

```
S K D K D Z K F M E C E R E M O N Y H H
J O T A M P E R E L V Y J P A F X T A O
G S U R R V W T Y U B I I E E N M H I Q
H E L T P K T S P R X Z T Z R F M G R E
P Y N W H I M A S E Q E D B T X M U S O
H R P O M E K O T F H I I O S E J O T U
R A W M V S A T V C Z Y G O N T R D Y F
X I O J G A N S A M C Z K F I K F G L P
M C A C A W A M T W C H J U A Q K U I H
W I A M T K I O H E G G Q X M J G G S I
E D K Z Y O T K G S R P R A L I N E T S
Z U C A J M N M I L H N Y L E S O L A R
G J Z X D M O N O I S E M A K E R A R Y
J T M C M O P K I C K B O X I N G P W Z
A C C O M P A N Y H T R A W S E V S V K
```

ACCOMPANY
CEREMONY
COMMITTEE
DOUGHTY
FERULE
GENOVA
HAIRSTYLIST
JUDICIARY
KICKBOXING
MACHETE
MAINSTREAM
MIKADO
NOISEMAKER
PONTIANAK
PRALINE
SOLAR
SOUTHEASTERN
SWARTHY
TAMPER
TOAST

785

```
F U P F X Y T F S A M C N I C Z F H Q N
V S K A X U H A K A X C O T L M G M Q O
H A U S W N C L C P E E U U A E H H T Z
H T S O M Z I L Q L H R A N R L I V A S
V I F A U L T O N S G A T R G A L O R U
N O W A Y E C W T N X Q H U P O G O U B
F W T N A Q R E I R B T E E W S D E W L
I Y V S T S A C E L E T T R V R A L Q I
L X W S U D T N E T I N E P I E K B Y M
I N H H Y G N I B B E W Q Y O K G P F A
A H C F V Y A L I T E R A L L C E J V T
L O O M W E A P O N L E S S A I I E C E
Z Q U O A A Q U M T N P U I B N N F V H
B A T H R O O M K K Q T M Y L K T W H B
H E I B X L H Q V J G O P M E P M H J K
```

ANTARCTIC
BATHROOM
COURAGE
FALLOW
FAULT
FILIAL
KNICKERS
LITERAL
NOWAY
PENITENT
SAERTU
STEADY
SUBLIMATE
SWEETBRIER
TALLOW
TELECAST
UNGODLY
VIOLABLE
WEAPONLESS
WEBBING

786

ALTIMETER
BASTION
BREAKTHROUGH
BURLINGTON
CHARADES
COMMUNION
COTTON
DEMENTIA
EXTORTIONATE
IRRITATING
JURISDICTION
MOUNT
NAUSEATE
OVERTURN
PALAESTRA
PESTICIDE
SUBTEXT
THEREUNTO
TRENCH
TRITIUM

```
B A L T I M E T E R D F B S O N X X J I
R D E A W X F W N A T E V C K K F W U R
E E D E H N S K R N T X M F T Y O M R R
A J I O F E Z M U O V R E E S D W K I I
K Q C E A O K O W T K M I T N F R V S T
T K I T A X M K B T U M F T B T X H D A
H E T A N O I T R O T X E N I U I X I T
R I S E D A R A H C S N O Z U U S A C I
O Q E S T R E N C H D I Y P N T M I T N
U T P U R M E A V U T H T W Q Y N I I G
G U X A R I N F P S O V E R T U R N O M
H H I N A L B U A P A L A E S T R A N J
G C I R S D T B T H E R E U N T O O Q L
J C A C O M M U N I O N D L B O L M W F
B U R L I N G T O N G G A N T H J E E P
```

787

AIRCREW
BOOTLEG
BUTTERNUT
CHAOHU
DAZZLE
DEVILISH
EMERGE
ENTERTAINING
EXPIATORY
FREEWAY
HEKOU
HURTFUL
JAILBREAK
LANCASTER
OVERSHOOT
PRESHOV
SANDALWOOD
THRIFT
TONGZHOU
ZHUJI

```
E E C Y T E J W F R E E W A Y B G C I V
X N H O E P Q K G A K N U O H Z G N O T
P T A D D R N E C U W V O Q C W T H S F
I E O U T B L V E P F R K Q N X S V D I
A R H I V T L Y G M P B T F P E Y V Z R
T T U H O N H U T L E E G P R V J W P H
O A P O K E W O S M E R Q P H Q O A D T
R I B R W G O K S Z P D G A I R C R E W
Y N C Z Q H Y E L Z Z A D E D C F I Q Z
F I I Z S Y W H D E V I L I S H J V K H
E N A R E T S A C N A L U F T R U H S U
L G E I O I T N E B U T T E R N U T T J
I V Z X V T S A N D A L W O O D S M P I
O U G S P H V Z B I P C G I A V N Z X S
J A I L B R E A K U L H E Q X L Z R I N
```

788

```
B B B W E T G B C W Z U I U W B N T Q I
O B V F P P W L V K F O Z U S V X O R R
U N C K T O U E P B N A O U G P K E E A
N D Y N E I X N W O R B F M L Z N S T S
T D O S S O H C L E U Q S J I I O A S T
E M U R O F N H N W E B N X L L H O D R
O K J X T P L A T I N G U E V H G D L O
U B B B I N O S V V L A F E G N N Z O N
S S J A O Q A C E L A N D I N E K K F O
T B H E S V Y H T R O W R I A I M H J M
H W T O E P P K C A R B K K Y U M F C Y
V X O H T Z Y Y N N C A T E G O R Y T Y
N O N E Z G S O U E E N Z R K Q C M H H
Q G M P T O U Z I K X P H L J I Z R C W
M N C R V E Q N B A C A U Y F K K G L N
```

AIRWORTHY
ARENA
ASTRONOMY
BACAU
BLENCH
BOUNTEOUS
BROWN
CATEGORY
CELANDINE
DOSSO
FELINE
FORUM
OLDSTER
OTIOSE
PENCHANT
PLATING
RESOLVED
SAVEH
SHOTGUN
SQUELCH

789

```
U P T C J G E C C Q M K L O J P P N S U
E G H K A D W P R O I R V T B Q E A H N
F Z G O Z M I E H D N O R T Y V P M I H
U E L A N I C M W C I Q I X I D R N N I
I O R N V E J O A G B A F R T Y O U G C
C O E G X E Q F R L U P D L L E D G L D
G P T B O V R Y L D S O C C U R U I E V
T N T T Y T M S I Q E O N L K N C A C D
F T U G S O T N I V B R J N L W T Q R B
X M C Z N S G I T O C B I E M H I M L V
Q M O O J E R I N L N L G R L X V W O Z
J Z X T H Y M U S G S J X Y X C I W L E
P A V D I V E R T F E U A C A H T U H S
T S A C E R O F F P U N B S Z I Y P R U
I R R E M O V A B L E B V R T S B U P P
```

CAMCORDER
CUTTER
DEATHLY
DIVERT
DRIVEN
FORECAST
GORAZDE
GOTTINGEN
GUNMAN
IRREMOVABLE
MINIBUS
OCCUR
PHONE
PRODUCTIVITY
SHINGLE
SLINK
TAXONOMY
THYMUS
TRONDHEIM
VERSION

790

BRIDLE
CANTATA
CONTRIBUTION
CORNUCOPIA
EXCITED
EXPLORE
FACILE
GROOVE
IMPHAL
INITIATORY
INTENSE
MAGMA
MYRMIDON
POLITY
SATIRE
SECLUDE
SENDAI
SISTERHOOD
TARAPOTO
TARIJA

```
T H Y G R O O V E L C K S W N T M S N S
P S X D E Z N Q A F O E R O L P X E N A
E X C I T E D H M M N J K M S Y G L X T
L F P S K D P X G D T C A N T A T A Z I
D C A N E M I H A Y R O T A I T I N I R
I T O C I C R I M T I A W J X W P N F E
R A I R I T L S E H B C P F V Q O K X L
B R P N N L R U Y H U I O C D D T M V Y
P A W O T U E R D V T X F Q I C A L N X
N P E O L E C G Q E I N V M Y C R I D K
V O Z U S I N O D O O H R E T S I S N V
U T T D K V T S P C N Y I P G R J A E N
Y O K O D U T Y E I M B Y P H N A T P M
L W W D M C H R U U A D I L X B G D Y X
V F A H V Z Y L W E L P R G P W T J O N
```

791

ACOUSTICS
ANGELENO
ANNABA
BATTLE
BREADCRUMB
DECKHAND
DISBURSE
GENETICS
HANDMADE
HANGAR
HASTE
HELPER
INHERE
KIBOSH
LASSO
PLUCKY
POPPY
SPEARHEAD
STORYBOOK
SURREY

```
M V F G H Y U X O L D Q H W P F A P Q K
Q B L R K R R S C I T E N E G E R O X K
A I L C A D S U K Z L U O S K J H P C O
T I U A B A N N A P L L L R X N T P M O
L L K R L E B R E A D C R U M B S Y N B
P M Y E C H M R V Q E N I B K H M E M Y
K I G X D R U Q P T I S H S C I L N I R
D F F G H A E D S O N U W I A E B J B O
Y A R C P E M A T T H R U D G M W O Y T
A C Q Q Y P H D V W E R D N O E D V S S
W G O I J S E S N P R E A B A T T L E H
A C O U S T I C S A E Y L B G I W D O A
N I T W H G F D Q O H F T A X U X U F U
W A K K P T G N Z V I T V H W P F L H N
P B L H A N G A R S U D E C K H A N D Z
```

792

```
H B J H D Q F O R R O T A C I L P U D T
D I V D N U M B Q W F M I C X H H S V H
H C E E D A K C I H C T F H M Q B J B L
Q U M R F J T L S P S N V R I H H I Y O
C R Q B O D I U V I R E S I S T A N C E
R A B N U G T C T P H T J X J J G M C T
O T E I T E L A B P U N A E L C L O D R
N O V S I K T Y Q H L O P J O Z M Z G T
Y R W U M S A S P O A C R N X P Y A V C
G P Q E O C O R H H N G E N E R A L L Y
Y I P E T I N G A S I U J E Y D Q J T A
A N T I V I R U S O B C R Q S J X I F T
A U T O N O M O U S K U W B O B N W L U
P E R S O N A L I T Y E M L A A R S H X
P R A C T I T I O N E R E D V N J H I A
```

ANTIVIRUS
AUTONOMOUS
CHICKADEE
CLEANUP
COMPEER
CONTENT
CRONY
CURATOR
DUPLICATOR
GENERAL
HIEROGLYPHIC
INBRED
KARAOKE
PERSONALITY
PRACTITIONER
QUIETUS
RESISTANCE
STATISTIC
URBAN
VANITY

793

```
F Y L Y A Z T E J I C F O I B L T E S L
K P A N G Q P J S R R P C C E S X I D T
B C N I R K E Q M H I J N V E Z S I Y Q
R Y D E E T R P F S B W E R A O S O S S
U N L C E C R M B K B O N L C O H N G I
S I O W A U Q A A M A U C R R P X E E L
S C C Z B D X W I C G H A G X T N R Z E
E A K A L A M S X L E N A F X P E O T A
L L E F E I I U B V B N O M M O C N U E
S U D C E V Y I S Y I L I A M E C I O V
D P U B N L F K R Z Q V A I O S O P R D
V I S C O U N T E S S N U Z L Q T L G K
D R U M B E A T H O R V K J E U D O Z S
U E T V P F Y L S U O E N O R R E K L J
U R Y O G R A V I T A T I O N F W T B N
```

AGREEABLE
ALCHEVSK
BRUSSELS
CRIBBAGE
CYNICAL
DISORGANIZE
DRUMBEAT
ERRONEOUSLY
GRAVITATION
GROUT
KOLPINO
LANDLOCKED
NARCOSIS
SWAMP
TRAILBLAZER
UNCOMMON
UNREST
VIADUCT
VISCOUNTESS
VOICEMAIL

794

ARUGULA
AUSTERE
BARTER
BETHINK
COCKY
DEPRESSING
FORBID
GROMMET
HUBRIS
HUMMOCK
IMPLICATE
LIVER
MISTY
NEIGH
NUMERICAL
OAFISH
POSIT
QUALIFIED
STAKE
VITALS

```
W K E O H J J G A R N Q O K U R V O V B
N E I G H U O Q E V I U C S E F I A I I
F W X O P K B V X W F O M T Z W T F D J
R O C U K G I R G R M Y R E F G A I S I
E N R O G L K N I M K A Y Z R N L S E N
W O O B C Z M P U S B T S Z Y I S H M K
U Q S Q I K M H J T S F T O C S C A H D
P O S A I D Y A J I M A A F V S J A G U
D U X Q G T M V M X R U K B M E G L L X
I M P L I C A T E U A S E T E R K U B M
Q U A L I F I E D P L T Y L O P T G P R
X C Y P V I J S G Z H E I M Y E W U H V
P O S I T I S X G I C R M O A D Q R H U
T W R I F J D A N O V E K W H V D A O B
T U W M F F U K D F T N N N D X M Q V B
```

795

ANIMALISM
ASHFORD
BEATNIK
CANVASS
CONCRESCENCE
CONFIRMATION
DEARBORN
DESIROUS
EXOCET
ICONOCLASM
INNUMERABLE
JONQUIL
OXIDIZE
PROVISO
RECOVERY
SHELLFISH
SURREAL
TRASHY
VAGRANCY
VALENCE

```
S H E L L F I S H M Z N B S U U M D Z R
O X I D I Z E C S G O U E L I E F A E J
X S Z C O Q A A V I N G A W D Y G C B U
Y A P D M K L T T H R J T D A U O Q W D
K J E H N C O A E F O Y N N M V Q L J E
R S Z O O Q M Z C B B V I V E F Z M I S
O B S N S R O Z O E R M K R A L Q Z T I
Z D O A I L W R X W A K Y S R L W Y W R
L C K F V E U U E L H E Q A E C J O
I C N J O N Q U I L D F S Y L E X N X U
B O Q F R Z A S P A O M A W Q R R A C S
C J O N P R M C Z R D Q R D J R C R A E
X K H T O Z V G D W U O T F N U U G B R
I N N U M E R A B L E K C V J S P A T M
C O N C R E S C E N C E L G X N Q V G L
```

796

```
F C M L X J H M E K I I L H S S V S X I
Y E T A I I R I T Y M K B C A I E U T N
C L G C E N S D K Q E U V N K C B B N T
O L E M C V N W X H L L A R A D M G M E
U O T B B M A I A L U U I A I O D Q O R
F P B Y I E E N E N T H Z D D G N I X C
D H E H R L X T G U G E Y E E N Z I H E
I A N U I A I E B G N C S G N I N N I S
C N E Z Z N N R Q J M T I G J L P A C S
T E A Y L Z D N I D O O R K E E P E R I
U H T Y H G Y S I U I V C F J N F O W O
M H H A S N F W I C D I O L G A F O D N
L E M O N A D E U G A P P T D P S W V I
U E W R C U R L E W H L Y K Z O I S U U
Q K V P Y I X N X B I T H N C C K E L E
```

BENEATH
BULLETIN
BUTUAN
CELLOPHANE
CURLEW
DICTUM
DOORKEEPER
EYELID
HINDSIGHT
HYPOCRISY
INNINGS
INTERCESSION
LEMONADE
LIBEL
MIDWINTER
MODESTO
PANELING
PIVOT
SAKAI
TYRANNICAL

797

```
C G O W E G X V C F K N X X S R Z M T D
W K D I A S F G I N O B E J E X Z U O D
K V U P G Y N A U O F H R V R Y C P P L
H E X A G O N T R E Z R E G A R V Z A O
P S D U S D S A T K B I H N E A C D E B
O X D H C Y M A N B H X K D G I O E T J
K V Q I I D L T H C R U N E E L O N Y K
O S S U Q F E L A R Z U W T F I P C T L
J M P S J Q P U A E F W M O V X E H H A
I N S U L T W I X B A B Z V S U R O U J
A H M A D N A G A R L L G E E A A B N P
C A P I T U L A T E J E O D N Q T O O O
S Q U E E Z E R K U B L N N X D E O G J
D I S C O M P O S E W F V Y E X L Q D O
D I S A S S O C I A T E H B U B T V R G
```

ACHIEVER
AHMADNAGAR
ALONE
AUXILIARY
BLOOP
CAPITULATE
COOPERATE
DEVOTED
DISASSOCIATE
DISCOMPOSE
FETAL
HEXAGON
INSULT
MAROON
SQUEEZE
STUNK
SUIHUA
SYLLABLE
TEAPOT
UNDERCUT

798

ARCHBISHOP
ASSERTION
AUDIOBOOK
BIRDBATH
BURSARY
CHAPEL
CREDITOR
EMPHATIC
HARMONIOUS
KALUGA
KNOCKER
MONARCHY
PLAYER
PRICELESS
PROPENSITY
SNITCH
SWEET
THINADHOO
UNDERWRITE
ZLITAN

```
Q W P G I P G U J G I S E F P X U P S O
Z A H Q B W L M C U W L N C Y W H M U F
A W V B B R G A T I Z K G I E V F H M K
C D J C I Z Y V Y T U F M T T X Y A O D
P H T A B D R I B E K I Y H I C C R N D
A R A O P W A T Y Z R P K I R H H M A N
M R I P S N S B G S U M E N W E U O R E
K O C C E H R C P O D T C A R J A N C M
B T K H E L U H S W E E T D E D G I H P
Z I A Q B L B N K L D S P H D N F O Y H
L D L H M I E Y W R E K C O N K S U L A
I E U P W T S S Y I E H U O U D J S V T
T R G V H Y N H S L L K U P E K A B L I
A C A F W B U K O O B O I D U A C P H C
N O I T R E S S A P P R O P E N S I T Y
```

799

ACCREDIT
ANDIRON
APPALL
CROWBAR
DEDUCE
EQUESTRIAN
GUIDE
HATRED
HUMANISM
INSEPARABLE
LANDSMAN
LIGHT
LUNAR
MONEYLENDER
PLATE
REHEARING
SABOTEUR
SPEAK
TOMBSTONE
VELUM

```
L A J M X H V F N J C H S L Q F I E E A
G K V S J E S L H E H N O R I D N A Q C
J B N B L P D R J Z V T F U T G Y R U C
K Z E U E Q J E D I U G Q E O N H F E R
H U M A N I S M D T Z R M T M I Z T S E
U I K B O S W T Z U S F O O B R F O T D
G S L S S L H W W Z C K N B S A M V R I
K Q B Z L U B K I S B E E A T E S T I T
Q V G A Z D A F F M F L Y S O H Y X A X
Y N P M E C U Z J V F D L C N E U T N E
Q P U R A B W O R C W V E E E R Z S B W
A A T X W U P L A T E F N A M S D N A L
A A P Z S E C V O Y G Y D C I X K S E F
H G B O R L U N A R J P E U X E X Q L F
I N S E P A R A B L E X R F E V Q E J P
```

800

```
O O Z U P P K N M A Z V K V E L K C I T
C W S T G I A M N R T C H L R S C Z L G
J X B W N E M J W D M A C E P W O H Y F
F F E T E C A B P V T Y Y L L V L H B M
P H U B V G R Q C B C T N E L P M U R C
R P R T I A Y N O I S L U P M O C P H B
S A E W S Q L X R C L U D R B A Y O U M
E R S N N X L T V I E T M O S B D L T O
L G I D E Z I N E G O M O H K T V K S A
B O L E H U S I Q W L R O T T K U C M I
M L I R E H E A T H E R U N B S V F I J
A O E R R A R R I V E I V U O P I T F T
H H N A P B X A P C Y F P C T X J W V Y
S U T B P V H A W I K F R S L H C P K E
C A W C A E X P E D I E N T G B H T V V
```

AMARYLLIS
APPREHENSIVE
ARRIVE
BARRED
BAYOU
COMPULSION
CRUMPLE
EXPEDIENT
HATBOX
HEATHER
HOLOGRAPH
HOMOGENIZED
ISTHMUS
RESILIENT
SCUNTHORPE
SHAMBLES
SPUTNIK
STUFFY
TICKLE
TRICYCLE

801

```
I W U H O R D D A H L S O E L U T K A W
P A J G N E A U A L K S A L F H W S A L
M E K A T S B U R G C C R P F A I N G I
A O R Z Z D A T B K O C A U D D I T B H
C C V C R G M R E F U S E R T K Z X A E
E E S C I Y A U V G U K P D C E U Y T L
D N N E N P Z D O K E I N A E M A W T I
A A G O E T I T E P N R M U M W I T L P
F X B I E D N E D Q E Q K Q A L L G E O
B E L C S G L T N H E T I N J M G U M R
P P Z P T F R E T T Z R U F N M K L E T
W X I M H B R O S U Z R T I B M R L N D
C H W H G X M D Z S M K H T F Y Y Q T T
C G Y O I S A R J V R R R P N M M N C H
T O W U R E K A E R B E C I Y P I L Y M
```

BATTLEMENT
CHIPS
DECAMP
EBONY
FLASK
GIMCRACK
GRUBSTAKE
HELIPORT
ICEBREAKER
MACKINAW
MEANIE
NIZAMABAD
PERCIPIENT
PETITE
QUADRUPLE
REFUSE
RIGHTS
RUNAWAY
SEEDLESS
SMOTHER

802

CAREFREE
DISTINGUISH
FEDERAL
FUNERARY
GORMANDIZE
IDEALISM
INIQUITY
INSIDER
INSOMUCH
LEAVINGS
MILEPOST
OVERCHARGE
PLANK
QUADROON
SEPARATOR
SHOPPING
SIMILARLY
UNFAZED
VALID
WAGGLE

```
I W S R W U P G K L H I S P O V I B S D
N W R J I O N T N E E Z N L Y N L E S I
I O E G H Q D O A A G X W S S Y P O W S
Q X L H P E O E L V K B S I O A L Y P T
U D O L Z R E N P I X V D G R M V X G I
I T L A D R B A C N Y E B A E K U Y I N
T X F A F E Y G C G R M T L G D M C G G
Y N U E D T N Y T S A O M M R D S K H U
U Q R E Z I D N A M R O G V A L I D P I
U A U T P W A G G L E L R A H A L B H S
C D L P J G N J Q T N D A K C R A F L H
Z B O T O C B Z N G U Y Y P R E E M H Q
E H X G E X V I Z T F Z Q K E D D H Z J
S M I L E P O S T M S F D U V E I S A W
S I M I L A R L Y O Z B U X O F N L Q A
```

803

BOGUS
DIMLY
GRASSLANDS
HAMMOND
INMATE
JINHUA
LITERATE
NYMPH
PROMONTORY
RABBIT
RAIMENT
RESERVES
SASSY
SHAOGUAN
SMOOTHIE
SOMETHING
TOPLESS
TRAVESTY
VESPERS
WAFANGDIAN

```
S R R Q B F R E Y Z D J G L F O R Z D R
M A I M C D I L B N Y N A U G O A H S S
O B O I Q A M R O D I U T T C T C X U B
O B I L X I H M J H P N M P F V R G L H
T I H E D P M S T I E H R P Y E O I C S
H T S Y M A Z E K M N O T B T B T P R R
I M D Y H V M O I S M H R C V E P E B B
E I N X P O M A Y O Q D U E R S P F G H
S B A M S I R T N K N W P A S S Z U C N
I A L G S H S T Y Z J I T G E E Z E L O
Q F S H B E O P Q H V E N V E L R N U R
D I S S V R C H S C C B M M O P T V B E
H N A A Y R U Z H C P X R E A O G V E A
J N R W A F A N G D I A N G I T V L A S
E T G P W B N W B K C C L F W H E C Q B
```

804

```
Y Z B A L L C D K R P R T P G F O S R W
U C U L V I E A E C O N N T E H F K T Z
P Q B U W H T H C T Y O O V L R M M K H
M S B Z O L T T I O I X M L D Y U E W X
V U L K W E M S L T G E M S D X Z S S C
Q L E E N K O Q A E E Q A L A I R U E H
L O X Y Q P Z T L M W B M N R J R L N A
E V R M X H P A T T E Y C O W E F C M M
M P H E O E R R W R O L G J H D T E I B
D J O H C U O L S C A E T T F X K R L E
X X N C Z C I G I F T I A W P L X M K R
P O A I L J I T K A U G C F A R U E M L
B C O D T A P N C V R O U E Z T R N A A
N Z I L I E H D M O Q D D O A C E Q I I
X N Q S P F T U F C A I T I F F A R D N
```

ACCEPTATION
ADDLE
BUBBLE
CAITIFF
CATEGORIZE
CHAMBERLAIN
DUCAT
EXPOSITOR
FORGATHER
KNEEL
LITTLE
MAMMON
MELTWATER
MILKMAID
NETHER
PEPTIC
PERUSE
RECLUSE
SABER
SLOUCH

805

```
C O N S T I P A T I O N R N G P R C O J
K U F D E L I B E R A T E L Y W S V W H
X P I S R E P P O B Y N E E T O A I X O
Q L F I A Q L H L L R I U S D T R K I S
N K T I J V O C M F K O J U C B U M K A
E U H L F R A T T P G P Y O K Y V M C N
W G M G U E A G R I F D R H Z L A L K N
N J N I B C N G E K C I G E T A R T S A
W G K H S W F T V X E M W C B M B E X L
V G A S W M G K L G J S G I L M S S Z U
E K R C E V A Q U E R U L O U S E S X R
C G A P Y J O T C E R T A I N T Y O K C
D J K M O Z P G I P A N O R A M A C Q Q
V R O H X S Q V P C E X C U R S I V E X
L P L M C R R A U T S A C X X V V G P X
```

BRAVURA
CERTAINTY
CONSTIPATION
COSSET
CULVERT
DELIBERATELY
EMBER
EXCURSIVE
FIFTH
HOSANNA
ICEHOUSE
KARAKOL
MIDPOINT
NUMISMATICS
OCTAVO
PANORAMA
QUERULOUS
SAVAGE
STRATEGIC
TEENYBOPPER

806

AMARANTH
ASSIMILATE
BOLSTER
CELLMATE
CONVEY
DRAWBRIDGE
ERYSIPELAS
ESCHEW
FUSION
MINISKIRT
MOUSSAKA
MUTUAL
NEGLIGIBLE
NORTHEASTER
OUTFIGHT
SECRETARY
SIMULATE
SLUNK
SODIUM
UNABRIDGED

```
S M E N I Y O Q N M Y V S E W A P B N K
A I R P O Q G B G K T W L N S W F S T O
S N Y V Y R E T S L O B U W T C J P Z N
E I S O J T T A M T I N N A N E H V I B
C S I Q T S A H S D P I K O C L B E T H
R K P T H O L Y E V N O C F H B A C W S
E I E I G D I E G A U N A B R I D G E D
T R L U I I M B D K S H B C W G H G T Y
A T A Z F U I N I A A T W S X I K N A E
R F S S T M S E R S A N E B X L M U M B
Y A V E U T S G B S U A R R I G A H L Z
F U S I O N A O W U W R V I J E O O L A
S I M U L A T E A O X A P W U N U V E W
A E D T E P H U R M H M L T G H G E C J
W D N Q I W W R D M L A U T U M I L W M
```

807

ADOPTER
ARMLOAD
BARBAROUS
CONSIDERABLY
DECRY
ECLAIR
EDISON
GEYSER
GRANDPA
HARDCORE
INTERFUSE
ITAPEVI
MOLESKIN
OSTENSIBLE
PENCE
REENFORCE
RENTAL
SCRAWL
SEEDY
SHELF

```
P X L A R V E C O O I N T E R F U S E U
G Y L R D K U N I K S E L O M T Y P A U
J E T N J O Y V J R X T M S U M L R H G
L K R A U V P Z M I E I E N H X X A S W
C X X K D X I T E C R O F N E E R X I S
E D E D I S O N E W W U D E S D L Y G S
C O E I N X Z Z O R F A H E C I E F P I
L G M C U E P S O O O S U O R A B R A B
A H R C R N P B U L W A R C S S C L Z C
I R D A F Y B E M V I E E O E Y Y C E X
R J E W N S D R N H A F S B D S E M K S
L M U L D D A H X C P D Y E R E N T A L
P B Z N N E P F Z Q E P E I T A P E V I
Q E C F V Y M A R W X S G K N R V J J W
U T V V C O N S I D E R A B L Y A U B H
```

808

```
T F V O Y A P F E S V V Y F X I S B B G
E I A X A G N V U Z H T O H S G N I L S
S W O W S Y A O Q R S A P X J Q S H O C
X R Y I P H R Z R R E Y P S D J R T O R
H F V P E L S A I O C A Y I O R H T T O
Q Y O B A D T H G A O X C S R E R U S U
U L S V R S T I D S L N X H S H A K I P
S I I E E U T I T H O U G H T F U L N D
M H K L F R D L E M O N G R A S S C O X
C A O N E N E N G A G E M E N T J P C P
M P M V A E N C A P S U L A T E X D C E
I U E C N E R E F N I U E K I D Q G A D
A Z F K R Z I Q C O U N T E R T O P B F
F R N B P Q B U F C S G T V Y G D Y O Q
I C J G O Z E C S C R P G W R X N V T S
```

CANDIDACY
CHIVALROUS
COUNTERTOP
CROUP
ENCAPSULATE
ENGAGEMENT
INFERENCE
LEMONGRASS
MAKER
MISBEHAVE
POLESTAR
REACH
SHAKI
SLINGSHOT
SLOPPY
THIRSTY
THOUGHTFUL
TOBACCONIST
USURER
VERTIGO

809

```
W H L D V W R H S H S B Y L O R M O Q M
D R V H H E K O Q H V W B V O T O U H U
Y O U Y B A I D G A Y I I V V O O R H L
P D J M J U F G G N I M R A H C N F T T
L L U M L A F E Z Q Y E S I A I L G T I
A L Y Z N L N P D K F L Q P N I I W T C
S N Z W L T W O Z A R L D M S A G N O O
N N B J O Y V D I Q R A O N P H H W H L
B G E T T O T G G X J V G T E A T X E O
N Z D G Z Y D E T A A O I L I I E Y L R
N O V O M O S K O V S K M X P L R I O E
P R O P E R T Y G Q S Z E F B Y A F T D
Q A C E M S H A H R R P D V T V X F T Z
D I S T R I C T R O S E W O O D T Q A F
I N D U C T A N C E M P N J U P J R X R
```

AGENT
CHARMING
DEMIGOD
DISTRICT
FERVOR
FRIENDLY
HELOT
HODGEPODGE
INDUCTANCE
LIAISE
MOONLIGHTER
MULTICOLORED
NOVOMOSKOVSK
OVALLE
PLYWOOD
PROPERTY
QACEMSHAHR
ROSEWOOD
SLUMBER
TILAFAR

810

AKIMBO
APPOSITION
BIOGEOGRAPHY
BLOAT
BONKERS
BOWLING
CONSENT
HIGHNESS
JOBBER
KRONE
LARGE
LEGATO
LORDSHIP
MILKSOP
MISTRAL
POROUS
SCHILLING
SIDEWAYS
STRAW
VINAIGRETTE

```
S A O B R C Y Y T O P S S E N H G I H J
I P B O N K E R S A U F T V F J L H V O
D P T X Z P P S L Y I O X R V H A F G B
E O N K D Y U Y J O B M I K A K R I C B
W S S D W O R H J L F S P N G W G A S E
A I A F R L O P O S K L I M J X E V C R
Y T Y O Q T O A K S U C O N S E N T H J
S I P B A Y T R G R J T G U S G Z W I M
Q O F G W T Y G D B O S Q Z J O G E L B
E N E N N H A O T S R N O T Q F P I L P
Z L X I X G H E D O H O E D B C A O I Z
E J R L J A E G S B H I K G G F X X N O
Q D P W M T S O C C H C P Q M A M F G Z
E S K O J Y V I M I S T R A L P D X X Q
M A A B Y Q R B V I N A I G R E T T E P
```

811

BRISK
DANDLE
DERAIL
EXCHANGE
GALLEON
HUNGER
JOLLY
KRAGUJEVAC
MATRICULATE
MAUDLIN
OBVIOUS
PENPUSHER
QUARRY
RADIOLOGY
SEPTET
SQUABBLE
TENOR
UNHINGE
UPLAND
WEDGE

```
S I M R I T H F J Z E G J D U T X Q O F
E L B B A U Q S W X T G O I N V V T Z K
P A Y M N V M O C F A S L B H K S Q N B
T Z E G K J D H G V L Y L V I E E U D R
E Y E J O T A U A A U O Y J N B R E J A
T R G J X N K A K P C S B N G Y R Y R D
M R U G G E L L L P I T P V E A E B C I
C A V E J U G A R K R I R R I E H Q Z O
G U U G K R N H L S T K Q L X O S A M L
S Q F D K D G I F I A G C P H O U J O O
L P L E L D N A D R M P H Y S F P S G G
K L L W D I H R F B K Q G K Z W N O F Y
V T C K P P N O E L L A G I K X E V G R
Z U J Y I G M V Y V F T E N O R P Y O W
F R I Z P O B G U N W H Q Q B B N H B A
```

812

```
F Y O W U J K V D G N D B B R O H S I F
V L S U J O N U F Z E O U J F X B T N U
E E E A T E L I F T H E G B L O Z R G J
L V I D H W F D R N N C W G N U R I L A
O O I K G E A A H A D P R A Y E R N O I
C L N I E L E R V P V G N E O D E G R R
I V R I M H I E D W Q Z W I P D D E I A
T T R G D F N N T L A L B K T W L N O H
Y D T R V T M V G V Y G G A S P O C U V
Q F A S U B U R B A N I T E S E M Y S L
E H L R P R O M P T L Y N V B E S A P Y
I E A Q M A I S O S C E L E S X L T W U
W Z C V I J C E N T R I P E T A L Y W M
G P Y H N N N M V B H Y O S V O V N H F
A T T E N T I O N J F J Y S A U F C P W
```

ATTENTION
BASELY
BONANZA
BUENAVENTURA
CENTRIPETAL
FILET
FLEDGLING
FUJAIRAH
HARDHEARTED
INGLORIOUS
ISOSCELES
LOVELY
OUTWARDLY
PERCH
PRAYER
PROMPTLY
SMOLDER
STRINGENCY
SUBURBANITE
VELOCITY

813

```
Z U E V A Q D R O P T G X L R B E V F G
H U M V E E I U W Z J B Y A E N X W X Y
J I E Y R A A D F T P Y N I T U R C S N
V S P K I M P D J L T G Z H O O Q U B E
R U Y B M O H E D Q G K U A U B S J N C
M N B Y S H R R G E N S L R C A M O E O
S M P O I A A N M G I H Q A H I I G D L
V N O Q P I G V Y A D M H V T N V G U O
O J C U K R M E S S E S F E U S Y I T G
F N M C Z A T T K R E Z L L C O N J I I
D Q V I C M I K O O R O O A U G E R L S
C A X I J C U E J C B T C H C A G S O T
I L O P B N E W S B O Y O M E P O G S C
W K T H L H R I Y R U E T J B A R B S K
P U T U H W N C Z R X U M Z O N P P W E
```

BREEDING
CORNSTALK
CORSAGE
DIAPHRAGM
ENTHUSIASTIC
GAPAN
GYNECOLOGIST
HUMVEE
LOBBY
MOHAIR
NEWSBOY
PISMIRE
PROGENY
RAVEL
RETOUCH
RUDDER
SCRUTINY
SOLITUDE
SUSAH
UNION

814

AERIALIST
AVIATRIX
BASAL
DRAWL
FREEHEARTED
FUNCHAL
HAGGARD
INTELLECT
LAWCOURT
MASTODON
MUENSTER
NEWLY
NORTHWESTERN
NUPTIAL
RESETTLE
RESTRICTED
STRATHCONA
SUNRISE
TERRITORY
WALTZ

```
M N B C F F Z N Z F L V F B P S O U A X
V Z D W L U U T U A D S U N R I S E V K
G O Y D Z K M N W P N B Y W O P F Z I O
E T B K Y L Q C C C T O R E G T I C A L
S T X S Z L O B C H W I C V P O T S T D
F H P A O U S S R T A J A H E Z Q M R R
R E S T R I C T E D G L Y L T S R D I A
N O R T H W E S T E R N Y M D A D U X W
W N R N A D C Q S E Y R O T I R R E T L
O A E J X W J L N B A S A L A W Q T S U
K T L W Z K T S E I Z U D G D D L P S G
P L P T L C A K U P B O G U V C U C U B
B Y I O Z Y T D M J Y A R E S E T T L E
I N T E L L E C T U H A E R I A L I S T
F R E E H E A R T E D M A S T O D O N R
```

815

CLAQUE
CREDIBLE
FACET
FAMILIAR
GENERATOR
HOOTER
INAMORATA
JURIST
JUXTAPOSE
PREDISPOSE
QUOTH
RHODIUM
SCALE
TONGA
TOWNSHIP
TWINKLING
ULTERIOR
VEILED
WASPISH
WUPPERTAL

```
O E D T G N M F I Z T U B Z Q T V I G E
U A X K N U C A N A O L Q P P Q E U E V
U L B S I S P M A H W T E C A F I L N L
I N G D L C U I M D N E Q T G J L N E O
X U O E K A N L O T S R F U O L E K R U
C H R Q N L X I R B H I Z Y O N D K A I
R R Y C I E X A A I I O K I H T G X T W
G T E C W W C R T G P R E T O O H A O W
Q D A D T S A L A W P H B F J P I U R Q
V N G O I I K S A U H H P U G M L W P X
Z S I N U B Z U P Q B G R B U A X W I A
P R M J Q S L K R I U I M P I N U G K S
E S O P S I D E R P S E S O P A T X U J
S D G X A G W V T T F H H G P T K K H G
W U W U P P E R T A L K F H G H Q B F Q
```

816

```
Z C K I Q T K V L O D I E X K B H O F J
I F I W W S M R R I E M K T A S B K I O
M V O R J X Q E R E S P I M I E K U G W
O W M E C X N R Q K L O B N L Q J G S H
C I G H Y U O A X T A S C I H I Z S P N
M K D S M T S F Z S L E V I T A D E S P
I S M A I L I A Q V R Y U S S N G K Z L
U H D M K F H E R E N P U O W M J P Q A
E X I S G P P S L A H E A D S H I P E S
R S O G W J A Y C F G Y B X V B L D N T
O L O R H K Q E E F F I C I E N T L Y E
S I J A I T P M E L A N C H O L I A E R
I E O N H O A W X W H A Q D V K G J Q V
O M D F E S U I N I G H T S H A D E E I
N A H M P E K S L I X Y Y H F L A Q O N
```

CIRCUS
EFFICIENTLY
EROSION
HEADSHIP
HIGHTAIL
ILEBO
IMPOSE
ISMAILIA
JIUJITSU
MELANCHOLIA
NIGHTSHADE
PECAN
PLASTER
SEAFARER
SEDATIVE
SINCERELY
SLIEMA
SMASHER
TORRID
UXORIOUS

817

```
D A P M V B B L R Q R M V U U W M S W J
O E V U Q J E T U T I T S N O C E R S Y
W V S I L L A U Q S F T E K Y I T V P V
R I E T H V U S F E E N L J V T D U I C
Z W O R E N T K S T T N G J H S Z T R C
T D W U S A Y S O R O T X V Q A E L I N
B U N T S T Y M E D V A M P V P X W T Q
F L I S D P A A D T I F T U O S I A E H
B Q M A A P T Y I C A S P A C E C I D Y
G Y M N V E K A D T X L E A I O G N R E
H V G F K U H P S A V L C G Z D B E R I
M Y G N I N W A R D L Y C Q J B T L P C
S L I C H U T Z P A H C A H U S U T X I
Q R E F F E M I N A T E R T Y J N U R G
T N E I C I F F E N I L Y M Z Z T D P V
```

BEAUTY
CHUTZPAH
EFFEMINATE
ENTREAT
ICECAPS
INEFFICIENT
INWARDLY
LATEST
MOTET
MYSTERY
NASTURTIUM
NODDY
OUTFIT
OVERSTAY
PECCARY
RECONSTITUTE
SPASTIC
SPIRITED
SQUALL
TRINKET

818

CEMENT
CLASSY
COLORATURA
CONFAB
CREDULOUS
FIRSTLY
GONZO
INCARNATE
JIAGEDAGI
LAUGHTER
MINNA
PERMEATE
PLAID
POSTERN
REVOLVE
SHANGHAI
SHIVER
STANK
UNRELENTING
WALLET

```
F I R S T L Y W I W W C V G H C S R P U
G B H E H W R G K A A S O M Z I T E O N
D R A K A D A Y R K L H G N A D A V S R
W K S Y J D D U C U L A K S F W N O T E
N B F W E I T K J U E N Z Y S A K L E L
R R H G M A Z O V T T G C W W A B V R E
C D A F R L X L J N O H E I C S P E N N
P I G O D P Y E E S P A M R P H B T K T
J F L L A U G H T E R I E S L L J A O I
G O I N C A R N A T E D N B O W G E W N
C L Y A Z Z E A H K U Q T A C B O M A G
J A K R A H V G S L A M I N N A N A R S Z
E A X E Z B I Q O B T K S A D E Z E T P
I X L K D R H U K C I E P B G P O P D L
G A V Y C Y S S A L C C L P J A I P R A
```

819

ADOBE
ADORING
BEDLAM
COFFEEPOT
CONCRETION
CRUCIFIXION
DESERVEDLY
ENTHUSIASM
FLOORCLOTH
GUNNER
KARAGANDA
OSIJEK
OVERATE
POGROM
REGIMENT
RESPONSE
RETURN
SMARMY
UNDERGARMENT
UPTIME

```
G U N N E R B J S L R P T P Y A I D Z U
U P T I M E S C W Q A H I M A L D E B N
K G K N O I X I F I C U R C K D B R E D
R E S P O N S E B U V A S E E P F U N E
C O N C R E T I O N M R J N E O Z F T R
T I A D O B E M U S H I S H K G N H H G
F L O O R C L O T H S D A A M R T U U A
J S T P H Z V Q G O Q T R D P O N U S R
Y W W D J E H E Y W P A K G O M E Z I M
V P Y N R U T E R R G E V O K R M X A E
H A J A L M E J O A N T E O A S I S S N
V L T W E D Z Z N O X Y M F T U G N M T
D E S E R V E D L Y S B Z K F C E J G S
N Y N L Q E A Y Q L D W G G D O R T N V
Q K K X T C K Z S K R N O I L Q C A E X
```

820

```
K C Z X B A D M D C K W H R F Y Y G H E
E A U Z I W C L I D O F C L I Z O D U L
R P G K L A V E S C Q N B O K O Z I M O
M I I S L L E A A W U P C E D G R P I N
A T C S I L E R P X E F F L A D G E L G
N A O Y A P Z N P I U O Y B U B L J I A
S L B G R A S N R A E M S I E S B E A T
H I P L D P Z X O Y I N S C T B I E T E
A Z S L S E K O V D T D E U C X A O E J
H E P X A R N L A Z A E N D U Q V V N Y
D J O E K N B H L F D Z R E G X N M R D
J O F O T L K I F I Z I E R S D O E D X
N X U Y O X Y I N G U E V R G D U B L Y
C R D G W D U S N D G K N I G Q J H P W
B V A W H X K R B G G N I R E T T A M S
```

BILLIARDS
CAPITALIZE
CODDLE
CONCLUSION
DISAPPROVAL
DOUGH
ELONGATE
GOODLY
HUMILIATE
INVERNESS
IRREDUCIBLE
KERMANSHAH
LEARN
PLANKING
QUERY
QUEUE
SMATTERING
SMEAR
SNIDE
WALLPAPER

821

```
P R E E M I N E N T S I S B U S B A T X
E E D S K W R P A N H A N D L E Z B T H
V L Y I A E T R I C K Y Z Z P F N N G P
E T B P M E R S R A Z X E B I M E F I T
N S C M Y E C J J O P V D Q V I Q S B N
T O U A L Z A E G T L K L G R H G U Y E
U S L H D J M K D A U J I T C X D G N S
A V Q O E E C Q V C B S U U L U L A T E
T E P Q T A T I C C M N T W L Z Z H Q R
E R L H R O B T Q A A V J A A Y Y P R P
Z Z G B O T R D G T H I L E R T H O Q E
Q G W O P V K M T S Z S W V I V J S W R
A G O E E S M Q R T D A C T V T E E I S
F H N H R P R O O F R E A D D A P N L I
S U M M E R T I M E C O F G G K G L I M
```

BIVALVE
CADET
DECEASE
DZHAMBUL
ESOPHAGUS
EVENTUATE
MISREPRESENT
NUTRIENT
OSTLER
PANHANDLE
PREEMINENT
PROOFREAD
REPORTEDLY
STACCATO
STARVE
SUBSIST
SUMMER
SUMMERTIME
TRICKY
ULULATE

822

ADVERSITY
ASCENDANCY
BUSTLE
COMPLACENCY
DICKER
DOURLY
DOWNTOWN
HABITATION
HUMOR
LIVERY
MELLIFLUOUS
OBLIGATION
OBLIVIOUS
PHRASING
SHUTTLECOCK
SPRING
SQUALOR
SURROGATE
UPPSALA
WEATHERTIGHT

```
J O H X S W P O V V O B V Y V Q M Y A A
T U B U P D E K E B D Q J L Z O M C S D
S G X Z R F V A L A S P P U B V O N C V
Q N J P I N S I T W P I T L A G F E E E
U D X H N D G Z N H C J I F H B K C N R
A G I Y G A X W Y R E V I L M P C A D S
L C P C T Y O C P D I R Z C Z J O L A I
O F O I K T B G V O V J T P C G C P N T
R C O F N E C S U O U L F I L L E M C Y
B N X W X W R S P O M H L R G A L O Y D
U U O H A B I T A T I O N Z K H T C L R
L D S S U R R O G A T E D F V H T U R U
N H Z T H U M O R L F W J U F N U W U M
A E T N L P H R A S I N G L P S H Y O N
N Y M W K E R E Z A G X I D J O S Q D D
```

823

ABSOLUTION
ABSTEMIOUS
ACTUAL
BEELINE
CALCAREOUS
CLOUDY
CONVENTIONAL
DAVANAGERE
DOBRIC
HANDFUL
HAYFORK
HEFTY
LEDGE
LITTER
MINDELO
PHRASE
SUBSTANTIVE
UNHAND
VARIED
WATFORD

```
U B H V E I Z D N A H N U E L E W D M T
R S U A N S U O E R A C L A C G V D I M
R R Y O I P A B Q S E D A L A O A B N V
D Q M Z L T M R Q Z C M U C I V C A D A
W S M M E D P I H I N P T O A T Q N E R
D W V N E S E C P P V H C N A B T L L I
Q V A A B D E S A N A P A V B W K E O E
F O X T S W D F A Y N G S E S B D L R D
M D J D F G U L F J E G L N T G R K A H
H E F T Y O S O J R I L O T E U X S A G
C L O U D Y R H E P Y U V I M A K N V N
S O J N Z K V D P U T D N O I D D T W N
R D S U B S T A N T I V E N O F U X O Y
X D T A B S O L U T I O N A U F V T F M
Y L Y L Y Y V R E K N V U L S A U F D N
```

824

```
N P O V W B F I Z X O D H Q B F E G X W
Z E S A V L R M Z D K Y K Y R T Y R S L
G N I T C E P S E R L R K O A N O O J W
R E L S J C K P D Q A O S I K A W T U B
Q T U I W P S R T W Z T D T W U B E V T
Q R C O V K A E B E D A M R X R B S R B
E A K M P O S H Q Q R N E G U T R Q C D
I T Y J B O T O B R J G D A R O L U V N
U E W L O Q L N I O Y I A E P V H E E W
Z Y L N R V K E H C P S N B O R E D O M
D I G S E Y E Y A Z M O T H E L L I O N
B S K G M B J C I S U C E U L D M F E G
I Z E B O B F O L V J V Y M G J U F Y X
N H S W V J V M A M U K A L L A E F E M
V X R V E B K B R U U O C D Y F R T I D
```

BILLBOARD
BOREDOM
COSIGNATORY
FROST
GROTESQUE
GUTSY
HAILAR
HELLION
HONEYCOMB
IRRADIATE
JUMPY
LUCKY
MEDAN
MOIST
MUKALLA
NOOSE
PENETRATE
REMOVE
RESPECTING
TRUANT

825

```
Y Z G U E K T N E T I N E P M I S E B L
Z O V N W P O O Q Z C I I T V P D D E A
L L H C I A S Z N H E E Q O R U K O N N
X K N A E L G O I N N R T U T J G M Z X
T N C N D I D L U T A R N I R B S M E S
D R O N I F L N C P L G R B O A E O N H
X A Z Y G ◆ V L I D ◆ H E H N O C C E Y
B I K A N E R E B K C O Y F S B O N Y C
U N B E N D V B M L J I N Y E A L I G I
S H A K E R L L U M W V F T R B O H B Q
L L F X M S R P Z A V M A R U X G S M M
S C H I S M A T I C E T Q C S J I R S O
V I O I C H W Z H U I M X Y O U C R I Y
S I D E T R A C K G L V U R O D A J T N
R Z X C U N J R A J C R Y N P S L M D G
```

AGITATE
BAOBAB
BENZENE
BIKANER
CHILLN
ECOLOGICAL
GLEAN
IMPENITENT
INCOMMODE
KINDLING
PULCHRITUDE
SCHISMATIC
SHAKER
SIDETRACK
SNORT
SOUPON
SPRUNG
TONNAGE
UNBEND
UNCANNY

826

ADHERE
DRESDEN
DYSPROSIUM
HEADSTRONG
HEALTHFUL
HEREUPON
HOUSEMOTHER
KORLA
LINAGE
MIDLAND
MILLRACE
OILSKIN
PALETTE
PELAGIC
PHOTOFLASH
PLASTERED
REVENUE
SPYMASTER
TINTYPE
WEEKLY

```
I D P R K E J A A B M H T E X W D R S R
R V R Y G R V A L D I E C Q Z P G M P W
T Q S A O H U X V G L A O N T H K A Y I
V H N E D S E R D F L L E K Q O B U M L
Y I I H M D D O D I R T T B U T O W A R
L K K H O E O E K E A H W U Z O L K S E
K E S B P U R P P L C F U G N F I T T V
E C L C F E S Y A S E U V O G L B D E E
E R I I T N T E N L M L P S F A N P R N
W B O S Q N S V M H E U P Q Q S K H L U
N S A T I B K H S O E T L Q S H L Y M E
G L F T K O R L A R T L T M I D L A N D
P P E L A G I C E M Y H X E R E H D A L
W C V T Q Q X H U M O C E L Z Q Q Y P M
D Y S P R O S I U M G N O R T S D A E H
```

827

ADVERTISING
APPLAUD
CATALYST
CLASSICISM
DACCA
DRAGNET
DRIVER
FARMHOUSE
INHALE
INNERMOST
LOUSE
MONGOOSE
PLACEBO
QUORUM
RACING
RECONSTRUCT
RHOMBUS
STRATEGIZE
SYRUP
WEIGHTLIFTER

```
W G T D D A S O E E R E Q P V J L A D Y
W M Q A N W I T Z S F A I U T U J N D S
G W R C K C I I T O P A C W O A I G R R
B Q X C J Q G W S O U L R I T R B O A M
M R L A S E O M K G R J A M N G U J G B
S L X T T S D Y J N Y S J C H G C M N R
I V D A J U V V R O S W Y C E O Y R E H
C U R Q S O K Z Z M J U H D L B U Q T O
I T A P P L A U D C X Q P R T E O S G M
S C A T A L Y S T I S M A I J Z S J E B
S I N N E R M O S T N I P V W W Q M G U
A H R H V F I D Y Z X H C E R E A M E S
L R E C O N S T R U C T A R G Y R S K L
C R A D V E R T I S I N G L K R Z A R J
W E I G H T L I F T E R M X E Q Y K U F
```

828

```
C O M P E T E N T P V D Z L U X P C U K
A P X G V Q I V A H L H J I N O R T X B
G W Y D S F H R L T Z T R V F Z E T K P
H N A W O B I A H D K U Z E E T T T P J
B R V S H S A H R G Z U W L E B E U J A
P C D E H R I C O C H E T I L G N B P V
P R O T A G O N I S T Z J H I C T R L E
F X W Z F B E Y Y H M J U O N I I R I N
N A L D T L A B R E A S T O G C O R V T
C K R E R A F Y A W Z Y N D O E U O E R
N U V G R Z V P N N K S O T Y B S L S A
A B M H O O Q A A R S U T B M O J S T L
A S B R A N L O Z O J D J H M A L J O G
S U P E R C I L I O U S D S Z T V J C Z
U N D E R W O R L D Z N S S Q P D Y K L
```

ABREAST
APRICOT
AWASH
BLAZON
COMPETENT
FARGO
HAIBOWAN
ICEBOAT
LIVELIHOOD
LIVESTOCK
PARISH
PRETENTIOUS
PROTAGONIST
QAARSUT
RICOCHET
SUPERCILIOUS
UNDERWORLD
UNFEELING
VENTRAL
WAYFARER

829

```
B M R A N E Q U E S T R I E N N E T L L
E O P A I E L P V F E A T U R E C E Z E
S J T U V A E M A D C R D L V A W A N G
U R D O Y I S D R P B O L I T H R X Y E
I V R B S J N A L A E A U N S E E Q W N
Q L W E V A W E C E V R O S P H W T W D
M Y W T N O N C W D W C B O I N O S J A
D I G A T W H I A N G O C A I N L N B R
K R A N U L I M E S C S R T C N B C O Y
Z O E O D R L E Z J O R C K C K S X V R
A D D D Z F Y J B E K E E F Y O S I A S
U N T P G Q Y Q R U P S H V Q X A J H L
I E D M A E U E N H C X B B I D L E Q E
P V O Q D Y T Q L J T E G B I C G W J H
P C P B C S F L A V O R I N G M E O N M
```

BOTOSANI
CONTACT
COUSIN
CREVICE
DISHONOR
DONATE
DREDGE
EQUESTRIENNE
FEATURE
FLAVORING
GLASSBLOWER
LEGENDARY
NEEDLEWORK
PAPERBACK
PECTIN
RAVINE
SEMILUNAR
STEREOSCOPE
TOWARD
VENDOR

830

AUDIO
CHIMOIO
COMPLAIN
DEPARTURE
DZERZHINSK
EGOTIST
EMBRASURE
GRILL
GRUMPY
HIPPOPOTAMUS
INCULPABLE
JANGLE
MITSAMIOULI
NONCONDUCTOR
NUMERATOR
OUTRIGHT
PLURAL
PURVIEW
TRADITION
UNDERDOG

```
D E P A R T U R E X I E L G N A J F T Y
C O M P L A I N X V A W G G I X N W W O
D K N Q A W R S K J J S S O R V W Y Q L
I S Q W R E M B R A S U R E T U G V J R
I G I S U M A T O P O P P I H I M W X E
J N K S L W O I O M I H C Y N G S P E T
O Q C F P I N U M E R A T O R Y W T Y W
J U F U D U N O N C O N D U C T O R E F
A D T U L X N O I T I D A R T R M I F D
F S A R L P X D P E Y Q I V M E V A H A
Y Y K K I H A O E K S N I H Z R E Z D B
L Y J L R G D B M R F E Y F U S D G M E
B Y C F G C H H L J D L S P J X E B F N
G E Q C U T N T E E A O M L E X G L W A
M I T S A M I O U L I O G T X M I C M U
```

831

ALBUQUERQUE ☐
ASSEMBLE ☐
ATTACH ☐
CANTON ☐
ESQUIRE ☐
FOSTER ☐
HAMILTON ☐
LEAVES ☐
LOCATED ☐
MASKED ☐
MICROCOPY ☐
MUDANJIANG ☐
NUCLEAR ☐
PLUMP ☐
PROBATION ☐
ROUND ☐
SEAWEED ☐
TRAVAIL ☐
TREACHEROUS ☐
TRIVIAL ☐

```
T W J H T X X V O L S P N Z W F L U R M
R E U N C X R B A U E T R A V A I L L I
I W L O O A Z Q O P V Z R S Z X T G O C
V I S T E C T R V N A W R E R K H N C R
I F K L P F E T U M E L B M E S S A A O
A Y C I Z H M D A U L C Z Y P S F I T C
L U X M C H G P Q U X O C D R E W J E O
N T R A W R X C A N T O N O A G N D P
E X E H J M E E E I P A J F B W E A N Y
T R A K P U G T S E Q P O L A E P D U X
T N I T Q C H S T P M C Q H T E B U O F
G T N U T W I O G W L K P D I D N M R R
N Q B A Q M F F B I V U I L O Z L G H H
W L C N M S Z D E K S A M F N J N F L U
A G I O E H E K F K U C M P P L G S K X
```

832

```
G H F M K M O A P K O I D I X S I G I T
J K A M A X A Q N I U S D F A K N Q N R
T F I B C S C C M A K P T O C U D S S I
O S R W O B Q P Z S V E N I Q R E U O B
N B F A L O A U S K O A R W A S L C U U
X W I R O I N E E D C D M N M K I O C T
C F E D R R N D V V V O Q I L F C D I A
T D L E D K P R O V U I N A D R A M A R
W A D R C U F U D C N X P K E F T E N Y
I E D I C I M R E G K A E F W L E H C Q
D L H N F E A Z E O Y S I R U E L P E J
I T H K F G D A C J H I Q M A Q Q N I G
A G V E R B I A G E H W N O J H Q W U F
Y J G W Y U D T B F U B Z H M Z M P N N
R Y O C A K X Q W W K G O C S W I P E K
```

AIRFIELD ☐
ANQING ☐
BOONDOCKS ☐
CANOAS ☐
GERMICIDE ☐
IMPAIRED ☐
INDELICATE ☐
INSOUCIANCE ☐
KNOCK ☐
KURSK ☐
MARDAN ☐
MASQUE ☐
PIKER ☐
PLEURISY ☐
REDRAW ☐
SWIPE ☐
THICKNESS ☐
TRIBUTARY ☐
UPROAR ☐
VERBIAGE ☐

833

```
G O P I K M H D J H N U R Z K C F T D V
B G W L Y T E D A A W K U I M A R A S M
S O E E N S N R E J C D H J M R U K Z S
L Y F M R T S A M C X K T S D P I A T S
L D I U B A Y T O H K W R H L E T M B X
B X C W B H S E T A Y D E A I L I A H M
I C B Z M C P P I U H D T A B A O T N J
A B L N P T J Y O V U C N G K B N S V D
O D A N W I I O N I H Y I V O D I U R D
F G V G J H O L A N R S W S Z O B T X Y
J I I Y U C O H L I L U G A N V I L L E
R Y V C M E O H F S H Y D R A U L I C S
S I E O D E B I I M L D I N G B A T V H
Z Y R O T A R T I B R A P L A Q U E E R
G B G W T F Q T F Y T H G W M T S C J T
```

ACCURSED □
ARBITRATOR □
BASRAH □
CARPEL □
CHAUVINISM □
CHITCHAT □
DINGBAT □
DRUID □
EMOTIONAL □
FRUITION □
HYDRAULICS □
IBAGUE □
JACKRABBIT □
LATCH □
LUGANVILLE □
PETARD □
PLAQUE □
REVIVAL □
TAKAMATSU □
WINTERTHUR □

834

ADULT □
AVERSION □
BACHELOR □
BRIDAL □
CHEMISE □
CONNECTION □
DESTROYER □
ENDLESS □
EVANGELIZE □
FACSIMILE □
FILTRATE □
GRATUITY □
GREGARIOUS □
HERMOSILLO □
INTRAMURAL □
MISDOING □
MOBILIZE □
PITESTI □
SOYBEAN □
UTTERLY □

```
G T Q M Q Q M R S Y F B S N A M C M V P
I R B A V O L D H F U A D U I D I W E I
B M A F B R I D A L Q V C X G K U R M T
N O I T C E N N O C P O L S N B I L Y E
G Y I S U O I R A G E R G F I S U E T S
K E B I M I M O B I L I Z E O M F Z L T
V J W J P F T N L Z X W Z Y D K I I R I
R I J Y W R F Y W V W W B Z S D B L U E
X O L C F I L T R A T E W D I P M E E N
O I L H P G Y F N X A Y I C M J U G D D
B V C E M U Z O Z N O I S R E V A N M L
Z J M M H H E R M O S I L L O D S A O E
O A S I K C D E S T R O Y E R Y C V A S
T S X S M S A Z U T T E R L Y X N E U S
Q J Y E T B J B I N T R A M U R A L K I
```

835

ARACAJU
ASTRAKHAN
BOUAK
CONJOIN
DIFFUSE
EXULT
FIREBOAT
GRADATION
LAMPOON
PADRE
PHILANDER
PURITANICAL
RATIONALISM
RECALCITRANT
SENSUOUS
STRUMPET
TOILETRY
TOMBOY
VAGRANT
WATERSIDE

```
R V A G R A N T V P L Q G N R B O U T M
B E S U F F I D E H H R E Z K S Z O O L
A O C L A M P O O N A B D C M Z M N I F
F I U A P K B U A D X L I A P B W P L X
D R R A L M M V A B P R S U O U S N E S
E H D K K C V T T E V I R Y C J Q I T Y
R R K H I ◆ I R N A M I E H V G D O R V
E X U L T O U T V T T J T P P Q X J Y X
D N B A N A U F R A A V A C D Y N N Y Z
N T K I V Z J V N A P H W W X E P O B X
A L M T N S A I T A N W F I Q H Z C R F
L R I Q W U C C I A T T F I R E B O A T
I Q V I Q A A S T R A K H A N R D V L E
H D J P L K R R A T I O N A L I S M L U
P F Z W E Z A S T R U M P E T E S V X C
```

836

```
M O Q C Y O X W L Y S S E D R A W E T S
V G N A S N O R N T A K F M A R P R D M
E O S F W V D V W R L P V P C O X L V Q
T N A I D A M U H Z T D G L C T L Z D V
U U V C D F B M X N P Q K N M A E R T S
I Q P C R L Q A X T A P Y B C R V O B K
S O U N D T R A C K N S H S W R A L O Z
K P W G N W G A E K K B I Y A A G D N A
R R I P C N X C M N C F E B S N A I I Q
M U U Q I S P R I N G T I M E I Y E T G
B T K J U G E E V F F K R P F Y C G O N
C R U U Z E K T N E M K N A B M E I U W
Z Q X I P E T S R E V O W G U P B B S G
F E J I P U N A O L E A N D E R V K X T
N L X H E X O M O V A U N L F U N X H O
```

AGAVE
BONITO
EMBANKMENT
FISCAL
MASTER
NARRATOR
OLDIE
OLEANDER
OVERSTEP
PHYSICIST
PIQUET
QUJING
SALTPAN
SOUNDTRACK
SPRINGTIME
STEWARDESS
STREAM
SYNCOPE
UNSAY
ZHUMADIAN

837

```
C F H V K A U E E J E S C I B N T D R E
O P S A U X R R Z Y S T U I A O M E O F
T K S D Z E E R X A W S A S G E N G H F
E S K Q M Z I E D M A I W R U T C G T L
R K T L O Y R G N F G A A G R P Q A U O
I Y A I R E U R A B G W Z A A E E J A R
E T J H G O O U H H E S P N R L S J E E
Z U F U L M C B G R R W E U S H I Y X S
K O C V Y J A E N I S U T S O S B N Q C
J W L Q I T A G O M Q R Z S N R H Z W E
B A F I R E K E L U E Y H A I B I U E S
I I C R K H C V E M D G U I S A J R A F
X Y P K E Q K N R L Q J T K T B M I O R
S H Z Q J B R O P O B F O B B H H U E J
F T O S Y R F B B O R B U M U I Q K A P
```

AFIRE
ALMERE
ARGOT
ARSONIST
AUTHOR
BARUERI
COTERIE
COURIER
EFFLORESCE
FORMER
JAGGED
LONGHAND
NEUQUEN
PARTNER
SERRATE
STIGMA
SUSUPE
SWAGGER
VEGEBURGER
WAIST

838

ABATEMENT
ABORTIONIST
ALLEGE
BULLET
CHESSMAN
CONSPIRE
FORTRESS
GAMEKEEPER
HUZHOU
MINDFUL
PAKOKKU
PEPPERY
PINNACLE
PLANO
REPRISAL
RHINESTONE
SHINE
SONGSONG
TUNER
UNTOLD

```
T Z F S R G U G X E U K K O K A P G F D
D U R M M T N B N G K A Y Y B U P A O L
P X N X I O T O T E E R T A V E A M R S
T U R E S N T A K L C R T H P B P E T G
Q J T G R S D Z J L V E K P O I L K R C
M A N D E N H F E A M P E R V H A E E J
P O B N M Z P R U E M R T O A U N E S C
S L I K X U I I N L Y I T Q N O O P S I
T H R I K P R T N P O S O T A H B E J K
R C F T S R E L Y N K A O Q M Z V R A E
U G D N V S W X I L A L N O S U I W N R
J V O Z L P T S B A D C D P S H K I J H
K C H Y Y K T C V I Y L L F E P H Y S Q
B U L L E T Q V W T J B H E H S J M N U
W T A R R T L L M Q M O D G C A I L K U
```

839

ALFALFA
BLUEGRASS
BURDOCK
CARET
DISREPUTABLE
FIXATION
GRASSROOTS
INCURSION
KILLING
PEBBLE
RELIGIOUS
REPRESENT
RESERVIST
REVOLVER
SERIAL
STOCKING
SUPPLICANT
TAWDRY
TRAVELOGUE
UNKNOWN

```
G R A S S R O O T S P Y S G U I G M R Z
N N T A W D R Y O I S F F T T N S V E A
I R I E T V G C V X O A S L W J I H P Z
L E F K C O D R U B T L R O G O B U R T
L L I I C H Q W V S J S N G S U H I E R
I I X L U O H N I J J K A J E V W I S A
K G A F Q V T V C N N Q H I T U Y F E V
S I T Y M T R S O U P E B B L E L N N E
X O I A W E K I A L F A L F A C A B T L
C U O H S J S Z P A T Q C G E F I Y E O
A S N E B R E V L O V E R A B S R T R G
K K R B U D I S R E P U T A B L E J A U
C T W C V U V M Z M L T F Y G V S N C E
P O N R R A M Z M R M V H D Z S B X H
G I S U P P L I C A N T S F Y U P G R U
```

840

```
B X B P D C C F G R I N M O U W Z T X M
I S U R A J M E R R O N T V Z C C O E L
T H N A O Y C M H I A C Y X N R O S Z G
U E G N B U R G S G Z P M R C I T S Y M
M P A G U Y K A V E Y D E Y T S U R T R
E A L E L K C A H S M A R V W I D P E U
N T O R M C O T I A Y R I O I S H V O V
F I W M O W M Z R N M F T F M N A M M Y
D T T V O O M R T I T U N L I R E P M I
Z I G H R I A Y C U B E E X G T S B P N
N S C K K B H N Q R I E R N S Q S M R X
G Y N E C O L O G Y A W E L Z L H X T H
I N W N O U F O M M L W Y L A A I T A A
C M G Q T P W H E T B T G T R C T F U W
F A W M S A C R O B A T I C T G E D H P
```

ACROBATIC
AJMER
BITUMEN
BUNGALOW
CRISIS
ENGRAVER
ENTIRE
GRAPEVINE
GYNECOLOGY
HAMMOCK
HEPATITIS
IMPERIL
INTERLACE
MYSTIC
OCCASION
RAMSHACKLE
RANGER
STOCKROOM
TRIBE
TRUSTY

841

```
H N G M F A U K Y Q Y Y M T H C A E R P
D E N W O N E R S N L C I B X K V R A O
I L L A S U O P S L W N S V T I Y E T H
N D H L B F I K A E M O C A T N C V R S
T D O T O C O N N S L U M N S R X E O R
E U P D F G I T A L O N E H D O A R C E
M F B V V G K T R G E V I S U L E T I B
P T F Q I F U E Y S N R T F I L O O T R
E Y I R X D G B I I Z E W R J L D V Y A
R Z O B G N P A R A N C H I I N O B S B
A H D A O V C V T N V M X Y X C Y C U S
N S F M F C L U X U R I A T E X O T V G
C W R X P X G O Z F L Q M D K O C L N E
E A Q F N H X L T R I S E C T F B G O J
W B J L D Y L X D Y G W G H M S N H L R
```

AMNESIAC
ATROCITY
BARBERSHOP
COLISEUM
ELUSIVE
FUDDLE
HELLO
INTEMPERANCE
INVENTIVE
LUXURIATE
ORIGINALLY
PREACH
RANCHI
RENOWNED
REVERE
SPOUSAL
TALON
TRICOLOR
TRISECT
WARMONGER

842

ANISEED
CANDESCENT
CODGER
DIVISION
EIDER
EMBARRASS
ENGINEERING
ENTHRALL
FORSYTHIA
FRATERNITY
KOZHIKKOD
LANDSLIDE
LINSEED
OLINDA
PLAYGOER
PROTECT
ROBOTIC
SACKFUL
STUNG
UNDERPAY

```
C L L A R H T N E A N I S E E D C W R S
Z H I G J F S D B G Y E A Q B T W C O A
C W D N D U I C J V Z S H G A I S G B C
A F Y S S L N M M G C A V B E J Q N O K
H L T G S E R D T N E C S E D N A C T F
V L I D E K E G E I Y F Z Y T P M H I U
R X N C M O O D L R D I V I S I O N C L
A A R O B Z G Y G E P S T U N G Y Z K J
L H E D A H Y K A E P A I H T Y S R O F
B A T G R I A B Z N T R Y S R H S G A L
P B A E R K L T B I B G O E Z W A U J X
Q D R R A K P K K G P H D T A X O A G W
E X F Y S O Z X E N P I K W E A L X M W
Y D J K S D J F S E E C L W J C I S K F
O L I N D A C W O U W W D I Z Z T W F Y
```

843

ACIDIC
BIRMINGHAM
BOGOTA
COPTER
EDEMA
FALSEHOOD
FLOUNDER
FREETOWN
HALAB
HAWKER
HAWSER
KISLOVODSK
MAINLINE
MORES
PORTEND
SUFFIX
SWOLLEN
UNTIL
UTRECHT
VALUATE

```
D S K F N Z S B H U P Y S U F R M V H D
D Q W I L Z W R H L L C U W R Q N V B C
I O C O S O M O R E S T Y N A C I D I C
I X E A L L U T P R B D K T T E A N K Y
Z C L G N L O N H O Z K D Y K I W T D I
X S O E U S E V D U R E T P O C L B V X
P F J I S C B N O E N T P A L C A I D F
C H R E S W A H W D R F E R J M T R M B
B J A E U I L A B W S L M N E I O M Q F
E G O W E T A U L A V K Q D D D G I Y G
I Q J K K T H C E R T U E L Q Z O N D V
W I N L G E O T T S U F F I X O B G U B
I Q G B C R R W F A L S E H O O D H U X
Y Y O G B S C E N M A I N L I N E A L S
Y I R A Y A P D V E Y K M Z V C Q M Q B
```

844

```
N S Y F U L L Y C C U E R F H G I S V V
U M T K U F W C U D U Y P S M V V J C E
P O L Y E S T E R V Z B I E D N I B A N
C A A H X N O D E R C G B A F W Q X K T
D T Y T I R C R I Z G B W W Q Y B I E S
M X O R F G H K S A E E E B I E F N W P
S K L O K W S U W B R O G N H N S J A I
B M S W P A G A N B E F L X I B C I L L
M O L A T R O M E G T T A P C G R U K S
G U Q E N S O M S X S G B Q G R H C R D
W X M S C E O F W F U U I S U C T T S Q
G N O T O H P U R B L I N D Y V I F E L
D I E L E C T R I C B A N L B N T A L D
V W L F Z F Q R U R K X A V B Z Y S Q V
A H Z R L J X R W L L O C L F K J Y G P
```

AFRAID
BENIGHTED
BLUSTER
CAKEWALK
CANNIBAL
CREDO
DIELECTRIC
FULLY
HOMEBREW
INCUR
LOYALTY
MORTAL
PAGAN
PHOTON
POLYESTER
PURBLIND
REVUE
SEAWORTHY
VENTSPILS
WAGGISH

845

```
T M J R W A A M K B E I U T M O S T S S
A A U S X E C C D R U C N D R U F S P C
J N K F X R I X I Y N D F F Y Y O G I R
Q T A M F R W F T P C G Q D L R P O H U
N E P W R L K K X H A B X S G A C L S B
Y I Y E O C E I U V P S U N N K M Y D L
X V D U A N O R F O L K E O I C Y E I A
T B W B R G N J N T A X G A L R Q O M N
C A S T A W A Y N V S X E I E U N A T D
B H F W P U R E B Y R N L X E W L S F O
U Z K V V A R N F U E N L F F E L H I T
L N Y H X E L V N I V F O Y J V T T M Q
L H L V V V N T N Z I Z C V H T A S J K
S E B E K Y E V R J N M A T C H I N G G
R E R W L S L A B Y U O T E W N Y Y A Y
```

BACKFIRE
CASTAWAY
CHURN
COLLEGE
DERRICK
ENGROSS
FEELING
INFLAME
KYOTO
MATCHING
MIDSHIPS
MUFFLE
NORFOLK
PALTRY
REVERENT
SCRUBLAND
UNCAP
UNIVERSAL
UTMOST
VIETNAM

846

ALOFI
BRAVERY
CACKLE
CITRUS
DARBHANGA
DESIGNATE
DITTY
ESPOUSAL
FISSION
FLATFOOT
FRETWORK
GAILY
INCRIMINATE
KNEECAP
PICKUPS
PLEVEN
RUNGATA
SHIRT
UNSHOD
WEONJU

```
S R X O Z D L X A T B D K B B Q D T P Z
I U C E U X I Z C O R W E I F O L A J W
N N R G R W U U T O A I J S H M C U S J
C G G T Y H T D Q F V Y H S I E G W R Z
R A B A I M D V G T E S N S E G W A Z O
I T N O I C S T M A R U P N C G N R R O
M A V B Q L E W A L Y U K R A V Z A R X
I E E S Z N Y A M F T M R V D V J P T A
N W R B W A F A N K T F O L N R K S C E
A E L K C A C E J Y I S W F I S S I O N
T O O W U O V H W D D S T Q E C A X V U
E N G A C E Q E V U R M E Y T F H D I K
C J W K L A S U O P S E R H M U L J E T
I U S P U K C I P O V H F F N S W D R Z
D A R B H A N G A S U X T F I Q O R V O
```

847

BETRAY
COURSER
DESERVE
DOUBTFUL
FAUCET
GUESTHOUSE
GYMNASIUM
HORSEMAN
LIKEWISE
LIMPID
LIONHEARTED
MANIAC
NATIONWIDE
ORANGE
RAREFY
SPUNK
TORONTO
TUCHENG
ULSTER
URUMQI

```
O U U O A D I G A D L I A O L T Y K K J
I R K A I E V D J E O P Y V K V V V Y K
V C A P E T Q L R V Q K X A K T U W V N
X P M N U R C A P H U S Z R R F V T A U
R I U E G A R S P M T O R O N T O M N P
L Q I E P E S I W E K I L P R C E U A S
U M S Y F H O S Z D L J P I A S S B T S
R U A Y F N D E S E R V E I R R U Q I T
G R N O E O D D M K Q B N O E Y O G O E
U U M G P I T H G G V A H T S Z H D N A
P V Y P N L E H Q N M B S Z R Z T C W W
F Q G N E H C U T L L L N H U J S I I M
D O U B T F U L T T U Y Q C O Z E A D L
L J Q P F Z A J O P E U C A C Z U H E C
Y B Y W U S F O Q V O V B Q X E G Q M P
```

848

```
B C T S J Z T V T D D Z Q D P O I R M V
Q E R O I Y J E D V E I O A G M R X G S
X V L O P L F C N S C F T L V W K O E J
Y G C I S B H U H Y A R X I D Z Q N D Q
E O H L Z S B A R J T K S B D T T L U K
H X I E O E O U T I H A D I E L L S T C
B O R R O W T V H Z L I N S T A N C E P
Q Z J P D N Y B E Z O R P O S O X R I I
O Q M J E U A D R R N F N Q I R R N U S
K I S C S P A T I A L P R X L I F R Q T
C U S T O D I A N O P X W Y T K J S S I
P O S T N A T A L B E W V O R K J R I L
R A T I F Y S K R O W E S U O H E N D S
D E N O U N C E E H K L S Y H Q O S H B
S E V E N T E E N X R J F A S B O N W P
```

ALIBI
BELIZE
BORROW
CENTURY
CERRITOS
CROSSOVER
CUSTODIAN
DECATHLON
DENOUNCE
DISQUIETUDE
HOUSEWORK
INSTANCE
LLEIDA
PISTIL
POSTNATAL
RATIFY
SEVENTEEN
SHORTLISTED
SILHAT
SPATIAL

849

```
J  M  J  S  M  D  X  S  L  O  O  K  O  U  T  F  H  H  F  D
T  T  N  A  P  I  C  I  T  R  A  P  B  M  B  Q  O  E  O  C
S  W  O  R  D  S  M  A  N  R  E  C  N  O  C  N  U  I  R  H
E  S  D  N  T  H  P  H  Q  T  E  Y  C  H  I  Y  E  S  E  Z
C  D  C  I  N  E  V  X  A  E  Z  S  Q  S  T  N  T  T  L  J
A  P  E  F  S  A  N  I  G  N  Y  F  E  I  I  M  O  C  O  W
H  A  U  F  S  C  C  D  Y  N  B  I  R  D  U  Q  O  B  C  H
B  P  Y  R  E  P  O  J  E  C  R  A  R  D  I  G  T  Z  K  C
T  O  N  I  G  H  T  N  L  R  G  K  N  S  O  J  H  Y  Q  Z
H  U  V  C  U  M  B  N  N  L  I  E  C  M  T  Z  A  H  D  P
K  U  N  S  A  N  A  K  U  E  D  Z  P  I  I  W  C  F  L  F
Z  T  V  D  H  I  N  V  V  D  C  M  E  G  C  R  H  B  I  D
V  C  U  X  V  A  I  N  A  M  O  T  P  E  L  K  E  B  P  F
P  E  T  A  R  E  F  I  C  O  V  M  E  D  I  C  I  N  E  H
R  Y  V  A  C  G  A  C  K  O  B  V  B  H  R  E  N  G  A  M
```

ADDENDUM
AVIAN
CANNOT
DESERTS
DISCONNECT
FORELOCK
HEIST
KLEPTOMANIA
KUNSAN
LOOKOUT
MEDICINE
NISEI
PARTICIPANT
SWORDSMAN
TENDERIZE
TONIGHT
TOOTHACHE
UNCONCERN
VOCIFERATE
VULGARITY

850

ALCAZAR
ANNUNCIATION
APPROPRIATE
ARBITER
CHASSIS
CORNFLOWER
FILTHY
GRIDIRON
INFELICITOUS
INTONE
LIEPAJA
LOATHE
NICELY
PLEBISCITE
ROTUND
SCYTHE
STRAIGHT
TOWEL
UNBEARABLE
WAVEBAND

```
M  Y  B  G  N  R  O  T  U  N  D  Q  G  C  J  I  O  E  A  S
P  L  E  B  I  S  C  I  T  E  A  V  R  J  D  N  N  H  P  T
A  E  H  Y  W  U  Z  A  U  W  J  V  S  W  Y  O  O  T  P  R
R  C  T  C  P  O  N  G  B  F  A  S  A  H  T  D  I  A  R  A
B  I  Y  N  A  T  O  F  B  Y  P  V  T  N  E  W  T  O  O  I
I  N  C  E  Y  I  W  O  E  K  E  L  I  N  Z  Q  A  L  P  G
T  C  S  L  Z  C  G  V  V  B  I  I  O  U  E  A  I  R  R  H
E  I  I  B  D  I  Y  C  A  F  L  R  A  B  E  P  C  K  I  T
R  H  S  A  Q  L  U  N  Y  M  I  Z  R  T  C  C  N  X  A  I
R  I  S  R  D  E  D  Z  L  D  G  V  J  O  X  U  U  T  T  W
O  O  A  A  S  F  U  G  I  U  Y  V  J  W  O  Z  N  R  E  Z
H  B  H  E  T  N  V  R  D  G  S  G  R  E  Z  A  N  A  Y  R
U  F  C  B  U  I  G  S  P  O  U  G  K  L  T  F  A  L  I  D
C  O  R  N  F  L  O  W  E  R  A  L  C  A  Z  A  R  C  Y  C
I  M  Z  U  D  E  B  O  U  O  A  P  W  O  S  U  H  D  E  P
```

851

BONDAGE
CAROL
CHIGNON
CHIVALRIC
DUBAI
ECCENTRIC
EXPATRIATE
GAWKY
GENEROUSLY
GILBERT
KNAPSACK
LATERAL
MONKEY
PRIMEVAL
RIDICULE
SANCTIFY
SPRINTER
TROUBLEMAKER
UNCEASING
VITREOUS

```
E C C E N T R I C R E T N I R P S E T C
A J E A V O E I X I Y S C G F Y D U R H
R I G G B U W W O D G A W K Y T U E O I
K C A R O L A W P I D Y H C L Q D X U V
P T D I H H F U R C M A J A S C T P B A
U Z N U Z Q L R I U H J E S U M M A L L
S U O E R T I V M L B U T P O H B T E R
I A B U D U U U E E P B I A R K M R M I
K A N A G I V N V M Z Z L N E G W I A C
M M M C P I U K A G W F N K N M M A K L
F O P H T E T Q L K N G L Q E A B T E J
Z Z N C U I L A T E R A L H G B E E R I
H E G K H Y F U N C E A S I N G D P E N
O U W P E Y E Y V G V W G I L B E R T J
G B Y I S Y C H I G N O N B H W C S E K
```

852

```
Q L Q W E V R E S N O C D A W S H O D C
T R P E G D Z B S R K A X R O D D F N V
A R X S N Z I S O G J O O M N A Z R T L
R O L E I C X B T H U Z M O I E G Z V T
S I M Q H P B S L T Q R L R H C V A D E
H U O D A R O D L E J E V I C L A I S R
A A R R O G G Y O R A C L A S Y G J G A
M X F E L L I V E R B I L L A T T T N M
M A B J L N T H G U A L E S R O H J P T
E A V Z G Y E C S J G A L L A N T R Y H
R E Z O Y W P Y U A F M I G M M T U T G
Q E D L G T M G I H H K V U K R J R K I
Q T G M I V I L J I N S Y L N K O M B N
C O N T R A R I E T Y H G S E F L P P G
B A C K S I D E V A W P S D M H K V S N
```

ARMORIAL
BACKSIDE
CONSERVE
CONTRARIETY
EDIBLE
ELDORADO
FORTH
GALLANTRY
GIVEN
HAMMER
HINGE
HORSELAUGH
IMPETIGO
LIBREVILLE
MALICE
MARASCHINO
NIGHTMARE
OUTLYING
SHASHI
SURELY

853

```
S U B C O N S C I O U S R W E G M M G D
N S P R R M S T K S Q M I G N B E P Z E
B E Z I N M E L O S L C A O B M D J J P
R P C V G F R J R G V T T G C N I Q J E
E U P M I S S I L E S A J R O V T N Z N
A L I K O U J K I K D F K I F Z A K Q D
K C E E Q J C X C L U L S L U J T B D A
E H R X G P J A J R S S G H A T E Q O B
R E C C C A B V O S U L E N O E M O S L
X R E Z H T R D S C W E I I Q N S N M E
Y X J C E H A U S M Q M M A B S A Z O S
Z R T C O O H I T H U I S G R I J O L N
F J H T T S D R E S G H K E A O H L X B
J E R O B O A M I X A G K R C N Y L P E
P O I N T L E S S B C P B B T K G D F O
```

ANIMUS
BACKSTAGE
BRACT
BREAKER
DATONG
DEPENDABLE
DISCUSSION
JEROBOAM
MEDITATE
MISSILE
PASTURAGE
PATHOS
PIERCE
POINTLESS
REGAIN
SEPULCHER
SOLEMNIZE
SOMEONE
SUBCONSCIOUS
TENSION

854

ACTRESS
ASSOCIATED
BOARDER
CONJUNCT
CULMINATE
DEBUG
GUANARE
ILHEUS
INFORMED
INTRUDER
MATTED
MIASS
PERMANENT
PISCATORIAL
PREDATOR
PRIOR
RIBALD
SLEUTH
SUBPLOT
TAIZZ

```
C O I G C V A R R L S S A I M R B M Q J
F U D N T O V R C J U G S R K X N L O D
R O L W F Y N N U E Z D S S D V S U G Z
V S A M N O C J H A Z X O C E B N U D V
W E B D I S R L U F R S C K T R A L N Z
W V I O C N I M I N Z Z I A T N T Z W K
C Y R G A D A N E X C C A N A O D C I W
N O M U C R T T E D K T T R M A B P A J
R H X B E R D Z E K O O E H S Q H R X A
B S L E U T H E S Y O L D A Y U Q I O O
P R E D A T O R R X U P F V Z L V O M U
B P E E D E U D M O F B W N B Z N R N T
D R P E R M A N E N T U P J B H S C S A
P I S C A T O R I A L S K U O O W W E M
W K W P U U X L F K S B V U R I F H G C
```

855

ACCOUNT
ACCRA
AMUSING
BACKDATE
COLMAR
CREEP
DEODORANT
EVANGELIST
HYPHEN
KHANPUR
MACAPA
MAXIMAL
OXYACETYLENE
PIPER
PLENTIFUL
POETIC
PUBLICLY
SEMISKILLED
THITHER
UNBAR

```
P X E R F P O N L C P L X X S R Y R G T
E L S L O M E X N D D U X M J Q U S N C
L A E E X H B L Y J K U B A X P U U M I
Y M T N P K G Z R A B N U L N T O Q R Q
T I D Y T E P E E R C G D A I C K A E L
C X H E Y I V O G C N E H O C C M K H V
A A M T O I F A Q C O K T A W L L M T J
H M D A F D G U N A X Z E Y O P T Y I W
X T S D A Z O V L G I M P C L M U E H H
L N Z K L V P R T S E D H H J E P A T W
N L T C Y N Q Q A Q D L A N M I N B G Z
O C V A P I P E R N U T I Y O J Z E Z D
U M K B R J V L Z D T S W S Q R U W W L
S E M I S K I L L E D H C K T R W H T G
A M U S I N G T G C M A C A P A P X K Z
```

856

```
A T L Y T A O W D F L S E U E N J J S F
C H E R N I V T S I I L I L L D G P H L
E G Z E E Y H A F O G R B D E X A E A A
A Z I I M K D L T N B A E C I V R M R G
D H L J N A I Z A C F K R B M N X P E S
T A A O G B F M X F Z O W Z A J G I S H
O N R S I U L I E S F B B E A L N R X I
R J U B S L B N Z N N M N A A B L I M P
M I T A N O I E E S H U X H F D U C L J
E A A N O L A T Q X E D B Z K A K A I T
N N N D C M D T N I T E R O I V L L Y C
T G X I Z D R A Y E N I V X O E L L E S
L L G R G R U B S I R R A H F Y P U O N
G D V M M O P A Q E U F E C V G B W M M
X V E A M Z J N Z T F J E S O I E U G L
```

BANDIRMA
BATTEN
CHERNIVTSI
CONSIGNMENT
DUMBO
EMPIRICAL
ENFORCED
FIREBALL
FLAGSHIP
HARRISBURG
INEFFABLE
KABUL
MANGLE
NATURALIZE
NITEROI
SHARES
SIDING
TORMENT
VINEYARD
ZHANJIANG

857

```
I  K  Q  B  H  T  P  C  O  N  T  I  N  U  A  N  C  E  M  E
I  B  A  N  D  I  T  L  U  S  R  E  N  C  O  O  N  F  L  T
B  H  V  H  E  L  F  N  U  F  E  A  C  X  C  X  T  F  N  E
I  H  H  M  E  G  A  Q  E  M  I  T  A  L  A  G  I  V  A  A
A  Z  R  T  H  D  O  S  G  S  M  I  A  N  O  R  B  U  M  S
N  X  H  Q  E  E  Y  K  S  N  C  E  R  G  T  P  F  X  E  H
G  Z  I  A  W  W  V  U  S  B  J  B  T  G  E  E  K  D  S  O
U  A  Q  K  O  E  R  C  K  Z  M  L  V  K  N  R  V  Y  A  P
L  L  R  C  L  C  I  G  I  W  N  A  O  N  G  L  G  W  K  I
A  U  R  X  L  E  H  D  R  T  E  M  P  L  A  T  E  G  E  O
R  H  X  K  A  T  P  E  T  O  U  U  I  N  P  V  A  E  A  L
I  R  B  A  H  X  F  S  N  T  D  K  Q  V  Q  T  S  E  O  D
E  V  H  I  S  P  R  H  G  G  Y  N  R  B  O  N  K  L  O  H
H  C  O  N  C  E  S  S  I  V  E  Z  Z  R  B  T  E  U  I  A
T  X  L  L  O  Q  U  A  C  I  O  U  S  E  K  A  W  W  G  M
```

AGGREGATE
ALBEIT
ANGULAR
ASKEW
BANDIT
CONCESSIVE
CONTINUANCE
GALATI
LOQUACIOUS
NAMESAKE
OLDHAM
PLUMMET
RUSSIAN
SHALLOW
SKIRT
TEASHOP
TEMPLATE
THEIR
TRIFLE
ZHAOCHENG

858

BANDUNDU
COMMITMENT
DACTYL
DISPIRIT
FULSOME
HARER
INTERMITTENT
LAMBSKIN
LEGGING
MASERU
MNEMONIC
NEIGHBORHOOD
PORTAL
PUNCTUATE
PYROMANIAC
SECLUSION
SMOKESTACK
STABLE
SWASTIKA
USEFUL

```
P  Q  F  J  V  O  C  J  M  T  N  E  M  T  I  M  M  O  C  S
A  O  O  J  H  F  G  N  I  G  A  S  S  O  C  K  L  B  C  M
D  Q  R  I  F  O  J  R  W  Q  C  X  W  L  Q  E  Q  Y  M  O
H  V  E  T  E  L  I  Q  Z  J  V  L  N  A  G  I  U  D  B  K
G  Q  R  Y  A  P  P  C  F  F  F  W  M  G  S  U  D  E  D  E
Y  H  A  J  S  L  Y  T  C  A  D  T  I  A  P  T  L  W  E  S
H  N  H  I  K  T  U  D  N  U  D  N  A  B  S  B  I  M  Y  T
Z  K  D  D  U  U  W  F  R  F  G  O  T  P  A  E  O  K  V  A
T  N  E  T  T  I  M  R  E  T  N  I  H  T  M  S  R  B  A  C
L  A  M  B  S  K  I  N  N  S  T  H  S  B  L  Y  J  U  I  K
S  E  C  L  U  S  I  O  N  N  U  B  C  U  L  R  Y  M  N  Q
P  U  N  C  T  U  A  T  E  Q  N  S  F  Z  E  Z  L  K  I  E
O  O  J  M  N  E  M  O  N  I  C  A  I  N  A  M  O  R  Y  P
J  L  C  N  E  I  G  H  B  O  R  H  O  O  D  H  N  I  O  F
I  V  O  Q  W  B  S  J  F  T  T  B  D  Y  I  O  M  X  O  I
```

859

APERTURE
AVOID
BIGHEADED
CATHEDRAL
CINNABAR
CRUCIBLE
CULPRIT
FORWARD
HERBAGE
IDIOT
INRUSH
MAXIMIZE
MOUNTING
RESERVOIR
SECRECY
SPATE
SUBLUNAR
THRESHOLD
TRAVERSE
UNASSISTED

```
M P X Q F P L E D C L E B P U C A T N D
S K F T D K L E B A H S U R N I P Y S N
M N L I L B D O R R N L Z Z A N E O C X
F X O Q I A P D A R E R U G S N R R J U
S V R C E T E R N G I R P O S A T D U B
A K U H E H G A U C T O I D I B U T D X
K R G T T R A W L P P U V Z S A R A V D
C I A A F I B R B D V T W R T R E H L M
B P C X H V R O U E I R S W E Y G O U A
S K K K I W E F S R U U X L D S H G G X
C R B P V S H W P O X N U S W S E X U I
P Y B L B M L L U E J E S R E V A R T M
O R Y K O G U J P A U P T R O V A Z J I
I G Q S Y C E R C E S N H L B F V V A Z
F T R W W G G A G N I T N U O M X E J E
```

860

```
L O V I N G L Y B M Y Y H M T N F L Q N
L V L M D Q G S X O G M R I O C A B R M
C A L N L C Y Z W O C T A I L T C V T L
K N Y X A C E E C D V N S M I F Z N Z U
A O H O A A K G R Y S N O N P I T L A H
R I M B M E U E M I A T E U C B I Y I S
A T B P U D R D N M P G R O H A N K E R
W A L A Z D H F V O N S S E T N U O C R
A N G O Z H U N E O G D M L M S E C I U
N I A S L L L A C P B N H G M B F A T F
G D O S E W E N O S T A L G I A L H K L
J R D F H A N Q N E N D F B A I J E X G
Q O O S O I I B R E A S T P L A T E M X
W O C L F N K I Q K W B A J A W H E M K
O J C E M X Q W Y X I P W Z L H Q Y E H
```

ABBACY
BREASTPLATE
CONGENITAL
COUNTESS
EKURHULENI
HANKER
KARAWANG
LOVINGLY
MANSION
MOODY
MUZZLE
NASHIK
NOSTALGIA
ORDINATION
PILOT
SINFUL
SOAPBOX
SPIRE
SZEGED
TREMBLE

861

```
C T N A E M P M P S C F K C A C T Z S P
L T O F K N I W D O O H R O U V S A C R
L W I F N Z M G S O G M Q U V Q E F A E
O I T I U B R E T S N U P C W T Z Z F S
V C C D C N M S J X Z H Y H Z V U X F E
D I A A K P O R A X F A J U I N F L O N
O K F V L R Y N K L L I G N E O U S L T
C R E I E A U A V S M F J X I M C E D I
J S N T R Z N O R Z S E P A W X L L I M
W T E O U W K R F Q P E R Q Y A B L N E
H J B G M P E G E E C V C I S K D I G N
O S X G E A B J R T U O S E A X Q N R T
U Y P A D Q B P E T N K R L E F T Y L Q
Z D V M H M E D Q P S I D I M N E S S O
W E Y K E H I N T E R R E L A T E X V K
```

AFFIDAVIT
ALMERIA
BENEFACTION
COUCH
DEMURE
DIMNESS
FOOTSORE
HOODWINK
INTERNAL
INTERRELATE
KNUCKLE
LEFTY
LIGNEOUS
MAGGOT
PLINTH
PRESENTIMENT
PUNSTER
RESALE
SCAFFOLDING
UNEXPECTED

862

BROUGHAM
BUOYANCY
COLON
DROVER
FIANARANTSOA
FOUNDER
HEARTBREAK
KECSKEMET
MOOLAH
NOCTURNE
OUTMODED
PAYOFF
PIPETTE
RIMINI
STULTIFY
SUBMIT
SUCCESSFULLY
SUNBURN
TRANSPIRE
UNSTOP

```
F Z S G B O T Z K P G F F O Y A P W G A
I M T H L U L J Z A C U O F Y M O I S S
A X U B I F L P B K U D X U Y N Z A W S
N J L V I Z M Q Q A K R Y C N A Y O U B
A S T O U T M O D E D O N W O D Z F F B
R U I D B E Q R W R I V O V L X E N V A
A B F U N S T O P B R E C K O Z T R N L
N M Y M O O L A H T L R T A C B T U X M
T I R O R F I G C R H Q U M F G E B K A
S T I E R I P S N A R T R Q W U P N X I
O E M O X M Z I I E B Q N C Z L I U Z E
A H I O P J Y H K H U A E E L P P S U H
K J N R R N R W S U C C E S S F U L L Y
J P I C S X A B R O U G H A M E L E R A
K E C S K E M E T G C C M B M V Q X K N
```

863

BIGGER
BUREAUCRACY
CREPUSCULAR
CUSPIDOR
DEMOLISH
DINDIGUL
GRAIL
GROVEL
MATOLA
MISHMASH
MONOLINGUAL
OPTICAL
OVEREXPOSE
PHOSPHATE
PITUITARY
PREPARATION
SLALOM
SPLENDOR
UNBURDEN
VENOUS

```
D X Z M C D B M Y J K E H D B C R C B P
V B K T O J M R A T A L E V O R G J I R
S L C E C N A Q L T B M V L Q E N P G E
A J A Y L T O G U G O G T M N P J G G P
B U L S I C O L G L G L O Y L U U F E A
E N A U A O Y Z I T H S A M H S I M R R
S J T O R J P S D N W K D M V C S O K A
O I U N G C H T N F G N H X E U B L V T
P D H E E R O D I P S U C Y G L E A C I
X O E V G D M Y D C H H A N K A D L R O
E T A H P S O H P Z A C O L Z R T S R N
R S P L E N D O R T E L U N B U R D E N
E B U R E A U C R A C Y I L E W B M E V
V R O K C R I O I P O Y W U X A W U M C
O S O I K H M A T D Z J C Z T M Q Y Z A
```

864

```
W A R L O B I N A T I O N A L N E H U N
G R A H U P D E C W J U N E E J L J O T
T S D K T F O L Y A H A N A K U B P O M
B E I R R E Y L D X B P L B I S D O D N
O N O E A T A I W S Q E A Q U E N O J E
U A G D N Q E V O M Y R R H I T F X L S
G L R L K D S K D C E R U S G A T B O E
H C A R G A H A N B V Q T B W H A O P P
N B M D G K C O A Z D O A O U R R E N A
D F Z L Y V X T P M Q Y N S A X P F N R
A C A D E M I C I A N O R P S M O H Y A
H X B P V U P G W A N X E O W A D V V B
B O M B A R D F C A J R P W B L Y E J L
S C R A N T O N U W R M U P B A M S W E
G C R U S A D E D I J P S E G R W M C B
```

ACADEMICIAN
ARSENAL
ASSAY
BINATIONAL
BOMBARD
BOUGH
BUKAN
CRUSADE
DEIST
HAYLOFT
IRREPARABLE
MYRRH
OAKVILLE
OUTRANK
PANDOWDY
RADIOGRAM
SCRANTON
SEPARABLE
SUPERNATURAL
UNBUTTON

865

```
F C Y M Y N L J S R B G I E H F O C W W
Z G V O A O A I H C N A P Z L T I L K A
U U C O R S W A S N I A H C N M M T F B
F U E T E E C S I S W R B A O F Q C F E
J I N M I T L A L B M O R T G D D U R O
X O O E D T T L R O P A A D O M D C B L
C E T N A A N G E A T B J E M T U I E W
K M S S N L Q M A T U G R E E T E R F Y
Y C E U E Z A U V S O R A T O R I C A L
D C E R R M E T E O R I T E A R T F U L
L C R A G N A H C N A I M B Q C B H X G
O F F T C O N T E R M I N O U S F C Q J
A L A I R O T I R R E T N I J M E G E N
I J B O V A C A V I L L E I C Y Q O G E
E Z L N D S L G B B R T S C U D P J Y U
```

ARTFUL ☐
CHAINSAWS ☐
CONTERMINOUS ☐
CONTROL ☐
FREESTONE ☐
GREETER ☐
GRENADIER ☐
LATTE ☐
MASCARA ☐
MENSURATION ☐
METEORITE ☐
MIANCHANG ☐
NIJMEGEN ☐
ORATORICAL ☐
PANCHIAO ☐
SUBATOMIC ☐
TARANTO ☐
TELLER ☐
TERRITORIAL ☐
VACAVILLE ☐

866

ATRIUM ☐
BATIK ☐
BELTER ☐
DIVINATION ☐
ENCHANTING ☐
GUANGSHUI ☐
HAVOC ☐
HECTIC ☐
IDENTITY ☐
INTERIOR ☐
INTRANSIGENT ☐
MAINSHEET ☐
MANNA ☐
MTWARA ☐
MUCILAGE ☐
REDDEN ☐
REMIND ☐
REVOLUTION ☐
SPECTRAL ☐
UNDERPANTS ☐

```
E X R W K U Z D Z N W U G G I U G E S D
V W E I R S X J E F X M N T N N N U U K
O Q T U X G Q D N H K I X P T D C E X K
Y A L H K H D S I R T B H I R E W A Z X
B T E S H E L A N N A M C D A R H M E R
I P B G R H T E A J Z N F E N P D A V E
L Y B N A R P H S M V Y B N S A I I L V
U M D A I L C I T C E H I T I N V N H O
T X G U D N I M E R T T A I G T I S Y L
V I M G E X W C T H C U B T E S N H I U
S P E C T R A L U W E D V Y N Q A E I T
U L H O L Y I K R M A M S E T H T E A I
K L S V U L V M D T R R V E S E I T Z O
D Q J A I N T E R I O R A I R Y O Y M N
Z H U H S O D W F R A C J P P J N R Z E
```

867

ALPHABETIC
CENTIGRAM
CYNIC
DEMURRER
ENGINE
ERRAND
FORESAIL
INCONGRUENT
NEGOTIANT
PARQUETRY
PETERBOROUGH
PHYSICS
RAVENING
ROGATION
SAPWOOD
TERRIFIED
THROUGHOUT
TRACTOR
UNDECEIVE
WATTLE

```
A C P E T E R B O R O U G H C K C I K V
L R Y W D F M Y R X O D R J J O N F N M
P A I N W A T T L E X E Y K R C C W B M
H V N S I P N S T U O H G U O R H T T A
A E B C H C A I R L N S G N M M K C M R
B N X S L P I R F T K B G U S T F N X G
E I L L W F T R Q B I R N L K Y O E N I
T N B O K B O O S U U D E I F I R R E T
I G O C R U G G F E E W L U W X E E T N
C D J K W U E A N C E T I R I I S R T E
K F A I Q X N T E B B R R O T C A R T C
L E N G I N E I X Z V I R Y K N I U Q S
H N X C D O V O N L S Y P A Q Q L M N F
S Q Q M C E J N D H U K I Z N Y X E A Z
P H Y S I C S I D Q J V K R H D R D M W
```

868

```
C D J C Q C U B D U S S E L D O R F L S
A D B F J N W K A J Q A B D D B X E U L
Y B A T C D U B D C U D A D V E E L N U
H T A O E D V C U B K K I U I H J B A D
G U U K K Y L Y P L O H B K W F E M R G
A T D C Q Y W Y G R L A A E X T J E M E
H E R R I N G B O N E D E N A E P S E A
O R A E I L I X G A Z R O P D P D S D N
B T O T R N M J J T F V L G R E F I G D
E C B R T W O Z B N W U G D C U D D K I
D Z E E C E T B M O C I D E O L O G Y Z
I S R S O C V B H X I N F U R I A T E H
E N O E L D P N E P I C K A B A C K F A
N K C D M A R M A L A D E I S D C S C N
T I S K J J U W M J I R K E P R I C N S
```

ANDIZHAN
BACKHANDED
BULLDOG
DAKORO
DESERTER
DISSEMBLE
DUSSELDORF
EXCULPATE
FREEWHEEL
HERRINGBONE
IDEOLOGY
INFURIATE
INTERN
MARMALADE
OBEDIENT
PICKABACK
SCOREBOARD
SLUDGE
UNARMED
UNCOUTH

869

```
Q L W Z O X K C E U Q A P O M W X Y U Y
Y U I E H O C D X P O C U N G H L X N B
M N H N H B G C C P P M A J O L J X A O
R E N X Q R S N O E M W M H A A Q Q C B
C K T I E I Z Y R W O Q R H Q I V Y C S
O F S W Z P N V I R W R S S V R E R E E
X A O S A F O G A X K Y E I P U X V P R
N B N U G U L P T E L X G L Q C E A T V
R X S C R R Q S E L W T A O C R T L A A
Q I A A A H W V I Q H Q L P S E E E B B
Q J L E T L P H B O W L E G J M E N L L
Y S G D S X S S O M E R S E T F R C E E
K H A L Y A R D G U Q O K E U T I Y N B
F D Z D E R E S I S T E N C I A E U H P
Q Z V H N E A V N M M I R P Z N V Y Z T
```

BOWER
BOWLEG
EERIE
EXCORIATE
GLASNOST
HALYARD
LAGES
LINQING
MERCURIAL
OBSERVABLE
OPAQUE
PERVOURALSK
POLISH
RESISTENCIA
ROWAN
SHILLYSHALLY
SOMERSET
STARGAZE
UNACCEPTABLE
VALENCY

870

ADIEU
BISMARCK
CHARIOT
CRACKING
DRILY
FARAFENNI
FASHIONABLE
FENCING
FITTED
FLEABANE
JAWHAR
MAHESHTALA
PARRICIDE
POOLROOM
RELATIVE
RETROGRADE
SHUTTLE
STIRRING
TOPICAL
VACCINATE

```
I Z C S K I V F F Z W Z Y M G D I F Q I
H J I G F N E L V S F E T A N I C C A V
F E N C I N G E D X M Q B H C E Q D K E
F V L J Z E D A M R R D J E P R B B P Q
A I I O U F W B T M I E C S U R H A F Y
S T S I U A X A O T O L P H E A X A F G
H A F Y H R G N P V O O Y T J C V F N B
I L I E V A W E I T O I R A H C Z I T G
O E T N D F E K C U Y O W L I K K E N J
N R T I U L E T A I G H I A O C M I W B
A A E E T P L J L R A G N A A O R P Z Z
B U D T B I S M A R C K B R Y R P B C V
L J U B J J V D B O Q A C P I N B C G U
E H I J Z D E Q H N J G W T U J I K D K
S P A R R I C I D E T C S Y Z G C M G Z
```

871

AKMECHET
ALBUM
BEIAN
BIGHORN
BRANDYSNAP
CALAIS
COLIC
FULLERTON
HORSEHIDE
IMPLACABLE
LEGIBLE
MAINTENANCE
MANSURA
OBSERVANCE
PALOOKA
SACRILEGE
SKYWARD
SUCCINCT
SZCZECIN
UNEARNED

```
S C D Y N U D I L E B R A N D Y S N A P
P M Z T C P Y D L J L D Y E R W R K T G
P I W L U I X B Z E V B K C N Q T C H V
Z A X A S J A E S C A N I C E Z C Z S L
U J L C X C A G M N N E T G C A L A I S
N N U O A S K Y W A R D L Z E U E B T F
H F E L O V Q C S N A I E B A L K V S U
X A P A W K X O U E K H A R X B E A U L
E M K L R I A L Z T V E U C I U C E C L
I U Q M Z N W I G N I S V G V R E S C E
Z B Z C E Z E C W I N R H J I S Y G I R
Z L D I R C D D T A P O Q L H O M E N T
F A Q M A F H R M M R H E W D N B B C O
T B K B V F I E B N P G A P C Q W Y T N
W D Q R O H S O T U E C N A V R E S B O
```

872

```
Q S S E L T H G U O H T S V R D G B Y S
B Q G R L A E R E H T E Y E P E R J R J
X R U T R P A Y W A L L I D U N O L X E
P A O W V H I E E D K L U A M I R D T K
T R A W A Y Z W X G E X S C M A K Y N L
O H Y V B B A S Q P R L A E E L L R R A
T Z T U O E N W T W U H S D L E O Z E U
L U N A C Y A N X R T X S V S U S O V N
L R S I L T O T W Q N G E O I J U Y E G
E M Y T A M S A E Z E F R B J T B N O U
T V D Z M E Q G Y N D P D F F Z I C S L
T U H J B O F W E H N F N M C R I B W A
E A E A M A R O I D I R U X O W O Q O T
R E G B I K E N I B E U S H Y R N I H E
S U J Z A J D O Y K E L C Q L U J X C N
```

BIKENIBEU
BROWBEATEN
CHORINE
DECADE
DENIAL
DIORAMA
ETHEREAL
GABES
HOWSOEVER
INDENTURE
LETTERS
LUNACY
MONTPELIER
PAYWALL
PROSELYTE
PUMMEL
SUNDRESS
THAWRAH
THOUGHTLESS
UNGULATE

873

```
S P E I G H T S T O W N K N G J X J B J
B G K F O K V A V U U B G N O E J I U E
J T N P K G L D D Q M A M I A E T P Y T
G C E L L U L A R A G R A B L U G H P Z
U D P V E L Q H W I A V B G B P A R L D
E X U F L X B L U C M Z M B A D F J U T
N A T I O N A L I Z E N E R L O I U K S
K Y N J Z T P B A M R V A T L U G D R O
A D O L E S C E N T I N E Z N B H I U V
R H I N M O M Q C K A V T M J L T C T E
G O T C U R T S B O T A A C Y E I I R R
V U E O N Q R I R M I N O C W T N O H L
J R L S B D V Z K Z L L R C J Q G U P O
C K E O Z B V A Y Y O Q M A P E X S A R
B Z D E R B E R U P S N N J R O N X H D
```

ADOLESCENT
CELLULAR
DELETION
DOUBLET
EUIJEONGBU
FIGHTING
GOALBALL
GULBARGA
JUDICIOUS
LATENT
NATIONALIZE
OBSTRUCT
OVERLORD
PARANA
PUREBRED
SOLITAIRE
SPEIGHTSTOWN
SURGEON
TURKU
UNMANLY

874

ANYWAY
BATHHOUSE
BEGGARLY
BIRDWATCHING
DELINQUENT
DIPHTHERIA
DROGHEDA
DULLY
ESTIMATION
FOUNTAINHEAD
GUNSHIP
HOMESTEADER
INSTALL
PLANETARIUM
PROTOTYPE
QUITTANCE
REPEATEDLY
ROCKBOUND
SPECIFY
THREADBARE

```
D F J M O O B Z N X R Q R Z O Q N S G P
I O L I L Y A A V H G E X H D B N P U R
P U M Q D P S O Z L Y W P U E Q W E N O
H N Q W X O V Y E U A Q L E A V N C S T
T T U L G P R J C F W L R G A T A I H O
H A I B E G G A R L Y M B E H T H F I T
E I T I N B H Z Q B N P S R D U E Y P Y
R N T N B D M U I R A T E N A L P D C P
I H A S H L I T N K I A N Q C R J C L E
A E N T W Q J Q N M D N U O B K C O R Y
K A C A W K V G A B D R O G H E D A I W
X D E L U A Y T A H O M E S T E A D E R
G K Q L E B I R D W A T C H I N G L O C
Q X X S P O E S U O H H T A B Z K F W R
E C A S N Y Q K F T D E L I N Q U E N T
```

875

AFIELD
ANIMATION
BACKSTOP
BAKERSFIELD
BLUEFISH
BROAD
CLOCKWORK
COLLECTIVE
COMEDIAN
DOWNBEAT
FAULTFINDING
GELID
INCLUDING
INCONVENIENT
JAWBREAKER
KINKALA
MINOR
SQUIB
UNHOOK
WAPITI

```
J W X S Z R L N K R Z C B V N M A S J B
U N H O O K A O E V I T C E L L O C I Z
A L A K N I K K P B O R K F Z B Y U D F
K F G V D A A A N I M A T I O N Q R K G
W A I E N E H T Y Y L X S L L S F F S J
C V M E R I A V F N B L U E F I S H N A
Q O M B L E C L O C K W O R K M G U R U
C Z W M B D V I P L M N L I D Q I F M M
O A P N F A U L T F I N D I N G S N X M
J B W E B R O A D I L E G A R W E S O I
P O T S K C A B A X P U R E U D S Y Q R
D Q T G V Q M F E A B A B L A U J H Q Q
I N C L U D I N G Z U Y W K S E N O N L
I N C O N V E N I E N T L L J T Q Z C D
G F N N M R E R H B A K E R S F I E L D
```

876

```
Z O O U T U N T V P B E S Q A S T V T E
D E P P A L L O W A B L E Z L Q F L T T
N U K R A U Q R A D I A N C E F E A A A
O V D O R L S U O T N E T A L K R C E N
N R P A K J F M S A H A B Q C T N I B I
R E U R P A M E E Z M U E Y S C Y D P M
E K F I H Q W D M L P J I U O P O A U U
S K C O J O U X O H Q Y R B Q J N R J L
I D Q U V R U H J L E F A G K Y S M D L
D H P S T Y K S F E V E R I S H W D U I
E Z W N Y C B C E S G D E O A T O P K B
N C I Z O B C E E M S I M I A N H I F M
T J W T P R S B Y W A J Q L B N C D H Z
M F S R E K N U H R K I C B G N Y V A P
G L O V E B O X V O P W D Q I J N M W Y
```

ACCORD
ALLOWABLE
FEVERISH
FRUSTRATE
GLOVEBOX
HOUSEMAID
HUNKERS
ILLUMINATE
INTRUDE
KLATEN
NONRESIDENT
OEUVRE
QUARK
RADIANCE
RADICAL
SAHAB
SIMIAN
STOCKHOLM
UPBEAT
UPROARIOUS

877

```
M Y B K M U T G B D Z I F O L L O W T S
O W O N O H M E Z H A T U S S X O H G Y
E X U A W L T B S D A E T S G K T I X M
I F R L R C H L R B Q C M C Z B R H K S
E E B F A E O A A A E A Q O O R Q D T E
W P O T O J T N P V F R N N R I I Y X G
I A N U C P E I I U B N M F W D L D D Z
U H S O M M B T N Y R A I E A I N B S V
H X Z H K W I T D U I G G C S F B Y Q F
S D T R E N O H S T E E T T K O K X S M
N Q U U I R G B A H D I M I C S H D X S
I T L F F R P U Y W C J Z O A W X Z G S
T F N I E U R V J H F P R N H C A C S I
I I C G S T R I K E O U T A C B B E U L
B L O W H O L E C A P A C I O U S A C Q
```

BLOWHOLE
BOURBON
CAPACIOUS
CARNAGE
CONFECTION
DIDACTIC
FOLLOW
HACKSAW
INFINITIVE
KOLHAPUR
OUTFLANK
RETINUE
STEAD
STRIKEOUT
STYLIST
SYNDROME
TINSHUIWEI
TURKMENABAT
UMBRA
WASHER

878

ADVENTURISM
CHOOSY
CLOTH
CONSUL
COPYBOOK
DEBTOR
ECONOMICS
FAIRLY
FASHION
INSATIATE
KHARAGPUR
LAUNCH
NEWFOUND
OROTUND
PIPELINE
REOPEN
SIGHTREADER
STALACTITE
STIFF
SUPPOSITORY

```
D S I G K O E D J Z X Y X C K V W I K P
J E P U E K N S X C O P Y B O O K S A I
F P B T P U H U R P J Z L U S N O C Q P
D N U T O R O P U F H C R Q D H L O R E
F L A F O L M P F T L S I S T I F F S L
H B W H L R O O R U P G A R A H K K C I
C E T A I T A S N I I P F C L O T H I N
N P K Q F G I I A D V E N T U R I S M E
U T L F A B E T I T C A L A T S C C O H
A Z R X S Z J O C H O O S Y B U U O N I
L C B X H D R R E D A E R T H G I S O X
I J R X I T B Y O X V H J M Z V J J C C
M M A E O I B M Q O A G H O J E C O E W
S L F O N E P O E R X D A D C S I U T Z
T Y L Q Q S A H E H E A H P G Y E K L Y
```

879

ADVISE
AGGREGATION
BRAVE
CHELTENHAM
CONGERIES
EARRING
EPISODE
GLOVE
HAICHENG
HUICHENG
IMPERSONAL
INDIGENOUS
INTRACTABLE
JEREMIAD
KOKSETAU
NOMENCLATURE
SWEETENER
TASSEL
TURNSPIT
VIRANSEHIR

```
I R I H E S N A R I V A C I C N V S H B
G M G L O V E D R R L G H N O O Z Y A N
J M P Y T Q V V A P J G E T N M L M I E
J E B E N A A I T B L R L R G E J K C K
W D R C R J R S Y E I E T A E N H R H M
B O G E K S B E S J N G E C R C Z R E N
L S H G M B O S J N D A N T I L T B N X
G I T U Q I A N J U I T H A E A F A G N
P P H A I T A O A B G I A B S T K C A M
Y E O N C C B D D L E O M L E U S N B T
R S W Q I Y H W P I N N X E X R H A T U
B R E N E T E E W S O Z C L A E E B W P
E A R R I N G F N N U A T E S K O K V F
T U R N S P I T Q G S L R H D H V X L K
G D N N R O B G N J G B F P B A P P V H
```

880

```
C B B S O I S I E I Y F I T C E J B O S
S K Z X J S E S S C I T N A A X X P A F
J C G D E B P M A Y O E C T N W I E W K
E Z R R I M J R O X B X A P I P R O W S
C W D A I S C O B N Z A P P M I A J E T
Y E U L C O S W C O C E N W A P V H N L
R H G A N W I K G A U H G L T A C U Z T
V S F H U M S O I D A R A G E I O W E C
R M C D S G T O W A F X G N R M Z L G I
W E F R U C T H O A K U E E S O U Z T V
T P O T B O I L E R Q R S I O O A Q U I
N E B U L O S I T Y H D D D S I P Z W L
H W K M C F G N O I T R E S N I S A H I
A D H U F G R U A I E H A D A U K I R T
Q Y O W B H Z J L S Q C Y R Y H Z L E Y
```

AERIAL
ANIMATE
ANTICS
BOURGEOISIE
CASSOULET
CIVILITY
CURFEW
DISMOUNT
GLIMPSE
HOOKWORM
HUAIBEI
INSERTION
NEBULOSITY
OBJECTIFY
ONCHAN
POTBOILER
RADIO
REDRESS
RICHES
TECHNOCRACY

881

```
N A A C I U R J S T U G L F V B R N I F
E N P M D E M O T S U C C A N U R J M E
U T H X H F K J I H W R X Y E L Q W T P
T I I R O S I N N X E J D L W K Z A O E
E T D N Z O X E K N X V L O M W C P G S
R O F A O I J U E I G O D N C I P J H T
C X L W W N I G R G U S E F D Y F T E I
F I U I Q G E J N J K K L A C A M O S F
V N H L M B Y X F Q C N R O O O A U C E
L E P R O S Y O I A I E C C V D R F R R
J S Q R K G I C L S Q K Y Q V A Z K B O
W T G O K G H B O P T R F Q T F K R C U
P A T R O N I Z E X H E K D S R U I Y S
P R E S S U R I Z E E X N F Y I H Z A S
O D Y F V C N S Z K V C Y T P A N E L M
```

ANTITOXIN
APHID
BISMIL
BLACKEN
DOGIE
ERADICATE
LEPROSY
NEUTER
NONEXISTENT
PANEL
PATRONIZE
PESTIFEROUS
POPPYCOCK
PRESSURIZE
RENEGE
ROSIN
SLOVAKIA
STINKER
SURAT
UNACCUSTOMED

882

ACCIDENCE
AMAZING
CARLSBAD
CUNEIFORM
CUTTHROAT
DISSOLVE
EXPLORATION
FAITH
FEMUR
FISHHOOK
FLAGEOLET
LAMBDA
MESSY
PEERLESS
POSSESSIVE
SACRIFICE
THRUWAY
TRIFLING
UNDERRATE
UNICYCLE

```
L A M B D A G A E L C Y C I N U E C I D
M H Z L J E M T A O R H T T U C X R F T
F C X G X A A E D G G L N K A H P X E O
Y J M E Z R U L H I H B S R N L L Z V L
O X K I R C C O V P S Z L E D C O V X A
V S N E R U M E F R B S K F H S R A B X
A G D V W N F G Y Y B M O E J E A K U Y
K N V I X E A A P A Z E O L B C T P P U
U I F S J I I L D W I X H G V N I L I B
M L F S S F T F C U K M H A K E O G M X
C F V E U O H T I R X M S F Y D N C E S
W I E S S R D F V H N R I Y R I B V S I
Y R O S G M H K K T P P F X E C N U S Z
M T B O P E E R L E S S K L A C N F Y I
P B Z P S A C R I F I C E Z E A Q N S H
```

883

BARMAN
BLOOMERS
BUTTONHOOK
CONFESSEDLY
EMBEZZLE
GROWTH
HAMBURG
MANNERISM
MATANZAS
MISDEMEANOR
MISUSE
MORALIZE
MOSTAR
OSSUARY
PARAGRAPH
POODLE
REGIMENTALS
SHIPPING
SWANK
SYNTAX

```
M G B N M K L E L M Q N X V W N O M P X
Q A U L N Y L D E S S E F N O C S I A H
M E T A O Z M O R A L I Z E C X S S R V
T O W A Z O C N I U T H K A T T U D A Q
O S S E N A M R A B R O X A B I A E G U
P X B T U Z E E L D O O P A X J R M R L
Z M C G A G A U R H T W O R G M Y E A W
E G P D A R D S N S R S F P U D F A P S
I V Z Q T Y J O M A N N E R I S M N H H
N Z B O X A T N Y S B P Z J U E U O N I
Z E R K I T R E G I M E N T A L S R W P
A F G R U B M A H C X S E K X R A P A P
M N H B K Z W E B C K E I X A V H E B I
Q K R T S T G Q H X D E Y Y T U S H F N
M I S U S E P E U G G U Q B U Z R J C G
```

884

```
P O P U L O U S Q T K J C H A K I T A X
L S H E A F L F I N M L W T V D N R C X
C G W A P P A R A T C H I K R S E I I E
R B Q Y Z T R N D X Q E X L J S X N R B
A E N L N W O H Z J S Q I F M O T C W H
I D C I G Y Q I B V V Q V N F A R O R Q
K N R R C P X V R W U L L K R V I M E C
S O T L E E T A N O B R A C I B C A C I
F L A E L A B A R I T E H U K I A L O N
V H I P N Z N T N D G D P N Y G B E U D
B Q M W G S E T A F E G X K N B L E R U
U O T B D B I F K A U W Y T A M E W S C
C S I M P L Y V C R E D I T A B L E E E
E N C H A I N O E U S N E A I T P K U O
O X S F N N N O I T A N I M A X E Y H H
```

APPARATCHIK
ARCHDEACON
BARITE
BICARBONATE
COMPLEX
CREDITABLE
ENCHAIN
EXAMINATION
FORINT
HALCYON
INDUCE
INEXTRICABLE
INTENSIVE
LIQUOR
POPULOUS
RECOURSE
RECREANT
SHEAF
SIMPLY
TRINCOMALEE

885

```
Z D A B G M S I L A T I P A C B T H L Q
W U M H C I V U R E C N A D R O C N O C
E G E I H W R S O E U Z L H A X A T R B
D O X Z G Q Q A L G B I M L E Y Z L E N
R U W F M Q Y Y R S K Y E K R I C A O X
U T O P R P H A T D E S T N P U V C S N
B L F I O I L D Z V O Y T T U E L D I G
E A J E T D Z Q V G O T O W R A T J C R
A W Z A S O U Z A B E C H E F G F S E A
L Q D C W X M B L C L E M E N T N M N V
C M H I O G Y U U E M H O C Z K U Z C I
S N E R N R J F L Q M D R L P G S H M D
E B D X S R N I Z F U P H K E H O P W A
C A L A B O Z O E G D E A L S Q U A R E
S D Y L F C H Q A D X R J G M Z C B W N
```

ABECHE
BEAVER
CALABOZO
CAPITALISM
CLEMENT
CONCORDANCE
DUBUQUE
DUGOUT
FALCON
FRIZZLE
GIRARDOT
GRAVID
INSTEP
JAHROM
LEGUME
PALMETTO
SNOWSTORM
SQUARE
UPREAR
ZWEDRU

886

ANNOY
ARREARS
BLACKMAIL
CALLOUS
DACHSHUND
DECLASSIFY
EXCLAIM
EXEMPLARY
GRAINY
INFLECT
INHUMANITY
IRRUPT
LARYNX
MALEVOLENT
PARLOR
PHILOSOPHER
SECRETIVE
THERAPEUTICS
TOUCHING
UNAVOIDABLE

```
L A R Y N X T C A M R R M Y T O E S O I
V E F T L C G U V E Q S V X Z V U F N I
O H U S E R I M H R C I O D I O W H E R
X O F L A N P P F I U O E T L Z U T W R
B U F I K X O J T T T C E L I M T E G U
J N N M N S V U N N L R A T A R Z E M P
I Y B A O F E Z E A C C Y N M Z H E G T
F H F L V P L L S E B S I J K A L S N M
F K I U A O O S S Z R T S Y C E H M I R
K H S R R V I U X A Y A F Q A B Y A H N
P W E C E F K D E P N E O M L Y L V C I
C H N L Y K U R A N N H F E B C T C U B
T S A L I X R L O B N M H F X K H B O X
W M C A E A U Y R A L P M E X E D L T F
D A C H S H U N D M E E P A R L O R O W
```

887

BIOTECH
BLUCHER
CALENDS
CATECHISM
CRAZED
DUCKBILL
EARLY
HEARTWARMING
INFLATIONARY
INSINUATING
KHABAROVSK
MACERATE
MALFEASANCE
MANAMA
PERJURY
REALIGN
SELFSAME
SHIRR
SHRIVEL
TIANMEN

```
Y E Q I E N S Q A K S G G B C K C H I C
G A T U F D T I A N M E N I R V R V S A
N Y R A N O I T A L F N I O A Z T E E T
Y N L E R E H C U L B Y M T Z K Z U I E
Y Y L R A E H E X I L K R E E B K N C C
Q A X Q K M C M Z B I C A C D V S I C H
C E X B S F C A J K L I W H M I R P C I
S H R I V E L S M C W G T I N Z E E C S
M J Z D O I V F U U H T R U B P A R I M
G E V W R S D L V D A G A B T S L J E N
A B P I A F J E P M Q T E S J N I U Y D
R Z G K B Q H S A D I N H B H E G R E Q
F D D M A S B N T N R V Q I T I N Y E Z
N S A R H X A R G W S B D O W L R L O Q
L W X Y K M M A L F E A S A N C E R C C
```

888

```
C D Y G S X P Y Q B M B I E S K C D F T
H I Z L I I F I S A F P B L U O V U I W
I S Q R E H A B E F R E E S T Y L E N R
R C A Y I U M L S K B M W E W I H R A C
O R W P C M G S O U T H E A S T E R L R
P E H K A A B S G N I D A O L F F O I O
R T B I D C S I Q O R M I O M N V P Z A
A E I N G N E I B E B O T E J E A G E T
C H R A H V I D C E V X H H G R T J O Q
T R D H K C N O N Y H F Z G S R J E W U
I N I R I Y V I Z G Y S T I O A A D R I
C S E B I E J N S P A E M Y E F G D V C
L U N U R E H P A R G O T O H P W D E K
G X R E M I S S E T N E A E N X A L W L
X G D H K M F P U Y N K J R O M C D W Y
```

AGLEAM
APACE
BIRDIE
CHIROPRACTIC
CROAT
DISCRETE
FINALIZE
FOGHORN
FREESTYLE
GRADE
IMBIBE
METER
OFFLOADING
PARSIMONY
PHOTOGRAPHER
QUICKLY
RECOVERED
REHAB
REMISS
SOUTHEASTER

889

```
W V U I X W I Y R O C D F J Y E J H T H
P J D L D G C N H G A K L Z C V J E A T
M U N T E N K V G L D C V Q K O M I N U
K H O A E O S U I R D B L V I L A R G O
Y R N D D L R Q V T E K W Y N U G L E H
U I N A N N U L A R A D U Q D T N O N Z
I E R P I N X D M E O L I N L I E O T N
T P O D C A S T B N E Y I E Y O T M T A
C R A C K D O W N N G X L T N N I S I U
R V A X Y N C A I U S V E I Y T C A S Q
Z R P Z T J G B F T P E I C J K J D M M
Y K J R F C T K W S C F Q G U E U B U U
P R E S U M P T U O U S P V B T L Z Z W
F U N C T I O N A L F R L G V P O P D Z
N W E X C L U S I V E G A L U A H R U L
```

ANNULAR
BEJAIA
CRACKDOWN
EVOLUTION
EXCLUSIVE
EXECUTOR
FUNCTIONAL
HAULAGE
HEIRLOOM
INDEED
INGREDIENT
KINDLY
MAGNETIC
PODCAST
PRESUMPTUOUS
QUANZHOU
STUNNER
TANGENT
TENDENCY
VITALITY

890

AMNESTY
ARTLESS
BARRACKS
BOURNEMOUTH
CEASE
CENOTAPH
COMPILE
COWPUNCHER
CRICK
CROSSBOW
DEVOLVE
FOGGIA
HAMAH
HELSINKI
INTANGIBLE
MUGGY
MUSHROOM
PHOTOMONTAGE
REJOICE
STRICTLY

```
T K S C N U L J U R J C Y A U T C C N K
X E B E J L T R E B H R H B G G E O R R
Q G W A G B O H E T A I G G O F N M L K
U A F S N W C W U J S C W I V O O P B E
G T B E O N Y O V S O K L Z C F T I M I
L N J M U H M B I K N I S L E H A L U C
U O S P Y E C S X C L J C J S F P E S K
F M W R N O Y S K A G A S E A B H A H P
C O S R A G V O C R H M L F C I W B R O
C T U P G C P R X R A N L E S X S V O S
L O G U I N V C B A M E T J K G N R O A
B H M X H U A D H B A S S E L T R A M K
J P I Q B M U J G V H T S T R I C T L Y
I N T A N G I B L E I Y C W H Z P O T Y
J A O N Q I B K P A D E V O L V E E J S
```

891

ABDICATE
BUNGEE
CENSOR
CHENGDU
DINNER
FALSE
HIGHWAYMAN
MALLAWI
NIGHTCAP
NSUKKA
PARAPHRASE
PITIABLE
PLAYFUL
ROUGHHOUSE
SKINFLINT
STARBOARD
STRING
TABORA
THORN
ZAGAZIG

```
A I E K I Z W M P U N J L E T G D N V P
I T U M W B N F D S G F L S K A F S H M
X N P N T W D G U Z L B D A M A B N Z Q
Y O D A W R N K A H A B X Z T Z V O Y D
D G N L R E K G G I W C Y H I Q A C R N
B R S I H A A F T H R M O J A Z G P E A
G U O C G Z P I S T A R B O A R D S L M
E G N U I H P H J B N A K A O O L U X Y
Y Z I G G M T W R O G I D L A A F I I A
N B D L E H A C Z A K L L Q F Y Y R W W
S O W B E E H L A W S V B F A N O I C H
D I N N E R L O L P E E U L N S G Z V G
X C X N F H X Q U A F F P G N I R T S I
P A A O Y P B G K S W L U E K J K H J H
A B D I C A T E N A E I C G C W J S F A
```

892

```
R E V O E K A M Y C G Z F F G R J H J E
I E K T L O A N O Q F L A G O N Z P L E
N S S N J A U K K F U U S S U F J G L C
B U Y P S G F I N V J O N B H U N B R H
R O Y T I C A P A C N I T I K U A E V E
E M C A L R I X N L C K P E B R L P C C
E S T O O R E H C A M A B P T U A L Y K
D Q A N V E M B E R I O M S I S A S Q B
I M B N I E L F P I X N N P E J K U G U
N I H R I D R W X O B O C I E C D R B E
G E S U V T C A Q N M X V I U R N Z I N
T A K F V B I N L E V G K D S U N F L V
C R H Z I K D Z D L H M U J H I U X B L
Z U I D J V N V E H E R S E L F V M A A
T H E O R E T I C A L P W X T P A E O H
```

BILBAO
BUNGLE
CAMPER
CHECK
CHEROOT
CLARION
COVERALL
DEMONSTRABLE
FLAGON
HERSELF
INBREEDING
INCAPACITY
INCISIVE
JUKEBOX
MAKEOVER
MOUSE
QUOTE
RESPIRE
SANITIZE
THEORETICAL

893

```
K A E W N E S W Y W T F R W N D E N F T
S U B F J X X A V W T B D X V J H D B A
N O I N I M O D C H A R T E R E D V P O
A T R S R F L C E M L E K Q U K A G N X
R E T O E G D I R B M A C C S D F H D V
A S A I T B S Y L E R U P H Q M B T A A
S K I Y I M M R O V N I O A Y L I U O U
H L D L O W K O F Q C R H P M D O L S V
C I R E N E G T N S R U V S L O R B E L
M B F W N V X L S D R A Y N A L L I U Q
A R O L O Q T U M O L O D E Z H N A J A
S X W R C Y I S I S O N I H C I R T D Z
A Q J S E X U E N O T S N O O M A Z U Q
K U C A R Z C D G A J Q O J T K Z T A N
A U X W Z V N I O A S S E L W V C B X L
```

CAMBRIDGE
CHAPS
CHARTERED
DESULTORY
DIATRIBE
DOMINION
GENERIC
KUISEBMOND
LANYARD
MASAKA
MOLODEZHNAJA
MOONSTONE
PURELY
QUILL
RECONNOITER
SARANSK
SMILE
SUBDUE
THEISM
TRICHINOSIS

894

BRUTE
DRUMSTICK
FREETHINKER
FURNACE
HALVE
HOMOGENIZE
HORNSWOGGLE
KRONA
LACHRYMOSE
NEUTRALITY
OBIHIRO
PACKAGE
PANTOMIME
REPERTOIRE
SPIROCHETE
TERRACE
TIELING
TUFTED
UNSUITABLE
VERBOTEN

```
K G L V Q W O N I E C M O Q S Y D E D H
R Y I F M R E L O C B R U T E X R S T O
O Z S O I T V S M M D J F U A I G E F M
N G T H O S N Y O V I R I K O F R L E O
A S I B J J P T K B F Z W T U R D G S G
O B R C Q D U I I K A C R R A E A G O E
O E N P J S J L R C S E N C C K Y O M N
V S X A A G O A B O P A E R C N I W Y I
T V L N I C K R X E C V J A J I Q S R Z
I D E T F U T T R E L H P M D H O N H E
E C Y O F E V U G A D Y E R I T H R C Q
L H C M M B V E H W Z A Z T V E Z O A X
I B Y I R P Z N J T Q O N W E E U H L S
N V L M D R U M S T I C K I X R S Q M E
G S U E L B A T I U S N U I L F I N T M
```

895

ANXIOUS
BADMOUTH
BELGRADE
BLINI
BURNISH
COURTLY
DEPOK
EXTRA
FARROW
FIEND
GEARSHIFT
GESTURE
GLORY
GODCHILD
HEREDITY
MUMPS
OMELET
OVERHANG
POLARITY
SCHOLARSHIP

```
G E G K E G V D G O M G D N E I F R F O
E X E D F S C C A K N L H T U O M D A B
A T S V S Z V D Y A I S Q O K U Z Q A E
R R T G L O R Y H H I C N F M R F P V B
S A U F N K T R C N F D U P L E O D R E
H J R Z X N E D R S E E S W O L L D H L
I I E B P V O U A H U P E T A H Y E M G
F N C L O G B B C Y W O R R A F N M T R
T G W I N Z C M F O K K I Z H H K B C A
W H O N K Y J Q U X U T I X R L H H Y D
B Q L I L L G H J O Y R B U N C E B A E
X J F V Q F N Q Z E W M T Z E A I Q F X
M Y R W Z Q V O Y A J D G L L T W K I G
L Q S N Z L H O U H E G L P Y F S C J B
S C H O L A R S H I P H E R E D I T Y J
```

896

```
I R H F R I A G C P E T S E D I S M Z C
S H O W D O W N O R V R K V P N J S B P
E E N O T G N I R I N A E K A N E V Z J
C M Y P W K P R N V N C Y Q I P L V S P
O Y P F Y K R P M A P Z E F N G B H W F
O I Q R J H I S E T D H T J T S B Z C X
R M C S E I C F A E L B A R E P U S N I
D A O L F S K F L X N A M Q R I T C T V
I R O R T C S O C H A R T R E U S E Q S
N J R C U P W I N D X S R M I C I X Z C
A O B I X R P U B J I E V Z B E K M E S
T R Y Z W L E B U X O M K Q L W T S P L
E A S A D E L I G H T E D P Q F B K X X
B M Z A R V E S T A L M A D N E S S G J
M G X R N C B W X Q X D Q W X G F T A I
```

BUXOM
CHARTREUSE
COORDINATE
CORNMEAL
CRAYON
DELIGHTED
EMPRESS
INSUPERABLE
MADNESS
MARJORAM
OFFSPRING
PAINTER
PRICK
PRIVATE
RINGTONE
SHOWDOWN
SIDESTEP
STUBBLE
UPWIND
VESTAL

897

```
U Z Y I N O I K J F J Y Z A Z Q V J R M
O M T D O S L Z I R B H I G H B O R N E
M E J Z I Y H W N E U L F L L R F O R R
R U M R U N N E R Q Q A O P W M L W O R
A J F C H T P Q L U F C W D O L E G G Y
Y E Z Y R N B S U E Z I N R E T A R F M
H P M D A E L C M N L R X I D R B O H A
T R A N S M U T E T I E W L M L A N S K
P L U E X R F A J Q B M A B L I G L I I
L X R E F E S S M R R I X U Q F K D N N
U U T U T F S Y H M E H E H E N B I T G
M B U T N E A J U B T C N Q S C I Z I R
A V Z U K R L Z F N T P A Y L O A D E J
G C I S R P G A L Y O T I P S T E R N S
E I N S T R U C T I V E W M X H P P J L
```

CHIMERICAL
FLEABAG
FRATERNIZE
FREQUENT
GLASSFUL
HIGHBORN
HSINTIEN
HUBLI
INSTRUCTIVE
LAREDO
LIBRETTO
MERRYMAKING
OLLEI
PAYLOAD
PLUMAGE
PREFERMENT
RUMRUNNER
TIPSTER
TRANSMUTE
WAXEN

898

AURICULAR
BUSHWHACKER
CANDELABRUM
CONTRACTION
CRATER
EARMUFF
EXEMPTION
HORROR
INCANTATION
LEADER
MICHURINSK
MIMETIC
MODIFIED
NEWNESS
PAVING
RESUSCITATE
SPINDLE
TRIUMPH
UNDERSHOT
UNIMPORTANT

```
M O D I F I E D G Z N T W A L Z W C I U
E S S E N W E N N O D R U U E R Z R U N
L A V K B O C B I M F I H R B K U A H I
D N R X D I I T V E I U O I P K J T T M
N Q X M T R C T A G V M R C S S P E U P
I U X E U A R O P J T P R U D G A R X O
P B M M R F Y H V M E H O L E S J O V R
S I S T A N F S K U E Y R A J W D D G T
M J N T Q G P R W P E X E R A Y H S I A
X O V U S M E E C A N D E L A B R U M N
C O L D X D X D I N C A N T A T I O N T
U G N X A L K N M I C H U R I N S K G C
W Q S E S I O U P B U S H W H A C K E R
H D L R E S U S C I T A T E F J U T S V
B W C O D Q P V F W T M I J R T U T V K
```

899

BUNION
CAMPING
CARCASS
CONFIDENT
DETERIORATE
EQUINE
HURRAY
JINAN
PELLET
PLAYGROUND
PORTHOLE
REJECT
RIGHT
SAPIENT
SHAKE
TURNERY
TUXEDO
UNLEASH
VETERAN
WARRI

```
W H E O K J X I I Q F Q D T S W G E A G
R C A M P I N G N X L B N A N I J Z W G
H E P E L L E T B O I E S H A K E L V C
D L J V E C P G A I I T D Y R H T F W G
H Z C E L Q O X Y P E N R V E C S Y V I
H H A D C I R R A W I E U P T O W M O B
F H R O T T T S R Z N D R B E N N T D H
T Z C A Z C H W R R V Y X I V F T T W I
U Y A S F L O O U I U K H Q U I U B Z L
S Q S T N H L T H Y G N U N P D X I H D
F S S B O R E T L L F H L Z B E E L L C
D E T E R I O R A T E F T E T N D A C F
Y E Q U I N E Z R E E E K A A T O V C V
P L A Y G R O U N D F P K B F S W J S Z
A Q O F S O I B F T B M M C J D H O O W
```

900

```
I K M M V M J D Y B Y B E J E N A S L J
B O A O R E Z B O L S C F G K Z M I I P
E A S T O U N D T M N B N M D Z A S Z Y
N R U S B I G I Y E I A Y S Z S Y C F Z
A M O U F V O M D A R N P F S B V E A B
I W T C A R X I J T B N A A A E K T D A
J Q I C D V V T S D W T W N M C K U B J
C P U A E O O G I O M R J T T N M B V B
H X T B R Y V Q D S Y S T E M A T I Z E
W C R P U W Y T T I B A D P Z T T R X W
S R O T Q Y E L B A I T U D T C S T L Q
B O F I B L J D E A D P A N O U N T P O
W B V R U M A T C H L O C K E L H A I T
L E A F Y S U N D E R L A N D E E K R I
H U M A N O E H C N U R T S T R N A V B
```

ACCUSTOM
ADROITLY
ASTOUND
ATTRIBUTE
BITTY
DEADPAN
DOMINANT
DUTIABLE
FORTUITOUS
HUMAN
LEAFY
LETDOWN
MATCHLOCK
PROVIDENCE
RELUCTANCE
STRANGE
SUNDERLAND
SYSTEMATIZE
TRUNCHEON
WASSAIL

901

```
O W S H N Y Z E A X L B M A V W D Y N G
S F V J G Q K B X Q C F H E B R F O K L
E F F O W D U O U T S E L L A T I E I A
T C N I U I W U U V V B T W W V C U L D
C R K X C V T W W W F Q E Z I M O T A I
E G L U V I D H V G E T A L E R R O C O
P Z V Y C E A Y O X S H B P U I L L I L
S A Z L N C K L C F S O X X L L F R O U
E R T J O D H P U R A R T S I G E R T S
R P Z R S K E T C H B O O K O W Z E D S
S R R D I D I S G U S T I N G G H F M O
I O J U D S I N C O M I N G A C N F A N
D I K N X U T D E L D U C B T M F O U G
T M I G T Y E I J W P J V A U V Z E V E
O V Y U J C A S C T U O H L N K B W E A
```

ATOMIZE
CORRELATE
DISGUSTING
DISRESPECT
DIVULGE
GLADIOLUS
HATCHET
INCOMING
JODHPUR
MANOR
MAUVE
OBLIVION
OFFER
OFFICIAL
OUTSELL
PATRISTIC
REGISTRAR
SKETCHBOOK
SONGEA
STEWARD

902

ARCHIPELAGO
AURORA
BARRACUDA
BRIDGEPORT
FIBERBOARD
FLAXEN
LOUNGE
OBITUARY
OVERSHOE
REDHEADED
RETIREMENT
RIVER
SILLY
SLAGHEAP
SNARF
STATUESQUE
SUCCOR
SUPPOSITION
TENACITY
UNGRACEFUL

```
E J R U J Z U C G Q E T E O I Z V N J A
D S R L D R N Q N U N O R T C O K D C R
O B I T U A R Y Q E H E T P H U N E T C
L O U N G E T S M S D E R O C C U S E H
N H P K E S E E R H Y F O G R Y L W N I
W R P M N U R E E A W B P G Q W G S A P
C O Z B T I V A U F H I E Q Y F J V C E
T M U A T O D R R I M K G Q Y H F X I L
R H T E A E O I S Y X L D J S R B E T A
Z S R E D R A O B R E B I F R I B K Y G
B A R R A C U D A P U X R R H I L U S O
U N G R A C E F U L B A B B J Y V L D M
Q U U I B J X H A Y N E X A L F A E Y I
Y L C K N O I T I S O P P U S Q S E R L
S L A G H E A P A A D K O P X O Y G I A
```

903

ACCOST
AMBUSH
AMERSFOORT
CAUGHT
DESPOIL
GENITIVE
HARRIER
HOTBED
ILLUSTRIOUS
INCAPACITATE
MANICURE
MUSTER
NAPOLI
PARING
PROTESTER
REFIT
RESPECTABLE
SANCTITY
SINGULAR
SWEARING

```
J M Q W S T H G U A C B A G H S N S F P
G J P W D T N H K C C M E F B A A I C R
E S C E F I E X O W B D D Y P N P N U O
W K K D R C C D O U U L Y Q E C O G Q T
E L B A T C E P S E R A S O V T L U I E
M R E I R R A H H H M K L E I I I L P S
W W A D I S N M T E R E F I T T H A F T
S E M N S U O I R T S U L L I Y O R S E
S B A D Z Y Q S M U S T E R N X T R G R
P O C E A O F R V P Q E J S E V B N D Z
T L C L I O P S E D A B I S G T E L D E
V P O K O E I L U G X R Q K P E D S Y V
X O S R M A N I C U R E I Z D V W E X E
F E T A T I C A P A C N I N N O P Z N E
K Z E Y G Q H T P L X X T J G P S C M U
```

904

```
T O H M O A H D A D O G G E D P T Q I I
K L S O G K C A S Y N N U G E C W T B V
U W A A E C T M S I W D X D E L F I T S
N N R Q T R E S R P O E I T R I E G Z W
I B K D U E V O R A K C E A O Y K X V K
N E O W O E M N S L U D U P C B Z Q R U
G V X L C E P P A R O I M W N X Q S F D
A R R K M G E A E B D M I R E T N I N C
N D S Z M E E W Q R C R A N K C A S E H
J Q X W G T T M W U A F L N P W G W H A
B H R U U F W M H C E M C Y R N K P Q M
I T F C Q U I E T U D E E S C R D E S B
Y E E A X G I Y E C O F D N J U C F L R
R X M D Z O H S G J H S I F T A O G I A
E W G W T X T O S D I J Q I Q E J Y V Y
```

BRAGA
CHAMBRAY
CRANKCASE
DAMSON
DECLAIM
DETECT
DOGGED
ENCORE
EXECUTE
GOATFISH
GUNNYSACK
INTERIM
KUNINGAN
PEDICURE
QUIETUDE
REFUGEE
STIFLE
TEMPERAMENT
TLAQUEPAQUE
VETCH

905

```
J S K I I B Q W K J J I C M B Y I D P N
M O O R G E D I R B X R O A L X B X M I
D L K V P L E V U F K L T X O Y Y P C Z
P C W R O L J J N L E N A G O E T S I T
O H M V Y O Z F D C F R M O M T E U M E
W O P E G W Q O U I O P B I I Y A O U N
U U B Y D C Y L L M I J Z C N W V N L U
B Z Y T J I A W A R A H A S G M S O A R
J R F I E R C R T T O U T F T I U R B E
W S W R V O D A E H A S G J O U O H E F
K D I O I G N G T K F I M K N A N C T D
E O Q H T E P Y T E O H N I P I E N P C
M A I T O R T L U V U L A A U R V Y C Y
O O C U M A G V T Y T Z U Y N M A S M U
R A Q A A P U N C E R T A I N F R C X K
```

AROMA
AUTHORITY
BELLOW
BLOOMINGTON
BRIDEGROOM
BRUIT
MEDICATE
MOIRE
MOLECULAR
MOTIVE
OSMIUM
PAREGORIC
RAVENOUS
SAHARA
SYNCHRONOUS
TAINAN
TENURE
UNCERTAIN
UNDULATE
UVULA

906

ANESTHESIA
BADLANDS
BENIGN
CHARNEL
COUPLE
CRUEL
FLIGHT
HEATSTROKE
HUANGGANG
INELEGANT
MIDDLING
MINER
MINESHAFT
NONUNION
PLUPERFECT
PROSECUTE
PROSTHETIC
SANATORIUM
SPIRITUAL
WEIGH

```
M H B D B K M M B A P F U Q N Z B H T C
I D P M Q A R I I Z L H L W B G R M O H
N A E I A Z D S D E Z V W I U T T R B A
E G L N C E E L U D R G B E G N L Y H R
S D C E L H T R A I L I X V I H V S E N
H G I R T V C L Y N X I B L U G T A A E
A R T S N N D H N N D A N L N K H N T L
F G E X A D E V E O D S B G P W S A S B
T N H G G N A G G N A U H Q R Y C T T E
A Y T X E M V L A U T I R I P S O O R N
Q I S N L B T X P N O J E L D A U R O I
P R O S E C U T E I G X C Z S Q P I K G
L Q R H N W H E T O N A W F I Q L U E N
N P P X I C T V J N H F P U W E E M T S
P L U P E R F E C T Z S O Z F G B F I L
```

907

AUTOMOBILE
BACKDOOR
CHARACTER
EXPEDITION
FAMILIARITY
GADOLINIUM
LANCE
LARGELY
LARGESSE
LONESOME
NIGGLE
NORTHWESTER
OUTBOARD
POCKETBOOK
RORETI
TELLTALE
TOWNSPEOPLE
VERACITY
VERNIER
VICTIMIZE

```
L X Q D M B A Q E U S G S W K C X P T L
L A T C C A B R V I C T I M I Z E B V A
D P N H I T X H U F R W K U O L L J E R
Q N G C H R T L R V L U Q M U A P T R G
X M V R E T C A R A H C P I T R O E N E
A U T O M O B I L E C V T A B G E L I L
L O N E S O M E X X T E B X O E P L E Y
L Z I K B F L P A F R S Y B A S S T R C
O V T J Y P E L T O V O E D R S N A L J
I J B U P D U L R P P U H W D E W L I I
J M K L I P R K V X Z W S W H K O E M H
C X Y T I R A I L I M A F W W T T A T W
J G I P O C K E T B O O K Q E P R M Y B
R O O D K C A B V E R A C I T Y L O A P
N I G G L E G Z G A D O L I N I U M N J
```

908

```
B F D W U L T R A N Q U I L I Z E R D X
E C U T L A S S N G I A P V T U V G I T
C A W A R D S H I P V R U N Z I Y K S H
K M A N G A N E S E Y O K D K K F C T U
O J B W K J C G P F N N P I I Z V O A N
N Z I Q H S U N Z H O I N N M T F X S D
L F Z G W V Q I S M I G O A A J O O T E
N A M Y D N A H P O S T M A N T L R E R
J Y Y F S E P C Q B I S Z D N E U R Y I
C W Q O L X U N W W V A N A S I T R A P
Y F K V F S K I Z G E C J Z Q T F O E X
U O G D T F W L D X L E C L O O S U O C
A R O S O L S F S V E R X L E R U Q E H
X Y C F B B F N O I T A R I P S N I U B
A S A C Y G E U I M P E R C E P T I V E
```

AUDITORY
BECKON
CUTLASS
DISTASTE
HANDYMAN
HOOTENANNY
IMPERCEPTIVE
INSPIRATION
LAYOFFS
MANGANESE
NATURE
PARTISAN
POSTMAN
RECAST
TELEVISION
THUNDER
TRANQUILIZER
UNFLINCHING
VIKINGS
WARDSHIP

909

```
S F O F U C Q S R A Z H N B Q H L Z P H
E Y P I J V F C U K L E H D A J L Q L E
R M I C O N C O U R S E B J G P N R S T
V H J X Y L D I P A R N C K O H P R I V
I J S G W E K O Z M W I E I G N E A S V
C D H E Q Z V Y R L N C A X R V R S A U
E O S E C N E R O L F C G N I A W F J X
X O R N H Q R F T A H A L D C T V C N A
B F U A V A F H L H S V E I Y I R A L A
T A I L W I N D F B A R B E C U E B L X
S E U P B A I C H E N G M I Q B C O Q N
K S G R O V B E N C H M A R K S N X K K
A N T I D O T E L B A S S A P M I S Y A
X M R A A D M I R A L X Y E O S M Z F Q
Z S V F B I A R K T G K R W E E N B X B
```

ADMIRAL
AIRPLANE
ANTIDOTE
AVARICE
BAICHENG
BARBECUE
BENCHMARKS
CONCOURSE
DIVERSE
EAGLE
FLORENCE
HALLMARK
IMPASSABLE
MINCER
RAPIDLY
SEAFOOD
SERVICE
TAILWIND
TIARA
VACCINE

910

ASSOMADA
BEDROOM
BEGRIME
CULTIVATE
EMBATTLE
GAMUT
GENERALIZE
JARHEAD
MEMBERSHIP
MENTION
PANTALOONS
POLARIZATION
PRESIDENT
RADII
RETALIATE
TIRESOME
TOLERANCE
TRANSVERSE
TROUPE

```
P Y P I P B X N E I I E A P D Q M D Y E
M B X K X T W T O I M A Y S V K Y N Z S
J D Y N R K A U D I K C Z W S S O O X R
O R V O D I G A R J T S F I G O P I E E
L V U V L D R G J I N N R D E M M T F V
K P Q A S T E K R B T O E V N E C A B S
E L T T A B M E Y Q J O T M E M P Z D N
I E M J E E S C U O M L A A R B R I E A
R S Q T Z O N N S O O A V Q A E E R T R
A O H T M N D A O H W T I Y L R S A L T
L C M E N D H R R O B N T M I S I L I J
U E I X O E D E S Z Y A L T Z H D O T W
G A M U T E I L E E B P U M E I E P S R
X W E E B N F O T S B N C P J P N C K L
G F V W G K E T J A R H E A D I T L I X
```

911

BACKBOARD
CAERPHILLY
CIRCUMVENT
COMMENT
CORDAGE
DEBRIEF
EXTRUDE
GARGLE
GLITZ
GOLDSMITH
INSERT
MANAGERIAL
MISSIONER
PROTUBERANT
PSEUDONYM
REMAND
REPEAT
STYPTIC
TRANSONIC
UPHILL

```
E L I K P L W F D A U B J M F K Z Y L A
N A X Q W V P N R N S A V V C T U W V H
M I C I M G A R G L E C L L I H P U T R
P R O T U B E R A N T K Z L O W D I E C
D E G N T S B R J I P B G D Q O M N C A
H G N E O X I E S W S O X X D S O K I E
I A X M Z N Q P S I E A P Z D I A Y R R
A N N M T P E E W U U R P L S E E J C P
R A F O O D N A I H D D O S P G U Q U H
P M B C U R N T S T O G I V I A U F M I
L Q A R O Q N A I M N M B D S D W B V L
I T T T S C I L M E Y I N S E R T I E L
C X N Z J Z H H T E M Y G B O O E O N Y
E D E B R I E F I D R O B E W C F L T B
T R A N S O N I C I T P Y T S T O T Y Z
```

912

```
W I N T J Q E G N A D A M C D E F E R T
N A C U T X Y R E G A M I T N I L R E B
L J Q N D A N A Z I K Y A L W X Y N Z Y
C R U C I F Y V Q O E N D Z P O D H A U
S V T K R G Q I S G K N U D H M N F L A
W P E I V O L T P E R C E P T I O N B H
Z R I R M D Q A W R P N U D D O K P G I
M U N T E B F T I E Q W G T R R O R H N
M R T Q E E R E A P S Q N I S P U C N A
P L D D N F N E C U T M O O V B U D F N
R N Z Z R G U I Y S V T T H N O D R Z I
S E V E R A L L G D Y N L I R N G R Z M
L A T E N C Y Y E I C B D C E C U A F A
A L P E N H O R N C N E S J L B D A S T
Y B T U U H H M D J D G G A B O L F T E
```

ALPENHORN
BERLIN
BLAZER
CROUCH
CRUCIFY
DEFER
EDINBURGH
GRAVITATE
IMAGERY
INANIMATE
LATENCY
MADANG
MOXIE
PERCEPTION
SEVERAL
SPITEFUL
SUPEREGO
TIMBRE
TONGUE
VEREENIGING

913

```
N I D M B Y G K T T Z P R U U R L W K L
I Q A E V A R G N E O T O H P K A G N R
G E Z Q A A O E R J K D H P P C N N J I
V K V S Y T G E C B O E F S G U I L T Y
E Y L I N N F D Q A D M P J B P G V V S
U A H T I F S W L F H O I R F A R C E T
B R N R U E I B T W I N C A E U I Q O O
I P T S U S N O E L C S P T L M V R B C
G S U G B O M N S H N T S N N O I R C K
A J M E E N V O E K E R K M L C V S K B
P A C G N I T N E V E A T V G R E N E R
H H D B K Z G M N O I T A T C E L E D O
G U S N G E O M F Y L E V H S P F P B K
D S P E A C E M A K E R F P D Y W W U E
U N D E R V A L U E R L W J B J B C N R
```

ASTRINGENT
BALSA
DELECTATION
DEMONSTRATE
DUDGEON
EVENTING
FARCE
GUILTY
JINCHENG
PEACEMAKER
PHOTOENGRAVE
PREMISE
SPOILS
SPRAY
STOCKBROKER
SUFFER
SUHAJ
UNDERVALUE
VIRGINAL
WISBECH

914

ACAPULCO
CLINIC
COMITY
DAMPER
DECADENCE
DESOLATION
DICTATE
DISBELIEVE
ELAPSE
EVOKE
GAGNOA
JINZHOU
MONSIGNOR
NAGERCOIL
RIFLE
SOUTHAMPTON
STURGEON
SUBTITLE
TECHNOBABBLE
TRAJECTORY

```
X U E F A K S S U F V I A C A P U L C O
Q Y L Z J W V I B O I Q G G Y K L L L R N
D U B Y W G A S O U T H A M P T O N I A
R S B R X R U O E P U P B O V Y S D F G
E O A B R O F E N K P Z E E E G E I L E
P V B O H N H P Z G H T L G Q L L S E R
M X O Z L G J F I L A N T S F N A B L C
A C N K M I U V H T O G I F V J P E U O
D I H G E S Z J C E J Y T X C O S L K I
J N C J W N A I G V T I B V X J E I B L
H I E F W O D R I I T L U E B N S E J L
G L T B U M U P M N A R S B O N H V R Y
C C V F S T N O I T A L O S E D D E R X
M G Y Q S E C N E D A C E D N L M N E I
T R A J E C T O R Y J K E Y D V F F U U
```

915

BLOODHOUND
BOUND
CHALK
CUCKOLD
DROOPY
EXTERMINATE
GENERA
INHUMANE
KLERKSDORP
KNIFEPOINT
LESSOR
MONOPOLY
OWNER
PASTEL
POTSHERD
PUPIL
REMARK
RETAIN
SALARIED
SPELLCHECK

```
A C X N O I U D V Q V W O R Z Y D E S R
K N I F E P O I N T D E O V P N T I P E
F C V Z O S B B E U N S U O U A V N E T
L P U R T Y Z S F R S V O O N Y Q H L A
V D R Z P P E F W E H R H I L W J U L I
S A L A R I E D L N D D M O I B M M C N
U M K W O P L J N W O R P H P J Z A H F
B O U N D O R G B O E O G X U F F N E E
D Z H E S T E D L T N L C E P B B E C M
A P R N K S M B X O Y B N U N I X H K O
D G W H R H A E M J L D M T C E N G Z R
C T K U E E R H Q B I U Z J Y K R Q W B
D T S A L R K L A H C Y Q B W D O A Z U
S H P H K D Y T P Z K F R S A G G L F I
H N J T P C I A U G A A P A S T E L D A
```

916

```
O V E R B E A R I N G N I H G U A L S O
J G L A K R F S E P U L C H R A L E C C
Y Y I M S K I E C O N V E R G E H T L P
D O W N T U R N B N N H C Y D X T S Q
M J J R G N Z D R C P B X T C V V E I B
S H O P A H O L I C H P I A O R V U G K
T S U G G E S T I O N S G M L E U O F A
O C D H C U F S G N O I T A R O P R O C
R R O T A R Y N S U G S V E D N P I S I
R T F N M I I F T J R F L F I N D P I R
E Y F Z D R R R F I U Y S U S C P L U O
O V I Q I D I E Q U V W E B S C N R B L
N Z Y A P V N D B N V W P D E T V Z T A
P B X C S M C R H I K S D O N O P K Q C
Y H W S H B F O W S L D G H T T V Q B N
```

AIRING
CALORIC
CONVERGE
CORPORATION
DISSENT
DOWNTURN
FETCH
LAUGHING
LIBERIA
ORDER
OVERBEARING
PIROUETTE
ROTARY
SEPULCHRAL
SEVERELY
SHOPAHOLIC
SINUIJU
SUGGESTION
TORREON
VIRTUOSITY

917

```
P R W A L S U Y Y R G L O C X R H T T I
G I B V T S A P A L A P M I R U I L U N
Z G H Q B T D S W L E D F B D B A O N C
B H L N W K E P V R C S I Q T I L Z G O
B R A N D O N N B I N X X U T D E J S N
K O T I H R Y Y D A A A E Y S I A A T T
Q T N L L T P L R V Z Q R G C U H U E I
J C E O L E O T R Z I V E K D M E X N N
A A D D G M G C F H N D S U N S P O T E
G R I N I M U E D D G E X U R B I A D N
J T C A B O R R B H O P Y E L O Y Q Q T
T N N M H F X I N H C N U P F X V W G Z
J O I Z F K N D N L E X Q R F H F Q I U
X C E V E A M M H Q R O O Y I U G G I G
D D B H W W B L T N Y G K I O P P T I C
```

ATTEND
BRANDON
CONTRACTOR
DEZHOU
DIRECTLY
EXURBIA
HIALEAH
IMPALA
INCIDENTAL
INCONTINENT
LAITY
MANDOLIN
METRO
PUNCH
RADIUS
RECOGNIZANCE
RUBIDIUM
SUNSPOT
TRANSFIX
TUNGSTEN

918

BREATHALYZER
DECAF
DISDAIN
DOOZIE
ECLOGUE
INSTANT
ITERATE
JALALABAD
KIKWIT
PIECE
PLATYPUS
PROTECTORATE
QUASI
SATANIC
SERIOUS
SOVEREIGNTY
SPRINKLING
TEAMWORK
TRANSFER
VITIATE

```
D O O Z I E T A I T I V Q P R W M K F S
D B S Z Z Z G N C T I Z R I L D Q K O B
I K R U M Y S T J E E E E E E B D Z R T
S H L E D T I C K C F R T C I N A T A S
D I Y W A K M K B S O M A E E S B S E U
A M S N S T R W N T Z F R T P P A O V O
I F T Y T O H A B S A R O K E R L V S I
N H I F W S R A V U Y Z T I W I A E A R
O C S M P T F A L P I K C K J N L R H E
F Z A P G Y X O L Y O M E W X K A E M S
J E U G O L C E H T Z Y T I E L J I R E
T W Q W Q F E P R A E E O T U I D G T O
N U O L V A C L J L I E R J K N N N Z O
E U R A J D O N Q P A V P Z P G T T C K
R Z Z D Y X M X C F V O S G V R Q Y D A
```

919

ADOPT
BACKBITER
BAHAWALNAGAR
BUILD
CAROUSEL
CAUSE
CHOREOGRAPHY
CLAVICHORD
COMPLEMENT
DIETER
EXPIATE
FOOTMAN
HWANGE
ISOLATION
LIVEN
REVEILLE
SCREWBALL
SPRITE
TRENCHANT
TUBING

```
B K F C F R Q S A S M N U T G F H N N G
A R B J O M T M F D M Y F V J U S E K W
H E T Z O C N N U R O H H K Z I V J K Z
A V U T T E W K K O S P I A R I J J Q D
W E I E M X S W V H C A T B L G Y A C R
A I S T A P B T D C R R N U T U B I N G
L L O R N I U S Y I E G E I C Q K E K C
N L L G R A M Z E V W O M L Z A J J J F
A E A J P T H G M A B E E D K I U B L O
G S T K J E N C H L A R L H D T A S T T
A Q I P C A A Y N C L O P F I F B Y E B
R J O W W G O Q S E L H M M E T I R P S
R D N H Q H L R M C R C O R T T B U Y Y
B A C K B I T E R M G T C F E T T G E K
C A R O U S E L K H J K A B R S L V S P
```

920

```
S C Q D J G D O Y I Z D A Q Q L T B M C
O Q O P Z R R R L I C T U G T A C K N W
L I T N H X I A Y F A Y D Y J T I A W A
V W U F T H C D N P S S A L H N F H O T
E C A M I R G H I D A Z Z J G O A L L E
N L J P G E A H I V P Y E H B Z Z V B R
C V Q K R F C V I D L A D R V I S P Y Y
Y P R O T O N S E H E L R E F R U S L I
V Z F E C V K Y M N A G Y E O O G M F W
C O N C E D E A V I E N O Q N H R T K P
T G M I B B Q A D V H N O K D T A B T H
Z U E F O W I A C A U S A T I O N K X U
Q U A C H A C O E W M X E O C Z D K X W
J W N W K R T Q K N S P Z R D V J A H L
H K P W A F G J U G C F K L L O O Y C Y
```

ARCADIA
AWAIT
CATGUT
CAUSATION
CHIDE
CHIPATA
CONCEDE
CONTRAVENE
DAZED
FLYBLOWN
GOOEY
GRANDPARENT
GRIMACE
HORIZONTAL
NEIVA
PROTON
SIVAS
SOLVENCY
SURFER
WATERY

921

```
R G H L L S E R U T N E V X L X G I E R
E E A C G X A T C H K N W E W C U H A E
P R C E E Y Y R I V S M L H K M R K R S
A M I R X S B Y X N B L G B U Y E R T P
R A E T L C Q R H L A U T C I V T H H O
T N N I H Q N T O N O R D G R U L P Y N
E H D F R I G S O R M E G T F P E U X S
E V A Y S K J I O R J T N S M Z C L Z I
D Z K C Q R S H B H O E I N W O T F T B
Q A O C D S T P F L O N T E W V X W K L
Y T X Y E Z F O L U S T T S A P D S W E
W C D F I Q O S E F J I I R A D N E K G
N D N G X V F P B H P V F M S T E N C H
T O T B B C L A X Z M E A N P S B S N H
C P O L I C Y H O L D E R H G S N R L C
```

BUYER
CERTIFY
CONFESSIONAL
EARTHY
FITTING
GERMAN
GRANITE
HACIENDA
KENDARI
POLICYHOLDER
REPARTEE
RESPONSIBLE
RETENTIVE
SOPHISTRY
STENCH
THOROUGH
TOCSIN
TOWNIE
VENTURE
VICTUAL

922

ABSCESS
APPELLATION
APPRAISE
BLACKBURN
CANTABILE
CARUARU
DEATHWATCH
EXPERTLY
FESTAL
GUNSHOT
INFLATE
INOCULATE
KATOWICE
KOWTOW
LETHAL
MANDATE
PAULISTA
RECHARGE
TABULAR
TENACIOUS

```
A M Z F E Z D I Y L T R E P X E M V B A
N T K U S O E N R G O A B X H W U G B O
V U W Z I T L O E G H I B V Z J L B W K
U A Z I A L I C C A S T X U U N Z X D M
U K J D R E B U H Q N N Z U L K K K F E
G M N O P T A L A S U R A U R A C E C H
N A K Z P H T A R S G U R V G W R I C H
M N U M A A N T G E U B H U Z W W T T O
L P T M H L A E E M A K K V T O A V L B
S G D A E L C R N N B C C F T W I G Q D
A P P E L L A T I O N A K A H G P U D T
I N F L A T E Y Q N L L K T F V W B O R
T E N A C I O U S I K B A L O D T V K C
F E S T A L B Y N S S E C S B A Q G Z G
P A U L I S T A K H D K K O W T O W M G
```

923

ALPHABET
BRIDE
CAGLIARI
COLESLAW
COMPONENT
DJIBOUTI
EVERYWHERE
GENUFLECT
HEARTINESS
INSENSIBLE
KOCHI
MADDEN
PUMPERNICKEL
RISER
SHAPELY
SINCELEJO
SWIFTLY
TURNOFF
UNLIKE
ZRENJANIN

```
X E I M S R F K Q V A Y S H A P E L Y I
U O K E C F W T U Q E L B I S N E S N I
Y L T F O K L W R D R T P V R P D W E R
B C L N H U N L I K E F F H M D I K D A
K E R E S I R H S H H I U M A Z R Y D I
S U U X X W Q R E E W W Z X A B B W A L
T C E L F U N E G A Y S Z H U D E T M G
S I N C E L E J O R R Y N H S V R T G A
Q F N H I M N Q Z T E X T K A U R A K C
K H I H H M H K D I V C O L E S L A W J
E Z C W N I N A J N E R Z Y R F W D Q H
Q O C K S L H B Y E C O M P O N E N T G
K W T J B X C X L S N J U I V K X H N T
A G N O X D K K H S A P W A L I E G P U
D J I B O U T I P U M P E R N I C K E L
```

924

```
K S S S A S W T L M C W G G V K Q J B P
E E W P N Q L A D O O R A K C U B F K A
N I J A Z A G X X C I M E R C I F U L I
O S T C N E K I W P H B V V S E Q H R N
S M N E A S L D P O G C L G W B T E O S
H I H W E M S E Z I A S Q U N J S H T T
A C J A J B K R N J O F D I B E Z O T A
E P F L R X L M U C I D O M M H U O E K
D Q G K R T W Y F A L L I B L E S R B I
D E S P I S E F K O V N L S M A T A D N
M A N U F A C T O R Y A R J K E S Y L G
F U R T I V E T S Q N O T R A C X K I F
A W N H L P Y M X C C R R E T A I L E R
P E E D U T S L E W Z K L O I N G B K Y
Q U I O P R O S C E N I U M F N B N B C
```

BETTOR
BUCKAROO
CARTON
DESPISE
FALLIBLE
FLASHBULB
FURTIVE
GRIPPE
HOORAY
KENOSHA
MANUFACTORY
MERCIFUL
MODICUM
PAINSTAKING
PROSCENIUM
RESEMBLANCE
RETAILER
SEISMIC
SPACEWALK
TAXIDERMY

925

```
M X O K V E P H S H D L E I F R K P K Y
E O Z V S L J L Z W E E W G T E R R A L
K W U O E N I L E F I L M S I N O D E H
Y F P S L R F O S A D H T E T T S S U D
Q X I G E I D N O I N I P E A T S U N O
E B N E V R X O L K A H N T R N U O F P
L D I E Y N E D F E C I E C K E O I R P
L W I N K S Z F E F W K M E S R I R E Z
I D Q S D V I O P T X F R R U E D B Q M
T E N Z L W M R R P H A P R M H O U U E
I X C P D G E E Z W Q I J O Y N M L E L
K L H Q W H T E Q J P X O C R I M A N K
J J Y A P N S W D E V H B N B B O S T P
P O T H I X Y H N T C N E I B S C N E A
J F P A N X S T X Q X P T M U Q D I D K
```

BINDWEED
CANDIED
COMMODIOUS
DEMEANOR
EXPOSE
FIELD
HEDONISM
INCORRECT
INHERENT
INSALUBRIOUS
INTERTWINE
ITILLEQ
LIFELINE
MOUSER
MUSKRAT
OVERDO
PINION
ROTATE
SYSTEMIZE
UNFREQUENTED

926

CAPTAIN
CHANT
CIVILIAN
COAGULATE
DEFACE
ENACT
GINGERLY
INJECT
IRRITATION
JETTISON
LIBERATED
OPPRESSIVE
ORDINARY
PRINCELING
SALVO
SCALPEL
SERMON
SUNHAT
TODDLER
VAMOOSE

```
Q T S O V C M N D H J B T T E E N J A Y
Z N N U V T H U I I Y C A T C O W E S S
L T O L N N U A X C A A A A M A I T V A
Y S I G A H R F N N U L F R F V H T A H
A B T F I N A E E T U E E S O N O I M G
P Q A W L W D T A G D S V T A S T S O O
D R T Q I A X R A N W B I O Q L D O O E
U A I K V L L O R F A Q S J O M V N S U
R D R N I C C P G X M A S R R Q G O E D
K S R R C C A P T A I N E T O D D L E R
D A I W K E C W C W L R R S C A L P E L
P B M T X U L B E O D Z P J U L I T R D
C I T E H H N I J I N J P S B R V H Q X
O R D I N A R Y N Q W A O H T X O S Z K
G I N G E R L Y I G L I B E R A T E D I
```

927

ALCOHOLISM
BLEMISH
CHARDONNAY
DEMULCENT
DIAGNOSIS
DISQUISITION
DISSIMILAR
EVANSVILLE
FAIENCE
GUFFAW
KEDIRI
MALAPROPOS
MILITANCY
PESTILENT
SPEEDOMETER
STARTLING
STONEMASON
TIMBERLINE
VELOUR
VERMIN

```
T W X X J H B A D V V E Y U V Y D D S S
N I G A R X W T L E D C C J E G I I T T
P R M M T T N B L C M Y L U R N L S A O
U I M B N Q W O T F O U N K M Q Y S R N
A D A L E A U N F F D H L E I P R I T E
W E F O R E T A N I S O C N R A M L M
S K P F C L L I K K A I T L E Z R I I A
S T U P I W E I L J G M D X I N O L N S
S G T T I N H O N A N E N P Y S T A G O
K C S F C G U X D E O L L V B D M R D N
R E T E M O D E E P S B Z W Z J H S Q H
P D I T H Z B T N O I T I S I U Q S I D
C H A R D O N N A Y S M I L I T A N C Y
J S D O E V A N S V I L L E O U M J X L
M Z M A L A P R O P O S R T Z N C U L S
```

928

```
M B U S I N E S S L I K E I Y Z I O H V
C E P T E T W J S X S D U A E W I G J E
Y X R D R G H T C A E E X H J Z R M T R
B L D I C C A L F Y T E V G V E G L R I
R V N R N D N U O P V U R E E A I C A L
Z B B P S O K L V H C E R N N G N O N Y
A R L U U K P H I L A Q B N E T Y R S K
Q O K G E M A N E T L A S X I C Y O P O
I I Y M E W C J C B C I R N E N E L O E
U W U N F E P O C K M A R K E D E L S I
T P U K P H A J K E M B Q K A E I A E E
S V D T Q T O P Y P C D L V O B Y K H R
N O I T E R C C A T G M T N A M R L B K
O O S K D E I R R E S G S N V E A W N K
N E W S Y N T H E A T R I C A L P O W T
```

ACCRETION
BUSINESSLIKE
COROLLA
EMBED
FLACCID
GREATCOAT
GREENBACK
INCEPTION
MERINO
NEWSY
POCKMARKED
RAMPART
SATURNINE
SERRIED
SEVENTY
SPUME
THEATRICAL
TRANSPOSE
UNEMPLOYED
VERILY

929

```
H R E D A E H S I J E A D M X D K S M L
G U M S H O E K W O U X E P Z H W H P M
V J K K E H A W L H P H T I U P G I M V
L N I W O S T B A W R M E U D M A R I K
L A C S A R V U R F E I R B G S P E X Y
F I Q G O C H Z R Z M Q M E S C V K B V
X C A R Q I P T E T O B I C A A V C I U
B M L L H M C A F O N Y N E K K K P X N
A S L C N U I F E K I D E D A K C O T S
I U R T D I H D R R T T O G I L O I L O
E Q W N X J M N U B I N N O D D E D R R
L M O B T W Q B T U O Q M I R C I D H V
K C A B W A R D U G N H U O N W M A B C
R X V B G E Q A B S W Q Q A J O A W C H
W F R S J F I T A R T U S X W J C Y E Y
```

AMAGASAKI ☐
BRIEF ☐
CHIHUAHUA ☐
CIANJUR ☐
CONDUCT ☐
DETERMINE ☐
DOORWAY ☐
DRAWBACK ☐
GUMSHOE ☐
HEADER ☐
ILOILO ☐
NIMBUS ☐
PREMONITION ☐
PUMPKIN ☐
RASCAL ☐
REFERRAL ☐
SHIRE ☐
STOCKADE ☐
TARTUS ☐
TRUTH ☐

930

BAREFOOT ☐
BOOKLET ☐
BUCKSHOT ☐
BURGOO ☐
CANCUN ☐
COADJUTOR ☐
COMESTIBLE ☐
EUROPIUM ☐
EXCRESCENCE ☐
GHOSTWRITE ☐
GIGGLE ☐
GLASGOW ☐
IMPARTIAL ☐
MAGISTRATE ☐
NEUSS ☐
PICCOLO ☐
POITIERS ☐
SANDHOG ☐
SELECTION ☐
SIPING ☐

```
G N O W Z Q Q T Y B P R T G W M E U E V
D L B O O K L E T D Q C S E L G G I G C
Z Z A C O A D J U T O R Z C D R L A U F
B M G S S U E N V S L S R N A A W J Z E
H U A S G Z V P I M M T U E R N X M D X
Q I C Q E O U V K A E Q Y C B Q C R M J
M P D K D L W G G N I P I S G C N U U Z
A O E O S R E I T I O P I E B Y G Z N B
O R J I O H S C O B B F B R A Z V O U J
Z U J D C T O A T Z A P R C R K Q R J Q
D E R Q R P G T N I B F J X E Y G M G I
I M P A R T I A L D O X V E F O K C X E
G H T P I C C O L O H N Z K O Z R B L J
Y E L B I T S E M O C O Q I O D T Z Y K
G H O S T W R I T E K L G Q T V Y Q E K
```

931

BANTOU
BIKER
CANDLEPIN
CONFERENCE
CONFINED
DAINTY
DISHONESTLY
DRAPE
FLAGPOLE
IMPRUDENT
INLAID
INLAY
KAIROUAN
LANSING
LEARNED
NAIFARU
PEDOMETER
POSADAS
TECHNOLOGY
VENERABLE

```
S N L V M H I N Q K Q D L E X P Q B I T
J F T A K E K M K X I N A I F A R U A P
M L Y T N I A D P A Z M J E L P G P O O
N A I J I S L R L R R C O N F I N E D S
Y G Z T P U I N L C U F C M O E E L I A
Q P N H E C I N Y L V D B I K E R B N D
N O E B L M Z P G R A C E N A J A A L A
X L B T D F L R C P K U K N X N P R A S
L E H K N P E D O M E T E R T D P E Y C
G E L N A U O R I A K J Y O Q R E N M X
M U A F C T C C O M E H U C X A H E V L
V W K R D I S H O N E S T L Y P T V U D
W S E C N E R E F N O C E C Y E W B Q L
H X G I Z E T E C H N O L O G Y X W V H
R V K K Z I D R U K A O B F K S T P B B
```

932

```
M P A Y B C M Z N O H W M G P L G G C R
U D I S I L I B T I F C N O A E O I J W
S J Q U N M I B M A G C D E R T M B E K
I D C O A L F I E L D H V A R T Y B R M
C V N U W I D U T N V I T F O I N E J Y
O M Y G R O F D Y O T J N D T N K R R A
L I P I Z S R N R A V O E E R G W I I L
O N K B C B U Y T G A I I L E E F S V L
G G D M W U C R S T W H L P N Z S H U I
Y S F A W S O U U Y N C C M I V Y S L T
Q H D E U H Y G D O P A J A M R U I E E
S U Z T R Z C P N O F H I X A F C W T R
Y I J E J O V T I A E R W E X F H Y A A
S T R I P E D Z I A M P U N E E H L E T
Z L F U J Y Q Q L A A H V U O C F B O E
```

AITCH
ALLITERATE
AMBIGUOUS
CLIENT
COALFIELD
EXAMINER
GIBBERISH
HACHIOJI
HORTATIVE
INDUSTRY
LETTING
MINGSHUI
MUSICOLOGY
NIGHTDRESS
PARROT
RIVULET
STRIPED
SUBSOIL
TBILISI
UNEXAMPLED

933

```
C I U E S E S E X Q P Y J J Z T O C S B
O N Z J Q Z L O T J M F O A Y H O B A I
N C F L C I H D R O B N H B V N N U T M
S O D C C J M E T M V S K A G T A C I Y
O H E O N V R C H W K D G L G L D R R J
R E D R F U E N G E C W E P R A Y E I U
T R D V S D L W I M L T L U R C A A C S
I E B N N R B A L M O D C R A O R T A L
U N I E P A A F T N A M E V X U H E L I
M T P F C L V E O P G N I R I J T K E S
Z P K Z B L O B P J Z R I W B D I A K T
A E K O K U M E S E P W M S U E M S P E
H P R M X D M P E R F E C T A P R O P N
N G D R G V I E M A S C U L A T E R T R
Q U A R T E R S T A F F C N H P I J Y P
```

AALBORG
APPENDECTOMY
CONGLETON
CONSORTIUM
CREATE
DOCILE
DULLARD
ELDERBERRY
EMASCULATE
IMMOVABLE
INCOHERENT
INSURER
JABALPUR
LISTEN
MANISA
PERFECT
PRIVACY
QUARTERSTAFF
SATIRICAL
SPOTLIGHT

934

ARABLE
DEVOTION
ENCLOSE
ENCRUST
EXTEMPORARY
INCISOR
MANDRAKE
MARINGA
MASTERY
MICROCREDIT
NINEPINS
SIGUIRI
SLOBBER
SPOOR
SUDDENLY
THIGH
TROOPSHIP
UDAIPUR
UNMINDFUL
VARNISH

```
M L R H U E S O L C N E N P Y Z H V P E
B R C Z L F Y U S L O B B E R G Z A C P
Z X C B V R F K F R C T R P I E P R S P
S B A R E D A I Q F B H G H X P S N L U
I R P T N U U Y O N Q S T T T Y K I Q G
A B S I C M K D N N I N E P I N S S I W
G A M J H A A O A L M M Y A D H F H N Q
M N M S K S I R X I P P E W E F R U C T
U W U Y P T P T I O P B K I R I U G I S
B B X U O O R O R N B U A U C H N U S U
F A W V P G O A O Z G W R H O N T Y O R
B G E V J N R R K R O A D G R F Q X R C
N D I Z K Y O D J F T K N I C Y P R O N
S U D D E N L Y Z Q K V A A I M K Z C E
Z V B L D Q F A I E H N M N M P W K S Y
```

935

BLANKLY
CANDIDATE
CAPTIOUS
CLEVELAND
CULTURE
DAKAR
DESICCATE
DOTAGE
FACTOTUM
FEUDATORY
GRATE
HANDLER
HITHERTO
KRAKOW
MANHOLE
PIZZERIA
REDECORATE
SHUCK
TASIILAQ
WAYLAY

```
W R Z N N N E B Y E H P R X T E A S X D
V C X L E R E R L V C U Q Q P J Z K A E
D V V S U L O P W V Q J Y K R J G U M S
M M U T O T C A F S W N K C S C F E K I
K T L H A E T A R O C E D E R A W K R C
O U N D G P I Z Z E R I A R X P Q G A C
C A U A W Q J E A I O T R E H T I H K A
M E T C L E V E L A N D Z L H I S G O T
F O H B G B B D S N W E C D R O H R W E
D D D W Q A D L Q N E C Y N F U U A U A
U K A N Q L H Q A L I I S A T S C T M J
W G C K A L D A R N G A G H L G K E M K
G P F O A M D W I B K C A N D I D A T E
H G H T F R W L W Q I L G Q N Z R M N N
W Y Y J T H A G A F T A Y A L Y A W F Z
```

936

```
M T N Z O A A R X E B K N N J D O D B N
K E J L M J E I L A Q T A I Z M T R Y O
Y L A A E P D B T O B O S N V M M Q U N
B O O S O H I T T W C K H U G X Y N B T
E I U O U S E R C A S S O C K A N J L H
N R C V S R O T P L U C S E L O R M U A
I B I O B S E M O R A T O R I U M O Y B
N A P R I N J M F E P L E N T Y C Z O U
K C F E Y X V S E D V E B W G O F Z T R
A K Z M K Q S D N N K V X Z V L N I J I
T E F E V N S T N A T I R R I P D Y U O
J H F K Z H V P A L N N N Z O K V X V A
X Z H H S N M K Z S E S G H V V L W D T
F V I G O R E Y S I M A G N E T I Z E Z
W M V O B S T R E P E R O U S V U P V Z
```

BATTER
BENIN
CABRIOLET
CASSOCK
COOPER
IRRITANT
ISLANDER
ISORTOQ
KANGAROO
KEMEROVO
MAGNETIZE
MEASUREMENT
MORATORIUM
NONTHABURI
OBSTREPEROUS
PLENTY
POSSIBLE
SCULPTOR
SNIVEL
VIGOR

937

```
S C H E S A L L Y Q E H S X W D B N W M
S I D W T Y G X L I E U S C X P N U V O
E R N R I N G E R L M N F B A H W K S N
N T A I H D Z H B M A T P R M M X F C E
I N L D S R V A R I V S Y R A G P I Y Y
P E R D I T R K D L E V V Z A G E E N E
P C A I E O E N C M A I Q A S I M I R D
A O G F X T A R X U M L M L U A S E F F
H G P E F L T E L I U L W Z W F S E N J
N E N S R C H T W R F E Y D I I Z O A T
U I A E N R E A D A F U N D E R F E E D
I P B F I D W K N M I S T E R L I N G J
I U E F P Q F S I A N N L Y J G H Q A J
U U D D U L F F C S F A T H E R L I K E
O Q N K R W W W J T D Q J N C Z L D B Q
```

EGOCENTRIC
FATHERLIKE
FRAGMENT
GARLAND
HUNTSVILLE
INEXORABLE
MONEYED
MUFFIN
PRAISE
RINGER
SALLY
SAMARIUM
SCAMPER
SINISTER
SKATER
STERLING
UBERLANDIA
UNDERFEED
UNHAPPINESS
VAULTED

938

ACCELERATE
BILLIONAIRE
BLING
BLOSSOM
CARELESS
CONVOY
CRACKERJACK
HELIUM
HUAMBO
LEATHER
LOCKER
MATURIN
ORACLE
PERVERT
RASHLY
SALIVATE
SEDITION
SPROUT
UMPTEEN
UNTIE

```
J F Y H M A D C C S K O Y V C J R Q A P
E T D E Q A A P G D B M D F O Y S F U S
T D E F Q R T E M S F K G M P V A T P A
I C H E E P M U I L E H I B X B Q E B L
P F A L Z D X P R X N V K O O Q L L L I
K F E Z R M R D L I Z Q R E K C O L P V
X S U M P T E E N G N I L B A S P D U A
S U N T I E D R A S H L Y R S H P N X T
M E E K D O T E A X N Y O O F T N Q S E
E D D C G R P H Z H M U M B V I N Z Z U
T S C I E Y A T U O R P S T Z N F U W C
L T Q V T M T A W B H W Z R B B B O A O L
S D R B P I M E T A R E L E C C A C O A
D E T G D B O L C R A C K E R J A C K V
P M X T O Y I N B I L L I O N A I R E F
```

939

ASSUME
BALUSTER
BEREFT
BULKY
BUTARE
COCKAMAMIE
EYEBROW
GROOMSMAN
INSANE
PASTY
PIECEMEAL
REFRACT
RUBBISHY
SHOOTOUT
SKUNK
SOLOIST
SUBVENTION
TRANSITION
UPSWEPT
WOLLONGONG

```
S U B V E N T I O N S Y W L C R D A T T
K T F Y M C D X N Q K R O K K P J F C P
H Q E M J B S U V L U S L Y F S E A X E
K M A Q Y J U B U B T H L A K R R O T W
G F S P Y L U B B U N R O U E F P S R S
A L S B I T S I O L O S N B E T G P I P
C H U S A E S P X N Z K G R R G E T K U
X S M R H H C A A Q W C O A G B K F D P
Y H E E Y O W E P D G O N W Z K J I B R
L S D B U O O A M A S S G J P Z P B U I
Y E A W R K E T N E I M A M A K C O C N
J H T B K S R H O T A U Z O J Y Y K K S
D Z E P F D X O I U R L E O E T Y U K A
M Y X W E B K O R E T S U L A B K R C N
E I S X J B N A M S M O O R G Q Q D J E
```

940

```
E N G I N E E R P L K Q I G T G M B P R
T M N P T T R E B R Z O N E E Y X S E T
A Q I D S A U P C A A A O M X H P S B L
R Y L L I C T M N N T F I U M T V I A N
E B R F N I A A T S P L T B R L F W S S
D B A N O T D H U X W A A E F P P Q T T
E T D I I S I M T M I L N L R S A A O L
F P Q F T A D Z D S A C I B F Z T B D Z
D C S I P M N K S T H G G M B I J K W A
G J V X E T A E N E N G A U S B T M T B
Z V P Q C C C E R K S W M T Z C Q M N A
Z J G H E E R M J Q R L I S J H J B J R
S Z K M R A A K A T M C S A P L I N G V
P Y Z R P N Z A D T A F O O T S T O O L
C O L L E E N J J L T N X V M D C J O M
```

CANDIDATURE
COLLEEN
DARLING
ENGINEER
FEDERATE
FOOTSTOOL
HAMPER
IMAGINATION
MASTICATE
MUSTANG
PARENTAL
RAFTER
RECEPTIONIST
RECESS
SAPLING
SNARL
STATISTICAL
STUMBLEBUM
TRENCHERMAN
TYPIST

941

```
P S C D R A O B E T S A P B P W L B I U
L U W Z E T T E Z T F T Q I T A H C T P
U L S G Q Z R O L J H N U H F C R Y O P
M L V Z K P W D M I R T U A T E C X S E
B A Y Y Y V J S U I Y K K R C J F L O R
I N M J W N S U Q D S Y Y I W U A F U M
N A Q X R J M K A K Z M T K A C M L T O
G A U T U M N H W G P E O K K I P U L S
Z W K N A E S I L U V Y G E A Q Q F O T
B U V N W H G A G R S A R I W O N F O G
K I N S M A N O E D P K Y T Z K X Y K I
G A U H C J B S B Z I C L H M L X K E K
Q I T Z S M B A J I I P J B Z O X R N T
O L S M O O F I L T R A T I O N S N H A
V T L C A T O J F R U N N Y F N K G L F
```

ATOMISM
AUTUMN
BIHAR
COMBO
FILTRATION
FLUFFY
KINSMAN
OBSERVE
OUTLOOK
PASTEBOARD
PIDGIN
PLUMBING
RECITE
RUNNY
SARIWON
SHADY
SLACKER
SULLANA
UPPERMOST
UUMMANNAQ

942

BAUBLE
BRIMFUL
CONFEDERACY
DISEMBARK
FITTER
FLOORWALKER
GOODNESS
GUMBO
LUCRATIVE
MELODRAMA
RIVIERA
SHIJIAZHUANG
SUNCHEON
SUPERSTITION
TATTING
UKULELE
VICEROY
VILLA
VISAGE
WAINSCOT

```
P A B K Y Q K D W W E G N S E O T M W C
L O Y C A R E D E F N O C L A V W A K O
C E F I M E F L N A E B E T A T T I N G
U F T F G A S E U H G L G I C J E J G D
M Q R A K O T H C Z U R V V M E V K Q S
F F S M E Y Z N H K R A B M E S I D D X
L I I V V A U W U O P A R H E S X B V Z
V E Z T I S B A U B L E M P Y S U R D G
N B F J T O C S N I A W C A O E J I U E
G Z I L A E V I L L A W S J R N E M R K
Y H A P R E R V N Z E I J Q E D B F Y R
S F Q L C B Y B Z X C A N H C O O U P W
D T Z Y U A G K B E K K Y P I O O L W X
T R E K L A W R O O L F S F V G P U E U
R I V I E R A S U P E R S T I T I O N M
```

943

BALAKOVO
BOILERMAKER
BUFFALO
COEVAL
DAIRYMAN
DISPENSATION
ENDURANCE
ERRANT
FLAGELLATE
GNOCCHI
INFRINGE
INTERLUDE
KIBBITZ
METRO
MUGGLE
ONWARD
QUARREL
REMORSE
UNLUCKY
ZENICA

```
L B T S O U N W A C E A Q Y Z U F E P X
E T D R A W N O V D N Y V Q E N G C R M
Y M T C Y F C O E P D C O V N L S S E K
P E Z I Z O L A F F U B K C I U Y X V A
M N B P P L N Q C B R Y A O C C A B L Z
F L A G E L L A T E A W Q L A K A Z T U
P Y D M K U K B G T N S Q C A Y V I N T
E D E B Y Z O E P Y C S I U R K B T N I
Q K N O M R J K D E E I N X A B O A X H
Q U F K H W I K Z D A W F Y I R R V G C
D I S P E N S A T I O N R K U R R Q O C
R E M O R S E L D U F R I F E M R E D O
I N T E R L U D E A N S N H J R V R L N
B O I L E R M A K E R J G W F A H L E G
J U I B I R Q Q N P H R E E L G G U M S
```

944

```
G C G U S Y U G A R B I T R A T E J M T
Y K U D X M N H O M E O P A T H Y J R H
C M J Y P E L L A H J R P D X R S E E Y
D A C B H F R I G H T F U L X G P N N S
B A Q C C Y L Z O C W W B C E R D I O E
P P I X R E T B U X K O Q Q O E U E S L
N A M E R O H S G N O L G V T C L S I F
T F C M V J W F X V L L E S M A D F R T
K Z N L X Z F B G U N E I B I T C I P C
O G I X A O I W M D P F Z T L D E N W I
L P A S K P F H T D T D S S Q V C N S R
O Q D C P B T E A H Y E E X A A L Y S W
N U I N K T C R G S L Q T U W M J Y D Q
I K H N T T M I A E C L A S S I F I E D
A Z W W C A T W C P U N L I K E L Y K L
```

ARBITRATE
CELESTIAL
CLAPTRAP
CLASSIFIED
DAMSEL
FELLOW
FINNY
FRIGHTFUL
HALLE
HOMEOPATHY
KICKOFF
KOLONIA
LONGSHOREMAN
PRISONER
REPROVE
SEINE
TAICHENG
THYSELF
TIGHTFISTED
UNLIKELY

945

```
R M O B I E G T C A L C U L A T I N G Q
J Z M X T C T S I L E N A P D J N M P F
V K U S G R Q N R G Y T R Y A L E D E D
U G N I N A E L C G H S K S N H J H F I
L M S Z A V S N S P N T C Q Q J P H U N
W T H K Y A W A T E G V W M I H W L S T
V J C M E T A S N E S N I A U K Z V A E
T E N G Z H O U E C H Z J Y D C T F Y R
S W E E P I N G L Z Y I Y C N A F T E J
R O U N D A B O U T G O N O T N L A A E
W Q K Y M S E P B A D R O P A H Q N V C
R Z I K Y V U A R C M P T H R O W G E T
V O Y Q D I P O U A R O J L D V G A S I
F J C P N I Y R T A S O O E J P Q C Q O
I M R E F Z W V H C A Z T G G W N D S N
```

ALPHA
ANQIU
CALCULATING
CLEANING
CRAVAT
DELAY
EAVES
FANCY
GETAWAY
HARPOON
INSENSATE
INTERJECTION
PANELIST
ROUNDABOUT
SWEEPING
TANGA
TENGZHOU
THROW
TIGHTWAD
TURBULENT

946

ABNEGATE
BITTER
CATARACT
COAST
COMPATRIOT
COTIA
GLOBETROTTER
HORSEPOWER
INDUCEMENT
MARKHAM
MEDINAH
MENDACIOUS
MONEY
NEODYMIUM
OXCART
PANDEMIC
PAUSE
PUCKER
RESIN
SOUTH

```
C N I S E R E T T I B H P W E Y E N O M
Z O E Z K B B S C A P B Q U T K Y W A G
H K T O I R T A P M O C K N C U R H T L
I M H I D Z I X M W N D F X A K K X O O
B O C Z A Y U I V P A B E J R R E C X B
P E H H E F M M F K R N D R A C T R C E
U Q E S S U O I C A D N E M T C X L A T
M B U V T H K T U L W W D H A I K C R R
Q A F I H P F X S M O S A M C K B Z T O
P X A N E L X D S P T N W B U L Z W L T
A B N E G A T E E O I B J H J C A L O T
M J P X A T U S P D U P A N D E M I C E
L S I N T X R S E S K T G J U E O V P R
I M Q J F O B M Y Y M L H C O A S T B U
W A D A H B L I T Q I N D U C E M E N T
```

947

BANTAM
BASSETERRE
COOLER
DIVORCE
DRESSING
HAPLY
HOGAN
HOUSING
INCINERATE
INNING
LIVERWURST
LOUVER
LUCUBRATION
MARBELLA
PALATINE
PEDAL
PERFECTIBLE
TABLELAND
TIPPLE
WEAVE

```
C V V U D G H G S L V G L P X B C G S G
N O R N G A N N A O N W E E Y P S B N G
G L O F P I V D D I L R H J V F H I A L
D B E L N K E F S F F J Z R I E S V G B
V K Y N E P O S I E X G B C Z U M J O F
B X I R Z R E E C J L S M G O V J N H R
U T J J B R N T P O X H J H T I P P L E
T H B T D I I L U C U B R A T I O N B Y
Y F J D T B O V L I V E R W U R S T V E
D I S A L L E B R A M A T N A B A I Q R
O G L E M R V B A S S E T E R R E X X O
D A W S A K A D I V O R C E O B W I P P
P I N C I N E R A T E T A B L E L A N D
G H T N B M W G Y V Q Q B Q B G H P V N
V E W M V B M I S A T H V S C U A W E M
```

948

```
G W I L S T F A R C H Y B D N W U U S S
D R W I R I Z N Q U Y C V M G W E M J O
S C E E A D D O V E R L O O K I T B B U
N O E J C T N E R E F F I D N I F I P V
T I L M I P V H P B E A Y R V H U L N Z
A A T C S X E C E I P L E T N A M I U L
G Z M R M D R A R O E N A I F C H C E O
I I Y A A M A R L S M C Z R B U G U I W
N H Z K L S F A E N J V E O G C U S M E
D H O Z G E R E F L E S H L Y H S U P S
O L D X A Y I O N Y H W V A F J O H N T
O Y F V O R A N O E K N A E Q U I T O O
R E T W F K D L N F X M A V D W S V J F
S N X E I A H E H P A T H O L O G Y T T
D O R S B R R A C O N T R A P U N T A L
```

AIRFARE
CONTRAPUNTAL
CRAFTS
EARACHE
FLESHLY
FRESHENER
GIZZARD
INDIFFERENT
INDOORS
LOWESTOFT
MANTELPIECE
NITRA
OVERLOOK
PATHOLOGY
PUSHY
QUITO
RACISM
SIDEPIECE
TAMALE
UMBILICUS

949

```
P N O I T S E G I D N I D S G R S I B L
O S I B F D R H S O K H S O D B S O D B
S A G N S D Y L I I R P U G D R V H E B
T N A P C G C T C M F N J J Q L M K C L
E C Z N A O A N E U Y T N E W T A L A U
R T T O B R M T N O V N A N N R K S L E
I I H K E O M P K A C L F K B Q F T O S
O O E P N P A E O A P P N F U E K U S T
R N O F E C X V S O N I D N A B X R Z O
U O A C K O R T V H P U E R H E E G C C
C S H O R T H O R N W J S R U L I Q W K
T A M U N I N G S M G O P T L P S I G I
U O A Y Y D M Q Z E M L R E B J V R K N
M F O D U D N W H E U O P K Q J A K J G
C O N F I D E N T L Y S G K Y G T J G C
```

BLUESTOCKING
BRAKE
CONFIDENTLY
COOPERATION
FEARSOME
HOAGY
INDIGESTION
MESHWORK
NAPIER
NINCOMPOOP
OSHKOSH
POSTERIOR
SANCTION
SHORTHORN
SOLACE
SPELLER
TAMUNING
TWENTY
UNPACK
UNYOKE

950

AGGRESSION
AWKWARDLY
BACKLIT
CHASER
EXAGGERATED
FILTH
FORTY
GBONGAN
GUTTERSNIPE
LIQUID
LOGBOOK
MANIA
MONACO
NGAOUNDR
RECTILINEAR
RUMINANT
SHAREHOLDER
TAIAN
TALISMAN
VATICAN

```
R X N O I S S E R G G A C Y L E A T E N
T U M Q J V N M Z B O K L H P D H R S G
A Y M D L O G B O O K D N I A T Q K H A
L N Q I V Z W N C Y R A N N L S D P A O
I S F U N S G Z W A I S A I X M E O R U
S Q P Q R A A Z W A R C F V D A T R E N
M N N I N P N K T E I F U Q K N A Z H D
A J Z L X K W T T T L B O H K I R B O ◆
N M D Q G A W T A X A E D R M A E O L R
Q B A T O A U V Y C Q P K O T C G I D ◆
K C M N Q G J G K U O L N P D Y G P E D
N K R E C T I L I N E A R T Z G A I R K
A E O J G U I Y Z T C W X H T B X B E S
G N X J Z T E M W O E L M N X P E E U X
J X X D K O H U V P S W W B M F A T S K
```

951

BASILDON
BEEKEEPER
BUDDHIST
CATALPA
CHALLIS
DECOMPRESS
DUMPY
ESCUINTLA
EXCLUDE
HENGELO
KHERSON
LABEL
LINTEL
NEWSREEL
PANTSUIT
POTAGE
SICKLE
SPEECHLESS
TIANJIN
TRIGGER

```
D J I C B E V W L Q Y B I R S O I X L Q
E U W S J U M Z C Q U O E C I J F A N Q
S C M M M F D G P F X G Q A C F B A Q R
C C O P W K D D N I G I P T K E X U E L
U Z K T Y C U S H I N O O A L N U P E S
I T I A N J I N R I O Q T L E J E E S V
N I N M O P C T I T S R A P T E R E G M
T U J W D E X O U J R T G A K S L K W W
L S E S L I X M B O E M E E W H D V M J
A T C K I J H C L H H B E E C J V B F P
Q N E N S N B E L X K B N E F G Y E C Y
T A E C A E G A N U P E E C H A L L I S
Y P F J B N D B Z P D P Q M K O J Q H O
N V Z A E P Y P N S S E R P M O C E D E
Z M Q H C E L I N T E L W J H L B R K U
```

952

```
A U M Q Y M J X L A U N D E R K E S G J
B K N S I U Q E I P D E G L I C J A N C
D Y I R K H R L A E L V T N N F P A I Z
T T Z E C R D N P B M G E A I F O R T H
H I H C E A Z I I A M S T R D L H B S Q
P R V T L H D D K I U T X M V H C R A M
G C R Q I E E B O F I D D L L T T U L T
D A R H M N N W E P R W N F U V O C R V
P L U I I A O R K H O G G O D T P K E S
S A C R A M E N T O P D Q U R O H E V I
Q H V A L I D A T E M Q I F Q I C N E E
P R O P I T I A T E E A D D V R T G H N
L D S Y F Q N B O P I A T E L G O A V J
H W A N R X L C W B E Q G B T R H S L F
X E Z F G Z X V I S C F F C K G W E D F
```

ALACRITY
CLING
DOGGO
EMPORIUM
EPIDEMIC
EVERLASTING
FLATIRON
HOTCHPOTCH
INEDIBLE
LAUNDER
MARCH
OPIATE
PANZHIHUA
PARTERRE
PITTANCE
PROPITIATE
REFUSENIK
SAARBRUCKEN
SACRAMENTO
VALIDATE

953

```
T W Y S K L O F Z H E N M C G X N X Y E
N C N I G L E V E R Z F X O W X P I L X
A R P C D I R O L F M I S H B N K A T P
N C O K K R A P L L A B P P S I T H N E
C A W B N F S Z A J A G J I L S L Y E N
G B Q E V I T A I C O S S A Y E O E U D
M L L D N F R A G R A N T R L V E I Q I
S S I S F O U T M Z U Y C M V Y V N E T
W F A T J E H A P P R O B A T I O N S U
P H R R U I C P A J H J X O C E R H N R
B L A R E R A M T U I E I X G O P J O E
F H W M Z L G J V R P F H W D D S Q C J
P E L M A D C Y G W A I N M C X I W A H
C H A T T A N O O G A M I T I M D B G N
J Y E N H I U H D I D Y S O D M U K H Y
```

APPROBATION
ASSOCIATIVE
BALLPARK
BLARE
CHATTANOOGA
CONSEQUENTLY
CRYSTAL
DISPROVE
EXPENDITURE
FLORID
FOLKSY
FRAGRANT
FRILL
LITURGY
MOBILE
PALATE
REVEL
SICKBEDS
SMARTPHONE
SPLEEN

954

AUGSBURG
BRAKEMAN
CANKER
CHECKERBOARD
DEBARK
DECOR
DEPRIVE
ENERVATE
HEARTBURN
IMEONG
INTERMARRY
KETTLE
MORAL
MURMUR
OPIUM
SEAPORT
SLUSHY
TRYING
VICTORVILLE
WEINAN

```
S G Q R O W Y I G C O K X P A Z X A D Y
P L T E O Z I Q B N R U M R U M V P N Z
N M U I P O X D R A O B R E K C E H C X
S A M S Q B A F B E K E L H A A Y R F U
H T Y B H K Y E T P X E M U V I E R H H
A M R B J Y D A V C D B T I Z K R H Z K
K B R Y Y K V H X O E H C T N Z K L H N
N D A A I R X Z C J C T E A L I F I B N
E B M L E N X Y Y O O M C A A E T H Q W
Z W R N R N G N L R R C H X R R P F N E
V S E D E P R I V E B D A O O T Y Q E I
B Z T K F F L I Q A L W U P M F B X D N
E G N M P Y L F Y L M H A Q F T V U V A
Y Z I N Q L L Y N A M E K A R B W G R N
H H Z M E G M S K I S A U G S B U R G N
```

955

AGONIZE
BALEFUL
DORMOUSE
ELEVATION
FERVENCY
GLUTTONY
INDUBITABLE
INTERVENTION
INVOCATION
JEREMIE
LUTON
MAINZ
NEWSGROUP
NOCTURNAL
ROADBED
SUCKLE
SUPERINTEND
SWEETPEAS
VARIANCE
VERONICA

```
M U K A T D N F P I W S Q M U L H A K J
S U C K L E E U I N G U L G T V U Y C I
P L F V D R O V N D V P O M T N D T P E
S G U E V R P E V U I E I M E R E J O D
G R F E G Y B R O B N R S I W I B X V N
N U N S V X J O C I T I L U V P D O H J
B C W B A B U N A T E N K G O Q A Z Q L
Y E B E S R K I T A R T D Q J M O W A Y
N V Y T Z Z R C I B V E S V G L R N F Q
O H T F Q E X A O L E N H X Q R R O X E
T A G O N I Z E N E N D L P M U D F D Y
T E L E V A T I O N T I E G T A R J O C
U S W E E T P E A S I I E C N A I R A V
L U F E L A B B B C O S O L K O L N L W
G Y M U Y T B Y H D N N A O N J N M Z W
```

956

```
C T D T V C P S T R A I G H T W A Y L C
H H O A I O F A H D D U B R O V N U D R
I I E S I M F I R H G M L N E V G N Z Y
L E P T D P R P N S S F V G P R I D E B
U V G U Q E D F I E O C A M I H G D W A
N E C N B T B D C I S N E V A R C R U B
G K D K C I S R I A U S A X F V V U I Y
T Y I R O T I O E E Z Y E G D A C G P C
R W C R N I N K O H B V R W E G Z M G R
Z O H U E O N E N Y T L O I N C L O T H
C J N T H N X F U O Z A S D K V F O N U
T E M P E R A T U R E Q E N S R S X A Z
E L E C T R I C I A N M A F W J D S L H
T U R P E N T I N E H R E B B U L B S N
I Y D O L B B H O U P R L L M N N E I S
```

AIRSICK
BLUBBER
BUDDHA
CHILUNG
COMPETITION
CRAVEN
CRYBABY
ELECTRICIAN
FEATHERBEDS
FINESSE
LOINCLOTH
PARSONAGE
PRANK
PRIDE
SLANT
STRAIGHTWAY
TEMPERATURE
THIEVE
TURPENTINE
VEGAN

957

```
H O F B C W P O L H A G K G S L C S G C
T M A T S O A S V S O L W Z A W A T T O
Z Y C L R N E P E T I H W B O B T N R M
Z N H C T A W P O T S Y S W G E E T D M
Z N T U Q P T R X D C N T L H L Q E M U
A U T R Z I I P O N G O O L O S S M C N
O F U O C Z K H D Z Q Z N N U S D A H I
T O B T X R E I L L O C M F O F M W I C
A T E E J A A X K R Y O D B I P O S S A
M Y R P O M U C U K S K M M H D H V T B
L H O P R N R O G D T E P O R T E S A L
H E U A Y W V E N J D M R P X P Q B M E
C F S S S E I C P J D A T E D K T B I W
I Q G F D N W Y U R T J V F G X C E N I
W J B W Q E Y B W E T A G E L E D J E R
```

ASEPTIC
BOBWHITE
CAMPHORATE
COLLIER
COMMUNICABLE
CONFIDE
DATED
DELEGATE
DEVOUR
EMBOSSED
FUNNY
HISTAMINE
KITWE
MARZIPAN
OTTAWA
OUTCROP
SOMNOLENT
STOPWATCH
TUBEROUS
UROTEPPA

958

ABSOLUTELY
BALTI
BANISTER
CASTLED
FOOTFAULT
GROCERIES
ICEBOX
INADEQUATE
MEDDLESOME
MEETING
PANCREAS
PUTOFF
RELIEVED
STOOP
SUMARE
TENDERFOOT
THOROUGHLY
TURKEY
UNSUNG
VETERINARIAN

```
B L R I R X S Q G K Q E L J Z Y P K E E
G A A E J L O D W H M C R H L P O M O R
R F L T U R K E Y G N I T E E M O L E J
O F V T O O F R E D N E T D L S T T T R
C O T O I N T P D G F U E H E W S X H Q
E T A U Q E D A N I L L S L P I I M O F
R U A K B I I V A O T F D N N F V B R J
I P R W E V Q X S S R D O A U H Q P O I
E M L T H I X B A O E E B O L P M B U C
S Y D J L Z A C T M C S L J T Y N I G E
V E T E R I N A R I A N U I Y F O T H B
P A N C R E A S O J D A H M E S A H L O
S W S P R T A K G O Q I Z L A V O U Y X
M T W W V X R B D M E O T O L R E K L H
U T F G R V H A C Z R Z S P O I E D A T
```

959

BALLSY
CREASE
DANAO
DEPLORABLE
GRAVY
HEMET
HERNE
HOTSHOT
HUNCH
IMPOSTER
PROMENADE
RIFFRAFF
SIGHT
SOLICITUDE
STRIPY
TOBOGGAN
TOMORROW
UTENSIL
VULGARIZE
WEATHERMAN

```
U T N Q G T L M B G Q O Y G O U Y S P C
X F F A R F F I R B B P R A P O T O R V
E P E R A S F W E A T H E R M A N L O C
C W N T V Y O Y T I E H N K Y Y N I M I
A L O J Y Z N C S Y C B E S A E R C E Z
P H M C Z W S E U N L Y L T K T I I N Z
M D W J H W B T U D V L H N O I W T A O
S I C E J O E H F O A G A M A E P U D R
Y Z M Y Q N T G G B I G O E Q R T D E B
J E P P S C P S W S G R W R S V W E N Y
T E H I O L Y J H O R X N N P L U U R R
B N L R M S P D B O S K M C H M Y P E N
M J X T H I T O W T T D A N A O T T H R
F I W S H D T E V U L G A R I Z E E E P
P V L N I J B P R D E P L O R A B L E D
```

960

```
G I A I D I S C I P L I N A R Y S Z C X
J U D J X B B H D U E F R I C T I O N S
C H V N A O W K W X M R P Y C K C N S C
F O E U N H E R R M E B K G V A E S O F
B Y R A A J H E L U M C R L S P Y N M Z
S D B O R Z K N Y L U V I A N U T Z A S
U U V E C W M O N M V A B N G A I P J C
O H B S H W F O E R P Q C O M E C R O M
I O P W Y Q P H K J Y S W I E R A L R W
R I J N O I P C L E E S N T O K V B G G
U O S H D O S S L X S A H A F H I O F W
C C M H F K F L L V T W N R W Q V I A E
N Y Z Y D O O E M E E T S E S I D J I W
I Q L S M V T T R E V O L P S P I D E R
C I K A M P E K E Z I H P O S O L I H P
```

ADVERB
ANARCHY
CIKAMPEK
CONTAMINATE
DISCIPLINARY
DISESTEEM
FRICTION
INCURIOUS
JHELUM
MAJOR
MUCKY
OPERATIONAL
PHILOSOPHIZE
PLOVER
SCHOONER
SPIDER
SUBWOOFER
UMBRAGE
VIVACITY
VOLLEY

961

```
C I E Z I D N A R G G A F F R N W U F W
E A N M E R C H A N D I S E R H U Y A S
N X E B U Z V C U I F A D E R I L N S P
T Z G E R W Q N F L O H T Y Y E T E P R
I V A H U E L B S L C T Y X V A R L K E
G J T O D E E R H E A Q I I S P Z V V S
R W I L A I O Z K P Z K T Q S Z J B I C
A A O R R U G Y Y S Y C C E U R Z P Z R
D X N B L I M I T D E Z H C H I D S H I
E E Z E N L B P Z F F T I T M M Q P F P
D W T W V I S R F U O A X G E M L U L T
L T I A A X A E R L S L A H G D A Y E I
E Z S A L M L R C O V I R T U O U S L O
N M D T E F M Y R E N E C S F J W N U N
N Z P H Y F W P C O R O N A R Y U B P X
```

AGGRANDIZE ☐
BREEZY ☐
CENTIGRADE ☐
CLOTHESPRESS ☐
CORONARY ☐
EFFECTIVELY ☐
IQUIQUE ☐
LIMIT ☐
MERCHANDISE ☐
NEGATION ☐
PATTERN ☐
PRESCRIPTION ☐
PROSAIC ☐
RAINBOW ☐
ROULETTE ☐
SATNA ☐
SCENERY ☐
SPELLING ☐
UNLEARNED ☐
VIRTUOUS ☐

962

BOULEVARD ☐
CALABRESE ☐
COMMONSENSE ☐
COUPON ☐
DETERRENT ☐
DEWAS ☐
DINKY ☐
EQUIPOISE ☐
FOUNDRY ☐
FRENETIC ☐
LEASING ☐
MASSIVE ☐
MICROSCOPE ☐
OUTWARD ☐
OVERDRAW ☐
PHONOLOGY ☐
PROBITY ☐
ROWER ☐
SLIPKNOT ☐
UNWELL ☐

```
D D M E P O C S O R C I M F S L D I G W
G E S I O P I U Q E O G J S L E E P W I
F T T U Q N C I E W U Q R Z I F W I A C
R E Q T N Z N V A F P G Z L P P A S S O
E R E L L C I R S L O C G N K Z S R R M
N R L B Y S D J C W N M V G N G A O F M
E E G M S R T D R A V E L U O B J W F O
T N Z A E I D I X W E B X U T J R E W N
I T M V P O Y N N C B N Q C N B Y R E S
C C O K M R Q K U J M S Y E Y W J I G E
D X Q C N K O Y G O L O N O H P E D A N
O U T W A R D B L A F Y W S D Y S L Q S
K S L A X Y L G I L E A S I N G U O L E
C A L A B R E S E T E K M X E Q H Y D X
N O Q U D Q K N T R Y I U G O O R X F G
```

963

ACADEMIA
BEEHIVE
CATCH
EUPHONIOUS
FOLLY
FOREFRONT
INSTITUTION
INTONATION
INWARD
LAMENT
MEMORIAL
MYRIAD
READY
SCARBOROUGH
SHIMOGA
SMOOTHLY
SOWETO
TINFOIL
TOPSOIL
TORNADO

```
C F Y O F R M J I G K T F K K X B N R E
T A I M E D A C A M X V D O T E W O S U
I G T W N H Y S Y O I Q D H L V Y I J P
N O N C F Q R S L D D S G A A L E T Q H
F M E C H D E M H A N U G Q I B Y U I O
O I M Y R I A D T N O R F E R O F T N N
I H A R A H L P O R I C W V O E N I W I
L S L R Q I Q M O O T I W I M F N T A O
H A O U O Y S B M T A F X H E Y L S R U
S F A S S D R J S V N S B E M H Y N D S
D N P J H A I L E A O M C E N V T I X P
W O L R C E V I L C T I D B J Q D U I V
T X L S B R X B Z X N T F I O E L W Y X
M D C M J A F Y N B I F G Y S I J S R F
C T V V Q Y S M N T G R L E M E A R W L
```

964

```
Y N O X W D E C C M S G T G Q P R E I D
D R A K M I D D L E B R O W N E E N N L
V R L C J G U U P Y L O M O G R P C J E
E V A P O R A T E J Q B I X A T R O U U
W K U E N V I S A G E C A F V H I U N T
S S Q K S E G L W O R O B E V O E R C H
D Q E R Z N K D W E L O P U C I V A T A
J M O A E O Y F O N I M B Y D I E G I N
Z K C L P U E C N A R O N G I A T E O A
T D G W G G U O S D Y V X K F B P O N S
E S P O O H G T J K W H Y N A R O E N I
H V W D M F N U A L K N U M P I H C S A
L Y V A S H X V K S A Y Q R E C C C T T
U O J E L B A D R O F F A N U K R L C S
O Y K M Y C M P D V M Y H L B C M B X G
```

BRICK
BUDAPEST
CHIPMUNK
COEQUAL
COERCION
ENCOURAGE
ENOUGH
ENVISAGE
ESPOO
EUTHANASIA
EVAPORATE
IGNORANCE
INJUNCTION
MEADOWLARK
MIDDLEBROW
NIMBY
NOTICEABLE
PERTH
REPRIEVE
UNAFFORDABLE

965

```
Q C H W E C N E I N E V N O C N C C Z G
J W X N V X H F T H G I E W Y N N E P N
T P D N G V P S T A T I S T I C S M H S
O K Y T G B C O D N U O F N O C P B Y Y
E F B P A I X C R A Q S T O E W X A M H
C O N S T R I C T T M M E E C E Y L S L
N C H T H A T O N F X A U R L U V O V O
A H D S E F A I M T L C N P P H O X S C
V E Y S E H F O L P A A U H B E S W H C
D W E R H S O C M V Q D N I U I N Q A N
A B E J G R R A E S E S W K Q R K T N U
O X K K K Y A O A E W M E T C S F B K S
O S A R D U N T H S N O T H I N G X X A
C M A N E D R A G O Y R X H E S B S H I
M D Q P Z P E I M D A H Y J R T J Q R A
```

ADVANCE
CEMBALO
CONFOUND
CONSTRICT
CONVENIENCE
DAMANHUR
DARKROOM
DUPLEX
EVACUEE
EXPORT
FLANK
GARDENA
HORSESHOE
NOTHING
PENNYWEIGHT
SERPENT
SHANK
SHREWD
STATISTICS
THATON

966

ACCORDANCE
ALLELUIA
ANTIBIOTIC
BARGEPOLE
BLIDA
CHANDRAPUR
COPRA
DIFFIDENT
ENGRAVE
ENLARGER
FURORE
INDISPUTABLE
ITALICIZE
MECCA
NOTICE
PASSKEY
PORCH
REPUGNANT
SPHINCTER
SWIFT

```
Q Q M L Z C N Z Y A C R V L Z J N C O P
B L I D A A W E R I H S K J I O C Q K O
P Q G R C D L P T N E D I F F I D O J R
M H U C Z G O O B B R O T F X J K T F C
O G E O K C I N F E C N A D R O C C A H
G M E W X B M C T K H K L F D I N V E A
Q H B E I A Q C I V C R I S U G R J C L
A C S T Y I N C H L X M C P E R R T D L
B P N V P I N O T I C E I O A P O H E E
K A K W H E N G R A V E Z X L S B R F L
E F K P E N L A R G E R E B S F S K E U
B P S B A R G E P O L E P M B W I K V I
C H A N D R A P U R D R W Z P R I A E A
I N D I S P U T A B L E B W R C U F U Y
W S I B R E P U G N A N T L Q G G S T H
```

967

ANCHORAGE
BEETLE
BOBSLED
BREATH
CHICANERY
CONVEX
DEIGN
DISTEND
DIVISOR
DRAMATURGE
FAGOT
HOLINESS
MOMENT
PINGLIANG
RABNITA
STEAK
SUPERNOVAE
TOWARDS
UNBENDING
UNVEIL

```
H L U U P S T O G A F T T B W W D D R T
N B B Y O B U N K V E O O G O Z J O K S
T G T Q F W I P S K D F K W U B S R V X
H S K K X D L I E V N U Z V A I S V O C
C X K A N T N A L R L J W Z V R P L D M
H Y X E G A R O H C N A V I R Y D S E E
G O B T N E M O M T A O D H H B O S P D
L N L S D I S T E N D K V X Y E S R N H
U L Y I W D B R E A T H T A Y E K V V H
D F D M N C H I C A N E R Y E T A E E X
W Y W E E K M G L W G N A I L G N I P
A Z Z B I X S L Z R L X V V Y E F W X F
Z D I D K G G S D R A M A T U R G E T A
W T R C B L N P R X Y L W C O N V E X U
J S G U R A B N I T A O G I C X S Z G E
```

968

```
H A Q W E H R C N N S T A T U E R M D O
E Z T K L P O N A S T A I R W A Y A M G
O T X F B P D G V S E H E M V E L N B Q
M A C Y I L I Y O W N G E F A O G A D K
J T K O S D A K G Y R L W F R V N G U J
I E U P R T V C U X E X P C V I I U P M
C S E A E E R W E E T H M S G H G A F A
P K C T V N W U S S N R X F Y Z D J U S
Q C I S E T Q W C Z I O E I Q Y U S V T
U I T E R K A N D A H A R B W I R W P N
R H C G R K N K O O I S I C U G G U E F
S T A W I B A R B A C E N A W T R I F S
J N R P H O T O G R A P H Y C R T R P S
Y R P H H U S A J W J O O M O Z F A D I
B I Q U D X B V M O D Z I C K Z U U L M
```

BARBACENA
CARDIGAN
COPIOUS
CORRUPT
CRONE
CURTSY
GESTAPO
GRUDGINGLY
INTERNET
IRREVERSIBLE
KANDAHAR
MANAGUA
MELEE
PHOTOGRAPHY
PRACTICE
REBUTTAL
STAIRWAY
STATUE
THICKSET
VOGUE

969

```
C E T D S M D A H H S A M B P G Q Y V E
H A Q U E A T E T X L C N Y E M Y K N D
I B D S F A H Y L M T B W O T L N N A A
P H O A J S D J X E Y C I C S U O F A G
P R U S E T L F M G T Q W B A D C V B D
E K L I A R D N A H X E F K T L I B E G
R I K N O I T I S O P N R M E P L G D D
F P C A J C C M T M N O J I R B I V J O
O P V U H H K N C G W M T U O F S D R V
J E D U V T F F M A F E C Y F U L X N E
J R P R E D I C T I O N I R P N S T W N
A S S A I L A N T K B A W G M H C B B B
E X S U B S T A N T I A T E J I O V G I
T R I V A N D R U M N O T E L E T I L R
B A L I K E S I R D P M O A N D A R D D
```

ANEMONE
ASSAILANT
BALIKESIR
BELOVED
CHIPPER
DELETERIOUS
FORETASTE
HANDRAIL
KIPPER
MAASTRICHT
MASHHAD
MOANDA
NOTELET
OVENBIRD
POSITION
PREDICTION
SILICON
SUBSTANTIATE
TRIVANDRUM
TYPHOID

970

AUDIOVISUAL
BARKING
BOMBE
CERAMIC
CHAFE
CONSTRAIN
ENROLLMENT
EXACTLY
FENNEL
GAUCHERIE
GRAVEDIGGER
GROOM
LODESTONE
MOROSE
OUTBUILDING
OVERALL
PRESIDE
PROTEIN
RESIGN
TEMPORARY

```
T C O X R L J E S O R O M B J G G A R C
L E N N E F L X W B G O O A V A R U P H
K A M O D L A A J J X U C R M U A D W A
T L R P A C R C I I C Q X K R C V I A F
X A G R O K R T I A F M V I R H E O U E
T K E V L R S L R T C P Z N N E D V Q G
F V Z P F F A Y S Z N P M G J R I I O F
O A D Z G F L R B G R E K Y T I G S W I
G N X K R Y V B Y O B O M B E E G U A K
J A E S O E N O T S E D O L T U E A A U
W F K F O E C E R A M I C U L I R L T L
R N S C M R I P R E S I D E N O J Q I S
I I A C O N S T R A I N G I S E R Q H N
O U T B U I L D I N G V Q D V N S N G G
P C N L D B T O Q N D N I H S M V B E L
```

971

AFFINITY
BANDY
BUNDLE
COERCE
DESPAIR
ENERGETIC
GROUNDER
IMPULSION
MAXIMUM
MONITOR
MURDERER
NOTIFY
OLIVE
RABAT
REDCOAT
REHEARSAL
ROLEPLAY
SHELLACKING
STRUDEL
THETA

```
P M C S M B F P G V M B P N M E F F Z I
L A O G T O A N N M U D A U L F G X R Z
Y X E I R R N N A U M I E D H M O R P D
W I R Y M O U I D W S Y N F M N A R R Q
H M C I T P U D T Y Q U X G I B U V Z J
I U E I A E U N E O B N D P A S Z W A S
R M F V X P Y L D L R C I T E G R E N E
O Y K P W G S H S E W A U H J A H O I T
L E P C W M R E O I R F U E S K T L C F
E R E D C O A T D G O Q M T Y V S I J G
P I M U R D E R E R J N C A M Y Z V P Y
L E F U W O K T R E H E A R S A L E E F
A E I S P W L M E S H E L L A C K I N G
Y Q U E X B M P J Y H S T A S O Q V O F
Y G A F F I N I T Y R V W H T R K Q Q L
```

972

```
K A K G E S R P O O B C Z B Y N C P D I
W D G E Q R V O A B L A H Q W I A E V U
G T I D G L O H U R L H U D D G B R M H
E A J F H X A B A I I O I R A H I I O U
S E C R E T A R I A T E N S U T N O T B
T C L W P D Q V I X G W T G I H E D O J
U N C O G E N T O N R R Y A S A T I R R
O A P A P E R S I I O T P I L W M C B Y
B H A M M K Q N G N C N B B J K A Y O U
A C T E F K O N O Z I E E A S S K R A R
E S V Z G K I M A E T S D L W R E S T H
R I P C C L Y F M A Z A T L A N R H L R
E M J E I H H R T A B U R A O V I N C G
H J R A D D C Y R P N R A W R H F G Y T
T W R J T U S N H O A S B N E K E P L L
```

BAURU
CABINETMAKER
COGENT
ECZEMA
GASTRONOMY
MAZATLAN
MISCHANCE
MOTORBOAT
NIGHTHAWK
OBLONG
PAPERS
PARIETAL
PERIODIC
RAILING
RECKONING
SECRETARIAT
STEAM
TABURAO
THEREABOUTS
VOICED

973

```
S N R G I H J O A I U S U N I M R E T C
N X E L A W D I Q C L I K N V M E N M O
P H C N I F L L U B Y Q F E M A U N D U
J E K S K I M P M P H R T A W O E N D N
M O L L V O D T N E M E S A C E A N U T
V Z E A T A M M I K T O Z U F L R E S E
T D S D A L L A S A V T Q K R C H W C R
M J S C V J N A G L Z J K E E J I S O F
Y T Q B V V J U Y N M O H O Z U V P L E
D V Z K T A J N F B C T T S U G C R D I
S U Z E O N I Q V J O V K E R V H I C T
O A T T O V A V N M W O S W D J E N R A
K J L C U N L I S T E D C W R X S T E J
A O P T M I L I T A N T N H Z Y T D A L
Z S Q I Y G O L O C Y M P F H L B G M F
```

ATAMMIK
BULLFINCH
CASEMENT
CHEST
COLDCREAM
CONJUGATE
COUNT
COUNTERFEIT
DALLAS
MILITANT
MOTHERLAND
MYCOLOGY
NEWSPRINT
RECKLESS
SALTY
SKEWER
SKIMP
TERMINUS
UNLISTED
VINYL

974

AMMONIA
BRIEFS
DEMONETIZE
DOLOR
DREAR
GOATEE
HYDRATE
HYDROLYSIS
INEQUALITY
INVECTIVE
KILLEEN
OVERMASTER
OYSTER
PARAMARIBO
ROSARIO
SCREWTOP
STATUTE
TOENAIL
ZURICH
ZWOLLE

```
Z A G L D M B G P J C N S L R P P F X V
W P I F E T U T A T S E H E T A R D Y H
W O D N M X Q R H D D W T V K R Y W I I
K A X P O T W E R C S S O I R A S O R D
V K B Y N M H T S P Y B L T P M D A Q N
L Y X I E S M S C O R L H C P A L Y M F
F P W Y T I L A U Q E N I E D R G U D X
X T G T I S U M Z E D I O V W I O O W A
E D O N Z Y J R N W M X H N L B L A H I
Q N A J E L M E B O O C S I B O I D T Y
I I T C S O T V S R I L E D R E A R T Z
O V E T T R K O T R I J L S W D N Y R F
N P E H F D K H U O Q E M E T U E X S W
A U P U T Y R Z B T N X F U Y S O F A F
Z V G C U H N K O H W F J S B B B T Y V S
```

975

AUSTIN
BOONIES
CAMPANILE
CARMINE
DAUPHIN
FLORESCENCE
FLUTIST
GELATIN
INSTRUCTION
JINGOISM
LATCHSTRING
MILLSTONE
PANCAKE
SCARY
SCHMEAR
SHIONGSHUI
SOCIOLOGY
SUCCULENT
WEATHER
ZOMBA

```
Y P D D S Y R A C S C A R M I N E M F K
K T A R A E M H C S M J W Z L E B N L T
E Q K N H U I N S T R U C T I O N C O Y
O M N T C V P U V I M J Q W U D K B R K
L S A G A A E H N K Q U Y F W T V K E R
W E Q B E J K R I S U C C U L E N T S F
W Q M Q O Y K E A N A A G C Q A I R C L
I O J I N G O I S M T Y B E Y K T E E V
Z T W O Z O P Q P Z Y O A E Y B S K N F
U C R T N L K A K R O H F F H M U Q C T
S S T E V O N M T N C P V N I T A L E G
J A H C M I B Q I M I L L S T O N E B C
Y W M E L C X E U L F L U T I S T B O J
U H E E I O S H I O N G S H U I F I M F
W P T A A S B L A T C H S T R I N G X D
```

976

```
Z I M D N T E N H Q Y G N I Y L P U C Z
O Q D L N V M D V R U H E Q W P C T L M
X J B I N Q O G I I B R O T H E R Y R L
B R O R T E R K L T U L B W E N I F Z Y
Q N O L E V D L S Q Z N L T V D A G S O
A B I I S Y O R M A U Y R E T T O P E H
C O M S E T L E G I S L A T I O N O A L
O O P L I L E L D D U P D I A B O L I C
U K H N R E V C O N T R A D I C T G M Z
R C E S T V N C M K G B X Q X P R K V D
T A X P N O O S N O M E A O N Y W K E R
C S A D E N P C V I P Q A N F M W X K K
C E P D E G R V I T W V K L R Z B V D Y
U I O B R A V O D L V U P A A K H Y D I
C E D C V S D M W U J S P E E P H O L E
```

ANOINT
BOOKCASE
BRAVO
BROTHER
CONTRADICT
COURT
DIABOLIC
DITZY
GUILLOTINE
HEXAPOD
LEGISLATION
LYING
MONSOON
NOVELTY
PEEPHOLE
POTTERY
PUDDLE
REENTRIES
RETRO
VELODROME

977

```
D T R F L X L P S F V H W R R E N L P V
V R B H D H U D L O T J E F T L A A R C
J B O Z U O E Z E M P V N A Q I N G O W
I B W M R E H J I A O P G K C X F U X H
Q D S G E P O R G M L A O I J A W J I A
S N B T U D S H H O G P F S B C B N M V
L A L Q H J A D W H Z R A R I S G O I H
C H V K Y H D R M R E S I C D N U C T M
G R I Z Z L E D Y P Y C T S A Y G G Y H
C E Y U J V Y U U L A B O R S A V I N G
P D X N W B W S H T M N E C T A R I N E
U N R Z H J G C E Q K D I R D I Q K Y B
S U Q H M P R O F E S S I O N A L T A M
D U M B F O U N D B L O O D S T A I N D
R G R O U N D H O G G Z U Q G M A E B T
```

AGATE
ALPACA
BLOODSTAIN
CONJUGAL
DROMEDARY
DUMBFOUND
FABRICATE
GRIZZLED
GROPE
GROUNDHOG
GROUP
LABORSAVING
MOVER
NECTARINE
OPPOSING
PROFESSIONAL
PROXIMITY
SLEIGH
SUPERFICIAL
UNDERHAND

978

ADJECTIVE
ARCHLY
ASKANCE
BIRDSEED
CHIAROSCURO
COCKATOO
COEXIST
DUTEOUS
GRANGE
HEDGEHOP
LOCKSMITH
LUMINARY
MONCTON
NAVEL
NEBULOUS
OSCILLOSCOPE
SELVES
TRAGIC
TYCOON
WINSFORD

```
W Q T F W H F N C D Z O W T R Y L S W R
N I U Y S B O F R H O Z S D U T E O U S
A M N P C T V Y D T I I B T G M J P N B
V A A S C O R R A C X A J I T Q M P H Q
E A K N F A O K J E P A R T R H K E S I
L V O H N O C N O E P T D O B D D A K S
N M Y I R O R C I G A R T J S G S Q G D
W K M S C E O D L N Y L T C E C J E M F
L U O Z Z B R H S A A U K H V C U G E Q
L B Y A D Y L H C R A S O N L Y T R A D
T N E B U L O U S G H P K N E E B I O C
O S C I L L O S C O P E V A S G J K V O
N K P V Z D N Z P Y Y K C A N M O M M E
L O C K S M I T H X H F E I S C X X J Y
W G K Y I F X V B G Z X P O I C E U W L
```

979

AMSTERDAM
BIBLIOPHILE
EMOTIVE
EUPHEMISM
FINDING
FINELY
IMPERVIOUS
INSIDIOUS
MIXED
NORTHWICH
PERSIMMON
PILGRIM
PROWESS
REELECTION
STEREO
SWEPTBACK
TAILCOAT
TAUNTON
TAXPAYER
UNTOWARD

```
L E H D N L B I B L I O P H I L E K M E
L M E F G S E R A M S T E R D A M I K U
N O I T C E L E E R S M S D W V R J B P
P T U V G N U J U Q U U O X I G I Z F H
F I U N M O J J J T O V D J L N L I S E
C V A O T W G B B I I Y B I G Q N T S M
B E P M T O B Q D V V P P H Y D E T W I
K F L M P A W I O N R L Z I I R U A E S
M S X I Z J S A H T E F I N E L Y I P M
T I H S V N H J R X P Z G O E K Y L T P
I T X R I Y F V K D M D F T Q K V C B R
O P Y E T M Y E P K I U W N B H L O A Q
A H M P D T A X P A Y E R U L Q Q A C X
P R O W E S S D G K P W M A W D Q T K J
X P H N O R T H W I C H R T L E M G F I
```

980

```
W M M P W L S N R J M E L U R E A M I Z
A I J I R E V B O L A C I Z Z I U Q P G
M D L O N E H D N W T G Z U S I S X N A
B E R L V I C G D O I X R A E U L I N G
U T E C E R S O Y A N G R O C R N H E E
L R M W V M E T N Z S U Z O G O U L H I
A A W D I C S A E C E V L D S G I P C S
N I I T T N X T S R E O H I E C Y Q T M
C N R P S V N C A S V I O Y N J U C I Y
E A T D E N J H V D E P V O H N X C K R
F C O M R M P Q J E Z S C E L G L K T K
A B P B E C N A L B M E S A E U J F F E
C H I M P A N Z E E R Q T Z Q S P X P L
O P P R E S S I O N N J M T D T U B H X
B Y N L G M I B Q B H F H G L Z Q E I S
```

AGEISM
AMBULANCE
CHIMPANZEE
DETRAIN
ERUPT
EURASIA
GROGGY
KITCHEN
LOCUS
MATINS
MINISTER
OPPRESSION
POISONING
PRECONCEIVE
QUIZZICAL
REASSESS
RECONCILE
RESTIVE
SEMBLANCE
WILLEMSTAD

981

```
Z P P U Y J V E H T K S D L K K Z H S S
I H X X U A L Z O O L S T O H I G X O I
T C U F R B R P H J Z T L A L Z R Y N D
E M P C M D W E D B H I N A P E R T G E
M D D U H A A I F G P E U O H R Y T K R
N M R Y A E F S J I W Z M Y I O Y U H E
H C D I O Z N X J A N Z N C Q T R N L A
T S I T F E L G L F E E A Q L C C Q A L
D R B O P G B N O I S L U P X E S E D E
A N A E K I B A S T U Z T M F P F M L K
E T A C O L L A K N D D J F D S P D C E
R R J E K C I R C U I T R Y Z O P T I V
B N J E E U T X F Z E A P P E R T A I N
D I S E N T A N G L E B N R D P M S F E
C B G F N M K M P S O E O U E J R C F F
```

ALLOCATE
APPERTAIN
BREADTH
CIRCUITRY
CRUMBLE
DISENTANGLE
EKIBASTUZ
ELECTION
EXPULSION
KHANEWAL
LEFTIST
NUTTY
PROSPECTOR
REFINE
SIDEREAL
SONGKHLA
TRACK
TREPAN
TUANMUN
ZHUCHENG

982

AMUSED
APARTHEID
CONTRIBUTE
CORSET
FUSTIAN
HIPFLASK
HORMONE
INFLECTION
LOCKJAW
MEDALLION
MIXTURE
NATURAL
NIBBLE
NIGHTCLUB
OBNOXIOUS
OLYMPICS
PLAYSUIT
SMUGGLE
SOLITARY
STOOGE

```
Z C N Z H E J F E M U S I X T F R G J M
Z P O L Y E E S U P E N O M R O H Q U N
N I Q N P A C U L S I D I E H T R A P A
A Y R A T I L O S B T J A P F X O H I F
T O J O N R C D B H B I D L P Y W P N V
U L L P V K I L E N J G A S L N P R F M
R Y C S J X E B R Q O K I N R I D P L H
A M K A I F L O U P Q X P H O Q O Y E I
L P W K T Z G E T T Q F I O F Y F N C P
A I S C O X G M X U E G O O T S G R T F
R C V O Y U U H I F N G A F U S R K I L
Y S Y R S B M I M T S Z F T L S F J O A
K P Q S R D S W I Q B U L C T H G I N S
X V D E S U M A A P L U R K E I M G V K
C U V T I U S Y A L P V D A N R L B M O
```

983

ASCEND
BACTERIUM
CAMARAGIBE
CLUNKER
COCAINE
CONNOISSEUR
CONTRARIWISE
CORRIGENDUM
FURZE
FUZZY
GLINT
IDEAL
IMPUNITY
LICHINGA
MIDAIR
NOTABLE
PULLET
SQUEEGEE
STUBBORN
WAITRESS

```
U R Z D Y Q U T F S Q U E E G E E U T D
O L A E D I E T U U R C M F D G D V P E
E I I W H L Z V Z N M F E A G S C N O C
B H H C L N R Y Z M R S N F U O T I M W
Q M K U H M U F Y U E B I G A R A M A C
F M P U V I F B E D K B A C T E R I U M
I Y H G Y Y N S L N N N C G M C T P O Y
D B Z W I T S G B E U E O Q L R M Y N I
N N A W S I P U A G L M C X E I A U G A
Y I F R O N T S T I C I M S E T N O N R
L L Q N W U P A O R V I S T A U L T I H
K F N X S P P S N R O B B U T S O A D W
A O A N C M Y S G O F V J T L J D G E E
C Q H A Z I Y G D C X Y H N V I P X M F
C O N T R A R I W I S E L Q M K K C T Q
```

984

```
W D M D M G G E X E B A J W C Y Y S E G
H B W A D T R L V W L O D K M N L Z P G
R C E E N O V A T M K D Z M M F L J O R
E A K R T N E D K Y K E D F J J A S X Y
D L A S B H E U T N T N E C S E R C Y X
A V E I J G R Q O G L S F F V I U P K Y
B R K M E U R I U K O E U R T H T B P P
O U C M N S T A V I B C S O E U A J Z Y
R L S R I I L R L V N V U P U P N S W E
T S P U D V P I Z L U I E L O N T A G T
I S E N A I T C W N W D K W W T I I J E
V T E M T L Y A E N C O M I U M T S L Y
E R R E F U L G E N C E V Q B K X Y W E
P O P U L A T I O N A G W T J U Q X Y R
R Y H D C Z G V S T W S M L G Y K G P K
```

ABORTIVE
ARICA
CRESCENT
ENCOMIUM
EPOXY
HEAVE
MANNEQUIN
MISREAD
NATURALLY
ODENSE
POPULATION
REFULGENCE
RENDITION
REPTILE
RESTORE
SINUOUS
SPOTTY
TADINE
UNBOLT
USUAL

985

```
P D B I A S J A B B B F U T U R I S T I C
G R M D E H Y P X A R R I I V B T O V U
E I I W P M W O E C W L G C C Q X P P B
O Z A Z B F S T C K Y X Z F M H A L L M
M G E G E G U H P I K R Q U M T V E A E
E E T A R E D E F N O C D F C A X F I V
T G U P S J E G O G A C I H C H Q J N P
R Q P D X L U M U L U B A N U C N I S O
Y D R D F E K R S S E Z D I N F F L P R
E A O F J O X T X I C A E R C A R W O T
C U U A Z I M U T H L Z M O Q K Y V K R
T N V R J Q T N M W Y O A W H A O E E A
S F S G V T P O P P E R B W A S C L N Y
S K Y S C R A P E R S E T M U X E I X A
P K L P M F S U J E G A D D E J Z C S L
```

APOTHEGM
AZIMUTH
BACKING
CARDS
CHICAGO
COARSE
CONFEDERATE
DIADEMA
EMBOLISM
FUTURISTIC
GEOMETRY
INCUNABULUM
PATCH
PLAINSPOKEN
POPPER
PORTRAYAL
PRIZE
SEWAGE
SKYSCRAPER
SNUFFLE

986

ASSORT
BRADFORD
EDITORIAL
FIRMAMENT
HONORARIUM
HORSEBOX
INCIPIENT
INHUME
JOKER
LOLLAPALOOZA
MAGNILOQUENT
OKPOKO
OWENSBORO
PICKINGS
RECOLLECT
RIPSNORTING
THUNDERCLOUD
UNFAIRLY
VARIEGATE
VEGGIE

```
T B Z B T M R A X K Y F S S H V Q V X T
H R O H N A X K Q I X G I O U P Q E F S
U A U Z E Z E M U H N I R R J U I G N J
N D E H U O L I L I H S P T M U Z G Q Z
D F L N Q O A M K H E O S Y W A T I L G
E O L J O L V C K B L H N Z G C M E Y B
R R E O L A I R O T I D E O E J I E H S
C D M K I P D X Z L U X Y L R I A F N U
L N X E N A D P E S S H L R Q A T V M T
O B D R G L G N I T R O N S P I R S M A
U X E Q A L N W Y M C P C F I A O I D T
D M B N M O S T N E I P I C N I S O U R
U G P H Y L G K R I X G D Z A C S C H M
E J R Y R V A R I E G A T E Z B A M J H
O W E N S B O R O K O P K O N X J K N K
```

987

ARROGANCE
ASSET
DEARTH
DISESTABLISH
ELISION
EMBITTER
EMERGENCY
FJORD
GOUDA
LOCALITY
MESMERIZE
MISDEED
MODAL
MOUTHWASH
NAGAOKA
PARIS
PINKIE
POWERHOUSE
VALUED
ZIGONG

```
G N J R Y H M F V R Z E Q P U X E Y D Z
I W P F T G U O R A B V Y K A P V N L Z
C J Z R I T O E U T L C R N N R V U T B
W T A E L T R U E T N U M I Z M I H W T
I E S C A O U S D E H T E F S E Z S B J
D S E N C O S F G A N W L D Y S L I T M
M U U A O A B R V M T U A I B M S L D N
N O O G L I E I K N I P F S T E Q B K Y
L H L O U M S N A G A O K A H R O A T K
O R M R E R L I F J O R D F I I S T A O
M E K R Z A H W L Z I G O N G Z C S A Z
X W Q A D G Y W Q E A Z T U N E M E I B
R O G O M I S D E E D H K X G C C S T A
C P M E M B I T T E R Z A E G M U I I Y
M N D I V O Y M S L N F N G L S S D Z M
```

988

```
R P D D V S U S P I C I O U S D E U B K
E O E K E J O O E T L D Z R S E D Q F I
V M S Y G N I F P T Z F F V E V U Q W N
O P I S E V I H X R P Q P R G O H Y P D
L O R U T Q Y T Z B N T A O K U N X U E
T N E R A G G J S D X R M C R T L U V R
I F P U R R I T S E A N U E X T I V U G
N O I L I L E B K H D I J G D N A F F A
G D U S A X A Z B Q Q I L T D E W G E R
E L U P N C Y E I A A S I A A T L D E T
S O C I A B L E N B S S Z W E M I L I E
M F T F W A E U G Q O F O A M H Q T I N
Y N S T E M R C O P H P A H W U F F F N
U E N G O Y A N L S M L U A H R C P Q P
T T D M K L R C A N N U R P F T L Y C V
```

AASIAAT
BINGO
DESIRE
DESTINED
DEVOUT
HARARE
HIVES
KINDERGARTEN
LOTTO
MEDELLIN
POMPON
PORTAGE
RARELY
RAWHIDE
REVOLTING
SOCIABLE
STIRRUP
SUSPICIOUS
TENFOLD
VEGETARIAN

989

```
O  B  S  Y  G  C  P  C  E  W  E  S  X  O  W  Z  V  P  G  A
D  U  E  E  I  D  H  T  A  O  C  R  E  V  O  Z  L  U  J  K
P  N  D  L  Z  R  I  W  F  P  S  R  H  V  N  S  Z  L  X  B
M  E  A  J  G  B  P  R  O  T  O  C  O  L  L  K  B  S  L  T
E  T  R  M  T  C  Z  Q  E  D  L  L  G  B  G  E  O  A  V  Z
I  C  H  S  T  E  H  S  G  N  A  H  C  G  N  O  D  T  Y  D
H  N  O  O  D  A  S  H  D  D  X  D  R  O  O  Y  Y  E  T  B
H  R  V  H  O  W  B  Z  E  U  N  I  T  N  O  C  S  I  D  V
F  U  O  L  O  P  I  X  S  P  M  S  H  F  S  B  M  L  L  B
B  J  R  U  F  A  S  N  B  O  Y  L  Y  D  S  G  L  U  W  S
Z  U  I  R  R  N  H  I  D  E  T  I  T  R  A  P  I  B  I  E
G  W  K  A  E  E  I  H  K  L  O  K  C  M  B  V  B  M  G  W
S  W  C  U  P  H  L  X  W  E  E  Q  J  V  P  J  V  A  W  M
M  S  S  G  U  D  L  P  A  R  A  S  C  E  N  D  I  N  G  G
E  F  W  B  S  S  W  E  E  T  P  E  A  M  R  L  Y  C  C  T
```

BASSOON
BATMAN
BIPARTITE
DISCONTINUE
DONGCHANG
DWINDLE
ELVES
FROSTBITE
GUARULHOS
ITALIC
KEYSTONE
KIROVOHRAD
OVERCOAT
PARASCENDING
PROTOCOL
PULSATE
SEDGE
SHILL
SUPERFOOD
SWEETPEA

990

AFICIONADO
APPALLING
BEAST
CIGARETTE
COCKATRICE
COMPLAISANCE
DISPENSABLE
DOCKAGE
FACING
FATUITY
HAVERSACK
HEMOGLOBIN
MILLINER
MONASTIC
PADDOCK
PICKLOCK
PINCER
UNCOVER
WASTELAND
WELLBORN

```
P  G  A  Z  A  U  V  N  I  N  K  U  L  I  T  S  C  X  E  W
B  N  V  B  F  R  R  E  I  G  N  I  L  L  A  P  P  A  P  S
N  P  A  M  F  O  E  B  E  C  I  R  T  A  K  C  O  C  F  C
F  M  O  H  B  P  O  T  O  D  A  N  O  I  C  I  F  A  A  V
I  T  X  L  M  L  T  V  T  W  A  S  T  E  L  A  N  D  C  T
J  L  L  C  G  M  E  P  C  E  L  B  A  S  N  E  P  S  I  D
Z  E  T  O  P  R  U  I  B  G  R  D  J  O  V  K  I  H  N  G
W  H  M  X  E  E  F  C  G  A  O  A  G  Y  N  Q  O  B  G  S
U  E  X  C  O  N  L  K  Y  K  V  D  G  T  Q  B  M  A  T  P
H  I  N  E  I  I  F  L  E  C  N  A  S  I  A  L  P  M  O  C
S  I  U  L  A  L  M  O  R  O  F  W  N  U  C  T  D  X  W  Z
P  M  L  S  W  L  Z  C  D  D  P  C  I  T  S  A  N  O  M  Y
P  A  G  R  F  I  T  K  G  E  P  K  C  A  S  R  E  V  A  H
X  J  X  I  X  M  T  Q  S  I  F  J  E  F  P  L  R  F  T  B
A  P  A  T  P  A  D  D  O  C  K  B  I  A  T  G  D  U  E  I
```

991

ASTIGMATISM
AWESTRUCK
BARRANQUILLA
BURSA
BYSTANDER
CONDUCTOR
FRECKLE
GASOLINE
GUMBOIL
IMPRACTICAL
INVESTIGATE
MANTRA
PRIZEWINNING
PROPER
SEQUEL
SWAIN
UNREGENERATE
VALORIZATION
VIOLATE
WURZBURG

```
B V P I W G A S S R S S E I G R L Q W C
A A R N P I S V E Q W R E R Y S Z U E J
R L O V W R T N M C A R T N A M R G T L
R O P E J A I H V H I N W X E Z X B A P
A R E S G M G L N X N E R W B D S C R R
N I R T X S M A W E S T R U C K I N E I
Q Z Y I E O A T V I U B R R W T E L N Z
U A B G L Q T G U I T G A H C I T N E E
I T G A K P I S A F O O W A Z N V G G W
L I P T C L S Y O S L L R H U X A U E I
L O S E E U M O C D O P A G F S B M R N
A N B U R J X C K Q M L O T R V Y B N N
K M Q X F F I F M I V O I U E W G O U I
R E D N A T S Y B F W P B N I A W I H N
S C O N D U C T O R N T R J E A K L Q G
```

992

```
T Z A C T G V L M O E F J V W E S U H I
H W Z L N R T M U L U D N E P L G E N Q
R K P E U S A K P E V Y Y G M R G N D E
E Y V R O V E D X U N D K E C B O A Q S
N T K G M U K V E G L I B T M V Y B G I
O I A Y A G N H E I X S J A A R P R R H
D S L V T H S G H R C X F T D X E X Y C
Y O J B A M P A D I O D E E Z T A U A N
D M D O C X R Z M T J D N Y N Y M H D A
D I S M I S S I V E R O V I R A P P E R
C N I D K U T J N P L O R I M P C W Y F
U A X H E A U J P O W P L L N S D D I N
P Y V V Y R Y L C C Y K H W L S S I Q N E
U N C H A R I T A B L E E N E N K A R Z
A N N I V E R S A R Y X B C T Y E C R G
```

ANIMOSITY
ANNIVERSARY
BILGE
CATAMOUNT
CLERGY
COLON
DISMISSIVE
DRYAD
ENFRANCHISE
INNOVATE
PENDULUM
PRINTER
RAPPER
SCIMITAR
SEVERODVINSK
THRENODY
TRADE
TROLLEY
UNCHARITABLE
VEGETATE

993

```
I  E  I  K  C  I  U  Q  T  B  E  M  W  A  R  A  N  G  A  L
K  T  V  H  D  O  P  N  J  L  R  J  S  K  J  J  P  A  Y  S
N  G  Z  I  H  I  A  D  B  C  E  O  M  R  U  V  I  M  M  C
U  E  V  Z  T  S  W  A  I  O  Y  W  T  G  L  M  S  J  M  E
C  B  N  V  A  N  D  S  V  I  S  Y  L  H  U  H  V  U  M  P
R  A  R  E  M  U  I  I  T  T  A  M  X  N  O  G  G  H  X  T
L  C  H  E  A  M  P  O  I  I  H  W  S  R  U  W  W  Y  F  E
N  P  M  L  A  A  H  C  P  B  C  H  T  R  U  G  U  M  Z  R
B  H  M  E  R  K  K  S  I  P  A  C  B  M  A  T  W  V  A  A
D  J  Z  O  C  L  Q  Y  E  C  A  A  P  S  Y  O  D  C  F  Y
T  C  U  K  E  Z  O  K  K  N  P  F  I  Y  P  N  N  V  Z
A  S  T  R  A  D  D  L  E  E  T  A  R  G  I  M  E  V  T  J
E  I  L  B  W  Y  E  B  E  N  F  K  D  A  C  O  V  I  W  V
U  N  M  I  S  T  A  K  A  B  L  E  I  M  T  S  B  I  J  L
L  F  U  B  Q  V  D  C  V  F  U  U  V  I  Q  T  D  C  V  B
```

APPOINTIVE
ASTRADDLE
BREAK
BROTH
EMIGRATE
IMAGISM
LANZHOU
LAUDABLE
MUGWUMP
OVIPAROUS
PHEASANT
QUICKIE
SCEPTER
SHORTCAKE
STICKLER
TOPMOST
UNMISTAKABLE
UNSHACKLE
URBANE
WARANGAL

994

BUCKLER
CEASELESS
EMBELLISH
EXTIRPATE
FARTHEST
FENGCHENG
FITFUL
FOOTAGE
HOSTAGE
MANNER
MATTOCK
PLACID
POISE
PURITY
RECAP
ROUTINE
SCHAAN
STAND
TABLEAU
TALKATIVE

```
H  S  I  L  L  E  B  M  E  O  L  R  Z  R  G  Y  S  X  T  N
S  T  A  N  D  X  C  Q  Z  I  Q  O  A  T  O  N  E  M  Q  V
K  J  B  O  W  T  T  E  F  F  K  M  I  S  T  U  A  Y  W  E
B  G  S  Y  H  I  A  W  A  D  L  A  H  A  S  R  T  Z  D  T
J  T  P  W  S  R  L  A  H  S  X  S  B  B  M  R  I  I  S  B
I  H  I  S  R  P  K  W  S  P  E  L  U  F  T  I  F  E  N  G
R  E  C  A  P  A  A  L  O  L  E  L  I  Z  H  X  H  B  G  E
D  S  B  N  F  T  T  H  K  A  S  C  E  O  C  T  E  F  W  W
D  F  C  U  O  E  I  R  U  C  I  L  P  S  R  N  B  D  H  T
Z  O  A  H  C  A  V  P  D  I  O  L  C  A  S  I  B  N  O  S
T  O  K  W  A  K  E  L  U  D  P  T  F  X  Z  L  B  Z  S  T
F  T  E  M  V  A  L  Z  O  R  S  U  T  C  S  M  F  T  T  H
H  A  D  N  C  V  N  E  Z  G  I  A  M  A  N  N  E  R  A  Q
N  G  C  L  H  C  T  M  R  E  L  T  C  K  M  N  V  N  G  E
D  E  F  E  N  G  C  H  E  N  G  W  Y  K  N  Z  U  G  E  N
```

995

ADMITTANCE
ALIGARH
ALTER
CLIPPING
COBBLE
CONSERVATORY
DECATUR
ESCORT
GRUESOME
LAOHEKOU
MISAPPREHEND
NOSTRIL
NOURISHING
PERSUADE
SETTLEMENT
SPANKING
START
SWINDLER
TRIVET
VITAL

```
A T Y T E O G N I P P I L C A I N V Z R
K N N M K R D B X G N I K N A P S I W L
N E T W I P D E D E R L B M A X D T K D
U M P P C E D S J T R A T S O E D A S N
R E M L N A E G S H T O F K H C L L O E
L L W E U A M O N Q N H R A G I L A K H
B T P S C L N N Z T D E L B B O C C Z E
P T R T P T Y Q S R W K T R I V E T F R
T E D Y A E M N E N S O W E C Q M F E P
P S H K V R K Q H O R U T A C E D L E P
C O N S E R V A T O R Y P C K S D I S A
V Q U E N A D M I T T A N C E N P H C S
W J L N O U R I S H I N G A I C O J O I
G R U E S O M E L A H X X W Y G K Q R M
G W G G X F O V Q U E I S X Y R R M T I
```

996

```
B I B E T T S N T Z P E B R U C R J Y E
C O M P L I C A T E D J E H C U P I D A
N O T G N I T N U H Y E L U U G M J B R
K C Y B T T A L E G N L K N H W H M B T
H Z O V Y I G L M I N O N D Z J W O L H
M Z K N D L B C M P A N I R P Z M M Z W
O Z Z I S A U O B U C E R E S Z T E I O
S I R I T U D T A S F L P D U R N N Z R
C E H E H D M N F O Q I S X Z R H T Q K
M V G R I J I E O M I N E F N I L O Z B
E E O N D I R T U P F E B A D C E U F R
V Q L B P W F E S R L S L J W U A S R C
U L C E R A T E S M B S A Y K G M S L V
O T C C L Y L L A T N E D I C C A J N T
T Z R L F U B L M S H E E P S K I N F Q
```

ACCIDENTALLY
BAFOUSSAM
BESPRINKLE
CANNY
COMPLICATED
CONSUME
CUPID
DOMINEER
EARTHWORK
FOOTFALL
HUNDRED
HUNTINGTON
LINFEN
LONELINESS
MERIDIAN
MOMENTOUS
PUTRID
SHEEPSKIN
ULCERATE
VEGETABLE

997

```
E L C Y V Q B B P B N O I L L U B R X P
O C S K M M F X R A S E U M K C O H S L
H L O W Q D X M E D P N C W A T I Z X L
F D S W F W D P S A N E R E C C K O B Z
U N B I D D E N S J I O E A S D R Y F L
Q W Z N N F L B M O F M F R E S P O K A
T F P M C R B U A Z Y E G E A J I Y N P
A N M U X U M H N S N Y X H M G C T L S
C X A L D I A Y S E J T H T O G E I Y E
K P L A R T R S B S O F U I L H P R T D
R N G T Z A B D L H I E B E Q S P E C K
A G O L L R A V J M J A T N T V J T U E
H T F W N I D M E I Y E E I X P Y X L Y
S R E K N A T K F Z C O C I M C T E U P
Y G T S F N F T Q C P K Q X E K U D L B
```

ALUMNI
AMBLE
BADAJOZ
BENEFACTOR
BULLION
DEXTERITY
FOGLAMP
FRUITARIAN
KNOWN
LAPSE
LIPSTICK
MACRO
NECESSITY
NEITHER
PEERAGE
PRESSMAN
SHARK
SHOCK
TANKER
UNBIDDEN

998

BASSINET
BIRATNAGAR
BLADDER
BONDHOLDER
EJECTOR
GALLIMAUFRY
IMPENETRABLE
KINDNESS
LACTATE
LARKANA
OUTRAGE
PENPUSHERS
PLAYBACK
QUOIT
RUTABAGA
SANDFLY
SKEETER
SLACK
TABERNACLE
WARSAW

```
P G S F Y C K Q A G S R I S T A S N A B
Q E F A E I Z R N J E K S A G L U I D A
O V N A N T J H E D A E E A B O X F Z S
P U R P E D G B D D N R B E Q O G K U S
L L T Q U Z F A H D L A X L T I O U Q I
L V A R B S L L N U T O L Q Z E O P G N
X B T Y A B H I Y U W R H Y C K R G N E
E S M R B G K E R J A X N D Y I K J U T
C K O P T A E W R L R A G A N T A R I B
O B F R L K C T N S S N S W I O F T U S
L A R K A N A K S Y A D R X X R B Q E G
M V Q E B F G Z S L W E J E C T O R Y A
G A L L I M A U F R Y B G S L A C K Q K
Z F M I M P E N E T R A B L E B D A H R
W Q T A B E R N A C L E T A T C A L P E
```

999

AGILE
ANGELIC
ANTIOCH
BEGRUDGE
BELLY
BEWITCH
BIGOTRY
BOREAL
CONSONANCE
COUNTERPOISE
DECLARED
FIDELITY
LIFTOFF
LOCUTION
MUSIC
PERIMETER
PROMOTION
RESPECTIVELY
RINGLEADER
SOUPSPOONS

```
S V B C W T L Y L E V I T C E P S E R D
O S Z T L D W H O U S A H E E A M R E H
U K F M Z T C E C N A N O S N O C R G Y
P L Q Y W T R L U Z W R L V P R A E D E
S S U B I Y C C T T D E P C H L B T U V
P I P W G I Y T I L E D I F C Q O E R N
O B E R L W J T O S U A N E O D R M G M
O B I E H F J M N S E E D W I J E I E P
N I G G H Z M U J G K L F Q T I A R B J
S N U P O G K S U L F G P L N V L E Z K
A F Q O R T X I K K L N F L A T L P G Y
R B H P Y O R C C L D I J W A L U O H Y
A G I L E G X Y T J X R U V Y V P M V F
C O U N T E R P O I S E L I F T O F F X
P R O M O T I O N D I W Z L D J Y Z M H
```

1000

```
D U C A L P O M P A N O M O L G R C O K
S H O W G R O U N D U P T K W T M H N I
C A Y E N O H E P O X Y T T Y U W O I A
K B N L M I N G W O W C X T M A Z P O W
L D I B E O W O B W O E T I D R K S N S
S B A I O S T O R D K V N J P X L T S C
N O Z R Q K J O B E I I U E T Q P I K X
S T A R F I S H R R M O J V M G I C I V
E X T E R N X V N C U W O E F H A K N L
P O I T L S T B M P Y H O N E Y B E E N
I I U J K O I K Y V E C W Y P H A B O H
Z A L U P O C U D C G E L B A T I R E H
D T A E X A C E R B A T E I W O U F F W
D I J I X S Z M N K Z M L P S I C A L N
A G J E L B S L L S E C O N D T C E Q N
```

CHOPSTICK
COPULA
CUIABA
DUCAL
EXACERBATE
EXTERN
HERITABLE
HONEY
HONEYBEE
JALUIT
MINIMUM
MOTORCYCLIST
ONIONSKIN
OUJDA
POMPANO
REDWOOD
SECOND
SHOWGROUND
STARFISH
TERRIBLE

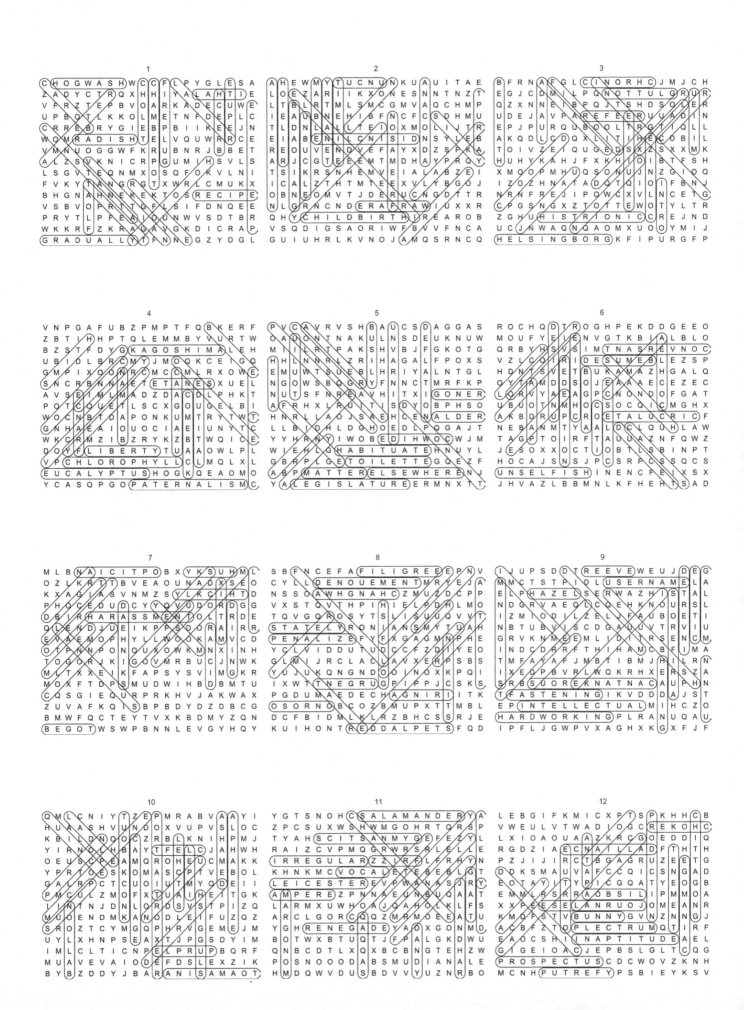

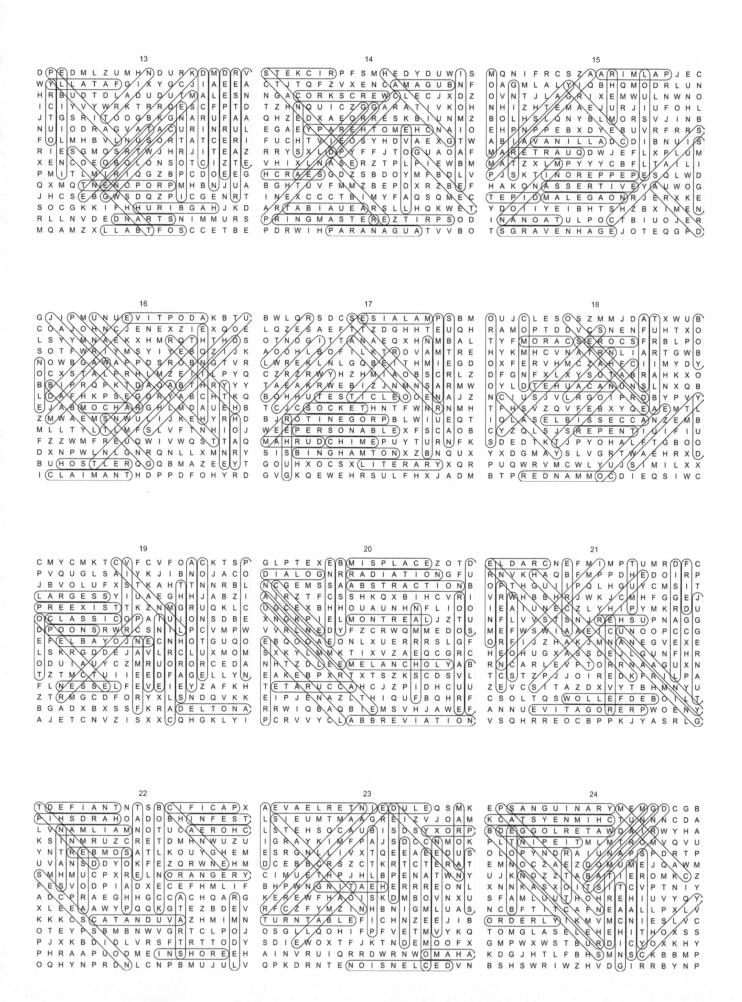

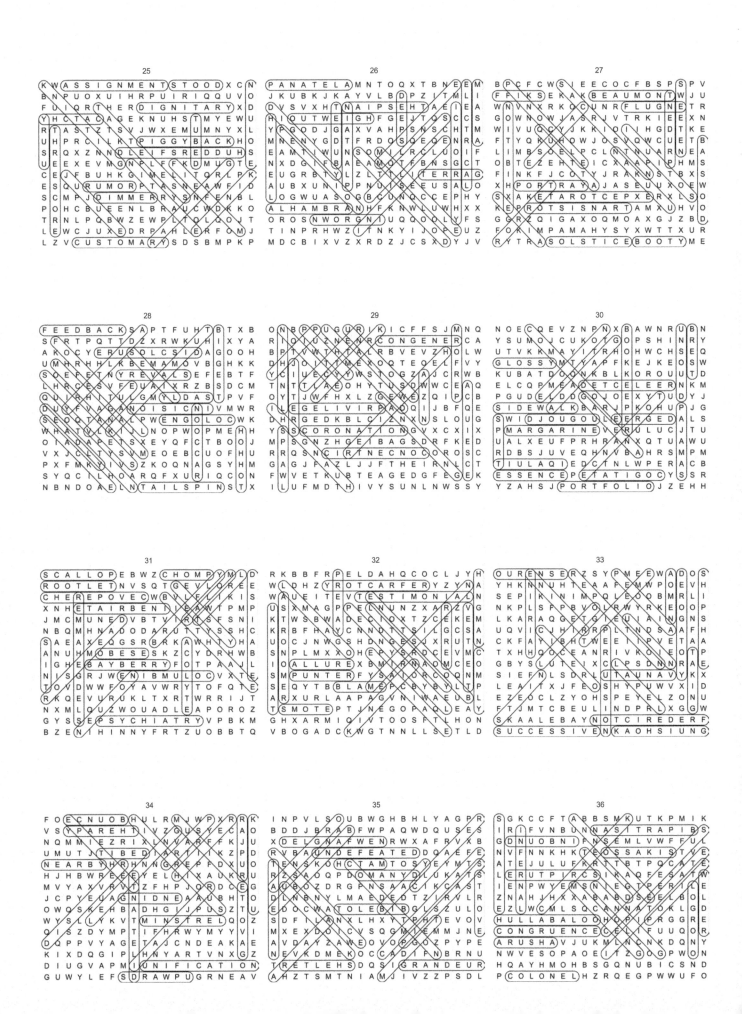

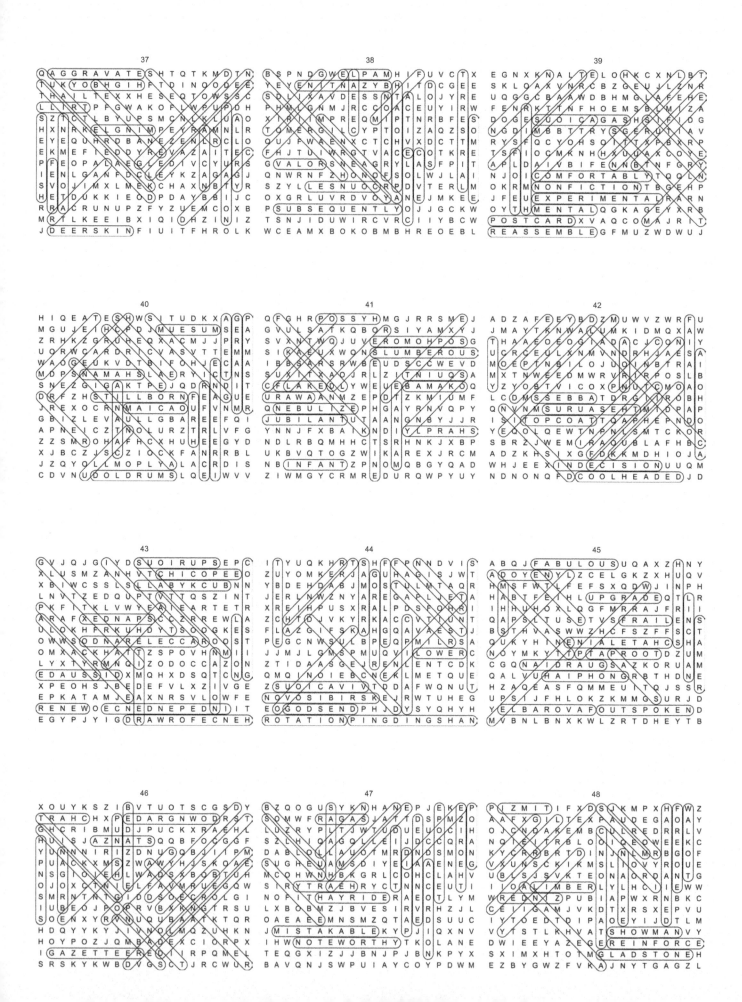

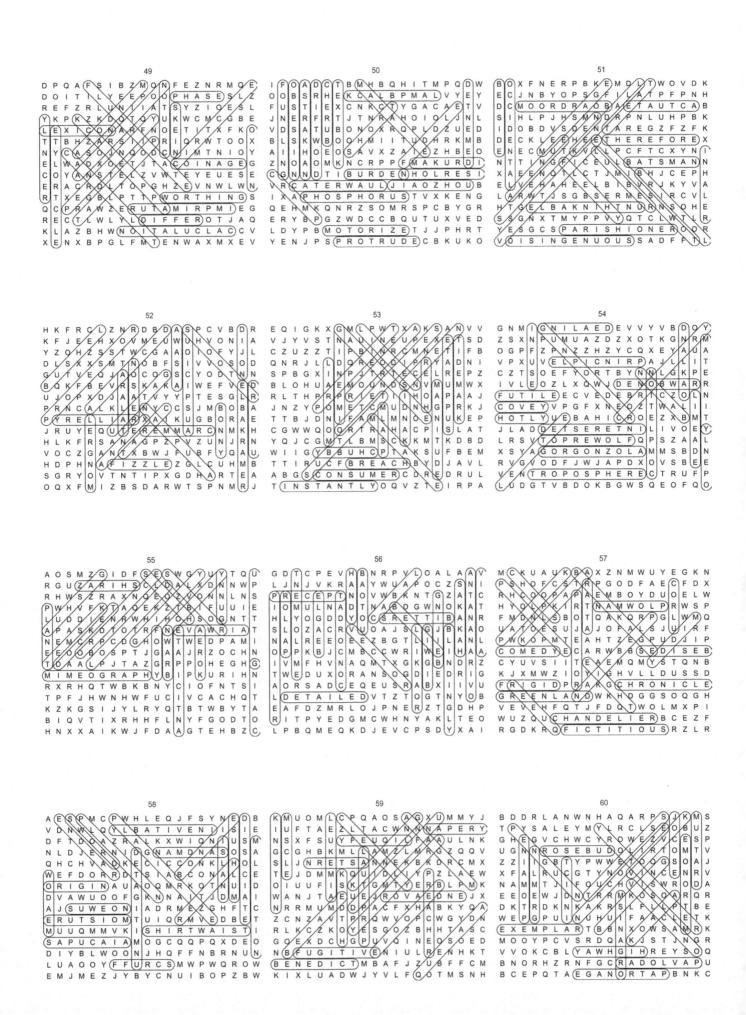

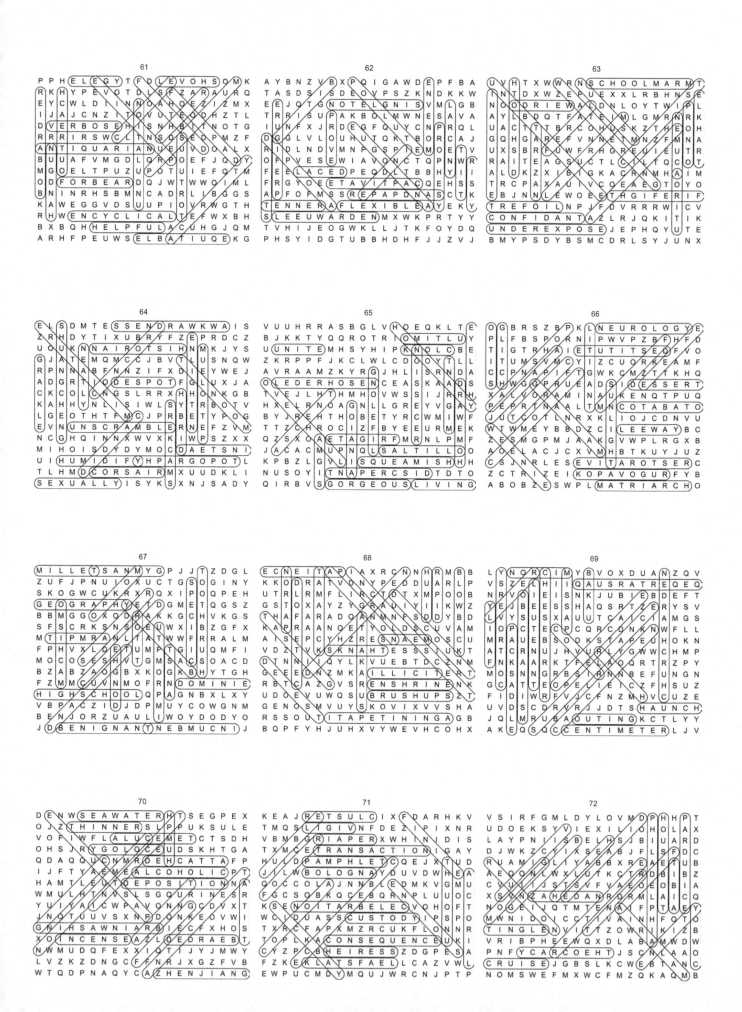

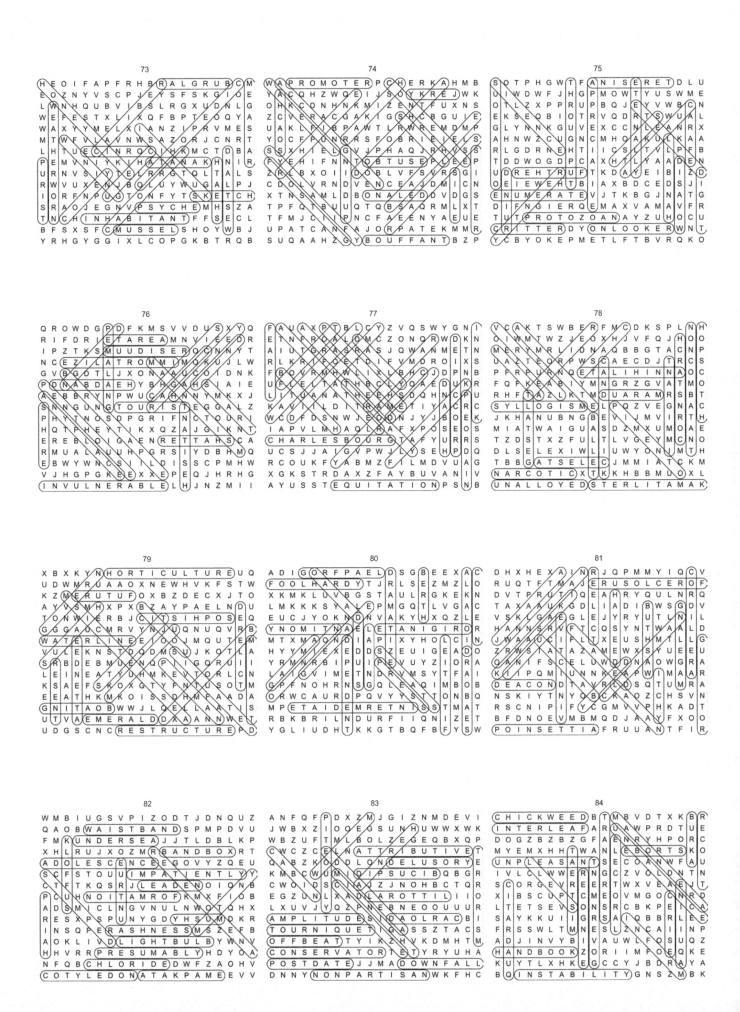

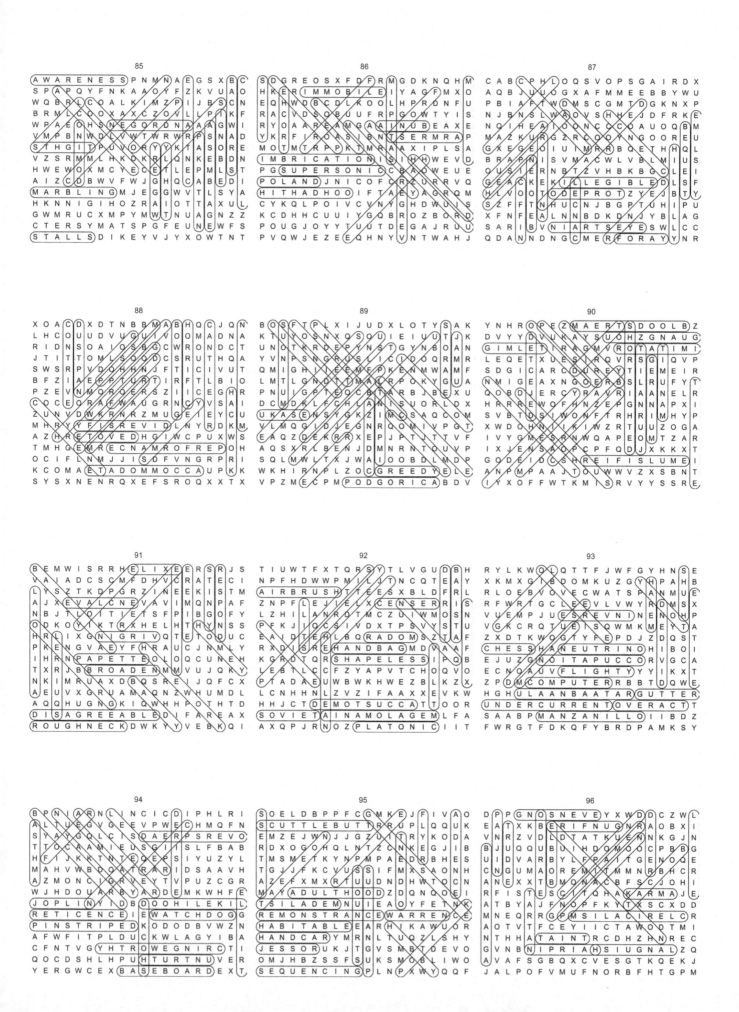

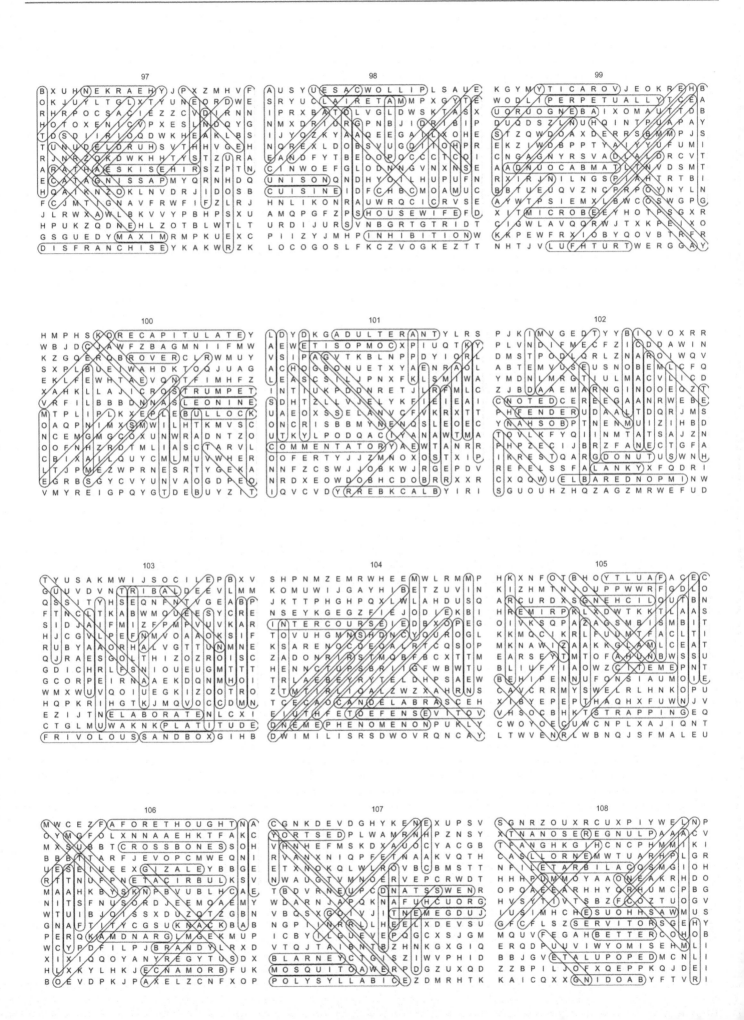

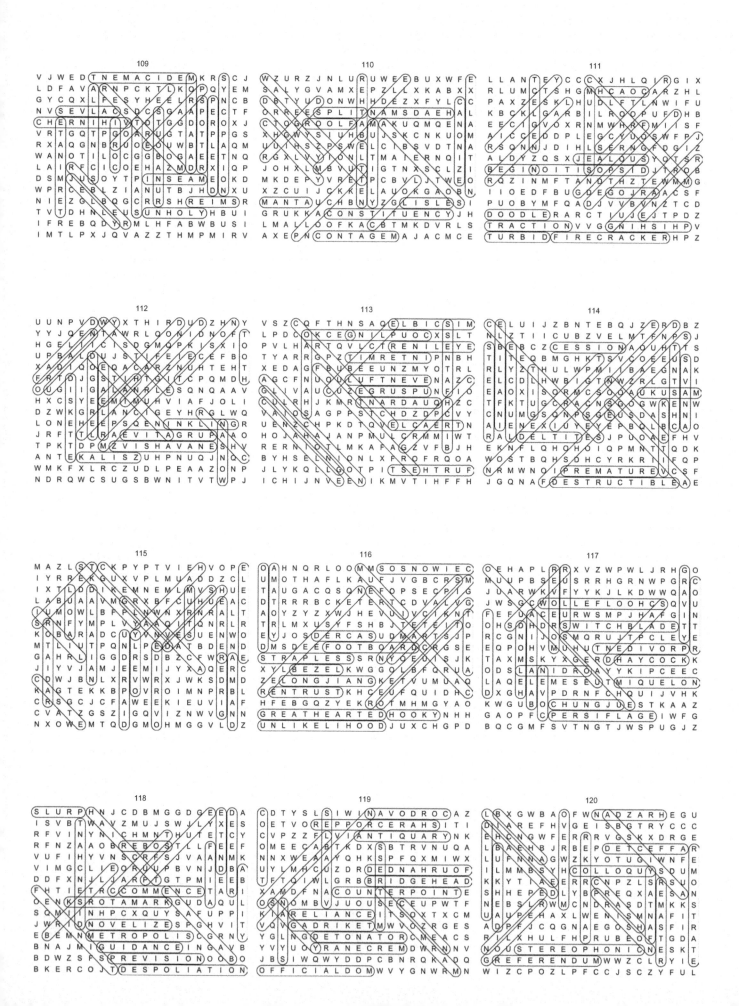

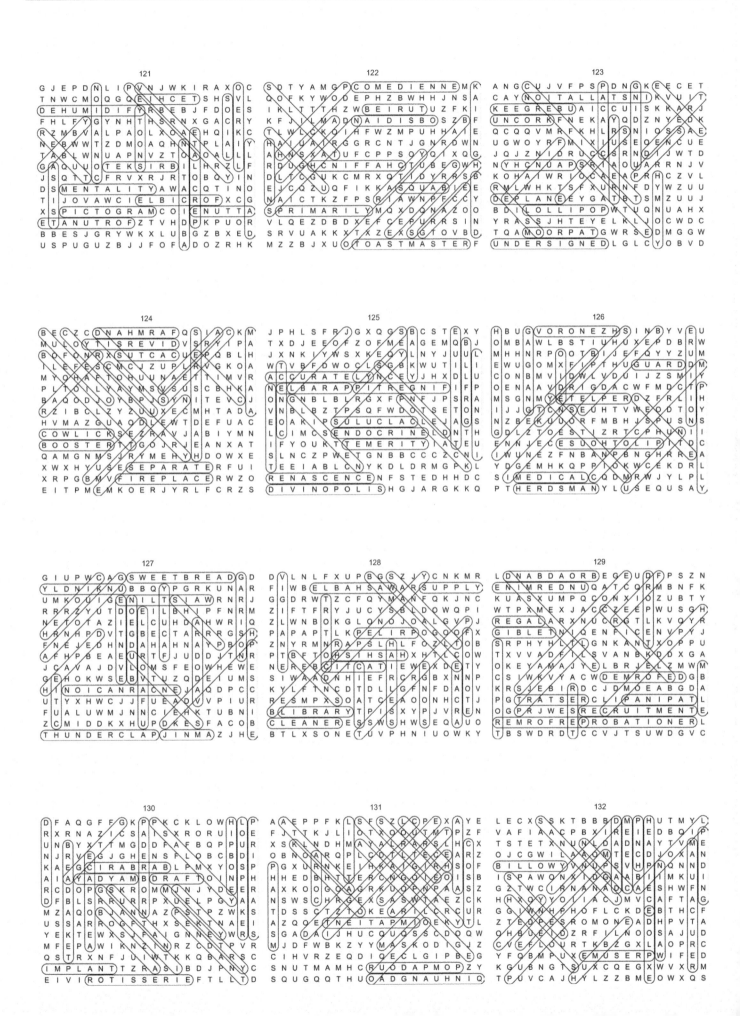

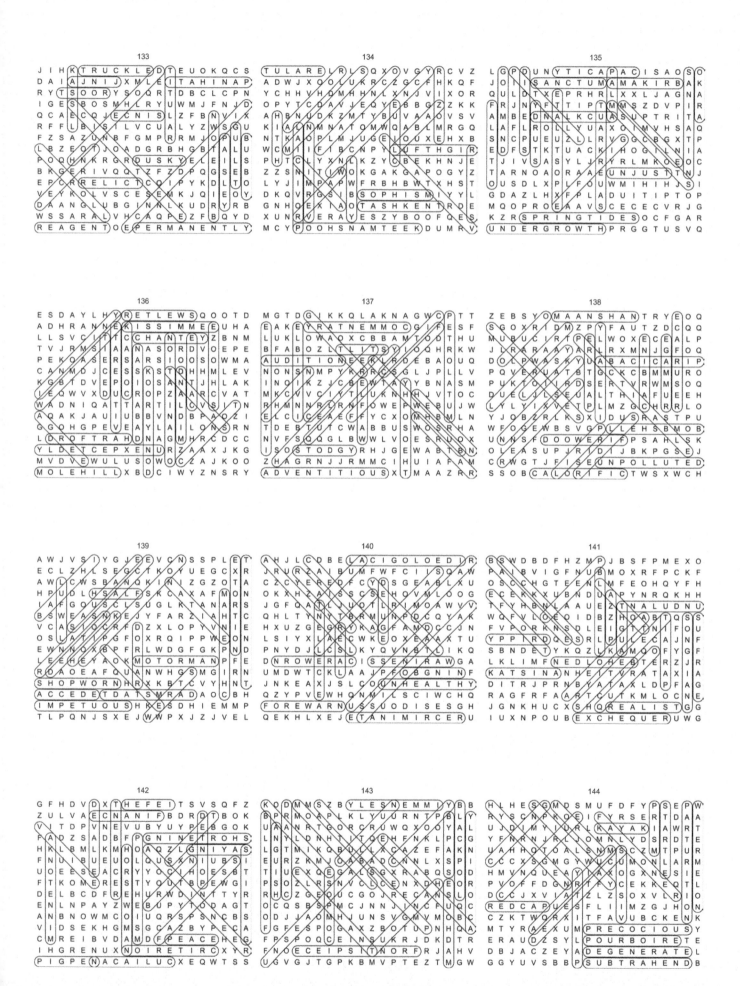

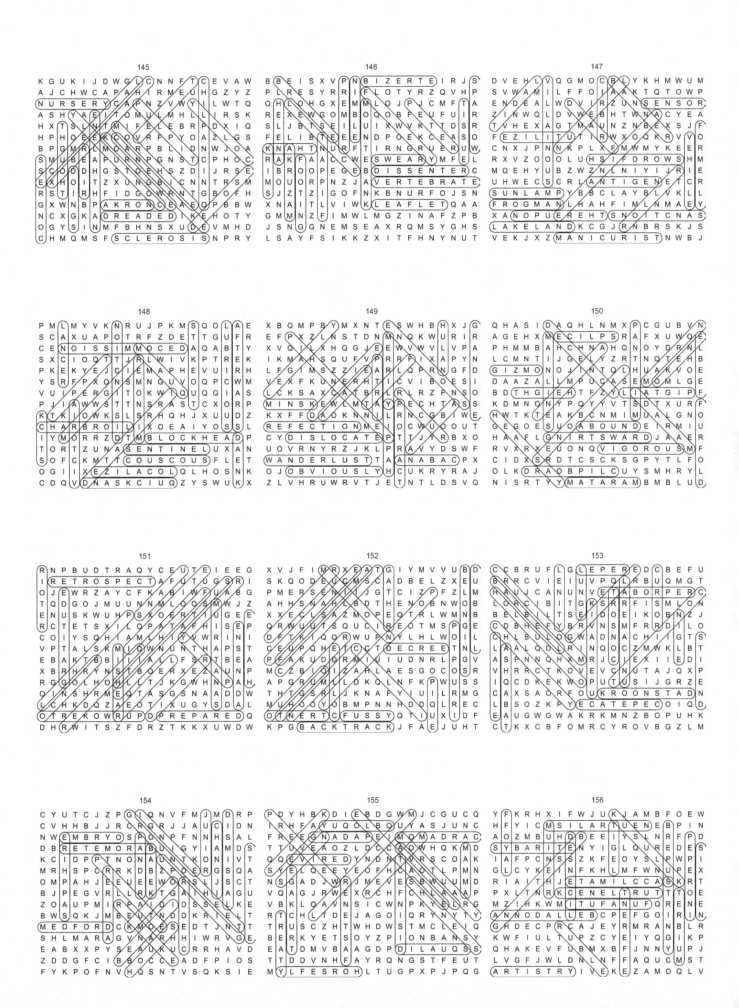

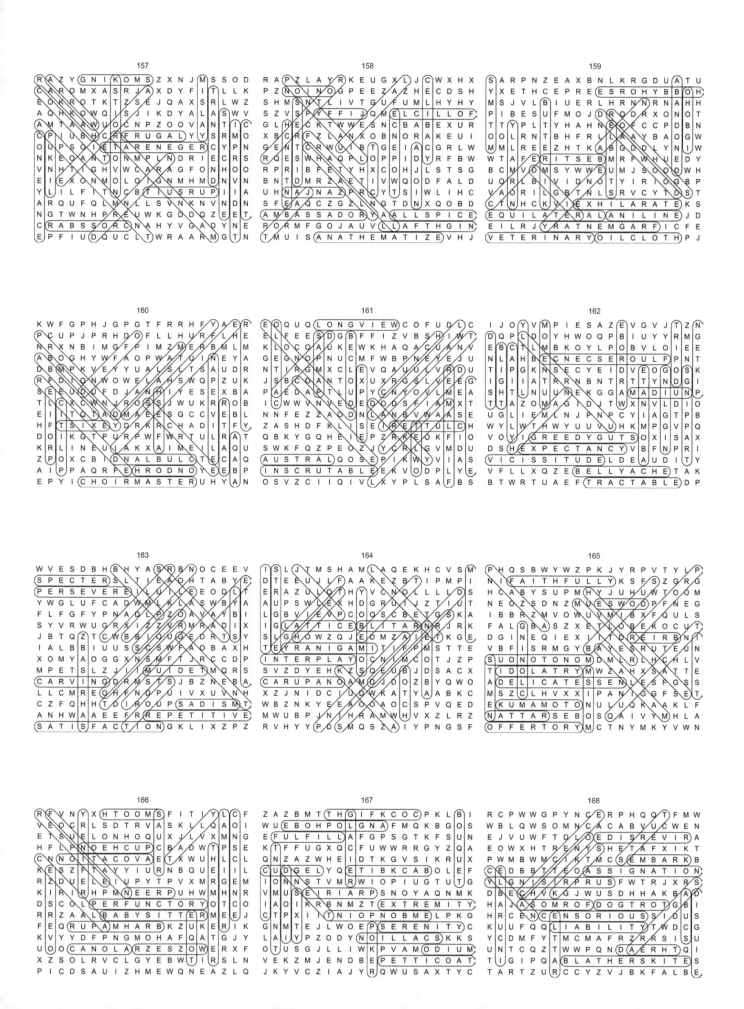

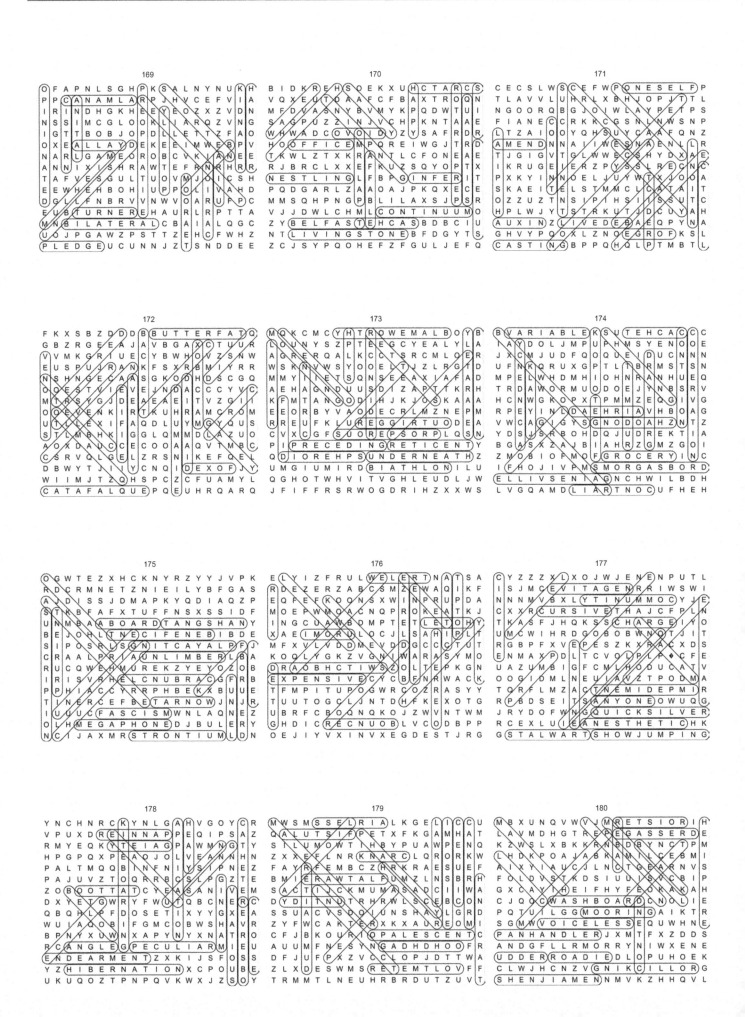

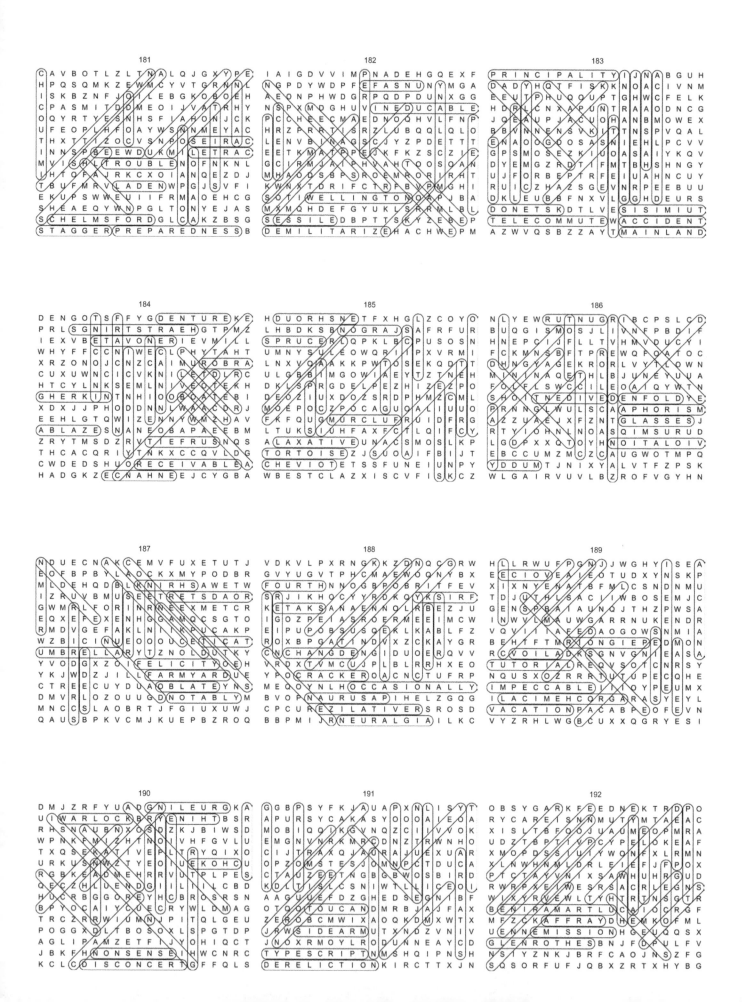

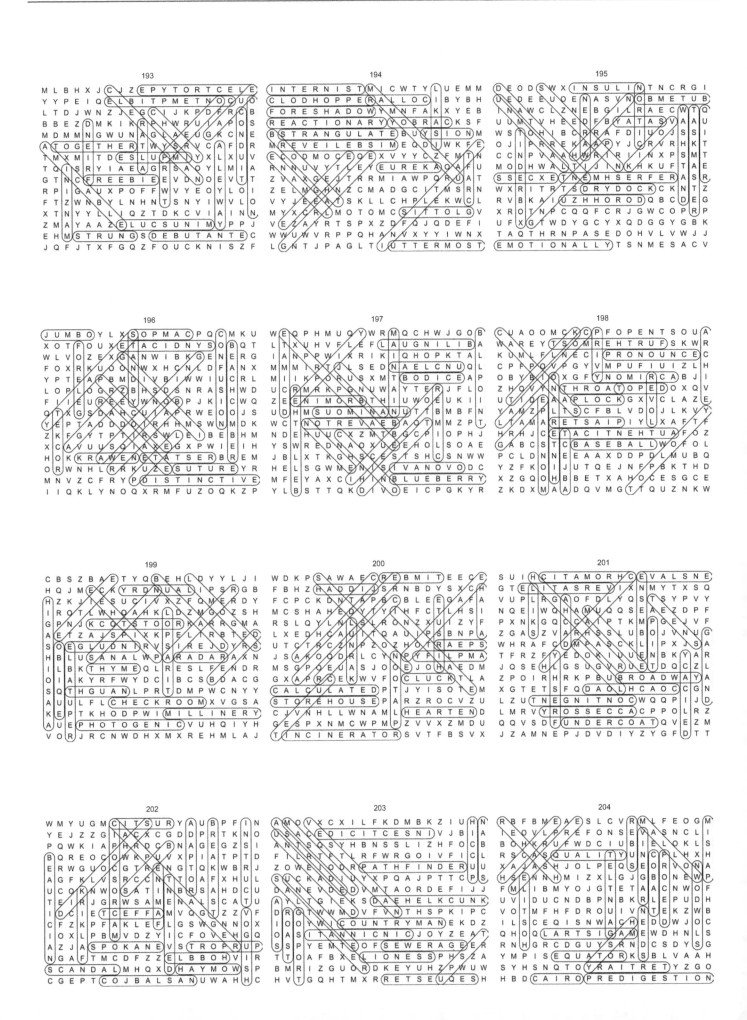

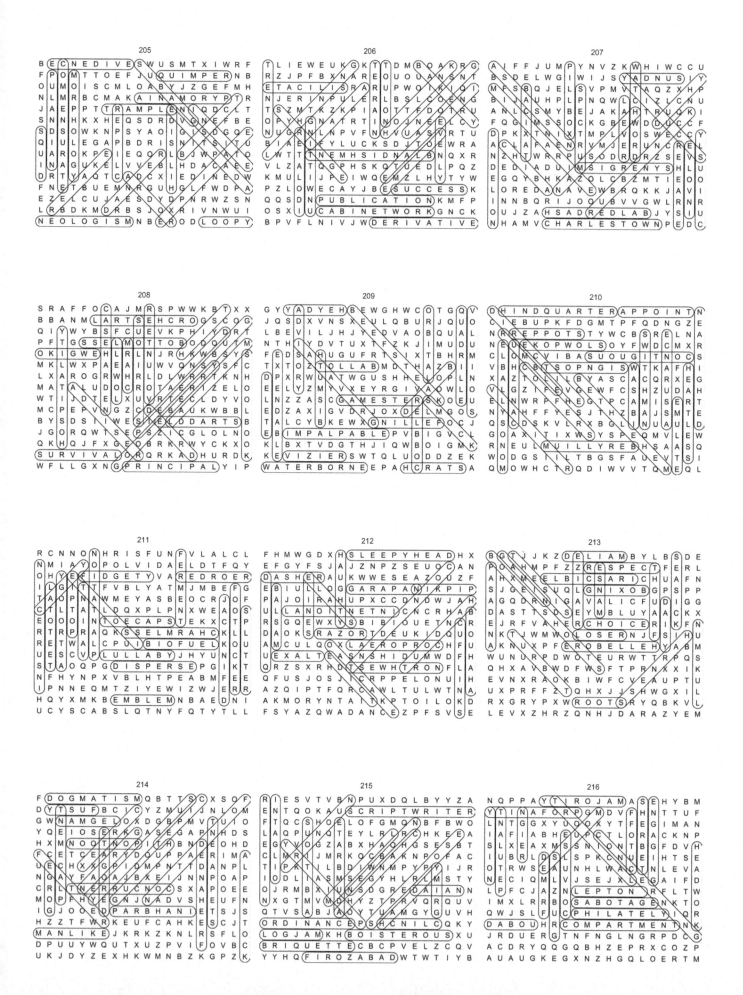

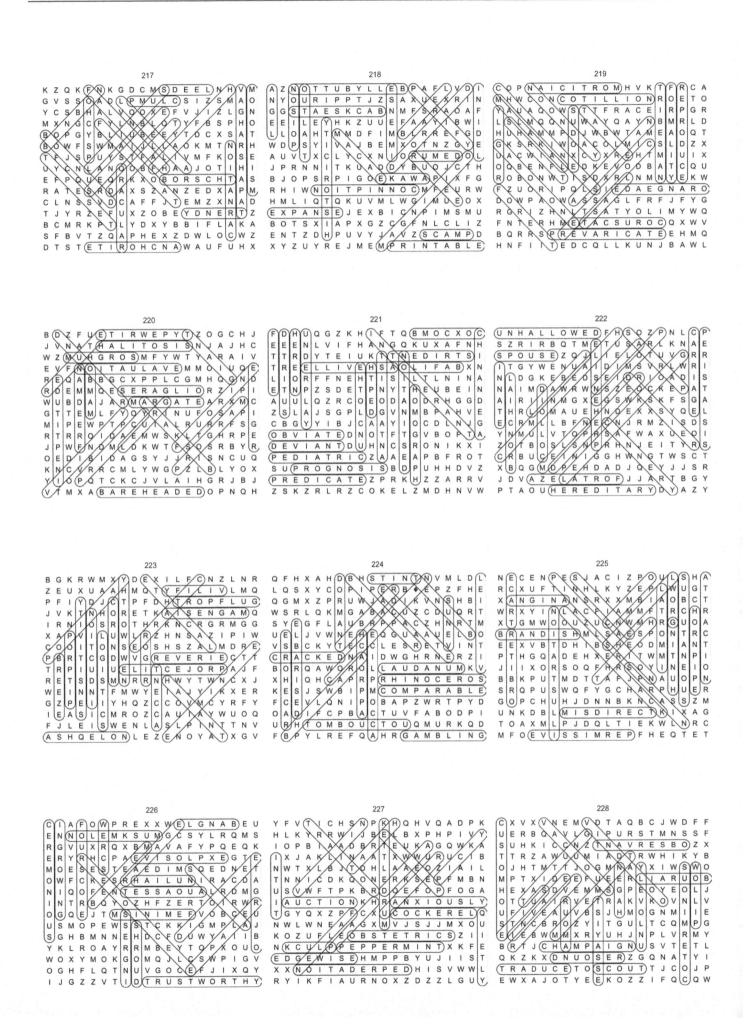

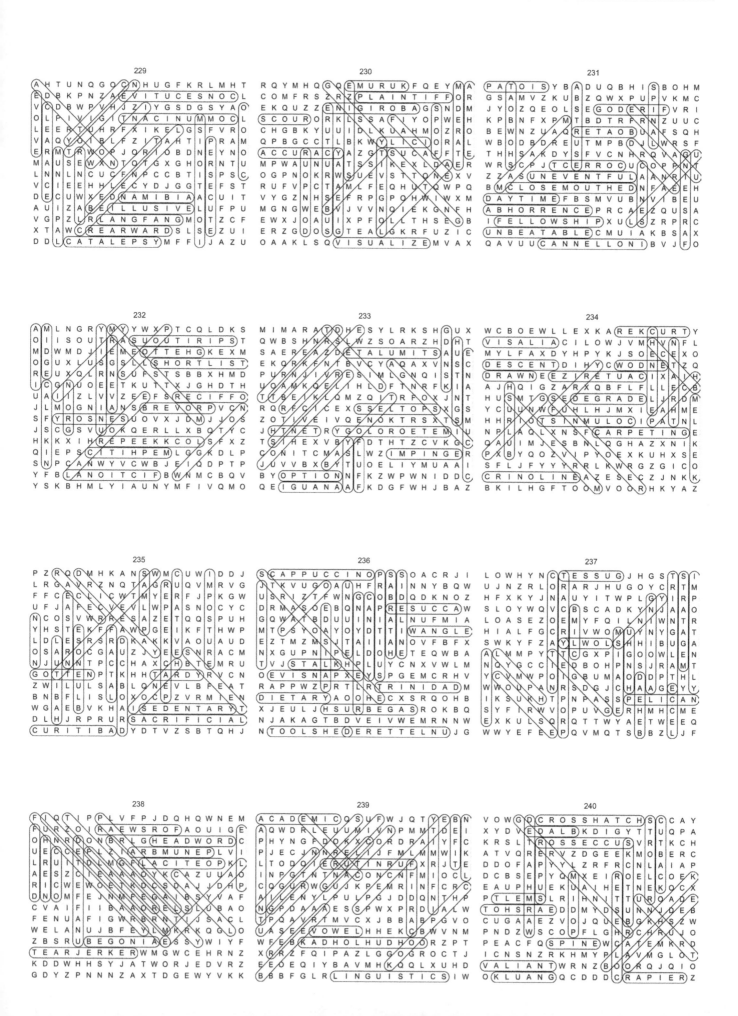

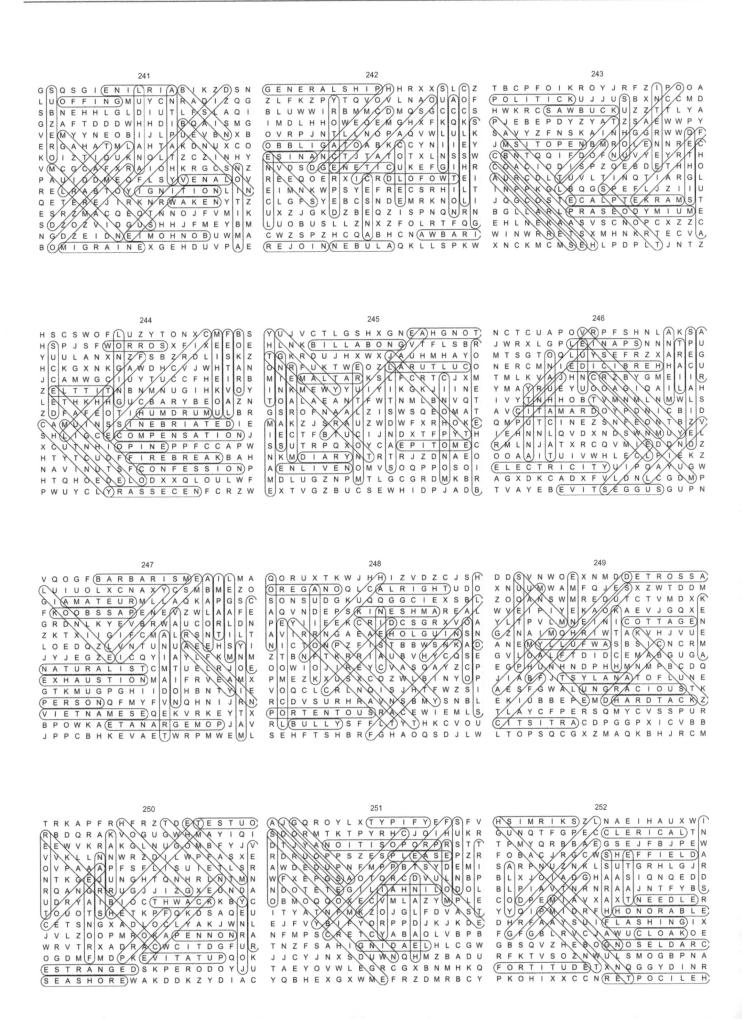

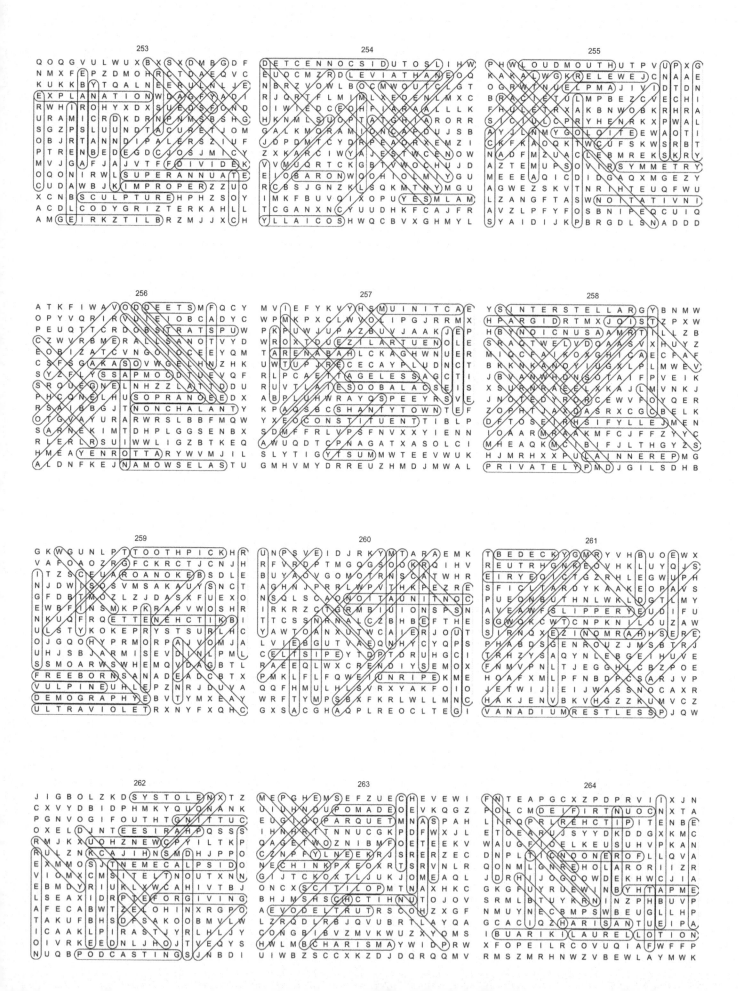

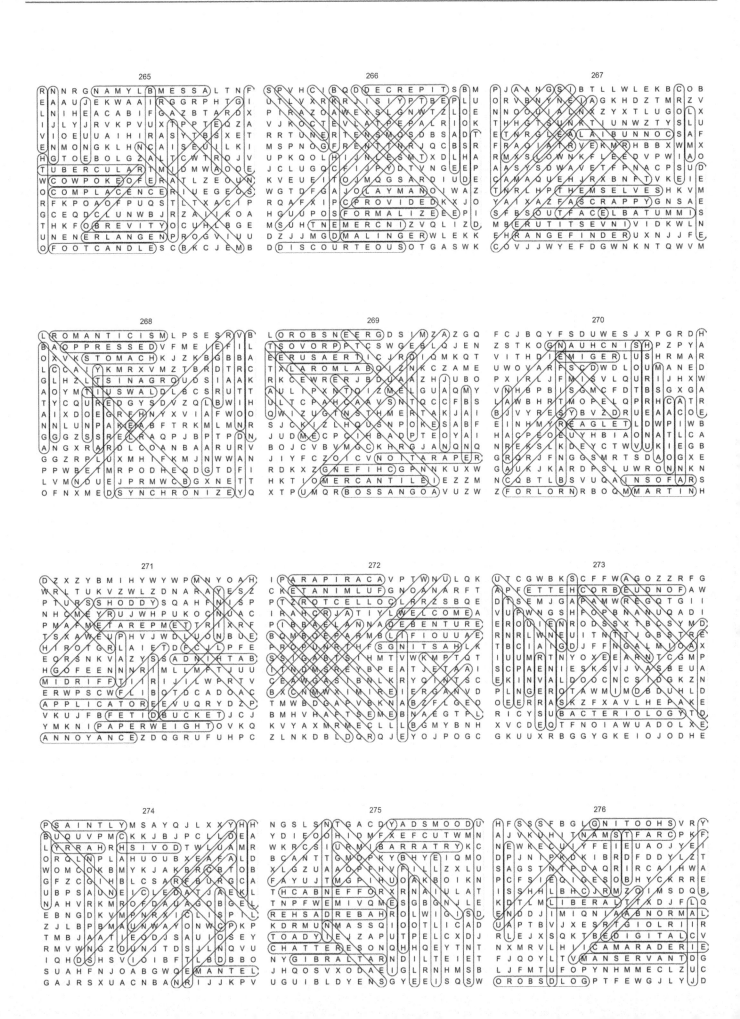

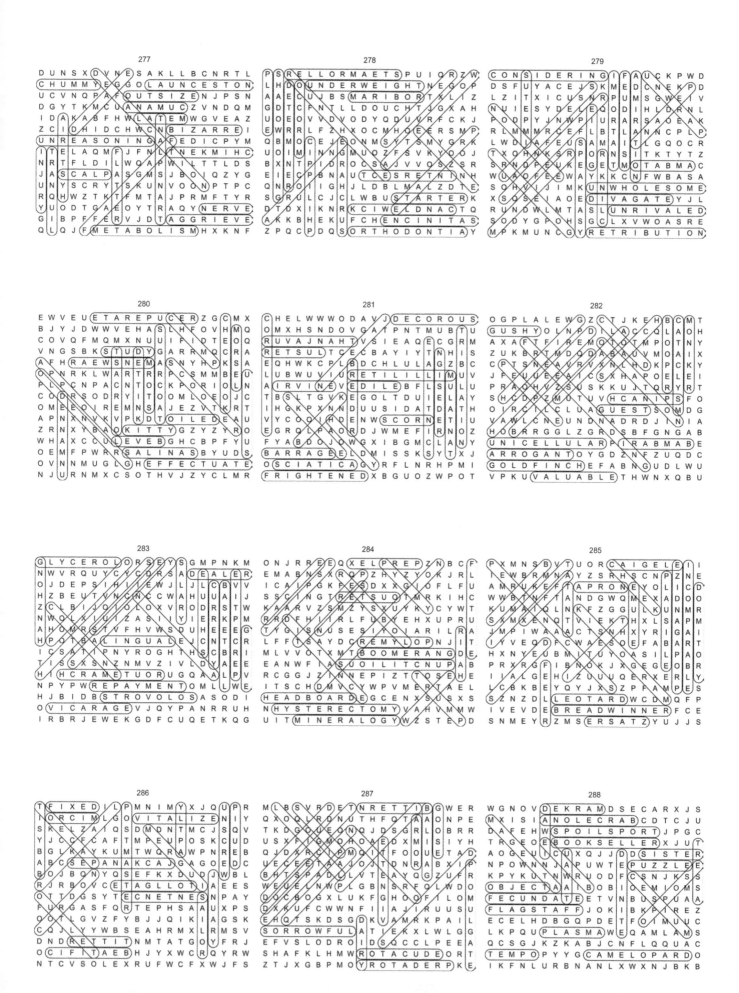

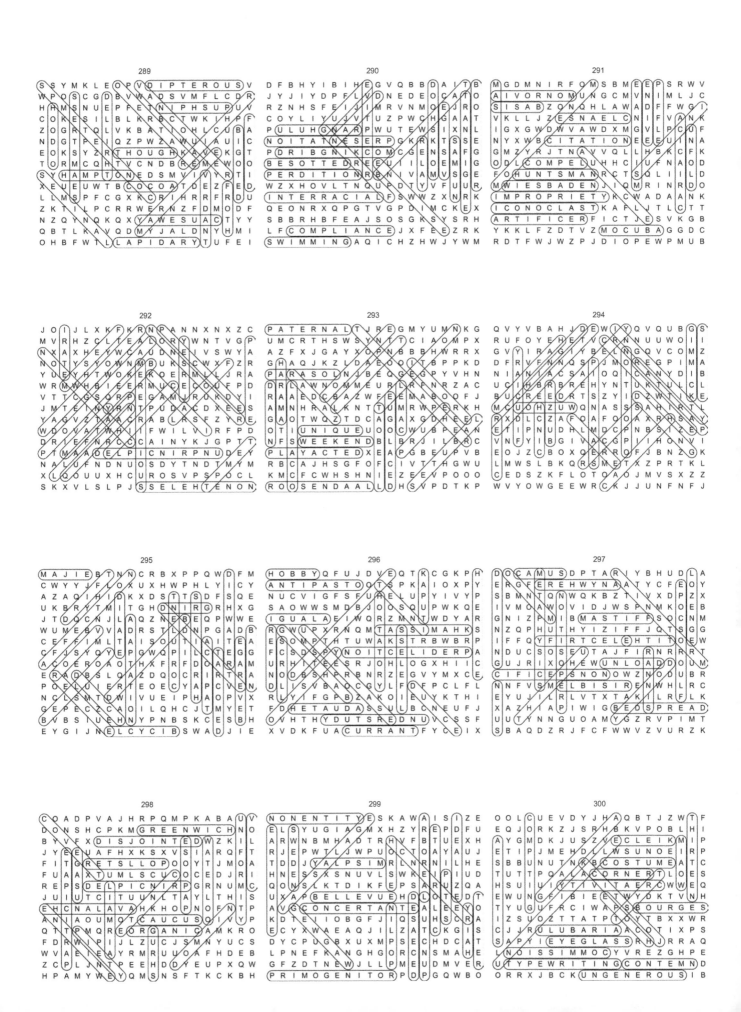

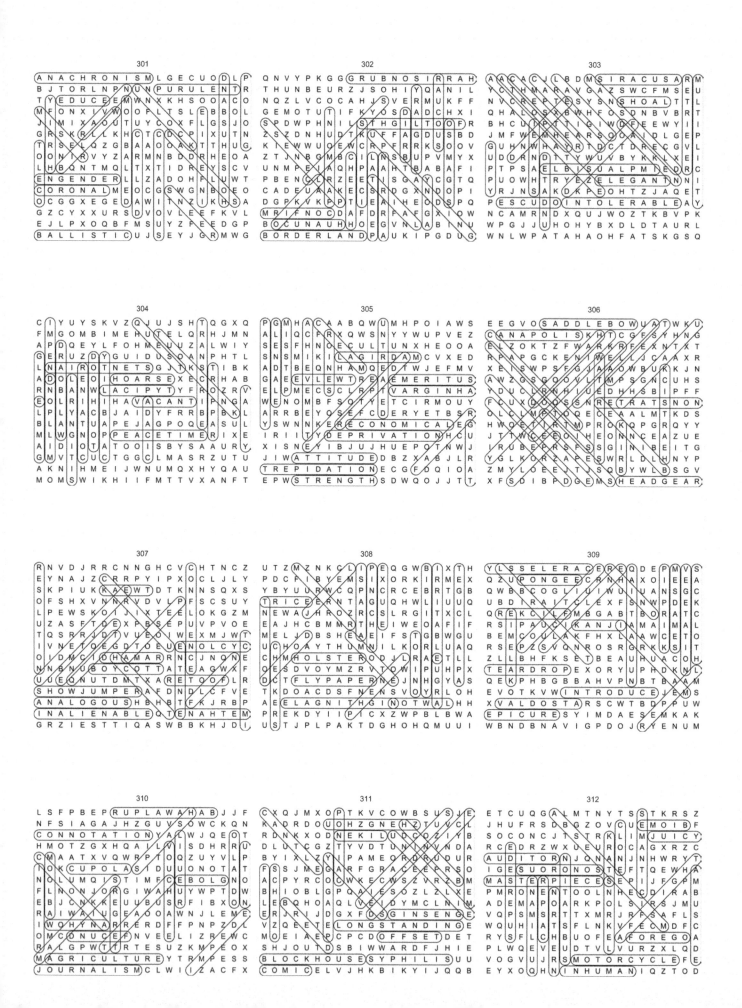

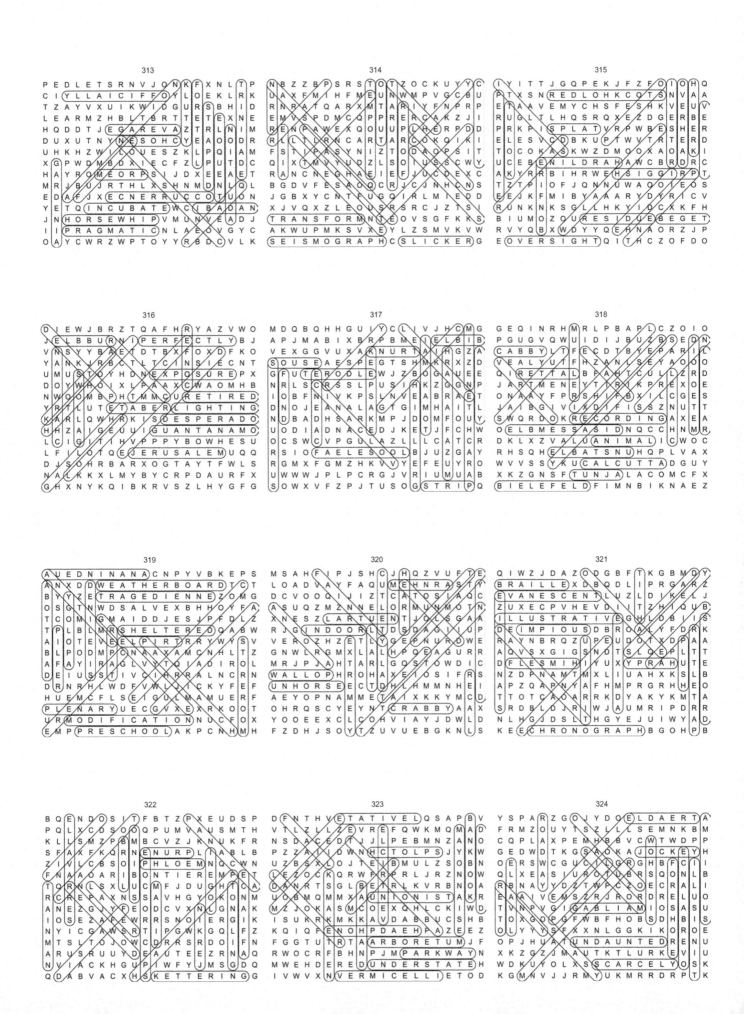

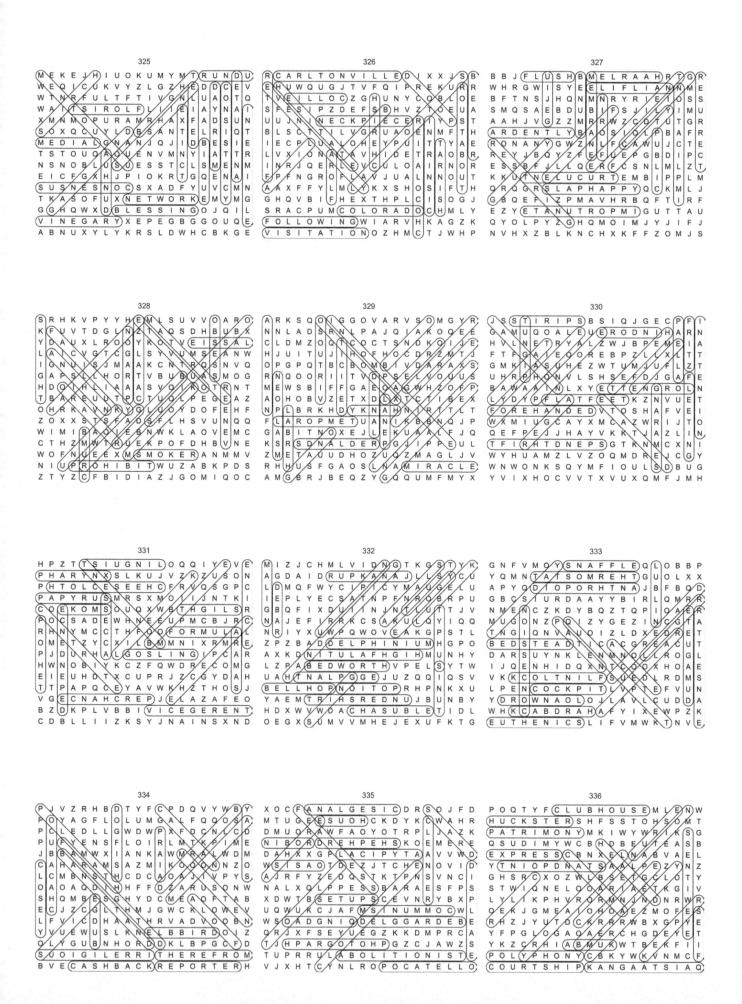

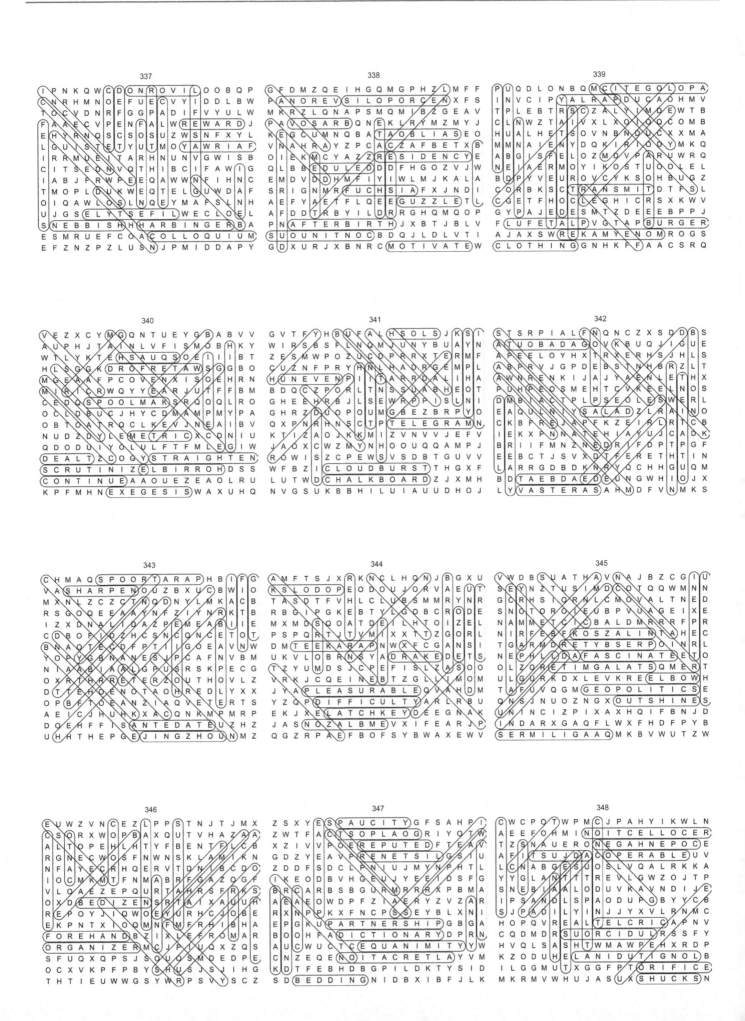

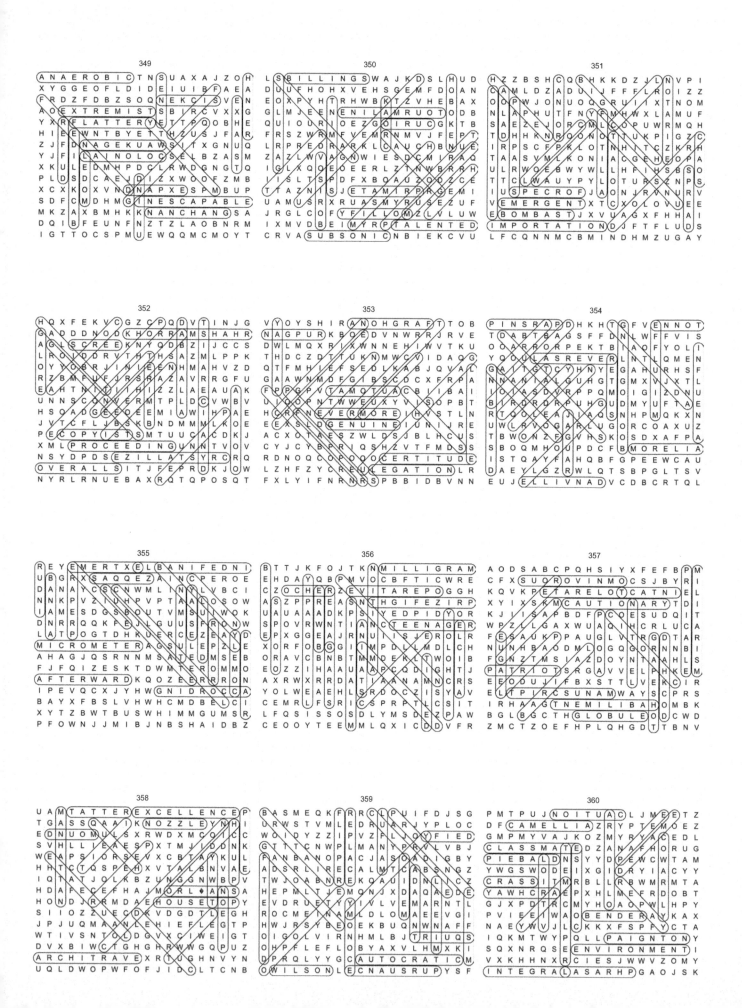

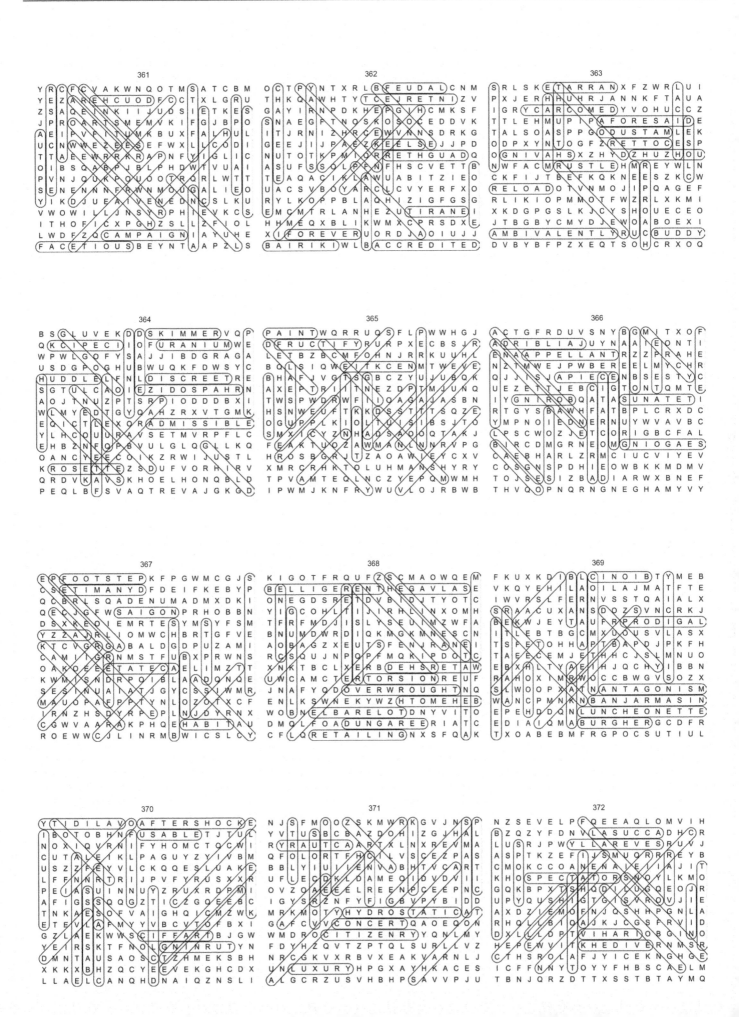

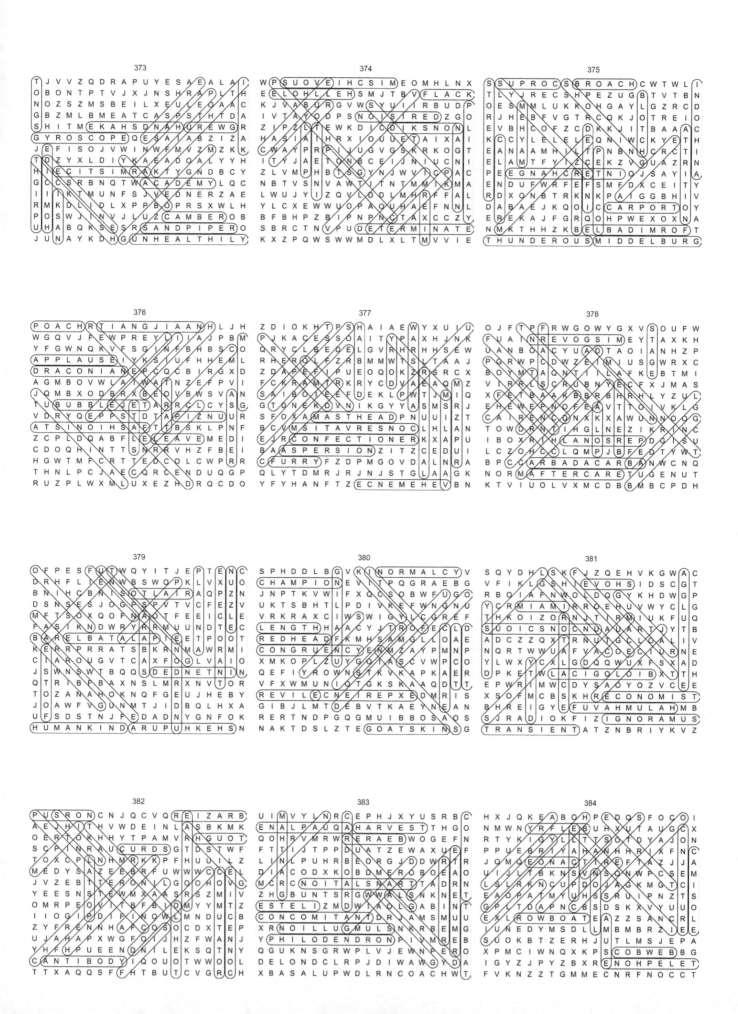

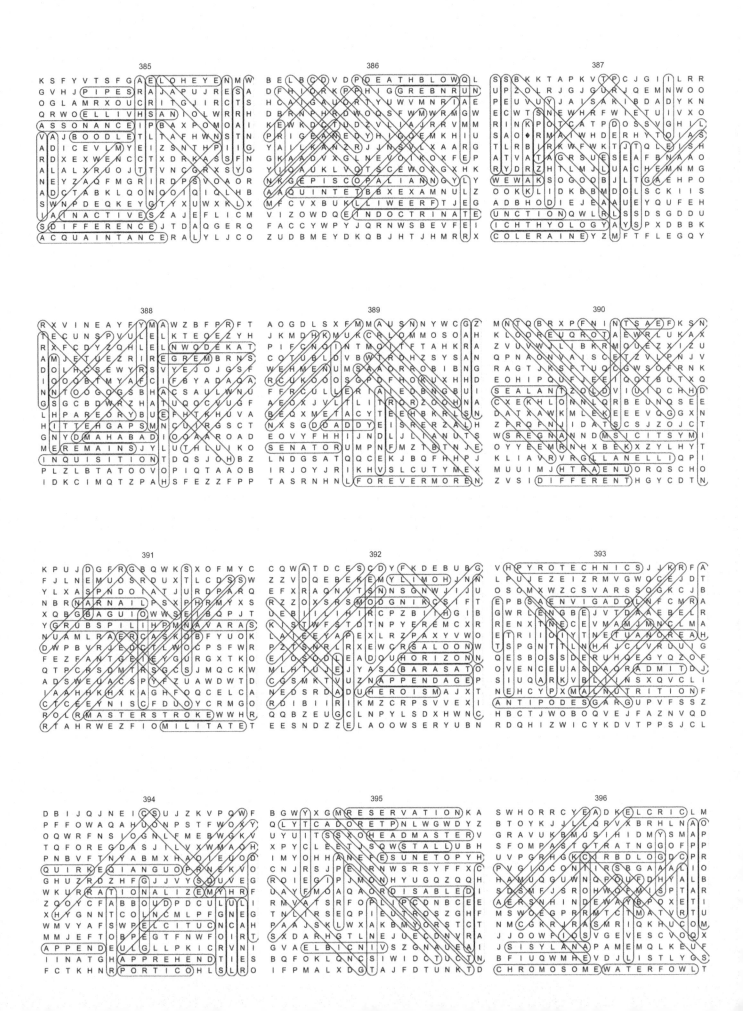

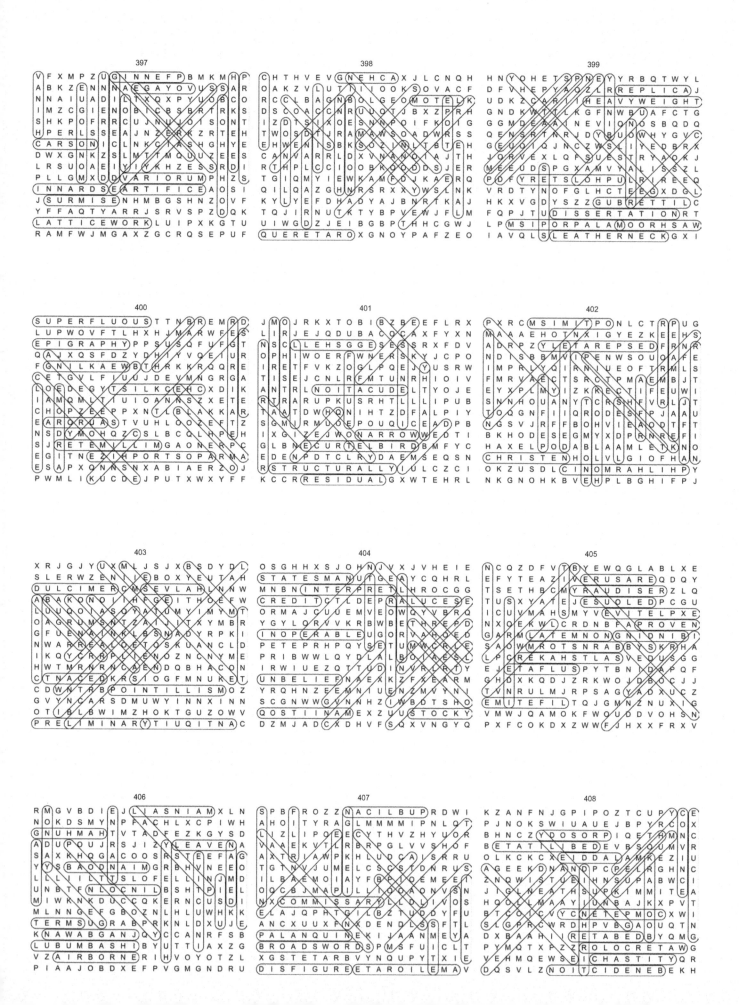

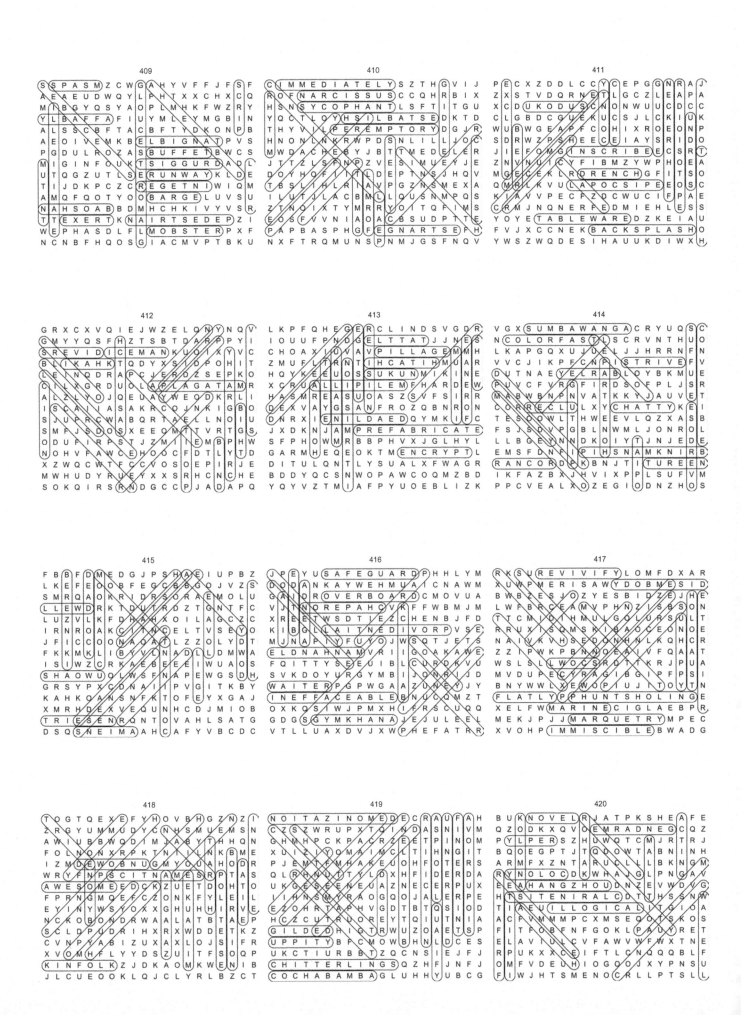

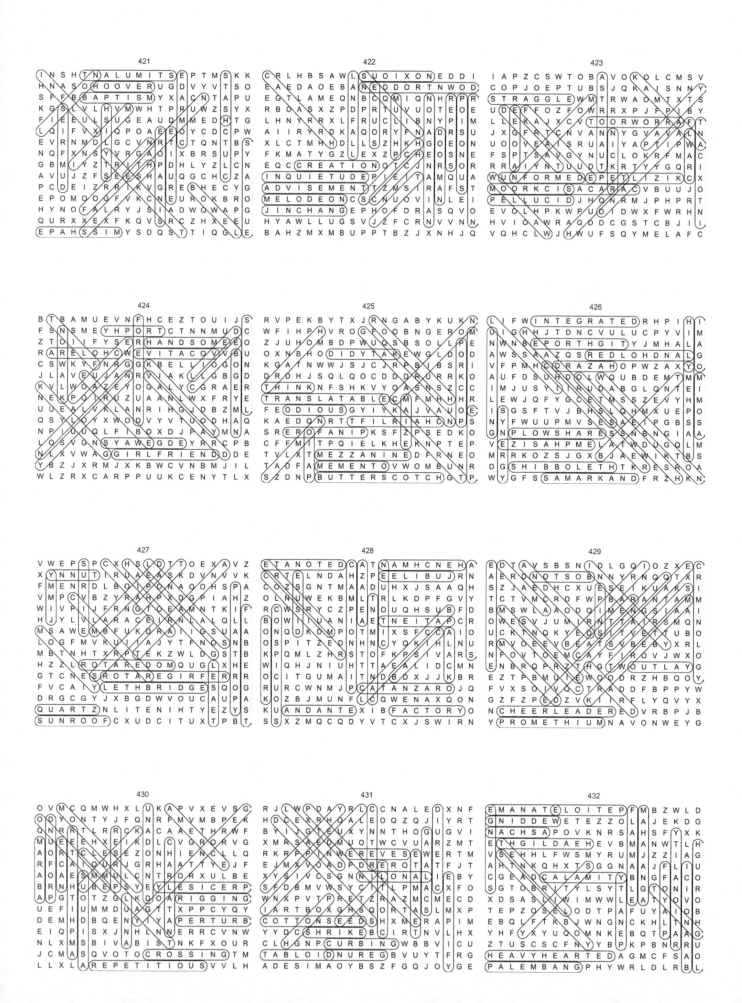

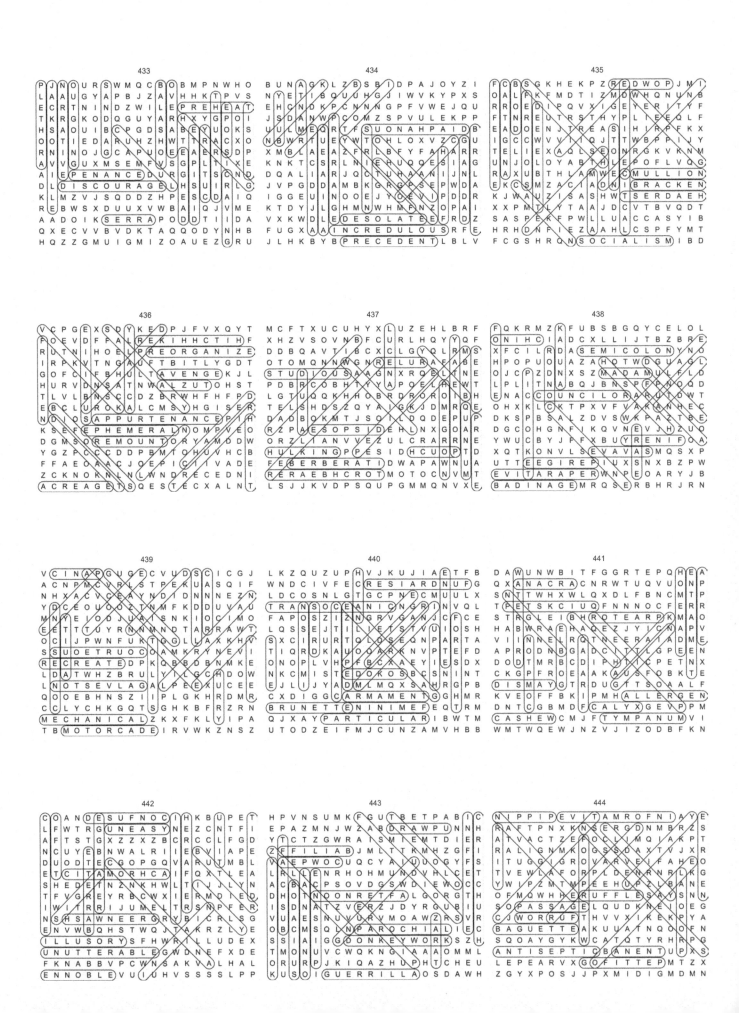

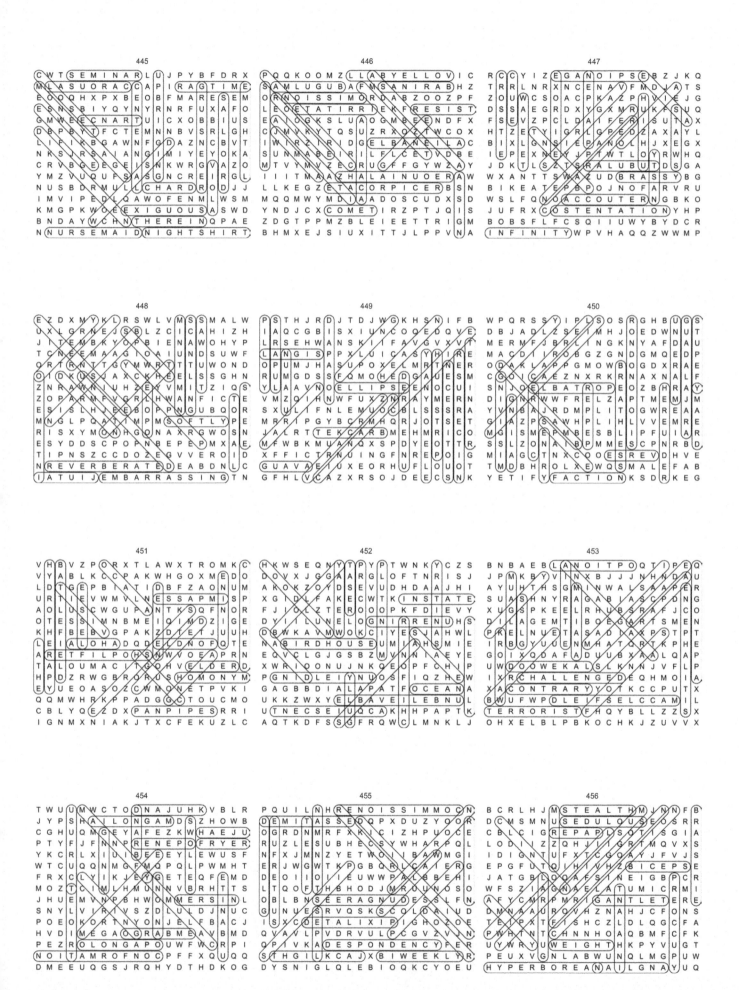

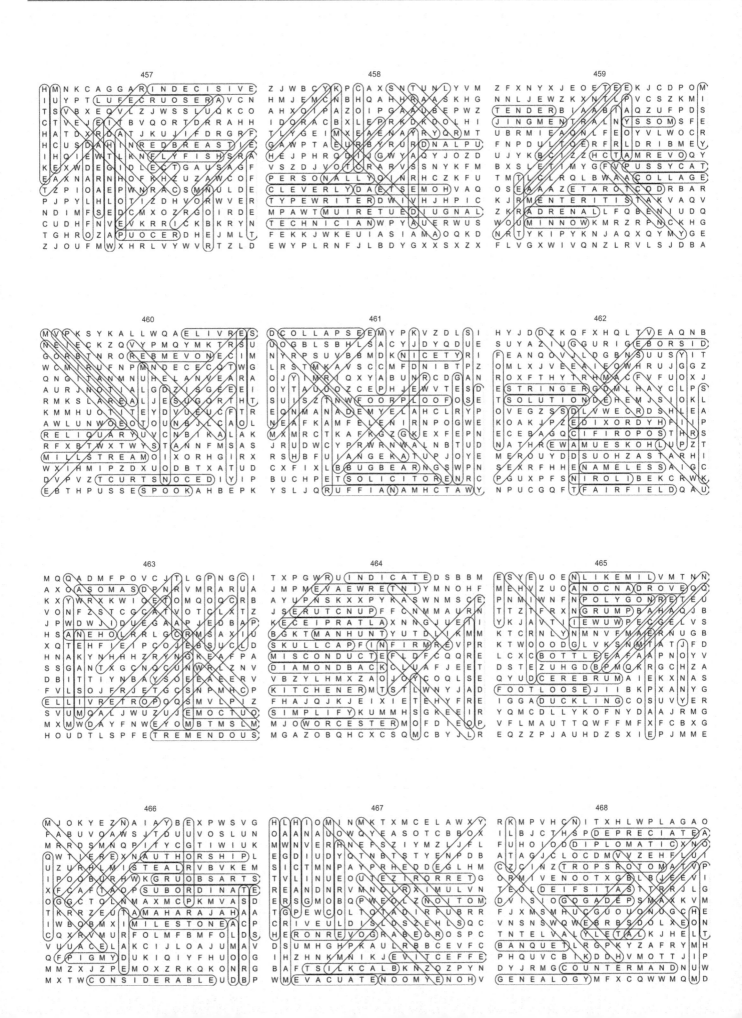

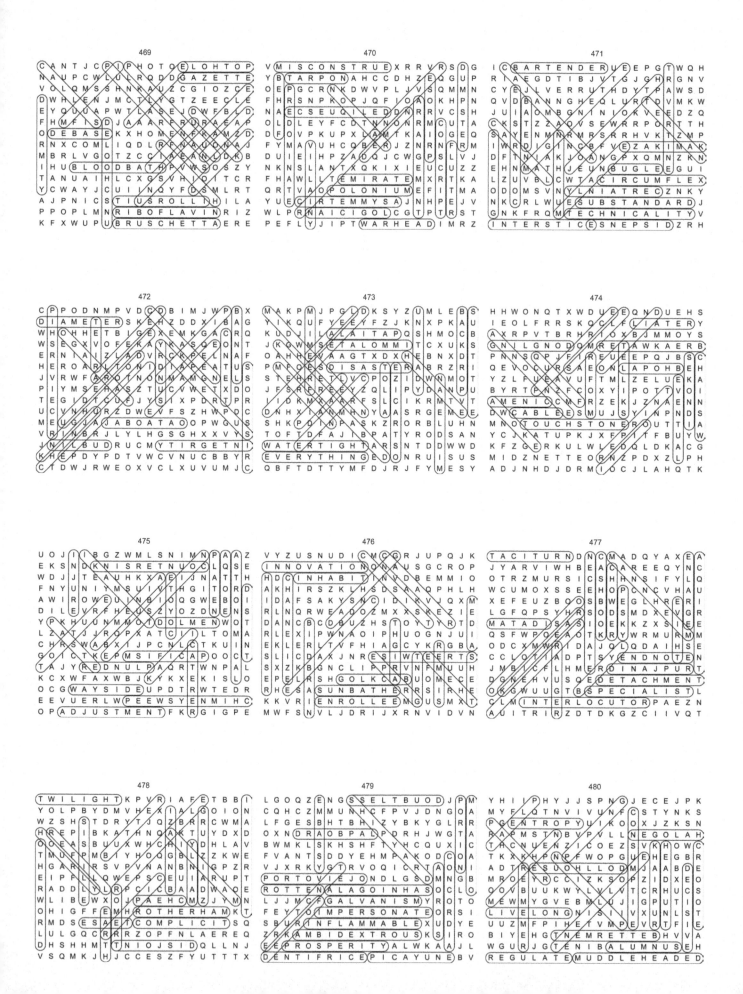

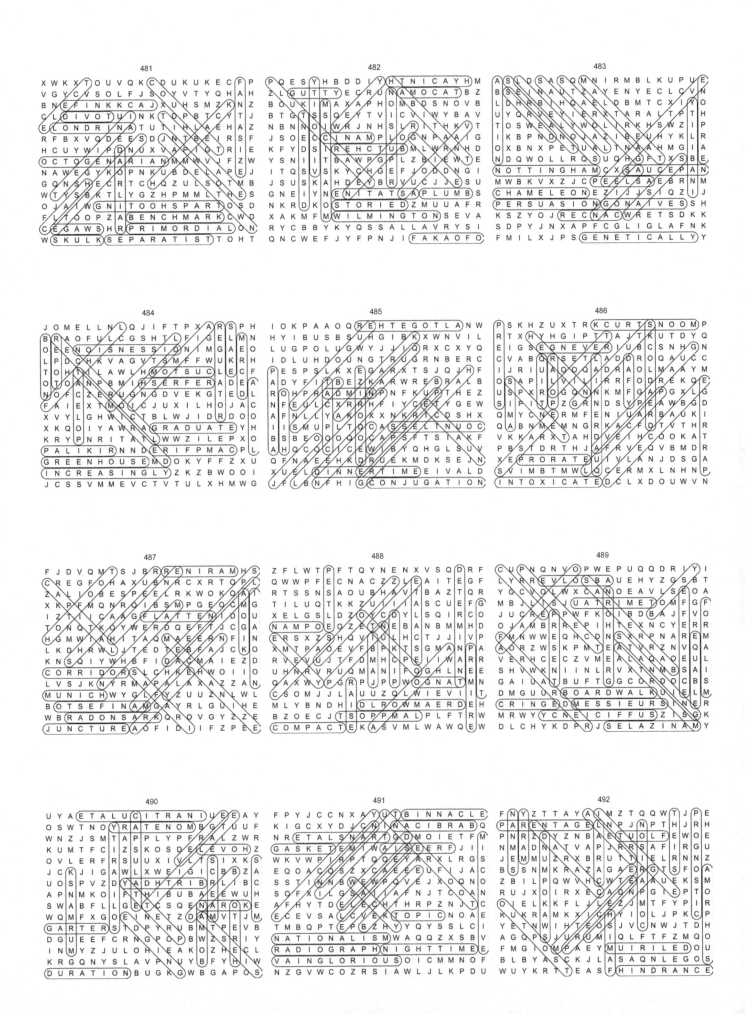

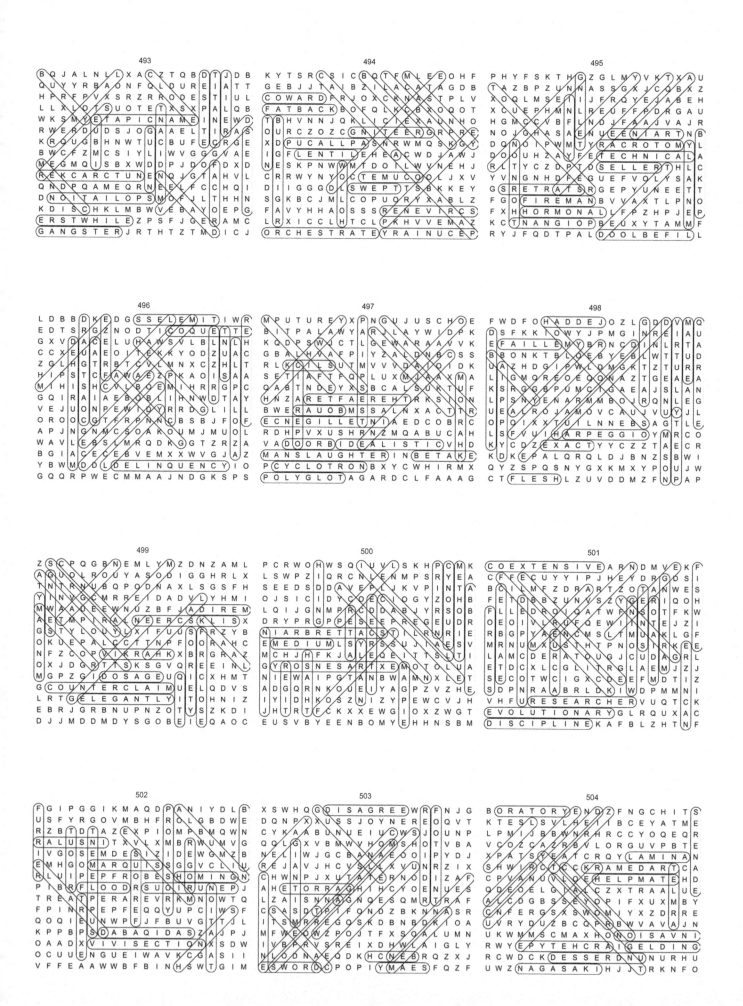

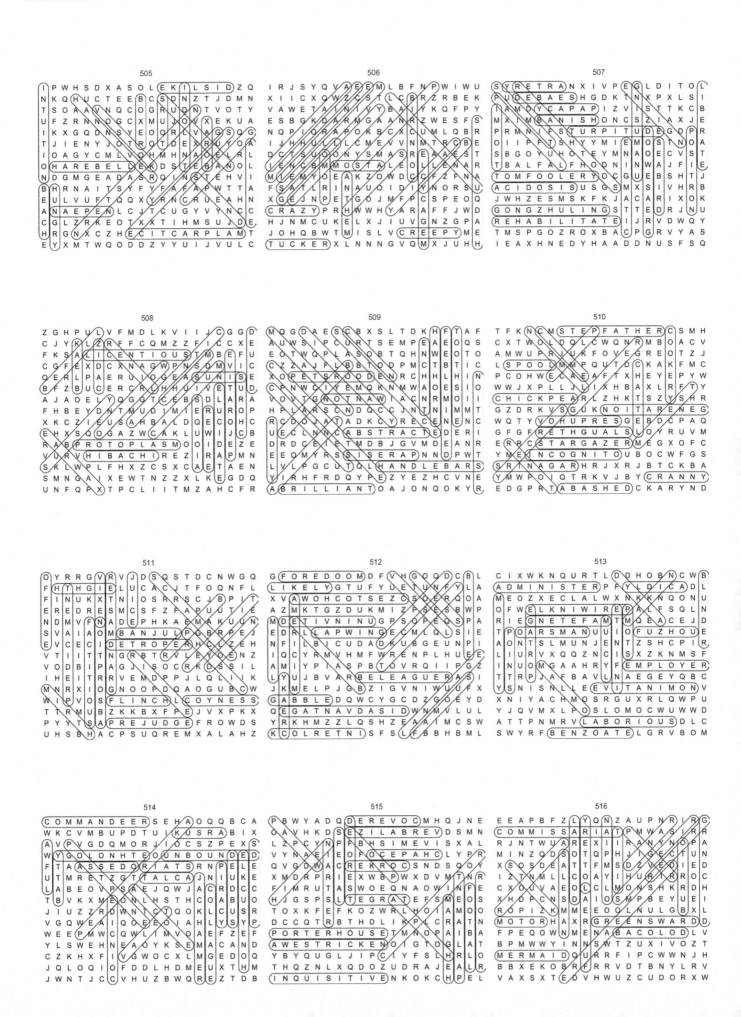

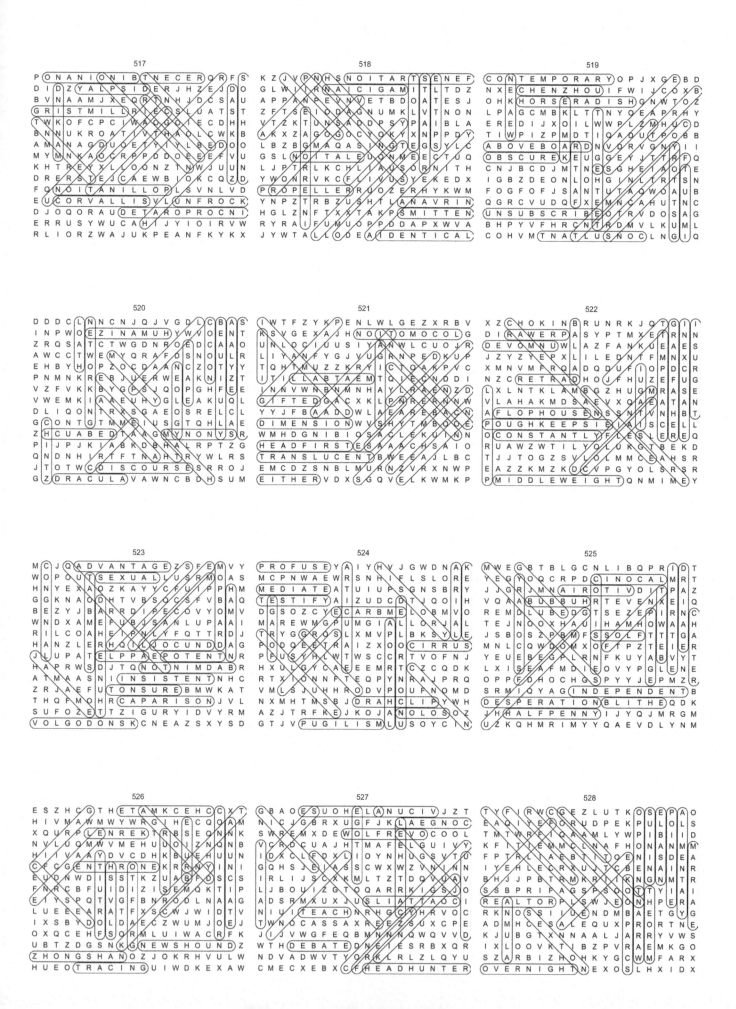

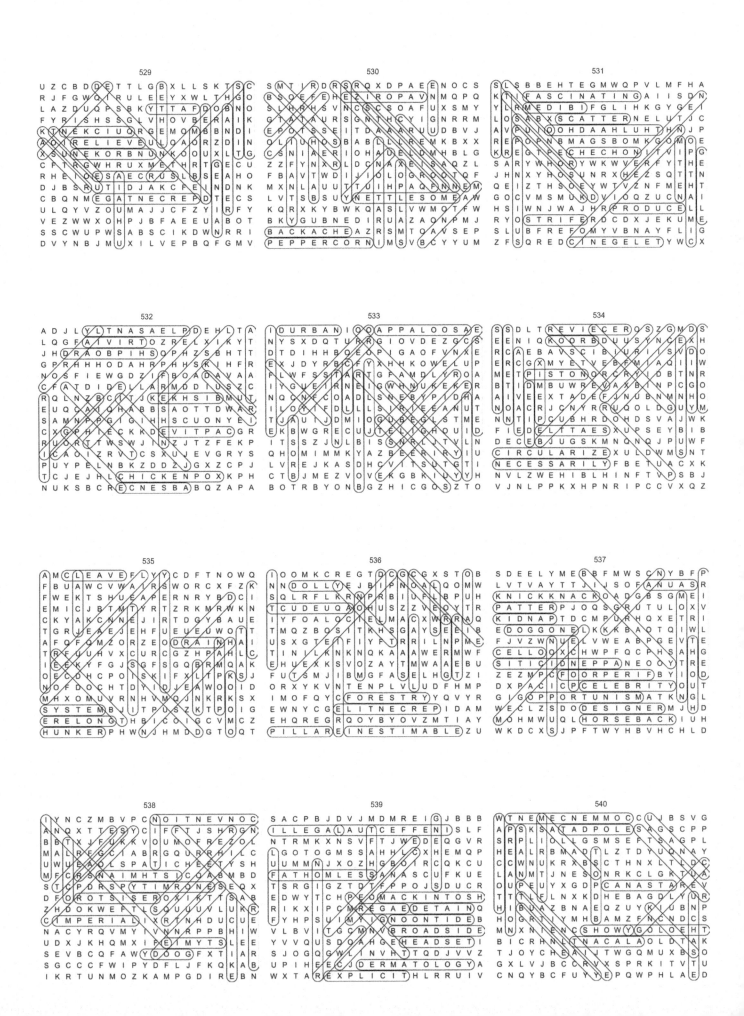

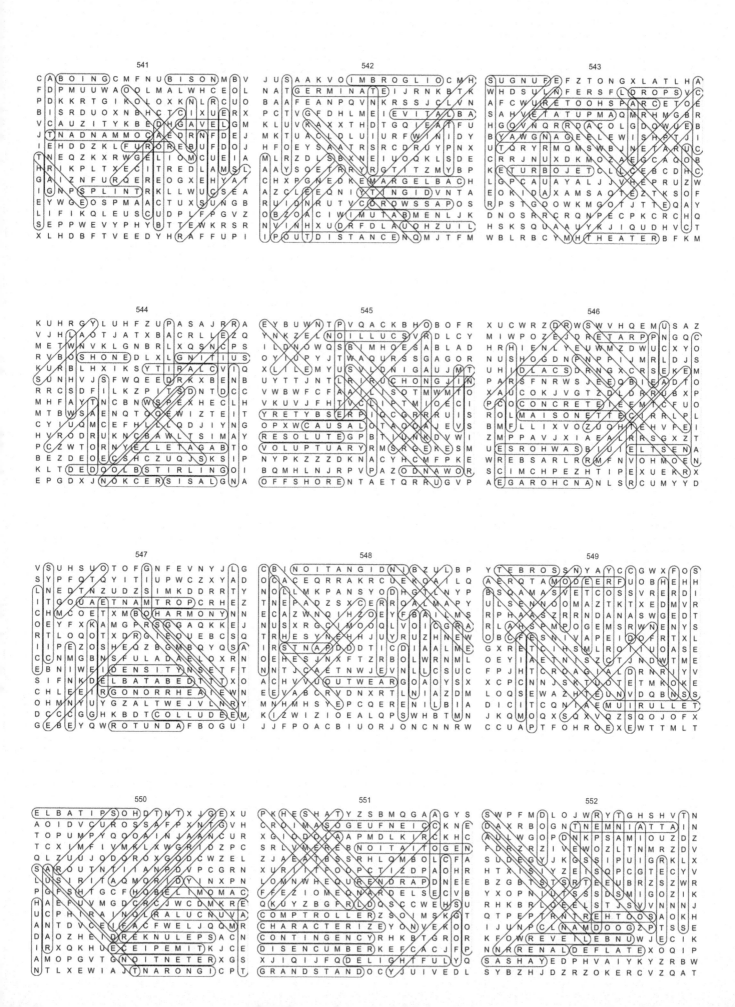

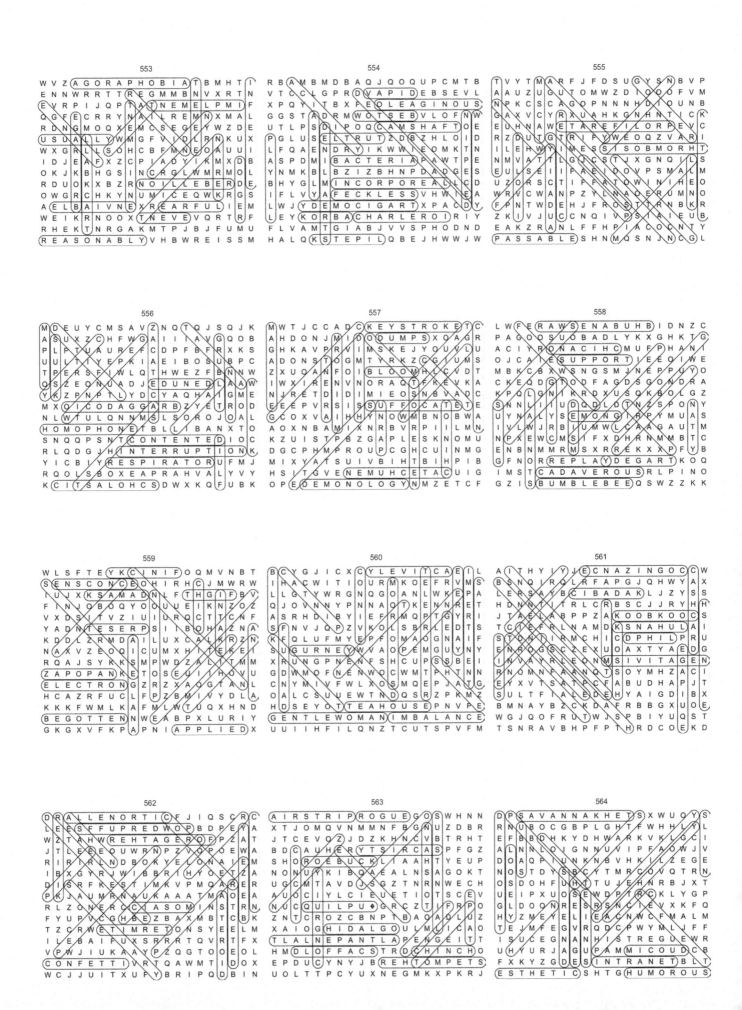

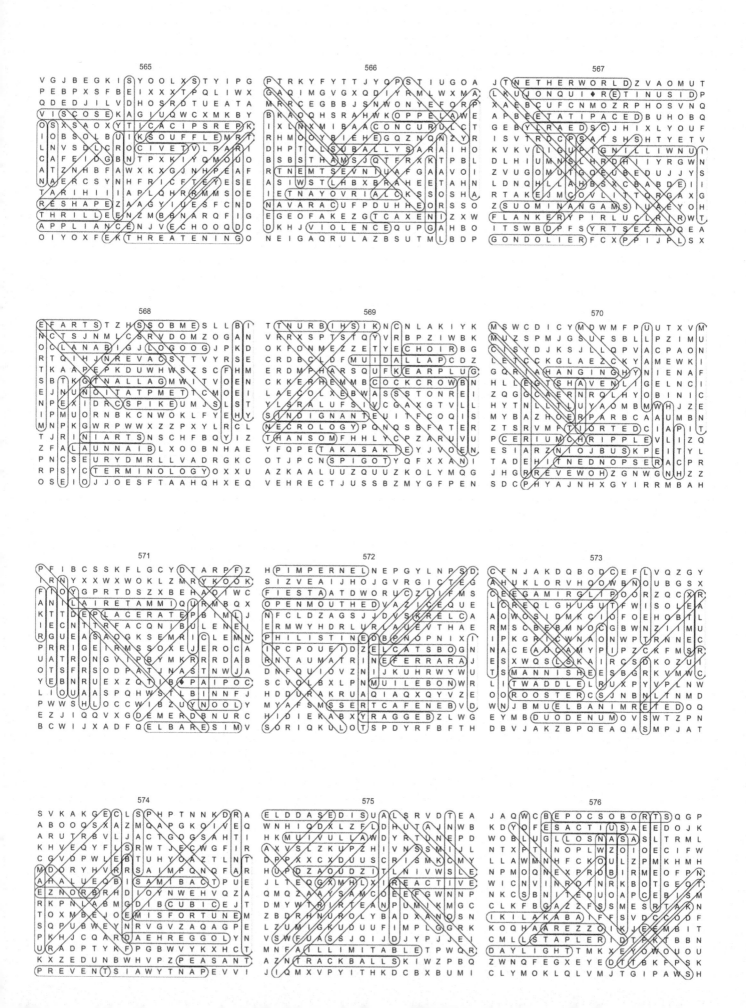

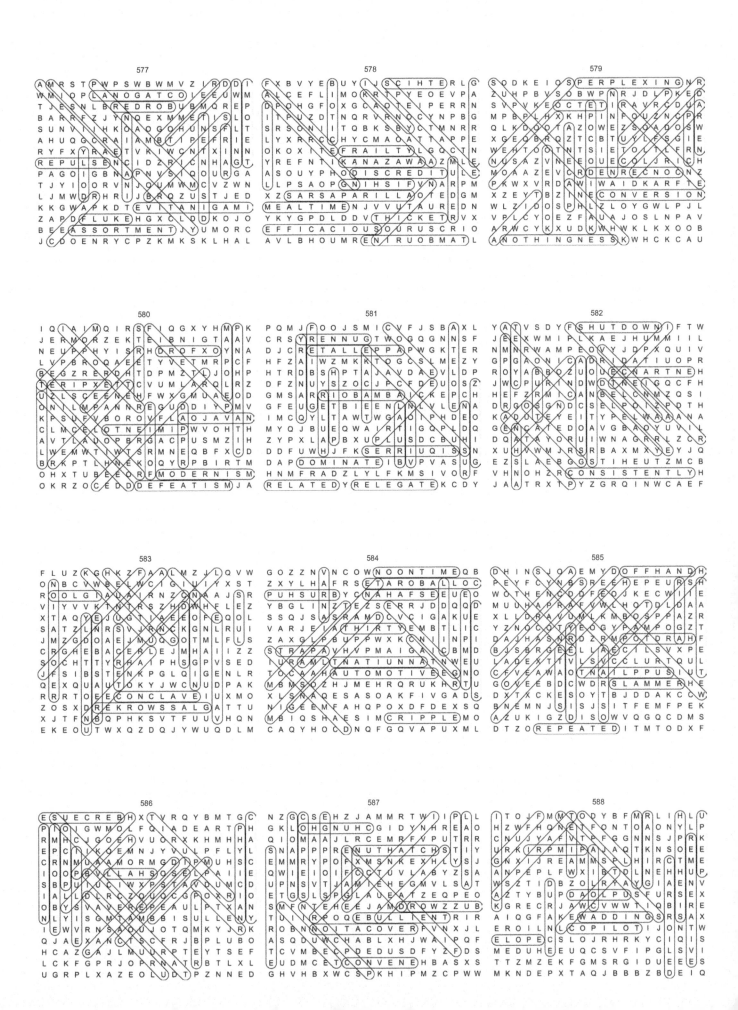

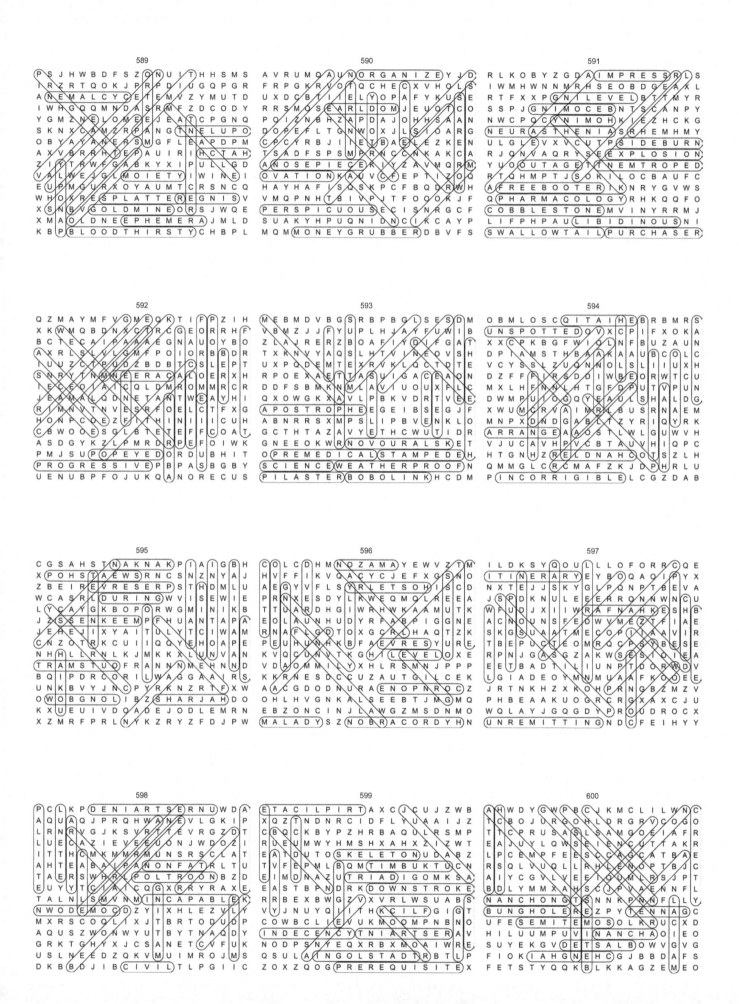

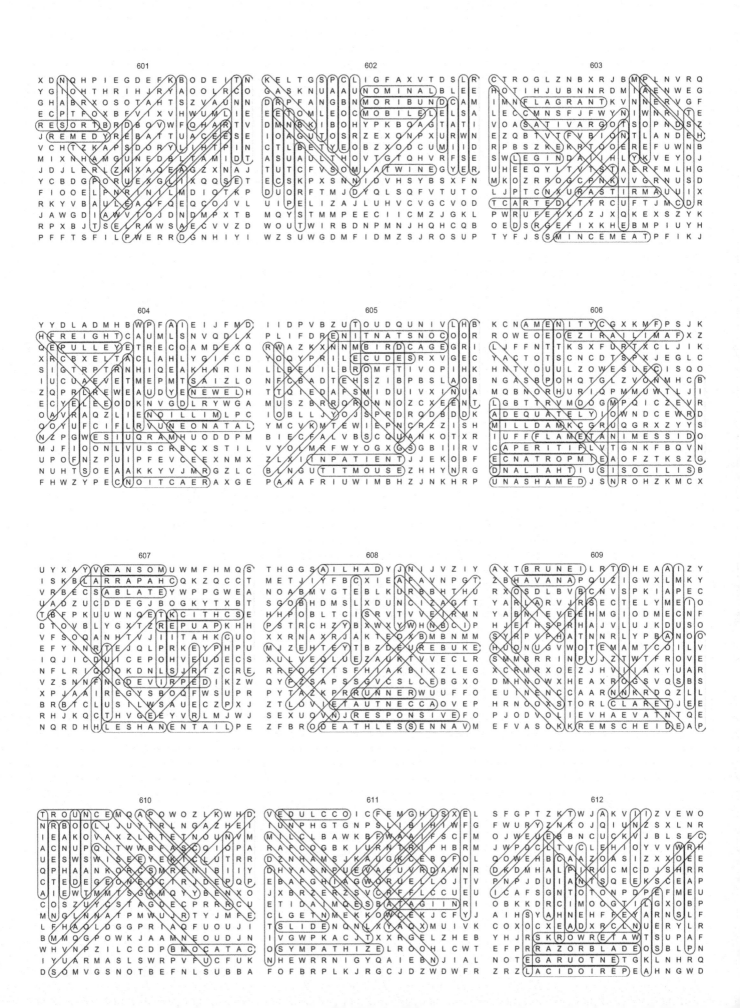

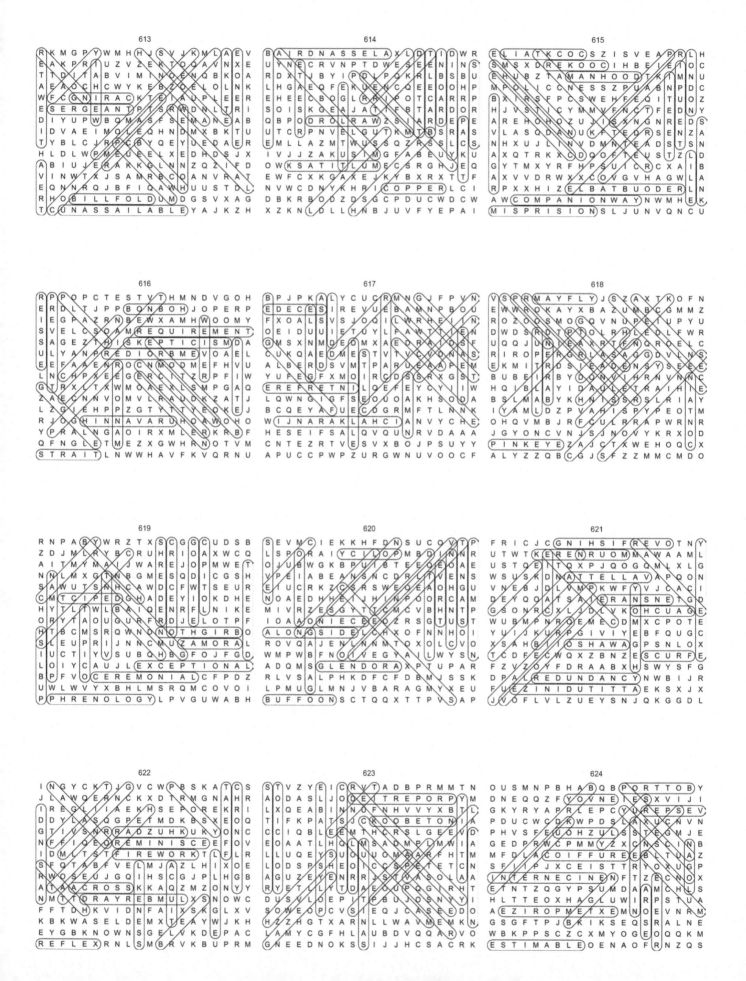

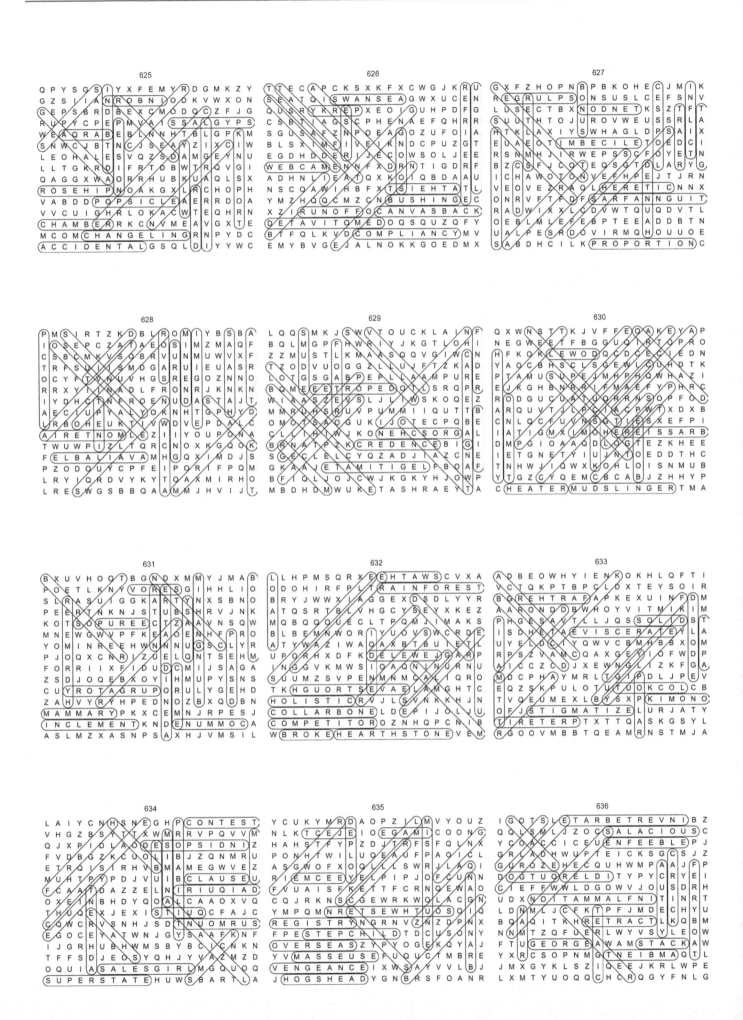

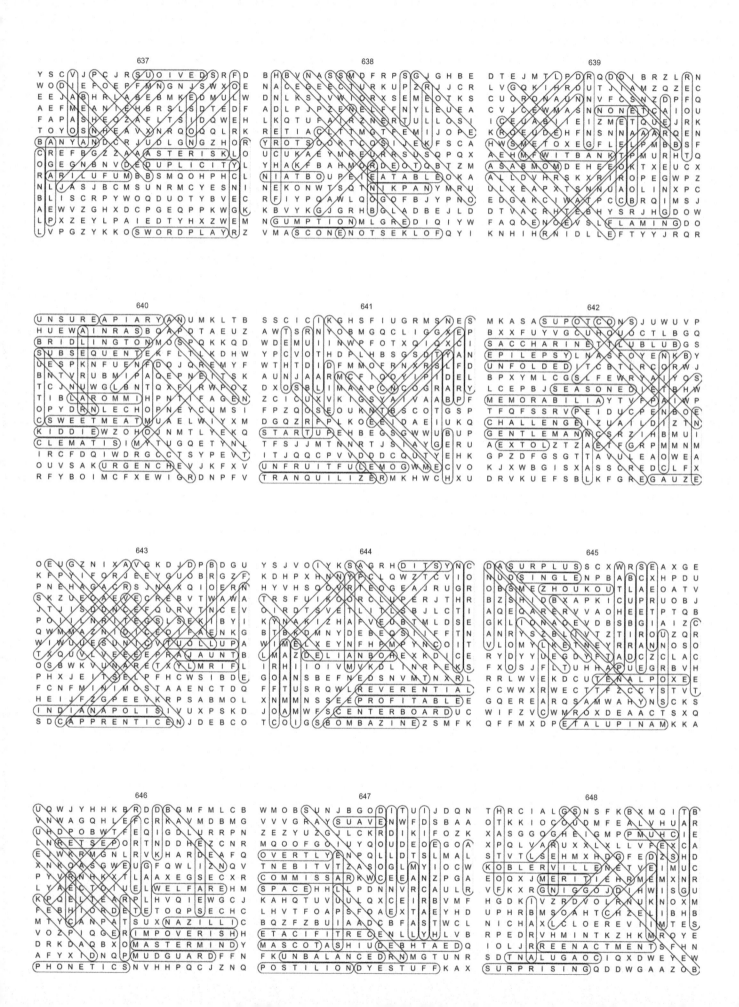

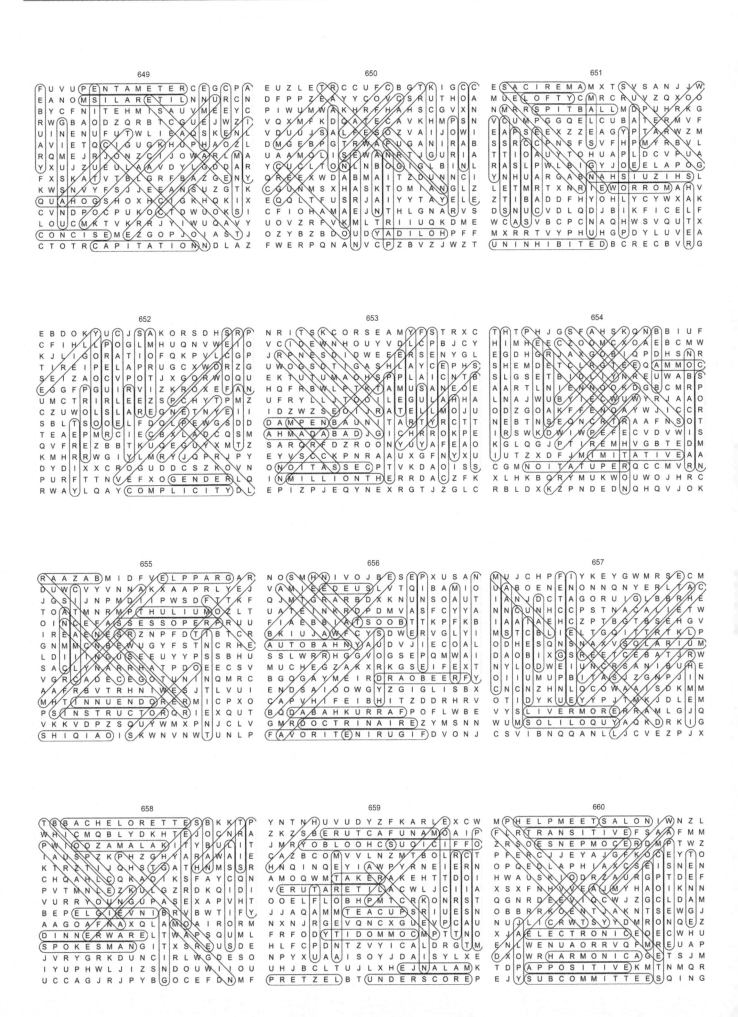

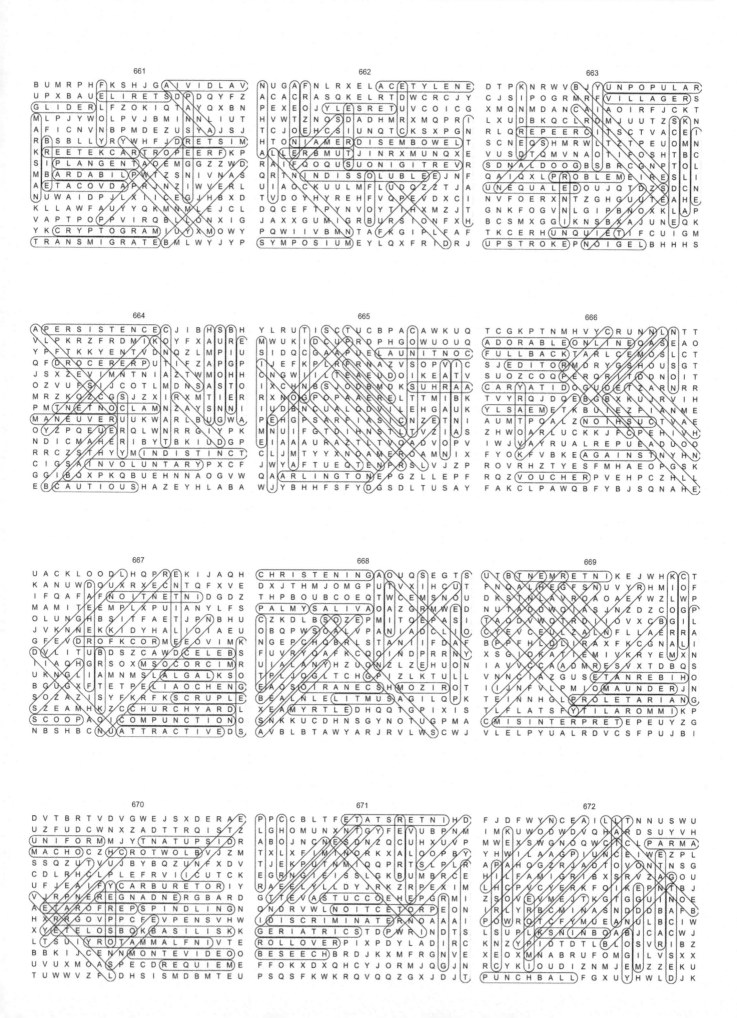

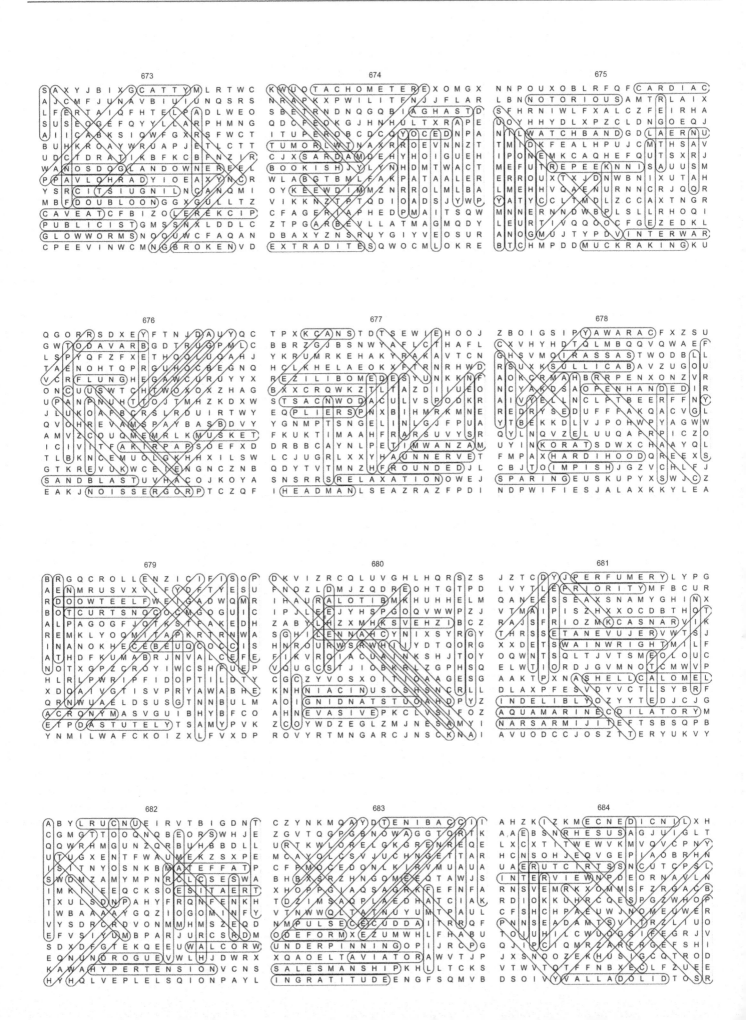

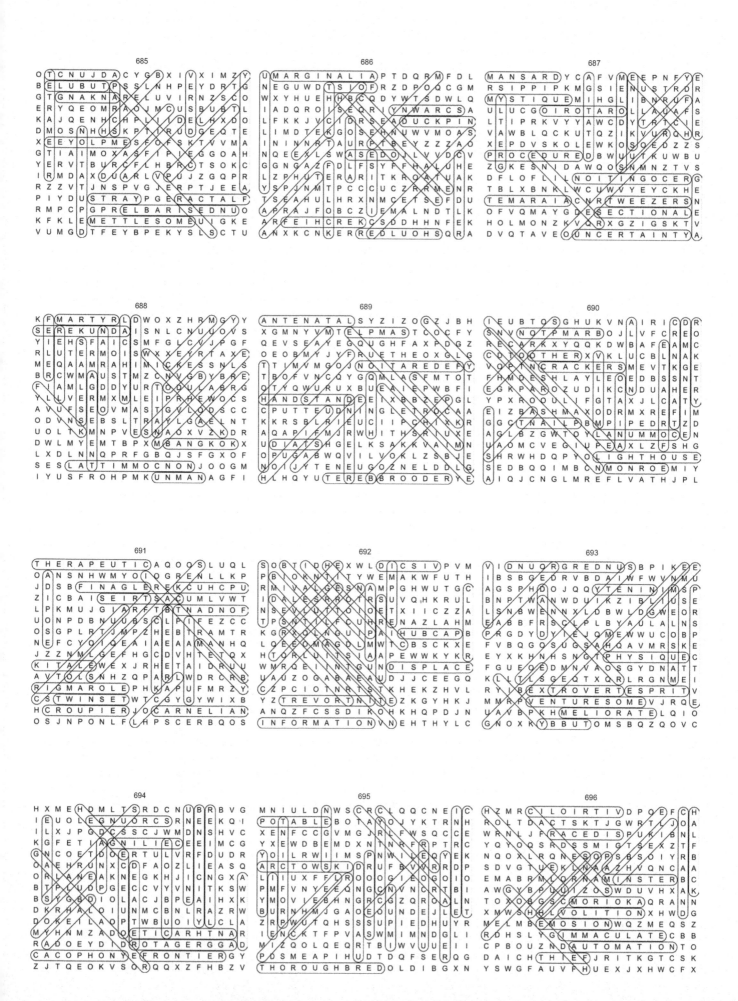

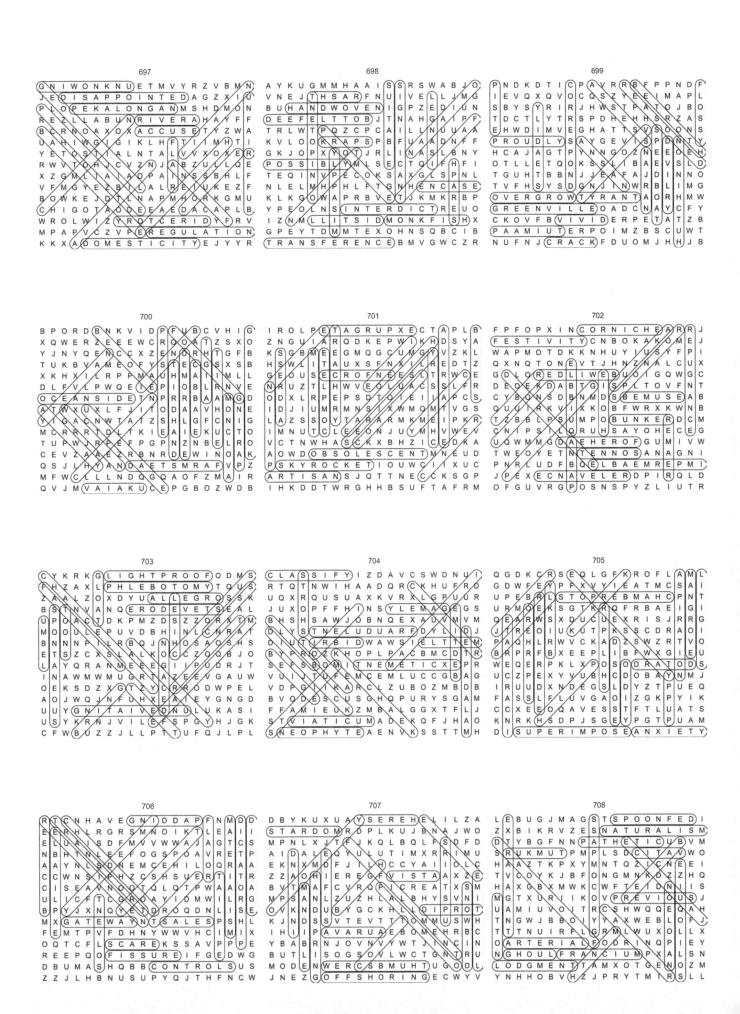

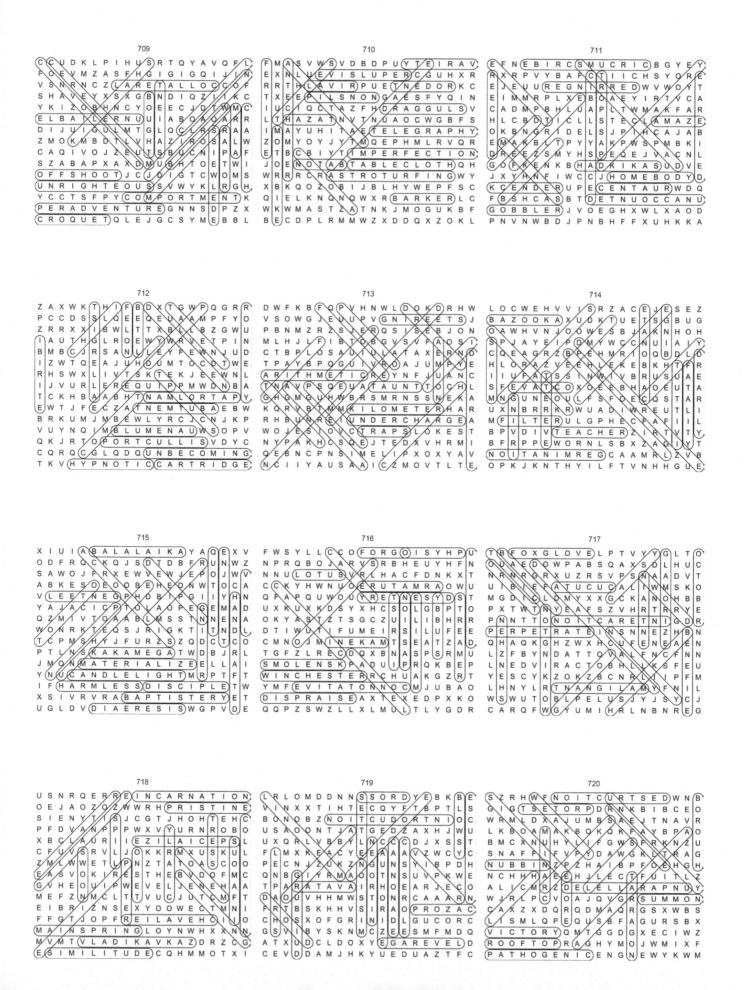

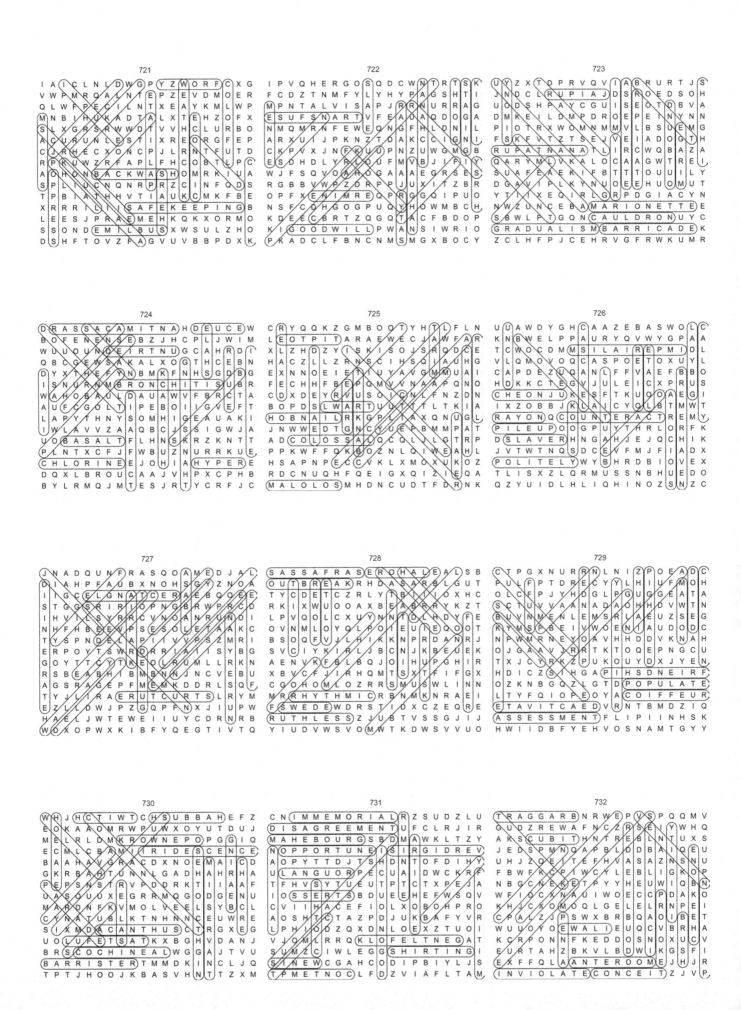

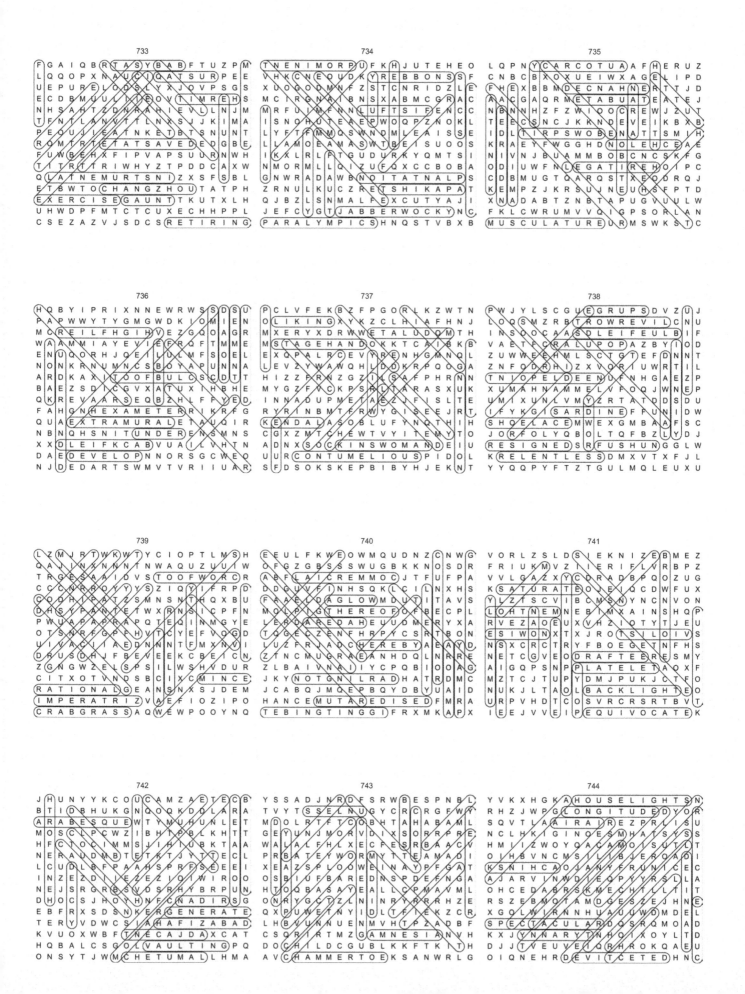

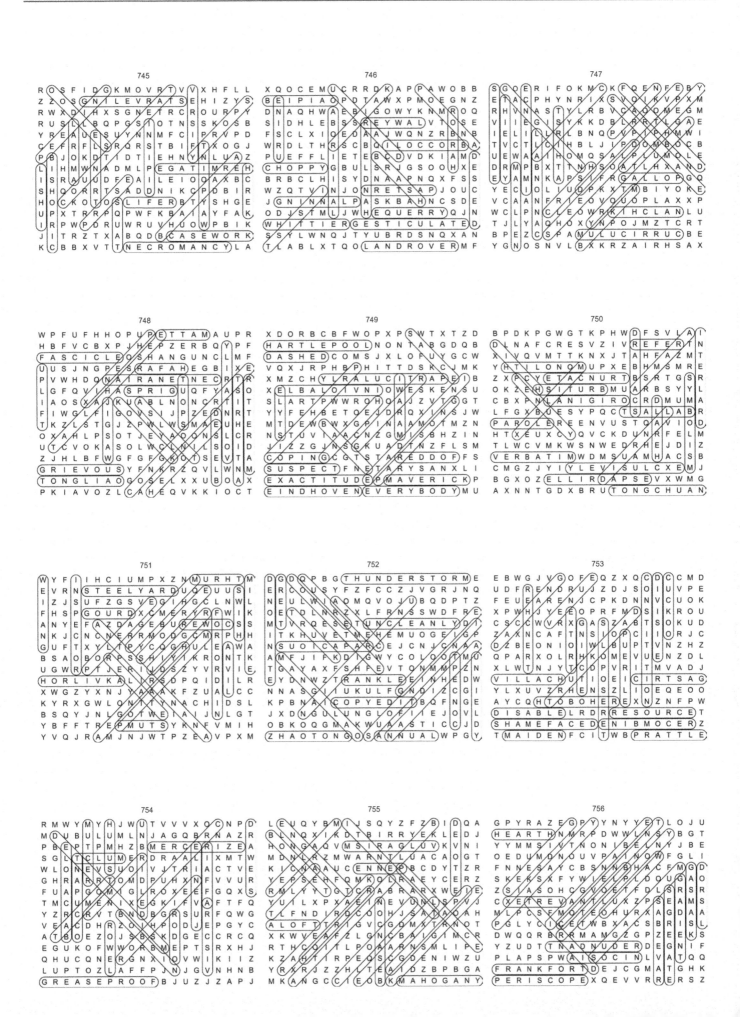

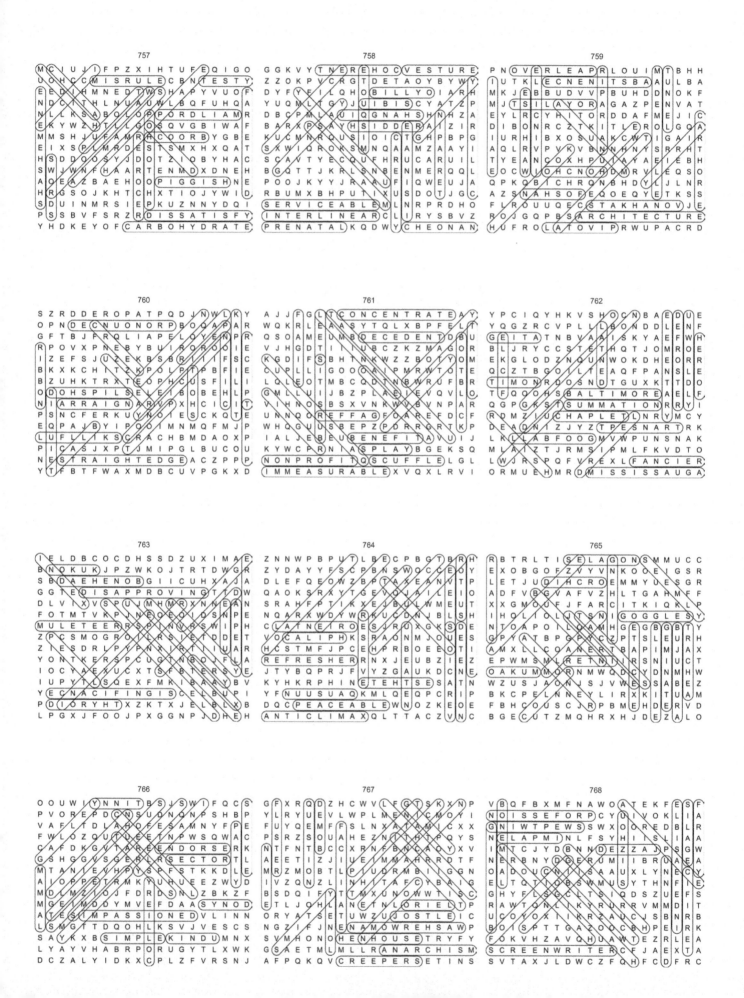

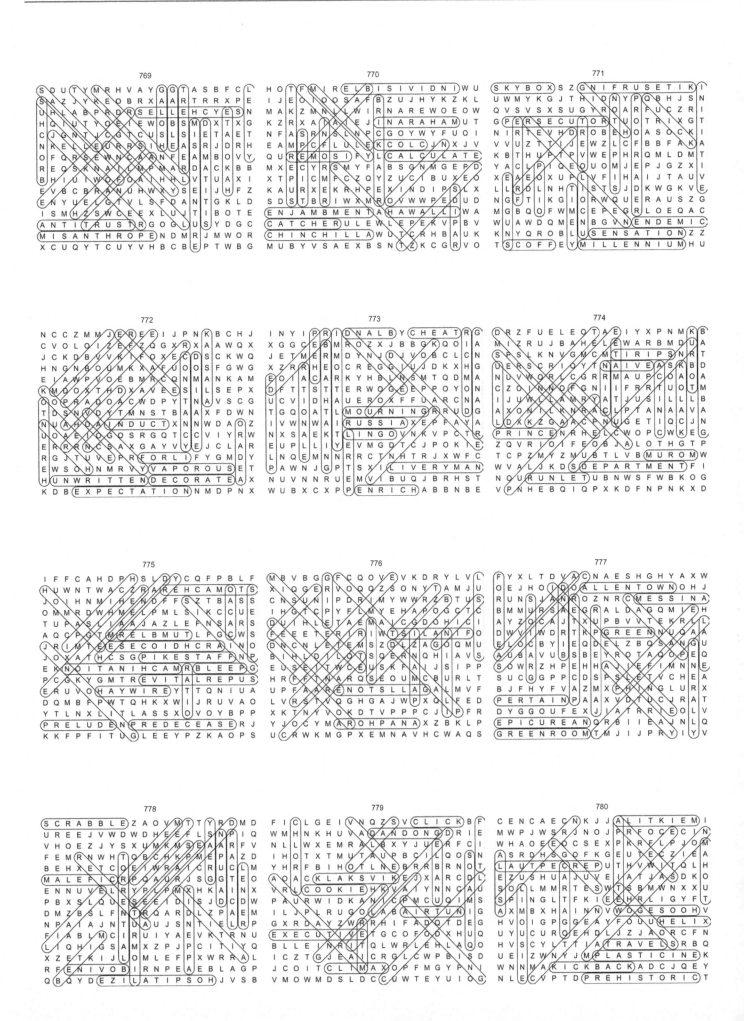

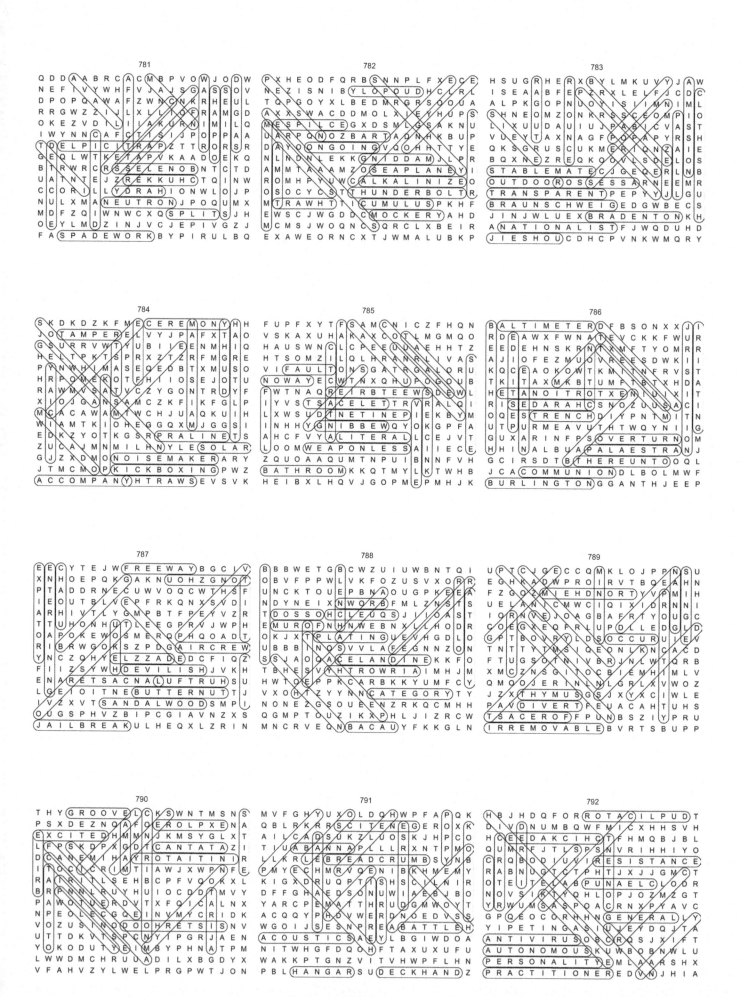

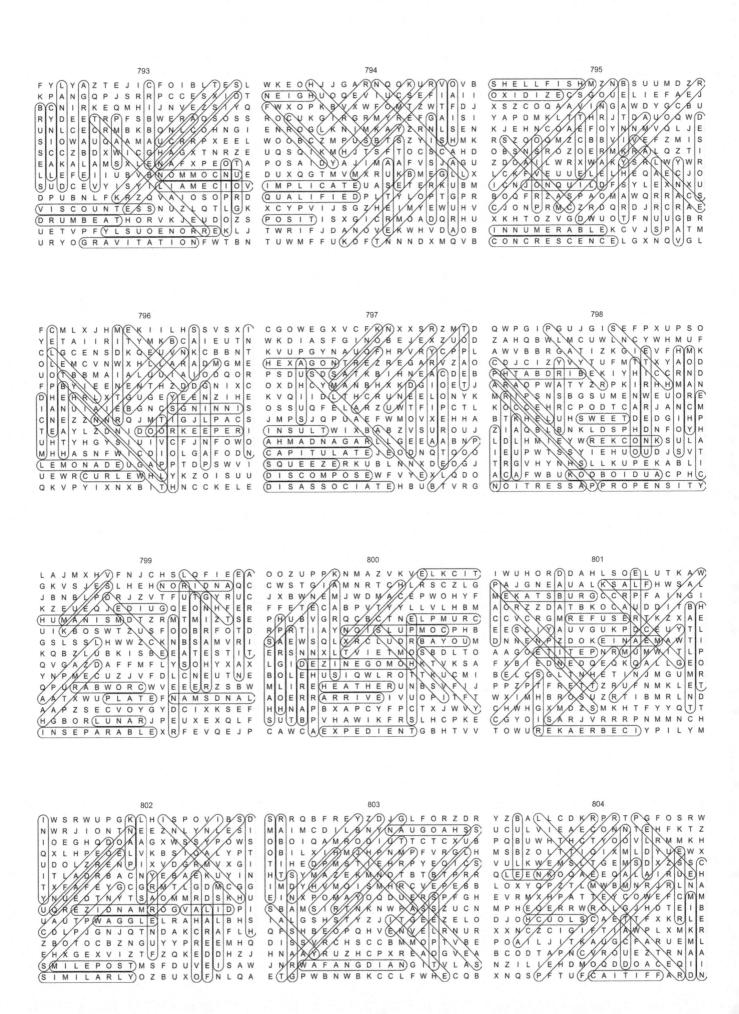

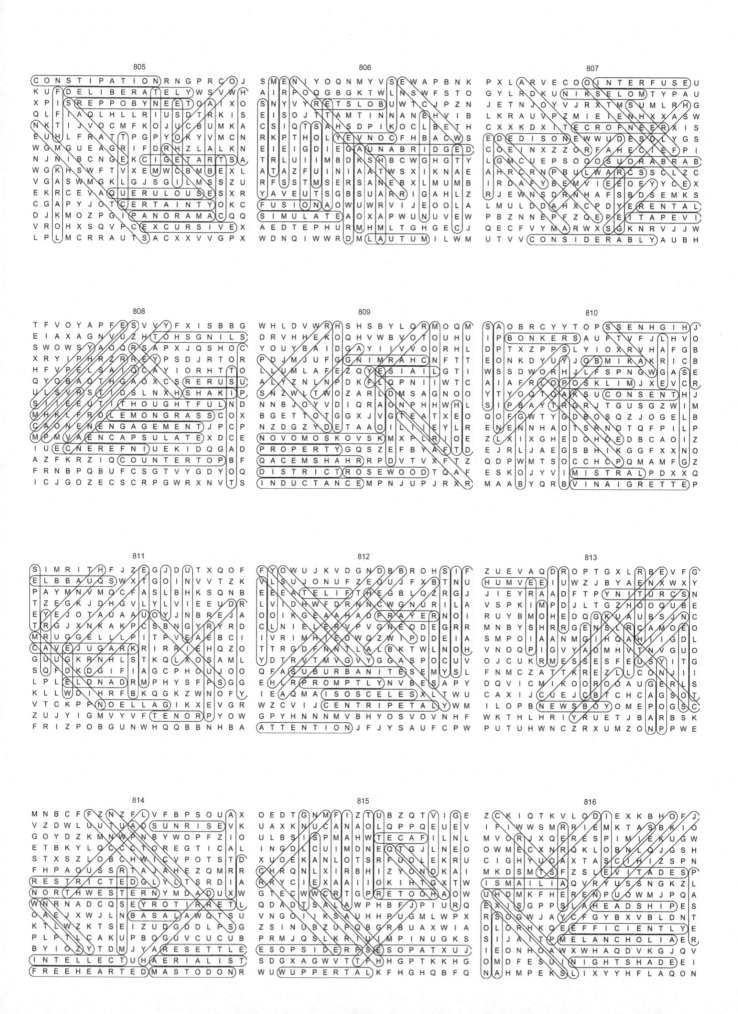

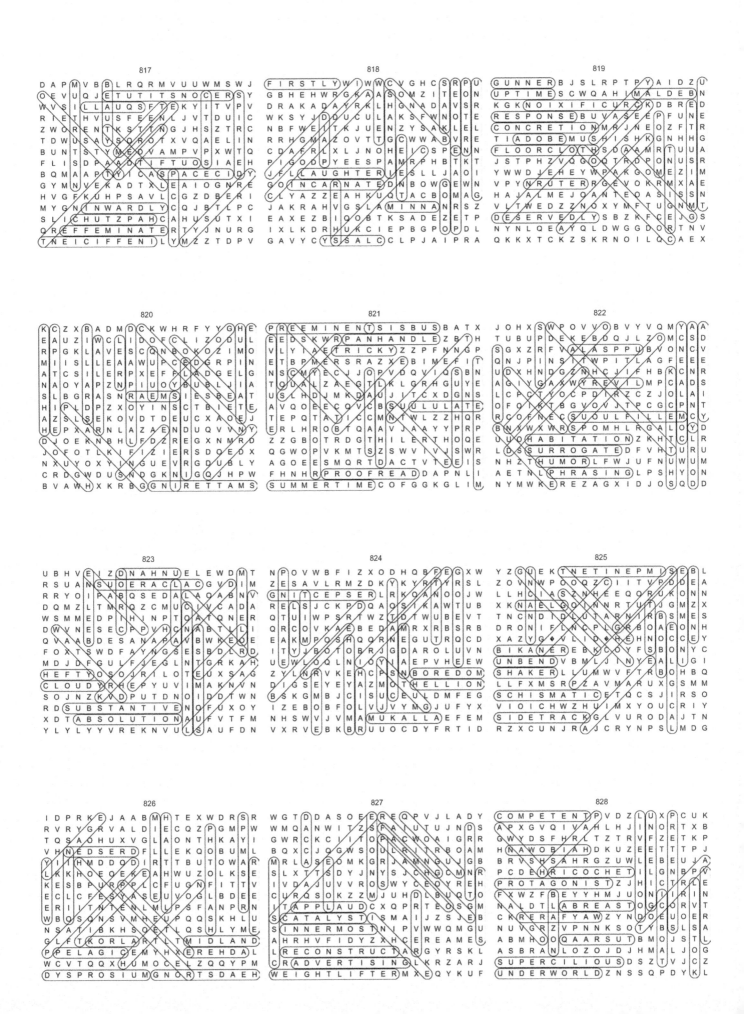

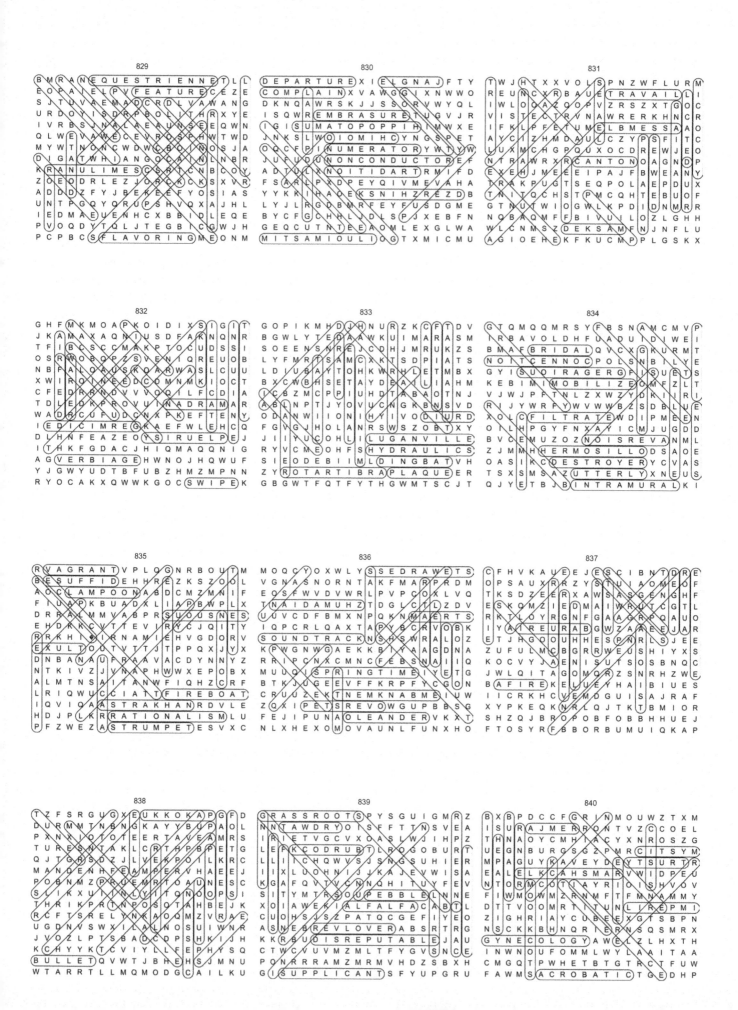

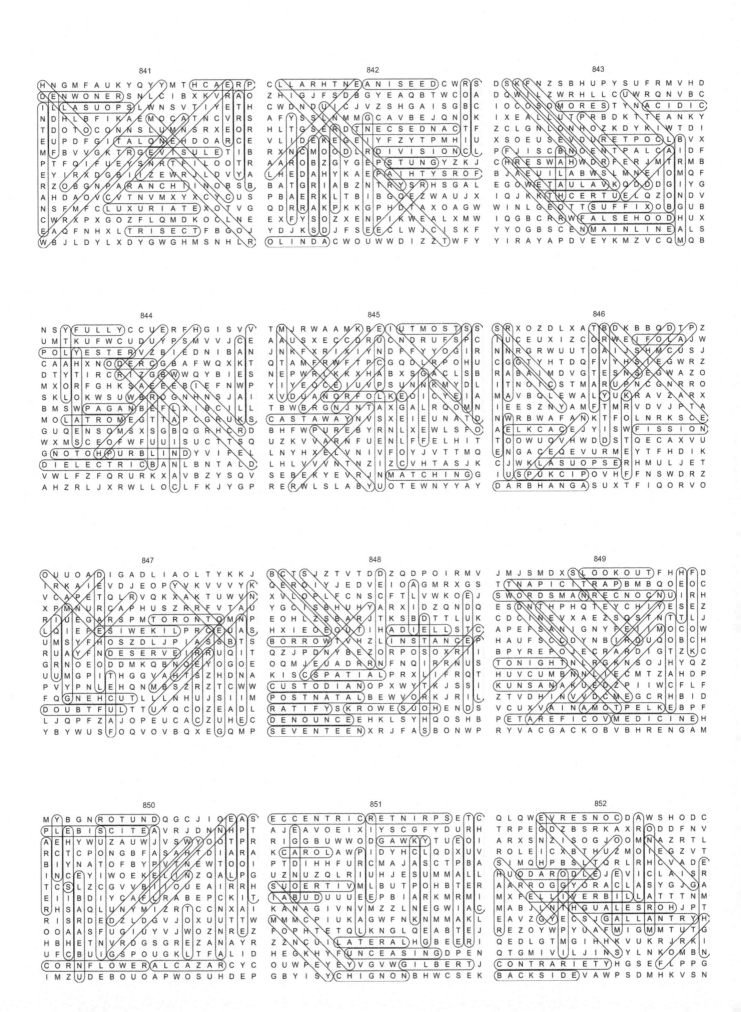

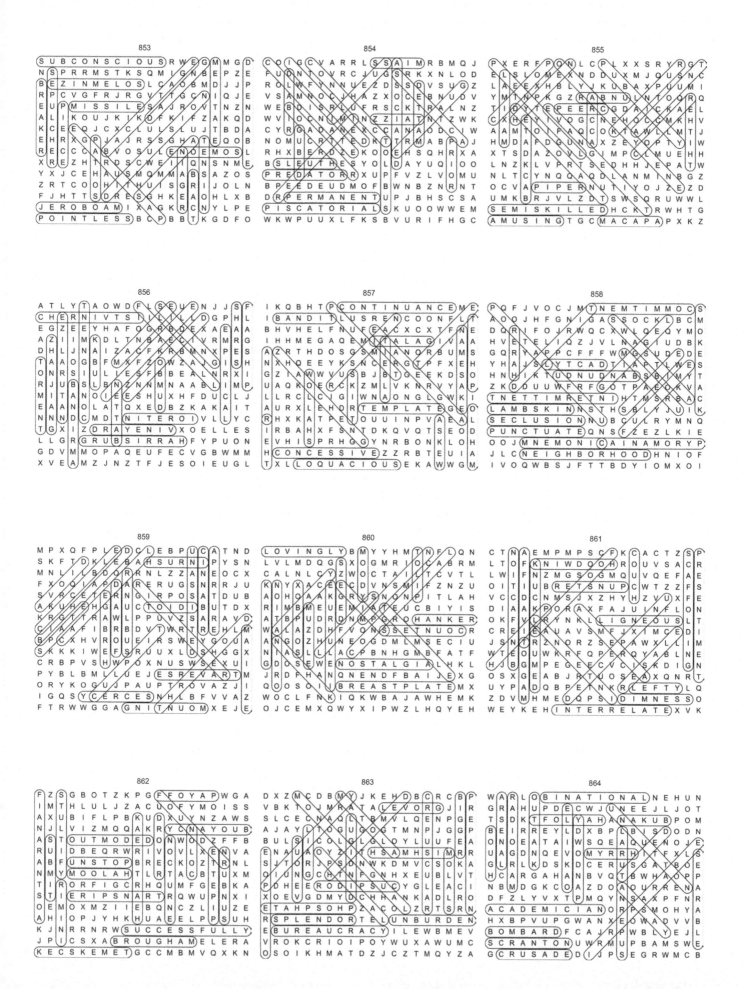

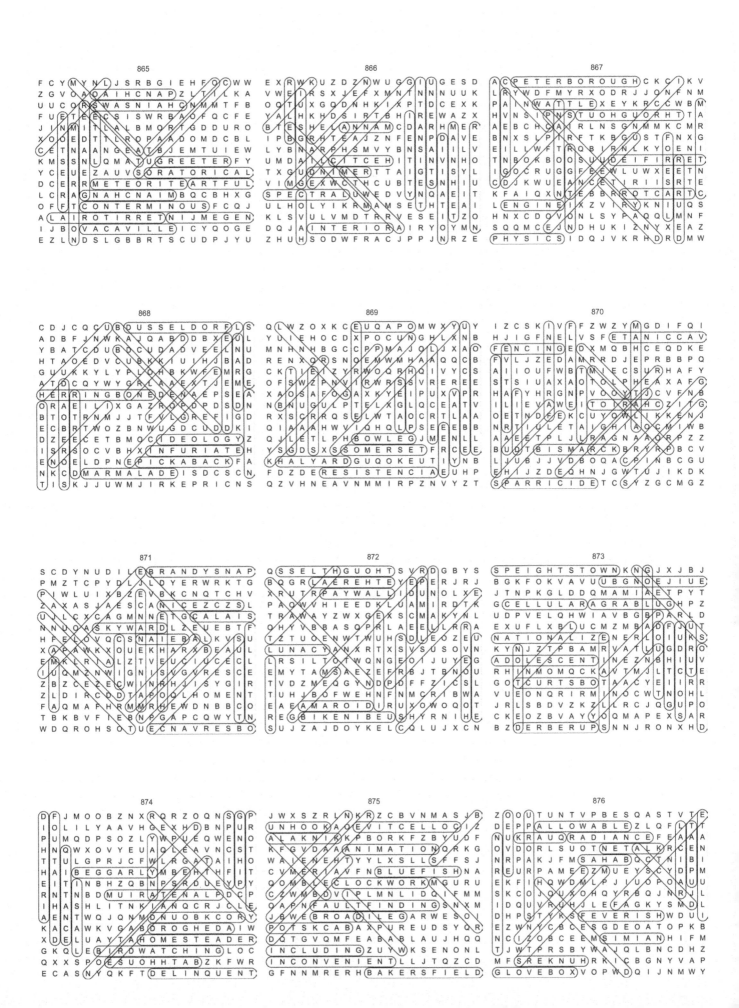

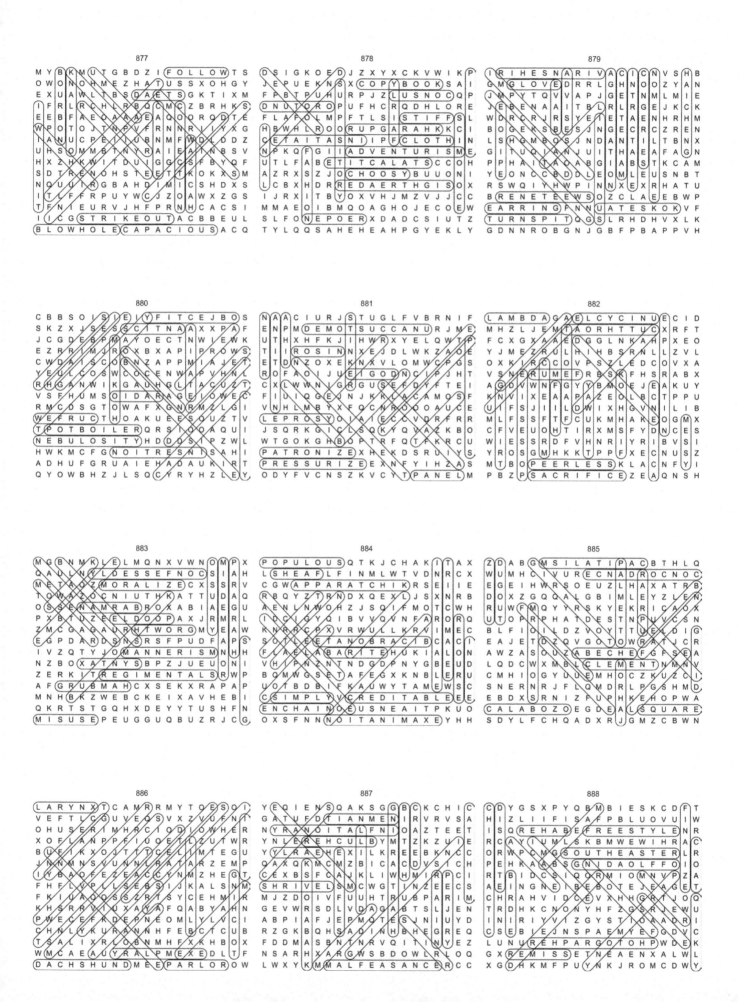

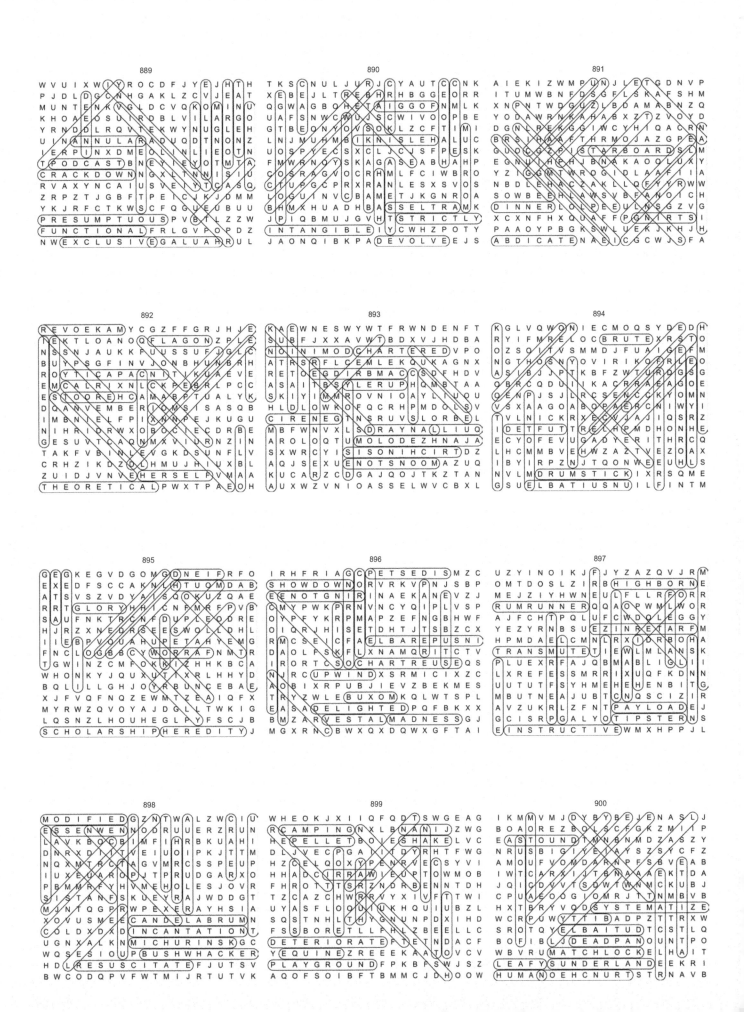

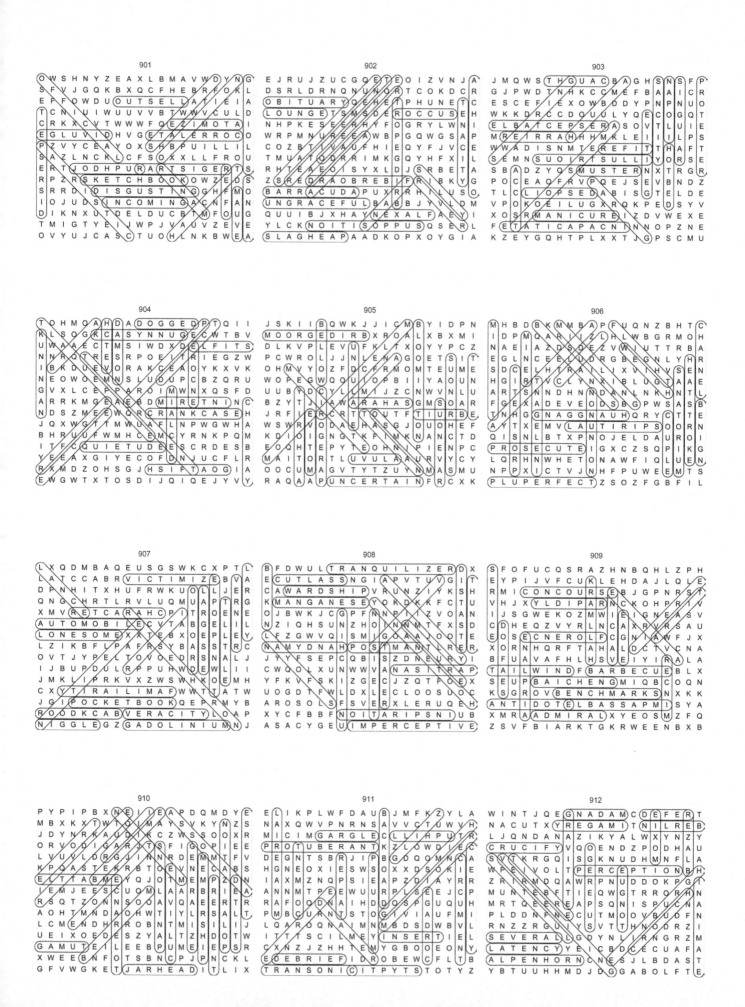

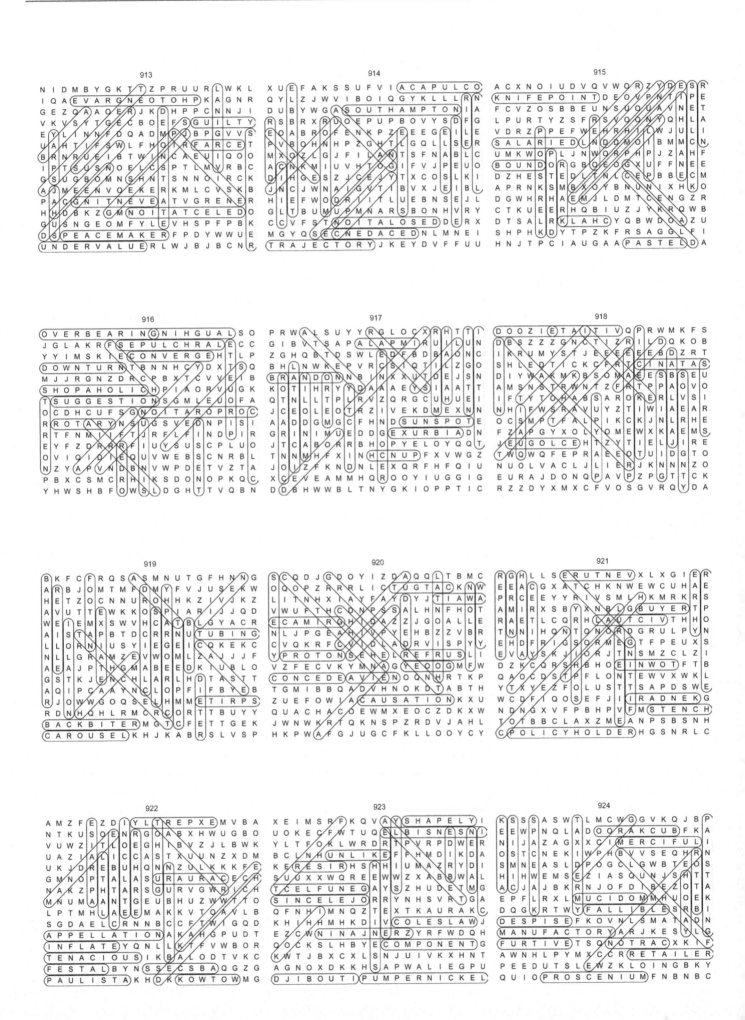

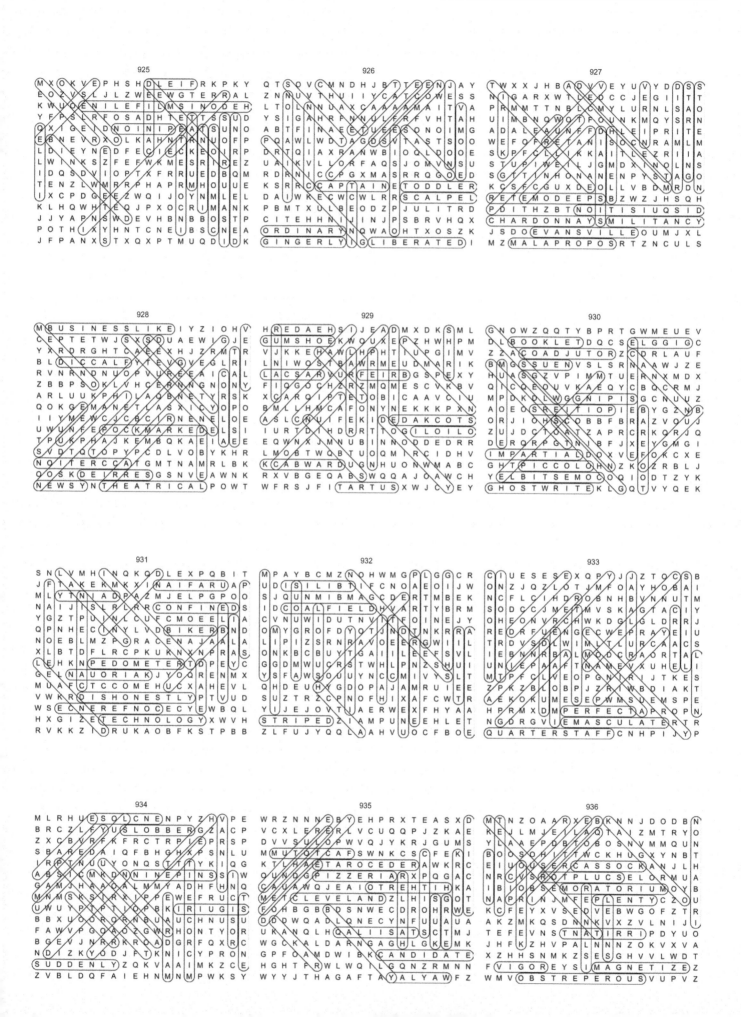

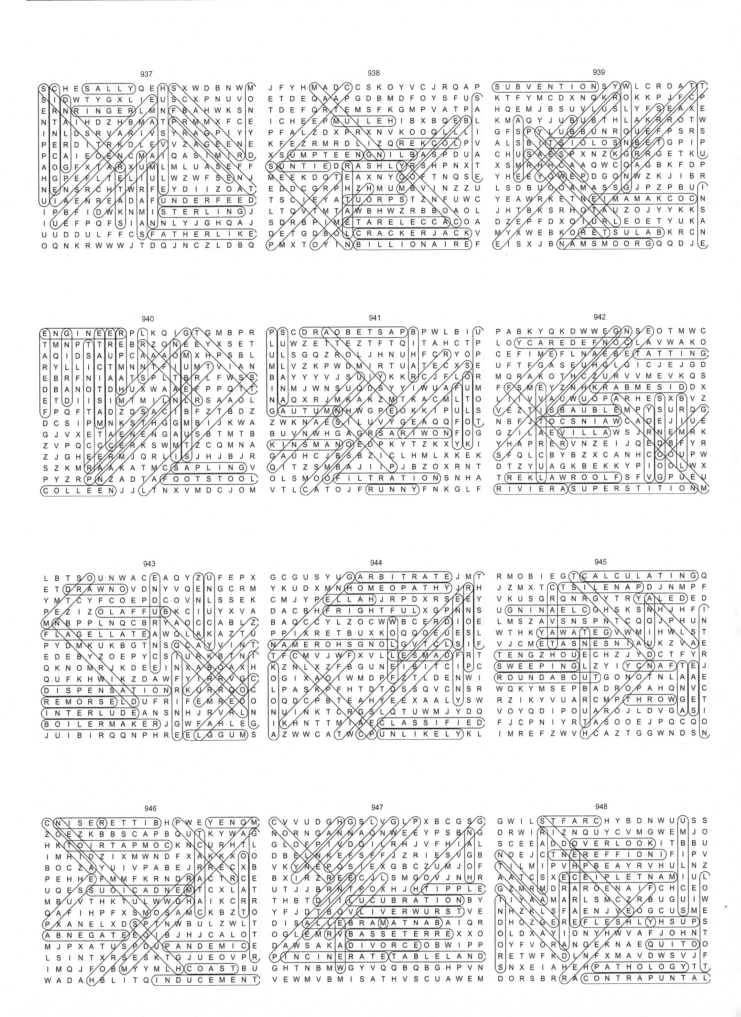

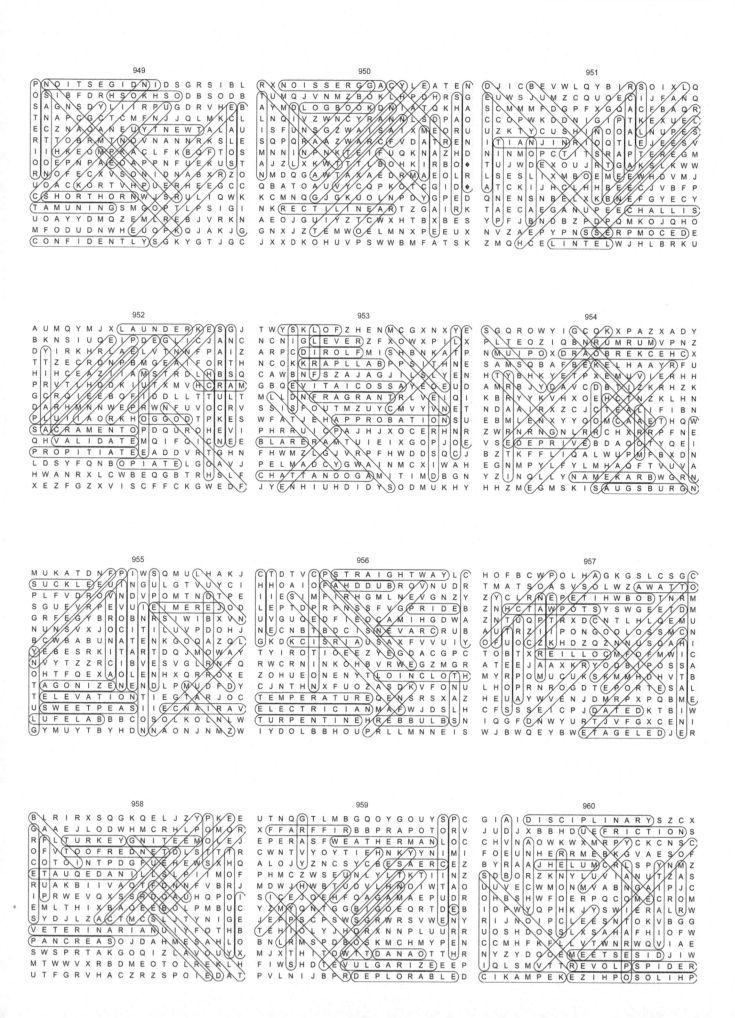

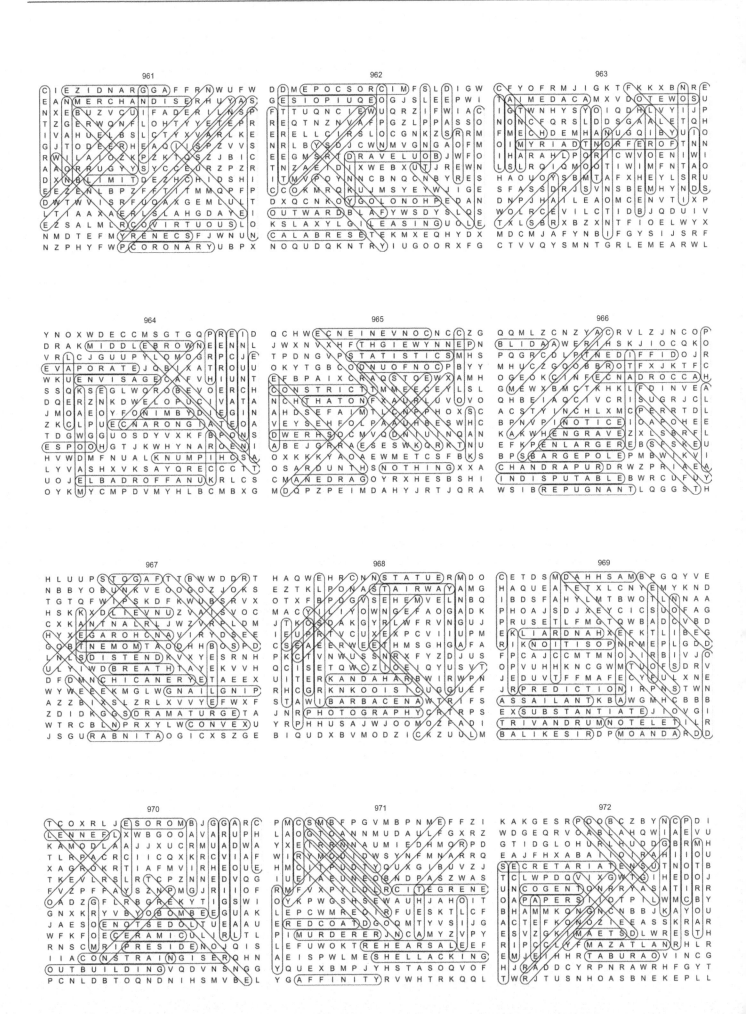

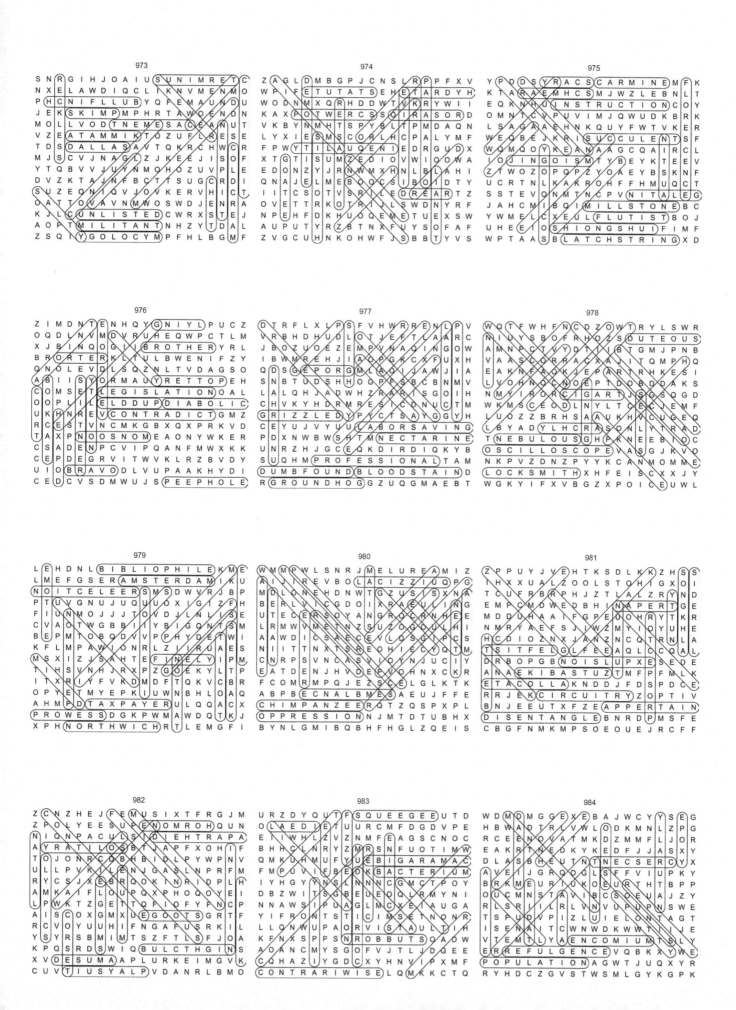

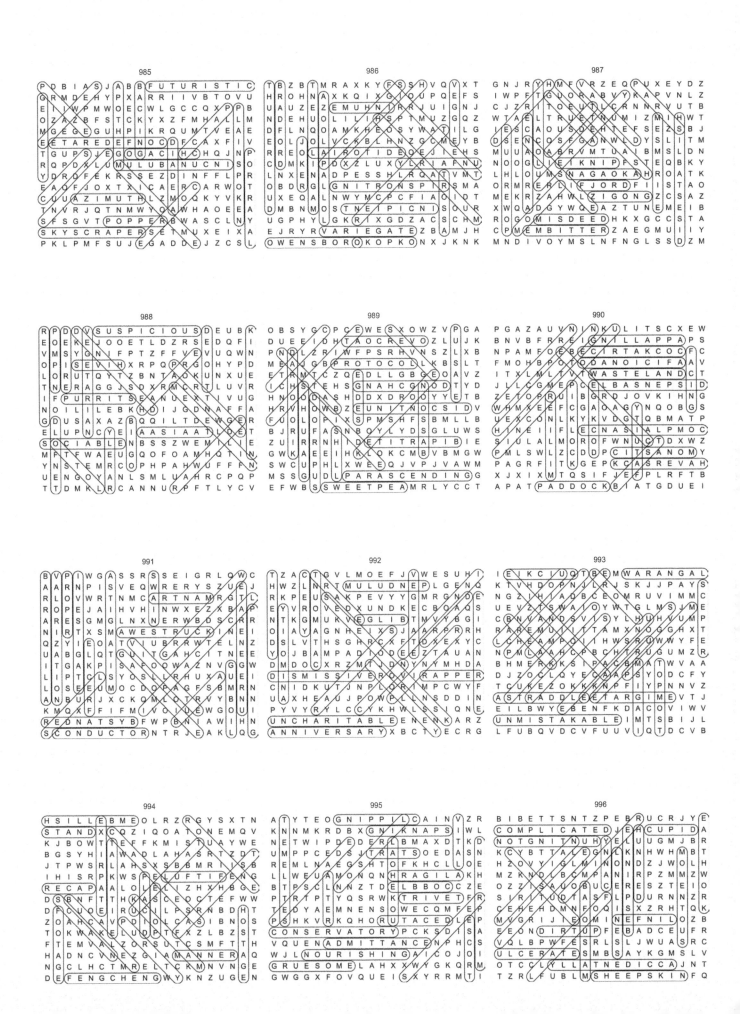

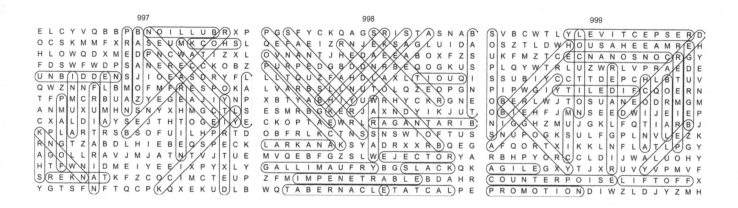

1000 Puzzle Word Search - Vol 1

ISBN: 9798639249419
Imprint: Independently published